Le Routard

Israël et Palestine

Directeur de collection et auteur
Philippe GLOAGUEN

Cofondateurs
Philippe GLOAGUEN
et Michel DUVAL

Rédacteur en chef
Pierre JOSSE

Rédacteurs en chef adjoints
Amanda KERAVEL
et Benoît LUCCHINI

Directrice de la coordination
Florence CHARMETANT

Directrice administrative
Bénédicte GLOAGUEN

Direction éditoriale
Catherine JULHE

Rédaction
Isabelle AL SUBAIHI
Mathilde de BOISGROLLIER
Thierry BROUARD
Marie BURIN des ROZIERS
Véronique de CHARDON
Gavin's CLEMENTE-RUÏZ
Fiona DEBRABANDER
Anne-Car...
...S

...ation
Carole BORDES
Solenne DESCHAMPS

2014/2015

hachette

La paix ? On n'a rien trouvé de mieux

L'Irlande du Nord a enduré la plus longue guerre d'Europe au XXe s : 40 ans ! Plus qu'une guerre entre nationalistes irlandais et armée britannique... Un vrai casse-tête, puisque s'y mêlaient aussi les questions de religions ! De plus, les deux communautés n'avaient pas les mêmes droits.

Des murs de 10 mètres érigés entre quartiers catholiques et protestants à Belfast. En 1995, je me souviens avoir franchi la frontière entre Dublin et Belfast : des miradors, des véhicules blindés, des soldats ultra-armés, des barbelés partout aux postes-frontières...

Et tous ces morts inutiles, tous ces enfants tués. Un terrible ressentiment rendait la paix impossible...

Et puis, en 1997, les opposants de toujours entamèrent des négociations secrètes. Une trêve suivie d'accords de paix furent approuvés par un référendum écrasant.

Après tout, aucun peuple ne veut la guerre. Une bonne leçon : la paix est venue par les politiques soutenus par leur peuple.

La paix paraît invraisemblable. L'Irlande nous prouve qu'elle est possible.

Philippe Gloaguen,
directeur des guides du *Routard*

Remarque importante aux hôteliers et restaurateurs

Les enquêteurs du *Routard* travaillent dans le plus strict anonymat. Aucune réduction, aucun avantage quelconque, aucune rétribution n'est jamais demandé en contrepartie. Face aux aigrefins, la loi autorise les hôteliers et restaurateurs à porter plainte.

Avis aux lecteurs

Le *Routard,* ce n'est pas comme le bon vin, il vieillit mal. On ne veut pas pousser à la consommation, mais évitez de partir avec une édition ancienne. Les modifications sont souvent importantes.
Les réductions accordées à nos lecteurs ne sont jamais demandées par nos rédacteurs afin de préserver leur anonymat. Les hôteliers et restaurateurs sont sollicités par une société de mailing, totalement indépendante de la rédaction, qui reste donc libre de ses choix. De même pour les autocollants et plaques émaillées.

Routard.com, le voyage à portée de clics !

✓ Rejoignez la plus grande communauté francophone de voyageurs : plus de **2 millions** de visiteurs !

✓ Échangez avec les routarnautes : forums, photos, avis sur les hôtels...

✓ Retrouvez aussi toutes les informations actualisées pour choisir et préparer vos voyages : plus de 200 fiches pays, une centaine de dossiers pratiques et un magazine en ligne pour découvrir tous les secrets de votre destination.

✓ Enfin, comparez les offres pour organiser et réserver votre voyage au meilleur prix.

Pictogrammes du *Routard*

Établissements

- Hôtel, auberge, chambres d'hôtes
- Camping
- Restaurant
- Boulangerie, sandwicherie
- Glacier
- Café, salon de thé
- Café, bar
- Bar musical
- Club, boîte de nuit
- Salle de spectacle
- Office de tourisme
- Poste
- Boutique, magasin, marché
- Accès internet
- Hôpital, urgences

Sites

- Plage
- Site de plongée
- Piste cyclable, parcours à vélo

Transports

- Aéroport
- Gare ferroviaire
- Gare routière, arrêt de bus
- Station de métro
- Station de tramway
- Parking
- Taxi
- Taxi collectif
- Bateau
- Bateau fluvial

Attraits et équipements

- Présente un intérêt touristique
- Recommandé pour les enfants
- Adapté aux personnes handicapées
- Ordinateur à disposition
- Connexion wifi
- Inscrit au Patrimoine mondial de l'Unesco

Le *Routard* est imprimé sur un papier issu de forêts gérées.

I.S.B.N. 978-2-01-245890-1

TABLE DES MATIÈRES

ITINÉRAIRES CONSEILLÉS 10

COMMENT ALLER EN ISRAËL ET EN PALESTINE ?

- EN AVION 13
- LES ORGANISMES DE VOYAGES 14
- UNITAID 27

QUITTER ISRAËL ET LA PALESTINE

- QUITTER ISRAËL 28
- QUITTER LA PALESTINE 29

HISTOIRE

- PRÉAMBULE 30
- LES PEUPLES ANCIENS DE PALESTINE 30
- DES ORIGINES LOINTAINES JUSQU'AU PREMIER EXIL DU PEUPLE HÉBREU, LA TERRE DE CANAAN 30
- DU PREMIER EXIL AU SECOND EXIL 32
- DU SECOND EXIL JUSQU'À LA FIN DE L'EMPIRE OTTOMAN 33
- TERRE PROMISE 34
- CRÉATION DE L'ÉTAT D'ISRAËL ET GUERRES ISRAÉLO-ARABES 38
- LA QUESTION PALESTINIENNE DE NOS JOURS 41
- DES NÉGOCIATIONS DANS L'IMPASSE 44
- LA SECONDE INTIFADA 45
- UNE NOUVELLE DONNE 47
- LA PALESTINE À L'ONU 50
- DU MARASME AU CHAOS 51
- RELANCE DES POURPARLERS DE PAIX 52
- PRINCIPALES DATES HISTORIQUES 53

ISRAËL : LES QUESTIONS QU'ON SE POSE LE PLUS SOUVENT 58

ISRAËL : LES COUPS DE CŒUR DU ROUTARD 59

ISRAËL UTILE

- ABC D'ISRAËL 60
- AVANT LE DÉPART 60
- ARGENT, BANQUES, CHANGE 64
- ACHATS 65

- **BUDGET** 65
- **CLIMAT** 67
- **DANGERS ET ENQUIQUINEMENTS** 67
- **DÉCALAGE HORAIRE** 67
- **ÉLECTRICITÉ** 69
- **FÊTES ET JOURS FÉRIÉS** 69
- **HÉBERGEMENT** 71
- **HORAIRES** 72
- **LANGUES** 73
- **LEXIQUE** 76
- **LIVRES DE ROUTE** 79
- **PLONGÉE SOUS-MARINE** 82
- **POSTE** 85
- **POURBOIRE** 86
- **SANTÉ** 86
- **SITES INTERNET** 87
- **TÉLÉPHONE ET COMMUNICATIONS** 88
- **TRANSPORTS INTÉRIEURS** 90

ISRAËL : HOMMES, CULTURE, ENVIRONNEMENT

- **ARTS** 94
- **BOISSONS** 97
- **CUISINE** 98
- **DROITS DE L'HOMME** 99
- **ÉCONOMIE** 101
- **ÉCOTOURISME** 103
- **ENVIRONNEMENT** 104
- **FAUNE ET FLORE** 105
- **GÉOGRAPHIE** 106
- **KIBBOUTZ : DES PRINCIPES DE COMMUNAUTÉ** 106
- **MÉDIAS** 107
  • Votre TV en français : TV5MONDE partout avec vous • Presse • Radio • Télévision • Presse en ligne • Du choix des mots • Liberté de la presse
- **MURS ET PASSERELLES** 109
- **PERSONNAGES** 115
- **POPULATION** 119
- **RELIGIONS ET CROYANCES** 123
- **SITES INSCRITS AU PATRIMOINE MONDIAL DE L'UNESCO** 130

ISRAËL

- **TEL-AVIV** 131
  • Jaffa (Yafo)

LA CÔTE MÉDITERRANÉENNE

- **NETANYA** 165
- **CÉSARÉE (CAESAREA)** 169
  • Le Musée archéologique et le centre de documentation sur Hannah Senesh dans le kibboutz de Sdot Yam • L'aqueduc romain • Le musée Ralli
- **HAÏFA** 171
  • Le Technion à Neve Sha'anan • Le musée de Reuben et Édith Hecht • Le village d'Ein Hod • Les villages druzes d'Isfya et de Daliyat-el-Karmil • Zikhron Ya'akov
- **AKKO (SAINT-JEAN-D'ACRE)** 186
  • Les Jardins bahaïs • Le musée des Combattants des ghettos dans le kibboutz de Lohamei Haghetaot

LE NORD

La côte nord et la haute Galilée

- **LA RÉGION DE NAHARIYA** 197
  • Le château de Yehi'am • Le château de Montfort • Le cap de la Grotte • Hanita • Qeshet Cave • Peqi'in • Le mont Méron • Méron
- **SAFED (TZFAT OU ZEFAD)** 201
- **VERS METULLA ET LE GOLAN** 208
  • Tel Hazor • La ferme Dubrovin à

Yesod HaMa'ala • La réserve Hula
• **QIRYAT SHEMONA** 210
• Tel Haï • Le kibboutz de Kfar Giladi • Beit HaShomer Museum
• **METULLA** 211
• **SUR LA ROUTE ENTRE METULLA ET LE GOLAN** 212
• Ma'ayan Baruch • Le site archéologique de Tel Dan • Beit Ussishkin Museum
• **LE GOLAN** 213
• Banias • Nimrod Fortress National Park (la citadelle de Nemrod) • Le mont Hermon • La route vers Qazrin (Katzrin) • Qazrin (Katzrin) • Le pont de Bnot Ya'akov et Mitzpé Gadot • Gamla

La Galilée

• **TIBÉRIADE (TVÉRIA)** 217
• **LE TOUR DU LAC DE TIBÉRIADE** 225
• Au sud du lac : le site de Yardenit, le kibboutz Degania Aleph, Bet Gabriel on the Kinneret à Tzemah • À l'est du lac : le kibboutz d'Ein Guev, Hippos Susita, Kursi, Tel Beit Saïda • À l'ouest du lac : Capharnaüm (Kafar Nahum), le mont des Béatitudes, Khorazine, Tabgha, Yigal Allon Center à Ginosar • Hammat Gader
• **NAZARETH (NATSRAT)** 232
• Cana (Kafr Kanna) • Mount Thabor • Zippori National Park • Megiddo National Park
• **BEIT SHE'AN** 240
• Gan HaShlosha (Sachné) • Beit Alpha • De Beit She'an à Jérusalem par la Cisjordanie

LE SUD

• **LA MER MORTE** 242
• **EIN GUEDI** 244
• **MASSADA (MASADA)** 247
• Sodome (Sdom)
• **LE DÉSERT DU NÉGUEV** 250
• **BEER SHEVA** 251
• Tel Beer Sheva • Le musée de l'Aviation • Le musée Joe Alon de la Culture bédouine à Lahav • Arad • Dimona • Mamshit • Le Grand Cratère • Shivta
• **SDÉ BOKER** 256
• Avdat
• **MITZPÉ RAMON** 259
• **EILAT** 263
• Le mont des Ardoises (har Tzfakhot) • Le parc Timna • La réserve de Haï Bar • Le Centre d'observation des oiseaux au kibboutz Lotan • Excursions en Égypte (Sinaï) et en Jordanie

JÉRUSALEM ET SES ENVIRONS

• **JÉRUSALEM** 273

AUTOUR DE JÉRUSALEM

• **ABU GOSH** 325
• **EIN KEREM** 326
• La grotte de Soreq • Kennedy Memorial and Rubinstein Memorial
• **BEIT GUVRIN-TEL MARECHA** 329

PALESTINE : LES QUESTIONS QU'ON SE POSE LE PLUS SOUVENT 330

PALESTINE : LES COUPS DE CŒUR DU ROUTARD 331

PALESTINE UTILE

• **ABC DE LA PALESTINE** 332
• **AVANT LE DÉPART** 332
• **ARGENT, BANQUES, CHANGE** ... 333
• **ACHATS** 333
• **BUDGET** 334
• **CHECK-POINTS** 335
• **CLIMAT** 336
• **DANGERS ET ENQUIQUINEMENTS** 336
• **ÉLECTRICITÉ** 336
• **FÊTES ET JOURS FÉRIÉS** 337
• **HÉBERGEMENT** 337
• **LANGUE** 337
• **LEXIQUE** 340

- **LIVRES DE ROUTE** 341
- **POSTE** 344
- **POURBOIRE** 344
- **SANTÉ** 344
- **SITES INTERNET** 345
- **TÉLÉPHONE ET COMMUNICATIONS** 346
- **TOURISME ALTERNATIF ET SOLIDAIRE** 347
- **TRANSPORTS INTÉRIEURS** 348

PALESTINE : HOMMES, CULTURE, ENVIRONNEMENT

- **ARTS** 350
- **BOISSONS** 353
- **CUISINE** 353
- **DIVISIONS ADMINISTRATIVES** ... 355
- **DROITS DE L'HOMME** 358
- **ÉCONOMIE** 359
- **ÉCOTOURISME** 362
- **ENVIRONNEMENT** 362
- **FAUNE ET FLORE** 365
- **GÉOGRAPHIE** 365
- **MÉDIAS** 365
  • Votre TV en français : TV5MONDE partout avec vous • Presse • Radio • Télévision • Presse en ligne • Liberté de la presse
- **MURS ET PASSERELLES** 368
- **PERSONNAGES** 368
- **POPULATION** 370
- **RELIGIONS ET TRADITIONS** 372
- **SAVOIR-VIVRE ET COUTUMES** .. 377
- **SITES INSCRITS AU PATRIMOINE MONDIAL DE L'UNESCO** 378

LA PALESTINE

LA CISJORDANIE

- **BETHLÉEM** 380
  • Les vasques de Salomon • Le wadi Artas • L'Hérodion • Le monastère de Mar Saba • Beit Sahour : le champ des Bergers
- **HÉBRON (AL-KHALIL)** 394
- **JÉRICHO** 398
  • Le wadi Qelt et le monastère de Saint-Georges • La réserve d'Ein Fawwar • Qumrân • Nabi Musa • Le site du baptême du Christ • L'Auberge du Bon Samaritain
- **RAMALLAH** 408
  • Birzeit • Jifna • Taybeh
- **NAPLOUSE** 421
  • Le mont Garizim • Sebastia • Jénine • Burqin

LA BANDE DE GAZA

- **GAZA** 438
  • Au sud : Al-Nuseirat, Deir-al-Balah, Khan Yunis, Abasan et Rafah • Au nord : Jabalya et Al-Nazla, Beit Lahya

- **INDEX GÉNÉRAL** 455
- **OÙ TROUVER LES CARTES ET LES PLANS ?** 463

NOUVEAU ET IMPORTANT : DERNIÈRE MINUTE

Sauf rare exception, le *Routard* bénéficie d'une parution annuelle à date fixe. Entre deux dates, des événements fortuits (formalités, taux de change, catastrophes naturelles, conditions d'accès aux sites, fermetures inopinées, etc.) peuvent modifier vos projets de voyage. Pour éviter les déconvenues, nous vous recommandons de consulter la rubrique « Guide » par pays de notre site • *routard.com* • et plus particulièrement les dernières ***Actus voyageurs.***

Remerciements

- Daniela et Yael Zehori de l'office de tourisme de Tel-Aviv,
- Danny Ronen, de l'office de tourisme de Haïfa,
- Pascale Oguen de l'office de tourisme de Akko.

Un grand merci également à :

- Tabea, Violette, Sami et Osnash pour leurs bons tuyaux, ainsi qu'à Katell pour son aide toujours précieuse,
- Raed de Hla Tours,
- Fadi Kattan, directeur d'ACA,
- Luc Pareydt, conseiller aux Affaires religieuses du Consulat général de France à Jérusalem,
- Julien Chiappone-Lucchesi, directeur de l'institut culturel franco-allemand de Ramallah,
- et Amélie de Maupeou, voyageuse à cœur ouvert.

Nous tenons à remercier tout particulièrement Loup-Maëlle Besançon, Thierry Bessou, Gérard Bouchu, François Chauvin, Grégory Dalex, Stéphanie Déro, Fabrice Doumergue, Cédric Fischer, Carole Fouque, Michelle Georget, David Giason, Claude Hervé-Bazin, Emmanuel Juste, Dimitri Lefèvre, Sacha Lenormand, Fabrice de Lestang, Romain Meynier, Éric Milet, Pierre Mitrano, Jean-Sébastien Petitdemange, Thomas Rivallain, Dominique Roland et Solange Vivier pour leur collaboration régulière.

Laura Baron
Emmanuelle Bauquis
Jean-Jacques Bordier-Chêne
Michèle Boucher
Sophie Cachard
Clémence Crosnier
Agnès Debiage
Jérôme Denoix
Tovi et Ahmet Diler
Clélie Dudon
Sophie Duval
Alain Fisch
Bérénice Glanger
Adrien et Clément Gloaguen
Xavier Haudiquet
Bernard Hilaire
Sébastien Jauffret
Anaïs Kerdraon
Jacques Lemoine
Julie Montet
Jacques Muller
Caroline Ollion
Nicolas et Benjamin Pallier
Martine Partrat
Odile Paugam et Didier Jehanno
Émilie Pujol
Prakit Saiporn
Jean-Luc et Antigone Schilling
Paloma Telle
Bérénice Thiberge
Marion Trifot
Caroline Vallano

Direction : Nathalie Bloch-Pujo
Contrôle de gestion : Jérôme Boulingre et Virginie Laurent-Arnaud
Secrétariat : Catherine Maîtrepierre
Direction éditoriale : Catherine Julhe
Édition : Matthieu Devaux, Géraldine Péron, Olga Krokhina, Gia-Quy Tran, Julie Dupré, Barbara Janssens, Camille Loiseau, Béatrice Macé de Lépinay, Emmanuelle Michon, Marion Sergent et Clémence Toublanc
Préparation-lecture : Estelle Gaudin
Cartographie : Frédéric Clémençon et Aurélie Huot
Fabrication : Nathalie Lautout et Audrey Detournay
Relations presse France : COM'PROD, Fred Papet. ☎ 01-70-69-04-69. • *info@comprod.fr* •
Direction marketing : Adrien de Bizemont, Lydie Firmin et Laure Illand
Contacts partenariats : André Magniez (EMD). • *andremagniez@gmail.com* •
Édition des partenariats : Élise Ernest
Informatique éditoriale : Lionel Barth
Couverture : Clément Gloaguen et Seenk
Maquette intérieure : le-bureau-des-affaires-graphiques.com, Thibault Reumaux et npeg.fr
Relations presse : Martine Levens (Belgique) et Maureen Browne (Suisse)
Régie publicitaire : Florence Brunel-Jars

ITINÉRAIRES CONSEILLÉS

Voici plusieurs itinéraires-types de 1 semaine, 10 jours et 2 semaines. Possibilité de panachage bien sûr, ou de passer plus de temps dans tel ou tel lieu.

Une semaine

- ***Tel-Aviv :*** 2 jours.
- ***Jérusalem :*** 4 jours.
- ***Bethléem :*** 1 jour.

Dix jours (avec un circuit nord, un circuit sud, un circuit Palestine)

Circuit nord

- ***Tel-Aviv :*** 3 jours.
- ***Césarée-Haïfa :*** 1 jour.
- ***Akko :*** 1 jour.
- ***Jérusalem :*** 4 jours.
- ***Bethléem :*** 1 jour.

Circuit sud

- ***Tel-Aviv :*** 2 jours.
- ***Jérusalem :*** 3 jours.
- ***Massada :*** 1 jour.
- ***Mer Morte et Ein Guedi :*** 1 jour.
- ***Eilat :*** 2 jours.
- ***Mitzpé Ramon et les sites nabatéens :*** 1 jour.

Circuit Palestine

- ***Tel-Aviv et Jérusalem :*** 5 jours.
- ***Bethléem :*** 1 jour.
- ***Hébron :*** 1 jour.
- ***Jéricho :*** 1 jour.
- ***Ramallah :*** 1 jour.
- ***Naplouse et Sebastia :*** 1 jour.

Quinze jours

- ***Circuit nord de 10 jours + Nazareth*** (1 jour), ***Tibériade, Beth She'an*** et ***Golan*** (1 à 2 jours), ***Safed*** (1 jour), ***Galilée du Nord*** (mont Hermon, villes druzes, 1 à 2 jours).
- ***Circuit nord de 10 jours + circuit Palestine.***
- ***Circuit sud de 10 jours + circuit Palestine.***

Et si vous êtes...

... plutôt culture, n'oubliez pas, ***à Tel-Aviv*** : le musée des Arts de Tel-Aviv (art contemporain), le musée Eretz Israël (archéologie, anthropologie, histoire), le musée du Peuple juif (le Beit HaTfutsot ; musée de la Diaspora), l'opéra (une prouesse architecturale), les nombreuses galeries d'art, ainsi que le théâtre Habimah (une véritable institution). ***Au nord d'Israël :*** Césarée ; les musées de Haïfa, particulièrement le musée de Reuben et Édith Hecht et les sanctuaires bahaïs ; à Akko, le musée Okashi ; les antiquités cananéennes de Tel Hazor ; le site de Zippori ; celui de Beit She'an et, non loin, la mosaïque de Beit Alfa. ***Au sud :*** la forteresse de Massada ; les anciennes cités nabatéennes de Mamshit, Shivta et Avdat, classées au Patrimoine mondial de l'Unesco. ***À Jérusalem :*** le musée d'Israël (beaux-arts et archéologie), le musée des Pays de la Bible, la citadelle et la tour de David – Musée d'Histoire de Jérusalem (parfaite introduction à la connaissance historique de la ville), le théâtre du Khan (situé dans un ancien caravansérail), la Cour suprême (chef-d'œuvre d'architecture contemporaine), le jardin archéologique de l'Ophel au pied du mont du Temple. ***En Cisjordanie :*** l'ancienne cité royale de Sebastia ; le site de Qumrân, où furent découverts les manuscrits de la mer Morte ; l'Hérodion, proche de Bethléem ; à Jéricho, Tell-es-Sultan et le palais Hisham pour ses magnifiques mosaïques ; le musée d'Art et d'Ethnographie de l'université de Birzeit ; les vestiges de l'antique Sichem, Tell Balata à Naplouse ; le Freedom Theater et le cinéma de Jénine, deux espaces culturels majeurs qui revivent peu à peu.

... plutôt en pèlerinage, ne manquez pas, selon affinités, ***à Jérusalem*** : la via Dolorosa, le Saint-Sépulcre, le mur des Lamentations, le mont des Oliviers, la basilique Sainte-Anne (de l'époque des croisés), la mosquée El-Aqsa, ainsi que le Dôme du Rocher (mosquée d'Omar), tous deux sur la colline du Temple. Et, dans la proche banlieue, Ein Kerem où vécut saint Jean Baptiste. ***À Bethléem :*** la basilique de la Nativité et plus à l'est, le monastère de Mar Saba. ***À Hébron :*** le tombeau des Patriarches. ***À Jéricho :*** le mont de la Quarantaine où le Christ fut tenté par le diable. ***À Sebastia :*** la sépulture supposée de saint Jean Baptiste. ***À Nazareth :*** la ville et la basilique de l'Annonciation, le mont Thabor, lieu de la Transfiguration. ***Dans les pas du Christ*** autour du lac de Tibériade et le mont des Béatitudes. ***À Safed :*** les anciennes synagogues. ***À Haïfa :*** les sanctuaires bahaïs.

... en famille, rendez-vous à Akko pour la citadelle souterraine des croisés et le Musée ethnographique, sur les plages de Tel-Aviv, Haïfa et Netanya plus au nord ; à Césarée et ses films retraçant l'histoire du site (toujours mieux en images !) ; au musée de la Science, de la Technologie et de l'Espace à Haïfa ; au musée des Trésors du rempart à Akko pour sa reconstitution d'un ancien marché traditionnel avec ses marchands et artisans ; à la réserve Hula, dans le nord, pour pique-niquer et observer les oiseaux migrateurs, à refaire dans la réserve naturelle Nahal Ayun ; au lac de Tibériade pour un bain... divin ; au parc d'alligators à Hammat Gader, non loin de Tibériade, puis retrempage dans la mer Morte, cette fois, pour flotter... sans mettre la tête sous l'eau (ouille, les yeux !) ; au musée de Massada ; au cratère de Ramon dans le désert du Néguev et s'y balader ; au petit zoo du Bio Ramon Center pour observer de près toutes les bébêtes qui peuplent le désert ; à Eilat pour se baigner dans la mer Rouge, faire du *snorkelling* et même plonger... pourquoi pas avec les dauphins au Dolphin Reef ? À l'observatoire sous-marin d'Eilat ; à la réserve de Haï Bar pour découvrir des animaux de la région en semi-liberté. ***En Palestine :*** à Bethléem pour l'église de la Nativité, lieu de naissance de Jésus et au musée international de la Nativité où plus de 200 crèches du monde entier sont exposées ; aux peintures murales, support artistique pour expliquer les relations israélo-palestiniennes ; au téléphérique qui grimpe au-dessus de Jéricho jusqu'au mont de la Tentation et manger sur place ; à Naplouse et ses fabriques de savon à visiter avant d'aller prendre son goûter dans le grand souk de la ville, au menu : pâtisseries et pâte de sésame pour être calé jusqu'au soir.

... en amoureux, ne manquez pas les jardins du sanctuaire bahaï à Haïfa, avant de prendre de la hauteur et d'admirer le panorama sur la baie depuis le mont Carmel ; les bains à remous en plein air, aux sources chaudes de Tibériade ou les thermes d'Hammat Gader en évitant le samedi pour savourer un moment plus intime ; une croisière sur le lac de Tibériade, le Dolphin Reef d'Eilat pour se détendre dans une atmosphère zen et verdoyante avec massages possibles à la clé ; Sebastia, lieu romantique à souhait, coiffant la campagne de Cisjordanie depuis un site remarquable.

... nature, pensez côté Israël ; le mont Carmel à Haïfa ; la réserve Hula dans le nord pour voir, en saison, les oiseaux migrateurs ; la réserve de Tel Dan et la richesse de sa flore, non loin, le musée de la Nature de Beit Ussishkin ; la réserve d'Ein Guedi et ses gorges ; Massada, sa vue sur le désert et la mer Morte ; le canyon En Avedat et l'ancienne Avdat, cité fondée par les Nabatéens ; le cratère de Ramon au cœur du Néguev ; à l'observatoire sous-marin d'Eilat ; aux magnifiques paysages du parc Timna ; aux grottes de Beit Guvrin-Tel Marecha, près de Jérusalem. ***En Palestine :*** le wadi Qelt près de Jéricho et au bout la réserve d'Aïn Fawwar ; Auja Ecocenter, centre dédié à l'environnement, près de Jéricho ; le site de Sebastia où la nature se mêle intimement à la culture ; la vue sur toute la campagne environnante depuis l'église (sans toit) El-Khader à Taybeh ; la région de Jerusalem Wilderness avec vue sur la Jordanie, au loin ; le commerce équitable palestinien à Burqin auprès de la Canaan Faire Trade Company.

... sports, rendez-vous sur les plages de Netanya pour galoper cheveux au vent ou tenter le parapente ; dans les environs de Metulla et dans la réserve de Tel Dan, au nord du pays pour randonner sur des sentiers bien balisés ou version plus aride dans le sud, pour trekker dans le désert du Néguev (éviter tout de même l'été) ou dans le wadi Qelt, près de Jéricho, en Cisjordanie ; en mer Rouge pour une plongée en bouteille ou du *snorkelling.* Évitez la mer Morte, vous n'iriez pas très loin... Et après tous ces efforts, rien de mieux que de se faire masser la couenne sous les minichutes d'eau de Hammat Gader, près du lac de Tibériade.

... amateurs de souks, ne manquez pas les vieilles villes de Jérusalem, Akko, Nazareth, Naplouse, et Hébron.

... noctambules et branchés, la vie nocturne à Tel-Aviv et Jaffa, les boîtes à Eilat, les bars de Ramallah, l'Oktoberfest de Taybeh.

COMMENT ALLER EN ISRAËL ET EN PALESTINE ?

EN AVION

Les compagnies régulières

▲ **AIR FRANCE**

Rens et résas au ☎ 36-54 (0,34 €/mn ; tlj 6h30-22h), sur • airfrance.fr •, dans les agences Air France (fermées dim) et dans ttes les agences de voyages.

➢ Air France dessert Tel-Aviv avec 3 vols/j. au départ de Roissy-Charles-de-Gaulle, ainsi que 4 vols/sem depuis Nice et 3 vols/sem depuis Marseille pendant la saison estivale.

Air France propose à tous des tarifs attractifs toute l'année. Vous avez la possibilité de consulter les meilleurs tarifs du moment sur Internet, directement sur la page « Meilleures offres et promotions ».

Le programme de fidélisation Air France-KLM permet de cumuler des *miles* à son rythme et de profiter d'un large choix de primes. Avec votre carte *Flying Blue,* vous êtes immédiatement identifié comme client privilégié lorsque vous voyagez avec tous les partenaires.

Air France propose également des réductions Jeunes. La carte *Flying Blue Jeune* est réservée aux jeunes âgés de 2 à 24 ans résidant en France métropolitaine, dans les départements d'Outre-Mer, au Maroc, en Tunisie ou en Algérie. Avec plus de 900 destinations et plus de 100 partenaires, *Flying Blue Jeune* offre autant d'occasions de cumuler des *miles* partout dans le monde.

▲ **AIR MÉDITERRANÉE**

Résas : ☎ 0826-460-730 (0,15 €/mn). • air-mediterranee.fr •

➢ La compagnie française à bas prix opère 3 vols réguliers/sem au départ de Paris-CDG, terminal 3, à destination de Tel-Aviv. Également 1 vol/sem vers Eilat jusqu'à fin mai 2015 (fréquence prévisionnelle pour la période hivernale). Franchise bagage de 20 kg en soute et de 5 kg en cabine/pers. Repas casher disponibles à bord.

▲ **EL AL**

Rens et résas : ☎ 01-40-20-90-90. • elal.co.il •

➢ La compagnie EL AL dessert Tel-Aviv depuis Roissy-Charles-de-Gaulle, terminal 2A avec 3 vols directs/j., et depuis Marseille avec 3 vols/sem (plus pdt les vac scol et les fêtes). Eilat, sur les bords de la mer Rouge, est également desservi 3 fois/j. via Tel-Aviv, ou, à certaines dates (vac scol), en vol direct depuis Paris.

EL AL propose une gamme de tarifs accessibles à tous, des réductions pour les moins de 25 ans et les plus de 60 ans ainsi que des tarifs famille.

Les compagnies *low-cost*

Ce sont des compagnies dites « à bas prix ». Elles desservent les capitales européennes ainsi que de nombreuses villes de province. Plus vous réserverez vos billets à l'avance, plus vous aurez des chances d'avoir des tarifs avantageux mais il ne faut pas trop espérer trouver facilement des billets à prix plancher lors des périodes les plus fréquentées (vacances scolaires, week-ends...). N'hésitez pas à combiner les offres, d'autant que les compagnies *low-cost* permettent des vols simples.

La résa se fait souvent par Internet et parfois par téléphone (pas d'agence, juste un numéro de réservation et un

billet à imprimer soi-même). Des frais de dossier ainsi que des frais pour le règlement par carte de paiement peuvent vous être facturés. En outre, les pénalités en cas de changement d'horaires sont assez importantes. Afin de réduire les files d'attente dans les aéroports, certaines font même payer l'enregistrement aux comptoirs d'aéroport. Pour l'éviter, vous avez intérêt à vous enregistrer directement sur Internet où le service est gratuit. Il faut aussi rappeler que plusieurs compagnies facturent maintenant les bagages en soute ou limitent leurs poids. En cabine également, le nombre de bagages est strictement limité (attention, même le plus petit sac à main est compté comme un bagage à part entière).
À bord, c'est service minimum et tous les services sont payants (boissons, journaux...). Ne pas oublier non plus d'ajouter le prix du bus pour se rendre à ces aéroports, souvent assez éloignés du centre-ville ou dans des aéroports secondaires quand il s'agit des capitales. Attention également, au moment de la résa par Internet, à décocher certaines options qui sont automatiquement cochées (assurances, etc.).
Au final, même si les prix de base restent très attractifs, il convient de prendre en compte tous ces frais annexes pour calculer le plus justement son budget.

▲ EASYJET

Infos et résas : ☎ 0820-420-315 (0,12 €/mn). • easyjet.com •

➢ Easy Jet propose des liaisons avec Tel-Aviv 4 fois/sem depuis Bâle-Mulhouse et 5 fois/sem depuis Genève.

▲ PEGASUS AIRLINES

Infos et résas : ☎ 01-70-70-07-37. • flypgs.com •

➢ La compagnie turque assure des vols quotidiens entre Paris-Orly-Sud et Tel-Aviv via Istanbul.

▲ TRANSAVIA.COM

Rens et résas : ☎ 0892-05-88-88 (0,34 €/mn). • transavia.com/fr • Lun-ven 8h-22h, w-e 9h30-18h.

➢ Transavia.com, compagnie low-cost du groupe Air France-KLM, dessert Tel-Aviv au départ de Paris-Orly-Sud, à raison de 3 vols/sem entre mi-avril et mi-octobre.

LES ORGANISMES DE VOYAGES

– Ne pas croire que les vols à tarif réduit sont tous au même prix pour une même destination à une même époque : loin de là. On a déjà vu, dans un même avion partagé par 2 organismes, des passagers qui avaient payé 40 % plus cher que les autres. De plus, une agence bon marché ne l'est pas forcément toute l'année (elle peut n'être compétitive qu'à certaines dates bien précises). Donc, contactez tous les organismes et jugez vous-même.
– Les organismes cités sont classés par ordre alphabétique, pour éviter les jalousies et les grincements de dents.

EN FRANCE

▲ EVANEOS.COM

Rens et résas : ☎ 01-82-71-49-08.

Evaneos.com permet d'entrer directement en contact avec des agences de voyages locales, en Israël, Palestine et partout dans le monde. Vous échangez en direct sur Internet avec un agent local, véritable spécialiste de son pays qui construira avec vous un voyage unique. Evaneos.com apporte une proximité, une expertise et une liberté nouvelle dans l'organisation du voyage. Vous obtenez un accès direct à une agence israélienne et/ou palestinienne, sélectionnée par Evaneos.com et la possibilité de faire établir un devis. Les bénéfices sont immédiats : un prix sans intermédiaires, une prestation sur mesure de qualité. Personnel, respectueux et serein : ces valeurs de voyage sont au cœur de l'activité d'Evaneos.com depuis 2009.

▲ INTERMÈDES

– Paris : 60, rue La Boétie, 75008. ☎ 01-45-61-90-90. • intermedes.com • Ⓜ Miromesnil.

Spécialiste du voyage culturel en Israël, Intermèdes organise des séjours à Jérusalem et dans sa région, sous forme de circuits, accompagnés par

des conférenciers spécialistes, ou de voyages sur mesure. Possibilité de compléter par un circuit en Jordanie.

▲ NOCEA TRAVEL

– Paris : 94, rue Lafayette, 75010. ☎ 01-49-49-04-04.

Spécialiste de la destination Israël, une équipe de professionnels vous reçoit et vous conseille sur des séjours sur mesure, en couple ou en famille, selon votre budget.

▲ NOUVELLES FRONTIÈRES

Ttes les brochures Nouvelles Frontières sont disponibles dans les 300 agences expertes du réseau. Rens au ☎ 0825-000-825 (0,15 €/mn) et sur • nouvelles-frontieres.fr •

Nouvelles Frontières, un savoir-faire incomparable depuis 45 ans. Des propositions de circuits, d'itinéraires à la carte, des séjours balnéaires et d'escapades imaginés et construits par des spécialistes de chaque destination. Vols au départ de Paris et de province.

▲ PARTIRENISRAEL.COM

☎ 01-55-28-82-28. • partirenisrael.com •

Tour-opérateur spécialisé dans les vols, séjours et circuits en Israël. C'est aujourd'hui un des principaux acteurs de la destination au départ de la France et de la Belgique. Partirenisrael.com propose à des prix compétitifs des voyages qui collent aux besoins de chacun (longs week-ends, voyages sur mesure, voyages événementiels, séjours festifs à Tel-Aviv pour les jeunes, séjours de santé sur la mer Morte, circuits culturels).

▲ PARTIRSEUL.COM

– Le Perreux-sur-Marne : 71, quai de l'Artois, 94170. ☎ 09-51-77-39-94. 📱 06-86-56-75-98. • partirseul.com • RER E : Nogent-Le Perreux.

Partirseul.com est un concept de voyage original qui s'adresse à toute personne seule désirant voyager avec d'autres dans un cadre amical. Ces voyages, souvent thématiques, ne sont pas réservés qu'aux célibataires mais à tous ceux qui se retrouvent dans l'impossibilité d'être accompagnés. Des voyages en petits groupes, avec un guide depuis la France, à la découverte d'un pays de façon ludique, sportive ou plus traditionnelle. À noter, pas de supplément chambre individuelle. Organise également des week-ends et des sorties le dimanche. Catalogue sur Internet exclusivement.

▲ ROUTE DES VOYAGES (LA)

• route-voyages.com •
– Paris : 10, rue Choron, 75009. ☎ 01-55-31-98-80. Ⓜ Notre-Dame-de-Lorette.
– Annecy : 4 bis, av. d'Aléry, 74000. ☎ 04-50-45-60-20.
– Bordeaux : 10, rue du Parlement-Saint-Pierre, 33000. ☎ 05-56-90-11-20.
– Lyon : 59, rue Franklin, 69002. ☎ 04-78-42-53-58.
– Toulouse : 9, rue Saint-Antoine-du-T, 31000. ☎ 05-62-27-00-68.
Agences ouv lun-ven 9h-19h (18h ven), sam sur rdv.

Vingt ans d'expérience de voyage sur mesure sur les 5 continents ! Cette équipe de voyageurs passionnée a développé un vrai savoir-faire du voyage personnalisé : écoute, conseils, voyages de repérage réguliers et des correspondants sur place soigneusement sélectionnés avec qui ils travaillent en direct. Son engagement à promouvoir un tourisme responsable se traduit par des possibilités de séjours solidaires à insérer dans les itinéraires de découverte individuelle. Elle a aussi créé un programme de compensation territoriale qui permet de financer des projets de développement locaux.

▲ SUPERSTAR

– Rens et résas : ☎ 01-44-55-14-55. • superstar-holidays.fr •

Superstar, tour-opérateur de la compagnie EL AL, propose des week-ends et des séjours ainsi que des circuits découverte et excursions en français. Cette agence dispose d'un large choix d'hébergements, du kibboutz à l'hôtel de luxe, ainsi que des tarifs négociés sur les billets d'avion.

▲ TERRE ENTIÈRE

– Paris : 10, rue de Mézières, 75006. ☎ 01-44-39-03-03. • terreentiere.com • Ⓜ Saint-Sulpice.

Terre Entière organise aussi bien des voyages culturels que des pèlerinages en Israël et en Palestine, ou des

combinés avec la Jordanie. Spécialiste de la destination depuis plus de 35 ans, l'agence propose de se rendre en toute sécurité dans les lieux les plus emblématiques, mais aussi de rencontrer des interlocuteurs sur les questions politiques et religieuses. Les pèlerinages sont proposés sur une durée de 8 ou 11 jours. L'agence propose aussi du sur-mesure pour les individuels.

▲ TOURISCOPE

– Paris : 14, rue Favart, 75002. ☎ 01-53-89-15-50. • touriscope.fr • Ⓜ Richelieu-Drouot.

Spécialiste d'Israël, Touriscope propose des vols sur Tel-Aviv et offre une large sélection d'hôtels choisis pour leur rapport qualité-prix et leur diversité : hôtels de plage, de cure, boutiques-hôtels, gîtes d'étape au cœur de la nature. Également grand choix de voitures de location (kilométrage illimité) équipées de GPS sur demande. Intéressant circuit découverte de 8 jours, idéal pour une première découverte culturelle du pays.

▲ VOYAGES-SNCF.COM

Voyages-sncf.com, acteur majeur du tourisme français qui recense neuf millions de visiteurs par mois, propose d'acheter en ligne des billets de train, d'avion, des chambres d'hôtel, des locations de voitures, des vacances et des séjours clés en main ou Alacarte®, ainsi que des spectacles, des excursions et des visites de musées. Un large choix et des prix avantageux sont offerts toute l'année, pour tous types de voyages dans le monde entier : SNCF, 180 compagnies aériennes, 84 000 hôtels référencés et les principaux loueurs de voitures.

Le site *• voyages-sncf.com •* permet d'accéder tous les jours, 24h/24, à plusieurs services : envoi gratuit des billets à domicile, Alerte Résa pour être informé de l'ouverture des réservations et profiter du plus grand choix, calendrier des meilleurs prix (TTC), mais aussi des offres de dernière minute et des promotions...

Pratique : *• voyages-sncf.mobi •,* le site mobile pour réserver, s'informer et profiter des bons plans n'importe où et à n'importe quel moment.

Et grâce à l'ÉcoComparateur, en exclusivité sur *• voyages-sncf.com •,* possibilité de comparer le prix, le temps de trajet et l'indice de pollution pour un même trajet en train, en avion et en voiture.

▲ VOYAGEURS DU MONDE

Voyageurs en Israël et en Palestine.
• voyageursdumonde.fr •
– Paris : La Cité des Voyageurs, 55, rue Sainte-Anne, 75002. ☎ 01-42-86-17-90. Ⓜ Opéra ou Pyramides. Lun-sam 9h30-19h. Avec une librairie spécialisée sur les voyages.
– Également des agences à Bordeaux, Grenoble, Lille, Lyon, Marseille, Montpellier, Nantes, Nice, Rennes, Rouen, Strasbourg et Toulouse, ainsi qu'à Bruxelles et Genève.

Le spécialiste du voyage en individuel sur mesure.

Parce que chaque voyageur est différent, que chacun a ses rêves et ses idées pour les réaliser, Voyageurs du Monde conçoit, depuis plus de 30 ans, des projets sur mesure. Les séjours proposés sur 150 destinations sont élaborés par près de 200 conseillers voyageurs. Spécialistes par pays et même par région, ils vous aideront à personnaliser les voyages présentés à travers des brochures proches d'un magazine et sur le site internet où vous pourrez également découvrir les hébergements exclusifs et consulter votre espace client. Au cours de votre séjour, vous bénéficiez des services personnalisés Voyageurs du Monde, dont la possibilité de modifier à tout moment votre voyage, l'assistance d'un concierge local, la mise en place de rencontres et de visites privées et l'accès à votre carnet de voyage via une application smartphone.

Persuadé que le tourisme est un outil parmi d'autres pour améliorer la paix dans le monde, le respect des Droits de l'homme (et de la femme) et le développement économique des pays les plus démunis, Voyageurs du Monde s'engage à travers des projets spécifiques tel Voyageurs en Israël et en Palestine. Des voyages dans chaque pays, mais aussi un combiné des deux. Une belle façon de s'affranchir des idées reçues et d'aller à la rencontre de deux peuples finalement très proches. Les conseillers spécialistes de la région

vous proposent une approche différente des circuits de pèlerinage, tout en parcourant ces étonnants paysages bibliques. Culturelle, ethnique, historique, festive, sportive, naturelle : quelle que soit votre envie dans la façon d'aborder la destination, Voyageurs du Monde répond présent.
Chacune des 15 Cités des Voyageurs est une invitation au voyage. À Paris, la nouvelle librairie *Voyageurs* rassemble une large collection de livres, guides, cartes et accessoires de voyage, l'espace organise des expos-ventes d'artisanat et des conférences. Voyageurs du Monde est membre de l'association ATR (Agir pour un tourisme responsable) et a obtenu sa certification Tourisme responsable AFAQ AFNOR.

▲ **VOYAMAR VACANCES**
☎ *0892-16-54-55 (0,34 €/mn).* • *voyamar-vacances.com* •
Tour-opérateur basé à Lyon et spécialiste de la destination depuis plus de 45 ans, Voyamar met en place de nombreux affrètements depuis les principales villes françaises dont Lyon et Marseille à destination d'Israël. Il propose des circuits en Israël et en Palestine ainsi qu'un circuit Israël combiné à la Jordanie. Également des séjours un peu partout en Israël (balnéaire à Eilat, détente en mer Morte). Voyamar organise aussi des voyages à la carte.

Comment aller à Roissy et à Orly ?

Bon à savoir :
– le ***pass Navigo*** est valable pour Roissy-Rail (RER B, zones 1-5) et Orly-Rail (RER C, zones 1-4). Les week-ends et j. fériés, le *pass Navigo* est dézoné, ce qui permet à ceux qui n'ont que les zones 1 à 3 d'aller tout de même jusqu'aux aéroports sans frais supplémentaires ;
– le ***billet Orly-Rail*** permet d'accéder sans supplément aux réseaux métro et RER.

À Roissy-Charles-de-Gaulle 1, 2 et 3

Attention : si vous partez de Roissy, pensez à vérifier de quelle aérogare votre avion décolle, car la durée du trajet peut considérablement varier en fonction de cette donnée.

En transports collectifs

Les cars Air France : ☎ *0892-350-820 (0,34 €/mn).* • *lescarsairfrance.com* • *Paiement par CB possible à bord.*
Le site internet diffuse les informations essentielles sur le réseau (lignes, horaires, tarifs...) permettant d'avoir en temps réel des renseignements sur le trafic afin de mieux planifier son départ. Il propose également une boutique en ligne, qui permet d'acheter et d'imprimer les billets électroniques pour accéder aux bus.
➢ *Paris-Roissy :* départ pl. de l'Étoile (1, av. Carnot), avec un arrêt pl. de la Porte-Maillot (bd Gouvion-Saint-Cyr). Départs ttes les 30 mn, 5h45-23h. Durée du trajet : 1h env. Tarifs : 16,20 € l'aller simple, 27,50 € l'A/R ; réduc enfants 2-11 ans.
Autres départs depuis la gare Montparnasse (arrêt rue du Commandant-Mouchotte, face à l'hôtel *Pullman*), ttes les 30 mn, 6h-21h30, avec un arrêt gare de Lyon (20 bis, bd Diderot). Tarifs : 17 € l'aller simple, 28,50 € l'A/R ; réduc enfants 2-11 ans.
➢ *Roissy-Paris :* les cars *Air France* desservent la pl. de la Porte-Maillot, avec un arrêt bd Gouvion-Saint-Cyr, et se rendent ensuite au terminus de l'av. Carnot. Départs ttes les 20-30 mn, 5h45-23h, des terminaux 2A et 2C (porte C2), 2E et 2F (niveau « Arrivées », porte 3 de la galerie), 2B et 2D (porte B1), et du terminal 1 (porte 34, niveau « Arrivées »).
À destination de la gare de Lyon et de la gare Montparnasse, départs ttes les 30 mn, 6h-22h, des mêmes terminaux. Durée du trajet : env 1h15.

Roissybus : ☎ *32-46 (0,34 €/mn).* • *ratp.fr* • Départs de la pl. de l'Opéra (angle rues Scribe et Auber) ttes les 15 mn (20 mn à partir de 20h, 30 mn à partir de 22h), 5h45-23h. Durée du trajet : 1h. De Roissy, départs 6h-23h des terminaux 1, 2A, 2B, 2C, 2D et 2F, et à la sortie du hall d'arrivée du terminal 3. Tarif : 10,50 €.

LOOK!
Le guide du routard
Disponible sur iPhone
Randonnée à dos de ...
Riding a...
Pour vous faire comprendre partout dans le monde !
Achetez l'application sur l'App Store 2,99 €

Bus RATP nº 351 : de la pl. de la Nation, 5h35-20h20. Solution la moins chère mais la plus lente. Compter 3 tickets ou 5,70 € et 1h40 de trajet. Ou **bus nº 350,** de la gare de l'Est (1h15 de trajet). Arrivée Roissypôle-gare RER.

RER ligne B + navette : ☎ *32-46 (0,34 €/mn).* Départs ttes les 15 mn, 4h53-0h20 depuis la gare du Nord et à partir de 5h26 depuis Châtelet. À Roissy-Charles-de-Gaulle, descendre à la station (il y en a 2) qui dessert le bon terminal. De là, prendre la navette adéquate. Compter 50 mn de la gare du Nord à l'aéroport (navette comprise), mais mieux vaut prendre de la marge. Tarif : 10,90 €. *Pass Navigo* valable sans frais supplémentaires pour les aéroports.

Si vous venez du Nord, de l'Ouest ou du Sud de la France en train, vous pouvez rejoindre les aéroports de Roissy sans passer par Paris, la gare SNCF Paris-Charles-de-Gaulle étant reliée aux réseaux TGV.

En taxi

Pensez à explorer les nouveaux services de transport de personnes qui se développent dans la capitale, et qui pourraient être adaptés à vos besoins.
– **WeCab :** ☎ *01-41-27-66-77.* • *wecab.com* • *10 % de réduc pour nos lecteurs avec le code « routard2014 » au paiement.* Une formule de taxi partagé (avoir un peu de souplesse horaire donc, max 2 arrêts), uniquement entre les aéroports parisiens et Paris/proche banlieue, tarifs forfaitaires (paiement à l'avance en ligne)...
– **LeCab :** ☎ *01-76-49-76-49.* • *lecab.fr* • Tarifs forfaitaires (paiement à l'avance en ligne), pas de facturation des bagages, réservation gratuite sur Internet, payante par téléphone. Le chauffeur vient vous chercher dans l'aéroport...
Maintenant, à vous de voir !

En voiture

Chaque terminal a son propre parking. Compter 36 € par tranche de 24h. Également des parkings longue durée (PR et PX), plus éloignés des terminaux, qui proposent des tarifs plus avantageux (forfait 24h 26 €, forfait 7 j. 158 €). Possibilité de réserver sa place de parking via le site • *aeroportsdeparis.fr* • Stationnement au parking Vacances (longue durée) dans le P3 Résa (terminaux 1 et 3) situé à 2 mn du terminal 3 à pied, ou dans le PAB (terminal 2). Formules de stationnement 1-30 j. (115-230 €) pour le P3 Résa. Résa w-e de 4 j. au PAB : 49 €. Réservation sur Internet uniquement. Les P1, PAB et PEF accueillent les deux-roues : 15 € pour 24h.

Comment se déplacer entre Roissy-Charles-de-Gaulle 1, 2 et 3 ?

Les rames du CDG-VAL font le lien entre les 3 terminaux en 8 mn. Fonctionne tlj, 24h/24. Gratuit. Accessible aux personnes à mobilité réduite. Départs ttes les 4 mn, et ttes les 20 mn minuit-4h. Desserte gratuite vers certains hôtels, parkings, gares RER et gares TGV. *Infos au* ☎ *39-50.*

À Orly-Sud et Orly-Ouest

En transports collectifs

Les cars Air France : ☎ *0892-350-820 (0,34 €/mn).* • *lescarsairfrance.com* • *Tarifs : 11 € l'aller simple, 19 € l'A/R ; réduc 2-11 ans. Paiement par CB possible dans le bus.*
➢ *Paris-Orly :* départs de l'Étoile, 1, av. Carnot, ttes les 30 mn, 5h-22h40. Arrêts au terminal des Invalides, rue Esnault-Pelterie (Ⓜ Invalides), gare Montparnasse (rue du Commandant-Mouchotte, face à l'hôtel *Pullman ;* Ⓜ Montparnasse-Bienvenüe, sortie « Gare SNCF ») et porte d'Orléans (arrêt facultatif uniquement dans le sens Orly-Paris). Compter env 1h.
➢ *Orly-Paris :* départs ttes les 20 mn, 6h-23h40, d'Orly-Sud, porte L, et d'Orly-Ouest, porte H, niveau « Arrivées ».

RER C + navette : ☎ *01-60-11-46-20.* • *transdev-idf.com* • Prendre le RER C jusqu'à Pont-de-Rungis (un RER ttes les 15-30 mn). Compter 25 mn depuis la gare d'Austerlitz. Ensuite, navette pdt 15-20 mn pour Orly-Sud et Orly-Ouest. Compter

6,70 €. Très recommandé les jours où l'on piétine sur l'autoroute du Sud (w-e et jours de grands départs) : on ne sera jamais en retard. Pour le retour, départs de la navette ttes les 15 mn depuis la porte G à Orly-Ouest (5h40-23h14) et la porte F à Orly-Sud (4h45-0h55).

Bus RATP Orlybus : • *ratp.fr* • Compter 20-30 mn pour rejoindre Orly (Ouest ou Sud) et 7,20 € l'aller simple.
➢ *Paris-Orly :* départs ttes les 15-20 mn de la pl. Denfert-Rochereau. Orlybus fonctionne tlj 5h35-23h, jusqu'à minuit ven, sam et veilles de fêtes.
➢ *Orly-Paris :* départ d'Orly-Sud, porte H, quai 4, ou d'Orly-Ouest, porte J, niveau « Arrivées ». Fonctionne tlj 6h-23h30, jusqu'à 0h20 ven, sam et veilles de fêtes.

Orlyval : *☎ 32-46 (0,34 €/mn).* • *ratp.fr* • Compter 10,90 € l'aller simple entre Orly et Paris. La jonction se fait à Antony (ligne B du RER) sans aucune attente. Permet d'aller d'Orly à Châtelet et vice versa en 40 mn env, sans se soucier de la densité de la circulation automobile.
➢ *Paris-Orly :* départs pour Orly-Sud et Ouest ttes les 6-8 mn, 6h-23h.
➢ *Orly-Paris :* départ d'Orly-Sud, porte K, zone livraison des bagages, ou d'Orly-Ouest, porte W, niveau 1.

En taxi

Pensez à explorer les nouveaux services de transport de personnes qui se développent dans la capitale et pourraient être adaptés à vos besoins (voir plus haut les solutions en taxi proposées pour se rendre à Roissy).

En voiture

– ***Parkings aéroports :*** à proximité d'Orly-Ouest, parkings P0 et P2. À proximité d'Orly-Sud, P1, P2 et P3 (à 50 m du terminal, accessible par tapis roulant). Compter 28,50 € pour 24h de stationnement. Les parkings P0 et P2 (Orly-Ouest) et P6 (Orly-Sud), à proximité immédiate des terminaux, proposent des forfaits intéressants, dont le « Week-end ». Forfaits disponibles aussi pour les P4 et P5 (éloignés) : 24-27 € pour 24h. Il existe des forfaits Vacances intéressants à partir de 6 j. et jusqu'à 45 j. (100-300 €) aux P2 et P6.
Les P4, P7 (en extérieur) et P5 (couvert) sont des parkings longue durée, plus excentrés, reliés en 10 mn par navettes gratuites aux terminaux. *Rens : ☎ 01-49-75-56-50.* Comme à Roissy, possibilité de réserver en ligne sa place de parking (P0 et P7) sur • *aeroportsdeparis.fr* • Les frais de résa (en sus du parking) sont de 8 € pour 1 j., de 12 € pour 2-3 j. et de 20 € pour 4-10 j. de stationnement pour le P0. Les parkings P0-P2 à Orly-Ouest et P1-P3 à Orly-Sud accueillent les deux-roues : 6,20 € pour 24h.
– À proximité, ***Econopark*** : possibilité de laisser sa voiture à Chilly-Mazarin *(13, rue Denis-Papin, ZA La Vigne-aux-Loups, 91380 ; à env 10 mn d'Orly ; proche A6 et A10).* De 1 à 28 j., compter 30-166 €. Trajet A/R vers Orly en minibus (sans supplément). Option parking couvert possible. Réservation et paiement en ligne • *econopark.fr* • ou par tél *☎ 01-60-14-85-62.*

Liaisons entre Orly et Roissy-Charles-de-Gaulle

Les cars Air France : *☎ 0892-350-820 (0,34 €/mn).* • *lescarsairfrance.com* • Départs de Roissy-Charles-de-Gaulle depuis les terminaux 1 (porte 32), 2A et 2C, 2B et 2D, 2E et 2F (galerie de liaison entre les terminaux 2E et 2F) vers Orly 5h55-22h30. Départs d'Orly-Sud (porte K) et d'Orly-Ouest (porte H) vers Roissy-Charles-de-Gaulle 6h30 (7h le w-e)-22h30. Ttes les 30-45 mn (dans les 2 sens). Durée du trajet : env 50 mn. Tarif : 20 €, 32 € A/R ; réduc.

RER B + Orlyval : *☎ 32-46 (0,34 €/mn).* Depuis Roissy, navette puis RER B jusqu'à Antony et enfin Orlyval entre Antony et Orly. 6h-22h15. Tarif : 19,50 €.

EN BELGIQUE

▲ **AIRSTOP**
Pour ttes les adresses Airstop, un seul n° : ☎ 070-233-188. • *airstop.be* • *Lun-ven 9h-18h30, sam 10h-17h.*
– Bruxelles : bd E.-Jacquemain, 76, 1000.

– Anvers : Jezusstraat, 16, 2000.
– Bruges : Dweersstraat, 2, 8000.
– Gand : Maria Hendrikaplein, 65, 9000.
– Louvain : Tiensestraat, 5, 3000.
Airstop offre une large gamme de prestations, du vol sec au séjour tout compris à travers le monde.

▲ HLA TOURS (HOLY LAND ADVENTURE TOURS)
– Bruxelles : 50, rue Dillens, 1050. ☎ et fax : 02-644-99-43. 📱 0475-423-662. • hla-tours.net • Le siège se trouve à Bethléem. Voir plus loin dans le chapitre « Palestine » la rubrique « Tourisme alternatif et solidaire ».
Cette agence francophone organise depuis 15 ans des circuits et séjours en individuel ou en groupe, avec logement chez l'habitant, en hôtel 1 à 5 étoiles, en auberge de jeunesse ou dans des communautés religieuses en Palestine, Israël et dans la région du Proche-Orient. Son équipe, constituée de spécialistes et professionnels multilingues, propose un tourisme culturel, religieux (pèlerinage chrétien et musulman en Terre sainte), dans une optique solidaire et durable.

▲ NOUVELLES FRONTIÈRES
• nouvelles-frontieres.be •
– Nombreuses agences dans le pays, dont Bruxelles, Charleroi, Liège, Mons, Namur, Waterloo, Wavre et au Luxembourg.
Voir texte dans la partie « En France ».

▲ SERVICE VOYAGES ULB
• servicevoyages.be • 25 agences dont 12 à Bruxelles.
– Bruxelles : campus ULB, av. Paul-Héger, 22, CP 166, 1000. ☎ 02-650-40-20.
– Bruxelles : pl. Saint-Lambert, 8, 1200. ☎ 02-742-28-80.
– Bruxelles : chaussée d'Alsemberg, 815, 1180. ☎ 02-332-29-60.
Service Voyages ULB, c'est le voyage à l'université. Billets d'avion sur vols charters et sur compagnies régulières à des prix compétitifs.

▲ VOYAGEURS DU MONDE
– Bruxelles : chaussée de Charleroi, 23, 1060. ☎ 02-543-95-50. • voyageursdumonde.fr •
Le spécialiste du voyage en individuel sur mesure.
Voir texte dans la partie « En France ».

EN SUISSE

▲ STA TRAVEL
☎ 058-450-49-49. • statravel.ch •
– Fribourg : rue de Lausanne, 24, 1701. ☎ 058-450-49-80.
– Genève : rue de Rive, 10, 1204. ☎ 058-450-48-00.
– Genève : rue Vignier, 3, 1205. ☎ 058-450-48-30.
– Lausanne : bd de Grancy, 20, 1006. ☎ 058-450-48-50.
– Lausanne : à l'université, Anthropole, 1015. ☎ 058-450-49-20.
Agences spécialisées notamment dans les voyages pour jeunes et étudiants. 150 bureaux STA et plus de 700 agents du même groupe répartis dans le monde entier sont là pour donner un coup de main *(Travel Help)*.
STA propose des tarifs avantageux : vols secs *(Blue Ticket)*, hôtels, écoles de langues, *work & travel*, circuits d'aventure, voitures de location, etc. Délivre la carte internationale d'étudiant et la carte Jeune.

▲ TUI – NOUVELLES FRONTIÈRES
– Genève : rue Chantepoulet, 25, 1201. ☎ 022-716-15-70.
– Lausanne : bd de Grancy, 19, 1006. ☎ 021-616-88-91.
Voir texte dans la partie « En France ».

AU QUÉBEC

▲ TOURS CHANTECLERC
• tourschanteclerc.com •
Tours Chanteclerc est un tour-opérateur qui publie différentes brochures de voyages dont une sur le Bassin méditerranéen en circuits ou en séjours. Il s'adresse aux voyageurs indépendants qui réservent un billet d'avion, un hébergement, des excursions ou une location de voiture.

▲ TRANSAT DÉCOUVERTES
• transatdecouvertes.com •
Ce voyagiste propose quelque 25 destinations à la carte ou en circuits organisés, notamment en Israël, en combiné avec l'Égypte.

▲ VACANCES AIR CANADA
• *vacancesaircanada.com* •
Vacances Air Canada propose des forfaits loisirs flexibles vers les destinations les plus populaires et notamment à Jérusalem et Tel-Aviv. Vaste sélection de forfaits incluant vol A/R et hébergement. Également des forfaits vol + hôtel ou vol + voiture.

UNITAID

UNITAID a été créé pour lutter contre le VIH/sida, le paludisme et la tuberculose, principales maladies meurtrières dans les pays en développement. UNITAID intervient dans 94 pays en facilitant l'accès aux médicaments et aux diagnostics, en en baissant les prix, dans les pays en développement. Le financement d'UNITAID provient principalement d'une contribution de solidarité sur les billets d'avion mise en place par six pays membres, dont la France, où la taxe est de 1 € sur les vols intérieurs et de 4 € sur les vols internationaux (ce qui représente le traitement d'un enfant séropositif pour un an). Depuis 2006, UNITAID a réuni plus d'un milliard de dollars. Les financements ont permis à près d'un million de personnes atteintes du VIH/sida de bénéficier d'un traitement et de délivrer plus de 19 millions de traitements contre le paludisme. Moins de 5 % des fonds servent au fonctionnement du programme, 95 % sont utilisés directement pour les médicaments et les tests. Pour en savoir plus : • *unitaid.eu* •

QUITTER ISRAËL ET LA PALESTINE

QUITTER ISRAËL

Taxe de sortie

La taxe de sortie est incluse dans le prix du billet d'avion. En revanche, lorsqu'on quitte le territoire par voie terrestre, il faut acquitter une taxe qui s'élève à 103 Shk environ.

L'aéroport

Avertissement !

Un système de contrôle à l'embarquement, fondé sur la psychologie, a été mis en place. Des jeunes gens (filles ou garçons) soumettent les voyageurs à un feu roulant de questions simples, mais assez inquisitrices, pour les amener, éventuellement, à se contredire. L'une des préoccupations principales de la sécurité israélienne est de vérifier si quelqu'un d'autre a préparé ou approché les bagages avant le vol. C'est un procédé irritant, mais à leurs yeux nécessaire (et très sûrement efficace). Sachez que toute rébellion au procédé ne fait qu'allonger l'interrogatoire et vous risquez, à terme, de louper votre vol. Il faut donc VRAIMENT arriver 3h à l'avance à l'aéroport de Ben Gourion pour passer la sécurité, pouvoir enregistrer et se soumettre à de nouveaux contrôles.

Pour la Jordanie

Il existe 2 postes-frontières entre Israël et la Jordanie ; un troisième se trouve en Cisjordanie (voir plus bas).
Le visa est nécessaire aux ressortissants de l'Union européenne qui se rendent en Jordanie. Il peut s'acheter directement à la frontière du pont Sheikh Hussein ou s'obtenir gratuitement au poste d'Arava/Aqaba dans le Sud (sur ce dernier point, mieux vaut toutefois se renseigner avant le départ auprès de l'ambassade de Jordanie soit de votre pays d'origine, soit de Tel-Aviv pour ne pas vous retrouver coincé à Eilat en cas de changements de procédure). Fouille assez sévère du côté israélien. Impossible de passer la frontière avec une voiture de location ou un taxi. Un tampon israélien sur son passeport ne pose pas de problème pour passer la frontière jordanienne.

■ ***Ambassade de Jordanie :*** *14, Abba Hillel, Ramat Gan.* ☎ *(03) 751-77-22.* • *jordanembassytelaviv.gov.jo* • *Dans la banlieue de Tel-Aviv. Dim-jeu 9h30-12h30.*
■ ***Consulat de Jordanie :*** *à Ramallah, derrière l'hôtel* Grand Park. ☎ *(02) 297-46-25. Dim-jeu 8h-13h30.* Pour se rendre en Jordanie via le pont Allenby (poste qui ne délivre pas de visa), il est possible de se faire faire un visa ici.

– Les horaires d'ouverture des points de passage sont donnés à titre indicatif ; mieux vaut vérifier.
– ***Poste-frontière du pont Sheikh Hussein :*** *près de Beit She'an.* ☎ *(04) 658-64-42. Dim-jeu 6h30-21h ; ven-sam 8h-20h.* Un bus relie la gare centrale de Beit She'an à la frontière. Visa délivré sur place.
C'est un poil labyrinthique, mais voici la marche à suivre :
– Quitter son véhicule pour gagner le premier contrôle des passeports. Laisser ses bagages à l'entrée.
– Au premier guichet, payer la taxe de sortie (en principe 100 Shk). On peut demander à avoir le tampon de sortie sur une feuille volante (et pas

sur le passeport).
– Au guichet d'à côté, contrôle des passeports. Puis longer le *duty-free* pour gagner la sortie et, à droite, trouver la salle d'attente des bus.
– Bus env ttes les 30 mn pour franchir les 2 km du no man's land et parvenir à l'autre poste-frontière. Mettre son bagage en soute et payer son ticket (5 Shk).
– Côté jordanien, laisser à nouveau ses bagages à l'entrée du bâtiment *(Immigration Arrivals)*. Puis acheter son visa au guichet à gauche (20 dinars jordaniens). Possibilité également de demander à avoir son visa sur une feuille volante (le visa indique le lieu d'émission comme étant la frontière avec Israël).
– Puis passage de la douane à gauche et arrivée sur un grand parking. Prendre un taxi pour quitter la zone frontalière et retrouver, à 2 km, les bus et taxis jordaniens.
– ***Poste-frontière Yitzhak Rabin (ou Arava) :*** *au sud du pays, à 4 km d'Eilat. ☎ (08) 630-05-55 ou 633-67-53. Tlj 6h30 (8h ven-sam)-20h. Visa gratuit délivré sur place.* Pas de bus entre Eilat et la Jordanie. Pour rejoindre la frontière, seule solution : le taxi. Pour rejoindre Aqaba, prendre un taxi collectif stationné de l'autre côté de la frontière. On rejoint Pétra en 2h de bus d'Aqaba.

Pour l'Égypte

– ***Poste-frontière de Taba :*** *à 9 km env d'Eilat. ☎ (08) 636-09-99. Tlj 24h/24.* C'est le point de passage entre Israël et le Sinaï. Pas de visa nécessaire pour se rendre dans le Sinaï (Sainte-Catherine, Nuweiba, Dahab, Charm-el-Cheikh), mais au-delà, il en faut un. À Eilat, on peut l'obtenir au consulat d'Égypte, le jour même de la demande. Apporter son passeport (valide au moins 6 mois) et une photo d'identité. Il est valable 1 mois. Prendre le bus n° 15 de la gare centrale d'Eilat jusqu'à la frontière de Taba. À la frontière, possibilité de changer son argent. Du côté égyptien, des bus partent régulièrement en direction des principaux sites du Sinaï. Attention : taxe d'entrée en Égypte (env 75 livres égyptiennes, soit env 13 $). Il n'est pas possible de passer en Égypte avec une voiture de location.

■ ***Ambassade d'Égypte :*** *54, rehov Basel, Tel-Aviv. ☎ (03) 546-41-51/52. Ouv dim-jeu 9h-11h.*
■ ***Consulat d'Égypte :*** *68, rehov Efroni, Eilat. ☎ (08) 637-68-82. Tlj sf ven-sam 9h30-14h.*

QUITTER LA PALESTINE

Pour Israël

Le franchissement s'effectue par différents check-points le long du mur, en fonction du mode de transport (en bus, à pied ou en voiture). Se reporter plus loin à la partie « Palestine utile », rubrique « Check-points ».

Pour la Jordanie

– ***Le pont Allenby (ou King Hussein Bridge) :*** *à une dizaine de km à l'est de Jéricho. ☎ (02) 548-26-00. Dim-jeu 8h-22h (17h les j. fériés), ven-sam 8h-13h. Fermé pour Kippour et l'Aïd el-Adha. Mieux vaut téléphoner avt pour vérifier les horaires, car les frontières peuvent parfois fermer plus tôt.* Officiellement, ce n'est pas un poste-frontière mais un point de passage, qui ne délivre pas de visa. Il est donc indispensable d'en avoir fait la demande auprès du consulat de Jordanie dans son pays d'origine, à Tel-Aviv ou à Ramallah.
➢ Pour rejoindre le pont Allenby : bus depuis Jérusalem ou compter 20 Shk en taxi de Jéricho, puis 5 Shk de taxi israélien pour traverser la frontière.

Pour l'Égypte

– ***Poste-frontière de Rafah (bande de Gaza) :*** il sépare l'Égypte de la Palestine, mais il est fermé jusqu'à nouvel ordre pour les touristes, qui n'ont pas accès à la bande de Gaza.

HISTOIRE

PRÉAMBULE

Placée en début de guide, l'histoire brossée ici est celle d'une région (quel que soit son nom au fil des siècles) et des peuples qui l'ont façonnée. Terre de brassage, berceaux spirituels et carrefour économique, cette partie du monde conjugue depuis toujours des sensibilités, des perceptions et des revendications bien différentes, mais aussi des espoirs.

LES PEUPLES ANCIENS DE PALESTINE

– ***Les Cananéens*** (IIIe millénaire av. J.-C.) ***:*** des Sémites habitant la terre de Canaan qu'ils partageaient avec les Amorites et les Hivvites.
– ***Les Hébreux*** (XVIIIe s av. J.-C.) ***:*** des Sémites originaires de Mésopotamie, qui migrèrent vers la terre de Canaan, guidés, selon la tradition biblique, par Abraham.
– ***Les Moabites*** (XIIIe s av. J.-C.) ***:*** peuple nomade qui s'établit à l'est de la mer Morte.
– ***Les Philistins*** (XIIe s av. J.-C.) ***:*** habitants non sémitiques de la côte, des Indo-Européens, qui dominaient les villes de Gaza, Ashqelon et Ashdod. D'origine probablement grecque, ils donnèrent du fil à retordre au roi David.
– ***Les Phéniciens*** (XIIe-IXe s av. J.-C.) ***:*** habitants de la plaine côtière, ils fondèrent Sidon, Byblos, Tyr. L'invention de l'alphabet leur est attribuée. Ils utilisaient une langue sémitique proche de l'hébreu.
– ***Les Araméens*** (Xe-VIIIe s av. J.-C.) ***:*** nomades sémites qui s'installèrent en Mésopotamie, c'est-à-dire essentiellement en Syrie et en Irak.
– ***Les Nabatéens*** (VIe s av. J.-C.-IIe s apr. J.-C.) ***:*** Sémites, tribu arabe nomadisante, ils s'installèrent au VIe av. J.-C. en Arabie septentrionale et fondèrent de grandes cités fortifiées dans le désert afin de s'assurer le contrôle du commerce avec l'Orient. Leur capitale était Pétra, en Jordanie.
– ***Les Séleucides*** (355-280 av. J.-C.) ***:*** dynastie hellénistique qui reçut la Syrie en héritage de l'empereur Alexandre le Grand.
– ***Les Omeyyades*** (660-750) ***:*** dynastie musulmane fondée par Mu'âwiya, qui avait Damas comme capitale.
– ***Les Abassides*** (750-1258) ***:*** deuxième dynastie des califes de l'Islam, qui fit de Bagdad sa capitale.
– ***Les Ayyubides :*** dynastie musulmane fondée par Salah ed-Din (Saladin ; 1171-1250).

DES ORIGINES LOINTAINES JUSQU'AU PREMIER EXIL DU PEUPLE HÉBREU (586 AV. J.-C.), LA TERRE DE CANAAN

On ne possède que peu d'informations relatives aux Cananéens, peuple sémite qui habitait principalement les plaines. Aux Cananéens de l'Antiquité, il faut également associer les Amorites qui vivaient dans la montagne, les Jébuséens et les premiers habitants de Jérusalem qui se partageaient ce territoire restreint. Le pays était alors divisé en villes indépendantes relevant plus ou moins de l'autorité égyptienne. Les Phéniciens, grands navigateurs et inventeurs de l'alphabet, vivaient eux sur la côte où ils fondèrent de nombreux établissements portuaires. Puis vinrent les Hébreux, dont l'origine est à chercher dans le « Croissant fertile ». Cela remonte au XVIIIe s av. J.-C. Il y a tout lieu de croire que ce sont les Habirou (ou Apirou) des archives babyloniennes (de Mari) ou encore égyptiennes (de Tell-el-Amarna), mentionnés soit comme esclaves, soit comme brigands, qui se sont rassemblés formant l'entité appelée « Ivrim » (Hébreux) par la Torah.

Selon la tradition, ils s'installèrent en terre de Canaan, la « Terre promise », sur les traces de leur chef, le grand Abraham. Celui-ci eut deux fils : Ismaël, de son esclave Agar, et Isaac, de son épouse Sara. Le premier devint le « père des Arabes », le second engendra la première branche de la longue généalogie du peuple hébreu. C'est de Jacob-Israël, fils d'Isaac, que naquirent 12 fils (Juda, Levi, Simon, Dan, Asher...) dont les noms (comme ceux de leurs grand-père et arrière-grand-père) sont à comprendre comme des patronymes tribaux : les 12 tribus du peuple hébreu étaient nées.

BOUC ÉMISSAIRE

Selon la tradition juive, ce bouc était chargé de tous les péchés de la tribu. Il était donc chassé du groupe afin d'éloigner la malédiction divine. Aujourd'hui, un bouc émissaire est celui à qui on attribue injustement toutes les fautes.

HISTOIRE

Affaiblies par de fréquentes famines, ces tribus nomades furent contraintes de descendre dans la fertile vallée du Nil (par vagues, sans doute). Devenues esclaves du pharaon, elles y restèrent deux à trois siècles avant de suivre un Hébreu d'Égypte : Moïse.

C'est à cette époque, vers 1200 av. J.-C., durant le règne du pharaon Mérenptah, que le nom d'« Israël » apparaît pour la première fois, gravé sur une stèle. Dotés d'une foi en un dieu unique, invisible, omnipotent et omniscient, un dieu qui « s'était allié à Abraham » et « lui avait promis la prospérité, à lui et à sa descendance », les fils d'Israël reçoivent par l'intermédiaire de Moïse au mont Sinaï la *Torah* (la Loi, à vrai dire l'« Enseignement »), les Dix Paroles *(Divroth)* et les 613 préceptes *(Mitsvoth)*. Dès lors, confortés dans leur foi en une « Terre promise », c'est dans un combat autant politique que religieux pour sa reconquête qu'ils s'engagent. Reconquérant, par le glaive, une partie de la Terre promise – sous le commandement de Josué –, les fils d'Israël s'installent en terre de Canaan, principalement dans les régions montagneuses de la Judée, de la Samarie et de la Galilée, mais aussi en Transjordanie (Gad et Ruben).

Viennent alors, de 1200 à 1000 av. J.-C. (grosso modo), deux siècles durant lesquels les 12 tribus vivent sous la tutelle de juges *(shoftim)*, comme Samson, Gédéon et Déborah, sortes de législateurs et de chefs religieux, politiques et militaires. Le centre religieux, autour de la tente d'Assignation (et de ses Tables), est alors à Shiloh, au nord de Jérusalem.

Ce régime de mosaïque de tribus étant menacé par la pression militaire des Philistins, le « Conseil des Anciens » décide d'instaurer l'inéluctable royauté. Après le court et tragique règne de Shaoul (Saül), David (de la tribu de Juda) prend le pouvoir, et fait (pour des raisons politiques) du site de Jérusalem la capitale administrative et religieuse du royaume uni d'Israël, royaume qui ne durera guère plus que le temps de David et de son non moins illustre fils, Salomon (qui fit construire le premier Temple).

Mais, mécontentes de la suprématie de la tribu de Juda, les 10 tribus du Nord (ou d'Israël) se séparent des deux tribus du Sud, Juda et Benjamin. Depuis ce schisme (en 924 av. J.-C.) et jusqu'en 722 av. J.-C., il y eut deux royaumes, deux dynasties, deux capitales (Jérusalem et Samarie), tantôt en paix, tantôt en guerre.

En 722 av. J.-C., les Assyriens détruisent la Samarie et le royaume du Nord, celui d'Israël. Les 10 tribus sont exilées, puis éparpillées, ne laissant comme seules

traces que les samaritains. Jadis nombreux, ils forment aujourd'hui une toute petite communauté endogame, accrochée au mont Garizim, près de Naplouse, et pratiquent encore tous les rites bibliques, tels les sacrifices pascaux.
Le royaume de Juda, quant à lui, résiste encore un siècle et demi aux assauts de ses ennemis septentrionaux.
C'est l'époque, en Judée, des trois grands prophètes (Isaïe, Jérémie et Ézéchiel) et des 12 petits prophètes (Amos, Osée, Michée...). Le culte du dieu unique est centralisé (par le roi Josias) en un seul lieu, Jérusalem. Mais en 586 av. J.-C., le roi babylonien Nabuchodonosor détruit Jérusalem et son Temple. C'est le début de ce que les Hébreux appellent le premier exil.

DU PREMIER EXIL (586 AV. J.-C.) AU SECOND EXIL (135 APR. J.-C.)

En 586 av. J.-C., les fils de Juda sont soit emmenés en captivité à Babylone, soit partis se réfugier en Égypte, mais sans y être disséminés. Le peuple hébreu est alors obligé de se fondre dans d'autres nations. Dès lors, il ne s'agira plus des Hébreux (peuple caractérisé par une langue, une religion et un territoire communs), mais des Juifs (aux origines et à la religion communes). Leur chance fut la montée en puissance des Perses achéménides (au détriment des Babyloniens) et la venue au pouvoir du grand satrape libéral Koresh (Cyrus) : il leur permit dès 538 de revenir en Judée, ce qu'ils firent, conduits par le prophète Néhémie et le scribe Ezra, pour reconstruire le Temple à partir de l'an 515 avant notre ère.
Cette époque de l'exil puis de la domination babylonienne est riche en évolution : les fils de Yéhouda prendront le nom de *Yéhoudim,* Juifs ; à cette même époque, ils adoptent l'écriture araméenne carrée – encore en vigueur aujourd'hui – et se mettent à réfléchir à la codification du Tanakh (la Bible hébraïque).
Des 180 ans de domination perse, nous ne savons presque rien, si ce n'est que les Juifs jouissent d'une certaine autonomie religieuse, politique et financière, en Judée, autour de Jérusalem.
Nous voici maintenant en 333 av. J.-C. Un jeune Macédonien plutôt génial, du nom d'Alexandre, nourrit un rêve, le rêve le plus long de l'Antiquité : l'union entre l'Orient et l'Occident. C'est le début d'une immense épopée : à son apogée, s'étendant de l'Atlantique jusqu'au fleuve Indus, des bords de la mer Caspienne à la Nubie, l'hellénisme s'affirme comme une expérience culturelle d'extrême importance, qui a convaincu de nombreux peuples. Sauf le peuple juif, cristallisé autour d'un livre, d'une mémoire, d'une perception du monde, d'une règle de vie. Certes, l'hellénisme a séduit certains Juifs, les « Juifs hellénisés » – on dirait aujourd'hui « assimilés » –, mais, de l'autre côté, la petite Judée est, elle aussi, parvenue à charmer par les mystères de sa profondeur. Aux IIIe et IIe s av. J.-C., la Bible fut traduite en grec à l'usage des Juifs hellénisés – mal, bien sûr ! – à Alexandrie (la célèbre Septante).
De l'hellénisme universel ou du judaïsme tribal, lequel des deux allait l'emporter ? La réponse se résume en quatre lettres : Rome. Rome et ses 25 légions. Nous sommes en 63 av. J.-C. Mettant fin à un siècle mouvementé de reprise du pouvoir par des Juifs qui s'adonnent à l'hellénisme (les Asmonéens, à la fois rois et grands prêtres), Pompée et sa puissance militaire instaurent la *Pax Romana* dans une Judée effervescente. Devenue *Provincia Judea,* celle-ci est tiraillée entre l'hellénisme, le nationalisme, le messianisme (voire l'eschatologie) et aussi un judaïsme rabbinique, qui interprète, codifie la « Loi écrite » et crée la « Loi orale » ou *Mishnah.*
En 37 av. J.-C., un certain Hérode, Iduméen judaïsé, éduqué à Rome (et donc hellénisé), et partagé entre sa judaïté et sa fidélité à l'Empire romain, accède au pouvoir en Judée. Plus roi de Judée que roi des (archi divisés) Juifs, ce dernier est un bâtisseur génial et mégalomane, sans doute paranoïaque (haï par les Juifs,

car il n'est pas issu de la famille de David), sans doute un peu fou. Ami intime de Marc Antoine, puis de son triomphant rival, Octave Auguste, Hérode va régner (non sans effusion de sang) sur une Judée bouillonnante, en quête d'un « messie libérateur ».
Judéo-Romain, il fait construire le plus beau temple de la région (le second temple de Jérusalem), mais aussi des cités païennes, telles que Césarée-Maritime et Sébaste, en Samarie (ainsi que de nombreux palais et forteresses).
Pendant ce temps, dans un tout petit patelin galiléen, Nazareth, un certain Yéshoua (Jésus) grandit et apprend la Torah...
De nouveau, du messianisme, nationalisme-hellénisme ou pharisianisme (le judaïsme rabbinique), lequel allait l'emporter ?
D'un côté, les esséniens (ascètes juifs puristes) se retirent dans le désert, copient la Bible et écrivent leurs mémoires, persuadés d'être les élus de Dieu. De l'autre, dominateurs selon leur habitude, les Romains essaient d'imposer leur loi, celle du *divinus imperator.* De l'autre encore, des rabbins sont tiraillés entre une interprétation douce *(Beit-Hillel)* ou rigoriste *(Beit-Shammaï)* de la Torah. La *Halakah,* c'est-à-dire la loi orale, n'est pas si loin. Et, çà et là, dans une atmosphère électrisée, des personnages charismatiques, qu'ils soient chiromanciens, magiciens, prophètes ou encore « messies », séduisent un peuple désemparé, lui promettant monts et merveilles.

HISTOIRE

En l'an 70, ayant osé se rebeller (4 ans plus tôt) contre l'écrasante force militaire d'un Empire romain à son apogée, les Juifs voient leur Temple réduit en cendres ! Les Romains triomphent, ce qui n'est pas pour déplaire à un certain Shaoul (Paul) de Tarse, pharisien devenu diffuseur infatigable du message nouveau laissé par ce Jésus qui a été crucifié (en 30 ou 33). Synthétisant judaïsme, hellénisme et enseignements de Jésus, Shaoul réussit à séduire beaucoup de païens en déroute spirituelle. C'est la naissance du christianisme. Le paulinisme christique de la Trinité l'emporte à la fois sur le judaïsme (devenu talmudique) et sur une Rome vaincue par les Barbares et aussi par ses propres excès.

LE RÔLE FONDAMENTAL DE SAINT PAUL

De son vivant, Jésus ne convertit que 120 fidèles. Saint Paul, citoyen romain, commença d'abord par persécuter les chrétiens puis devint un fidèle acharné à la suite de l'apparition de Jésus sur le chemin de Damas. En voyageant en Turquie puis en Grèce, il réussit à créer des communautés chrétiennes en convertissant notamment des non-juifs et des femmes. Le christianisme vainquit l'Empire romain en 3 siècles par la conversion de l'empereur Constantin.

Bien avant cela cependant, les Juifs se révoltent contre Rome, d'abord à Alexandrie, en 115, puis une autre fois en Judée, en 132. Redoutant la menace que fait peser sur le judaïsme l'empereur Hadrien (armé de mesures antijuives), la Judée en arrive à la révolte générale. À sa tête, Bar Kokhba, un chef militaire, nanti d'une auréole messianique. La contrée connaît alors, entre 132 et 135, 3 années d'une guérilla impitoyable, puis d'une contre-guérilla non moins terrible. Bien sûr, Rome finit par l'emporter, et les Juifs, une fois de plus, prennent le chemin de l'exil, à Rome, en Cyrénaïque, à Babylone ou ailleurs. C'est le début du second exil (qui va durer 1 813 ans !). Un tournant capital dans leur histoire.

DU SECOND EXIL (135) JUSQU'À LA FIN DE L'EMPIRE OTTOMAN

Puissance triomphante, Rome paganise Jérusalem, la rebaptise *Ælia Capitolina* et la Judée devient dorénavant Palestine. En 333, avec la conversion de l'empereur Constantin, le christianisme devient la religion d'État de l'empire. Et voici qu'affluent les premiers (et nombreux) pèlerins chrétiens qui visitent le Saint-Sépulcre, ledit tombeau de Jésus-Christ ; voici aussi de nombreux sanctuaires dédiés à Marie Théotokos (« Mère de Dieu »). La Palestine devient chrétienne elle aussi, la vie monastique s'y développe et, sous Théodose Ier, on n'utilise plus que le grec, la langue de l'Empire byzantin tout-puissant. En 614, les Perses mettent fin à l'hégémonie byzantine et envahissent la Palestine, saccageant ses nombreux sanctuaires.

Puis, peu avant sa mort en 632, du fond de son Arabie désertique, Muhammad (Mahomet) voit les choses en grand. La conquête musulmane commence. La vieille terre palestinienne passe aux mains des Arabes musulmans omeyyades de Damas (de 660 à 750), qui érigent sur le site du Temple la mosquée d'Omar (ou Dôme du Rocher) en 691. Les Arabes abbassides de Bagdad (de 750 à 1070) règnent ensuite sur le territoire. Puis en 1077, les Turcs seldjoukides prennent Jérusalem et s'y installent pendant 20 ans. Pas plus, car les croisés d'Occident (qui rêvaient de libérer le tombeau du Seigneur, mort, grosso modo, 1 000 ans auparavant) ne sont pas loin.

Se succèdent en effet deux siècles épiques dans le royaume latin de Jérusalem. Deux siècles de croisades, nettement divisés entre une première période (de 1099 à 1187), durant laquelle les Francs triomphent, poussant jusqu'au Caire, à Damas et en Transjordanie, et une période (de 1187 à 1291) de déclin où les croisés campent sur un espace bien restreint, entre Gaza et Saint-Jean-d'Acre (leur capitale). Dès 1187, le grand Saladin (kurde et sultan d'Égypte !), partisan convaincu d'une expansion de l'islam, reprend en partie la Palestine. Et en 1291 a lieu l'ultime offensive contre les croisés : c'est la fin du royaume latin de Jérusalem. Nouveaux maîtres sur le terrain, les musulmans mamelouks y dictent leur loi et défont les Mongols. En 1267, la communauté juive de Jérusalem peut se reformer autour de l'érudit Moïse ben Nachman, dit Nachmanide. Après les mamelouks, ce sont les Turcs de l'Empire ottoman qui prennent le relais, en 1517, et administrent le pays comme l'une de leurs nombreuses provinces jusqu'en 1917.

LA PESTE NOIRE ET LES JUIFS

La peste noire est arrivée en France en 1347. Personne ne savait qu'elle se propageait via les puces des rats. Or, au Moyen Âge, les chats, leurs prédateurs, étaient chassés des maisons chrétiennes car considérés comme des animaux maléfiques. En revanche, ils étaient acceptés chez les Juifs. Résultat, ceux-ci furent moins touchés par la maladie. Il n'en fallait pas plus pour les en tenir responsables. Beaucoup d'entre eux furent brûlés vifs.

TERRE PROMISE

Rien n'est simple avec le judaïsme. Son histoire multimillénaire ne saurait se confondre avec celle de l'État d'Israël et réciproquement, ni avec celle de la Palestine. Car même si la Terre sainte et Jérusalem occupent une place centrale dans la conscience juive, la religion, la philosophie et l'éthique juives ne peuvent se réduire à la seule question de l'État d'Israël.

Le sionisme

L'idée d'un État juif a pris corps dès le milieu du XIXe s avec la naissance des mouvements sionistes, principalement parmi les populations juives d'Europe de l'Est. Dès les années 1880, des Juifs russes créent le mouvement des Amants de Sion, qui prône le retour du peuple juif sur sa terre ancestrale. Les Juifs sont alors divisés en deux grands courants : les assimilationnistes surtout présents en France et en Allemagne, et les socialistes qui se recrutent parmi les couches prolétarisées du judaïsme d'Europe orientale. C'est l'époque où le Bund, parti social-démocrate juif, est le seul mouvement révolutionnaire vraiment structuré en Russie.

En 1894, le journaliste et dramaturge juif (et laïque) hongrois, Theodor Herzl, qui a couvert le procès du capitaine Dreyfus, est convaincu que les Juifs ne peuvent assurer leur salut que dans le cadre d'un État. Il proclame le retour en Palestine. Dans son livre *L'État des Juifs,* Herzl explique comment les Juifs doivent s'y prendre pour créer un État. Excédés par un virulent antisémitisme (voir les pogroms en Pologne et en Russie, ou encore l'affaire Dreyfus), de jeunes Juifs résolus décidèrent d'en finir avec leur condition humiliante de « Juifs diasporiques honteux » et de se réenraciner dans le pays d'Israël tant rêvé.

C'est le sionisme, un ambitieux projet donc, conçu par quelques jeunes idéalistes décidés à créer dans l'ancien Israël une structure politique juive indépendante, un État pour les Juifs du monde entier. De partout, de jeunes Juifs affluent vers la Palestine et fondent de petites communautés agricoles, bercés par les idéaux du printemps des nations et du communisme. En parallèle, leurs efforts diplomatiques auprès des Anglais se soldent par la promesse de ces derniers de créer un « National Jewish Homeland » (c'est la déclaration Balfour, de novembre 1917).

EN TERRE AFRICAINE

Convaincu de la nécessité du retour du peuple juif sur la terre d'Israël, Theodor Herzl rencontra l'empereur Guillaume II, le pape Pie X et le sultan Abdul Hamid afin d'arracher un bout de terre et d'y établir une nation juive affranchie. Les réticences des divers interlocuteurs furent telles que Herzl, en désespoir de cause, et pour accueillir en urgence les survivants des pogroms d'Europe de l'Est, en vint à considérer favorablement, à titre provisoire, la proposition de lord Chamberlain, celle d'un projet d'implantation... en Ouganda, un protectorat britannique. Mais l'idée fut rapidement abandonnée.

Herzl veut créer une banque nationale chargée d'acquérir des terres et commence à réunir des fonds pour le rachat de la Palestine. Celle-ci, dont la population est alors majoritairement arabe, est toujours sous la juridiction du sultan turc, et Herzl tente de négocier avec lui un prix, sans succès. La politique de rachat commence, financée par la Banque nationale juive et le Fonds national juif (fondé, lui, par le scientifique Chaïm Weizmann). Dès le départ, ces rachats suscitent des conflits, les paysans arabes se trouvant privés des terres vendues par les cheikhs (chefs de tribus et grands propriétaires terriens). Le premier kibboutz est créé à Degania en 1909.

Le mouvement sioniste est alors divisé en une multitude de courants dominés par une idéologie laïque franchement antireligieuse, d'inspiration socialiste. Le mouvement Poaleh Tzion, auquel appartient le futur Premier ministre David ben Gourion, est ouvertement marxiste. Il prône la création d'un État collectiviste en Palestine. Certains de ses adhérents rejoindront les bolcheviks après 1917. Face à cette tendance, Zeev Vladimir Jabotinsky, fondateur du Mouvement sioniste révisionniste (ce terme signifiant la volonté de « réviser le sionisme »), laïque mais conservateur, est partisan d'un État juif sur l'ensemble de la Palestine biblique, à la différence des sionistes socialistes qui sont favorables à un compromis avec les Arabes.

Dans son essence, le conflit israélo-palestinien est donc un conflit territorial – et non religieux –, un conflit armé entre deux peuples qui revendiquent la même terre nourricière, entre la Méditerranée et le Jourdain. « Un seul lit pour deux rêves », tel pourrait être le titre de cette vieille lutte. Les origines de la discorde sont à chercher dans le bouleversement radical qui se produisit dans cette partie du Moyen-Orient au début du XXe s.

Essoufflé, dépassé, l'Empire ottoman s'effondra et laissa la place aux puissances de l'Occident, ravies de pouvoir mettre le grappin sur ce lopin de terre de tout temps convoité. La triomphante Angleterre et la France se partagèrent alors (au terme de la Première Guerre mondiale) le Proche-Orient : le Liban et la Syrie aux Français, la Transjordanie et la Palestine aux Anglais. Nous sommes en 1915. Sur le terrain vivaient 750 000 Arabes et 58 000 Juifs.

Le mandat britannique

En 1917, pour remercier le chimiste Chaïm Weizmann d'avoir facilité l'effort de guerre britannique par ses brevets dans l'artillerie, le ministre des Affaires étrangères britannique, lord Balfour, promet l'établissement d'un foyer national juif en Palestine.

Après la Première Guerre mondiale, l'émir Fayçal d'Arabie, qui vient de lutter aux côtés des Anglais contre les Turcs, obtient l'indépendance et se déclare favorable à la souveraineté juive sur la Palestine. Mais dans les années 1920 éclatent les premiers heurts judéo-arabes. Eh oui, sur cette terre vivent quelque 750 000 Arabes qui, naturellement, se sentent menacés. D'autant plus menacés que la promesse anglaise faite aussi pendant la guerre à tous les Arabes du Moyen-Orient de créer un grand État panarabique s'avère être une promesse de Gascon. Déçus, frustrés, les Arabes de Palestine (qui s'étaient jusque-là considérés comme des Syriens du Sud) commencent à développer, en réaction au sionisme naissant, une conscience nationale propre.

LA DÉCLARATION BALFOUR

Un tournant de l'histoire sioniste : le 2 novembre 1917, lord Arthur James Balfour écrivit une lettre adressée à lord Rothschild, puis téléphona à Chaïm Weizmann, le futur président d'Israël, pour la lui lire. « Le gouvernement de Sa Majesté envisage favorablement l'établissement en Palestine d'un foyer national pour le peuple juif et emploiera tous ses efforts pour faciliter la réalisation de ce but, étant clairement entendu que rien ne sera fait qui puisse porter atteinte ni aux droits civils et religieux des communautés non juives existant en Palestine ni aux droits et au statut politique dont les Juifs jouissent dans tous les autres pays. »

De leur côté, comme à leur habitude dans leurs colonies, les Britanniques jouent à fond la division entre peuples et ethnies, ici Juifs et Arabes. Ils favorisent donc la création du royaume de Transjordanie qui comprend la partie orientale de la Palestine. Dans la partie occidentale, les Juifs poursuivent et développent leur politique de rachat de terres, grâce à l'appui financier des milieux sionistes européens et américains, et créent de nouvelles villes comme Tel-Aviv (1910) ou Petah Tikvah. La Société des nations entérine le mandat britannique sur la Palestine occidentale, tandis que sa partie orientale est confiée à Abdallah, frère du roi Fayçal, qui en fera le royaume de Transjordanie (renommé Jordanie en 1950).

Non seulement les tensions montent entre Arabes et Juifs, mais de part et d'autre, le sentiment antibritannique prend de l'ampleur. Des incidents sanglants commencent à éclater, à Tel Haï (en haute Galilée) en 1921 (avec la mort de Trumpeldor), puis à Hébron, en 1929, où 67 Juifs sont massacrés.

Dans le même temps, des Juifs (d'Europe de l'Est, principalement) continuent à émigrer vers la Palestine. Avec eux s'ensuit une (relative) prospérité économique qui, elle-même, attire des Arabes des contrées avoisinantes. Les Juifs achètent des terres, lopin par lopin, de la main d'Arabes, souvent en cachette... Ils assèchent des marécages, construisent des routes et créent, à l'insu du gouvernement anglais, une infrastructure militaire clandestine. La tension monte. Les Anglais, quelque peu dépassés par les événements, se prononcent (en 1936) pour la création de deux États en Palestine, l'un palestinien, l'autre juif. Prosionistes au début, ils retournent leur veste et limitent l'immigration des Juifs (à 75 000 par an). Dès 1936, la violence des heurts entre Arabes et Juifs et les dissensions intérieures qui déchirent les deux partis obligent la SDN et la Grande-Bretagne à envisager une partition de la Palestine occidentale en deux États, l'un juif, l'autre arabe. Dès lors, la politique d'acquisition de terres que poursuit la communauté juive prend un caractère stratégique, puisqu'elle entend préfigurer les territoires à conserver.

En 1939, devant les tensions internationales grandissantes, les Britanniques tentent de ménager les populations arabes (le risque qu'elles s'allient à la Turquie, et donc à l'Axe contre les Alliés n'est pas négligeable). Ils publient le *Livre banc sur la Palestine,* qui limite l'immigration juive sur le territoire. Moment plutôt mal choisi puisque les Juifs d'Europe, persécutés par les nazis, voient les portes de ce qu'ils considèrent toujours comme leur « Terre promise » se refermer à un moment tragique de leur histoire.

LE MUFTI DE JÉRUSALEM

Au début du XXe s, le Grand Mufti de Jérusalem, leader politique et religieux musulman, nationaliste arabe, crispa les relations entre juifs et musulmans, mais aussi entre Arabes et Britanniques. Anti-anglais, il fut expulsé de Palestine et se réfugia en 1941 en Allemagne, où il rencontra Hitler. Puis il aida à organiser une division SS de musulmans bosniaques en 1943. L'attitude du Mufti jeta l'opprobre sur les Palestiniens qui furent plus nombreux à s'engager aux côtés des Alliés qu'auprès des nazis. Capturé par les troupes françaises, le Mufti resta en France après la défaite allemande avant de s'enfuir sous un faux nom.

Le terrorisme juif antibritannique

Pendant la Seconde Guerre mondiale, les Juifs de droite les plus extrémistes constituent le groupe Stern et continuent la lutte contre les Anglais, allant jusqu'à faire assassiner le gouverneur de Palestine, puis l'ambassadeur britannique en Égypte en 1944. Mais la majorité des mouvements sionistes opte pour la lutte contre les forces de l'Axe et constitue une brigade juive dans l'armée britannique.

De leur côté, les chefs spirituels palestiniens restent fidèles à la Turquie et, comme elle, misent sur la victoire de l'Allemagne nazie. Après la guerre, les Anglais, qui ont fait des promesses aux deux camps, se retrouvent pris entre deux feux. Entre 1945 et 1947, les terroristes juifs de l'Irgoun, sous les ordres des futurs Premiers ministres Menahem Begin et Yitzhak Shamir, multiplient les attentats aveugles contre les Britanniques, à tel point que ces derniers réclament une intervention des États-Unis (où la Diaspora juive prend alors une certaine influence), pour accélérer le règlement du conflit. Une bombe explose à l'hôtel *King David* de Jérusalem et fait plus d'une centaine de victimes dont de nombreux civils. Sur ce sujet, nous recommandons vivement la visite des musées de la Haganah et de l'Irgoun à Tel-Aviv (exceptionnels témoignages, films, documents, etc.). Pour recentrer leur action et alléger leur tâche, les Anglais finissent, en 1946, par accorder son indépendance à la Transjordanie.

OPÉRATION BERNHARD

Les nazis savaient que la fausse monnaie était un excellent moyen pour anéantir l'économie anglaise. L'Allemand Bernhard Krüger écuma les camps de concentration pour récupérer les meilleurs imprimeurs juifs. Ces faux billets ne furent guère utilisés par les nazis. En revanche, la résistance juive s'en servit pour financer sa lutte contre les Britanniques pour la création de l'État d'Israël.

Dans le même temps, ils arrêtent et exécutent plusieurs combattants indépendantistes et interdisent formellement toute nouvelle immigration juive en Palestine.

L'odyssée de l'Exodus

En 1945, le monde découvre avec horreur l'extermination des Juifs par les nazis et va s'indigner pendant 2 longues années de ce que les Britanniques puissent refuser l'accès à la Palestine aux survivants qui croupissent depuis la fin de la guerre dans des camps de réfugiés en Europe. C'est à ce moment que se produit l'épisode de l'*Exodus.* En juillet 1947, ce navire, sur lequel s'entassent près de 6 000 survivants de l'Holocauste, quitte le port de Sète. Quelques jours plus tard, le bateau est arraisonné par les Britanniques devant le port de Haïfa et refoulé vers l'Europe. Débarqués dans un premier temps à Port-de-Bouc, les réfugiés reçoivent le soutien des dockers CGT et des mouvements de gauche français, avant de repartir pour Hambourg.

PLUTÔT MOURIR EN COMBATTANT

À l'est de Lublin, le camp de Sobibor était particulièrement terrible. En octobre 1943, en aiguisant leurs cuillères, un commando de déportés conduits par un officier russe prisonnier réussit à égorger une douzaine de SS. Environ 300 Juifs purent s'enfuir. Beaucoup périrent dans les champs de mines autour du camp. Au total, 47 détenus voués à la mort sauvèrent leur peau. Une des rares évasions réussies des camps.

L'impact de cet événement dramatique est immense dans l'opinion mondiale, et les Anglais finissent par accepter un plan de partage de la Palestine en un État juif dans la partie occidentale et un État arabe dans la partie orientale. Ce plan est défini en novembre 1947 dans le cadre de la résolution 181 de la toute récente Organisation des Nations unies, qui prévoit également un statut international pour Jérusalem. Il est accepté par la France, l'URSS, les États-Unis et le mouvement sioniste, mais refusé par les États arabes et les Palestiniens. C'est de ce désaccord que découlent toutes les guerres israélo-arabes et l'exode de centaines de milliers de Palestiniens.

CRÉATION DE L'ÉTAT D'ISRAËL ET GUERRES ISRAÉLO-ARABES

« L'ÉTAT D'ISRAËL [...] développera le pays au bénéfice de tous ses habitants ; il sera fondé sur les principes de liberté, de justice et de paix enseignés par les prophètes d'Israël ; il assurera une complète égalité de droits sociaux et politiques à tous ses citoyens, sans distinction de croyance, de race ou de sexe ; il garantira la pleine liberté de conscience, de culte, d'éducation et de culture ; il assurera la sauvegarde et l'inviolabilité des lieux saints et des sanctuaires de toutes les religions et respectera les principes de la Charte des Nations unies.
Nous tendons la main de l'amitié, de la paix et du bon voisinage à tous les États qui nous entourent et à leurs peuples. Nous les invitons à coopérer avec la nation juive indépendante pour le bien commun de tous. L'État d'Israël est prêt à contribuer au progrès de l'ensemble du Moyen-Orient. »

Déclaration d'indépendance d'Israël, 14 mai 1948, prononcée par David ben Gourion

Les premiers mois de 1948 sont marqués par l'amplification des affrontements sanglants entre les communautés. Le 9 avril, une centaine de terroristes de l'Irgoun massacrent 254 habitants du village arabe de Deir-Yassin. De nombreux Palestiniens sont chassés de chez eux par les Israéliens. D'autres s'enfuient devant les informations faisant état de l'horreur des massacres perpétrés par des Juifs ultra-nationalistes, en partie encouragés par la propagande des chefs d'État arabes qui promettent de libérer la Palestine dans les jours à venir. Le 14 mai 1948,

8h avant l'expiration du mandat britannique, David ben Gourion proclame l'indépendance de l'État d'Israël, aussitôt reconnue par l'URSS, puis par les États-Unis. Dans les heures qui suivent, la Transjordanie, le Liban, l'Égypte et la Syrie attaquent l'État israélien qui résiste victorieusement grâce à la motivation de ses troupes. Plusieurs centaines de civils juifs sont massacrés par les troupes de la légion arabe commandée par un officier britannique. De leur côté, les terroristes juifs assassinent le diplomate suédois Folke Bernadotte mandaté par l'ONU pour trouver un compromis israélo-arabe.
Au terme des hostilités, en juillet 1948, Israël conquiert le désert du Néguev et toute la Galilée, mais non les quartiers juifs de la vieille ville de Jérusalem. Du côté arabe palestinien, c'est la débâcle, une vraie catastrophe : entre 700 000 et 750 000 personnes (selon l'ONU) se retrouvent dans des camps de réfugiés, au Liban, en Syrie, en Transjordanie, mais surtout en Cisjordanie et dans la bande de Gaza où ils sont toujours aujourd'hui. « L'histoire officielle » israélienne occulta longtemps cet aspect de la guerre pour la création de l'État d'Israël. Ce n'est que dans les années 1980 que de jeunes historiens commencèrent à écrire la véritable histoire des années 1948-1949...

Les nouveaux historiens

Ils furent à l'origine d'un brûlant sujet : la remise en cause, grâce à l'ouverture des archives, de « l'histoire officielle des fondements de la nation », base de tout enseignement en Israël ! La légende ayant forgé les mythes fondateurs, ces historiens, avec en tête Benny Morris, Tom Seguev, Shlomo Sand, Avi Shlaim, Ilan Pappé, questionnèrent le passé, révélant de grosses failles, celles essentiellement touchant à la guerre pour la création de l'État d'Israël et à la Naqba palestinienne (la « Catastrophe », l'exode massif de 700 000 à 750 000 Palestiniens). Benny Morris révéla que les Palestiniens furent dans certains cas expulsés de force et que certains dirigeants sionistes évoquaient déjà des transferts de population dans les années 1930-1940, bien... avant 1948 ! Ces vérités qui devaient être énoncées furent considérées par l'establishment comme iconoclastes, voire sacrilèges, avec comme argument que les intellectuels israéliens se complaisaient dans les exercices d'autoflagellation, et que ces révélations, aussi légitimes soient-elles, pouvaient être instrumentalisées dans le but de délégitimer l'existence même d'Israël. Benny Morris fut à l'époque, bien sûr, traité d'antisioniste, voire de négationniste. Son livre, *The Birth of The Palestinian Refugee Problem* (1989 ; traduit en français aux éd. Complexe en 2001), fit l'effet d'une bombe, mais fut cependant reconnu par ses pairs comme un véritable travail d'historien. Depuis, avec l'ouverture de nouvelles archives, Benny Morris a modulé certaines de ses thèses.

Les premières années de l'État d'Israël

En mai 1949, la Cisjordanie et la partie est de Jérusalem, qui devaient constituer une partie de l'État palestinien arabe, sont annexées par la Transjordanie, qui devient dès lors la Jordanie, après la ratification de l'annexion par le Parlement jordanien en 1950. Quant à la bande de Gaza, elle est annexée par l'Égypte.
Le cessez-le-feu entre Israël et la Jordanie comporte une grande nouveauté : une clause sur les réfugiés palestiniens. Israël s'engage par celle-ci à négocier le retour des familles palestiniennes expulsées lors de la guerre de 1948. La clause n'est qu'une promesse de dialogue mais Israël accepte ainsi de reconnaître une part de responsabilité dans le sort des réfugiés palestiniens.
Dans le même temps, plusieurs centaines de milliers de Juifs des pays arabes (Égypte, Yémen, Syrie, Libye, Liban, Irak, Maroc et Tunisie) émigrent en Israël. Ce sont les opérations « tapis volants ». L'arrivée massive de ces Juifs pauvres et souvent illettrés bouleverse les données ethniques et culturelles de la société

israélienne, dominée par un establishment européen qui méprise souvent ceux qu'en yiddish on appelle les *Schwartze* (« Juifs noirs »). Le premier recensement avait dénombré une population de 872 000 personnes (716 700 juifs et 156 000 non-juifs). Entre 1948 et 1952, ce sont près de 700 000 personnes qui « débarquent » en Israël, doublant la population du pays.
En 1949, Jérusalem est proclamée capitale (bien que les puissances étrangères ne reconnaissent que Tel-Aviv, Jérusalem étant établie comme zone internationale), et Israël devient le 59e État membre des Nations unies. Les rappels de l'ONU concernant la situation des Palestiniens demeurent toutefois sans effet, alors même que la résolution 194 de décembre 1948 prévoyait soit un rapatriement soit un dédommagement de ces réfugiés de la Palestine mandataire, qui ont tout perdu dans leur déplacement.
Pour Israël, les années 1950 sont celles de la pérennisation de l'État. Les campagnes font l'objet d'une intense mise en valeur grâce au système du kibboutz (ferme collective) et du *moshav* (coopérative). Une industrie lourde où des services se mettent en place. De nombreuses villes juives sortent de terre, souvent à l'emplacement de villages arabes.

EINSTEIN, PRÉSIDENT D'ISRAËL ?

Ben Gourion proposa la seconde présidence d'Israël à l'illustre savant, en 1952. Albert Einstein répondit qu'il ne se sentait pas suffisamment compétent pour assumer cette charge. Il mourut 3 ans plus tard, à 76 ans.

L'affaire de Suez

En 1956, les Français et les Britanniques, qui n'ont pas accepté la nationalisation du canal de Suez par le président égyptien Gamal Abdel Nasser, décident d'intervenir militairement en Égypte en s'alliant avec les Israéliens. À l'automne, l'action commune des trois puissances permet l'occupation de la zone du canal et de celle du Sinaï. Les troupes israéliennes sont commandées par le général Moshe Dayan, célèbre pour son bandeau sur l'œil. Cette victoire fulgurante n'est pourtant que de courte durée. Sur intervention conjointe des Soviétiques et des Américains, Franco-Britanniques et Israéliens doivent évacuer les zones conquises.
La victoire d'Israël est alors surtout morale, bien que les Israéliens puissent désormais naviguer en mer Rouge et accéder à l'Asie à partir du port d'Eilat. Le David israélien suscite l'admiration de la communauté occidentale pour avoir terrassé le Goliath arabe. En France, la popularité d'Israël est d'autant plus grande que l'Égypte soutient les indépendantistes algériens. Les autorités françaises apportent une aide précieuse à Israël sur le plan militaire en l'aidant notamment à se fabriquer l'arme nucléaire.
La cote d'Israël est à son apogée lorsqu'en 1960 des agents secrets israéliens parviennent à enlever en Argentine le nazi Eichmann.
Du côté arabe, c'est le temps des rancœurs et de l'humiliation. C'est aussi l'époque de la guerre froide. Chacun choisit son camp. Les Soviétiques alimentent les réseaux de soutien au nationalisme arabe. Quant aux Américains, ils voient dans Israël la tête de pont de leurs

LA CAPTURE D'EICHMANN

Réfugié en Argentine sous une fausse identité, Adolf Eichmann, responsable de la mort de millions de Juifs, fut arrêté le 11 mai 1960 par le Mossad, les services secrets israéliens. Capturé devant son domicile à Buenos Aires, il avait été trahi par son fils, qui vantait les crimes paternels dans les camps de concentration pour épater sa petite amie. Il avait oublié un détail... elle était juive ! Après un procès retentissant en Israël, il fut exécuté par pendaison le 1er juin 1962.

intérêts au Proche-Orient, et entretiennent les rivalités qui animent la région : pas de risque, ainsi, d'un réel développement d'une puissance concurrente.
En 1964 naît l'Organisation de libération de la Palestine (OLP).

La guerre des Six Jours

En 1967, voulant effacer l'humiliation et les défaites, le raïs égyptien Nasser décide de réanimer le front commun arabe contre Israël.
Il réussit à convaincre la Jordanie et la Syrie de se joindre à l'Égypte dans cette entreprise. Après avoir demandé le retrait des troupes de l'ONU stationnées dans le Sinaï, Nasser décide le blocus du golfe d'Aqaba et interdit l'accès des navires au port israélien d'Eilat sur la mer Rouge. Considérant qu'il s'agit d'un *casus belli,* Israël lance une attaque le 5 juin. La guerre durera 6 jours et se terminera par un désastre sans précédent pour les pays arabes. Non seulement Israël parvient à détruire le potentiel militaire ennemi mais il prend Gaza à l'Égypte, la Cisjordanie et la partie est de Jérusalem à la Jordanie et le plateau du Golan à la Syrie. Ces territoires conquis sont ceux que l'ONU appelle « les territoires occupés ».
La résolution 242 du conseil des Nations unies, votée en novembre 1967, demande le retrait d'Israël de ces territoires en contrepartie de sa reconnaissance par les Arabes dans des frontières sûres et reconnues. Mais elle est ignorée par les deux parties. Pensant que le temps va jouer en sa faveur, Israël se lance dans une politique de colonisation de la Cisjordanie, annexe la partie orientale de Jérusalem dont il expulse plusieurs centaines d'habitants palestiniens par le biais d'opérations immobilières, et pratique la politique du fait accompli. Annexion non reconnue par l'ONU.
La cote d'Israël, dans l'opinion internationale, commence à s'effriter. La France qui, en 1967, a refusé de livrer 50 Mirage commandés et payés par Israël, décrète, en 1969, l'embargo total des armes vers ce pays (cinq vedettes de fabrication française parviennent tout de même au port de Haïfa). La politique des présidents Pompidou et Giscard d'Estaing sera résolument proarabe. De leur côté, tous les pays communistes, à l'exception de la Roumanie et de Cuba, rompent leurs relations diplomatiques avec Israël en 1967.
L'opinion découvre aussi l'existence du problème des réfugiés palestiniens au travers des actes terroristes menés par l'Organisation de libération de la Palestine. En 1972, l'émotion suscitée par la prise d'otages et le massacre d'athlètes israéliens aux Jeux olympiques de Munich n'inverse pas le mouvement de sympathie grandissant envers la cause palestinienne dans l'opinion internationale. Israël multiplie les raids de représailles dans les pays arabes. Seul le veto américain au Conseil de sécurité des Nations unies évite à l'État israélien d'être condamné par la communauté internationale.

La guerre du 6 octobre ou du Kippour

Le 6 octobre 1973, jour de Kippour, l'Égypte, qui veut récupérer le Sinaï, déclenche une attaque surprise massive le long du canal de Suez, suivie d'une offensive syrienne. Israël réussit, non sans mal, à repousser les assaillants au terme d'une gigantesque bataille de chars. Les hostilités ont duré 18 jours et l'armée israélienne ne l'emporte que grâce à l'aide massive des Américains qui mettent en place un pont aérien. Pour la première fois, l'invincibilité de Tsahal est violemment ébranlée. Malgré sa défaite, l'Égypte retrouve une certaine fierté. Cette guerre servira de prétexte au déclenchement du premier choc pétrolier. Les pays arabes producteurs de pétrole décident provisoirement de fermer leurs robinets, puis triplent le prix du brut.

LA QUESTION PALESTINIENNE DE NOS JOURS

Les années 1970 voient la montée en puissance de la cause palestinienne. Alors que sur le terrain l'OLP multiplie les attentats terroristes, elle obtient le titre

d'observateur aux Nations unies. En décembre 1975, l'ONU condamne l'attitude d'Israël dans les territoires occupés et assimile le sionisme au racisme. En 1977, la victoire du Likoud, coalition de droite dirigée par l'ancien chef de l'Irgoun, Menahem Begin, met fin à 29 ans de suprématie travailliste sur la vie politique israélienne. Le vieux Parti travailliste aux structures sclérosées n'a pas pressenti l'existence d'une génération préoccupée par le chômage et qui voit, à l'époque, dans l'extension de la colonisation des territoires occupés, une solution aux problèmes économiques du pays.
Paradoxalement, l'isolement diplomatique d'Israël et la ligne nationaliste de ses dirigeants ne l'empêchent pas de progresser dans la voie de la paix avec l'Égypte. Le président Anouar el-Sadate se rend en Israël pour proposer la paix des braves et entamer des discussions qui aboutiront aux accords de Camp David. En 1978, Sadate et le Premier ministre israélien Begin reçoivent le prix Nobel de la paix pour leurs efforts au Proche-Orient. En 1980, Israël et l'Égypte échangent des ambassadeurs. Israël évacue totalement le Sinaï. Seul exemple, dans l'histoire moderne, d'un État acceptant d'abandonner un territoire occupé en échange de la paix.
Mais la question palestinienne n'est pas réglée pour autant. Le groupe d'Abou Nidal (condamné par l'OLP) multiplie les attentats contre des cibles juives en Europe (attentats contre des synagogues à Anvers, Rome et Paris). Israël lance l'opération « Paix en Galilée » en juin 1982 sous le commandement du général Ariel Sharon. Officiellement, il s'agit de débarrasser le Liban des bases palestiniennes qui menacent la sécurité du nord d'Israël. Mais l'alliance des Israéliens avec certaines factions chrétiennes accentue la tension entre les communautés au Liban. L'aviation de Jérusalem pilonne Beyrouth. Le massacre d'un millier de civils palestiniens des camps de Sabra et Chatila par des phalangistes chrétiens dans une zone contrôlée par l'armée israélienne frappe d'horreur l'opinion israélienne et internationale. En Israël même, une commission d'enquête mettra en cause la responsabilité de certains militaires et cet événement sera à l'origine de la plus grande manifestation de protestation de l'histoire de l'État israélien.

Vers la paix ou la prolongation de la guerre ?

D'autres positions de la centrale palestinienne allant dans le sens de la modération vont suivre. Yasser Arafat reconnaît implicitement la légitimité de l'État d'Israël en déclarant caduque la charte de l'OLP qui prévoit la disparition de l'« entité sioniste ». Mais les heurts constants entre l'armée israélienne et des Palestiniens provoquent une révolte généralisée fin 1987, connue sous le nom d'Intifada. Les patrouilles israéliennes sont régulièrement attaquées à coups de pierres, les soldats répliquent avec leurs armes, faisant de nombreuses victimes parmi les jeunes Palestiniens. On l'appela la « guerre des Pierres ».
Début 1991, la guerre du Golfe bouleverse l'équilibre des forces au Proche-Orient. L'Irak, première force militaire de la région, se retrouve isolé au sein du monde arabe. Réagissant à l'invasion du Koweït, les Occidentaux anéantissent le potentiel militaire de Saddam Hussein, tandis que celui-ci se taille une immense popularité parmi les masses arabes en osant envoyer quelques missiles Scud sur Israël. Ceux-ci ne font pratiquement pas de victimes.
Forts de leur alliance avec la plupart des États arabes durant la guerre du Golfe, les États-Unis parviennent à convaincre ces derniers d'entamer des négociations avec Israël. De son côté, Israël accepte de négocier avec des Palestiniens proches de l'OLP.
La pression américaine amène le gouvernement israélien autour de la table des négociations. À la conférence de Madrid fin 1991, Yitzhak Shamir, chef du gouvernement le plus à droite de l'histoire d'Israël, à l'époque, siège avec des représentants de tous les pays arabes, à l'exception de l'Irak et (officiellement) de l'OLP. Le dialogue israélo-arabe va prendre rapidement une nouvelle orientation avec le retour, en juin 1992, des travaillistes au pouvoir en Israël. Le Premier ministre,

Yitzhak Rabin, et le ministre des Affaires étrangères, Shimon Peres, forment un gouvernement de coalition pacifiste.
Malgré l'Intifada, l'expulsion de 400 Palestiniens à la fin de 1992 et la poursuite de la colonisation dans les territoires occupés par Israël, la conférence de la paix prend un nouvel essor au printemps 1993. Israël accepte le principe d'un transfert de certains territoires à une Autorité palestinienne tandis que, à Gaza et dans certains milieux de Cisjordanie, les intégristes islamistes gagnent de l'influence. C'est au moment où les heurts n'ont jamais été aussi violents que, paradoxalement, la paix entre Israéliens et Arabes n'a jamais semblé aussi proche. Après la signature des accords intérimaires d'Oslo en septembre 1993, Rabin, Peres et Arafat reçoivent le prix Nobel de la paix.
À la surprise générale, en quelques semaines de négociations, les gouvernements d'Israël et du royaume de Jordanie concluent une paix signée le 26 octobre 1994. Qualifiée de paix « chaude » en Israël, elle est placée sous le signe de la coopération entre les deux pays et apporte surtout à l'État israélien la sécurité sur sa plus longue frontière. Malheureusement, des extrémistes des deux camps remettent en cause le processus : Yitzhak Rabin est assassiné le 4 novembre 1995 par un jeune étudiant, membre de l'extrême droite nationaliste religieuse israélienne ; Shimon Peres devient Premier ministre. Entre fin février 1996 et début mars, des attentats terroristes menés par des Palestiniens font plusieurs centaines de victimes israéliennes. Ces événements permettent au Likoud, peu favorable au processus de paix, de remporter les élections et Benyamin Netanyahou est élu Premier ministre le 29 mai 1996.

La Palestine divisée

Entre 1994 et 1995, huit villes palestiniennes (Gaza, Ramallah, Naplouse, Jénine, Qalqilya, Jéricho, Bethléem, Tulkarem) se retrouvent en zone A, et donc bénéficient d'une complète autonomie. Hébron est divisée à partir de 1997 en deux zones, l'une palestinienne, l'autre sous contrôle israélien pour protéger les colons juifs de la ville. La zone B se retrouve sous administration palestinienne, mais sous contrôle militaire israélien. Tandis qu'Israël garde le contrôle total sur la zone C. Jérusalem reste pour l'instant, aux yeux des Israéliens, en dehors du cadre des négociations.

L'application des accords suspendus

L'objectif des accords d'Oslo, qui était de transférer progressivement à l'Autorité palestinienne un territoire viable pour créer un jour un État palestinien, a été bafoué par tous les gouvernements, et celui de Netanyahou (1996-1999) plus que les autres. De nouvelles colonies juives ont été créées et d'autres agrandies en zone C. En 1998, des accords prévoyant la restitution de 13 % supplémentaires du territoire de Cisjordanie ont été signés (les accords de Wye Plantation), mais ceux-ci ont rapidement été suspendus. Il a alors fallu attendre l'élection du travailliste Ehud Barak, en mai 1999, pour que renaisse l'espoir d'une solution au conflit. En effet, peu de temps après son arrivée, le Premier ministre s'était engagé à appliquer les accords de Wye Plantation, et à mener jusqu'au bout les négociations sur le statut final des territoires occupés. Un an plus tard cependant, les accords de Wye, qui entre-temps sont devenus ceux de Charm-el-Cheikh (en septembre 1999), n'ont été que partiellement appliqués, et les négociations sur le statut final de la Palestine perdurent (ainsi que l'a montré l'échec du sommet de Camp David mené par le président américain Bill Clinton en juillet 2000). La reprise du dialogue avec la Syrie, en décembre 1999, et le retrait de l'armée israélienne du Sud-Liban, en mai 2000, constituaient malgré tout des signes encourageants et semblaient avoir manifesté la volonté d'Ehud Barak de conclure une paix durable avec ses voisins. Alors comment en est-on arrivé là ?

DES NÉGOCIATIONS DANS L'IMPASSE

Bilan de 7 ans de déception...

Que de remises en cause et de concessions il aura fallu de part et d'autre pour signer les accords d'Oslo en 1993 ! Les deux entités se reconnaissaient mutuellement et acceptaient le principe de « la terre contre la paix ». Mais très vite, l'application des accords a pris du retard sur le calendrier fixé. Certes les extrémistes des deux camps ont tout fait pour ralentir le processus (massacre des musulmans à Hébron, attentats meurtriers du Hamas), sans oublier l'assassinat de Yitzhak Rabin. Israël, estimant que les garanties de sécurité n'étaient pas suffisantes, avançait à reculons dans les négociations. En fait, le débat piétine sur cinq points essentiels : les colonies, l'accès aux ressources hydrauliques, le droit au retour des réfugiés palestiniens, la souveraineté de l'État de Palestine et le statut de Jérusalem.

Les cinq pierres d'achoppement

– Le principe de sécurité nationale, clé de voûte de la politique israélienne (tous gouvernements confondus), est brandi pour justifier entre autres le ***nombre de colonies*** qui n'a jamais cessé d'augmenter. Si bien qu'en regardant une carte de la Palestine, on distingue un territoire constellé d'implantations juives à l'intérieur. Depuis 1993, des dizaines de milliers d'hectares de terres ont été confisqués par les Israéliens. Ces terres servent à développer ou créer des colonies, mais aussi à construire des routes qui, tout en contournant les villages palestiniens, relient ces « forteresses » entre elles. En 2012, l'Autorité palestinienne ne dirigeait que 18 % de la Cisjordanie et possédait un contrôle partiel sur 20 % de cette région (zone B), Israël s'assurant la mainmise sur le reste. À Gaza, le Hamas exerçait un contrôle quasi total sur la bande de Gaza et un contrôle maritime sur seulement 3 miles ! Si les colonies de la bande de Gaza ont été démantelées en 2005, le raisonnement ne s'applique pas, pour l'instant, à la Cisjordanie.

– En s'appropriant la terre, les Israéliens récupèrent l'***eau,*** véritable or bleu de la région. D'ailleurs, les conquêtes israéliennes ont largement été motivées par la présence des nappes phréatiques au Sud-Liban, dans le Golan, en Cisjordanie le long du Jourdain. Les Israéliens gardent un contrôle total sur les ressources hydrauliques en construisant les colonies autour des sources et des puits et en interdisant aux Palestiniens d'en creuser de nouveaux dans les zones B et C (sous contrôle mixte ou total d'Israël, soit 82 % du territoire). Les experts considèrent que la situation, notamment à Gaza, est la plus dramatique du Proche-Orient. Voir aussi plus loin la rubrique « Environnement » dans le chapitre « Israël : Hommes, culture, environnement ».

– Sur la ***question des réfugiés,*** les Palestiniens demandent une reconnaissance par Israël de sa responsabilité dans les exodes de 1948 et 1967, et donc d'un droit au retour, dont les modalités peuvent être discutées (sous forme d'indemnisations, par exemple). Aujourd'hui encore, on en est loin.

– En revanche, la perspective de voir aboutir la ***reconnaissance d'un État palestinien*** se révélait moins problématique. Israël en acceptait le principe. Le litige concernait bien entendu grandement les frontières. Arafat ne démordait pas de celles fixées par la résolution 242 des Nations unies, qui les ramène à 1967 avant l'occupation des territoires. À un moment donné, les négociateurs israéliens consentaient à certaines conditions : conserver plusieurs blocs de colonies en Cisjordanie, contrôler la vallée du Jourdain (pendant une période donnée), les frontières extérieures et interdire au futur État de lever une armée.

– Enfin, dernière pierre d'achoppement : le ***statut de Jérusalem*** et la ***gestion des Lieux saints.*** Capitale proclamée (mais non reconnue sur la scène internationale) d'Israël et du futur État palestinien, la Ville sainte n'en finit pas de déchaîner les

passions. C'est avant tout au problème du statut de Jérusalem (ajouté à la précipitation et au manque de préparation) qu'on impute l'échec du sommet de Camp David en juillet 2000.
Le plus brûlant des sujets fut sans doute évoqué trop tôt. Et pourtant Yossi Beilin, un proche du Premier ministre israélien Ehud Barak, se déclarait prêt à l'époque à instaurer la souveraineté palestinienne sur les quartiers de Jérusalem-Est. On n'était jamais allé aussi loin. Les experts israéliens de Camp David parlaient d'une autonomie de gestion de chacun des quartiers de la vieille ville. Aucun accord ne fut trouvé. Il faut dire que les marges de manœuvre étaient étroites en raison des mouvements d'opposition dans leurs camps respectifs.

Des leaders contestés

Côté Autorité palestinienne, on parle de corruption, d'un pouvoir législatif réduit à néant, du musellement et de l'incarcération des opposants, des atteintes aux Droits de l'homme, etc. Une image quelque peu ternie à l'extérieur comme à l'intérieur. Certains réclament une refonte totale de l'OLP. Tiraillé entre les revendications de la rue, les injonctions du Hamas et la pression internationale, Arafat érige le double langage en véritable politique.
En face, Ehud Barak est à peine mieux loti. Sommé de constituer un gouvernement d'union nationale après la défection de six ministres, le travailliste a opéré un rapprochement avec ses ennemis d'hier : la gauche laïque, les ultra-orthodoxes du Shass et le puissant parti de droite, le Likoud.
Entre les désillusions palestiniennes et la crise politique israélienne, Ariel Sharon tente sa chance. Dans le but de désarçonner son rival Benyamin Netanyahou et de porter un coup au processus de paix, le chef du Likoud se rend sur l'esplanade des Mosquées avec l'accord tacite d'Ehud Barak (ne voulant pas contrarier un allié potentiel). On est le 28 septembre 2000.

LA SECONDE INTIFADA

L'étincelle

Après l'échec de Camp David et de la réunion de Taba, une tension accrue se manifeste tant chez les Palestiniens que les Israéliens. Des attentes trop longtemps déçues : on se dit, avec du recul, que l'explosion était à prévoir. Ehud Barak n'a pourtant pas soupçonné l'onde de choc que la visite-provocation d'Ariel Sharon allait engendrer en pénétrant sur l'esplanade des Mosquées. Le chef du Likoud a une image équivoque depuis le massacre d'un millier de civils à Sabra et Chatila (deux camps palestiniens au Liban) en 1982, même si sa responsabilité est indirecte. Les Palestiniens libèrent une frustration accumulée pendant des années et retrouvent les gestes interrompus 7 ans plus tôt. Les pierres font bientôt face à la riposte israélienne. C'est la seconde Intifada. Le conflit dégénère. Pire, il ne semble plus être maîtrisé, du moins côté palestinien. Yasser Arafat, toujours en déplacement, a de plus en plus de mal à concilier les impératifs diplomatiques avec ceux de la rue. À côté des *chebabs,* les gamins qui traînent dans les rues, les *Tanzim* (milice du Fatah, parti d'Arafat), le Hamas et ses milices extrémistes s'organisent indépendamment de l'OLP.

L'escalade

La nouvelle Intifada a été récupérée à la fois par les religions et les médias : « profanation » de l'esplanade des Mosquées, destruction à Naplouse du tombeau de Joseph par les Palestiniens, incendie d'une mosquée à Tibériade, puis d'une synagogue à Jéricho.

Les médias jouent un rôle d'exacerbation non négligeable. Les images sont utilisées comme autant de munitions émotionnelles.
Ajoutons aux images numériques celles symboliques que véhicule le Hezbollah auprès des Arabes. Nul doute que le fait d'avoir réussi à bouter Israël hors du Sud-Liban encourage les Palestiniens à agir de même.
Enfin, l'image des Israéliens arabes auprès de leurs concitoyens a été brouillée dès lors qu'ils ont manifesté leur soutien aux Palestiniens des territoires (ils n'étaient pas intervenus lors de la précédente Intifada). Les Israéliens se sont sentis trahis. Des violences rares à l'encontre des Arabes ont eu lieu à Nazareth et à Jaffa. Il est clair qu'Ehud Barak a négligé la frustration de ces citoyens « de seconde zone », victimes de discrimination, qui avaient pourtant voté à 95 % pour le leader travailliste.

Les Intifadas : mêmes noms, différentes réalités

Avec la seconde Intifada, appelée Intifada Al-Aqsa (2000), qui a démarré avec une extrême violence (300 morts en 2 mois et demi), la première décennie du nouveau millénaire enterra les espoirs et les acquis des années 1990. Bien qu'appelés tous les deux « Intifada », les soulèvements de 1987 et de 2000 recouvrent des réalités radicalement différentes. En 1987, l'Intifada des pierres était un soulèvement largement populaire, et généralement non armé.
Si la seconde Intifada a commencé sur le même mode, opposant soldats israéliens et civils armés de pierres, elle a rapidement dégénéré dans un cycle de violence s'apparentant aux méthodes de guerre moderne. Les attentats-suicides, apparus dans les années 1990, deviennent aussi une méthode de combat fréquente, ternissant l'image des Palestiniens.
La réponse israélienne aux centaines de morts du terrorisme palestinien (502 personnes ont perdu la vie dans les attentats-suicides en Israël entre 2000 et 2004) est d'envergure. Dès 2002, les Israéliens lancent l'opération « Rempart » : invasion militaire totale des villes palestiniennes, raids aériens, escadrons de la mort, troupes au sol et hélicoptères de combat. C'est dans ce contexte que se déroule en avril 2002 l'offensive israélienne contre le camp de réfugiés de Jénine, l'une des plus violentes de la seconde Intifada (selon l'ONU, au moins 52 Palestiniens tués et 150 habitations rasées ; 23 soldats israéliens morts). Les autorités israéliennes interdisent l'accès du camp aux médias, aux Nations unies et aux ambulances pendant plusieurs jours. Au même moment, le quartier présidentiel d'Arafat à Ramallah (la *Muqat'a*) est également assiégé (à deux reprises, pendant 5 mois au total), le leader palestinien étant accusé par Israël d'incitation au terrorisme. En 5 ans, l'Intifada a causé la mort de près de 6 000 personnes, dont près des trois quarts étaient palestiniens.
La violence de cette période signe aussi la mise en place d'une série de pratiques qui resserreront l'étau sur la population palestinienne en posant les bases d'une politique toujours en vigueur : arrestations massives, confiscation des terres, démolition de maisons, et sévères restrictions de mouvement.
En janvier 2001, malgré tout, des pourparlers entre Israéliens et Palestiniens ont lieu à Taba, en Égypte. Les négociations avancent, mais le 6 février, lors d'élections anticipées qui suivent la démission du Premier ministre Ehud Barak, Ariel Sharon (Likoud), très peu conciliant avec les Palestiniens, le remplace. En mai 2002, au milieu des hostilités, la communauté internationale sous l'égide du Quartet (États-Unis, ONU, Union européenne et Russie) révèle sa feuille de route pour la paix. Elle appelle les deux parties à la fin de la violence meurtrière et à faire des concessions. Le document sera rapidement rendu caduc par la violence continue.
En Palestine, la fonction de Premier ministre est créée sous la pression américaine comme contrepoids au pouvoir d'Arafat, sans partage depuis trois décennies. Mahmoud Abbas devient Premier ministre en mars 2003.

UNE NOUVELLE DONNE

Le mur de séparation

Suite à la vague d'attentats-suicides de 2001, naît en Israël un mouvement populaire qui fait pression sur le gouvernement israélien pour qu'il construise une « barrière de sécurité » qui protégerait ses citoyens. Une idée venant du Parti travailliste que le gouvernement d'Ariel Sharon approuve en 2002. Un mur de béton de 8 m de haut est érigé à l'intérieur de la ligne verte (la ligne d'armistice de 1949 entre Israël et la Palestine). Il isole la Cisjordanie de Jérusalem-Est et d'Israël, et est percé de quelques ouvertures – des check-points – qui permettent aux Palestiniens ayant le permis adéquat de passer de l'autre côté. Lire également plus loin sur le mur la rubrique « Murs et passerelles » dans le chapitre « Hommes, culture, environnement » d'Israël et la rubrique « Check-points » dans « Palestine utile ».

Leaders israéliens et palestiniens : la fin d'une ère

Entre 2004 et 2006, Israéliens et Palestiniens perdent leurs leaders charismatiques. En 2004, au cours d'une vaste opération, Israël tue Cheikh Ahmad Yassin, le fondateur du Hamas, ainsi que d'autres officiels du mouvement. Mais c'est la mort de Yasser Arafat, « père de la patrie », le 11 novembre 2004 à l'hôpital de Clamart, près de Paris, qui marque la fin d'une ère pour les Palestiniens. En 2005, lors de la deuxième élection présidentielle de l'histoire palestinienne, Mahmoud Abbas devient président.

Ce changement de leadership donne un nouveau souffle aux négociations et, quelques mois seulement après son élection, Abbas négocie avec Sharon un cessez-le-feu qui représente alors la plus grande avancée vers la paix des années 2000-2005. Sharon annonce alors qu'Israël démantèlera ses colonies de la bande de Gaza et évacuera les militaires de l'enclave côtière. La décision est relativement bien accueillie par l'opinion publique israélienne, moins parmi la communauté des colons et au sein du Likoud, qui se divise sur la question. Sharon quitte le parti pour obtenir le vote de la Knesset et crée Kadima (« En avant » en français). Shimon Peres quitte la tête du Parti travailliste pour cogérer Kadima avec Sharon. La création de ce parti de centre droit va affaiblir le Parti travailliste pour de bon et faire de l'ombre au Likoud (il le devance d'un siège en 2009).

En août 2005, l'armée israélienne impose le retrait des quelque 8 000 colons israéliens de Gaza, malgré une résistance farouche de ces derniers. La grande majorité des colons de Gaza seront relogés gratuitement dans le sud d'Israël, certains s'installeront dans l'une des 124 colonies juives de Cisjordanie. Début janvier 2006, Ariel Sharon est victime d'attaques cérébrales et placé en coma artificiel. Il n'a jamais repris conscience, et est décédé le 11 janvier 2014. Ehud Olmert, son second à Kadima, devient Premier ministre.

La montée du Hamas

En 2006, le deuxième scrutin législatif palestinien cristallise les espoirs de l'Occident qui y voit, après la fin du long règne d'Arafat, l'institutionnalisation de la démocratie palestinienne. Pourtant fervents supporters des élections, les États-Unis et l'Europe déchantent vite face au résultat des urnes. Une vague verte islamique déferle sur la Palestine et prend tout le monde par surprise, y compris le Hamas. Il y a de quoi : pour sa première participation électorale, le Hamas obtient une victoire écrasante, dépassant le Fatah, parti depuis toujours au pouvoir.

Plutôt qu'une victoire écrasante de l'islam, c'est un vote sanction contre le parti dominant : celui d'un peuple désillusionné par des années de négociations sans succès (l'accord d'Oslo est alors mort et enterré) et fatigué par la corruption ambiante de la classe au pouvoir. La victoire du Hamas, qui ne reconnaît pas

officiellement le droit d'Israël à exister, inquiète autant l'État israélien que l'Europe et les États-Unis. Pour ces derniers, le Hamas est une organisation terroriste (sa branche armée, les brigades Al-Qassam ont initié les attentats-suicides dans les années 1990 et 2000), avec laquelle aucune relation, ni diplomatique ni financière, ne peut être établie.
L'Europe et les États-Unis choisissent de ne pas reconnaître le résultat d'un scrutin qu'ils avaient qualifié de « démocratique » (avant les résultats, bien sûr !), et boycottent le nouveau gouvernement. Un drame pour l'Autorité palestinienne qui dépend de la communauté internationale pour survivre. Durant plus de 9 mois, la manne financière internationale vers la Palestine s'assèche, gelant le salaire de centaines de milliers de fonctionnaires palestiniens et plongeant la Palestine dans une crise sociale.

Gaza : la descente aux enfers

Le 25 juin 2006, le jeune caporal franco-israélien Gilad Shalit est capturé juste à l'extérieur de Gaza par des militants du Hamas. Trois jours plus tard, Israël lance l'opération militaire « Pluie d'été » sur Gaza, à la fois pour libérer Shalit et répondre aux roquettes palestiniennes tirées sur le sud d'Israël. L'État israélien impose également un blocus naval pour empêcher le transfert de Shalit par voie maritime, mais interdit aussi du coup l'accès en mer aux pêcheurs gazaouis.
Parallèlement, le Hezbollah libanais enlève, en juillet 2006, deux soldats israéliens à la frontière nord du pays en vue d'un échange contre des prisonniers libanais détenus en Israël. L'État israélien lance une offensive terrestre pour libérer les soldats. Pendant 1 mois, la guerre va faire 1 200 victimes libanaises dont 270 membres du Hezbollah et 158 victimes israéliennes, dont 117 soldats. Une commission d'enquête israélienne met en cause le Premier ministre Ehud Olmert pour sa gestion du conflit.
Côté palestinien, 1,5 an après la victoire du Hamas, la rivalité entre les factions palestiniennes est à son comble. Un conflit idéologique entre le Hamas et le Fatah éclate, au terme duquel, en juin 2007, le Hamas opère un coup de force dans la bande de Gaza. S'ensuit pour la Palestine une aberration gouvernementale : dans les faits, on compte depuis deux gouvernements, celui du Hamas à Gaza et celui de Salam Fayyad, un économiste technocrate, à la tête d'un gouvernement temporaire de Cisjordanie.
Israël s'inquiète du contrôle de Gaza par un gouvernement qui affirme vouloir sa perte, et déclare la bande de Gaza « entité ennemie ». La réponse israélienne est sans appel, avec l'imposition d'un blocus naval et terrestre total sur les mouvements des biens et des personnes depuis et vers Gaza : le but avoué est d'empêcher le transfert des armes et du matériel servant à les fabriquer.
Le blocus, tant israélien qu'égyptien, porte le coup de grâce à la situation humanitaire de la région. Une « punition collective » selon le Comité international de la Croix-Rouge, qui isole du reste du monde le million et demi d'habitants de la mince bande de terre. L'économie locale est mise hors jeu par un embargo sur les imports-exports et le chômage culmine à 40 %. Une série de produits sont interdits ou restreints d'accès sur le territoire comme certains aliments, médicaments, du matériel médical, le fuel pour les voitures, les centrales électriques, ou le traitement des eaux, l'engrais pour l'agriculture...
La pénurie provoque des conséquences en cascade qui affolent les indicateurs humanitaires. À Gaza, où l'on peine à traiter les malades chroniques, l'électricité n'est disponible que la moitié du temps. Sinon, il faut compter sur des générateurs. Y compris pour les hôpitaux ! La bande de terre enclavée, où la densité de population atteint les 4 000 habitants au km², devient une poudrière. Les malades nécessitant une opération qui ne peut être pratiquée à Gaza doivent attendre, parfois des mois, un permis pour sortir et rejoindre l'Égypte ou la Jordanie, quand ils ne se font pas juste refouler à la sortie. Les étudiants qui obtenaient des bourses à l'étranger se voient aussi refuser la sortie. Des centaines de tunnels de

PLANS ET CARTES EN COULEURS

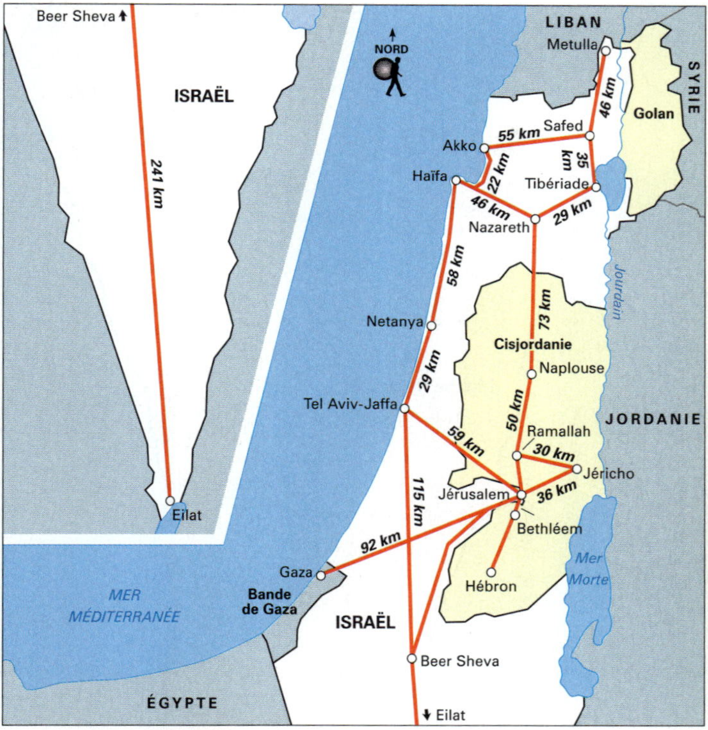

DISTANCES PAR LA ROUTE

Planches **2-3** — Israël et la Palestine
Planches **4-5** — Jérusalem – Vieille ville (plan I)
Planches **6-7** — Jérusalem – Nord (plan II)
Planche **8** — Jérusalem – Sud (plan III)
Planches **10-11** — Tel-Aviv – Centre nord (plan I)
Planches **12-13** — Tel-Aviv – Centre sud (plan II)
Planche **14** — Tel-Aviv – Newe Tsedek et quartier Florentin (zoom)
Planche **15** — La Cisjordanie
Planche **16** — Bethléem

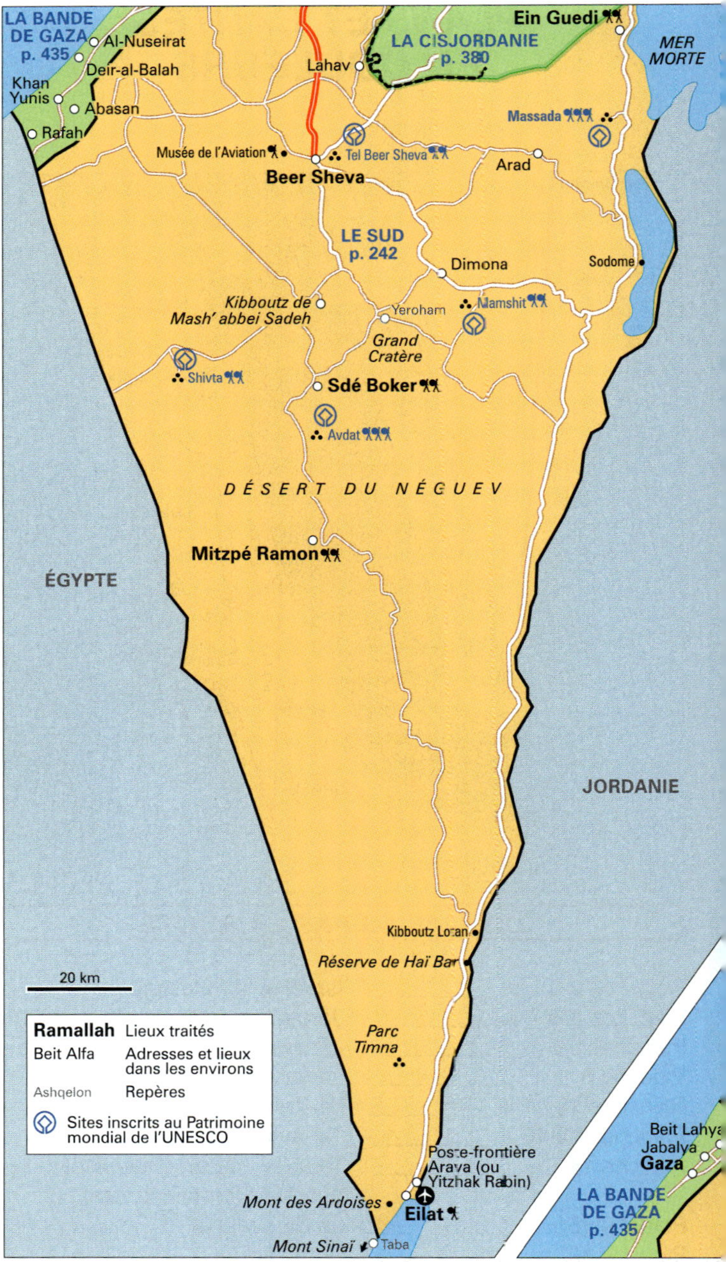
LA BANDE DE GAZA p. 435
Al-Nuseirat
Deir-al-Balah
Khan Yunis
Abasan
Rafah
Lahav
LA CISJORDANIE p. 380
Ein Guedi
MER MORTE
Massada
Musée de l'Aviation
Tel Beer Sheva
Beer Sheva
Arad
LE SUD p. 242
Dimona
Sodome
Kibboutz de Mash' abbei Sadeh
Yeroham
Mamshit
Grand Cratère
Shivta
Sdé Boker
Avdat
DÉSERT DU NÉGUEV
Mitzpé Ramon
ÉGYPTE
JORDANIE
Réserve de Haï Bar
20 km
Parc Timna
Ramallah Lieux traités
Beit Alfa Adresses et lieux dans les environs
Ashqelon Repères
Sites inscrits au Patrimoine mondial de l'UNESCO
Beit Lahya
Jabalya
Gaza
LA BANDE DE GAZA p. 435
Poste-frontière Arava (ou Yitzhak Rabin)
Mont des Ardoises
Eilat
Mont Sinaï
Taba

ISRAËL ET LA PALESTINE

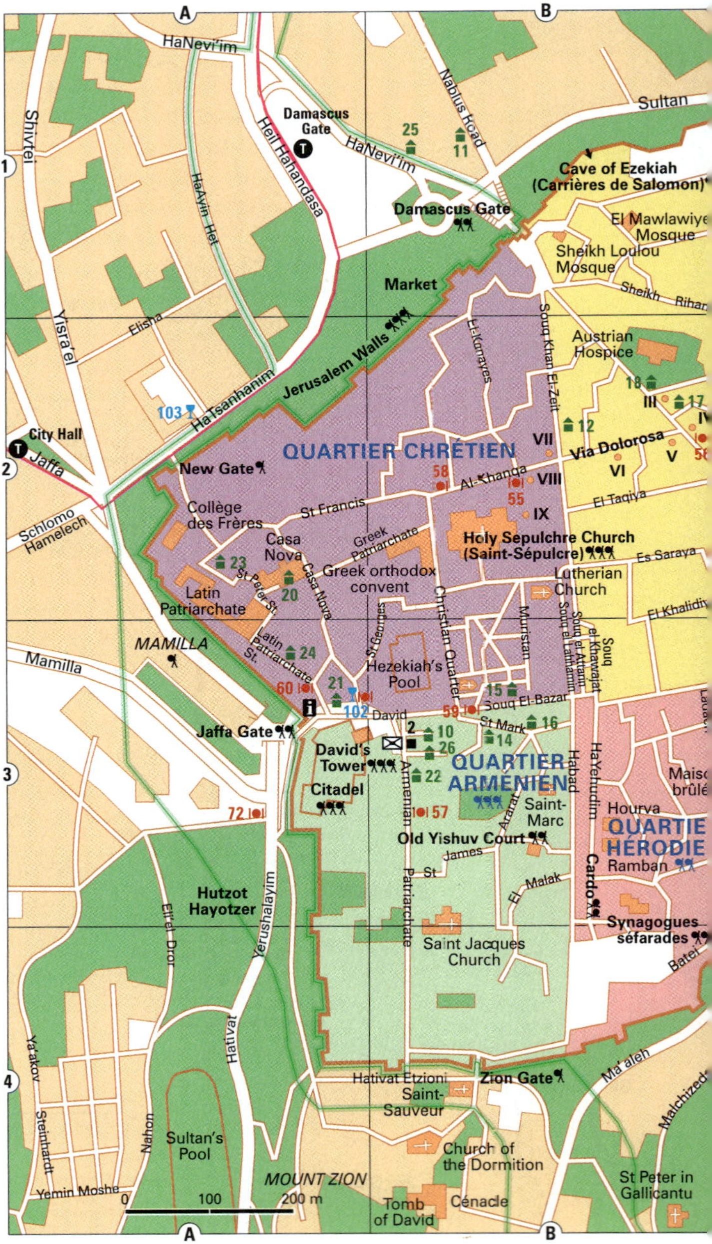
A
B
1
2
3
4
HaNevi'im
Damascus Gate
Heil Hahandasa
Nablus Road
Sultan
25
11
Cave of Ezekiah (Carrières de Salomon)
Shivtei
HaAyin Het
Damascus Gate
El Mawlawiye Mosque
Sheikh Loulou Mosque
Market
Sheikh Rihan
Yisra'el
Elisha
El-Kanayes
Souq Khan El-Zeit
Austrian Hospice
Jerusalem Walls
HaTsanhanim
103
18
III
17
12
City Hall
Jaffa
VII
Via Dolorosa
QUARTIER CHRÉTIEN
New Gate
58
Al-Khanqa
VIII
VI
V
55
El Taqiya
IX
Schlomo Hamelech
Collège des Frères
St Francis
Casa Nova
Greek Patriarchate
Holy Sepulchre Church (Saint-Sépulcre)
Es Saraya
23
St Peter St.
20
Casa Nova
Greek orthodox convent
Lutheran Church
Latin Patriarchate
Christian Quarter
Muristan
Souq el Attarin
Souq el Lahamin
Souq el Khawajat
El Khalidiya
MAMILLA
Mamilla
Latin Patriarchate St.
24
St Georges
Hezekiah's Pool
21
60
15
102
David
Souq El-Bazar
59
St Mark
16
Jaffa Gate
2
10
14
David's Tower
26
22
QUARTIER ARMÉNIEN
Habad
HaYehudim
Citadel
Armenian Patriarchate
Saint-Marc
Hourva
QUARTIER HÉRODIEN
72
57
Ararat
Old Yishuv Court
James St
Ramban
Cardo
El Malak
Hutzot Hayotzer
Eli'el Dror
Yerushalayim
Synagogues séfarades
Saint Jacques Church
Batei
Hativat
Ya'akov
Hativat Etzioni
Zion Gate
Ma'aleh
Saint-Sauveur
Malchized
Steinhardt
Nahon
Sultan's Pool
Church of the Dormition
St Peter in Gallicantu
Yemin Moshe
MOUNT ZION
0
100
200 m
Tomb of David
Cénacle

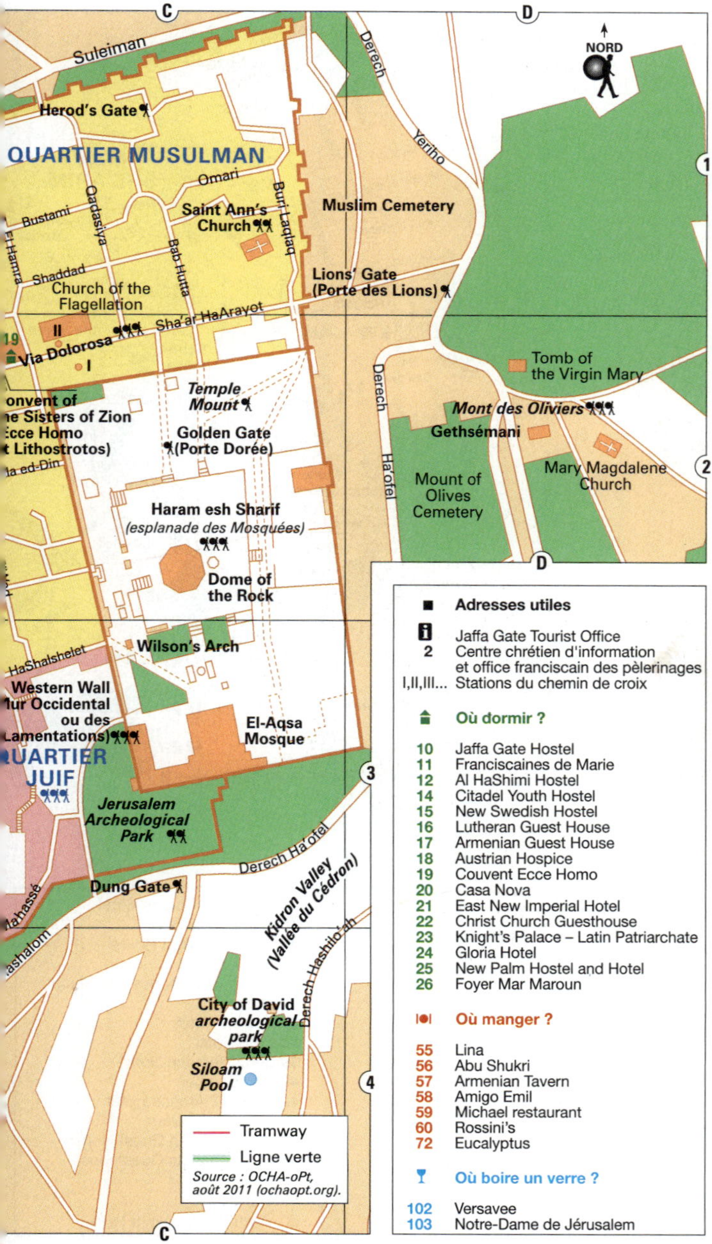

Adresses utiles

- ℹ Jaffa Gate Tourist Office
- 2 Centre chrétien d'information et office franciscain des pèlerinages
- I,II,III... Stations du chemin de croix

Où dormir ?

- 10 Jaffa Gate Hostel
- 11 Franciscaines de Marie
- 12 Al HaShimi Hostel
- 14 Citadel Youth Hostel
- 15 New Swedish Hostel
- 16 Lutheran Guest House
- 17 Armenian Guest House
- 18 Austrian Hospice
- 19 Couvent Ecce Homo
- 20 Casa Nova
- 21 East New Imperial Hotel
- 22 Christ Church Guesthouse
- 23 Knight's Palace – Latin Patriarchate
- 24 Gloria Hotel
- 25 New Palm Hostel and Hotel
- 26 Foyer Mar Maroun

Où manger ?

- 55 Lina
- 56 Abu Shukri
- 57 Armenian Tavern
- 58 Amigo Emil
- 59 Michael restaurant
- 60 Rossini's
- 72 Eucalyptus

Où boire un verre ?

- 102 Versavee
- 103 Notre-Dame de Jérusalem

JÉRUSALEM – Vieille ville (PLAN I)

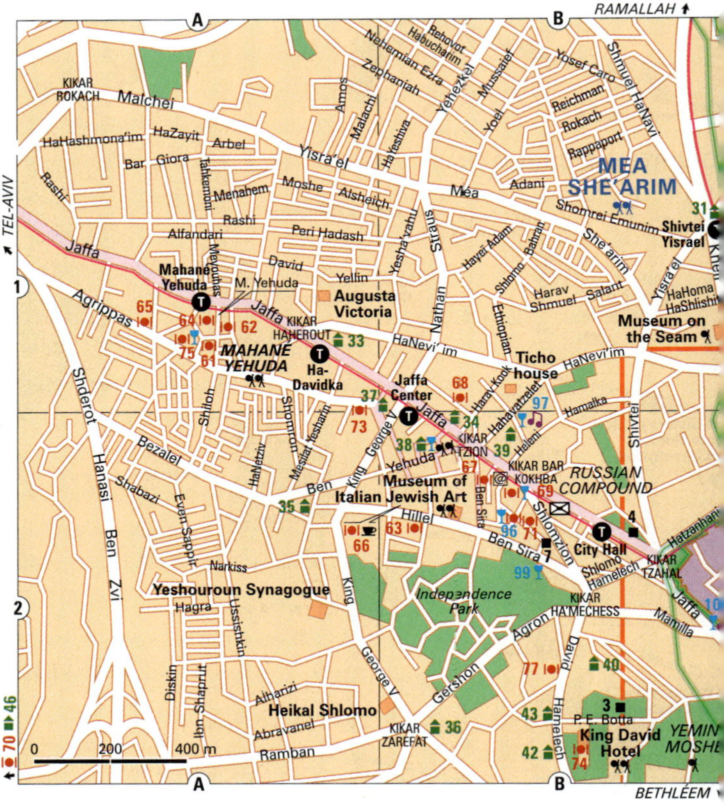

■ **Adresses utiles**

- **3** Consulat de France
- **4** Centre culturel français Romain-Gary (Jérusalem-Ouest)
- **6** Centre culturel français Chateaubriand et Educational Bookshop (Jérusalem-Est)
- **7** Librairie Vice Versa
- **9** Alternative Tours
- **32** Dallah Rent a Car

Où dormir ?

- **29** St George's Pilgrims Guest House
- **30** Azzahra Hotel
- **31** Legacy Hotel
- **32** American Colony Hotel
- **33** Abraham Hostel
- **34** The Jerusalem Hostel
- **35** Noga Hotel
- **36** Agron Guesthouse and Youth Hostel
- **37** Palatin Hotel
- **38** Zion Hotel
- **39** Jerusalem Inn Hotel
- **40** Beit Shmuel
- **42** YMCA 3 Arches Hotel
- **43** Eldan Jerusalem
- **46** Yitzhak Rabin Guest House
- **48** Saint Thomas Guesthouse

Où manger ?

- **30** Resto de l'Azzahra Hotel

JÉRUSALEM – Nord (PLAN II)

31 Legacy Hotel
61 Rahamou
62 Mizrahi
63 Focaccia
64 Azura
65 Sima
67 Tmol Shilshom, café-restaurant and bookstore et Zuni
68 Little Jerusalem
69 Barood
70 Modern
71 Canela et Focaccetta
73 Arcadia
74 King's Garden Restaurant
75 Machneyuda
77 1868
78 Philadelphia Restaurant

Où prendre un bon petit déjeuner ou un bon gâteau ?

62 Mizrahi
66 Halita'tea
71 Café Kadosh

Où boire un verre ? Où sortir ?

38 Café Birman
69 Roza
96 Zolly's et Nadin Pub
97 Uganda et Toy Bar
99 Monaco

Où écouter de la musique ? Où danser ?

101 Bar de la terrasse du Mamilla Hotel

JÉRUSALEM – Sud (PLAN III)

■ **Adresse utile**

5 Cinémathèque

Où dormir ?

41 St Andrew's Scottish Guesthouse
44 A Little House in the Colony
45 Dan Boutique Hotel

Où manger ?

85 Burgers Bar
87 La Boca et Bagel's Café
83 Pini's Kitchen

♫ **Où danser ?**

100 HaOman St (quartier de Talpiot)

Adresses utiles

2 Gare routière Arlosoroff
8 Internet-Change
11 Ambassade de Suisse
12 Hôpital Ichilov
13 Superpharm
14 Moshenson's Pharmacy
16 O-Fun
17 Cycle
19 Eldan
22 Hertz
29 ISSTA
30 Kibbutz Program Center
32 Air France-KLM

Où dormir ?

46 Tel Aviv Bnei Dan Youth Hostel
47 Gordon Inn Hotel & Guesthouse
57 Melody Hotel et Shalom Hotel

Où manger ?

70 Xoho
71 Barboonia
72 Goocha
78 Humus et Sabih
91 Restaurants de l'ancien port
96 Rustico
110 Lala Land
111 Café Michal

Où prendre le petit déjeuner ?

32 Benedict

Où boire un verre ?

110 Lala Land
111 Café Michal

Galeries

160 Galerie Kishon
161 Galerie Stern et Galerie Engel
162 Galerie Ha'Kibbutz
164 Galerie Givon

TEL-AVIV – REPORTS DU PLAN I

Adresses utiles

Office de tourisme
Station de *sherouts*
1 Gare routière principale
6 Cyber Link – Interfun
7 Internet Coffee
9 Consulat de France
10 Ambassade du Canada
13 Superpharm
15 K-Pharm
18 Bike Garage
20 Budget
21 Dollar-Thrifty et Europcar
24 EL AL
26 Librairie du Foyer
27 Auditorium Mann
31 Moshav Movement
33 Israir

Où dormir ?

41 Mugraby Hostel
42 Momo's Hostel
45 HaYarkon 48 Hostel
48 Seaside Hotel
49 Galileo Hotel
50 Eden House
51 Hotel de la Mer
52 Gilgal Hotel
53 Central Hotel
54 Center Chic Hotel
55 Cinema Hotel
56 Artplus Hotel
59 Chef Hostel

Où manger ?

73 Piazza Caffé
74 Shuk Restaurant
75 Picola Pasta
76 Café Bialik
77 Mitbahon
79 Martha Kitchen & Bar
80 Orna vé Ella
81 Mizlala et Catit
82 Joz vé Loz
83 North Abraxas
85 Miznon
94 Par Derrière et Adega-Tchernichovsky
95 Humus Synagogue

Où prendre le petit déjeuner ?

76 Café Bialik
112 Hatahtit
117 Max Brenner

Où déguster une bonne glace ? Un bon chocolat ?

117 Max Brenner

Où boire un verre ?

76 Café Bialik
79 Toma Bar
112 Hatahtit
113 Café Tamar
114 Café Noah
119 Tailor Made Bar
120 The Little Prince

Où sortir ?

76 Café Bialik
83 Abraxas
131 OCD
132 Radio EPGB
134 Levontin 7
140 Penguin Club
141 The Block
142 Clara
143 Maxim Club
145 Evita
146 Soirée du PAG au Zizi Club
147 Shpagat

Galeries

166 Galerie Noga, Galerie Paradigma et Galerie Julie M
168 Galerie Chelouche

TEL-AVIV – REPORTS DU PLAN II

TEL-AVIV – CENTRE NORD (PLAN I)

TEL-AVIV – Centre nord (PLAN I)

sites inscrits au Patrimoine mondial de l'Unesco
NORD
MER MÉDITERRANÉE
voir plan I
voir zoom
Bograshov Beach
Trumpeldor Beach
Yerushalayim Beach
Ge'ula Beach
Aviv Beach
Dolphinarium
AUTOUR DE DIZENGOFF
AUTOUR D'ALLENBY
KEREM HATEMANIM
NEWE TSEDEK
QUARTIER FLORENTIN
Old cemetery
Beit Ha'ir
Bauhaus Tel Aviv
Bialik Museum
Rubin Museum
Shouk HaCarmel
Haganah Museum
Hatachana
KIKAR DIZENGOFF
Mendele M. Sfarim
Ben Yehuda
Dizengoff
Bograshov
Shalom Aleikhem
Druyanov
Pinsker
Bar Kokhva
Samuel
Herbert
HaYarkon
Trumpeldor
Nes Ziona
Khevron
Tchernichovski
Retsif
Allenby
Yona HaNavi
Ge'ula
Bialik
Rashi
HaMelekh George
HaAvoda
Zrubavel
Rabi Me'ir
Hillel HaZaken
Sheinkin
Brenner
Dani'el
HaKovshim
HaCarmel
Rambam
Nahalat Binyamin
Balfour
Mazeh
Nakhmani
Yavne
Gruzenberg
Karlsher
Mohilever
Ya'avets
Yitskhak Elkhanan
Yosef Levi
Montefiore
HaAm
Yavne'el
HaMered
Pines
Akhuzat Bayit
Ahad
Rothschild
Sderot
Yavne
Shenkar
Ein Ya'akov
Shabazi
Akhava
Lilienblum
Yehuda HaLevi
Herzl
Derech Menakhem Begin
Levontin
Pr. Yekhezkel Kaufmann
Derech Yafo
Levinski
HaKishon
Hashuk
Binyamin
HaHalutsim
Matalon
Grulot
Eilat
Wolfson
Abarbanel
Nahlat
Ha-Aliya
Goldman
HaMekhoga
HaRav Yitzkhak
Yedidya
Frenkel
Florentin
Tchelnov
Nakhum
David Razi'el
Sderot Yerushalayim
Marzuk Ve-Azar
Elifelet
Derech Shalma
Derech Shlomo (Saleme)
Schocken
Reshit Hochma
E
F
4
5
6
20 15 73 74 75 21 7 56 53 42 52 48 51 41 9 45 6 18 76 94 49 50 77 80 95 168 120 147 59 119 81 24 117 131 145 82 83 140 134 142 54

TEL-AVIV – Centre sud (PLAN II)

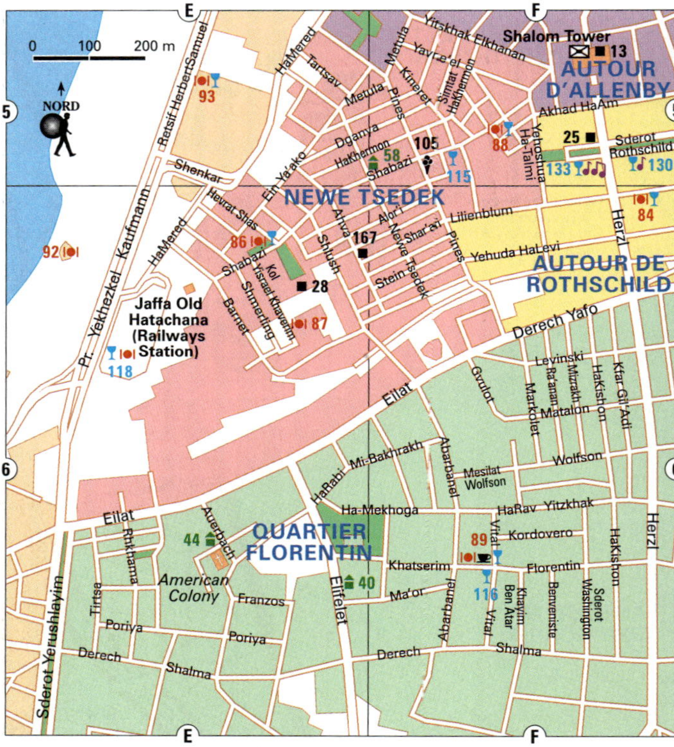

TEL-AVIV – Newe Tsedek et quartier Florentin (ZOOM)

Adresses utiles

- **13** Superpharm
- **25** Institut français
- **28** Suzanne Dellal Center

Où dormir ?

- **40** Florentine Hostel
- **44** Beit Immanuel Christian Hostel
- **58** Nina Hotel

Où manger ?

- **84** Nanuchka
- **86** Suzana Bar
- **87** Bellini
- **88** Nana Restaurant
- **89** Kasbah de Florentin
- **92** Manta Ray
- **93** Herbert Samuel

Où prendre le petit déjeuner ? Où déguster une bonne glace ?

- **89** Kasbah de Florentin
- **105** Anita

Où boire un verre ?

- **84** Nanuchka
- **86** Suzana Bar
- **88** Nana Restaurant
- **89** Kasbah de Florentin
- **115** Jajo Vino
- **116** Perla Bar
- **118** Vicky-Cristina et Hugo's
- **130** Rothschild 12

Où sortir ?

- **93** The Sublet
- **130** Rothschild 12
- **133** Breakfast Club et Cheesecake

Galerie

- **167** Galerie TAG

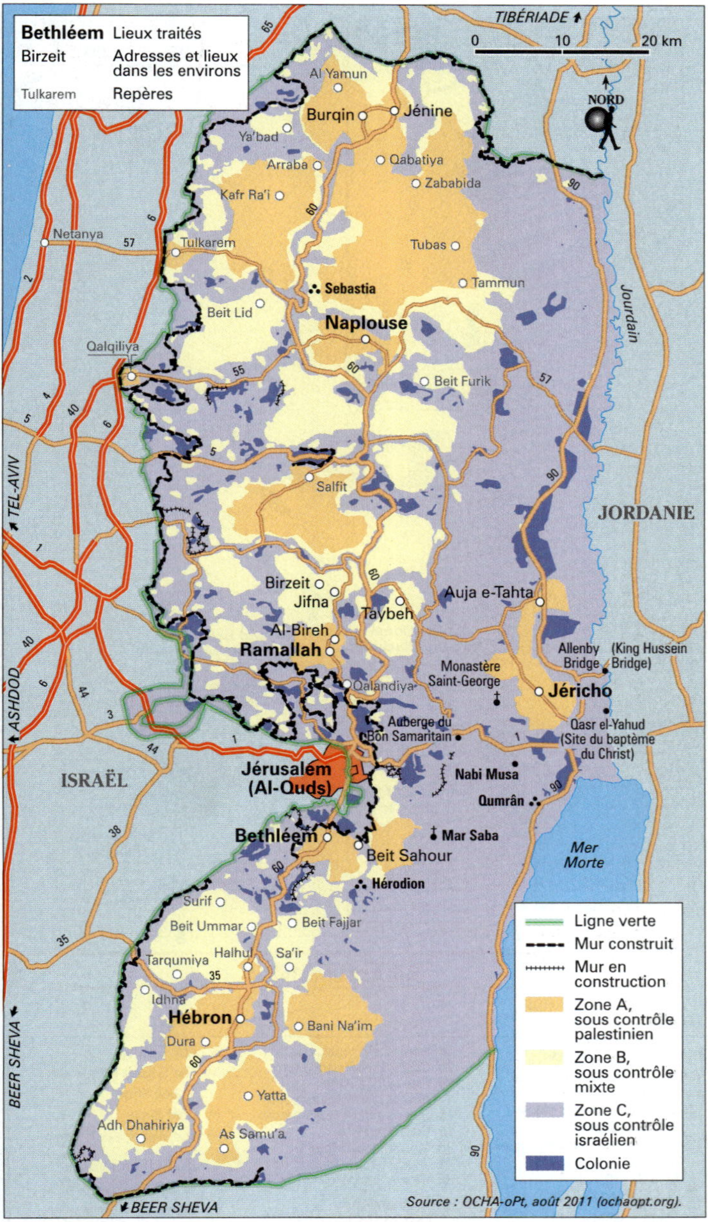

LA CISJORDANIE

BETHLÉEM

Adresses utiles

- 1 Gare routière principale
- 2 Bus pour Jérusalem
- 3 Tourist Office et police touristique
- 4 Visitor Information Center
- 5 Bureaux de change
- 6 Arab Bank
- 7 ICC Internet Café

Où crécher ?

- 10 Mary's House
- 11 Ibdaa Cultural Center Guesthouse
- 12 Phoenix Center
- 14 Bethlehem Youth Hostel
- 15 Casa Nova Palace Hotel
- 16 Casa Nova Hotel
- 17 Abu Gubran Guesthouse
- 18 Saint Vincent Guesthouse
- 19 Paradise Hotel
- 20 Mount David Hotel
- 21 Jacir Palace Intercontinental
- 22 Pilgrim Residence

Où manger ? Où prendre son petit déj ?

- 30 Afteem
- 31 Panorama Tent Restaurant
- 32 Abu Eli
- 33 Abu Shanab
- 34 The Square Restaurant & Coffee Shop
- 35 Café Sima
- 36 The Wall Steak House

Où boire un verre ?

- 17 Al-Kuz Café and Bar
- 21 Bar du Jacir Palace Intercontinental
- 31 Panorama Tent Restaurant
- 34 The Square

contrebande, parfois très larges, se creusent sous la frontière avec l'Égypte pour faire entrer ce dont Gaza manque : médicaments, nourriture, voitures et motos, même un lion pour le zoo de la ville... tout se trouve et se monnaie via les tunnels ! Mais le business des tunnels est risqué – surtout pour ceux qui les creusent –, car ils sont souvent bombardés par Israël, quand ils ne s'écroulent pas d'eux-mêmes. Fin novembre 2007, les négociations reprennent lorsque Olmert et Abbas se réunissent à Annapolis. Une série de questions épineuses (fracture croissante entre le Fatah et le Hamas, poursuite du processus de colonisation en Cisjordanie avec 30 000 colons supplémentaires en 3 ans) conduisent à l'échec.

L'opération « Plomb durci »

Le processus de paix est dans l'impasse. Juste avant Noël 2008, Israël répond à l'augmentation des roquettes tirées depuis Gaza (plus de 3 000 tirs font 12 morts en 2008) par une offensive militaire de large envergure sur la bande de Gaza. C'est l'opération « Plomb durci », qui commence le 27 décembre et durera 3 semaines. Bombardements et invasion terrestre s'enchaînent, y compris sur les écoles et les hôpitaux. Bilan : *Amnesty International* dénombre 5 000 blessés et environ 1 400 morts palestiniens, dont 300 enfants, et 13 Israéliens (dont 10 soldats) tués. Les dommages matériels sont immenses, alors que la zone, toujours sous blocus israélien, ne peut importer le matériel pour reconstruire. Une commission d'enquête de l'ONU présidée par le juge Goldstone accusera les deux parties de crimes de guerre.

Radicalisation des positions et rancœurs sociales

En 2009, le résultat des élections israéliennes confirme la tendance initiée en 2006. Kadima et le Likoud (centre droit et droite) se partagent la majorité des sièges à la Knesset, reléguant les travaillistes à un score historiquement bas. Benyamin Netanyahou (Likoud) devient le Premier ministre d'une coalition de droite, Likoud, Israel Beytenu, Shas, à laquelle s'associe le Parti travailliste. C'est l'apparition d'Avigdor Lieberman – un ancien videur de discothèque d'origine moldave connu pour ses positions radicales envers les Palestiniens – qui effraie l'opinion internationale. Il devient ministre des Affaires étrangères avec son parti Israël Notre Maison *(Israel Beytenu)*.

TROP DE DÉMOCRATIE TUE LA DÉMOCRATIE

Les élections législatives sont effectuées à la proportionnelle à un tour. Jamais aucun parti n'a obtenu la majorité absolue. Résultat, les coalitions avec les petits partis sont systématiques. Un système qui favorise les extrémistes et les ultra-religieux, ce qui crispe les négociations de paix.

Malgré les efforts internationaux pour mener Palestiniens et Israéliens à la table des négociations, la poursuite de la construction des colonies reste le principal obstacle aux yeux de la direction palestinienne. Les Israéliens, eux, conditionnent les négociations à la reconnaissance par les Palestiniens d'Israël en tant qu'État des Juifs.

Les Indignés d'Israël

En parallèle, durant l'été 2011, commence le Printemps israélien : des milliers de manifestants, tous milieux socio-économiques et religieux confondus, descendent dans les rues pour clamer leur opposition à la hausse continue du coût de la vie, en particulier le prix élevé des logements. Le pic en est une manifestation monstre de 300 000 personnes à Tel-Aviv. Les manifestants dénoncent également le manque de solutions économiques à long terme et la détérioration du système éducatif israélien. Ces Indignés militent pour plus de justice sociale, reléguant les questions de sécurité au second plan. Là encore, ces manifestations démocratiques montrent une évolution de la jeunesse israélienne fatiguée de ce climat de perpétuelles tensions.

LA PALESTINE À L'ONU

Mahmoud Abbas lance à l'été 2011 une offensive diplomatique qui vise à sortir les négociations de l'impasse bilatérale dans laquelle elles se trouvent, ainsi qu'à gagner une légitimité internationale pour impliquer tous les États du monde. En septembre 2011, Abbas introduit officiellement la demande d'adhésion de la Palestine pour accéder au statut de membre à part entière des Nations unies, devant une Assemblée générale qui accueille le discours par un tonnerre d'applaudissements hautement symbolique.

Ce tour de force diplomatique a évidemment de vifs opposants : Israël accuse Abbas d'actions unilatérales, certains pays européens restent réservés, et les États-Unis déclarent que la demande d'adhésion entrave le processus de paix. Sans l'accord des États-Unis, qui possèdent un droit de veto au Conseil de sécurité de l'ONU (le seul organe qui peut autoriser une candidature d'État membre), l'adhésion n'était pas gagnée. Finalement, près de 2 mois après la demande, le Comité d'admission s'est considéré dans l'impossibilité de présenter un avis favorable au Conseil de sécurité, face au désaccord de ses membres.

En octobre 2011, Israël et le Hamas signent un accord historique sur l'échange de prisonniers. Gilad Shalit, en captivité depuis 5 ans, est libéré en échange d'environ 1 000 prisonniers palestiniens.

Après l'échec de l'adhésion à l'ONU en tant que membre à part entière, le président palestinien remporte une victoire diplomatique historique : fin octobre, la Palestine est admise à l'Unesco et cette fois, bien comme membre à part entière. Dès le lendemain, les États-Unis annoncent l'arrêt de leur participation financière à l'Unesco, tandis qu'Israël, d'une part, menace de suspendre les paiements des rentrées fiscales qu'il perçoit au nom de l'Autorité palestinienne et, d'autre part, annonce qu'il accentue sa politique de colonisation en Cisjordanie et à Jérusalem-Est. Réaction surprenante ! En quoi la reconnaissance culturelle d'un État (acte plutôt positif) par la grande majorité de l'Unesco peut-elle être assimilée à un acte belliqueux ?

Le morcellement de la Palestine, que ce soit à l'intérieur de la Cisjordanie ou entre Gaza et la Cisjordanie, permet-il la création d'un État viable ? Certains intellectuels et politiques, tant israéliens que palestiniens, en doutent. Cette solution est-elle devenue plus utopique qu'un seul État dans lequel Palestiniens et Israéliens vivraient côte à côte ?

En attendant, le 29 novembre 2012, date symbolique qui rappelle le plan de partage approuvé par L'ONU en 1947, la Palestine accède au statut « d'observateur permanent » aux Nations unies. 138 États ont voté pour (notamment la France, la Belgique et la Suisse), 9 contre (dont Israël, États-Unis et Canada) et 41 se sont abstenus (parmi eux, le Royaume-Uni).

Que va changer ce statut ? Dans les faits, pas grand-chose pour les Palestiniens. La population ne constatera pas de grands changements dans sa vie quotidienne à court terme. En revanche, non seulement c'est une victoire sur le plan symbolique, mais, comme le Saint-Siège qui bénéficie du même statut, la Palestine peut désormais rejoindre certaines agences de l'ONU. En ratifiant le statut de Rome, la Cour pénale internationale (CPI) peut avoir juridiction sur la Palestine. Celle-ci pourrait alors porter plainte contre Israël pour crimes de guerre. De quoi inquiéter la partie israélienne, farouchement opposée au mandat de la CPI.

DU MARASME AU CHAOS

Des élections sur fond de malaise social

Malgré le soutien d'une (petite) majorité au parlement israélien, Benjamin Netanyahou annonce la tenue d'élections anticipées pour janvier 2013. Au plus haut dans les sondages, le Premier ministre entend bien profiter de sa popularité pour s'assurer en toute légitimité une marge de manœuvre la plus large possible, d'une part pour faire voter l'augmentation du budget « défense », d'autre part pour agir contre l'Iran si la « ligne rouge » fixée par Israël devait être franchie par Téhéran. Pour l'instant, les deux pays maintiennent un « équilibre de la terreur ». Le chef du gouvernement israélien préfère, en effet, placer au cœur de la campagne ces problématiques sécuritaires plutôt qu'un bilan économique et social controversé.
Côté palestinien, l'accord de Doha, signé le 6 février 2012 entre Mahmoud Abbas, président du Fatah et de l'Autorité palestinienne (AP), et Khaled Mechaal, chef du bureau politique du Hamas, jetait les bases d'un gouvernement transitoire en charge de la Cisjordanie et de la bande de Gaza, qu'aurait dirigé Mahmoud Abbas. Mais la réconciliation est encore fragile et les sujets de crispation ne manquent pas (notamment l'arrestation par l'Autorité palestinienne de 70 membres du Hamas en Cisjordanie).
Au même moment, le Fatah doit faire face à un malaise social grandissant. Pendant quasi 2 semaines, la population a manifesté contre la vie chère, pour le départ des dirigeants, et pour une renégociation du protocole de Paris qui régit les relations commerciales entre Israël et l'OLP (lire également la rubrique « Économie. Quels accords entre les deux entités ? » dans la partie « Palestine : hommes, culture, environnement »). Même les élections municipales d'octobre 2012 remportées par le Fatah n'ont pas redoré le blason du parti. Une participation de 55 % des électeurs, considérée comme faible, révèle une population de plus en plus désabusée par la situation tant politique qu'économique et sociale. Or, seule l'union entre le Fatah et le Hamas peut faire aboutir le long chemin vers la reconnaissance d'un État palestinien.
La réélection de Barack Obama va-t-elle apporter un nouvel élan au processus de paix ? C'est en tout cas sans le vote américain que la Palestine a accédé au statut d'État observateur non membre à l'ONU le 29 novembre 2012.

Opération sur Gaza

Une élection qui s'est déroulée à la fin de l'opération « Pilier de défense » lancée par Israël le 14 novembre 2012 contre la bande de Gaza. À l'alternance de raids israéliens et de tirs de roquettes palestiniens succède une offensive aérienne de la part d'Israël. Au bout des 8 jours que va durer la guerre, on dénombrera 135 morts palestiniens (dont 33 enfants) et 1 400 blessés. Côté israélien, 2 soldats et 4 civils ont été tués, 224 blessés.
L'Égypte a joué un rôle de médiateur primordial dans le conflit, parvenant à un cessez-le-feu le 21 novembre et à un allègement du blocus imposé par Israël sur la bande. De son côté, le Hamas et plus particulièrement Khaled Mechaal, le chef du parti en exil, soutenu par le Qatar (et ses millions) sort renforcé de ce conflit. Il s'est même offert un bain de foule à Gaza début décembre, territoire où il ne s'était jamais rendu jusqu'à présent (il a quitté la Cisjordanie en 1967, puis a vécu en exil en Syrie et dernièrement au Qatar).
Khaled Mechaal, devenu un modéré au sein du Hamas, est-il aujourd'hui le nouvel interlocuteur incontournable, même pour le Fatah ? Une (énième) réconciliation avec Mahmoud Abbas a, en effet, eu lieu au Caire début janvier 2013, sous l'égide du président Morsi. La réélection de Mechaal à la tête du Hamas, pour la 4e fois consécutive en avril 2013, confirme son rôle majeur sur l'échiquier politique et diplomatique palestinien, mais les États-Unis s'opposent toujours au

rapprochement entre les deux formations politiques, l'agitant même comme un obstacle à la reprise des pourparlers.

Nouvelle configuration

Benjamin Netanyahou, lui, ne s'attendait pas au rapprochement auquel les dernières élections l'ont contraint. Donné largement vainqueur par les sondages, le Premier ministre sort affaibli par les élections législatives qu'il a lui-même voulues. Son parti, allié à la droite ultra-nationaliste d'Avigdor Lieberman, comptabilise 31 sièges, soit 11 de moins que lors de son précédent mandat.

Il devra sans doute composer avec de nouveaux acteurs politiques pour lui assurer une majorité à la Knesset et notamment avec Yaïr Lapid, ancien journaliste, devenu chef du parti centriste Yesh Atid (« il y a un futur »), arrivé en deuxième position. Celui-ci a fait notamment campagne en faveur des classes moyennes et contre les ultra-orthodoxes à qui il conteste le droit de ne pas faire de service militaire. La coalition avec les religieux promet d'être mouvementée.

Les préoccupations sécuritaires de Benyamin Netanyahou, ont, quant à elles, peu enthousiasmé l'électorat, plus inquiet par la situation économique et sociale du pays. La question palestinienne a été quasi absente des débats, hormis chez Naftali Benett et son parti « La Maison juive », qui milite en faveur de l'occupation de 60 % de la Cisjordanie.

Côté palestinien, toujours pas d'élections législatives en vue, mais des changements à la tête de l'Autorité : Salam Fayyad a démissionné de son poste de Premier ministre en juin 2013, en raison de ses divergences de plus en plus marquées avec Mahmoud Abbas. Celui-ci, comme l'ensemble de la vieille garde et d'une partie de la population, le juge trop proche des idées israéliennes, « bradant » les revendications historiques contre « la paix par l'économie ». Or, il s'agit d'un levier bien fragile car soumis à la bonne volonté d'Israël (voir plus loin la rubrique « Économie, la croissance palestinienne : succès ou leurre ? » dans la partie Palestine, « Hommes, culture, environnement ») et Salam Fayyad en fait les frais. Rami Hamdallah, un universitaire, lui a succédé, sans être reconnu par le Hamas qui n'a pas été consulté sur cette nomination. Si le « fayyadisme » n'a rien apporté en termes de concessions politiques de la part d'Israël, reste à l'Autorité palestinienne de trouver une autre voie. Et cela pourrait se traduire par un retour à la table des négociations.

À Gaza, le renversement de Mohammed Morsi et la lutte contre les Frères musulmans ont fragilisé le Hamas. De son côté, le Qatar retire peu à peu son soutien à l'organisation.

RELANCE DES POURPARLERS DE PAIX

Conditions préalables

Dans ce contexte, Barack Obama a profité de l'affaiblissement du Premier ministre sur le plan intérieur pour relancer les négociations israélo-palestiniennes. En mars 2013, pour la 1re fois depuis son élection en 2008, le président américain s'est rendu dans la région, amorçant une série de rencontres sous l'égide de son secrétaire d'État aux Affaires étrangères, John Kerry. Les pourparlers qui devaient avoir lieu entre juillet 2013 et avril 2014 ont été teintés, comme toujours, d'optimisme de la part des Américains (du moins au début), émaillés de conditions par les Palestiniens, jugés « inacceptables » par les Israéliens : frontière d'avant 1967, gel de la colonisation, libération des prisonniers enfermés avant 1993. Toutefois, suite à la pression américaine qui lui demandait de lâcher du lest sur un des ces points, Benyamin Netanyahou a accepté de libérer 104 prisonniers en 4 vagues. Cette option a été préférée au gel de la colonisation

par calcul politique : ne pas contrarier la droite nationaliste de Naftali Bennett, membre de sa coalition gouvernementale.
Du coup, on a assisté à une salve d'annonces, portant d'une part sur la construction de logements en Cisjordanie et à Jérusalem-est (environ 7 500 entre août 2013 et janvier 2014), d'autre part sur la légalisation de plusieurs colonies sauvages. Sans parler des destructions de maisons qui ont continué (159 entre août et novembre 2013).
Cette intensification du processus de colonisation place Mahmoud Abbas en posture délicate vis-à-vis de son parti et de la population. D'autant que ses moyens de pression sont limités, puisqu'il s'est engagé à ne pas déposer de candidature palestinienne auprès d'une instance de l'ONU, ni à porter plainte auprès de la Cour pénale internationale (CPI), tant que les négociations ne sont pas arrivées à leur terme. Nombreux sont ceux qui réclament un retrait des pourparlers.
Une décision d'autant plus difficile à prendre que les garanties sécuritaires réclamées par Israël avant toute discussion sur les frontières d'un éventuel État palestinien sont considérées comme irrecevables par l'Autorité palestinienne, comme le rapporte le secrétaire général de l'OLP, Yasser Abed Rabbo (lire l'article du Monde du 17 octobre 2013) : « maintien d'une présence militaire dans la vallée du Jourdain » et « sur le sommet des montagnes », « des blocs de colonies », « du mur de séparation ». « Jérusalem est exclue de la négociation. »

Qu'attendre de cette énième reprise de « dialogue » ?

Dès le mois de septembre, soit deux mois après le début des pourparlers, le pessimisme prédomine : la situation en Syrie s'est encore aggravée et mobilise l'attention des Américains. Pour ces derniers, une résolution du conflit israélo-palestinien contribuerait à apaiser une région devenue encore plus instable depuis les « printemps arabes ». Mais si un accord est signé, quelle légitimité aura-t-il auprès de la population arabe de la région, alors qu'une seule partie des entités politiques palestiniennes l'aura ratifié (le Hamas est exclu des discussions) ?
Certains s'accommoderaient-ils du présent statu-quo ? Les Israéliens peuvent poursuivre leur politique d'annexion (avec le mur) et de colonisation tant qu'un accord final n'est pas signé, tout en donnant l'impression qu'ils travaillent à la paix. Pendant ce temps, la Palestine n'effectue aucune démarche auprès de l'ONU ou de la CPI qui mettrait en cause Israël. La communauté internationale, en finançant largement l'Autorité palestinienne, exonère Israël de concessions économiques et politiques, permet à la Cisjordanie de payer ses fonctionnaires et de faire survivre l'économie locale. Mais cette manne va de pair avec les soupçons de corruption qui pèsent sur certains dirigeants et hommes des renseignements palestiniens. Quant à la population, dont les deux-tiers anticipent un échec des pourparlers (selon un sondage de novembre 2013), elle cherche avant tout une meilleure qualité de vie et porte de moins en moins de revendications patriotiques.

PRINCIPALES DATES HISTORIQUES

Avant J.-C.

– ***IIIe millénaire av. J.-C. :*** les Cananéens, un peuple sémite, partagent la terre de Canaan avec les Amorites et les Hivvites.
– ***Vers 1000 :*** le roi David fait de Jérusalem la capitale de son royaume.
– ***969-930 :*** règne de Salomon. Il entreprend la construction du temple de Jérusalem.
– ***586 :*** Nabuchodonosor, roi de Babylone, envahit le royaume, détruit le Temple et déporte une grande partie de la population.
– ***538 :*** Cyrus, roi des Perses, prend Babylone. Les exilés peuvent retourner à Jérusalem et reconstruire le Temple.

- ***332 :*** fin de la domination perse, occupation grecque.
- ***IVe-IIIe s :*** développement de la Diaspora dans l'Empire grec.
- ***167 :*** révolte des Maccabées.
- ***63 :*** la Judée est rattachée à l'Empire romain.

Après J.-C.

- ***66-74 :*** révolte des Juifs contre l'occupant.
- ***70 :*** les Romains détruisent le Temple et Jérusalem.
- ***73 :*** chute de Massada, dernière citadelle juive.
- ***132-135 :*** révolte contre les Romains dirigée par Simon Bar Kokhba, elle s'achève dans le sang ; fin de la souveraineté juive.
- ***Ve-VIIIe s :*** peuplement progressif par les Arabes venus du désert.
- ***VIIe s :*** naissance de l'islam.
- ***634-644 :*** califat d'Omar.
- ***660-750 :*** règne des Omeyyades.
- ***710 :*** construction de la mosquée Al-Aqsa à Jérusalem.
- ***750-1258 :*** règne des Abbassides.
- ***1099 :*** les croisés conquièrent Jérusalem.
- ***1187 :*** les chrétiens sont défaits à Hittim par Salah ed-Din (Saladin).
- ***1291 et années suivantes :*** les croisés perdent leur dernière position, Saint-Jean-d'Acre. Les mamelouks se rendent maîtres de la Palestine.
- ***1517-1917 :*** domination des Turcs ottomans.
- ***1901 :*** Herzl crée le Fonds national juif.
- ***1909 :*** premier kibboutz en Palestine.
- ***1917 :*** déclaration du ministre anglais Balfour, promettant l'établissement d'un Foyer national juif en Palestine. Les Juifs américains et britanniques participeront à l'effort de guerre contre l'Allemagne. Le général Allenby entre à Jérusalem.
- ***1922 :*** mandat de l'Angleterre sur la Palestine.
- ***1933 :*** Hitler prend le pouvoir en Allemagne. Des dizaines de milliers de Juifs émigrent en Palestine.
- ***1946 :*** Begin, chef de l'Irgoun, armée secrète qui lutte contre les Anglais, fomente un attentat contre l'armée britannique (explosion à l'hôtel *King David*).
- ***1947 :*** décision de l'ONU en faveur du partage de la Palestine ; partage rejeté par les Arabes.
- ***1948 :*** Ben Gourion proclame, le 14 mai, l'indépendance d'Israël.
- ***1948-1949 :*** guerre israélo-arabe.
- ***1949 :*** Israël entre à l'ONU.
- ***1956 :*** campagne du Sinaï.
- ***1967 :*** guerre des Six Jours, après laquelle les troupes israéliennes occupent le Sinaï, la bande de Gaza, la rive occidentale du Jourdain, le quartier oriental de Jérusalem et les hauteurs du Golan.
- ***1973 :*** l'Égypte et la Syrie lancent une attaque surprise le long du canal de Suez et sur le Golan. C'est la guerre du Kippour. Décès de David ben Gourion, considéré comme le père de l'État d'Israël.
- ***1977 :*** Menahem Begin, Premier ministre. Visite de Sadate à Jérusalem.
- ***1978 :*** accords de Camp David.
- ***1982 :*** début de l'opération « Paix en Galilée », Israël envahit le Sud-Liban. Israël, par ailleurs, finit de restituer à l'Égypte tout le Sinaï.
- ***1985 :*** retrait des troupes israéliennes du Liban.
- ***1987-1988 :*** manifestations violentes dans les territoires.
- ***1989 :*** c'est l'Intifada, la « guerre des Pierres ». Réveil de la conscience nationale des Palestiniens. Durcissement des positions des colons de Cisjordanie sous l'influence de l'extrême droite religieuse. Cabinet d'union nationale travaillistes-Likoud en crise. Premiers contacts entre la diplomatie américaine et l'OLP.
- ***1990 :*** début de la vague d'immigration des Juifs de l'ex-Union soviétique. Environ 900 000 immigrants arrivent en quelques années.

– ***1991 :*** la guerre du Golfe et ses conséquences ont montré l'urgence d'un dialogue entre les différentes communautés.
– ***1992 :*** le 23 juin, victoire électorale des travaillistes aux élections législatives. Ce tournant politique conduira aux négociations directes entre Israéliens et Palestiniens.
– ***1993 :*** septembre, accords d'Oslo : reconnaissance mutuelle de l'OLP et d'Israël, projet de gestion des territoires de Gaza et de Jéricho contresigné par les deux partenaires israéliens et palestiniens. C'est la fameuse poignée de main Rabin-Arafat à Washington le 13 septembre. Shalom, Salam...
– ***1994 :*** le 4 mai, au Caire, signature de l'accord reconnaissant l'autonomie palestinienne dans la bande de Gaza et à Jéricho. Le 9 mai, la police palestinienne prend possession de son quartier général à Gaza et, en juillet, c'est le retour triomphal de Yasser Arafat à Gaza après 27 ans d'exil.
Le 26 octobre 1994, Israël signe un accord de paix avec la Jordanie, lui assurant la sécurité sur sa plus longue frontière.
– ***1995 :*** le 28 septembre, à Washington, signature de l'accord de Taba sur l'extension de l'autonomie palestinienne en Cisjordanie par Yitzhak Rabin et Yasser Arafat. Le 4 novembre, assassinat du Premier ministre Yitzhak Rabin par un activiste juif d'extrême droite.
– ***1996 :*** avril, opération « Raisins de la colère » au Liban. En mai, Benyamin Netanyahou (coalition droite-extrême droite) succède à Shimon Peres à la tête du gouvernement israélien.
– ***1997 :*** en janvier, signature d'un accord qui prévoit un retrait partiel de l'armée israélienne d'Hébron. En février, Benyamin Netanyahou annonce la création d'un nouveau quartier juif à Jérusalem-Est. Cette décision ranime les tensions du côté palestinien.
– ***1998 :*** accords de Wye Plantation qui prévoient un retrait israélien complémentaire de 13 % de la Cisjordanie. Le 30 avril, jubilé (50 ans) de l'État d'Israël.
– ***1999 :*** le travailliste Ehud Barak remporte les élections au mois de mai et devient Premier ministre. En septembre, modifications des accords de Wye Plantation à Charm-el-Cheikh et reprise des négociations sur le statut des territoires palestiniens. Le 25 octobre, ouverture d'un axe de circulation entre Gaza et la Cisjordanie, permettant aux Palestiniens d'aller et venir librement entre ces deux zones.
– ***2000 :*** des négociations s'ouvrent entre Israël et la Syrie. En mai, retrait des troupes israéliennes du Sud-Liban. En juillet, échec des négociations sur le statut final de la Palestine à Camp David. Le 1er août, Moshe Katsav (de la droite israélienne) succède à Ezer Weizmann (démissionnaire) à la présidence du pays. Le 28 septembre, Ariel Sharon, encadré de soldats israéliens, se rend sur l'esplanade des Mosquées. Cette visite, vécue comme une provocation, marque le début d'une nouvelle Intifada qui tourne peu à peu à la guerre (300 morts en 10 semaines). Le 12 novembre, mort de Leah Rabin, grande militante pour la paix. En décembre, démission du Premier ministre Ehud Barak.
– ***2001 :*** Ariel Sharon (Likoud) devient Premier ministre. L'armée israélienne assassine Abou Ali Mustafa, le chef du parti communiste palestinien (FPLP). Des membres du parti assassinent ensuite à Jérusalem Rehavam Zeevi, le ministre israélien du Tourisme.
– ***2002 :*** le Conseil de sécurité de l'ONU adopte la résolution 1387 qui mentionne la perspective de deux États vivant côte à côte, à l'intérieur de frontières reconnues et sûres. Après une série d'attentats-suicides en Israël, l'armée lance l'opération « Rempart » et réoccupe les principales villes palestiniennes. Le quartier présidentiel de Ramallah est assiégé. Début de la construction du mur.
– ***2003 :*** Mahmoud Abbas devient Premier ministre de Palestine. Sharon et Abbas acceptent la feuille de route pour la paix proposée par le Quartet en 2002.
– ***2004 :*** Sheikh Ahmad Yassine, fondateur du Hamas, est assassiné à Gaza. Yasser Arafat décède à l'hôpital militaire de Clamart en France. Trois attentats-suicides (en août, octobre et novembre), revendiqués tour à tour par le Hamas ou le Djihad islamique, sont perpétrés en Israël, faisant 27 morts et près de 150 blessés.

La Knesset approuve la proposition de Sharon du désengagement des colonies de Gaza. La Cour internationale de justice (CIJ) déclare le mur illégal et demande son démantèlement.
- ***2005 :*** Mahmoud Abbas devient président de l'Autorité palestinienne. Israël démantèle ses dernières colonies de Gaza et l'armée évacue 8 000 colons.
- ***2006 :*** victoire du Hamas lors des deuxièmes élections législatives de Palestine. Les États-Unis et l'Europe gèlent l'aide financière à la Palestine. Après des attaques cérébrales, Ariel Sharon est placé en coma artificiel ; il est remplacé par Ehoud Olmert. Le soldat franco-israélien Gilad Shalit tombe aux mains du Hamas. Israël riposte par une vaste offensive militaire sur Gaza. La deuxième guerre israélo-libanaise (et sixième guerre israélo-arabe) éclate suite à la capture de deux soldats israéliens dans le sud du Liban par le Hezbollah.
- ***2007 :*** le Hamas prend le contrôle de la bande de Gaza. Israël impose un blocus sur Gaza. Fatah et Hamas s'affrontent dans des heurts violents qui font une centaine de victimes. La Palestine a deux gouvernements, le Hamas est élu à Gaza et un gouvernement intérimaire en Cisjordanie.
- ***2008 :*** à Annapolis, Olmert et Abbas négocient un traité de paix d'ici à la fin de 2008. Au lendemain de Noël, Israël lance l'offensive militaire « Plomb durci » sur la bande de Gaza suite à des tirs de roquettes continus depuis Gaza. Raids aériens et invasion terrestre tuent 1 400 Palestiniens et 13 Israéliens.
- ***2009 :*** Benyamin Netanyahu (Likoud) est élu Premier ministre. Avigdor Lieberman, membre du parti nationaliste Israel Beytenu (Israël Notre Maison) devient ministre des Affaires étrangères en Israël.
- ***2010 :*** Israël rejoint l'OCDE.
- ***2011 :*** en mars, une bombe à la gare routière de Jérusalem fait un mort et 31 blessés. En juillet-août, protestations sociales en Israël. Des centaines de milliers d'Indignés réclament le droit à un logement abordable. En septembre, Mahmoud Abbas introduit une requête officielle d'adhésion à l'ONU, demande refusée 2 mois plus tard.

En octobre, le soldat Gilad Shalit, capturé en 2006, est libéré contre 1 000 prisonniers palestiniens.

Fin octobre, la Palestine devient membre de l'Unesco.
- ***2012 :*** en janvier, massives manifestations des laïcs israéliens contre les atteintes aux droits des femmes par les extrémistes juifs religieux. Le 6 février, réconciliation officielle entre le Fatah et le Hamas à Doha. Le 14 mai, l'administration pénitentiaire israélienne répond aux demandes de 4 700 prisonniers palestiniens (fin de la détention administrative et de l'isolement carcéral, possibilité pour les familles gazaouies de rendre visite aux détenus), mettant un terme à une grève de la faim entamée le 17 avril (avant pour certains), la plus longue menée dans les prisons israéliennes.

En juin, regain de tensions entre la bande de Gaza et Israël : alternance de tirs de roquettes depuis la bande (cinq blessés israéliens) et de raids israéliens faisant 18 morts et plusieurs blessés palestiniens. Tensions également à la frontière égyptienne où, à plusieurs reprises, des assaillants tentent de pénétrer en Israël. Plusieurs sont tués. L'ancien Premier ministre israélien Yitzhak Shamir décède à l'âge de 96 ans.

En septembre, suite à une hausse de la TVA côté israélien, répercutée de facto en Cisjordanie, la grogne monte parmi les Palestiniens.

En octobre, le Fatah remporte la majorité des municipalités en Cisjordanie. Pendant ce temps, le parlement israélien s'est autodissout. Des élections législatives anticipées sont fixées au 22 janvier 2013.

En novembre, Benjamin Netanyahou relance la construction de 1 213 logements pour les colons de Jérusalem-Est. Quelques jours plus tôt, il avait déjà annoncé 1 500 logements supplémentaires en Cisjordanie et dans la Ville sainte, alors que le monde entier avait les yeux tournés vers les élections américaines. Le 14 novembre, Israël lance l'opération « Pilier de défense » sur la bande de Gaza. L'Égypte a joué les intermédiaires pour obtenir un cessez-le-feu, annoncé le 22 novembre. Bilan : 135 morts et 1 400 blessés côté palestinien, 6 tués et

224 blessés côté israélien. Le 29 novembre, la Palestine accède au statut d'un observateur, non membre, à l'ONU. Suite à ce vote, Israël annonce la construction de plus de 3 400 nouvelles habitations, près de Jérusalem (côté cisjordanien), avec pour but de relier Ma'ale Adumim, la grande colonie israélienne (7 km à l'est de Jérusalem) aux blocs d'implantations de Jérusalem-Est. Un plan, baptisé « E1 », qui risque de couper totalement Jérusalem du reste de la Cisjordanie, selon Ban Ki-moon, sans compter le déplacement forcé des familles qui habitent la région.

– ***2013 :*** en janvier, Khaled Mechaal (Hamas) et Mahmoud Abbas (Fatah) se rencontrent au Caire pour une nouvelle tentative de réconciliation. Aux élections législatives israéliennes, le score de Benjamin Netanyahou est plus faible que prévu. Sa formation perd 11 voix et devra s'allier à la fois aux centristes et à l'extrême droite. L'Autorité palestinienne connaît également quelques remous : le premier ministre Salam Fayyad a démissionné en juin. Il est remplacé par Rami Hamdallah, un universitaire. En octobre, les élections municipales israéliennes n'ont pas mobilisé les foules, le taux d'abstention atteint 58 %, l'Autorité palestinienne ayant carrément appelé au boycott à Jérusalem-est. En novembre, près de 2 000 Bédouins et Arabes israéliens ont manifesté contre le plan Prawer qui prévoit le déplacement de 30 à 40 000 Bédouins du Néguev (expropriation de terres et destruction de villages). Le projet a été finalement suspendu. Fin novembre, Benjamin Netanyahou a rejeté l'accord sur le nucléaire signé entre l'Iran et le Conseil de sécurité (+ l'Allemagne), estimant qu'il s'agit d'une « erreur historique » et qu'il met en danger la survie d'Israël. Les relations avec les États-Unis, déjà mises à mal par les pourparlers qui piétinent, se sont crispées un peu plus. Le pays s'est retrouvé isolé sur la scène internationale. En décembre, les scientifiques français ont affirmé que Yasser Arafat est décédé de mort naturelle. Ils contredisent de ce fait leurs homologues suisses, qui un mois plus tôt avaient soutenu l'éventualité (non la certitude) d'un empoisonnement au polonium. En cette fin d'année, le parlement israélien a voté une loi qui sanctionne d'un an de prison (sans procès) toute personne entrée clandestinement en Israël.

– ***2014 :*** début janvier, 30 000 demandeurs d'asile originaires d'Afrique (majoritairement d'Érythrée et du Soudan) ont manifesté à Tel-Aviv, puis à Jérusalem devant le Parlement pour protester contre la politique d'immigration menée par Israël. Le Premier ministre n'a pas donné suite. Le 11 janvier, Ariel Sharon est mort après 8 ans de coma.

ISRAËL LES QUESTIONS QU'ON SE POSE LE PLUS SOUVENT

Faut-il un visa pour Israël ?
Non, un passeport valable encore 6 mois minimum après la date d'entrée suffit.

Peut-on entrer en Israël même avec des tampons de pays arabes sur son passeport ?
Si certains pays arabes (comme la Syrie ou le Liban) refusent l'accès des voyageurs dont le passeport comporte un tampon israélien, l'inverse n'est pas vrai. Les autorités israéliennes risquent juste de vous poser plus de questions.

Quelle est la meilleure période pour y aller ?
Avril-mai et de septembre à novembre. L'été peut être très chaud et étouffant au bord de la mer Morte, janvier très froid à Jérusalem et dans le désert du Néguev.

Est-il nécessaire d'apprendre l'hébreu ou l'arabe pour communiquer ?
L'importante immigration juive francophone vous assurera de belles et intéressantes discussions. L'anglais est parlé par beaucoup de gens.

La vie est-elle chère ?
Normes européennes question logement, restauration et transports. Mais les petits budgets peuvent surfer sur les AJ privées, les petits restos populaires, les taxis collectifs...

Peut-on voyager à tout moment ?
Ne pas programmer un voyage en bus ou en train pendant le shabbat (ils ne fonctionnent pas), ni visiter certaines villes comme Safed, Tibériade et Jérusalem-Ouest, car la plupart des musées et des sites sont alors fermés et la vie sociale et urbaine s'arrête quasiment.

Quels sont les problèmes de sécurité ?
Les attentats ont pratiquement cessé. Les endroits touristiques sont sous haute surveillance (très nombreuses caméras de rue dans la vieille ville de Jérusalem). Présence militaire et policière (qui sait rester discrète). Fort peu de vols et d'agressions...

Faut-il des vaccins ?
Pas de vaccins obligatoires. Vérifiez que vous êtes à jour dans vos vaccinations traditionnelles (tétanos, polio, etc.).

Quel est le moyen de transport le plus commode ?
Pour relier les grandes villes entre elles, les réseaux de bus se révèlent largement suffisants. En revanche, pour musarder sur les petites routes du nord de la Galilée ou du Néguev, il vaut mieux louer une voiture.

À quelle ville doit-on consacrer le plus de temps, Tel-Aviv ou Jérusalem ?
Tel-Aviv, c'est la grande ville laïque qui ne dort jamais et qui s'éclate, Jérusalem, c'est plutôt l'histoire, l'émotion, le romantisme.

Peut-on randonner de façon sûre et où ?
Israël se révèle un pays privilégié pour la randonnée : déserts, montagnes, plateaux. Il y en a pour tous les goûts et tous les niveaux d'effort physique...

Peut-on parler facilement de la situation politique ou doit-on s'abstenir ?
Il y a une vraie vie démocratique et les journaux s'en font largement l'écho. Il faut toujours aborder les questions avec tact et justesse. Savoir modestement les poser et surtout écouter. La situation est évidemment complexe.

ISRAËL
LES COUPS DE CŒUR DU ROUTARD

- **Marcher le long du boulevard Rothschild à Tel-Aviv,** en admirant les belles maisons à l'architecture Bauhaus... p. 154
- **Prendre l'apéro sur l'une des plages de Tel-Aviv,** les pieds dans le sable, face au soleil couchant, en se laissant bercer par l'insouciance ambiante. .... p. 158
- **Flâner dans les rues du marché aux puces de Jaffa,** le plus beau et le plus coloré de Tel-Aviv. .... p. 163
- **Se balader sur les mythiques remparts de Jérusalem** au soleil déclinant, alors qu'ils prennent des teintes d'incendie. .... p. 301
- **Sur le mont des Oliviers, attraper le saisissant lever du soleil sur la vieille ville,** l'illumination montante des remparts, le premier vol de colombes, la mosquée d'Omar, les immenses cimetières juifs et arabes... .... p. 309
- **Se perdre délicieusement dans la vieille cité de Jérusalem, se surprendre à sentir qu'on change de quartier,** de culture, de religion, dans une harmonieuse imbrication de fragrances, de sons, de couleurs... .... p. 299
- **Se rendre au mur des Lamentations,** un vendredi en fin d'après-midi. Émotion assurée ! .... p. 304
- Défier les lois de la gravitation et **se laisser flotter dans l'eau tiède de la mer Morte,** sans le moindre effort (et sans la moindre éclaboussure !). .... p. 242
- **Faire l'ascension du plateau de Massada,** pour découvrir un site chargé d'histoire et **découvrir une vue grandiose** sur la mer Morte. .... p. 247
- **Plonger dans les eaux chaudes de la mer Rouge** et se laisser émerveiller par les récifs coralliens et le spectacle des poissons multicolores qui virevoltent. .... p. 268
- **Grimper sur le mont Carmel** et contempler la vue plongeante sur le paysage urbain que dessine la baie de Haïfa. .... p. 183
- **Admirer les fortifications de Saint-Jean-d'Acre (Akko),** point de départ de la troisième croisade et du périple de Marco Polo. .... p. 186
- Prendre le temps d'**admirer la superbe collection du musée de Reuben et Édith Hecht,** sur le campus de l'université de Haïfa. .... p. 185
- **Goûter la belle cuisine orientale dans l'une des réputées auberges de Nazareth...** après la visite, au long de pentes assassines, du souk et des églises de la vieille ville. .... p. 236
- **En Nord Galilée, par météo clémente en avril-mai, skier un matin** sur les pentes immaculées et enivrantes du mont Hermon et, l'après-midi, piquer une tête dans le lac de Tibériade ! .... p. 214
- **Dans les ruelles pentues du vieux quartier juif de Safed,** l'air mystique, partir à la recherche de vénérables synagogues pleines de charme... .... p. 206
- **Entre chien et loup, prendre de la hauteur sur le plateau du Golan,** s'asseoir enfin, se vider la tête, oublier la tension militaire et se laisser envahir par la sérénité du lac de Tibériade ! .... p. 213
- **S'asseoir au sommet de la falaise du makhtesh Ramon,** à Mitzpé Ramon, le cratère le plus impressionnant du Néguev, et s'imprégner de la beauté des lieux au soleil couchant. .... p. 259
- **Partir en balade ou en trek au cœur du Néguev,** véritable désert biblique aux paysages saisissants, entaillés et érodés par les siècles d'histoire. .... p. 250

ISRAËL UTILE

▸ Pour la carte générale d'Israël et de la Palestine, se reporter au cahier couleur.

ABC D'ISRAËL

▸ *Population :* 8 010 000 hab. (6 042 000 Juifs, soit 75,3 % de la population ; 1 658 000 Arabes, soit 20,7 %, dont 82 % de musulmans sunnites, 9,7 % de chrétiens et 8 % de druzes).
▸ *Superficie :* 20 770 km², dont 440 km² d'eau.
▸ *Capitale :* Jérusalem (790 000 hab., dont 34,2 % de Palestiniens). Cependant, les pays étrangers (sauf le Salvador et le Costa Rica) ne reconnaissent pas Jérusalem comme capitale et ont leur ambassade à Tel-Aviv.
▸ *Villes principales :* Tel-Aviv (410 000 hab.), Haïfa (275 000 hab.), Beer Sheva (186 000 hab.).
▸ *Régime politique :* démocratie parlementaire à chambre unique (la Knesset). Administration militaire dans les parties de la Cisjordanie encore occupées par Israël.
▸ *Président :* Shimon Peres, depuis 2007.
▸ *Premier ministre :* Benjamin Netanyahou (du parti de droite Likoud), depuis 2009.
▸ *Langues officielles :* l'hébreu et l'arabe.
▸ *Langues pratiquées :* toutes (presque), et notamment l'anglais, le russe, le français.
▸ *Religions :* juifs (75,5 %), musulmans (17 %), chrétiens (2 %), druzes (1,6 %) ; et des religions minoritaires : les karaïtes, les bahaïs (à Haïfa) et les samaritains (à Holon et à Naplouse) qui ne sont plus que 750 officiellement.
▸ *Monnaie :* le shekel.
▸ *Indice de développement humain* (espérance de vie, éducation, niveau de vie) : 0,888. Rang mondial : 17 sur 187.

AVANT LE DÉPART

Adresses utiles

En France

■ *Office national israélien de tourisme :* *pas d'accueil public.* ☎ *01-42-61-85-86/82.* • *infos@otisrael.com* • *otisrael.com* • *Accueil téléphonique lun-ven 9h-17h (13h ven).* Sur demande (par mail ou téléphone), envoi d'une documentation abondante dont une carte routière et une carte des pèlerins de Terre sainte, qui fournit de bons renseignements historiques.
■ *Ambassade et consulat d'Israël :* *3, rue Rabelais, 75008 Paris.* ☎ *01-40-76-55-14 (consulat).* • *embassies.gov.il/paris* • Ⓜ *Franklin-D.-Roosevelt. Lun-ven 9h30-12h30.*

En Belgique

■ *Office de tourisme :* *pas de bureau en Belgique, contacter l'office de tourisme à Paris.* Voir plus haut.
■ *Consulat d'Israël :* *av. de l'Observatoire, 40, 1180 Bruxelles.* ☎ *02-373-55-08.* • *embassies.gov.il/brussels* • *Service consulaire ouv lun-ven 9h30-12h30 (jusqu'à 13h par tél).*

En Suisse

■ *Office de tourisme :* *pas de bureau en Suisse, l'office de référence est basé à Berlin.* ☎ *(00-49-30) 203-99-70.* • *goisrael.de* • *Accueil téléphonique lun-ven 9h-17h (14h30 ven).* Envoi de doc (en allemand, un peu en anglais) sur demande.
■ *Consulat d'Israël* *(Konsulat des Staates Israel)* **:** *Alpenstrasse, 32,*

3006 Berne. ☎ (031) 356-35-04/24. ● *embassies.gov.il/bern* ● *Service consulaire lun-ven 9h-12h (12h-14h par tél).*

Au Canada

Office de tourisme d'Israël : *180, Bloor St West, suite 700, Toronto (Ontario) M5S 2V6. ☎ 416-964-37-84.* ● *goisrael.ca* ● *Lun-jeu 9h-17h, ven 9h-14h.*

■ **Consulat général d'Israël :** *1, Westmount Sq, suite 650, Westmount (Québec) H3Z 2P9. ☎ (514) 940-85-25.* ● *embassies.gov.il/montreal* ● *Lun-ven 9h30-12h30 (sur place). Lun-jeu 14h-16h (par tél).*

Formalités

– Pour les ressortissants français, belges, suisses et canadiens, ***aucun visa*** n'est requis pour un séjour touristique de moins de 3 mois en Israël et dans les territoires palestiniens. Ils doivent présenter un ***passeport*** encore valable au moins 6 mois après la date d'entrée. À l'arrivée, la police israélienne (contrôle des passeports à l'aéroport Ben Gourion) délivre un reçu volant avec photo et coordonnées. Plus de tampon sur le passeport ! Attention à ne pas le perdre : on vous le réclamera dans les hôtels au moment de l'enregistrement et à la sortie du territoire.

– Pour rester plus de 3 mois sur le territoire israélien, il faut déposer une demande de visa (payant) auprès du ministère de l'Intérieur en Israël.

– Il faut en outre pouvoir présenter un billet d'avion aller-retour ou de continuation.

– Notez qu'on peut, en principe, entrer en Israël avec n'importe quel visa arabe tamponné sur le passeport, contrairement à ce qu'affirment certaines personnes. Dans ce cas, s'attendre parfois à plus de questions que d'habitude.

Pensez à scanner passeport, visa, carte de paiement et vouchers d'hôtel. Ensuite, adressez-les-vous par mail, en pièces jointes, en même temps que votre billet électronique. En cas de perte ou vol, rien de plus facile pour les récupérer dans un cybercafé. Les démarches administratives en seront bien plus rapides.

Ariane, le fil à suivre

Ariane est un service gratuit mis à disposition par le Centre de crise du ministère des Affaires étrangères et européennes. Il permet aux voyageurs français qui le souhaitent de s'enregistrer à l'occasion de leurs séjours à l'étranger. Les informations déposées sur Ariane sont utilisées en cas de crise, par exemple pour contacter des voyageurs dans l'hypothèse où des opérations de secours sont organisées, ou encore pour joindre rapidement les familles ou les proches en France si une situation le nécessite. Pour en savoir plus : ● *pastel.diplomatie.gouv.fr/fildariane* ●

Assurances voyage

■ ***Routard Assurance*** *(c/o AVI International)* **:** *106, rue de la Boétie, 75008 Paris. ☎ 01-44-63-51-00.* ● *avi-international.com* ● Ⓜ *Saint-Philippe-du-Roule ou Franklin-D.-Roosevelt.* Depuis 1995, Routard Assurance, en collaboration avec AVI International, spécialiste de l'assurance voyage, propose aux routards un tarif à la semaine qui inclut une assurance bagages de 2 000 € dont 300 € pour les appareils photo. Pour les séjours longs (2 mois à 1 an), il existe le contrat Marco Polo. Ces 2 contrats sont également disponibles à un prix forfaitaire pour les familles en courts et longs séjours. Les seniors ont aussi leur contrat Routard Assistance Senior. Routard Assurance est aussi disponible en version « light » (durée adaptée aux week-ends et courts séjours en Europe). Vous trouverez un bulletin de souscription dans les dernières pages de chaque guide.

■ ***AVA :*** *25, rue de Maubeuge, 75009 Paris. ☎ 01-53-20-44-20. • ava.fr • Ⓜ Cadet.* Un autre courtier fiable pour ceux qui souhaitent s'assurer en cas de décès-invalidité-accident lors d'un voyage à l'étranger, mais surtout pour bénéficier d'une assistance rapatriement, perte de bagages et annulation. Attention, franchises pour leurs contrats d'assurance voyage.

■ ***Pixel Assur :*** *18, rue des Plantes, 78600 Maisons-Laffitte. ☎ 01-39-62-28-63. • pixel-assur.com • RER A : Maisons-Laffitte.* Assurance de matériel photo et vidéo tous risques dans le monde entier. Devis basé sur le prix d'achat de votre matériel. Avantage : garantie à l'année.

Carte internationale d'étudiant (carte ISIC)

Elle prouve le statut d'étudiant dans le monde entier et permet de bénéficier de tous les avantages, services et réductions dans les domaines du transport, de l'hébergement, de la culture, des loisirs, du shopping... C'est la clé de la mobilité étudiante !

La carte ISIC permet aussi d'accéder à des avantages exclusifs sur le voyage (billets d'avion spécial étudiants, hôtels et auberges de jeunesse, assurances, cartes SIM internationales, location de voiture, navette aéroport...).

Pour l'obtenir en France

– ***Commandez-la en ligne :*** *• isic.fr •*
– ***Rendez-vous dans la boutique ISIC*** *(2, rue de Cicé, 75006 Paris ; ☎ 01-40-49-01-01)* muni de votre certificat de scolarité, d'une photo d'identité et de 13 € (12 € + 1 € de frais de traitement). Émission immédiate sur place ou envoi à domicile le jour même de la commande en ligne.

En Belgique

Elle coûte 10 € (+ 1 € de frais d'envoi, 12 € via le site ISIC) et s'obtient sur présentation de la carte d'identité, et de la carte d'étudiant auprès de l'agence ***Connections*** : *rens au ☎ 070-23-33-13. • isic.be •*

En Suisse

Dans toutes les agences ***S.T.A. Travel*** *(☎ 058-450-40-00 ou 49-49),* sur présentation de la carte d'étudiant, d'une photo et de 20 Fs. Commande de la carte en ligne : *• isic.ch • statravel.ch •*

Au Canada

La carte coûte 20 $Ca (+1,50 $Ca de frais d'envoi). Disponible dans les agences ***Travel Cuts/Voyages Campus,*** mais aussi dans les bureaux d'associations étudiantes. Pour plus d'infos : *• voyagescampus.com •*

Carte d'adhésion internationale aux auberges de jeunesse (carte FUAJ)

Cette carte vous ouvre les portes des 4 000 auberges de jeunesse du réseau HI-Hostelling International en France et dans le monde. Vous pouvez ainsi parcourir 90 pays à des prix avantageux et bénéficier de tarifs préférentiels avec les partenaires des auberges de jeunesse HI. Enfin, vous intégrez une communauté mondiale de voyageurs partageant les mêmes valeurs : plaisir de la rencontre, respect des différences et échange dans un esprit convivial. Il n'y a pas de limite d'âge pour séjourner en auberge de jeunesse. Il faut simplement être adhérent.

Pour l'obtenir en France

– ***En ligne,*** avec un paiement sécurisé, sur le site *• hifrance.org •*

– ***Dans toutes les auberges de jeunesse,*** points d'informations et de réservations en France. Liste des AJ sur • *hifrance.org* •
– ***Par correspondance*** auprès de l'antenne nationale *(27, rue Pajol, 75018 Paris ; ☎ 01-44-89-87-27),* en envoyant une photocopie d'une pièce d'identité et un chèque à l'ordre de la FUAJ du montant correspondant à l'adhésion. Ajoutez 2 € pour les frais d'envoi. Vous recevrez votre carte sous 15 j.

Les tarifs de l'adhésion 2014

– ***Carte internationale individuelle FUAJ - de 26 ans :*** 7 €. Pour les personnes de 16 à 25 ans (veille des 26 ans) – Français ou étrangers résidant en France depuis plus de 12 mois –, les étudiants français et les demandeurs d'emploi sur présentation d'un justificatif. Pour les mineurs, une autorisation parentale et la carte d'identité du parent tuteur sont nécessaires pour l'inscription.
– ***Carte internationale individuelle FUAJ + de 26 ans :*** 11 €.
– ***Carte internationale FUAJ Famille :*** 20 €. Pour les familles ayant un ou plusieurs enfants de moins de 16 ans. Les enfants de plus de 16 ans devront acquérir une carte individuelle FUAJ.
– ***Carte internationale FUAJ partenaire :*** gratuite. Réservée aux personnes licenciées, aux adhérents d'une association ou fédération sportive partenaire de la FUAJ, sur présentation de leur licence.
Liste complète des associations et fédérations sportives sur • *hifrance.org* •, rubrique « Partenaires ».

En Belgique

Réservée aux personnes résidant en Belgique. La carte d'adhésion est obligatoire. Son prix varie selon l'âge : entre 3 et 15 ans, 3 € ; entre 16 et 25 ans, 9 € ; après 25 ans, 15 €.
Votre carte de membre vous permet d'obtenir de 3 à 20 € de réduction sur votre première nuit dans les réseaux LAJ, VJH et CAJL (Luxembourg), ainsi que des réductions auprès de nombreux partenaires en Belgique.

Renseignements et inscriptions

■ ***À Bruxelles : LAJ,*** *rue de la Sablonnière, 28, 1000. ☎ 02-219-56-76.* • *lesaubergesdejeunesse.be* •
■ ***À Anvers : Vlaamse Jeugdherbergcentrale (VJH),*** *Beatrijslaan 72, B 2050 Antwerpen. ☎ 03-232-72-18.* • *jeugdherbergen.be* •

En Suisse (SJH)

Réservée aux personnes résidant en Suisse. Le prix de la carte dépend de l'âge : 22 Fs pour les - de 18 ans, 33 Fs pour les adultes et 44 Fs pour une famille avec des enfants de - de 18 ans.

Renseignements et inscriptions

■ ***Schweizer Jugendherbergen (SJH) :*** *service des membres, Schaffhauserstr. 14, 8006 Zurich. ☎ 044-360-14-14.* • *youthhostel.ch* •

Au Canada

Elle coûte 35 $Ca pour une durée de 16 à 28 mois et 175 $Ca pour une carte valable à vie (tarifs hors taxes). Gratuit pour les enfants de - de 18 ans.
■ ***Auberges de jeunesse du Saint-Laurent / St Laurent Youth Hostels :*** *3514, av. Lacombe, Montréal (Québec) H3T 1M1. ☎ 514-731-1015. N° gratuit (au Canada) : ☎ 1-800-663-5777.*
■ ***Canadian Hostelling Association :*** *205, Catherine St, bureau 400, Ottawa (Ontario) K2P 1C3. ☎ 613-237-7884.* • *hihostels.ca* •

Pour réserver votre séjour en auberge de jeunesse HI

– ***En France :*** • *hifrance.org* • Réservez vos séjours dans 120 auberges de jeunesse. Accès aux offres spéciales et dernières minutes.
– ***En France et dans le monde :*** • *hihostels.com* • Si vous prévoyez un séjour itinérant, vous pouvez réserver plusieurs auberges en une seule fois !

ARGENT, BANQUES, CHANGE

Monnaie

La monnaie aussi bien en Israël qu'en Palestine est le ***shekel,*** divisé en 100 ***agoroth.*** Jetez un œil sur la pièce de 10 shekalim (shekel au pluriel), dont le motif date de l'Antiquité.
Il existe des pièces de 10 et 50 agoroth (0,50 shekel), 1 shekel, 2, 5 et 10 shekalim. À cela s'ajoutent des billets de 20, 50, 100 et 200 shekalim. Début 2014, 1 € valait environ 4,70 shekalim (Shk).

Change

– Pas de souci pour changer vos devises. Le mieux est d'aller dans les bureaux de change *(change office)* qui pratiquent des taux tout à fait raisonnables, sensiblement identiques les uns aux autres. On en trouve facilement dans les principales villes du pays. Ils sont ouverts en général du dimanche au jeudi, de 9h à 19h, le vendredi de 8h30 à 14h (ou 15h). Il est possible de changer également dans la plupart des bureaux de poste et dans certaines banques, mais ça prend souvent plus de temps, et les taux ne sont pas forcément meilleurs. Évitez de changer dans les hôtels, les taux ne sont pas intéressants.
Notez toutefois que, malgré la commission prise par votre banque à chaque retrait, le taux de change reste plus intéressant en retirant de l'argent aux distributeurs automatiques.
– ***Les chèques de voyage :*** il est assez compliqué de changer des chèques de voyage. La plupart des bureaux de change les refusent, ainsi que de nombreuses banques. Mieux vaut partir avec une carte de paiement et retirer selon ses besoins.

Cartes de paiement

Avant le départ, informez-vous auprès de votre banque sur la commission perçue à chaque retrait et sur le plafond de retrait hebdomadaire autorisé.
Il y a des distributeurs partout. Pour la carte *Visa,* aucun problème. En revanche, la carte *Eurocard MasterCard* n'est pas acceptée dans toutes les banques. Attention : certains distributeurs permettent de retirer des shekalim, bien entendu, mais aussi des dollars et des euros. Ne vous faites pas avoir, appuyez sur le bon bouton !
Les ***cartes de paiement*** sont acceptées dans tous les hôtels (sauf certaines *guesthouses* et les *B & B*), la plupart des restaurants, ainsi que dans les magasins (attention cependant au montant de la commission).

En cas de pépin

– Quand c'est possible, utilisez de préférence le distributeur automatique d'une banque pendant les horaires d'ouverture de celle-ci. En cas de pépin (carte avalée, erreur de numéro...), il est plus facile (et rapide) de récupérer sa carte au guichet de l'établissement.
– Le numéro de téléphone à contacter en cas de perte ou de vol est propre à chaque banque. Il figure sur votre contrat, n'oubliez pas de le noter avant de partir, ainsi que le numéro à 16 chiffres de votre carte. Conservez ces informations en lieu sûr, et séparément de votre carte. Rappelons par ailleurs que l'assistance médicale ne couvre que les 90 premiers jours du voyage et que l'assistance véhicule n'est assurée que pour les cartes haut de gamme (renseignez-vous auprès de votre banque).
N'oubliez pas aussi de VÉRIFIER LA DATE D'EXPIRATION DE VOTRE CARTE DE PAIEMENT !
– ***Carte Visa :*** *assistance médicale incluse. Numéro d'urgence (Europ Assistance) : ☎ (00-33) 1-41-85-85-85 (24h/24). Pour faire opposition, contactez le numéro communiqué par votre banque.* • *visa-europe.fr* •
– ***Carte MasterCard :*** *assistance médicale incluse. Numéro d'urgence : ☎ (00-33) 1-45-16-65-65. En cas de perte ou de vol, pour faire opposition, composez le numéro communiqué par votre banque.* • *mastercardfrance.com* •
– ***Carte American Express :*** *téléphonez en cas de pépin au ☎ (00-33) 1-47-77-72-00 (24h/24).* • *america*

nexpress.fr •
– Pour toutes les cartes émises par ***La Banque postale,*** composer le : *☎ 0825-809-803 (0,15 €/mn) depuis la France métropolitaine ou les DOM, ou le ☎ (00-33) 5-55-42-51-96 depuis l'étranger.*

Western Union Money Transfer

Western Union Money Transfer (• *wes ternunion.com* •) permet un transfert d'argent liquide très rapide convenant aux besoins urgents (perte ou vol de carte de paiement). Deux manières de procéder :
– Dépôt d'argent en euros dans l'un des bureaux Western Union dont les correspondants en France sont La Banque postale *(fermée sam ap-m, n'oubliez pas ! ☎ 0825-00-98-98 ; 0,15 €/mn)* et la Société financière de paiements *(SFDP ; ☎ 0825-825-842 ; 0,15 €/mn).* Le transfert est effectué en moins de 15 mn. La commission, assez élevée, est payée par l'expéditeur.
– Transfert en ligne 24h/24 par carte de paiement (*Visa* ou *MasterCard* émise en France).
En Israël, ce service est disponible dans les bureaux de poste. Sinon, pour connaître les autres points qui proposent le service en Israël et en Palestine : • *westernunion.com* •

ACHATS

Artisanat

Carrefour de l'Orient et de l'Occident, Israël propose des produits très divers : services à café, peaux de chèvres, plateaux de cuivre, sacs en cuir, colliers, tapis orientaux, bijoux yéménites, poteries, objets de culte. *Attention,* pour les bijoux en or : le métal titre parfois 14 carats (c'est indiqué), mais on trouve de plus en plus de bijoux en or 18 carats, comme en Europe.

Alimentaire

Avant votre retour, un petit tour au supermarché ou chez le boulanger vous permettra de rapporter les produits alimentaires typiques : la *pita* (pain rond et plat), le *hommos* (purée de pois chiches), la *téhina* (pâte de sésame) ou encore le *sabra* (liqueur d'orange).

Cosmétiques de la mer Morte

Les eaux et les boues de la mer Morte sont très riches en minéraux. Il existe une véritable industrie de cosmétiques (lotions, crèmes, savon, etc.) et de produits revitalisants bourrés de potassium, magnésium, silice, calcium, etc. C'est l'occasion de rapporter un petit pot de la fameuse boue noire ! Plusieurs marques se disputent le marché (certaines sont fabriquées dans les colonies de Cisjordanie) et on trouve plusieurs boutiques à Ein Guedi et à Ein Bokek notamment. Tâchez tout de même d'être vigilant sur la composition des produits.

BUDGET

En Israël, le coût de la vie est élevé, et correspond à celui que l'on connaît en Europe. À Tel-Aviv, les cafés et les restaurants sont même souvent plus chers qu'à Paris. Mais que les routards désargentés ne s'affolent pas pour autant. Ceux qui ont un budget modique circuleront en bus, dormiront dans les *hostels* (en dortoirs pour un prix plancher), mangeront bien le matin (les petits déjeuners sont souvent hyper copieux !), avaleront un falafel ou un *shawarma* le midi, et se nourriront un peu plus correctement le soir.
Les prix que nous indiquons le sont à titre indicatif et peuvent changer, bien entendu, au regard des aléas économiques (taux de change, inflations, etc.).

Hébergement

Les fourchettes indiquées correspondent au prix d'une *chambre double*, petit déjeuner généralement compris. Une exception pour la catégorie « Très bon marché » : il s'agit habituellement du tarif pour un lit d'une personne, en dortoir.
Dans la plupart des cas, les établissements (y compris les auberges de jeunesse) affichent des tarifs haute et basse saison. La différence entre les deux est parfois importante, surtout dans des villes comme Tel-Aviv ou Eilat ! Sur les rivages de la Méditerranée et à Eilat, la haute saison correspond aux 2 mois d'été. Dans le désert, c'est l'inverse : de juin à septembre, la hausse des températures fait fondre les prix ! Les tarifs sont au plus fort également lors de la Pâque juive (Pessah), du Nouvel An juif (Rosh HaShana) et de Soukoth. Durant ces fêtes, certains établissements demandent d'ailleurs un séjour minimum de 3 ou 4 nuits. Hors saison, n'hésitez pas à négocier une petite réduction. La plupart des établissements de la catégorie « Prix moyens », et au-delà, proposent une ristourne de 10 % à partir de 7 nuits consécutives. Le week-end (vendredi soir et samedi soir, plus rarement la nuit du jeudi), certains établissements augmentent leurs tarifs.

Les touristes sont exonérés de la taxe de 17 % sur les nuitées.
Sachez enfin que les hébergements des catégories « Chic », et au-delà, expriment parfois leurs tarifs en dollars.
- ***Bon marché :*** de 80 à 250 Shk (17 à 53 €).
- ***Prix moyens :*** de 250 à 420 Shk (53 à 90 €).
- ***Chic :*** de 420 à 600 Shk ou environ 115 à 165 $ (environ 90 à 127 €).
- ***Plus chic :*** de 165 à 280 $ (environ 120 à 205 €).
- ***Très chic :*** plus de 280 $ (environ 205 €).

Pour Tel-Aviv, les fourchettes doivent être revues à la hausse et nous avons ajouté une catégorie « Prix modérés » :
- ***Très bon marché :*** moins de 90 Shk (environ 20 €).
- ***Bon marché :*** de 90 à 250 Shk (environ 20 à 53 €).
- ***Prix modérés :*** de 250 à 350 Shk (environ 53 à 75 €).
- ***Prix moyens :*** de 350 à 470 Shk (environ 75 à 100 €).
- ***Chic :*** de 470 à 740 Shk ou environ 125 à 200 $ (100 à 160 €).
- ***Plus chic :*** de 200 à 250 $ (environ 145 à 180 €).
- ***Très chic :*** plus de 250 $ (environ 180 €).

Promotions sur Internet

De plus en plus d'hôtels modulent les tarifs de leurs chambres sur Internet en fonction du taux d'occupation. Il y a donc les prix de base (ceux que nous indiquons) et les promos proposées sur le net. À certaines périodes, le prix des chambres évolue en permanence, ce qui permet d'optimiser le chiffre d'affaires (comme le font les compagnies aériennes). Ces promotions sont extrêmement variables d'une semaine à l'autre, voire d'un jour à l'autre. Elles sont particulièrement intéressantes pour les hôtels de gamme supérieure (3-étoiles). Par exemple, un établissement qui annonce des prix officiels de 90 à 130 € proposera les mêmes chambres entre 60 et 80 € sur son site, à certaines périodes. Bref, lorsque vous avez choisi votre hôtel, allez donc faire un tour sur son site pour voir ce qu'il propose. De vraies bonnes affaires en perspective !

Nourriture

Difficile de déterminer des fourchettes de prix pour les restaurants. La plupart d'entre eux ne proposent pas de menus mais une carte avec de nombreux plats à prix très variables. Le montant de l'addition dépendra donc, sinon de votre fantaisie, du moins de votre appétit. Les fourchettes que nous indiquons correspondent à un repas complet, sans les boissons. En réalité, on se contente souvent d'un plat. La solution la moins chère pour se restaurer consiste évidemment à s'arrêter aux nombreux stands de kebabs et falafels.
Attention, les prix affichés dans les restaurants ne comprennent pas le service. Prévoir 12 % en plus.
- ***Très bon marché :*** moins de 40 Shk (environ 8,50 €).
- ***Bon marché :*** de 40 à 80 Shk (environ 8,50 à 17 €).
- ***Prix moyens :*** de 80 à 120 Shk (environ 17 à 25 €).
- ***Chic :*** de 120 à 220 Shk (environ 25 à 47 €).
- ***Très chic :*** plus de 220 Shk (environ 47 €).

Fourchettes pour Tel-Aviv :
- ***Très bon marché :*** moins de 50 Shk (environ 10,60 €).
- ***Bon marché :*** de 50 à 100 Shk (environ 10,60 à 21 €).
- ***Prix moyens :*** de 100 à 150 Shk (environ 21 à 32 €).
- ***Chic :*** de 150 à 250 Shk (environ 32 à 53 €).
- ***Très chic :*** plus de 250 Shk (environ 53 €).

CLIMAT

Pour résumer, on pourrait le dire méditerranéen le long de la Méditerranée, et désertique dans le désert. Intéressant, non ? Le soleil est très fort en juillet et août. Le port du chapeau ou de la casquette est vivement conseillé. S'exposer au soleil lorsque celui-ci est au zénith frise l'inconscience. Les hôpitaux israéliens regorgent, en été, de touristes souffrant d'insolation. Ne pas hésiter à boire au minimum 2 à 3 l d'eau par personne et par jour.
L'été dure d'avril à octobre, chaud et sans pluie sur la côte, caniculaire dans l'Est et le Sud. L'hiver est froid dans les régions montagneuses (où il neige) et la nuit dans le désert du Néguev.
En hiver, la nuit tombe vers 16h. En été, le soleil se lève à 4h (à partir de juin).

DANGERS ET ENQUIQUINEMENTS

Dans un contexte calme, comme c'est le cas actuellement, et sous réserve de toujours se renseigner avant le départ sur la situation, il n'y a pas de problème particulier, si ce n'est que de nombreux espaces publics comme les bureaux de poste, les gares routières et ferroviaires, les centres commerciaux (certains restos, bars et hôtels également) sont gardés par un vigile qui vous demandera d'ouvrir votre sac. Ce peut être agaçant parfois, mais c'est pour votre sécurité... Alors coopérez avec le sourire, comme les Israéliens pour qui ces contrôles font partie du quotidien.
Sur la plage, ne laissez pas vos affaires sans surveillance. Mais ce n'est, après tout, qu'une recommandation de bon sens.

DÉCALAGE HORAIRE

GMT + 2. Quand il est 12h à Paris, il est donc 13h à Tel-Aviv. Israël et la Palestine changent d'horaire (hiver et été) à quelques jours d'intervalle par rapport à l'Europe

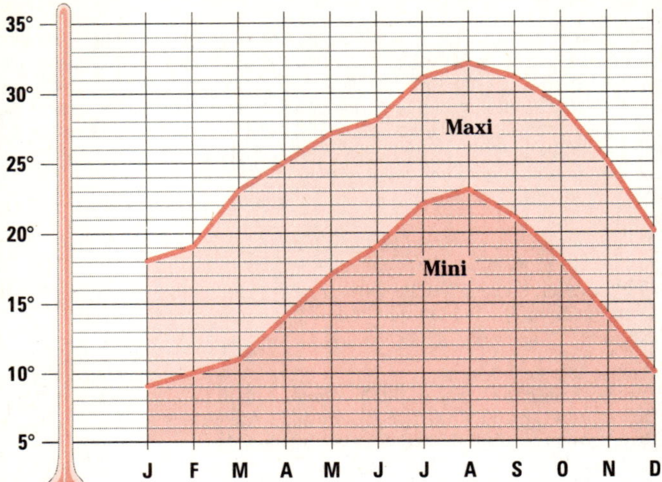

Moyenne des températures atmosphériques

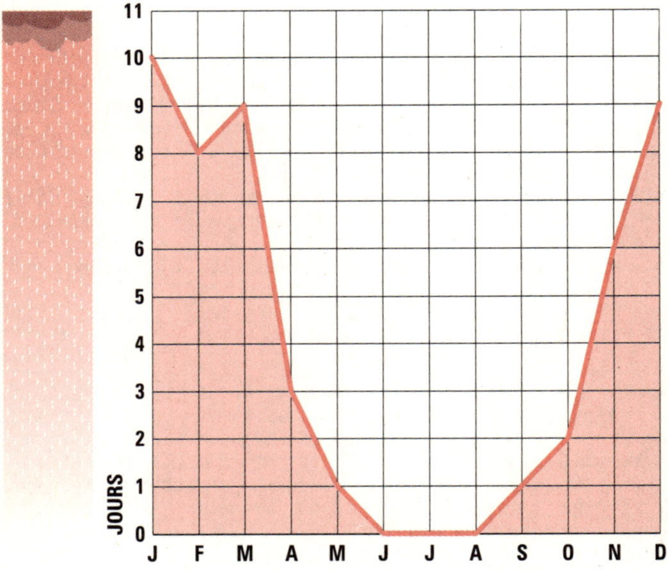

Nombre de jours de pluie

ISRAËL (Tel-Aviv)

de l'Ouest. Et comme le pays est très à l'est par rapport à chez nous, le soleil se lève et se couche plus tôt que dans nos contrées (vers 17h en automne et 16h en hiver). Les horaires des sites étant souvent calqués sur ceux du soleil, il faut s'organiser en fonction, et démarrer sa journée assez tôt de novembre à fin février.

ÉLECTRICITÉ

Le courant utilisé est du 220 V. En principe, pas besoin d'un adaptateur.

FÊTES ET JOURS FÉRIÉS

La première, la plus fréquente des fêtes juives, c'est le *shabbat* (ou *chabbat*). Chaque semaine, du vendredi soir au samedi soir, la plupart des lieux publics, les administrations, les commerces ferment leurs portes. Il faut le savoir.
Les dates des principales fêtes juives correspondent à des jours de congés pour les Israéliens. En clair, pour vous, cela signifie que durant ces jours-là l'animation bat son plein mais, comme pour le shabbat, le pays est en vacances à partir de la veille au soir.
Sinon, il faut retenir que les deux grandes périodes de fêtes dans l'année sont à l'époque de Pâques, puis entre Rosh HaShana et la fin de Soukoth. Beaucoup d'Israéliens en profitent pour filer à l'étranger. Les avions sont complets, les tarifs s'envolent eux aussi. En revanche, on ne célèbre officiellement bien sûr ni Noël ni la Saint-Sylvestre, sauf chez les Palestiniens chrétiens (mais pas aux mêmes dates selon qu'ils sont catholiques ou russes ou grecs orthodoxes...).

– ***Pourim (fête des Sorts) :*** *5 mars 2015. Pourim* vient d'un mot hébreu signifiant « sort ». Elle commémore une histoire de la Bible qui commence très mal et qui finit bien. C'est rare ! Le roi de Perse avait un ministre cruel, nommé Haman, décidé à exterminer tous les Juifs présents dans son pays. Il alla même jusqu'à tirer au sort le jour où cet abominable massacre devait être accompli. Mais la reine Esther et son oncle Mardochée, avertis du complot, parvinrent à libérer le peuple juif de l'odieux Haman. Souvenir de cette délivrance, Pourim est aujourd'hui une fête particulièrement joyeuse, un petit carnaval. Enfants et adultes se déguisent (la tradition veut que les riches se déguisent en pauvres et inversement), échangent des cadeaux, s'offrent des pâtisseries, dont une, la plus populaire, s'appelle *oznei Haman,* « les oreilles de Haman ».

> **POURIM**
>
> *Cette fête juive est surprenante : elle recommande de s'alcooliser sérieusement car on y fait la fête comme à Mardi gras. Même les ultra-orthodoxes jouent de la bouteille, ce qui n'est pas franchement dans leurs habitudes.*

– ***Pessah (Pâque juive) :*** *4-10 avr 2015.* Elle célèbre la sortie des Juifs d'Égypte dans les premières années du XIIIe s avant l'ère chrétienne. Souvenir incommensurable d'une des plus grandes délivrances de l'histoire du peuple hébreu. La veille de la fête, les familles se réunissent autour du repas traditionnel de la Pâque. On ne mange pas de pain levé, mais seulement du pain azyme (c'est-à-dire non levé), conformément à la loi de Moïse et qui rappelle que, le jour de la fuite des Hébreux, le pain n'avait pas eu le temps de lever. À l'occasion de Pessah, de nombreux Juifs du monde entier se rendent en pèlerinage à Jérusalem. Pendant 7 jours, la plupart des épiceries et des marchés sont fermés ou travaillent au ralenti. Les magasins et restaurants casher ouvrent pendant la fête à condition d'avoir fait disparaître toute trace de pain dans leur établissement. Les transports en commun assurent un service minimal. Vous ne pourrez acheter ni pain ni bière ni quoi que ce soit à base de levure, sauf dans quelques (très rares) restaurants à Tel-Aviv ou dans les boutiques arabes à Jérusalem, Jaffa et Saint-Jean-d'Acre.

– ***Yom HaShoah (jour de la Shoah) :*** *16 avr 2015.* C'est tout sauf une fête. Le jour de la Shoah commémore le génocide de près de 6 millions de Juifs par les nazis. C'était hier... Personne n'a oublié, surtout en Israël, refuge des survivants des camps de la mort. À cette occasion, des sirènes retentissent dans le pays, invitant les Israéliens à se recueillir en silence pendant une minute. Soudain, tout s'arrête, on descend même de voiture, et on pense aux victimes. Personne ici n'emploie le mot « Holocauste », synonyme de sacrifice religieux, mais le terme *Shoah,* mot hébreu signifiant « destruction méthodique ». La veille au soir, tous les restaurants sont fermés en Israël.

– ***Yom HaAtzmaout (jour de l'Indépendance) :*** *6 mai 2014 et 23 avr 2015.* Le 20e jour après Pessah, on célèbre l'indépendance d'Israël proclamée le 14 mai 1948, et 23 jours plus tard, la réunification de la ville de Jérusalem (guerre des Six Jours, 1967). Si vous êtes en Israël en mai, arrangez-vous pour être à Jérusalem ce jour-là. La veille au soir, on danse dans les rues au son des orchestres.

– ***Chavouoth (Pentecôte) :*** *4 juin 2014 et 24 mai 2015.* La Pentecôte juive est une fête religieuse, vieille de plus de 3 000 ans, qui rappelle le jour où, sur le mont Sinaï, Moïse reçut de Dieu les Dix Commandements, ainsi que la Loi (la Torah). Elle évoque aussi l'apogée de la moisson d'été : les enfants portent des corbeilles de fruits, les synagogues sont fleuries, on se nourrit de lait et de miel, symboles de Canaan, la Terre promise.

– ***Rosh HaShana (Nouvel An juif) :*** *25 sept 2014 et 14 sept 2015.* C'est le jour anniversaire de la création du monde et celui du Jugement. Une fête exclusivement religieuse où les fidèles sont appelés à la synagogue au son du *shofar* (corne de bélier). Tous les Juifs, croyants et pratiquants, doivent alors faire leur examen de conscience et prier l'Éternel. Les 8 jours qui suivent Rosh HaShana sont des jours de pénitence et de prière. À la fin de cette période d'ascèse et de recueillement arrive Yom Kippour.

– ***Yom Kippour (Grand Pardon) :*** *4 oct 2014 et 23 sept 2015.* La célébration la plus importante du monde juif. C'est le jour du Grand Pardon. En fait, il commence la veille, et se termine au coucher du soleil le jour suivant. On jeûne, on s'abstient de tous les plaisirs de la vie, on prie, on récite et on chante des prières. Les synagogues débordent de fidèles. Le pays entier suspend son activité (radio, TV, commerces, restaurants et aéroport fermés, transports publics et privés arrêtés). À Tel-Aviv, qui est une ville très affranchie, les jeunes profitent cependant de ce que les rues sont libres de circulation automobile pour chausser leurs patins et s'en donner à cœur joie.

Ce n'est pas la période idéale pour débarquer en Israël, mieux vaut y venir après Yom Kippour. L'Égypte et la Syrie firent le raisonnement inverse lorsqu'en octobre 1973 ils déclarèrent la guerre à Israël par surprise, en pleine fête de Yom Kippour. D'où le nom : la guerre du Kippour.

– ***Soukoth (fête des Tabernacles) :*** *9-15 oct 2014 et 28 sept-4 oct 2015.* Cette fête débute 5 jours après Yom Kippour et dure 1 semaine. Pour commémorer la traversée du désert après la sortie d'Égypte, les Juifs pratiquants construisent sur leur balcon ou dans leur jardin des cabanes à l'aide de palmes et de branchages et vont chaque jour y prendre leur repas. Original, on en trouve même dans certains hôtels ou restaurants. Il ne s'agit donc pas des tabernacles d'église auxquels vous pensiez.

Pendant cette fête, des prières sont récitées en l'honneur des « quatre espèces sacrées » : la branche de palmier, le myrte, le saule et le cédrat, compagnons de l'Exode biblique des Hébreux dans le Sinaï.

– ***Simhat Torah (la Joie de la Loi) :*** *17 oct 2014 et 5 oct 2015.* Connaissez-vous beaucoup de fêtes religieuses dans le monde qui s'appellent ainsi ? Étonnant, non ? La Joie de la Loi. Elle clôt la période de 8 jours commencée par Soukoth. Encore une fête insolite : imaginez des Juifs pieux dansant avec des rouleaux de

la Torah dans les bras, au pied du mur Occidental (mur des Lamentations). Dans les synagogues, on prie pour avoir de la pluie à la saison prochaine et on termine la lecture de la Torah. Une des fêtes religieuses les plus gaies d'Israël.
– ***Hanouka (fête des Lumières) :*** *17-24 déc 2014 et 7-14 déc 2015.* Commémore une victoire historique des Juifs. En l'an 165 avant notre ère, ils parvinrent à reconquérir Jérusalem et à libérer le Temple profané par les envahisseurs séleucides de Syrie. Seul témoin, miraculeusement préservé, une lampe à huile qui brûla pendant 8 jours. Un symbole. Lors de Hanouka, on allume chaque soir, une par une, les huit branches d'un chandelier (ou *hanoukia*), tandis qu'une neuvième branche sert à transmettre sa flamme aux autres. Et tout Israël allume des lumières : sur les façades des hôtels, des commerces, des administrations, partout on voit des chandeliers à huit branches.

Autres fêtes juives

– ***Tou Bishvat :*** *5 fév 2015.* Le Nouvel An des arbres a lieu avant Pourim. À cette occasion, les enfants plantent des arbres. Selon la tradition, il faut goûter à 15 espèces de fruits et réciter des prières. La veille au soir, tous les restaurants sont fermés.
– ***Lag Ba'omer :*** *18 mai 2014 et 7 mai 2015.* Entre Pessah et Chavouoth, cette fête commémore une victoire de la résistance juive menée par Bar Kokhba contre les Romains en 132-135 apr. J.-C. Elle est particulièrement suivie par les hassidim, qui se rendent en pèlerinage à Méron, près de Safed en Galilée, pour honorer la mémoire de Shimon Bar Yochaï (qui mena la révolte contre les Romains).
– ***Tisha Be'av :*** *5 août 2014 et 26 juil 2015.* Un jour de deuil, de jeûne et de lamentations devant le mur Occidental du temple de Jérusalem dont cette fête commémore la double destruction.

HÉBERGEMENT

Lire également la sous-rubrique « Budget. Hébergement », plus haut, ainsi qu'en fin de guide, la rubrique propre à la Palestine.

Les campings

Il est possible de camper en Israël. La plupart du temps, il s'agit en fait d'emplacements réservés pour planter la tente, à l'écart d'un hébergement. Sanitaires, douches communes et, souvent, cuisine à disposition. Au bord de la mer Morte, on peut faire du camping sauvage sur les quelques plages publiques. Là encore, un petit secteur est réservé à cet effet.

Les auberges de jeunesse *(youth hostels)*

On trouve deux catégories d'auberges de jeunesse, les officielles et les privées, comme le réseau ILY *(Israel Hostels),* une organisation indépendante.
– Les premières sont gérées par l'Association des auberges de jeunesse en Israël, et font partie du réseau *Hostelling International (infos et résas : ☎ 1-599-510-511 ; • iyha.org.il •).* On en compte une vingtaine dans tout le pays. Elles sont tenues à un certain standing (qualité de l'équipement, propreté) et sont généralement de bonnes adresses. Elles proposent des dortoirs (d'un maximum de six lits) et des chambres doubles ou familiales. Le petit déjeuner est inclus dans le prix et elles disposent d'un resto. Mais sachez qu'elles sont souvent assez chères. Par ailleurs, en général, elles appliquent le vendredi soir un supplément et la demi-pension est le plus souvent obligatoire si vous logez en chambre (sauf si vous avez réservé par le Net). Le jour du départ, il faut libérer la chambre à 10h (oubliez la grasse mat'...).

– Les auberges du réseau ILY, *Israel Hostels* (infos et rens : ● hostels-israel.com ●) : elles sont une trentaine dans tout le pays. Là encore, il s'agit de bonnes adresses qui proposent dortoirs et chambres avec petit déjeuner.

Les hôtels

Pas de souci pour trouver un hôtel disposant de chambres confortables avec salle de bains, frigo, TV, climatisation. En revanche, trouver une adresse à prix tassés relève bien souvent du parcours du combattant. Les hôtels sont chers, très chers même, surtout dans les grandes villes ! Opter pour une chambre double dans une auberge de jeunesse permet de limiter les frais... Sachez aussi que certains hôtels disposent de chambres ou d'appartements avec cuisine équipée. Ce peut être pratique pour un séjour prolongé.

Les hospices religieux

Il existe un grand nombre d'hospices de toutes les dénominations chrétiennes. Attention, on peut loger seul, mais si c'est à deux, il faut parfois être marié. Prix très intéressants et bien propres en général, mais réserver. La très grande majorité est située à Jérusalem et à Nazareth, par essence villes religieuses. Les listes des hospices peuvent être obtenues auprès des bureaux d'information du ministère du Tourisme.

Les chambres d'hôtes

Ce type de logement n'est pas très répandu en Israël. N'hésitez pas à vous renseigner auprès des offices de tourisme qui disposent parfois d'une liste de logements chez l'habitant. Cette solution peut être financièrement intéressante.

Les kibboutzim

Un certain nombre de kibboutzim proposent des structures hôtelières ouvertes aux touristes. Généralement, elles sont très confortables, au sein de jolis espaces soignés et on se retrouve dans l'ambiance si particulière des kibboutzim. Malheureusement, les prix sont alignés sur ceux des hôtels. Bref, ça revient cher. Mais ça peut valoir le coup d'y aller au moins une fois, à vous de voir... Nous vous indiquons plusieurs adresses dans le guide, sinon contacter :

■ ***Centre de réservation du Kibboutz Hotel Chain :*** ☎ (03) 560-81-18. ● kibbutz.co.il ● Une trentaine de kibboutzim à travers le pays.

HORAIRES

– ***Les boutiques et magasins :*** en principe, ouverts du dimanche au jeudi de 9h à 19h (certains font une pause de 13h à 16h). Les grandes surfaces ferment en général à 22h. Tous les commerces et les services sont fermés pendant le shabbat, du vendredi vers 14h au samedi soir ou au dimanche matin. Certains magasins ou services baissent également le rideau le mercredi.
Sachez aussi que :
– les boutiques tenues par les musulmans ferment le vendredi ;
– et les boutiques chrétiennes ferment le mardi après-midi.
– ***Les bureaux de change :*** ouverts du dimanche au jeudi, de 9h à 19h, le vendredi de 8h30 à 14h (ou 15h). Fermés le samedi.
– ***Les banques :*** en général, ouvertes de 8h30 à 13h (12h le vendredi). Certaines ouvrent de 16h à 18h30, deux fois par semaine. Le samedi, elles sont fermées.
– ***Les bureaux de poste :*** les bureaux principaux sont ouverts du dimanche au jeudi de 8h à 18h, vendredi de 8h à 12h. Fermés le samedi. Pour les bureaux

« secondaires », ça dépend de la ville. Certains ferment le mercredi à 13h30. D'autres font une pause de 12h30 à 15h30, deux fois par semaine.
– ***Les musées :*** relativement variables d'un musée à l'autre. Grosso modo, ouverts du dimanche au jeudi, de 10h à 16h (ou 18h), vendredi jusqu'à 13h environ. Le samedi, ils ferment vers 14h ou 15h ou bien n'ouvrent pas de la journée.
– ***Les parcs et réserves naturelles :*** en moyenne, ouverts tous les jours, y compris le samedi, de 8h à 17h (16h d'octobre à avril) ; fermeture 1h plus tôt les vendredi et veilles de jours de fêtes.

LANGUES

L'hébreu et l'arabe sont les deux langues officielles en Israël.
Mais vous n'aurez aucune difficulté à vous faire comprendre en anglais, parfois même en français.

L'hébreu

Fait unique dans l'Histoire, l'hébreu véhiculaire est une langue qui n'a pas été utilisée pour la vie de tous les jours (mais qui restait lue et écrite) pendant près de 2 000 ans, et qui a resurgi grâce à la volonté d'écrivains et de linguistes, dont le plus connu est certainement Eliézer ben Yehuda. Leur objectif était de refaire de l'hébreu une langue nationale. Cette langue est celle qu'apprennent les Juifs du monde entier quand ils s'établissent en Israël. Avec la religion, l'hébreu est le ciment qui a permis d'unir des gens qui n'avaient guère de points communs entre eux.
L'hébreu, langue sémitique, trouve ses origines dans les langues d'Ougarit et l'akkadien babylonien et assyrien, compte 22 consonnes, s'écrit de droite à gauche et s'organise à partir d'un système de racines trilittères, c'est-à-dire de trois lettres (consonnes).
Un système de vocalisation sous forme de points-voyelles apparaît dans les textes bibliques, la liturgie, ou encore la poésie.
L'hébreu moderne, issu de l'hébreu biblique et des commentaires araméens du Talmud, subit une profonde restructuration à fin du XIXe s en Russie et en Pologne avec des écrivains comme Mendele Mocher Sefarim, et l'ouverture d'écoles purement hébraïques.
En hébreu, les voyelles ne s'écrivent pas. Voilà pourquoi le vocabulaire indiqué plus bas vous sera bien utile.

EN ATTENDANT LE MESSIE...

À Mea She'arim, un quartier de Jérusalem, les harédim (intégristes) refusent de parler l'hébreu... car cette langue ne peut être utilisée tant que le Messie ne sera pas de retour. En attendant, ces Juifs ultra-orthodoxes ne s'expriment qu'en yiddish.

Eliézer ben Yehuda

L'artisan majeur de cette renaissance linguistique fut, en Israël, Eliézer ben Yehuda (1858-1922), qui dès 1889 fonda l'Académie de la langue hébraïque, consacra son existence à promouvoir l'utilisation au quotidien de l'hébreu et élabora un très vaste dictionnaire demeuré jusqu'à nos jours la référence en la matière.
L'hébreu biblique et classique étant dépourvu de termes adaptés au monde contemporain, Ben Yehuda forgea des concepts nouveaux répondant aux besoins de la technologie, de la médecine, de la politique du droit et de la presse, ce à partir de racines hébraïques.
Ses détracteurs – nul n'est prophète en son pays – les ultra-religieux, à Jérusalem, lui reprochant ses critiques à l'égard des cercles traditionnels, n'hésitèrent pas à

le dénoncer aux autorités turques, laissant entendre qu'il s'agissait là d'un dangereux conspirateur. Ben Yehuda fut incarcéré au fameux *qalabush* ou *qisleh,* la célèbre et sinistre geôle de la tour de David.
Retenons ce slogan cher au linguiste que fut Eliézer ben Yehuda, « Hébreu, parle hébreu ! »

L'araméen

Proche de l'hébreu, mais encore de l'arabe, l'araméen, jadis utilisé en Syrie et en Mésopotamie (les territoires d'Aram), s'est vite répandu en raison de son alphabet simplifié auprès des nombreux peuples des Proche et Moyen-Orient.
L'araméen intermédiaire fut utilisé dès le IVe s avant l'ère chrétienne, en Israël et en Syrie, pendant la période du second Temple, pour devenir une langue internationale utilisée par les Assyriens et dans l'Empire perse.
Ce fut, ne l'oublions pas, la langue du Christ. Le Talmud fit usage de l'araméen oriental et après la conquête musulmane, au VIIe s, l'arabe remplaça l'araméen local (syriaque), y compris parmi les Juifs.
À l'heure actuelle, l'araméen, qu'il faut considérer comme une langue presque morte, est encore pratiqué à Ma'aloula en Syrie et dans quelques quartiers... de New York. On le retrouve dans la liturgie des chrétiens orientaux et de l'Église syrienne occidentale (jacobite), ainsi qu'au Kurdistan où les Juifs utilisaient un dialecte issu de l'araméen oriental.

Vocabulaire

– *Shalom* (paix) *:* le mot usuel de salutation en hébreu. Ne pas hésiter à l'utiliser. Cela fait toujours plaisir.
L'hébreu possède un son guttural proche de la « jota » espagnole. Il est souvent traduit en alphabet latin par le groupe de lettres : kh.
Les marques de pluriel se traduisent par « im » et « ot ». Exemple : shekel devient shekalim.

Formules de politesse

oui	*ken*
non	*lo*
d'accord	*béséder*
sois le bienvenu	*baroukh haba*
sois la bienvenue	*broukha haba'ah*
soyez les bienvenus	*broukhim haba'ime*
bonjour	*boker tov*
bonsoir	*erev tov*
au revoir	*lèhitra'otte*
s'il vous plaît, s'il te plaît	*bevakacha*
merci (beaucoup)	*toda (rabba)*
pardon	*slikha*
je ne comprends pas	*lo mévine* (masculin) *ani lo mévina* (féminin)

Notion de temps, direction

hier	*etmolle*
aujourd'hui	*hayom* (h = le h aspiré)
demain	*makhar*
quelle heure est-il ?	*ma hacha'a ?*
où ?	*eifo ?*
à gauche	*smola*
à droite	*yemina*

Achats

combien ?	*kamma ?*
l'addition	*khechbone*
assez	*maspik*
c'est (trop) cher	*zé yakar (midaille)*

Lieux

bureau de tourisme	*missrade hataillaroute*
gare routière	*tahana mercazit*
compteur (de taxi)	*moné*
poste	*do'ar*
police	*michtara*
banque	*banque*
garage	*mossakh*
hôtel	*malonne*
restaurant	*miss'ada*
boulevard	*sderot*
route	*derech*
place	*kikar*
rue	*rehov*

Boissons

eau	*mayime*
vin (rouge, blanc)	*yaïn adom, lavan*
café	*café*
thé	*thé*
lait	*khalave*
froid	*kar*
chaud	*khamme*

Au restaurant

pain	*lékhem*
yaourt	*lében*
bon	*tov*
mauvais	*ra*
service compris	*chéroute kaloule*
toilettes	*chéroutime*

Quelques mots-clés

le, la, les	*ha*
grand	*katan*
plus	*yotère*
boire	*lichtotte*
manger	*lé-ékholle*
dormir	*lichonne*

Quelques mots proches ou similaires dans les deux langues, hébreu et arabe

Hébreu	**Arabe**	**Français**
Adam	*adam*	homme
arba'a	arba'a	quatre
aïn	ein	œil
akhi	*ahouï*	mon frère
asara	*a'shra*	dix
baït	*beit*	maison
bein	*bein*	entre
ehad	*ouahad*	un

maïm	*maï*	eau
michtav	*mactoub*	lettre
rosh	*ras*	tête
shalom	*salam*	paix
shemesh	*shamash*	soleil
smol	*shmâl*	gauche
yamin	*yamin*	droite
yad	*id*	main
yom	*yom*	jour
zeman	*zaman*	temps

L'arabe

L'arabe est la seconde langue officielle du pays. Elle est pratiquée par les Palestiniens de nationalité israélienne. Elle est aussi connue de nombreux fonctionnaires israéliens et enseignée dans les écoles et les universités. Ajoutons que les Juifs originaires de pays arabes pratiquent fort bien l'arabe « dialectal ». Pour plus d'infos sur la langue arabe, se reporter plus loin au chapitre consacré à la Palestine.

LEXIQUE

– ***Agence juive :*** cet organisme, créé dans les années 1920, a organisé l'immigration en Israël de centaines de milliers de Juifs. À l'époque du mandat britannique, l'Agence juive était un organisme politique représentant l'organisation sioniste mondiale. C'est aujourd'hui une extension du ministère de l'Intégration israélien avec des bureaux dans le monde entier. Elle organise toujours le « retour à la Terre promise » des Juifs de la Diaspora.

– ***Aliya :*** signifie littéralement « montée ». Ce terme désigne le retour en terre d'Israël pour les Juifs du monde entier qui souhaitent devenir israéliens.

– ***Ashkénaze :*** les Juifs de rite ashkénaze sont, à l'origine, les Juifs d'Allemagne. Par extension, ce terme désigne l'ensemble des Juifs d'Europe, centrale et orientale.

– ***Barachot :*** prières, implorations.

– ***Bar-mitsva :*** cérémonie religieuse au cours de laquelle le jeune homme de 13 ans est admis dans la communauté. Les filles, quant à elles, célèbrent la ***Bat-mitsva.***

LA LOI DU RETOUR

L'aliya est la possibilité qu'ont tous les Juifs de s'établir en Israël. Bizarrement, la loi s'appuie sur des critères nazis pour savoir qui est juif ou pas : il suffit d'avoir un grand-parent juif. Les règles rabbiniques sont plus restrictives. En effet, pour les religieux, la mère doit être obligatoirement juive.

– ***Betha Israël :*** les Juifs d'Éthiopie ; le terme *Falacha* est à proscrire parce que humiliant (il signifie « exilé »).

– ***Bund :*** parti social-démocrate révolutionnaire juif créé en Russie à la fin du XIXe s sur le modèle du parti socialiste allemand. Mouvement culturel et politique, il s'opposera politiquement aux sionistes.

– ***Casherout :*** ensemble de règles de pureté concernant principalement l'alimentation. Ces règles régissent notamment l'abattage des animaux de boucherie et l'interdiction de mélanger les produits laitiers à la viande.

– ***Circassiens ou Tcherkessim :*** musulmans ayant fui la Russie et qu'accueillirent les autorités ottomanes au XIXe s. Ils sont 3 000 à vivre en Israël.

– ***Diaspora :*** terme grec désignant la dispersion des Juifs dans le monde après la destruction du second temple de Jérusalem (en 70 apr. J.-C.) par le général romain Titus, qui deviendra empereur par la suite.

- ***Druzes :*** ils vivent en Galilée et dans le Golan et possèdent leurs propres institutions religieuses.
- ***Egged :*** principale compagnie de bus en Israël.
- ***Eretz Israël :*** la terre d'Israël. Terme souvent employé par les partisans du Grand Israël.
- ***Exode :*** sortie d'Égypte des Hébreux en route vers la Terre promise à travers le désert du Sinaï.
- ***Galout :*** l'exil des Juifs vivant hors d'Israël.
- ***Gentils :*** vieux terme français pour désigner les non-juifs.
- ***Ghetto :*** quartier des Fonderies à Venise, dans lequel vivaient les Juifs au XVIe s. Par la suite, ce terme a été utilisé pour désigner les quartiers de confinement de différentes minorités.
- ***Goush Emounim :*** le « Bloc de la foi », partie des colons.
- ***Goy*** (pluriel : *goyim*) ***:*** terme hébreu, un peu péjoratif, pour désigner les non-juifs.
- ***Haaretz :*** quotidien lu par les intellectuels de gauche. Possède une version en anglais.
- ***Haganah :*** « défense » en hébreu. Nom de l'armée de libération nationale des Juifs palestiniens durant la guerre d'Indépendance.
- ***Halakah :*** ensemble de règles et de lois qui régit la vie quotidienne au sein du judaïsme. Une jurisprudence à laquelle le juif pratiquant doit se référer.
- ***Haloutsik*** (mouvement) ***:*** ensemble des organisations de jeunesse sionistes.
- ***Hanouka :*** fête juive célébrant la purification du Temple suite à la victoire des Maccabées sur les Séleucides.
- ***Haredim :*** les ultra-religieux dits les « Craignants de Dieu ».
- ***HaShomer HaTsaïr :*** « la jeune garde », mouvement de la jeunesse juive et laïque d'inspiration socialiste.
- ***Haskala :*** judaïsme des Lumières. Mouvement libéral amorcé au XVIIIe s en Allemagne sous l'impulsion du philosophe Moses Mendelssohn.
- ***Hassidisme :*** mouvement religieux né en Russie au XVIIIe s. Il se caractérise par une grande ferveur religieuse teintée d'exubérance, et par une foi aveugle dans la parole de certains rabbins.
- ***Herout :*** parti politique de droite formé par les anciens membres de l'Irgoun, prônant l'établissement d'Israël dans ses frontières bibliques. A donné naissance au Likoud.
- ***Histadrout :*** syndicat unique des travailleurs fondé dans les années 1920. Très lié au Parti travailliste.
- ***Holocauste :*** sacrifice total. C'est l'un des termes employés pour désigner le massacre massif des Juifs d'Europe par les nazis et leurs alliés durant la Seconde Guerre mondiale.
- ***Irgoun :*** organisation militaire terroriste de droite fondée dans les années 1920 pour lutter contre les Britanniques et construire le Grand Israël.
- ***Israël :*** nom donné à Jacob après sa lutte avec l'Ange. Signifie « qui lutte avec Dieu ». Par extension, désigne les descendants du patriarche : « Nations d'Israël. »
- ***Juif :*** habitant des monts de Judée, descendant de la tribu de Juda, la plus importante des 12 tribus issues du patriarche Jacob-Israël.
- ***Kabbale :*** mystique juive permettant d'approcher Dieu par l'étude symbolique et occulte des textes sacrés.
- ***Ketouba :*** contrat de mariage religieux.
- ***Khamsin :*** vent chaud du désert.
- ***Kibboutz*** (pluriel : *kibboutzim*) ***:*** ferme collective où l'on pratique un style de vie communautaire.
- ***Kippa :*** calotte. Obligatoire pour les hommes dans les synagogues.
- ***Knesset :*** Parlement israélien.
- ***Kotel :*** nom hébreu pour le mur des Lamentations à Jérusalem.
- ***Ladino :*** dialecte des Juifs originaires d'Espagne. Longtemps parlé par les Juifs de Turquie, de Grèce et des Balkans.

– ***Maguen David :*** étoile à six branches devenue le symbole du judaïsme et d'Israël au XIXe s. Également appelée « bouclier de David » ou « sceau de Salomon » (à ne pas confondre avec l'étoile à cinq branches, symbole des francs-maçons).
– ***Mapaï :*** parti sioniste-socialiste fondé à la fin des années 1920. A donné naissance au Parti travailliste.
– ***Mapam :*** petit parti d'extrême gauche qui prône le socialisme et la création d'un État palestinien (démilitarisé) dans les territoires palestiniens. Une des trois composantes du *Meretz* (« Énergie »), le bloc de la gauche israélienne, coalisée depuis le 23 juin 1992 avec le Parti travailliste.
– ***Matzpen :*** groupe activiste d'extrême gauche des années 1960-1980 dénonçant les injustices, les dérapages, la colonisation de la Cisjordanie ainsi que toutes les atteintes à la liberté. Certains des dirigeants de l'époque animent aujourd'hui des ONG sur les Droits de l'homme.
– ***Mezouza :*** morceau de parchemin contenant des passages de la Torah. Roulé dans un étui, il se place sur le chambranle à l'entrée des maisons juives et des pièces de la maison pour attirer la protection divine.
– ***Mishnah :*** ensemble des lois juives orales.
– ***Moshav*** (pluriel : *moshavim*) ***:*** ferme coopérative.
– ***Mossad :*** le service israélien de renseignements et d'« opérations spéciales » à l'extérieur d'Israël.
– ***Olim :*** littéralement « les montants », c'est-à-dire les immigrants juifs en Israël.
– ***Oulpan :*** centre d'enseignement de l'hébreu à l'usage des nouveaux immigrants.
– ***Palmah :*** troupes d'élite des forces clandestines à l'époque du mandat britannique sur la Palestine.
– ***Peot :*** mèches de cheveux spiralées – ou papillotes – encadrant le visage des juifs orthodoxes.
– ***Piyoutim :*** poèmes liturgiques.
– ***Séfarade :*** Juif d'origine espagnole et par extension, originaire du Bassin méditerranéen ou d'Orient.
– ***Shalom achchav*** (« La Paix maintenant ») ***:*** mouvement pacifiste israélien prônant le dialogue avec les Palestiniens.
– ***Shekel :*** l'unité de la monnaie israélienne (reprise du « sicle » biblique, unité de poids qui vaut environ 11,2 g).

SABRA

C'est ainsi que l'on appelle les Juifs nés sur le territoire d'Israël. Cela signifie aussi figue de Barbarie, un fruit piquant à l'extérieur et doux à l'intérieur. Faut-il y voir un lien ?

– ***Shema Israël :*** « Écoute Israël. » Début de la principale prière journalière.
– ***Shin Beth :*** sigle désignant les services de renseignements intérieurs et dans les territoires palestiniens.
– ***Shoah :*** catastrophe. Terme souvent employé à la place d'« Holocauste » car, pour la plupart des Juifs, le génocide orchestré par les nazis ne peut avoir valeur de sacrifice.
– ***Shtreimel :*** chapeau noir à large bord orné de fourrure ou de velours porté par les hassidim de Mea She'arim.
– ***Soukoth :*** fête des Tabernacles ou fête des Cabanes.
– ***Tahanat rakévet :*** gare ferroviaire.
– ***Talith :*** châle bleu et blanc porté par les Juifs lors de la prière.
– ***Talmud :*** ensemble des commentaires rabbiniques sur la Torah formé de la Mishnah et de la Guemara.
– ***Tefilin :*** lanières de cuir que les Juifs observants s'enroulent autour du bras gauche lors de la prière.
– ***Tnouat haavoda :*** le Parti travailliste présidé par Shelli Yehimovitch.
– ***Torah*** ou ***Sefer Torah :*** livre de la Loi juive désigné par les chrétiens sous le nom d'Ancien Testament.

– ***Tsadik :*** un homme saint.
– ***Tsahal :*** ensemble des troupes de défense israéliennes.
– ***Yeshiva*** (pluriel : *yeshivot*) ***:*** école talmudique.
– ***Yiddish :*** langue des Juifs d'Europe centrale et orientale, tirée du bas-allemand mais s'écrivant avec des lettres hébraïques.
– ***Yishouv :*** ensemble des Juifs de Palestine avant l'indépendance.
– ***Yom Kippour :*** jour du Grand Pardon, qui célèbre la fin d'une période durant laquelle Dieu fait le compte des péchés du monde. Jour de jeûne, de repos et de prière.

LIVRES DE ROUTE

Histoire, religions et documents

– ***Une histoire moderne d'Israël*** (1991), d'Éli Barnavi, Flammarion, coll. « Champs », 1998. Ancien ambassadeur d'Israël à Paris, partisan de la paix, l'auteur s'impliqua directement dans les négociations d'Oslo avec les Palestiniens. Très sérieux travail d'un historien qui ne sombre pas dans l'hagiographie, qui ne cherche pas à dissimuler les failles et les contradictions de cette « petite république de la Méditerranée orientale » comme il dit, et qui applique scrupuleusement l'un des préceptes de Cicéron pour l'historien : « Ne rien oser dire qu'il sache faux, oser dire tout ce qu'il croit vrai. »
– ***Histoire des relations entre juifs et musulmans*** (2013), ouvrage collectif codirigé par Abdelwahab Meddeb et Benjamin Stora, éd. Albin Michel. • *juifsetmusulmans.fr* • Une véritable encyclopédie sur l'histoire des deux communautés depuis les débuts de l'islam. Une œuvre gigantesque qui se souvient de la proximité des peuples et permet d'éclairer sous des angles multiples les conflits actuels.
– ***De leurs socs, ils ont forgé des glaives*** (2009), de Arno J. Mayer (histoire), Fayard. « Comment le rêve d'un peuple, la création d'un État juif, est devenu le cauchemar d'un autre ? » Arno J. Mayer délivre ici une histoire critique d'Israël. Un méticuleux travail de recherche et de présentation des points de vue, ne perdant jamais de vue le désir parallèle d'autodétermination des Arabes de Palestine, né en même temps que le rêve sioniste. Désir occulté par le sentiment de culpabilité de l'Europe et des États-Unis au lendemain de la tragédie du peuple juif et par la volonté de se faire pardonner en contribuant à la création de l'État d'Israël... Du début à la période contemporaine, tous les événements sont analysés, replacés dans leur contexte mondial et critiqués. L'une des grandes qualités de cet ouvrage est d'avoir accordé une place importante aux critiques intérieures (comme celles de Martin Buber) qui, dès le début, mirent en garde contre les risques explosifs de la question arabe.
– ***L'État des Juifs*** (rééd. 2008), de Theodor Herzl, suivi de *Essai sur le sionisme* par Claude Klein, La Découverte. Par le fondateur du sionisme.
– ***Ô Jérusalem !*** (1971), de Dominique Lapierre et Larry Collins (histoire-reportage), Pocket. 14 mai 1948, le jour même de sa naissance, l'État d'Israël lutte pour sa survie contre cinq armées arabes. Lapierre et Collins, qui ont bénéficié d'une documentation aussi abondante qu'exclusive, font revivre presque heure par heure le déroulement du conflit, apportant une réelle dimension humaine à ce qui n'est pas uniquement un problème géopolitique. Ce pavé, au rythme soutenu, est devenu un classique du grand reportage.
– ***Géopolitique d'Israël*** (2011), de Frédéric Encel et François Thual, Le Seuil. Sous forme de dictionnaire, un ouvrage de référence pour saisir tous les enjeux de la région et du conflit.
– ***Sur la Frontière*** (2002), de Michel Warschawski (autobiographie), Stock. L'auteur, né dans une famille juive profondément religieuse, parti à 16 ans en Israël pour y suivre des études talmudiques, est devenu l'une des figures de la

gauche israélienne et, depuis plus de 40 ans, un militant déterminé pour la paix et l'autodétermination du peuple palestinien. Plus qu'une autobiographie, c'est le passionnant récit de l'expérience d'un acteur, d'un citoyen véritablement engagé dans les luttes. Avec son cri d'amour pour Jérusalem, ses amitiés, ses indignations, mais aussi son lot d'échecs et d'avancées, d'espoirs, de déceptions et de découragement... Un itinéraire exceptionnel là aussi, plein d'enseignements et d'émotion sur la société israélienne de la part d'un homme à la frontière de deux communautés et faisant tout pour les faire vivre ensemble. Du même auteur : *Au pied du mur* (Éditions Syllepse, 2011).

– ***Destins croisés*** (2009), de Michel Warschawski (histoire), Riveneuve éditions (rééd. 2012). Sous une forme romancée, les destins croisés de deux familles, une juive, une arabe, sur quatre générations. Mémoires parallèles des deux peuples exprimées dans leurs diversités d'opinions. Une démarche originale et vivante, préfacée par Avraham Burg, ancien président de la Knesset.

– ***Aidez-nous à divorcer ! Israël Palestine : deux États maintenant*** (2004), d'Amos Oz, Gallimard. Un état des lieux et le désir d'en finir, un divorce, oui, coûte que coûte afin que cet interminable conflit où s'opposent deux vérités trouve une issue.

– ***Le Nouvel Israël, un pays en quête de repères*** (2012), d'Emmanuel Faux, Le Seuil. Le journaliste, qui a longtemps vécu à Jérusalem, dresse le tableau d'un pays-mosaïque en pleine mutation, qui contraste avec l'image qu'on peut avoir de l'extérieur d'un État qui serait « seulement » englué dans ses rapports avec les Palestiniens. Un ouvrage qui aide à comprendre la complexité de la société actuelle et celle d'un peuple multiple dans son rapport à l'autre, israélien ou palestinien.

– ***Les Coulisses du Proche-Orient*** (2013), d'Éric Rouleau, Fayard. Le jeune journaliste juif égyptien expulsé de son pays natal arrive en France, où, en 1955, il devient collaborateur du *Monde,* chargé des affaires du Proche et du Moyen-Orient. Durant deux décennies, il croise la route de tous les acteurs majeurs de la région, et se retrouve au cœur de ses conflits. Le spécialiste embrassera ensuite une carrière diplomatique. Une histoire « de l'intérieur » du conflit israélo-palestinien.

– ***Le Roman que je n'ai pas écrit – Mémoires d'Israël*** (2006), de Linda Grant, Intervalles (2007). Romancière et journaliste britannique, Linda Grant part en reportage à Tel-Aviv. Dans ce pays qu'elle ne connaît pas, elle voit le moyen d'entretenir une mémoire familiale, et décide d'écrire un roman, ce qu'elle ne réussit pas à faire, comme l'indique le titre. En revanche, elle revient avec un livre plus proche du reportage littéraire, fait de rencontres passionnantes, drôles et touchantes, pour mieux comprendre la complexité de ce pays. Elle a reçu le prix « Lettre Ulysses Award ».

Les grands classiques

– ***Itinéraire de Paris à Jérusalem*** (1806, rééd. Gallimard, coll. « Folio classique », 2005), de François René de Chateaubriand. Le livre de route par excellence ; les Lieux saints revus par un classique du XIXe s. « Ce peuple a assisté 17 fois à la ruine de Jérusalem, et rien ne peut l'empêcher de tourner ses regards vers Sion », nous dit ce pèlerin en Orient.

– ***La Bible de Jérusalem*** (2000), sous la direction de l'École biblique de Jérusalem, éd. du Cerf (édition de poche chez le même éditeur, 2007).

– ***Dictionnaire des Messies juifs de l'Antiquité à nos jours*** (2009), de Yankel Mandel, Berg International Éditeurs. De Jésus au Loubavitcher, de Shabbataï Zvi à Yaakov Frank, cette quête perpétuelle du Messie rédempteur. Remarquable travail d'érudit, arrivant, à l'aide d'un style d'une grande fluidité, malgré un sujet assez pointu, à captiver le lecteur...

Romans et B.D.

– ***Chroniques de Jerusalem*** (2011), de Guy Delisle, Delcourt G. Productions, coll. « Shampooing ». Cette volumineuse B.D. est un reportage en Israël et en Palestine de l'auteur, qui suit sa femme en mission pour MSF. Vie quotidienne, émotions, rencontres. Tout y passe avec beaucoup de tact et de justesse.

– ***Les Aventures extraordinaires de Sa'îd le Peptimiste*** (1987), d'Émile Habibi, Gallimard, coll. « Du monde entier ». Chef-d'œuvre absolu de la littérature arabe d'Israël. L'auteur, prix Israël et prix Arafat – une prouesse –, nous relate les tracas d'un homme pris au piège de cette double identité : un optimiste qui, au gré des circonstances tragiques, rocambolesques, se rit de lui-même, de sa condition ambiguë, des siens et de sa ville tant aimée.

– ***Une femme fuyant l'annonce*** (2011), de David Grossman, Le Seuil. Ora, une femme, très sensible, volontaire, quitte Jérusalem et part vagabonder en Galilée avec un amour de jeunesse. Pour fuir son angoisse de voir son fils tué à la guerre. Si elle disparaît, en principe, il ne lui arrivera rien. L'auteur apprit la mort de son fils pendant la guerre du Liban en 2006, en pleine écriture de son livre. Ouvrage plein de tendresse, ode à la vie qui a obtenu le prix Médicis étranger et un grand succès en Israël et en France.

Du même auteur, *Voir ci-dessous : amour* (1991), Le Seuil. Le roman des fils de rescapés, l'art comme thérapie d'un traumatisme.

– ***Une histoire d'amour et de ténèbres*** (2005), d'Amos Oz, Gallimard, coll. « Folio ». Sans doute l'œuvre la plus symptomatique d'un auteur déjà fort connu. Amos Oz relate le quotidien de son enfance à Jérusalem lors des combats de l'Indépendance, l'atmosphère spécifique de la ville assiégée, ce dans un contexte familial douloureux où chacun s'attend à une fin programmée.

– ***Mon Michaël*** (1973), d'Amos Oz, Calmann-Lévy ; Gallimard, coll. « Folio » (rééd. 1995). Dans le journal qu'elle tient pour prouver sa propre existence, Hanna voit s'enliser, dans la nostalgie de son enfance en Palestine, ses espérances rattrapées par une réalité qui n'offre aucune issue.

– ***L'Humour juif : Anthologie littéraire*** (2012), d'Alain Oppenheim et collectif, Omnibus. Si les ouvrages sur les blagues juives sont nombreux, il n'existait rien d'équivalent sur l'humour juif dans les romans, nouvelles et contes. Cette remarquable anthologie présente une vingtaine d'auteurs de différents pays : Isaac Babel, Romain Gary, Philippe Roth, Isaac B. Singer, Benny Barbash... avec, en prime, une introduction sur l'histoire et le fonctionnement de l'humour juif. Vous ne pourrez plus dire : « je ne savais pas » !

– ***Arabesques*** (1991), d'Anton Shammas, Actes Sud, coll. « Babel » (rééd. 2009). Un Palestinien de Galilée évoque son village, les réfugiés, le désarroi, le déracinement, la guerre, l'exil. Le roman fut rédigé en hébreu par son auteur, Palestinien de renom.

– ***Meurtre au kibboutz*** (1995), de Batya Gour, Fayard ; Gallimard, coll. « Folio policier » (rééd. 2006). Une enquête policière au kibboutz. Michel Ohayon, le commissaire chargé de l'enquête, tente de s'initier aux mystères de cette société exclusive qui ne se laisse guère analyser par des agents extérieurs. L'un des ouvrages les plus pertinents qui soient sur le kibboutz, ses non-dits ; très critique vis-à-vis de ce que l'on considéra longtemps comme un modèle de société.

– ***Vie amoureuse*** (2000), de Zeruya Shalev, Gallimard, coll. « Folio » (rééd. 2005). Amour, haine, angoisse, culpabilité sont les ingrédients de ce roman magistral ; la vie érotique d'une jeune femme soumise à ses désirs.

– ***Moi Anastasia*** (2008), d'Alona Kimhi, Gallimard, coll. « Folio ». Par l'auteur de *Suzanne, la pleureuse,* un recueil de quatre nouvelles, portraits de femmes névrosées dans un contexte fantastique, Alona Kimhi, connue pour ses positions d'extrême gauche, brise les tabous et fustige l'establishment politique et social israélien.

– ***Monsieur Mani*** (1994), d'A. B. Yehoshua, Calmann-Lévy. Une épopée familiale, chronique couvrant l'histoire de six générations. La transmission du père au fils, héroïsme des pères, ingratitude des fils.

– ***Le Chasseur de mémoire*** (2000), d'Igal Sarna, Grasset. Un village de pionniers dans les années 1930. Un récit de frustration et de colère, d'amour et de haine se déchaînant dans une spirale infernale. Une fresque du grand rêve sioniste, illusion brisée.

– ***Le Temps des prodiges*** (2004), d'Aharon Appelfeld, Le Seuil, coll. « Points ». L'auteur de *Badenheim,* bien que son œuvre soit hantée par le passé, refuse d'être un écrivain de la Shoah. Il est l'auteur dépossédé, écartelé, déplacé qui apprend à nouveau à parler et à écrire.
– ***Et en fin de compte*** (1992), de Yaakov Shabtaï, Actes Sud, coll. « Babel » (rééd. 2008). Une forme de testament où l'auteur prend conscience de la vanité des choses de la vie et du parcours qui mène inéluctablement vers une fin morne, triste, ce dans une ville, Tel-Aviv, qu'il ne voit plus qu'au travers de cette sinistre introspection.
– ***Le Palais des vases brisés*** (1978), de David Shahar, Gallimard. Œuvre magistrale en cinq volumes, se situant dans la Jérusalem dans les années 1930, un véritable inventaire de cette cité mythique où évoluent des personnages burlesques aux prises avec leurs rêves, fruits d'une mythologie maléfique.

Quelques poètes

– ***Anthologie de la poésie en hébreu moderne*** (2001), Gallimard. La poésie hébraïque trois fois millénaire se trouve à la fin du XIXe s à un tournant décisif ; l'hébreu est né, avec lui, Nathan Alterman, Yehouda Amichaï, David Avidan, Chaïm Nachman Bialik, T. Carmi, Lea Goldberg, Chaïm Gouri, Dan Pagis, Dalia Ravikovitch et bien d'autres...
– ***Poèmes de Jérusalem*** (1991), de Yehouda Amichaï, bilingue, traduit de l'hébreu par Michel Eckhard-Elial, Édition de l'Éclat. « Dans le ciel de la Vieille Ville un cerf-volant. Et au bout du fil, un enfant que je ne peux voir à cause du mur. »
– ***Petit pays au sud de la ville*** (2007), de Moshe ben Shaul, traduit par Yankel Mandel, éd. Caractères. « Dans un alphabet qui fut le mien avant que ne tombent les pétales, chante Vissotski, il chante et parle sans fin ; des phrases toutes faites, toutes dites. »

PLONGÉE SOUS-MARINE

Jetez-vous à l'eau !

Pourquoi ne pas profiter du golfe de la mer Rouge où les flots sont souvent calmes, chauds, et les fonds marins d'une grande richesse, pour vous initier à la plongée sous-marine ? La plongée est une activité fantastique qui permet de virevolter au milieu de poissons fabuleux et d'animaux parmi les plus chatoyants de notre planète ! Des règles de sécurité sont bien sûr à respecter, et n'oubliez pas que la chasse sous-marine est formellement interdite.

Si, c'est facile, avec quelques précautions

Pour réussir vos premières bulles, pas besoin d'être sportif ni bon nageur. Il suffit d'avoir plus de 8 ans et d'être en bonne santé. Les enfants peuvent être initiés à condition d'avoir un encadrement qualifié dans un environnement adapté (eau chaude, sans courant, matériel adapté). L'usage des médicaments est incompatible avec la plongée. De même, les femmes enceintes et ceux qui souffrent d'asthme s'abstiendront de toute incursion sous-marine. Sauf pour un baptême, un certificat médical vous sera demandé, et c'est dans votre intérêt. En Israël, il existe une loi spécifique qui impose :
– une plongée de réadaptation « refresh » pour ceux qui n'ont pas plongé dans les 6 derniers mois (la plongée doit être inscrite sur le carnet de plongée) ;
– une assurance personnelle comprenant le traitement en caisson hyperbare en cas d'accident de décompression. Vérifiez donc si votre assurance de voyage prend en charge ce genre de soin, sinon, possibilité de souscrire une assurance sur place (compter 19 $ pour 5 jours, c'est le minimum).

Non, la plongée ne fait pas mal aux oreilles : il suffit de souffler en se bouchant le nez. Non, il ne faut pas forcer pour inspirer dans cet étrange « détendeur » qu'on met dans la bouche, au contraire. Et le fait d'avoir une expiration active est décontractant, puisque c'est la base de toute relaxation ; être dans l'eau modifie l'état de conscience car les paramètres du temps et de l'espace sont changés : on se sent, à juste titre, ailleurs.
N'hésitez pas à goûter aux plongées de nuit, qui révèlent un monde et des sensations différents.
ATTENTION : pensez à respecter un intervalle de 12 à 24h avant de prendre l'avion, afin de ne pas modifier le déroulement de la désaturation.

La plongée en mer Rouge

> **RIGOLO, LE POISSON-CLOWN**
>
> *Les poissons-clowns naissent tous mâles et vivent à plusieurs autour d'une anémone, en compagnie d'une seule femelle et d'un mâle reproducteur. Quand la femelle meurt (ou si on la tue), le mâle reproducteur change de sexe et prend sa place. Cette spécificité s'appelle l'hermaphrodisme.*

La mer Rouge est née voici 25 millions d'années, dans une fissure de l'écorce terrestre qui sépare maintenant l'Afrique de l'Asie. Largement fréquentée par les marins depuis la nuit des temps, elle a nourri les fabuleuses aventures d'Henri de Monfreid, avant d'être explorée – dans les années 1960 – par le commandant Cousteau, qui s'émerveillait déjà devant les richesses étonnantes de sa faune et de sa flore. Aujourd'hui, la mer Rouge est devenue l'une des destinations de plongée les plus prisées au monde. Les conditions d'exploration sont idéales : température de l'eau entre 21 et 29 °C, limpidité remarquable et profondeurs accessibles aux débutants comme aux confirmés. Les plongeurs peuvent y tremper leurs palmes toute l'année. Préférez cependant les mois d'avril et mai pour le climat agréable et les vents assez calmes.
Débutants et confirmés évoluent facilement dans un univers où batifolent des quantités de poissons tropicaux en tout genre : papillons, anges, clowns, perroquets, diodons, lions, napoléons, coffres, barracudas, murènes, mais aussi raies tachetées, tortues gracieuses... Certes, un type de corail brûle, quelques poissons (très peu) piquent, et l'on parle (trop) des requins... Mais la crainte des non-plongeurs est disproportionnée. Règle d'or : respectez absolument cet environnement délicat. N'apportez pas de nourriture aux poissons, ne touchez à rien, à commencer par les coraux (risque d'amendes), et attention où vous mettez vos palmes ! La sauvegarde des sites et de leurs occupants dépend aussi de vous. En hiver, prévoir un pull pour l'après-plongée (vent du nord frisquet).

Les centres de plongée

Tous les clubs sont affiliés, selon leur zone d'influence, à un ou plusieurs organismes internationaux. Les deux plus importants sont la *CMAS,* Confédération mondiale des activités subaquatiques (d'origine française), et *PADI,* Professional Association of Diving Instructors (d'origine américaine).
Chacun délivre ses formations et ses diplômes, valables dans le monde entier, et depuis 1996 une convention a été signée entre CMAS et PADI, établissant la reconnaissance des brevets (mais non l'équivalence), sauf en métropole où le brevet PADI n'est pas reconnu. Pour vous aider à choisir votre formation, sachez que le brevet CMAS est plus onéreux car il exige plus de plongées (six pour le niveau I contre quatre avec PADI). Il enseigne donc une meilleure maîtrise et un comportement aquatique responsable. Les cours sont personnalisés et l'évaluation est à la charge du moniteur (d'où l'intérêt de trouver un prof sérieux et compétent). La

pédagogie PADI est performante (cours sur vidéo), mais la pratique en plongée reste plus limitée. Elle n'intègre pas les paliers. Du coup, pas de plongée en dessous de 40 m et des temps de plongée assez courts pour être conformes à leurs courbes de sécurité.
Dans les régions « influencées », la majorité des clubs plongent à l'américaine, tendant à une certaine standardisation : la durée et la profondeur des plongées sont très calibrées.
Si le club ne reconnaît pas votre brevet, il vous demandera une plongée-test pour vérifier votre niveau. Tous les clubs délivrent un carnet de plongée *(logbook)*, qui, d'une part, retracera votre expérience et, d'autre part, réveillera vos bons souvenirs. Gardez-le soigneusement et pensez à toujours emporter ce « passeport » en voyage. Un bon centre de plongée est un centre qui respecte toutes les règles de sécurité sans négliger le plaisir.

Comment choisir un centre de plongée ?

– ***Renseignez-vous :*** vous payez pour plonger ; en échange, vous devez obtenir les meilleures prestations. À vous de voir si vous préférez un club genre « usine bien huilée », ou une petite structure souple. Le mieux est de demander l'avis des plongeurs.
– ***Méfiez-vous*** d'un club qui vous embarque sans aucune question préalable sur votre niveau de plongée, vos antécédents et votre situation médicale ; il n'est pas « sympa » mais dangereux.
– ***Vérifiez*** les diplômes des moniteurs et assistants (pas toujours évidents).
– ***Regardez*** si le centre est apparemment bien entretenu (rouille, propreté, etc.), si le matériel de sécurité (oxygène, trousse de secours, radio, etc.) est présent, si le bateau est équipé d'une protection contre le soleil, si vous n'avez pas trop à transporter l'équipement (encore que le portage de bouteilles est là aussi une question de culture : dans l'école française, on porte davantage soi-même ses bouteilles, tandis qu'à l'américaine on vous les portera systématiquement), s'il n'y a pas trop de plongeurs par palanquée (six maximum, est-ce un rêve ?), si les numéros d'urgence sont bien affichés dans le centre (c'est obligatoire).
– Les ***équipements*** sont-ils bien adaptés et en quantité suffisante ? Vous verrez que pour apprécier une plongée, il vaut mieux ne pas être stressé, par exemple par des palmes inadaptées ou un masque qui fuit.
– ***Est-ce que le moniteur plonge*** ou est-ce un pote à lui ? S'il plonge, quel niveau a-t-il ? On constate parfois que certaines structures ne sont pas sérieuses et que les moniteurs ne plongent pas, déléguant le cours à un plongeur dont on ne sait rien. D'autant que les clubs font signer une décharge avant d'aller plonger.
– ***Comment se déroulent les baptêmes ?*** Y a-t-il un moniteur par plongeur ou un pour quatre ? Dans le second cas, c'est une initiation.
– Pour les confirmés, ***à combien sont gonflées les bouteilles ?*** Entre 180 et 220 bars, c'est bon.

C'est la première fois ?

L'histoire commence par un baptême, une petite demi-heure généralement, pendant laquelle le moniteur s'occupe de tout et vous tient par la main. Même si vous vous sentez harnaché comme un sapin de Noël déraciné hors saison, tout cet équipement s'oublie complètement une fois dans l'eau. Vous ne devriez pas descendre au-delà de 6 m. Si vous choisissez une formule avec initiation en piscine ou en mer, vous pourrez alors descendre jusqu'à 12 m lors de votre première plongée. On compte généralement un moniteur pour quatre initiés maximum... Bien souvent, c'est plutôt un pour deux. Puis l'aventure se poursuit par un apprentissage progressif.

Formation et brevets

Partout dans le monde, les centres de plongée PADI délivrent des enseignements standardisés que vous pourrez suivre et enchaîner aisément, au gré de vos pérégrinations. L'apprentissage débute ainsi par le brevet d'*Open Water Diver,* qui permet à un plongeur accompagné d'un moniteur de descendre jusqu'à 18 m de fond. Compter alors 4 jours de formation. Puis on enchaîne avec l'*Advanced Open Water Diver,* en 2 jours, avant de passer le *Rescue Diver,* sur 2 jours également. Enfin, le diplôme de *Divemaster* prépare les futurs instructeurs à l'encadrement... La CMAS, quant à elle, attribue des étoiles aux plongeurs en fonction de leur niveau.
Le passage de ces brevets doit être étalé dans le temps, afin de pouvoir acquérir l'expérience indispensable. Demandez conseil à votre instructeur (il y est passé avant vous !). On le répète, tous les clubs délivrent un carnet de plongée *(logbook)* qui retracera votre expérience et réveillera vos bons souvenirs une fois les vacances terminées. Gardez-le soigneusement et pensez toujours à emporter ce précieux « passeport » en voyage.

Reconnaissance internationale

Si vous voulez plonger en France après avoir passé votre premier brevet PADI à Eilat, vos aptitudes à la plongée seront jugées par un moniteur d'État qui, souvent après quelques exercices supplémentaires, vous délivrera le niveau français correspondant. Important : en France, certains moniteurs sont aussi instructeurs PADI ; adressez-vous à eux en priorité.

Quelques lectures...

- ***Mer Rouge – Guide du plongeur,*** de A. Ghisotti, A. Carletti, N. Brissaud, P. Mouton et A. Fuch, Gründ, 1996.
- ***La Magie de la mer Rouge : coraux et désert,*** de Gianni Guadalupi et Giorgio Mesturini, Nathan, 2003.
- ***Épaves en mer Rouge – Guide du plongeur,*** de K. Amsler, M. Bicciato, A. Ghisotti, V. Poalillo, R. Rinaldi, P. Rossetti et P. Mouton, Gründ, 1996.
- ***La Planète bleue au cœur des océans,*** de Andrew Byatt, Alistair Fothergill et Martha Holmes, Larousse, 2002.
- ***Découvrir la Méditerranée,*** de Steven Weinberg, Nathan, 1999.
- En kiosque : le magazine ***Plongeurs international.*** • *plongeursinternational.com* •
- Le ***dossier pratique*** « Plongée sous-marine » de notre site internet : • *routard.com/guide_dossier/id_dp/35/num_page/3.htm* •

POSTE

Informations sur le site : • *israelpost.co.il* •
Se reconnaît à son logo rouge représentant une tête de cerf sur fond blanc, censé symboliser la rapidité du service... Les bureaux principaux sont ouverts tous les jours sauf samedi de 8h à 18h (12h le vendredi). Certains bureaux secondaires ferment le mercredi à 13h30, d'autres font une pause de 12h30 à 15h30, deux fois par semaine. La plupart des bureaux de poste ont un comptoir de change et disposent du service *Western Union,* transfert d'argent rapide.
Attention, pour ceux qui se rendent en Cisjordanie, mieux vaut poster son courrier de Jérusalem ou d'Israël, il mettra nettement moins de temps (voir plus loin la partie consacrée à la Palestine).

POURBOIRE

Dans les ***bars et restaurants,*** le service n'est pas compris dans l'addition. Parfois, on y ajoutera la mention *service not included.* Il faut compter 12 % du total (10 % est un minimum). Vous pouvez même aller jusqu'à 15 % si vous êtes très satisfait. À l'inverse, si vous ne laissez pas assez, on ne manquera pas de vous le faire remarquer !
Les Français, peu (ou pas) habitués au pourboire chez eux, ont souvent une réticence à laisser quelque chose. Il faut savoir que la plupart des serveurs et des serveuses sont des étudiants, et que c'est souvent leur seul salaire avant leur année sabbatique. Une précision encore : il arrive parfois que le restaurateur ajoute le service d'office sur la note et, si c'est écrit en hébreu, vous ne vous en apercevez pas forcément. Vérifiez donc les additions, histoire de ne pas payer deux fois le service ! Un petit pourboire dans les ***hôtels*** sera toujours apprécié.

SANTÉ

Vaccinations

- Aucun vaccin n'est exigé pour les voyageurs en provenance d'Europe.
- Les ***vaccins « universels »*** (tétanos, polio, diphtérie, coqueluche et hépatite B) doivent être à jour.
- Le vaccin contre l'***hépatite A*** (*Avaxim* ou *Havrix 1440*) est fortement recommandé par l'OMS, car c'est une des maladies qui se contracte le plus facilement (par l'alimentation). Le vaccin contre la ***fièvre typhoïde*** est conseillé à ceux qui se rendent dans les territoires palestiniens occupés.

Conseils généraux

L'infrastructure médicale est excellente en Israël.
Ennemi principal des voyageurs au Proche-Orient : le ***soleil*** ! N'oubliez pas chapeau, lunettes de protection et crème solaire. En été, les zones à basse altitude (mer Rouge) se transforment en fournaise : évitez de sortir aux heures les plus chaudes, sous peine d'insolation ! De toute façon, le sable vous brûlera les pieds, même avec des sandales... Comme le temps est très sec, les personnes fragiles des yeux penseront à apporter du collyre ou des larmes artificielles (surtout pour les porteurs de lentilles). Pensez à vous hydrater régulièrement (boire 2 à 3 l d'eau par jour et par personne). Prévoir également le désagréable contraste entre l'***air conditionné,*** souvent trop violent, et l'air extérieur.
En hiver, c'est du ***froid*** qu'il faudra vous protéger (sauf dans la vallée du Jourdain). On s'enrhume vite sans une petite laine.
Côté ***bébêtes,*** scorpions et serpents sont présents dans le désert et sur les sites archéologiques. Mieux vaut, par sécurité, secouer ses chaussures avant de les enfiler et son sac de couchage avant de se coucher.
Les moustiques, quant à eux, ne provoquent pas le palu, mais peuvent être à l'origine de quelques cas de leishmaniose ou propager le virus du Nil. Autant se protéger des piqûres de ces vilaines bêtes. Éviter aussi les contacts avec les chiens, surtout dans le sud du pays, qui peuvent transmettre l'hydatidose.
Enfin, en mer Rouge, se méfier des coraux (certains coupent et brûlent), des oursins et des poissons venimeux : le mieux est de se protéger les pieds avec des sandalettes en plastique ou des palmes. Attention également aux méduses et aux physalies (une variété de grandes méduses) ; ne pas se baigner après une tempête.

Si vous pratiquez la plongée sous-marine pour la première fois, n'oubliez jamais que la profondeur peut entraîner des lésions graves : suivez les conseils des moniteurs, respectez la règle des paliers et ne plongez pas si vous avez des problèmes oto-rhino (rhume, sinusite, otite, etc.). Pour plus de détails sur les précautions à prendre, reportez-vous plus haut à la rubrique « Plongée sous-marine ».
– ***Le sida :*** l'usage de préservatifs demeure naturellement indispensable (on en trouve dans toutes les pharmacies).

■ ***Catalogue Santé Voyages :*** les produits et matériels utiles aux voyageurs, assez difficiles à trouver, peuvent être achetés par correspondance sur le site de *Santé Voyages* • *astrium.com* • Infos complètes toutes destinations, boutique web, paiement sécurisé, expéditions Colissimo Expert ou Chronopost. ☎ *01-45-86-41-91 (lun-ven 14h-19h).*

SITES INTERNET

Quelques sites pour préparer au mieux votre voyage et découvrir la civilisation israélienne par écran interposé.

Tourisme

• ***routard.com*** • Rejoignez la plus grande communauté francophone de voyageurs ! Échangez avec les routarnautes : forums, photos, avis d'hôtels. Retrouvez aussi toutes les informations actualisées pour choisir et préparer vos voyages : plus de 200 fiches pays, une centaine de dossiers pratiques et un magazine en ligne pour découvrir tous les secrets de votre destination. Enfin, comparez les offres pour organiser et réserver votre voyage au meilleur prix. Routard.com, le voyage à portée de clics !
• ***tourism.gov.il*** • Le site officiel du ministère du Tourisme. En français.

Actualités, presse

• ***diplomatie.gouv.fr*** • Cliquer sur « Conseils aux voyageurs ». Le site du ministère français des Affaires étrangères, mis à jour régulièrement, répertorie les régions déconseillées et donne aux voyageurs, selon un classement par pays, des conseils généraux de sécurité, les formalités d'entrée et de séjour. Un site à consulter avant votre départ.
• ***isranews.com*** • Portail israélien francophone. Propose une intéressante revue de presse générale.
• ***juif.org*** • Des brèves, des photos et des vidéos pour illustrer l'actualité. En français.
• ***israelmagazine.co.il*** • Le premier organe de presse israélien et francophone, qui paraît à une fréquence hebdomadaire. Infos sur Israël et sur le monde entier. En français.
• ***mfa.gov.il*** • Le site du ministère des Affaires étrangères. Pour son suivi de l'actualité et ses liens vers d'autres pages dans des domaines aussi variés que l'histoire, l'économie, l'archéologie... En anglais.

Divers

• ***ilmuseums.com*** • Recense et donne quelques infos sur les musées du pays.
• ***parks.org.il*** • Répertorie et présente l'ensemble des parcs et réserves naturelles du pays. En anglais.
• ***israelimages.com*** • Des centaines de photos pour un premier aperçu des paysages, monuments, fêtes et peuples. En anglais.
• ***eyeonisrael.com*** • Une carte interactive d'Israël. Amusant. En anglais.

- ***d.co.il*** • Les pages jaunes. En anglais.
- ***rail.co.il*** • Le site du réseau ferroviaire. En anglais.
- ***egged.co.il*** • Le site de la principale compagnie de bus du pays. En anglais.
- ***ims.gov.il*** • Pour connaître la météo.

TÉLÉPHONE ET COMMUNICATIONS

Comment téléphoner ?

– ***France → Israël :*** composer le 00 (tonalité) + 972 (970 pour la Palestine, mais le 972 fonctionne aussi la plupart du temps) + indicatif de la ville (sans le 0, réservé aux communications intérieures) + numéro du correspondant.
– ***Israël → France :*** composer le 00-33 + numéro à 9 chiffres du correspondant (c'est-à-dire le numéro à 10 chiffres sans le 0 qui précède l'indicatif de la région). Depuis les téléphones publics, à la place du 00, composer le 012, le 013, ou le 014, correspondant chacun à un opérateur différent.
– ***Israël → Israël ou Palestine → Israël :*** pour téléphoner d'une ville à l'autre, il est nécessaire de composer l'indicatif de la ville. Exemple : de Tel-Aviv à Ramallah, on compose le 02, suivi du numéro du correspondant. En revanche, dans une même ville, on ne compose que le numéro du correspondant, sans l'indicatif de la ville.
– N'oubliez pas qu'il faut composer l'indicatif de région avant un numéro fixe depuis un portable.
– En Israël, les téléphones publics fonctionnent à l'aide d'une carte en vente dans les bureaux de poste, certaines boutiques et petits kiosques dans la rue. Les *points phone* vous évitent les communications depuis votre chambre (fortement taxées).
– Renseignements téléphoniques en Israël : ☎ *144.*
– Renseignements téléphoniques internationaux : ☎ *188.*

Les portables

– En Israël, les principaux opérateurs sont *Cellcom, Partner Orange* et *Pelephone.*

Intéressant : avoir son propre numéro local

Vous pouvez utiliser votre propre téléphone portable en Israël si vous disposez de l'option « Monde ». Mais gare à la note salée !
– ***À savoir :*** un téléphone tribande ou quadribande n'est pas nécessaire, mais, pour être sûr que votre appareil est compatible avec votre destination, renseignez-vous auprès de votre opérateur.
– ***Activer l'option « International » :*** pour les abonnés récents, elle est en général activée par défaut. En revanche, si vous avez souscrit à un contrat depuis plus de 3 ans, pensez à contacter votre opérateur pour souscrire à l'option (gratuite). Attention toutefois à le faire au moins 48h avant le départ.
– ***Le « roaming » :*** c'est un système d'accords internationaux entre opérateurs. Concrètement, cela signifie que lorsque vous arrivez dans un pays, au bout de quelques minutes, le nouveau réseau s'affiche automatiquement sur l'écran de votre téléphone.
– Vous recevez rapidement un sms de votre opérateur qui propose un ***pack voyageurs*** plus ou moins avantageux, incluant un forfait limité de consommations téléphoniques et de connexions internet. À vous de voir...
– ***Tarifs :*** ils sont propres à chaque opérateur et varient en fonction des pays (le globe est découpé en plusieurs zones tarifaires). N'oubliez pas qu'à l'international, vous êtes facturé aussi bien pour les appels sortants que les appels entrants. Ne papotez donc pas des heures en imaginant que c'est votre interlocuteur qui paiera !

– ***Internet mobile :*** si vous utilisez le réseau 3G (et non le wifi), les connexions à l'étranger ne sont pas facturées selon le temps de connexion, mais en fonction de la quantité de données échangées... Il peut suffire de quelques clics sur sa boîte mail et d'un peu de surf pour faire exploser les compteurs, avec au retour de voyage des factures de plusieurs centaines d'euros ! Le plus sage consiste à ***désactiver la connexion 3G/4G*** dès que vous passez les frontières. En effet, certains mobiles se connectent d'eux-mêmes sur Internet à intervalles réguliers afin d'effectuer des mises à jour (c'est le cas des *Blackberry* par exemple). Résultat, même sans surfer, vous êtes connecté... et vous payez ! Il faut également penser à ***supprimer la mise à jour automatique de votre messagerie*** qui consomme elle aussi des octets sans vous avertir (option « Push mail »). Opter pour le mode manuel.

Bons plans pour utiliser son téléphone à l'étranger

– ***Acheter une carte SIM/puce sur place :*** c'est une option très avantageuse. Il suffit d'acheter à l'arrivée une carte SIM locale prépayée chez l'un des opérateurs, représentés dans les boutiques de téléphonie mobile des principales villes du pays et à l'aéroport. Compter en moyenne 60 à 100 Shk selon le temps de communication. On vous attribue alors un numéro de téléphone local et un petit crédit de communication. Avant de signer le contrat et de payer, essayez donc, si possible, la carte SIM du vendeur dans votre téléphone – préalablement débloqué – afin de vérifier si celui-ci est compatible. Ensuite, les cartes permettant de recharger votre crédit de communication s'achètent facilement dans ces mêmes boutiques. C'est toujours plus pratique pour trouver son chemin vers une *guesthouse* paumée, réserver un hôtel, un resto ou une visite guidée, et bien moins cher que si vous appeliez avec votre carte SIM personnelle.
Attention, une carte SIM d'un opérateur de Cisjordanie ne fonctionne pas en Israël. L'inverse n'est pas vrai, une carte SIM israélienne fonctionne dans les territoires palestiniens, mais le coût de la communication revient plus cher et il sera impossible (sauf à Bethléem avec *Cellcom*) d'acheter une recharge.
– ***Se brancher sur les réseaux wifi*** est le meilleur moyen de se connecter au Web gratuitement ou à moindre coût. De plus en plus d'hôtels, restos et bars disposent d'un réseau, payant ou non.
– Une fois connecté grâce au wifi, à vous les joies de la ***téléphonie par Internet*** ! Le logiciel ***Skype,*** le plus répandu, vous permet d'appeler vos correspondants gratuitement s'ils sont eux aussi connectés, ou à coût très réduit si vous voulez les joindre sur leur téléphone. Autre application qui connaît un succès grandissant, ***Viber*** permet d'appeler et d'envoyer des sms, des photos et des vidéos aux quatre coins de la planète, sans frais. Il suffit de télécharger – gratuitement – l'appli sur son smartphone, celle-ci se synchronise avec votre liste de contacts et détecte automatiquement ceux qui ont *Viber.* Même principe, mais sans la possibilité de passer un coup de fil, ***Whatsapp Messenger*** est une messagerie pour smartphone qui permet de recevoir ou envoyer des messages photo, notes vocales et vidéos. La 1re année d'utilisation est gratuite, ensuite elle coûte 0,99 $/an.

En cas de perte ou de vol de votre téléphone portable

Suspendre aussitôt sa ligne permet d'éviter de douloureuses surprises au retour du voyage ! Voici les numéros des quatre opérateurs français, accessibles depuis la France et l'étranger :
– ***SFR :*** *depuis la France, ☎ 1023 ; depuis l'étranger, 📱 + 33-6-1000-1900.*
– ***Bouygues Télécom :*** *depuis la France comme depuis l'étranger, ☎ 0-800-29-1000 (remplacer le « 0 » initial par « + 33 » depuis l'étranger).*
– ***Orange :*** *depuis la France comme depuis l'étranger, 📱 + 33-6-07-62-64-64.*
– ***Free :*** *depuis la France, ☎ 3244 ; depuis l'étranger, ☎ + 33-1-78-56-95-60.*
Vous pouvez aussi demander la suspension de votre ligne depuis le site internet de votre opérateur.

Internet

Les hébergements et pas mal de cafés disposent d'une connexion wifi, gratuite dans la majorité des cas. Dans les établissements d'un certain standing, ce service est parfois payant. Il est aussi très fréquent de trouver un ordinateur mis à disposition dans le hall des hôtels et auberges de jeunesse (là encore, ce service peut être gratuit ou payant). Sinon, en ville, quelques cybercafés (compter près de 15 Shk/h).

TRANSPORTS INTÉRIEURS

Le bus

Il existe à peine une petite dizaine de compagnies de bus. La principale compagnie *Egged* dessert l'ensemble du pays avec un réseau dense et pas trop cher (☎ 00-972-3-694-88-88 depuis l'étranger ou *2800 depuis Israël ; • egged.co.il •).
Les bus ne fonctionnent pas pendant le shabbat. Ils reprennent leur service le samedi vers 17h.
Propose d'intéressants forfaits : « Pass mensuel » avec voyages illimités, « Two trip ticket » qui fait gagner 15 %, le « One day pass », valable aussi pour les trajets de nuit, le « Return ticket », etc.
Infos sur l'ensemble des différentes compagnies : • *bus.co.il* •

Le train

Moins cher que le bus, mais peu développé. Il dessert Nahariya, Akko, Haïfa, Tel-Aviv et Beer Sheva. Une ligne relie Tel-Aviv à Jérusalem. Attention, les trains ne circulent pas pendant le shabbat.
*Rens et résas : ☎ *5770 ou 077-232-40-00. • rail.co.il •*

Le *sherout*

Ce sont des minibus d'une dizaine de personnes qui partent quand le véhicule est plein. Contrairement au bus, ils circulent 24h/24, y compris pendant le shabbat. À peine plus cher que le bus (prix majorés lors du shabbat).

L'avion

Il existe deux compagnies israéliennes qui effectuent des vols quotidiens à l'intérieur du pays, entre Tel-Aviv, Haïfa et Eilat.

EL AL : FERMETURE HEBDOMADAIRE !

EL AL est la seule compagnie aérienne au monde qui dispose d'un jour férié par semaine. 100 % casher par respect pour les ultra-orthodoxes, elle ne vole pas pendant le shabbat (interdiction d'utiliser les moteurs). Sa filiale non casher Sun d'Or *(qui volait pendant le shabbat) a perdu son autorisation de vol.*

▲ ***Arkia Airlines :*** *☎ (03) 690-22-10. • arkia.com • Dim-ven 10h-16h (13h ven).*

▲ ***IsrAir :*** *23, rehov Ben Yehuda, Tel-Aviv. ☎ (03) 510-95-89. • israirairlines.com •* Également des vols pour Nice *(avr-oct),* Rome et Berlin.

La voiture

Location de voitures

– Pour louer une voiture en Israël, il faut, selon les compagnies, être âgé de plus de 21 ou 24 ans, et parfois avoir le permis depuis 1 ou 2 ans minimum. Bien se renseigner avant. Le permis de conduire national suffit.

– Jusqu'à 23 ans, vous êtes considéré comme jeune conducteur et il faut alors souscrire une assurance spécifique qui peut coûter cher.

– La société *Eldan,* la première société de location de voitures en Israël, possède de nombreuses agences dans le pays. Âge minimum : 24 ans. *Rens : • eldan.co.il •*

– ***Attention :*** tous les loueurs ne possèdent pas une double assurance permettant de se rendre en Cisjordanie. Si tel est votre projet, bien poser la question avant de signer le contrat. De même, louer une voiture en Cisjordanie n'autorise pas toujours la circulation en Israël. Là encore, se renseigner.

Pour plus de détails sur la location en Cisjordanie, se reporter plus loin à la partie consacrée à la Palestine.

■ ***Auto Escape :*** *☎ 0892-46-46-10 (0,34 €/mn). • autoescape.com • Vous trouverez également les services d'Auto Escape sur • routard.com •* L'agence Auto Escape réserve auprès des loueurs de véhicules de gros volumes d'affaires, ce qui garantit des tarifs très compétitifs. Il est recommandé de réserver à l'avance. Auto Escape offre 5 % de remise sur la location de voiture aux lecteurs du Routard pour toute réservation par Internet avec le code de réduction « GDR14 ».

■ ***BSP Auto :*** *☎ 01-43-46-20-74 (tlj 9h-21h30). • bsp-auto.com •* Les prix proposés sont attractifs et comprennent le kilométrage illimité et les assurances. *BSP Auto* vous propose exclusivement les grandes compagnies de location sur place, vous assurant un très bon niveau de services. Les plus : vous ne payez votre location que 5 jours avant le départ + réduction spéciale aux lecteurs de ce guide avec le code « routard ».

■ ***Hertz :*** *☎ 0825-861-861 (0,15 €/mn). • hertz.com •*

■ ***Europcar :*** *☎ 0825-358-358 (0,15 €/mn). • europcar.fr •*

■ ***Avis :*** *☎ 0821-230-760 (0,12 €/mn). • avis.fr •*

– Ou directement sur place (se reporter aux « Adresses utiles » des principales villes).

Circuler en voiture

– Le réseau routier est bien entretenu. Pas de problème pour se repérer, les localités sont indiquées par des panneaux en anglais.

– L'essence est à peu près au même prix qu'en France, voire un peu plus chère. Dans les stations-service, vous remarquerez, la plupart du temps, deux prix pour le même carburant. Le moins cher correspond au tarif du carburant en self-service ; l'autre prix sera appliqué si un employé vient vous servir. La différence n'est pas négligeable.

– La conduite est assez sportive (idem pour les bus et *sherouts*) et les klaxons retentissent à tout bout de champ... Ça commence dès que le feu vire au vert. Soyez vigilant.

– Au centre-ville, le stationnement est généralement payant en semaine, gratuit le week-end (vendredi après-midi et samedi). On paie à des horodateurs qui avalent les pièces. Attention, les pervenches israéliennes sont rapides et efficaces.

– Les emplacements interdits et autorisés pour le stationnement sont indiqués par un code couleurs le long des trottoirs. Un marquage blanc et rouge désigne les endroits où il est formellement interdit de stationner, de jour comme de nuit. Le marquage blanc et bleu indique les zones payantes en journée (grosso modo de 8h à 19h ; gratuit la nuit ; les horaires sont mentionnés sur les horodateurs). Là où il n'y a pas de couleur, on peut se garer gratuitement (mais n'hésitez pas à demander confirmation sur place).

Les taxis

Les taxis fonctionnent avec un compteur. Il existe un tarif de jour (de 5h30 à 20h59), et un tarif de nuit (de 21h à 5h29) valable également durant le shabbat (les prix sont majorés de 30 % environ). Lors d'une course, le chauffeur doit mettre le compteur. Dans les grandes villes, aux heures de pointe, à cause des embouteillages, mieux vaut négocier un forfait, histoire d'éviter de payer une trop grosse somme, à condition, bien sûr, d'avoir déjà une idée du tarif habituel.

METULLA	SAFED	HAÏFA	TIBÉRIADE	NAZARETH	NETANYA	TEL-AVIV	BEN-GURION AIRPORT	MASSADA	JÉRUSALEM	BEER SHEVA	EILAT	Distances en km
471	439	427	473	444	385	354	351	214	307	241	0	EILAT
293	269	200	246	217	144	115	110	105	81	0	241	BEER SHEVA
214	194	131	176	131	93	59	45	90	0	81	307	JÉRUSALEM
257	225	213	242	230	171	153	141	0	90	105	214	MASSADA
199	157	115	137	109	44	15	0	141	45	110	351	BEN-GURION AIRPORT
195	162	95	131	102	29	0	15	153	59	115	354	TEL-AVIV
166	135	58	100	72	0	29	44	171	93	144	385	NETANYA
91	70	37	29	0	72	102	109	230	131	217	444	NAZARETH
62	35	57	0	29	100	131	137	242	176	246	473	TIBÉRIADE
115	74	0	57	37	58	95	115	213	131	200	427	HAÏFA
46	0	74	35	70	135	162	157	225	194	269	439	SAFED
0	46	115	62	91	166	195	199	257	214	293	471	METULLA

ISRAËL HOMMES, CULTURE, ENVIRONNEMENT

Siroter un café à la cardamome dans une échoppe de la vieille ville de Jérusalem, assister au coucher du soleil sur la Ville sainte du sommet du mont des Oliviers et au lever du soleil sur la mer Morte du sommet de la forteresse de Massada, traverser Tel-Aviv à pied et le désert du Néguev en jeep, dormir dans une auberge de jeunesse datant de l'époque des croisés, passer une nuit à la belle étoile dans un vieux cratère rocailleux, boire le thé avec un Bédouin : le voyage en Israël est à la fois un voyage dans l'espace et dans le temps.
« Vous avez aimé le Livre (la Bible), vous adorerez le pays » : pour une fois, un slogan touristique a raison ! Le berceau du christianisme et du judaïsme accueille chaque année des centaines de milliers de pèlerins venus y retrouver les origines de leur foi. Et Jérusalem est aussi le troisième lieu saint des musulmans. Tout périple dans ce pays passe obligatoirement par la vieille ville où l'on circule, sur moins de 1 km^2, entre les trois grandes religions monothéistes (judaïsme, christianisme et islam).

ARTS

Musique

À la fin des années 1930, le violoniste Bronislaw Huberman poussa les interprètes juifs d'Europe orientale et d'Allemagne à immigrer en Israël afin de constituer, sous la direction d'Arturo Toscanini, le premier orchestre philharmonique local. Le département musical de la radio emboîta le pas et créa en 1936 l'Orchestre de chambre de Radio Palestine. L'orchestre de Huberman prend le nom, à la création de l'État, en 1948, de Kol Israel Orchestra, puis d'Orchestre symphonique de Jérusalem en 1963.
En 1968, l'Orchestre engage comme directeur musical l'Indien Zubin Mehta qui joua un rôle majeur dans le domaine musical israélien.
Parmi les interprètes et chefs d'orchestre talentueux, citons Gary Bertini, Itzhak Perlman, Daniel Barenboïm, Gil Shaham et Shlomo Mintz.
L'Opéra de Tel-Aviv eut des débuts laborieux, ses vedettes chantant dans toutes les langues sauf en hébreu. C'est avec Placido Domingo, qui résida en Israël de 1962 à 1965, que l'Opéra prit son véritable essor. Le nouvel Opéra, prouesse architecturale, côtoie aujourd'hui le musée d'Art de Tel-Aviv et le théâtre Cameri, boulevard Shaoul HaMelech (roi Saül). À ne pas manquer !
Signalons enfin les orchestres philarmoniques de Jérusalem, de Haïfa ou de Beer Sheva, l'académie Rubin ainsi que les nombreux ensembles de musique de chambre et chœurs philharmoniques. Le kibboutz Ein Guev sur la berge orientale du lac de Tibériade accueille, dans sa salle de concerts de grand renom, des manifestations musicales lors du festival de Musique de chambre qui s'y tient chaque année.

Les incontournables

Après la création de l'État hébreu, des chanteurs emblématiques se sont illustrés, comme *Shoushana Damari* et *Yafa Yarkoni,* suivies plus tard par les *Dudaïm,* un

duo accompagné de guitare romantique. Puis vint la grande prêtresse de la chanson hébraïque, *Naomi Shemer* (qui interpréta des compositions ou des poèmes de grands classiques tels Bialik, Tchernichovski, Rahel ou encore Nathan Alterman), la poésie israélienne étant largement diffusée par le disque.
De leur côté, les talentueuses *Yéhoudit Ravitz* et *Hava Alberstein* résistent au temps et aux modes, tout comme *Shlomo Artzi* et *Yehoram Gaon,* considérés comme des icônes.
Il faut aussi compter avec la sensibilité orientale que représentent des artistes comme *Shlomo Bar* et *Yaïr Dalal* (remarquable oudiste), ainsi que l'orchestre andalou israélien aux accents d'une nostalgie maghrébine qui interprète avec maîtrise les *nuwwabat* (pluriel de nouba) arabo-andalous, que les Juifs d'Afrique du Nord surent préserver de l'oubli en cultivant au sein de la liturgie les traditionnels *piyoutim* et *barachot.*
Toujours dans le style oriental, à la frontière de la musique gréco-turque, yéménite et d'Afrique du Nord, s'illustrent *Shimi Tavori, Boaz Shaarabi* et *Zehava Ben,* dont les mélodies sont reprises hors les frontières, en Égypte, en Turquie ou au Liban.
Enfin, citons le *Bustan Abraham,* où musiciens juifs et arabes mêlent avec bonheur leurs traditions.
Pour les fervents de musique engagée, le chanteur contestataire *Aviv Geffen* associe message poétique et provocation alors que *Dana International,* porte-drapeau des homosexuels, doit sa réputation à cette victoire au concours de l'Eurovision en 1998 qui enflamma les esprits. Pour la petite histoire, elle se représenta en 2011, mais fut éliminée en demi-finale.
Yéhouda Poliker fonda en 1982 le groupe mythique *Benzine,* l'un des groupes de rock qui influença de nombreux compositeurs en Israël.
Toujours côté rock, acoustique cette fois, on peut écouter *Tseva,* un groupe hiérosolymitain qui chante en hébreu, ou le rock hipster de *Umlala.* La nouvelle scène israélienne a aussi vu émerger depuis 2006 *Asaf Avidan,* un auteur-compositeur à la voix très particulière. Son dernier album *Different Pulses,* sorti en 2013, explore les recoins du folk, du blues et du rock.
Le rock black metal, le plus extrémiste, à l'orientation sataniste, est aussi représenté en Israël. Autre version du heavy metal, le groupe *Orphaned Land* qui mêle le rock et la musique juive orientale traditionnelle.
Plus soft, *Riff Cohen,* qui a fait un tube avec son album *À Paris,* en français.
Enfin, si vous séjournez en août à Eilat, ne surtout pas manquer le *Red Sea Jazz Festival.*

Cinéma

Depuis la fin des années 1980, le cinéma israélien fait preuve d'une vitalité sans pareille et rayonne de plus en plus dans le monde. Comment l'expliquer mieux que Gilles Jacob, président du Festival de Cannes : « Pourquoi le cinéma israélien parvient-il à aligner autant de bons films [...] ? À obtenir autant de sélections et de récompenses dans les festivals internationaux ? Parce que ce sont des films faits dans l'urgence, sur des problèmes contemporains, des enjeux primordiaux, des tensions palpables, parce que c'est un cinéma qui rencontre son époque en jouant sans cesse sa peau... » ?
Les années 1950 et 1960 furent d'abord celles, en Israël, de films commerciaux. Menahem Golan traite avec un humour parfois douteux des relations entre Ashkénazes et Séfarades dans des films dits « Borekas », tel *Salah Shabataï* (1964), avec Haïm Topol, sur un texte de l'humoriste Éphraïm Kishon, qui emportèrent un vif succès.
Puis ces mêmes thèmes furent traités avec sérieux et pudeur, cette fois, comme dans *Sch'chur* (1994), de Shmouel Hasfari et Hanna Azoulay-Asfari, où ces derniers dénoncent les antagonismes propres à la société israélienne partagée entre Orient et Occident, mettant l'accent sur la superstition, la violence familiale et le sacrifice.

Vinrent ensuite les cinéastes de la « nouvelle sensibilité », majoritairement de gauche, qui traitèrent essentiellement des relations ambiguës avec le monde palestinien, des tabous du sionisme et de l'establishment, ainsi que de la condition de la femme au sein des familles ultra-religieuses.
Amos Gitaï et Ouri Barabash représentent ce courant majeur. ***Derrière les barreaux*** (1984), de Ouri Barabash est tourné dans une prison ; il totalisera 600 000 entrées. ***Le Sourire de l'agneau*** (1985), de Shimon Dotan, est adapté du roman de David Grossman : un colonel gouverneur militaire et son ami le docteur rencontrent le fou du village, Hilmi, qui vit dans une caverne. Rafi Boukaï, dans ***Avanti Popolo*** (1986), met en scène des soldats égyptiens égarés dans le désert du Sinaï. Renen Shorr, le créateur de l'école de cinéma de Jérusalem, dans ***Le Blues du dernier été*** (1986), filme des élèves de terminale qui, en tant qu'appelés, s'apprêtent à entrer dans l'armée. Haïm Bouzaglo, dans ***Mariage blanc*** (1988), traite sur un mode ironique des relations entre Israéliens et Arabes. En 1988, œuvre majeure d'Élie Cohen, ***L'Été d'Aviya*** relate la vie de la grande comédienne Gila Almagor. ***Les Rues d'antan*** (1989), de Yehouda Neeman, montre un étudiant israélien qui tente de porter secours à un militant palestinien traqué par les autorités. Dans la même veine, ***Les Champs verts*** (1989), d'Itzhak Tsepel Yeshouroun, est tourné lors de l'Intifada.
Dans ***Mille et une femmes*** (1989), de Michal Bat Adam, dans le quartier boukharien de Jérusalem au début du siècle, Simantov enterre ses épouses successives, victimes probablement de ses excès sexuels. Malgré cette malédiction, il épouse la jeune et innocente Flora avec laquelle l'union n'est pas consommée, justement par crainte de la malédiction. Elle tombe cependant enceinte.
Autre film remarquable, ***La Finale de la coupe*** (1991), d'Eran Riklis, sur la passion que partage un prisonnier israélien avec ses geôliers palestiniens. ***La Vie selon Agfa*** (1993), d'Assi Dayan avec Gila Almagor, marque un tournant : film violent où s'affrontent et se confrontent Juifs et Arabes.
Va, vis et deviens (2005), de Radu Mihaileanu, évoque la saga poignante d'un enfant éthiopien non juif qui parvient en Israël où il acquiert, non sans mal, une nouvelle identité.
En 2007, gros succès pour ***La Visite de la fanfare,*** d'Eran Riklis, film relatant la visite improbable d'une fanfare de la police égyptienne perdue dans un bled israélien. Toujours d'Eran Riklis, la très émouvante histoire de cette Palestinienne qui tente de préserver son verger de la soldatesque aux objectifs sécuritaires, ***Les Citronniers*** (2009).
Jaffa (2009), de Keren Yedaya, raconte les amours contrariées d'une jeune juive et d'un Palestinien, la vie d'un garage à Jaffa, les tensions familiales, Roméo et Juliette qui ne peuvent réconcilier les deux communautés. De même, dans ***Ajami*** (2009), de Yaron et Skandar Kopti, toujours le problème du face-à-face des deux communautés dans un univers matérialiste et sans pitié.
Une bouteille à la mer (2012), de Thierry Binisti, d'après l'émouvant roman de Valérie Zenatti. Suite à un attentat kamikaze, Tal, jeune Franco-Israélienne, veut comprendre. Elle écrit une lettre à un Palestinien imaginaire et la jette à la mer. Elle reçoit une réponse et c'est le début d'un dialogue à travers Internet. Description d'une amitié impossible, mais en même temps l'évolution du dialogue laisse penser qu'il y a de l'espoir. Le ton est juste. Voici une belle tentative de dépasser les incompréhensions, de mettre en cause ses propres certitudes.
Valse avec Bachir (2008), d'Ari Folman, reçoit de nombreux prix internationaux. Ce magnifique film d'animation met en scène les cauchemars récurrents du cinéaste. Ces cauchemars lui sont inspirés par les images des massacres de réfugiés palestiniens commis en 1982 au Liban par des miliciens chrétiens dans les camps de Sabra et Chatila, massacres dont il a été témoin en tant que jeune appelé.
La production israélienne (ou ayant pour thème Israël) étant riche, on peut citer encore ***Le Fils de l'Autre*** (2012), de Lorraine Levy, ***Beautiful Valley*** (2012), de Hadar Friedlich ou encore ***Héritage*** (2012), de Hiam Abbass.

On connaît bien en France le cinéaste Amos Gitaï, né en 1950 à Haïfa et profondément marqué par sa mère née en Israël d'une famille fondatrice du Parti travailliste. Le père, architecte, incite son fils à étudier lui aussi l'architecture. Lors de la guerre du Kippour, Amos Gitaï la filme avec une caméra super 8. Son hélicoptère est abattu par les Syriens. À partir de 1977, il tourne des documentaires pour la télévision. Ses reportages sont régulièrement censurés car jugés trop propalestiniens. S'ensuit un long séjour parisien où Gitaï étudie les thèmes de l'exil et de l'émigration : ***Berlin-Jérusalem*** (1991), ***Golem, l'esprit de l'exil*** (1992). Il retourne en Israël en 1993 pour créer une école de cinéma à Haïfa sur proposition du ministre de la Culture. Gitaï dénonce alors les incohérences de sa terre malmenée et s'attaque au problème récurrent de la violence exercée auprès des femmes. ***Give Peace A Chance*** (1994, documentaire), puis ***L'Arène du meurtre*** (1996), inspiré de l'assassinat d'Yitzhak Rabin, enfin la trilogie consacrée aux trois grandes villes d'Israël : ***Devarim*** (1995), un portrait de Tel-Aviv, ***Yom Yom*** (1998), où l'auteur tente de dénoncer les aléas et absurdités du quotidien israélien, avec de très grands interprètes tels Hana Maron et Giulano Mar. ***Kadosh*** (1999) se déroule à Jérusalem dans le quartier orthodoxe de Mea She'arim, où Meïr, qui aime son épouse Rivka, devra répudier cette dernière afin d'assurer avec une nouvelle compagne, choisie par le rabbin, sa descendance.

Parmi ses films les plus récents, citons : ***Free Zone*** (2005) avec Nathalie Portman, ***Désengagement*** (2007) avec Juliette Binoche, qui évoque le retrait des colons et de l'armée israélienne de Gaza, ***Plus tard tu comprendras*** (2008), avec Jeanne Moreau et Hippolyte Girardot ou ***Lullaby to my father*** (2011), film sur son père qui étudia en Allemagne à l'école du Bauhaus avant d'émigrer en Palestine.

Un très bel album illustré, ***Mont Carmel*** (2003), d'Amos Gitaï (2003), est publié chez Gallimard.

Ne pas oublier le cinéma politique incarné par Simone Bitton (née au Maroc, études de cinéma à Paris). Plusieurs documentaires comme ***Conversation nord-sud, Daney-Sanbar*** (1993), coréalisé avec Catherine Poitevin, ***Rachel*** (2008), ***Mur*** (2004) et ***Mahmoud Darwich et la terre comme langue*** (1998). ***Mur*** est une poignante réflexion cinématographique, à partir du mur de séparation, sur le conflit israélo-palestinien, par une réalisatrice qui revendique sa double culture juive et arabe. Il reçut le prix Spirit of Freedom du film documentaire à Jérusalem en 2004.

Pour les amateurs de cinéma : un ouvrage de référence, ***Le Cinéma israélien de la modernité*** par Ariel Schweitzer (1997), éd. L'Harmattan. Un lieu : la très célèbre cinémathèque de Jérusalem, proche de la porte de Jaffa, qui organise en juillet un Festival du film.

Parmi les documentaires, citons ***D'une seule voix,*** de X. de Lauzanne, 2009. Le réalisateur suit les pas du musicien français Jean-Yves Labat de Rossi, parti en Israël-Palestine réunir de part et d'autre du mur des musiciens de toutes confessions autour d'un projet de tournée en France en 2006. La caméra suit les coulisses de la tournée et les efforts des organisateurs pour relever ce défi ; une tournée qui, malgré d'inévitables rivalités et dissonances, a permis à certains de tisser quelques liens, mais ténus et sans lendemain, puisque les musiciens ne pourront plus se revoir une fois rentrés chez eux.

BOISSONS

– ***Vin :*** Israël est un pays vinicole, eh oui ! Entre autres dons pour soutenir Israël, la famille Rothschild a offert des plants de vigne venant de ses grands crus de bordeaux. Un vin typiquement israélien est né, qui ne ressemble d'ailleurs guère au bordeaux. Attention, n'imaginez pas trouver des vins qui vous fassent oublier les nôtres (un peu de chauvinisme, ça ne fait pas de mal !), même si les Israéliens commencent à apprécier le breuvage.

Les principaux vignobles se trouvent au sud de Haïfa (à Zikhron Ya'akov notamment, où Edmond de Rothschild fonda une exploitation vinicole en 1882), et dans le Golan, où la plantation de vignes est beaucoup plus récente. Les premiers pieds de vigne y ont été plantés en 1977. Fin des années 1980, la production s'exportait déjà. Depuis, les vins du Golan remportent des prix dans les plus grands concours internationaux, notamment des médailles d'or à *Vinexpo* (Bordeaux). En avril 2011, au concours de Vérone (Italie du Nord), le vignoble de ***Ramat Hagolan*** gagna le prix du meilleur producteur du monde !

Les vins du Golan sont désormais les vins les plus courus aujourd'hui en Israël, parmi les plus chers aussi. On les trouve dans de nombreux magasins et restos. Ce sont le *gamla* (rouge et blanc) et le *yarden* (rouge ou blanc, particulièrement le *merlot rouge* ou *chardonnay blanc*). On trouve aussi, en rouge, le *ben ami,* la *petite sirah* et le *monfort,* et en blanc, le *cabernet,* le *misrahi,* le *sémillon* ou encore un *riesling.*

– À côté de ça, la ***bière*** locale est bonne, notamment l'israélienne ***Maccabi*** brassée depuis 1968. C'est une pils à 4,9° d'alcool et la bière la plus exportée. La ***Goldstar*** se laisse boire aussi.

– Enfin, le ***café*** se sert turc *(turki),* ordinaire (*ragil* ou *bots,* qui signifie « boue » : café moulu très fin, comme le café turc, mais qu'on ne fait pas bouillir) ou *nes* (Nescafé). Populaire aussi : le *café afoukh,* genre café au lait fouetté. Dans les cafés tenus par des juifs d'origine européenne, on trouve aussi le *cappuccino,* comme en Italie. Commander alors un *espresso katsar* (court), *kafoul* (long) ou *afoukh* (au lait).

CUISINE

La plupart des hors-d'œuvre et accompagnements comme la *pita* (galette de pain), les *mezze,* falafels, viandes grillées et même les pâtisseries se retrouvent dans toute la région. Pour plus de détails, se reporter plus loin à la rubrique « Cuisine », dans « Palestine : hommes, culture, environnement ». Mais Israël possède une valeur ajoutée : les Juifs qui habitent le pays viennent du monde entier. Ils ont donc apporté avec eux leurs coutumes, leurs habitudes, mais aussi leurs recettes. En gros cependant, on trouve encore deux cuisines principales :

– La ***cuisine juive d'Europe centrale*** (dont l'influence est en diminution), surtout roumaine, hongroise et polonaise avec les *schnitzel,* la célèbre carpe farcie *(gefiltefisch)* et les boulettes de viande à toutes les sauces.

– La ***cuisine juive orientale,*** comme celle préparée par les Palestiniens, rappelle celle du Liban et de la Jordanie. Beaucoup de piments, poivrons, salades.

Depuis quelque temps, la cuisine fusion s'est beaucoup développée. Partout en Israël ont ouvert des restaurants proposant des mélanges de saveurs est-ouest, nord-sud ou pluriméditerranéennes.

NON, LE FOIE GRAS N'EST PAS UNE INVENTION DU PÉRIGORD !

C'est dans l'Égypte antique qu'a été découvert le foie gras. Au moment de migrer, les oies s'engraissaient volontairement. Pendant le voyage, elles pouvaient donc puiser dans leurs réserves pour tenir tout le vol (on ne distribuait pas de plateaux-repas à l'époque !). Certains volatiles tombèrent. Les Juifs égyptiens se régalèrent de leur foie bien gras et décidèrent donc de domestiquer les volatiles pour les gaver eux-mêmes. Plus tard, ils emportèrent leur recette lors de leurs migrations en Europe de l'Est, puis en Alsace, et dans le Périgord. Israël est l'un des plus gros producteurs de foie gras au monde.

Quelques plats spécifiques

– ***La shakshuka :*** plat populaire d'origine séfarade. En général pas cher, servi souvent en brasserie, il cale facilement les petites faims. Dans un caquelon en terre cuite, on fait cuire poivrons verts et rouges, oignons frais préalablement dorés et ail, mon tout mélangé avec des tomates concassées et saupoudré d'un mélange d'épices (souvent un des secrets du chef). Enfin, on casse deux œufs dessus et on finit de faire cuire.
– ***Le chamenet zaatar :*** tout simplement du fromage blanc étalé dans une assiette, abondamment saupoudré de *zaatar,* mélange parfumé d'origan, de thym, graines de sésame grillées, sumac moulu... Sur le tout, un filet d'huile d'olive. Simple, frais, délicieux...
– ***Le « mélange d'Israël » :*** comme son nom l'indique, on mélange la viande de volaille (blanc de poulet, cœur et foie) et le bœuf (rognon et viande). Même cuisson que le *chawarma.*
– ***Les pâtisseries :*** elles rappellent celles de la Grèce. Elles sont, en effet, très sucrées. Votre séjour en Israël est aussi l'occasion de goûter aux meilleurs gâteaux au fromage du monde.

La cuisine casher

Celui qui a écrit dans la Bible « Tu ne mangeras pas l'agneau avec le lait de sa mère » ne savait pas les répercussions gigantesques que cela aurait sur la cuisine juive. La cuisine casher interdit tout mélange du lait (donc du beurre) avec la viande (pour cette dernière, abattage rituel obligatoire). Plats différents, vaisselle différente.

Dans les vrais restaurants casher (certifiés et sous contrôle quotidien d'un responsable de la casheroute au sein même de l'établissement), inutile de demander une viande saignante ou encore d'attendre une noisette de beurre sur votre entrecôte casher : vous n'obtiendrez tout au plus que de la margarine ou du beurre de substitution. Israël innove tous les ans tant sur le plan de l'imitation du goût que sur celui de la variété des produits de substitution pour le beurre, le lait et les fromages. Pensez-y à l'avance, sinon, rendez-vous dans les nombreux restaurants non casher. Autres interdictions : les coquillages, les poissons sans écailles...

LE COCHON, ANIMAL IMPUR

Selon la Torah, il est interdit d'élever du porc sur la terre d'Israël. Certaines fermes en produisent cependant dans le Nord, hors sol sur des dalles en ciment, ce qui leur permet d'élever ces animaux en respectant les lois religieuses. Les éleveurs, généralement d'origine chrétienne ou laïcs, contournent ainsi cet interdit.

Où manger bon marché ?

– Dans pratiquement toutes les ***gares routières*** *(tahana mercazit),* on peut manger, à un prix fort abordable, dans le restaurant des chauffeurs d'autobus.
– Pensez aussi aux ***supermarchés.*** On y trouve des aubergines frites en pâté, des salades à tartiner vendues dans des petits pots en plastique, ainsi que *téhina, hommos, echel* (yaourt) et *chamenet* (double crème).

DROITS DE L'HOMME

La relance d'un processus de paix à l'initiative du département d'État américain, a permis la libération de plusieurs dizaines de Palestiniens, provoquant la colère d'une partie de la population israélienne. Mais à plusieurs reprises, Israël a également annoncé la reprise de la colonisation en Cisjordanie. Par ailleurs, les

autorités y ont continué ces derniers mois à détruire des habitations de familles de présumés terroristes, provoquant le départ de centaines de déplacés internes palestiniens.
L'ONG Human Rights Watch a par ailleurs recensé la mort d'au moins 15 Palestiniens en 2013, dans ce qui s'apparentait la plupart du temps à des exécutions extrajudiciaires. Des accrochages fréquents avec le Hamas, à la frontière de Gaza, ont, en outre, incité les forces israéliennes à riposter à plusieurs reprises. En janvier 2014, un de ces « incidents » – la mort d'un citoyen israélien à proximité de la bande de Gaza – a provoqué le déclenchement de frappes aériennes, causant la mort de plusieurs Palestiniens. Même si l'opération n'a pas atteint le degré d'intensité de celle baptisée « Pilier de défense », menée par Israël à Gaza, en représailles contre des tirs de roquettes en novembre 2012. À l'époque, 135 Palestiniens avaient alors été tués et 5 Israéliens étaient tombés sous les tirs de roquettes.
De nombreuses organisations comme B'Tselem ou PCATI (Public Committee Against Torture in Israel), dénoncent les dérives quotidiennes de certaines politiques (torture, pratiques de certains militaires aux checks-points, comportements des colons...). Elles critiquent également l'utilisation abusive de la détention administrative, théoriquement « préventive », qui consiste à arrêter des Palestiniens suspectés de représenter une menace, et de les garder en prison sans inculpation ni jugement pour une durée maximale de six mois... renouvelable indéfiniment. En raison de ces critiques, ces organisations sont souvent la cible de campagnes de presse violentes. En dehors du règlement du conflit, Israël connaît également des problèmes de société importants. La « révolte des tentes » de 2011 et 2012, a vu l'émergence d'un des plus vastes mouvements sociaux de l'histoire du pays, pour réclamer une amélioration des droits économiques et sociaux des Israéliens. Mais dernièrement, c'est surtout la situation des migrants originaires de la corne de l'Afrique, et passant par le Sinaï voisin, qui inquiète le plus les ONG israéliennes et internationales. Face à l'afflux de ces populations, qui a provoqué une montée des incidents xénophobes dans le pays, le gouvernement a entrepris de procéder à des vagues massives d'expulsions. Plusieurs dizaines de milliers de personnes ont manifesté début 2014 pour protester contre cette politique d'immigration. La décision du gouvernement, de créer un centre de rétention « ouvert » à Holot, dans le sud d'Israël, a tout particulièrement marqué les esprits, tout comme la décision de ne plus accorder systématiquement la nationalité israélienne aux Falashas, population juive d'Ethiopie. Enfin, les discriminations dont sont victimes les Arabes israéliens, ou encore les Bédouins (destructions d'habitations, refus de concertation...), sont toujours dénoncées. À ce sujet, lire plus loin la rubrique « population ».

Pour en savoir plus, n'hésitez pas à contacter :

■ ***Fédération internationale des Droits de l'homme (FIDH) :*** *17, passage de la Main-d'Or, 75011 Paris. ☎ 01-43-55-25-18. • fidh.org • Ⓜ Ledru-Rollin.*

■ ***Amnesty International*** *(section française) : 76, bd de la Villette, 75940 Paris Cedex 19. ☎ 01-53-38-65-65. • amnesty.fr • Ⓜ Belleville ou Colonel-Fabien.*

■ ***B'tselem*** *(Israeli Information Center for Human Rights in the Occupied Territories) : PO Box 53132, 8, Hata'asiya (4e étage), Jérusalem. ☎ 673-55-99. • btselem.org •* La plus importante association des Droits de l'homme, créée en 1989 par des académiciens, professeurs d'université, journalistes, avocats et membres de la Knesset. Site internet remarquablement documenté, pédagogique et didactique.

N'oublions pas qu'en France aussi les organisations de défense des Droits de l'homme continuent de se battre contre les discriminations, le racisme et en faveur de l'intégration des plus démunis.

ÉCONOMIE

Un développement coûteux...

Depuis 1948, Israël a été confronté à des contraintes particulières concernant son économie.
– D'abord, la situation du pays a toujours nécessité un effort de sécurité important, non seulement dans les périodes de guerre, mais aussi dans des moments plus calmes où l'existence d'une armée puissante et entraînée joue un rôle dissuasif auprès de voisins éventuellement belliqueux. Les dépenses militaires représentent actuellement environ 5,7 % du PIB. À titre de comparaison, dans la plupart des grands pays occidentaux, ce chiffre tourne aujourd'hui autour de 2 à 3 %. En pourcentage des dépenses publiques, c'est-à-dire du budget de l'État, les 15 % sont atteints (jusqu'à 20 % en temps de guerre). En cas d'opérations militaires, ce qui arrive assez fréquemment en Israël, le gouvernement peut, si nécessaire, compter sur une rallonge budgétaire que la Knesset lui octroie.
– Autre « problème » coûteux à gérer : l'immigration massive, dans les premières années d'existence du pays ou plus récemment avec l'arrivée des Juifs d'Éthiopie ou de l'ex-Union soviétique (voir la rubrique « Histoire » pour plus de détails). Installer ces immigrants et répondre à leurs besoins (construction de logements, mise en place de services sociaux et éducatifs, création d'emplois...) a mobilisé une bonne part des fonds publics.
– Enfin, très peu développées à l'époque du mandat britannique, les infrastructures nécessaires à une économie moderne ont aussi été très coûteuses.

... mais efficace

– De 1948 à 1973, le pays a enregistré une croissance rapide, au taux moyen de 10 % par an. Des pays ont connu des taux plus forts et d'autres des périodes de croissance plus longues, mais aucun n'a maintenu une croissance aussi élevée sur une période aussi longue. Tombé à 3 % après 1973 et dans les années 1980, ce taux est remonté aux alentours de 6 % dans les années 1990. L'économie israélienne connaît actuellement une croissance certes plus faible que dans ces années héroïques (environ 3,6 %), mais que beaucoup d'autres pays occidentaux, en période de crise, peuvent envier.
– Le taux de chômage était de l'ordre de 5,5 % en 2013.
– L'inflation est strictement encadrée, et ce depuis un important krach en 1984, à la suite duquel les prix ont grimpé de 445 % sur l'année. Aujourd'hui, l'inflation a été jugulée et tourne autour de 2 %.

Les clés du succès

Quelques données importantes pour comprendre le phénomène économique israélien.
– L'existence d'une matière grise abondante (beaucoup d'intellectuels et de scientifiques parmi les immigrants), mais la quasi-inexistence de matières premières. Toutefois la découverte récente de gisements gaziers off-shore pourrait changer la donne, même si leur exploitation risque d'être politiquement délicate, Gaza, Chypre et le Liban étant aussi sur les rangs.
– La forte immigration (son poids pour l'économie, mais aussi sa forte contribution à l'augmentation du PIB grâce à son intégration rapide dans le circuit de la production).
– La très importante aide économique apportée par les Américains et aussi, dans une moindre mesure, l'aide financière des Juifs de la Diaspora. Ces aides servent notamment à financer le déficit de la production par rapport à la consommation.

Sans parler des 2,7 milliards de dollars annuels d'aide militaire accordés par le gouvernement américain, qu'il soit républicain ou démocrate.
– La mise en place de pépinières d'entreprises où universités, centres de recherche, pôles de compétence s'articulent entre eux.

Du socialisme au capitalisme

L'État d'Israël a d'abord opté pour un socialisme de type dogmatique, nationalisant les rares ressources à l'intérieur de ses frontières (la terre et l'eau avant tout), et surtout axé sur l'agriculture et l'industrie lourde.
À la crise d'euphorie consécutive à la foudroyante guerre des Six Jours ont succédé le choc de la guerre du Kippour puis la crise du pétrole, en 1973 puis en 1978.
Après l'accord de paix avec l'Égypte, des capitaux étrangers ont commencé à affluer et ainsi Israël est arrivé à une économie mi-capitaliste mi-collectiviste. La crise inflationniste des années 1980 a accéléré la mutation du pays qui a tourné le dos au modèle de l'État-providence pour se libéraliser, s'ouvrir aux investissements étrangers, et donc devenir une économie de marché ouverte.
On appelle Israël « le 51e État », faisant référence à ses liens solides avec les États-Unis. Aujourd'hui la société israélienne est sans nul doute une économie libérale très largement ouverte sur le monde. Le pays a été accueilli au sein de l'OCDE en septembre 2010 – le club des économies développées – dont il est devenu le 33e membre.

Les principaux secteurs

Les secteurs qui comptent le plus dans le PIB sont : les diamants, le tourisme (près de 3,6 millions de visiteurs étrangers en 2012), l'armement et l'aéronautique (le pays est un des grands exportateurs de matériel militaire), l'agroalimentaire, les produits pharmaceutiques (Israël est en pointe dans le domaine des médicaments génériques), la chimie et la pétrochimie, et enfin les télécommunications, l'électronique, ou plus globalement les industries de haute technologie, à tel point qu'on parle parfois du pays comme d'une vaste Silicon Wadi, en écho à la Silicon Valley californienne. Le *Financial Times* a pu écrire il y a quelques années : « Les bombes tombent, l'économie croît », soulignant ainsi que le conflit avec la Palestine n'empêchait pas Israël de continuer à se développer économiquement.

L'envers du décor

Malgré la bonne santé enregistrée au niveau des indicateurs économiques, il existe aussi une autre réalité israélienne : les fruits de la croissance ne sont pas également redistribués, 20 % de la population vit sous le seuil de pauvreté, soit le taux le plus élevé des pays de l'OCDE. Les deux communautés les plus touchées étant les Arabes israéliens et les juifs ultra-orthodoxes. La grande contestation sociale de l'été 2011 (les Indignés), à l'initiative des classes moyennes, a attiré l'attention sur le caractère inégalitaire de la société israélienne. Certains y ont vu un retour de l'Israël d'avant, solidaire ; d'autres ont souligné que cette

LES 12 FAMILLES !

Elles possèdent le tiers de l'économie israélienne. Parmi elles : une personne détient le monopole du ciment. Trois milliardaires se partagent 95 % de la téléphonie mobile. Deux fortunes possèdent les raffineries tandis que quatre familles tiennent les deux tiers des banques. Sans concurrence véritable, les prix sont élevés. De plus, la politique de libéralisation du gouvernement ne remplit plus son rôle de régulateur.

mobilisation ne critiquait pas le modèle israélien sur le fond et que les revendications se limitaient à des demandes au final pas assez ambitieuses, comme la baisse du prix des produits laitiers ou du prix des logements.
Le gouvernement a confié à une commission d'experts le soin de faire des propositions : et dès qu'il a été question de réduire le budget militaire (l'équivalent d'environ 10 milliards de dollars), le ministre de la Défense, Ehud Barak, a fait savoir qu'il n'en était pas question... Mais d'autres recommandations ont été prises en compte comme des baisses importantes de taxes ou la gratuité totale des crèches, puis de la scolarité. Pourtant, tout est lié : quand le gouvernement affecte des crédits importants à la construction des colonies en Cisjordanie occupée, il ne consacre pas cet argent à la construction de logements sociaux à Tel-Aviv.

« Made in Israel »

Les produits fabriqués dans les colonies israéliennes en Cisjordanie portent l'appellation « made in Israel » lorsqu'ils sont vendus en France et en Belgique. En outre, ils bénéficient, pour la plupart, d'exemption de droits de douane grâce à l'accord qui régit les relations commerciales entre l'État israélien et l'Union européenne, alors même que l'UE considère ces colonies comme illégales. Le ministre israélien des Affaires étrangères a déclaré à la Banque mondiale que le volume des exportations en provenance des colonies vers l'Union européenne s'élevait à 2 % du total des exportations israéliennes. À ce pourcentage, il faut sans doute ajouter les biens « partiellement » confectionnés dans les colonies israéliennes. Lire aussi le texte consacré aux colonies et la position de la communauté internationale dans la rubrique « Divisions administratives » de la partie « Palestine : hommes, culture, environnement ».
En juillet 2013, l'Union européenne a annoncé qu'elle ne conclura aucun accord avec Israël s'il s'agit de coopérer avec les entreprises et institutions israéliennes travaillant dans les territoires palestiniens et syriens (Golan). Une décision, entérinée en novembre 2013, qui met en phase les déclarations et les actes de l'Europe. Certains gouvernements étrangers – en se basant sur la notion du droit à l'information du consommateur – prônent un étiquetage clair quant à la provenance de ces produits, comme le font le Royaume-Uni depuis 2009, le Danemark et l'Afrique du Sud depuis 2012. D'autres pays pourraient suivre. L'Autorité palestinienne, tout comme une partie de la population, se prononce pour un boycott de ces marchandises. Cette action néanmoins trouve très peu d'écho auprès des États membres de l'Union européenne et a peu de chance d'aboutir tant qu'elle n'est pas suivie à une plus large échelle.

ÉCOTOURISME

Avec un désert qui couvre environ 60 % du pays, les fonds marins extraordinaires de la mer Rouge, et près de 300 réserves et parcs nationaux, Israël est une destination propice à l'écotourisme.

Réserves naturelles et parc nationaux

Si certaines réserves et parcs nationaux sont des sites naturels avec des paysages d'une grande beauté et des écosystèmes remarquables, nombre d'entre eux correspondent en fait à des sites historiques et des vestiges archéologiques majeurs, comme les anciennes cités nabatéennes du Néguev. Certains se trouvent en Palestine. L'entrée à ces parcs et réserves est payante : compter environ 20 à 40 Shk selon le site ; gratuit pour les 5-18 ans ; petite réduc étudiants. Pour ceux qui prévoient d'en visiter plusieurs, il existe deux cartes, valables 14 jours, en vente à l'entrée de chaque site :

– La carte verte *(Green Card)* : donne le libre accès à six sites. Tarif : 110 Shk.
– La carte orange *(Orange Card)* : donne accès à l'ensemble des parcs et réserves. Tarif : environ 150 Shk.
Pour plus d'infos : • *parks.org.il* •

Randonnées et treks

Le pays se prête parfaitement aux randos et aux treks, notamment le désert du Néguev. Plusieurs sentiers ont été balisés à l'aide de marquage de couleur sur les pierres. Il est possible d'organiser des treks de plusieurs jours en s'adressant à une agence spécialisée et reconnue, ou auprès des écoles de la nature *(SPNI – Filed School)* qui disposent d'un bureau de guides accompagnateurs. Lire également « Le désert du Néguev. Randonner dans le désert ».

■ ***Société pour la protection de la nature (SPNI) :*** ☎ *(03) 638-86-88.* • *teva.org.il/english* •

Plongée sous-marine

Se reporter à la rubrique qui lui est consacrée dans « Israël utile ».

ENVIRONNEMENT

Développement et préservation

Sécheresse, pollution, évaporation, détournement des cours d'eau et surexploitation des ressources sont autant de défis majeurs pour les décennies à venir. Israël a ainsi établi, sur près de 7 % de son territoire, environ 300 réserves protégées qui permettent de sauvegarder la faune et la flore, dont une vingtaine sont accessibles aux visiteurs. De plus, depuis 1955, une loi israélienne interdit formellement la chasse d'une centaine d'animaux et la cueillette de certaines plantes. Mais d'une manière générale, la faune et la flore ont aussi été victimes du développement démographique et économique rapide et des conflits de la région.
Pour compenser la forte déforestation, le gouvernement israélien mène une politique de reboisement sérieuse (toujours en vigueur) qui a eu le mérite de quintupler le nombre d'arbres (surtout des pins). De là à parler de succès écologique ? Sans jeu de mots, c'est peut-être l'arbre qui cache la forêt ! Car une seule espèce d'arbre ne peut qu'appauvrir l'écosystème et acidifier le sol et l'eau. Mêmes principes, mêmes conséquences dans la vallée du Jourdain où se pratique l'agriculture intensive, qui accélère la désertification.
La permanence du conflit a aussi mis à rude épreuve la nature et ses ressources : la création du mur et l'implantation des colonies ont conduit au déracinement massif d'oliviers, ressource économique majeure pour les Palestiniens.

L'eau : le nerf de la guerre ?

Au sujet de ce problème crucial dans la région, se reporter à la rubrique « Environnement » dans la partie « Palestine : hommes, culture, environnement ».

Verdir le désert

Les pénuries favorisent la créativité, c'est bien connu ! On a vu, dans une bande de Gaza sans essence, des petits débrouillards faire rouler le moteur Diesel de leur voiture avec de l'huile de falafels usagée ! Israël et ses ingénieurs ont opté pour une autre voie. Car comment expliquer que dans un pays où les ressources naturelles sont limitées (plus de la moitié de la superficie d'Israël est désertique), la production agricole soit aussi intense ?

La croissance de la production agricole israélienne doit beaucoup à une coopération étroite entre scientifiques, agriculteurs et industries. Mis en commun, ils ont développé des technologies agricoles de pointe, notamment des méthodes d'irrigation économes en eau et une agriculture sous serre. Chaque saison, on produit 400 t de tomates par hectare, soit un rendement quatre fois plus élevé qu'en plein champ ! L'université Ben Gourion à Beer Sheva est particulièrement active dans la recherche agricole en milieu aride et dans la gestion des ressources naturelles rares.

La « goutte » qui révolutionna l'irrigation

C'est presque par hasard que l'Israélien Simcha Blass découvre, en 1959, la version moderne de la technologie du « goutte-à-goutte » ou « micro-irrigation », qui va révolutionner l'irrigation dans les zones arides en réduisant l'utilisation d'eau et d'engrais. En réalisant que l'effet goutte-à-goutte lent et équilibré permet d'améliorer la pousse, l'ingénieur s'associe avec le kibboutz *Hatzerim* pour expérimenter la technique sur la terre aride du Néguev. Un succès qui mène à la création de la société *Netafim* en 1965, une production agricole unique en son genre. Des expériences ont également réussi depuis peu avec de l'eau saumâtre. Depuis, avec l'épuisement des ressources hydrauliques mondiales, la méthode israélienne est perçue comme l'avenir de l'irrigation et s'exporte à travers le globe vers l'Australie, l'Amérique du Nord et l'Amérique du Sud. Elle est même adoptée par des villages palestiniens.

FAUNE ET FLORE

La diversité topographique et climatique a engendré une impressionnante biodiversité compte tenu de la taille du territoire.

Une flore variée

Plus de 2 800 espèces de plantes ont été identifiées, issues de tous types de climats : méditerranéen, européen, asiatique, africain, saharien et même subtropical. La flore originelle a aussi été enrichie par l'immigration du XXe s et l'arrivée des Juifs d'Europe qui ont apporté diverses espèces. On recense 140 plantes endémiques comme des variétés de câpre et de marjolaine. Les arbres fruitiers : oliviers, amandiers, citronniers, orangers, abricotiers... dominent largement le paysage. L'odorat n'est pas en reste avec le chèvrefeuille et le jasmin.
Dans le Nord poussent des espèces sauvages comme les pin, cyprès, acacia, eucalyptus, tamarin et caroubier. Tandis que dans les oueds des déserts du Sud, on trouve plus particulièrement des pistachiers térébinthes et des jujubiers.

La faune

La diversité des climats et des milieux naturels permet le développement de quelque 115 espèces de mammifères et 90 espèces de reptiles et d'amphibiens, par ailleurs gravement menacés. Parmi les mammifères, beaucoup d'espèces désertiques ou montagnardes. Le bouquetin ou ibex de Nubie se rencontre dans le désert du Néguev. Visibles aussi dans les oueds du Sud et de l'Est, comme à Ein Guedi, les gazelles et les damans des rochers semblables aux marmottes. Les prédateurs comme le loup, le léopard et quelques espèces de renards vivent discrètement dans les déserts. À noter aussi : la réserve de coraux et de poissons tropicaux de la mer Rouge à Eilat, particulièrement riche.

Les grands migrateurs

Avec tant à voir sur terre, on oublierait de lever les yeux et ce serait dommage. On y a observé plus de 500 espèces d'oiseaux, sédentaires ou migratrices (cigognes, pélicans, rapaces...). La région est traversée par le plus grand couloir migratoire aérien du monde. Au printemps, près de 500 millions de volatiles de différentes espèces se posent ici, avant de rejoindre l'Afrique ou l'Asie. Pour les observer, l'idéal est de se rendre près d'Eilat, qui abrite une station de baguage des oiseaux, mais aussi dans les réserves de Hula en Galilée et de Gamla dans le Golan. Les plus communs sont les passereaux, le bulbul et des variétés d'étourneaux, d'hirondelles et de martinets. On peut observer des aigles sur les pics du Golan, et, au sud, des faucons et des vautours.

RISQUE AVIAIRE

Pour protéger les oiseaux en période de migration (printemps, automne), les avions détournent leur plan de vol pour éviter d'emprunter le couloir de migration des volatiles. Les collisions pourraient non seulement être fatales aux espèces à plumes, mais s'avérer aussi dangereuses pour les passagers, puisque, compte tenu de la vitesse de déplacement des oiseaux voyageurs, l'impact peut provoquer jusqu'à la destruction d'un réacteur.

GÉOGRAPHIE

Carrefour du Proche-Orient, Israël et la Palestine se trouvent à la jonction des continents africain et asiatique, à la pointe occidentale des terres cultivables du Croissant fertile. À l'ouest, le rift sépare la plaque africaine de la plaque arabique et délimite Israël et la Palestine de la Jordanie par la plus longue vallée du monde. Le Jourdain s'y écoule depuis les hauts plateaux du Golan jusqu'à la mer Rouge, en passant par le lac de Tibériade et les profondeurs de la mer Morte, le point le plus bas du globe (- 424 m).

Entre mers et déserts, le climat et les paysages sont assez contrastés, en raison des glissements de terrains entre les diverses plaques tectoniques et la rencontre des climats méditerranéen et désertique. La topographie change sans cesse.

Israël comprend, grosso modo, quatre régions :

- ***Au nord,*** les terres fertiles et les vignobles de Galilée, le haut plateau du Golan avec le mont Hermon, dont la cime enneigée culmine à 2 814 m.
- ***Au sud,*** les déserts de rocailles et de sable du Néguev et de l'Arava, limitrophes des déserts du Sinaï en Égypte et de la Jordanie.
- ***À l'ouest,*** le littoral méditerranéen et les grands centres urbains israéliens (Tel-Aviv, Haïfa).
- ***À l'est,*** la vallée du Jourdain. Il y fait chaud, même très chaud en été.
- Ce petit pays compte aussi ***trois mers et un lac*** : la Méditerranée à l'ouest ; la mer Rouge au sud, et deux étendues d'eau intérieures sous le niveau de la mer : la mer Morte et son taux de salinité record (- 424 m), et le lac de Tibériade (à - 212 m).

HISTOIRE

Se reporter au chapitre en tout début de guide.

KIBBOUTZ : DES PRINCIPES DE COMMUNAUTÉ

Le kibboutz est la seule forme de communauté véritable qui soit longtemps restée conforme à l'idéal socialiste des fondateurs d'Israël : « Chacun selon ses moyens, chacun selon ses besoins. » Le premier kibboutz fut créé en 1909 par un groupe de pionniers juifs à Deganya, au sud du lac de Tibériade, près du Golan et de la frontière syrienne. Mais les premiers centres agricoles créés par des immigrés d'Europe centrale datent de 1879. Les kibboutzim reposaient depuis leur apparition et jusqu'à la fin des années 1980 sur des principes simples : tout appartient à la communauté, à l'exception des effets personnels. Les enfants sont élevés ensemble, sans pour autant être séparés de leurs parents. Les tâches quotidiennes sont assurées par roulement. Le kibboutz explique, en partie, la prospérité agricole d'Israël.

La monoculture est interdite, chaque kibboutz devant, en principe, être économiquement indépendant, voire autarcique (c'était une question de survie pour les premiers kibboutzim étant donné leur contexte de création). Les produits sont tous vendus par l'intermédiaire de la coopérative.

Depuis quelques années, beaucoup de kibboutzim vivent surtout grâce à une production industrielle : usines de plastique, de mécanique, exploitations de brevets agricoles ou industriels, etc. Enfin, la population qui vit dans les kibboutzim représente aujourd'hui moins de 2 % de la population totale, pour une contribution de 7 à 8 % de la production nationale, mais cela reste un symbole important du sionisme. Les *kibboutznikim* (habitants du kibboutz) ont été pendant longtemps considérés comme l'élite de la société israélienne. Par rapport à la population totale d'Israël, ils sont encore surreprésentés parmi les officiers de l'armée, les membres du gouvernement ou les parlementaires.

Les kibboutzim d'hier, marécageux, animés par une idéologie pionnière forte, sont aujourd'hui de véritables oasis en pointe sur l'agroalimentaire et les technologies vertes, qui s'orientent vers une gestion capitaliste. Nombreux sont ceux qui développent une activité touristique (hôtel, restaurant). La vie en commun est préservée tout en permettant à chacun d'accéder à des avantages personnels.

MÉDIAS

Votre TV en français : TV5MONDE partout avec vous

TV5MONDE est reçue partout dans le monde par câble, satellite et sur IPTV. Dépaysement assuré au pays de la francophonie avec du cinéma, du divertissement, du sport, des informations internationales et du documentaire.

En voyage ou au retour, restez connecté ! Le site internet • *tv5monde.com* • et son application iPhone, sa déclinaison mobile *(• m.tv5monde.com •),* offrent de nombreux services pratiques pour préparer son séjour, le vivre intensément et le prolonger à travers des blogs et des visites multimédia.

Demandez à votre hôtel le canal de diffusion de TV5MONDE et n'hésitez pas à faire part de vos remarques sur le site • *tv5monde.com/contact* •

Presse

Israël compte une vingtaine de journaux principalement en hébreu, mais aussi en arabe ou en russe, avec parfois des versions anglaises. *Yedio'ot Aharonot* et *Maariv,* de centre droit, sont les plus lus. Plus à gauche, le *Ha'aretz* est disponible en anglais. C'est le journal de référence pour la plupart des diplomates étrangers et les expatriés. À la rédaction, des journalistes internationalement reconnus, qui se distinguent par une analyse en profondeur de la situation politique, économique et sociale et font la part belle à la culture israélienne. Aussi disponible en anglais, le *Jerusalem Post* est lu par une élite plus à droite.

On trouve des quotidiens français dans certains kiosques de Jérusalem, Tel-Aviv et Netanya.

Radio

Des bulletins d'information en français sont diffusés trois fois par jour par la radio israélienne. Ces flashs de 15 mn sont très détaillés et peuvent être utiles avant de

prendre la route vers des zones de tension. Branchez-vous sur moyennes ondes sur 954 Hz à 8h, 13h30 et 20h15. En FM, pour Jérusalem et le centre d'Israël, sur 88.2. Pour la musique, rendez-vous sur *Galei Tsahal* (*Galgalatz* – 91.8 FM), la radio de l'armée. Elle est animée par des jeunes qui font leur service militaire. C'est la station la plus branchée, qui capte près d'un tiers de l'audience israélienne. Ceux qui préfèrent la musique classique écouteront la radio nationale, *Kol Ha Classica* (94.4 FM). Quant aux radios d'information, elles accordent un large temps d'antenne à la polémique entre auditeurs.
Signalons aussi la radio israélo-palestinienne *All for Peace* (107.2 FM et 87.8 FM), qui proposait des émissions en arabe et en hébreu pour jeter des ponts entre les deux sociétés. Elle n'émet plus depuis novembre 2011 sur ordre des autorités israéliennes.

GOOD MORNING ISRAEL

Dans le sillage des radios pirates créées des les années 1960, Abie Nathan, un pacifiste israélien, fonda en 1973 la radio Voice of Peace. *Elle diffusait de la bonne musique et ne se gênait pas pour critiquer le gouvernement. Bref, énorme succès auprès des jeunes. Problème : elle demeurait introuvable par les autorités. Après des mois de cache-cache, on découvrit que la diffusion se faisait d'un bateau ancré au large de Tel-Aviv, à la limite des eaux internationales. Après les accords d'Oslo, voyant son rêve se réaliser, son créateur éteignit définitivement le poste. Il fit couler le bateau, mettant ainsi fin... à une excellente radio.*

Télévision

La télévision est le plus influent des moyens de communication. On compte des chaînes de service public (comme Canal 1) et des chaînes privées et commerciales.

Presse en ligne

Dans une région où l'actualité ne dort jamais, les journaux en ligne sont des sources rapides d'information (pour autant que l'on connaisse la tendance). En anglais : • *haaretz.com* • et • *ynetnews.com* • sont des sources très fiables en Israël.

Du choix des mots

À la lecture d'un fait divers lié au conflit... que de différences dans le ton des journaux ! Ainsi, un Palestinien abattu par l'armée israélienne sera « un terroriste » pour le droitiste *Jerusalem Post* ; « soupçonné de terrorisme » pour le *Haaretz* plus à gauche, et un « civil » pour *Ma'an* ou les sites palestiniens, qui parleront parfois des « forces d'occupation » plutôt que de l'armée. Qui dit vrai ? Mieux vaut lire plusieurs sources pour équilibrer les discours !

Liberté de la presse

Les médias israéliens bénéficient d'une marge de liberté sans égale dans la région. Véritable contre-pouvoir, les journalistes n'hésitent pas à enquêter sur tout ce qui peut déranger le pouvoir. Ces journalistes d'investigation, comme Gédéon Lévy, sont connus pour leurs éditoriaux tranchants, tout comme ceux de Yaïr Lapid, qui s'est, depuis, tourné vers la politique. Toutefois, le maintien d'une censure militaire vient nuancer ce tableau.
La justice israélienne a envoyé un signal fort aux journalistes israéliens et à leurs sources en condamnant, le 30 octobre 2011, la soldate Anat Kam à 4,5 ans de prison ferme, assortis de 18 mois avec sursis. Elle était accusée d'« espionnage » et

de « divulgation de documents militaires » au quotidien israélien *Ha'Aretz.* Le journaliste Uri Blau, à qui elle avait transmis les documents, poursuivi pour « détention illégale d'informations secrètes, sans intention de nuire à la sécurité de l'État », risquait jusqu'à 7 ans de prison (article 113-c du code pénal). Le 5 juillet 2012, un accord a été passé entre le journaliste et le procureur général, au terme duquel le journaliste a été condamné à 4 mois de travaux d'intérêt général. Les articles qu'il avait écrits sur la base de ces documents avaient pourtant été approuvés par la censure militaire, conformément à la loi israélienne.

Depuis 2006, les citoyens israéliens ont interdiction de se rendre à Gaza et dans les « territoires palestiniens » (zones A et B, selon la dénomination palestinienne) de Cisjordanie. Malgré leur statut, les journalistes israéliens ne peuvent en aucun cas aller à Gaza, mais, s'ils souhaitent couvrir les zones A et B de Cisjordanie, ils doivent notifier à l'avance les autorités israéliennes de tout déplacement.

Mi-novembre 2012, lors de l'opération « Pilier de défense » sur la bande de Gaza, l'armée israélienne a visé de manière délibérée plusieurs bâtiments abritant des médias locaux et internationaux, affirmant viser des centres de communication du Hamas. Une dizaine de bureaux ont été touchés et 11 professionnels de l'information blessés. Le 20 novembre, deux journalistes travaillant pour des médias affiliés ou proches du Hamas ont été tués. Mais contrairement à l'opération « Plomb durci » menée en 2008-2009, l'armée israélienne n'a pas interdit la bande de Gaza à la presse internationale.

Par ailleurs, l'armée israélienne est responsable de nombreuses exactions contre les professionnels des médias dans les territoires occupés, où elle mène une politique proche de l'arbitraire. Les photojournalistes sont tout particulièrement exposés. Les soldats ne semblent pas faire la distinction entre manifestants et journalistes, notamment lors des rassemblements hebdomadaires contre le Mur de séparation. Fin novembre 2013, de nombreux professionnels de l'image, palestiniens et étrangers, ont ainsi été délibérément pris pour cible à Qalandiya alors qu'ils couvraient un rassemblement. En avril 2013, des soldats ont volontairement tiré sur le photographe palestinien Mohamed Al-Azza, alors qu'il était en train de filmer une incursion de l'armée dans le camp de réfugiés d'Aida (au nord de Bethléem). Pris pour cible en juillet 2011 à Nabi Saleh, un photographe israélien avait officiellement porté plainte contre l'armée israélienne, la police aux frontières et le Government Press Office.

De nombreux acteurs de l'information palestiniens ont également été arrêtés en raison de leurs activités professionnelles. On peut citer le cas du journaliste palestinien Mohamed Jamal Abu Kheir, correspondant du quotidien *Al-Quds* à Jérusalem, arrêté le 6 novembre 2013 à son arrivée à l'aéroport alors qu'il revenait du Caire où il avait couvert une rencontre entre les ministres des Affaires étrangères de la Ligue arabe. Il a été libéré un mois plus tard.

Enfin, les autorités israéliennes n'hésitent pas à utiliser l'argument sécuritaire pour justifier la fermeture arbitraire de médias palestiniens. Le 4 décembre 2013, la Haute Cour de justice israélienne a décidé de ne pas revenir sur l'ordre de l'armée israélienne de confisquer les appareils de transmission de la chaîne palestinienne *Wattan TV,* intervenue lors du raid militaire de février 2012.

Ce texte a été réalisé en collaboration avec ***Reporters sans frontières.*** Pour plus d'informations sur les atteintes aux libertés de la presse, n'hésitez pas à contacter :

■ ***Reporters sans frontières :*** *47, rue Vivienne, 75002 Paris. ☎ 01-44-83-84-84. • rsf.org • Ⓜ Grands-Boulevards ou Bourse.*

MURS ET PASSERELLES

À l'heure où les négociations politiques sont dans l'impasse, comment coexistent les sociétés israélienne et palestinienne ? Entre « mur de séparation » et actions pour la paix, nous avons essayé de comprendre les liens qui unissaient encore (ou non) ces peuples si proches, si lointains.

Les murs

Le mur de béton

Sur les 708 km de mur prévus pour séparer Israël de la Cisjordanie, les deux tiers ont été construits. Le mur érigé entre Israël et la bande de Gaza est sans aucun doute la manifestation la plus visible du conflit et de l'occupation. S'il est souvent constitué d'une rangée de plaques de béton de 8 m de haut, flanquées de tours de guet et de caméras, le mur est aussi matérialisé par des tranchées, des barbelés, des zones tampons, des clôtures électrifiées ou des routes de patrouilles pour les véhicules militaires.

Sécurité ou annexion ?

« Barrière », « clôture de sécurité », « mur de séparation » ou d'« apartheid », autant d'appellations qui diffèrent selon le côté où l'on se trouve. Sa construction commence en 2002, au cœur de la seconde Intifada, officiellement pour barrer le passage aux infiltrés, susceptibles de commettre des attentats en Israël. S'il est avéré que les attentats ont vraiment diminué depuis une période qui correspond à sa création, certains affirment que cette baisse a été rendue possible grâce notamment à la société civile palestinienne qui a œuvré pour lutter contre les attentats-suicides, contraires aux valeurs morales et religieuses des Palestiniens, et pour trouver d'autres voies de résistance. De plus, le mur n'a jamais empêché les plus motivés de le traverser. Chaque jour des milliers de Palestiniens passent de l'autre côté de la barrière pour aller travailler.
Beaucoup voient dans ce mur l'établissement par Israël d'un fait accompli, celui d'une frontière qui ne dit pas son nom. Son tracé ne respecte pas celui de la « ligne verte » (la ligne d'armistice de 1949 reconnue internationalement) : seulement 14 % des deux tracés se superposent. Le reste serpente à l'intérieur de la Cisjordanie au point que son tracé est deux fois plus long que celui de la ligne verte. À noter que le serpent de béton, qui coûte environ 3 millions d'euros/km, aurait été bien moins cher s'il avait été construit sur la ligne verte ! Ces incursions permettent à Israël d'englober une série de lieux géostratégiques, comme Jérusalem-Est, des ressources en eau, et certains grands blocs de colonies. C'est d'ailleurs ce que reproche la Cour internationale de justice qui a déclaré son tracé illégal en 2004.

Séparer qui ?

Le mur ne sépare pas que les Israéliens des Palestiniens mais isole aussi les Palestiniens entre eux et les villageois de leurs plantations limitrophes, car près d'un dixième du territoire de Cisjordanie est maintenant à l'ouest du mur. Quand il sera terminé, 40 000 Palestiniens seront « coincés » entre le mur et la ligne verte dans un no man's land absurde qui requiert de ceux qui y habitent un permis spécial pour rejoindre leurs maisons. Pour les terres agricoles traversées par le mur, leur accès n'est possible que par quelques portiques ouverts quotidiennement, hebdomadairement ou en saison par l'armée ; tandis que les communautés enclavées sont reliées entre elles par un réseau routier souterrain. Le mur sépare aussi les Palestiniens de Jérusalem et ceux de Cisjordanie, divisant des familles, brisant la vie des quartiers ou obligeant les écoliers, étudiants et patients à choisir une école ou un hôpital situés de leur côté du béton. Près de Bethléem, le magnifique village de Battir avec ses cultures en terrasses est susceptible d'être classé au Patrimoine mondial de l'Unesco, notamment grâce à son ingénieux système d'irrigation. Seulement voilà, depuis des années, il est menacé d'être coupé de ses terres par le mur, ce qui engendrerait la destruction de ce type d'agriculture ancestrale, comme ce fut le cas à Al-Walaja, le village voisin.
Tous les vendredis, des manifestations pacifistes ont lieu dans des villages palestiniens emblématiques (Bil'in, Nil'in, Nabi Saleh, Beit Omar, Al-Walaja...), porte-drapeaux des conséquences dramatiques du mur sur le plan humain, social et économique.

Les autres murs

Israël poursuit la construction d'autres murs : au sud-ouest, à la frontière égyptienne, s'élève une barrière de 250 km de long pour arrêter d'une part les migrations africaines, d'autre part les attentats de djihadistes venus du Sinaï ; au nord : un mur de 1 km de long et de 6 m de haut a été érigé en lieu et place du poste-frontière avec le Liban. Dans la vallée du Jourdain, le long de la frontière jordanienne, une nouvelle barrière de sécurité devait être construite. Elle aurait justifié la présence militaire d'Israël dans cette partie de Cisjordanie, même en cas d'accord avec l'Autorité palestinienne (l'annonce a d'ailleurs été faite en octobre 2013, au cours d'un énième round de négociations). L'État israélien se met-il en situation d'assiégé ?

Montre-moi ta carte d'identité, je te dirai qui tu es !

– ***Si elle est bleue :*** sur les 270 000 Palestiniens de Jérusalem-Est, 22 000 possèdent la nationalité israélienne, les autres ont une carte d'identité bleue qui leur octroie le statut de résident permanent de Jérusalem mais pas de nationalité, ni de droit de vote, hormis aux élections municipales. Et puisqu'ils ne dépendent pas de l'Autorité palestinienne, ils sont dans les faits apatrides. Les Jérusalémites ont accès aux deux côtés du mur et bénéficient d'avantages sociaux (allocations logement ou de chômage, accès aux hôpitaux israéliens) et d'une plus grande liberté de mouvement. Ils peuvent voyager dans tout le pays et même à l'étranger grâce à un document de voyage israélien (qui n'est pas un passeport). Mais pour ne pas perdre ce « sésame » il y a un prix à payer : celui de devoir prouver, lors du renouvellement de la carte (environ tous les 3 ans), habiter en permanence à Jérusalem. Or, dans la Ville sainte, les permis de construire sont rarement accordés aux Palestiniens (ce qui débouche parfois sur la démolition de maisons palestiniennes érigées sans permis), les loyers et l'*arnona* (la taxe de résidence) sont exorbitants, l'offre d'emplois moins importante qu'à Ramallah. Du coup, ils sont nombreux à endurer les heures de files d'attente aux check-points pour faire la navette quotidienne entre une maison à Jérusalem et un emploi en Cisjordanie.
Ceux qui résident à l'étranger, en Cisjordanie ou à Gaza trop longtemps (entre 3 et 7 ans, ce n'est pas clair) ou obtiennent une autre nationalité risquent de se voir résilier le droit de résidence, jusqu'à, parfois, devenir touriste dans leur propre pays, et de se faire refuser l'entrée à la frontière. Entre 1967 et 2010, Israël a résilié la carte de résidence à 14 000 Jérusalémites, dont la moitié entre 2006 et 2008. Exemple flagrant de discrimination, cette loi ne s'applique ni aux citoyens israéliens ni aux colons de Jérusalem-Est.
– ***Si elle est verte :*** les 4,6 millions de Palestiniens de Cisjordanie et de Gaza ont une carte d'identité verte. Ils sont interdits d'entrée sur le territoire israélien, à l'exception de ceux qui possèdent un permis. De 1 jour à quelques mois, le permis peut être obtenu si l'on travaille pour une organisation à Jérusalem ou si on est employé régulièrement par une société israélienne, ou si un patient doit se rendre dans un hôpital pour suivre un traitement spécial.
Pour sortir de Cisjordanie, les Palestiniens à la carte d'identité verte doivent rejoindre l'aéroport d'Amman en Jordanie via le pont d'Allenby (contrôlé par Israël). Parcourir les 100 km qui séparent Ramallah d'Amman prend entre 4h et 1 journée. Quant aux Palestiniens de Gaza, ils ont peu de chances de sortir de la bande depuis le blocus. C'est l'armée israélienne ou égyptienne qui contrôlent l'entrée et la sortie des biens et des personnes dans et vers Gaza. Pratiquement seuls les cas médicaux aigus ont une chance de sortir pour une période donnée.
– ***Carte d'identité israélienne :*** les Israéliens, Arabes et Juifs possèdent une carte d'identité et un passeport israéliens. Pour des raisons « de sécurité personnelle », une loi israélienne interdit aux résidents juifs l'entrée dans les zones de Cisjordanie contrôlées par les Palestiniens (zone A systématiquement et zone B, parfois), sous peine d'être condamnés à une amende ou à de la prison. À fortiori, la bande de Gaza est inaccessible pour les Israéliens, Tsahal en contrôlant l'accès.

– ***Plaques d'immatriculation :*** la distinction est plus simple. Côté israélien, on ne croise que des plaques jaunes, et pour cause, les voitures munies de plaques vertes de Cisjordanie et de Gaza ne peuvent quitter le territoire. À l'inverse, les plaques jaunes qui circulent en Cisjordanie peuvent appartenir à des Israéliens (colons ou non, Arabes ou Juifs), ou à des Palestiniens de Jérusalem.

Quels points de rencontre ?

Avec la fragmentation du territoire, l'enclavement géographique ou encore la différence de traitement entre les Palestiniens, le tissu social s'est largement distendu en Palestine. C'est que, les Palestiniens étant enclavés dans leurs zones respectives, les points de rencontre ne sont plus si fréquents. En pratique, Gazaouis et Cisjordaniens ont peu de chances de se rencontrer. De même, les mariages « palestiniens de résidences mixtes » sont rendus difficiles car, depuis 2003, la procédure de réunification familiale (prérogative israélienne) entre Jérusalémites et Palestiniens de Gaza ou de Cisjordanie est gelée. Quant aux mariages interconfessionnels, le mariage civil n'existant ni en Israël ni en Palestine, il reste aux Roméo et Juliette à s'envoler pour Chypre, ou à se convertir !
Les échanges entre Palestiniens et Israéliens sont aussi restreints par ces lois ; hormis à travers les médias qui véhiculent souvent une image tronquée et stéréotypée, ces deux peuples se voient peu. En Palestine, la jeune génération ne connaît des Israéliens que les colons ou les soldats ; de leur côté, les Israéliens ignorent franchement à quoi ressemble l'autre côté du mur, ou n'ont du paysage que ce dont ils se souviennent lors de leur service militaire dans les territoires palestiniens. Ceux des deux clans qui défient la séparation ambiante par des échanges culturels ou académiques le font plutôt en « terrain neutre ».

Les passerelles

Certes, depuis quelques années, on constate une méconnaissance, un manque d'intérêt, une méfiance réciproque des deux peuples, malgré leur proximité. Mais aussi, il faut le dire, des tentatives – pour le moment isolées – de part et d'autre existent bel et bien pour jeter des passerelles... Des ONG défendant farouchement les Droits de l'homme, d'autres s'impliquant dans des projets communs, des orchestres mixtes qui s'enrichissent mutuellement... Ici ou là, des clubs prônant, dans le cadre d'activités communes, une meilleure compréhension.

L'opposition israélo-palestinienne

Face aux colons, aux religieux, aux activistes de droite, aux alliés du ministre musclé des Affaires étrangères, Avigdor Libermann – personnage pour le moins contesté et très contestable, tenant de l'intransigeance extrême –, militent les « colombes » dont Yossi Sarid est un des dirigeants, tout comme le mouvement « La Paix maintenant » *(Shalom Ahchav),* ainsi que d'autres organisations et ONG. Elles favorisent les rencontres avec des dirigeants palestiniens dans les Territoires, procédant ainsi à des échanges d'idées en toute franchise, pour explorer les voies d'un dialogue ou du moins éviter un total divorce. Matzpen, fort minoritaire en son temps, fut pourtant un groupe activiste d'extrême gauche très actif. Il fut longtemps la mauvaise conscience de la politique israélienne, sur le terrain des Droits de l'homme et ceux des Palestiniens en particulier.
Évoquant les relations entre Juifs et Arabes, ou plutôt le manque de relations, Daniel Barenboïm, le chef d'orchestre renommé, révéla, lors d'une conversation avec le grand écrivain palestinien Edward Said à Weimar en 1999 (où était organisée une rencontre de musiciens arabes et israéliens), qu'il était effaré de voir à quel point il y avait « une ignorance de l'Autre », et on sait que l'ignorance peut mener à l'incompréhension, voire à la diabolisation, d'où la nécessité de telles rencontres. Ajoutons que ces prises de conscience, aussi légitimes soient-elles, restent hélas

assez minoritaires. Elles sont essentiellement relayées en Israël par le quotidien *Haaretz*, et demeurent trop souvent dans la sphère universitaire et intellectuelle.
Bien entendu, bien avant la création de l'État, des voix s'élevèrent en Israël, mettant l'accent sur la présence importante des Palestiniens sur cette terre, laissant présager, si des solutions équitables n'étaient pas mises en œuvre, des lendemains difficiles. Martin Buber, philosophe de renom, envisageait un État mixte où les deux communautés auraient partagé les responsabilités. Une occasion ratée ! Du côté palestinien, les choses ne sont pas très claires non plus ; certains dirigeants palestiniens déclarent que la Palestine indépendante ne tolérera aucun Juif sur son sol.
D'autres débats houleux occupent pleinement les esprits, comme la place ou le rôle des religieux dans la politique, l'armée et la nation. Et bien sûr la paix, avec ce que cela impliquerait de concessions douloureuses, quoique nécessaires, et de frustrations. Elles permettraient tant bien que mal une certaine cohabitation, celle de deux États côte à côte... La politique ne répondant pas toujours aux aspirations, si légitimes soient-elles, mais consistant à accepter de part et d'autre ce qui semble plausible.

La belle aventure d'un orchestre !

Dans le domaine musical, l'une des initiatives phares des dernières années reste la création en 1999 de l'orchestre Divan occidental-oriental *(• west-eastern-divan.org •)* par le chef d'orchestre israélien Daniel Barenboïm (1942) et l'écrivain palestinien Edward Said (1935-2003). Constitué de jeunes musiciens à la fois israéliens et arabes (Syrie, Liban, Égypte, Jordanie, Palestine), l'orchestre répète tous les étés à Séville en Espagne et entreprend une tournée internationale en août. Le symbole de l'Andalousie n'est pas fortuit : c'est la seule région du monde où les religions catholique, juive et musulmane sont parvenues à cohabiter pendant plusieurs siècles. En 2005 avait lieu le premier concert à Ramallah, en Cisjordanie. Pour mener à bien cette représentation à l'organisation complexe, l'Espagne dut fournir un passeport diplomatique espagnol à tous les musiciens. À noter que l'orchestre compte à son répertoire des œuvres de Wagner, connu pour ses positions ouvertement antisémites et banni des scènes israéliennes, histoire de placer l'esthétique musicale au-dessus des opinions ou divergences politiques. Un orchestre précurseur à tout point de vue, et une aventure détaillée par Daniel Barenboïm dans un livre, *La musique éveille le temps* (Fayard, 2008).

Les associations israélo-palestiniennes

Face à un conflit qui s'éternise, deux sociétés civiles dynamiques se sont développées. En Palestine, on ne compte plus les ONG locales qui militent, tous secteurs confondus, pour le développement, la démocratie, la paix, l'agriculture, la créativité ou le respect des femmes. Israël compte aussi une belle poignée d'associations qui œuvrent pour le rapprochement des peuples et la résolution du conflit. Mais ce n'est pas simple pour les pacifistes israéliens, et à fortiori pour les *refuzniks* (ceux qui refusent d'accomplir leur service militaire dans les territoires palestiniens), d'évoluer dans une société qui les considère au mieux comme des originaux, au pire comme des traîtres. Le Parlement israélien a d'ailleurs dans ses tiroirs une batterie de lois visant à entraver dans la pratique le travail de ces organisations.
Voici quelques-unes des associations qui militent pour le rapprochement des peuples :
– ***Breaking the Silence*** *(Rompre le silence)* : *• breakingthesilence.org.il •* Des anciens soldats racontent les dérives de l'occupation à Hébron et ailleurs. Ils parlent de ce qu'ils ont vu, entendu, fait ou vu faire. Souvent, le discours choque, cette vision de l'intérieur étant rarement dévoilée au public. L'organisation regroupe des vétérans de Tsahal qui veulent exposer le public israélien à la réalité

quotidienne de la présence militaire israélienne dans les territoires et à ses abus. Ils évoquent la détérioration des normes morales et la déshumanisation de leurs voisins au nom de la sécurité d'Israël. Créée en 2004, l'association récolte et publie des témoignages d'anciens soldats, organise des débats publics (notamment pour les nouvelles recrues) et des tours en anglais une fois par mois dans les villes palestiniennes, surtout proches de Hébron, où ils étaient en poste.
Horaires des tours et déroulement à consulter sur le site (en anglais). Départ depuis Jérusalem International Convention Center (ICC, Binyanei Ha'uma) juste en face de la station de bus central de Jérusalem-Ouest. Prévoir environ 6h et 70 Shk.

– ***Combattants for Peace*** *(Les Combattants pour la paix)* **:** ● *cfpeace.org* ● Des antonymes qui intriguent ! Ce sont d'anciens soldats israéliens et des combattants armés palestiniens, et ceux des deux bords qui ont contribué au cycle de la violence avant de délaisser les armes pour travailler côte à côte à une paix juste et durable.

– ***Zochrot*** *(Le Souvenir)* **:** ● *zochrot.org* ● Comment traduire la *nakba* (la catastrophe) en hébreu ? L'organisation veut amener la population israélienne à reconnaître la *nakba* pour l'intégrer dans l'histoire nationale. La bataille pour l'introduction de ce chapitre n'est pas gagnée mais Zochrot y travaille en formant des profs et en organisant des tours dans les villages détruits, avec pour guides des Palestiniens originaires de l'endroit.

– ***Rabbis for Human Rights*** *(Les Rabbins pour les Droits de l'homme)* **:** ● *rhr.israel.net* ● (en anglais et en hébreu). L'organisation a été créée en 1988, sous l'égide du rabbin Arik Ascherman, connu pour s'être opposé aux bulldozers venus démolir une maison palestinienne. Elle regroupe des rabbins de toutes les tendances du judaïsme qui mettent en avant la vision humaniste de la tradition juive et son lien avec les Droits de l'homme. Les Rabbis, avec l'aide d'une équipe d'avocats, soutiennent la cause des minorités, la protection des migrants et le respect des Droits de l'homme dans les territoires occupés.

– ***Parents'circle*** *(Le Cercle des parents, les familles en deuil)* **:** ● *theparentscircle.org* ● (en anglais, arabe et hébreu). L'organisation compte plus d'une centaine de familles palestiniennes et israéliennes qui ont perdu un proche dans le conflit : parents des enfants victimes d'attentats-suicides ou de Tsahal se rassemblent pour proposer une alternative à la haine et à la vengeance. Les témoignages donnent la chair de poule, tant ils sont teintés de la force morale nécessaire pour combattre la ségrégation ambiante.

Et aussi :

– ***Slim Peace*** (on n'invente pas !) **:** ● *slimpeace.org* ● Des femmes arabes et israéliennes de Jérusalem qui se retrouvent pour se former à un mode de vie sain, et se rendent compte qu'elles ont bien plus en commun qu'elles ne le pensent !

– ***Center for Religious Tolerance*** *(Le Centre pour la tolérance religieuse)* **:** ● *c-r-t.org* ● Des rabbins, des imams, des popes et des prêtres réunis pour la paix.

– ***Machsom Watch*** **:** ● *machsomwatch.org* ● *Machsom* signifie « check-point » en hébreu. C'est là que les femmes israéliennes qui refusent l'occupation sont les plus actives. Elles y surveillent les méthodes des soldats et assistent les Palestiniens en cas de pépin.

FAITES DE LA BELLE CUISINE, PAS LA GUERRE !

Une dizaine de grands chefs juifs, musulmans et chrétiens ont fondé Chefs for Peace *en 2001, pour établir un fructueux dialogue entre eux et apporter, au travers d'échanges professionnels, pratiques communes, événements culinaires, leur petite contribution pour promouvoir la paix et la compréhension entre les peuples... Comme nous l'a dit l'un d'entre eux : « La cuisine transforme toutes les langues en une seule ! »*

– ***Christian Peace Maker Team :*** ● *cpt.org* ● Les volontaires viennent de tous les horizons de la chrétienté. Ils ont établi une présence à Hébron, l'une des villes où l'occupation est la plus intense, et accompagnent les enfants aux check-points ou ailleurs pour les protéger de la violence potentielle des colons voisins.
– Voir aussi le village de ***Neve Shalom – Wahat es Salam,*** près de Jérusalem, qui abrite les deux communautés.
– ***Surfing for Peace :*** ● *surfing4peace.org* ● Grâce à la détermination et à la passion de Dorian « Doc » Paskowitz (86 ans, légende du surf américain), le surf est en train de devenir sport d'avenir et facteur de paix à Gaza ! En 2007, malgré le blocus, il réussit à faire passer 14 planches à Gaza, offertes par des boutiques de glisse israéliennes, geste d'amitié destiné à promouvoir le rapprochement des deux peuples. Ainsi naît *Surfing for Peace,* dirigé par un grand surfeur israélien et soutenu par Kelly Slater, 11 fois champion du monde. Depuis, de nombreux jeunes Gazaouis peuvent oublier quelques heures durant leurs difficiles conditions d'existence et rêver de compétitions internationales à Hawaï ou Lacanau... Les filles ont même reçu des « burkinis », conformes à la charia...

PERSONNAGES

– ***Daniel Barenboïm :*** né en Argentine en 1942, ce virtuose du piano, également chef d'orchestre de renom international, possède les nationalités israélienne, espagnole (2002) et... palestinienne (2008) ! Il a créé en 1999 avec Edward Said (1935-2003) l'orchestre Divan occidental-oriental, dans le but de réunir des musiciens de tous les pays du Moyen-Orient autour d'un même langage : la musique classique. Un projet exemplaire pour la paix, plusieurs fois couronné par des prix internationaux.
– ***Menahem Begin*** *(1913-1992)* ***:*** né à Brest-Litovsk en Biélorussie, il s'engagea dans la politique en rejoignant le Betar, mouvement de jeunesse sioniste, dès sa création en 1923, après sa rencontre avec Jabotinsky (le fondateur du sionisme révisionniste et du Betar). En 1948, Begin fonda son propre parti politique, le Herout (« Liberté »), à la droite de l'échiquier politique israélien, et en marge de l'ancien parti révisionniste déclinant. De 1948 à 1977, le Herout représenta la principale alternative au Parti travailliste dominant à la Knesset et la tension était grande entre Begin et Ben Gourion. Il devint le septième Premier ministre d'Israël de mai 1977 à août 1983. Begin, qui avait toujours été considéré comme un faucon de la politique israélienne, négocia pourtant les accords de paix de Camp David avec le président égyptien Anouar el-Sadate, sous la médiation américaine du président Jimmy Carter (pour le retrait de Tsahal de la péninsule du Sinaï, restituée à l'Égypte). Ces accords valurent aux deux négociateurs le prix Nobel de la paix en 1978.
– ***David ben Gourion*** *(1886-1973)* ***:*** né à Plonsk en Pologne, militant dès l'adolescence, considérant le sionisme socialiste comme une doctrine à mettre en pratique par la seule voie du peuplement d'Israël, il émigre en Palestine en 1906. En 1942, il contribue à la rédaction du programme de Biltmore pour la constitution d'un État juif en Palestine. Il proclamera l'indépendance de l'État d'Israël en 1948. Ben Gourion, en hébreu « Fils du lion », a été l'un des fondateurs du Parti travailliste israélien qui a gouverné le Yichouv avant la création d'Israël, puis le nouveau pays durant les trois premières décennies de son existence. Premier ministre d'Israël entre 1948 et 1953 puis entre 1955 et 1963, sa direction charismatique et énergique permet à Israël de doubler sa population en 5 ans. Il favorise la consolidation du pays avec l'Occident sur les questions internationales. Personnalité dominante à l'influence écrasante, il associe durant toute sa carrière une realpolitik prophétique à des vues très simplistes.
– ***Martin Buber*** *(1878-1965)* ***:*** philosophe, conteur et pédagogue, né à Vienne, Martin Buber adhère au mouvement sioniste en 1898 et en sera un membre actif et

engagé. En 1902, il édite en Allemagne le magazine sioniste *Die Welt,* qui devient le plus renommé du mouvement. Il s'installe à Jérusalem en 1938 où on lui offre une chaire à l'université hébraïque et où il dispense des cours d'anthropologie et de sociologie. Il prend rapidement une part active aux problèmes rencontrés par les Juifs en Palestine ainsi que ceux de leurs voisins arabes, tout en œuvrant sur ses écrits et traduction de la Bible, et ses contes hassidiques. Il devient membre du parti Yi'houd, travaillant à une meilleure compréhension entre Israéliens et Arabes, se faisant l'apôtre d'un État binational et démocratique en Palestine. Il comprenait la nécessité impérieuse de donner une patrie aux rescapés de l'Holocauste, mais manifestait un grand souci éthique de ne pas commettre d'injustice vis-à-vis des Arabes de Palestine. Dénonçant le chauvinisme juif, il déclarait : « Nous n'aspirons pas à rentrer dans notre antique patrie pour en chasser un autre peuple ni pour le dominer. » Il fut un farouche opposant à Ben Gourion, en dénonçant les abus du sionisme. En 1946, il publie les *Voies de l'utopie* et il est invité, avec d'autres membres de son parti, par le Congrès américain à exposer ses thèses sur l'avenir politique de la Palestine (le président Truman est alors très intéressé par ses positions politiques). En 1951, il obtient le prix Goethe à l'université de Hambourg, en 1958, le prix Israël et, en 1963, le prix Érasme à Amsterdam.

– ***Moshe Dayan*** *(1915-1981)* **:** né le 20 mai 1915 au kibboutz Degania (lac de Tibériade). À l'âge de 14 ans, il rejoint la Haganah. Il est emprisonné 2 ans à Akko pour son activisme. Pourtant enrôlé dans un bataillon anglais, il participe aux combats contre les forces vichystes en Syrie pendant la Seconde Guerre mondiale. C'est là qu'il perd un œil. Il se distingue à nouveau dans les actions de la Haganah pendant la guerre de 1948-1949 avant de devenir chef d'état-major de 1955 à 1958 et de sortir auréolé de la guerre de Suez (1956). Il se lance dans la politique et rejoint le Mapaï (parti de gauche). Il se distingue à nouveau pendant la guerre de Six Jours (juin 1967). Cependant, il se voit reprocher par la suite d'avoir fait preuve d'excès de confiance et de pas avoir pressenti la guerre du Kippour (octobre 1973). Son étoile pâlit quelque peu. Il redevient cependant ministre des Affaires étrangères un court moment dans le gouvernement Menahem Begin et participe aux négociations de Camp David. Contrairement à son guerrier de père, sa fille Yael est militante du camp de la paix.

AUTANT BON CHINEUR QUE GRAND MILITAIRE !

Visitant une boutique d'antiquités à Jérusalem dans la vieille ville (son violon d'Ingres), Moshe Dayan découvrit une statuette du roi David. Il en négocia le prix avec le vieux commerçant palestinien et dut emprunter à la banque pour l'acquérir. Il fut la risée de la communauté des archéologues attitrés. Cependant, une analyse au carbone 14 confirma l'époque du roi David, et l'origine édomite de la statuette (territoire conquis par le roi David).

– ***David R. Grossman*** *(né en 1954)* **:** célèbre écrivain pacifiste. Après des études de philosophie et de théâtre à l'université hébraïque de Jérusalem, David Grossman commence sa carrière comme correspondant à Kol Israel, radio nationale d'Israël. Son premier livre, *Le Vent jaune,* le rend immédiatement célèbre. Cet essai politique engagé décrit les souffrances imposées aux Palestiniens. Il fait partie, avec Amos Oz et Avraham B. Yehoshua, du groupe d'intellectuels ayant fondé le mouvement « La Paix maintenant ». Depuis 1973, ils travaillent pour le rapprochement entre Israéliens et Palestiniens et pour la création d'un État palestinien. Son dernier ouvrage, *Une femme fuyant l'annonce* (Le Seuil) a obtenu le prix Médicis étranger (en novembre 2011) et a eu un très grand succès en France.

– ***Theodor Herzl*** *(1860-1904)* **:** né à Budapest, Theodor Herzl, après de brillantes études de droit à la faculté de Vienne, abandonne le barreau afin de se consacrer à l'écriture. Correspondant à Paris de la *Neue Freie Presse,* cet homme de lettres éclairé, libéral, très intégré dans cette Europe aux mouvements intellectuels qui caractérisent cette fin de siècle, assiste en tant que journaliste au procès Dreyfus et à la condamnation injuste du militaire français, accompagnée de manifestations antisémites. C'est un tournant décisif pour cet intellectuel qui, au pays des Droits de l'homme, voit son rêve brisé. Prenant conscience de l'ampleur du problème que pose en Europe l'antisémitisme, Theodor Herzl, journaliste, dramaturge, éloigné de toute culture juive, propose maintes solutions avant d'en arriver au projet sioniste. Il œuvrera dorénavant pour le retour du peuple juif dans sa terre ancestrale.

Homme d'action infatigable, il mobilise toutes les énergies mais il devra assez vite se détourner de certaines élites juives sceptiques à l'égard de son projet. Il tente d'intervenir sur la scène politique, mobilisant les masses juives de la Diaspora ainsi que les grands de ce monde. Les diverses délégations juives présentes au congrès de Bâle, surtout celles de Russie, s'opposent farouchement à la proposition britannique d'une installation en Afrique. C'est en définitive, seule option plausible, la Palestine qui fut retenue. En 1897, lors du premier Congrès sioniste, à Bâle, Herzl offre aux participants, vu l'importance de cet acte fondateur, une queue de pie. Il déclare : « À Bâle j'ai créé l'État juif, si je le dis aujourd'hui à haute voix je serai salué par un éclat de rire, dans cinq ans peut-être, dans cinquante sûrement. »

HERZL, UN LEADER TENACE

En 1898, Théodore Herzl profita de la visite de Guillaume II à Jérusalem pour lui demander de reconnaître la création d'un État juif. Échec. En 1903, le pape Pie X répondit par un refus sévère : « Vous ne reconnaissez pas le Christ, nous ne reconnaîtrons pas votre État. » Épuisé par sa mission, Herzl mourut à 44 ans, en 1904. En 1949, son corps fut transféré à Jérusalem, au mont Herzl, ainsi nommé en sa mémoire.

– ***Yeshayahou Leibovitz*** *(1903-1994)* **:** né à Riga, mort à Jérusalem. Docteur en chimie et en médecine, philosophe, écrivain. Il émigra en Palestine en 1934. Officier de la Haganah en 1948, puis professeur à l'université hébraïque de Jérusalem, c'était un pratiquant atypique, philosophe fougueux et intransigeant, à la prodigieuse érudition, dénonçant avec véhémence durant trois décennies l'iniquité, s'indignant et vouant aux gémonies les nationalistes exacerbés du Gouch Emounim, ces colons, qu'il taxait de fascisme et traitait de « judéo-nazis ». Leibovitz, empêcheur de tourner en rond, dérangeait les consciences. Lucide, il estimait que le judaïsme n'a pas vocation à la gestion des affaires nationales et doit se conformer aux usages de la nation, en aucun cas les dicter ! Il accusait les Craignants-Dieu (les Haredim), retranchés dans leur foi aveugle, de trahir le judaïsme authentique, et s'opposait, de son verbe incendiaire, tant au nationalisme qu'à la force qui ne pouvait mener qu'à l'anéantissement de la conscience. Il laisse une œuvre abondante sur la pensée juive et les enseignements de Maimonide et fut l'un des rédacteurs de l'*Encyclopédie hébraïque*.

– ***Irving Moskowitz*** *(né en 1928)* **:** milliardaire américain qui fit fortune dans les cliniques et les jeux de bingo. Depuis les années 1990, sa fondation achète inlassablement des logements arabes et chrétiens à Jérusalem-Est pour y installer des colons juifs.

– ***Shimon Peres*** *(né en 1923)* **:** né à Wiśniew en Biélorussie, il émigre à Tel-Aviv en 1934 avec toute sa famille. En 1947, Peres s'enrôle dans la Haganah, prédécesseur des forces israéliennes de défense, dont il devient un dirigeant. Il est nommé, en 1953, directeur général du ministère de la Défense, 4 ans après sa rencontre avec le Premier ministre David ben Gourion. À cette fonction, il s'implique particulièrement dans l'achat d'armes pour le jeune État d'Israël, ce qui contribue à en faire la sixième puissance militaire mondiale. Ministre à de nombreuses reprises, Shimon Peres occupe la fonction de Premier ministre d'Israël en 1977 (par intérim), de 1984 à 1986, puis de 1995 à 1996. Leader du Parti travailliste durant de nombreuses années, il rejoint le parti centriste Kadima en 2005. Prix Nobel de la paix 1994 avec Yasser Arafat et Yitzhak Rabin, il est élu président de l'État d'Israël le 13 juin 2007. Shimon Peres est le premier président de l'État d'Israël à avoir exercé la charge de Premier ministre.

– ***Natalie Portman*** *(née en 1981)* **:** actrice israélo-américaine, née à Jérusalem, qu'elle quitte avec ses parents à l'âge de 4 ans pour le Maryland, aux États-Unis. Elle fait ses débuts au cinéma dans *Léon* de Luc Besson, en 1994, avant de poursuivre des études supérieures de psychologie à l'université Harvard. Elle obtient sa grande notoriété en incarnant Padmé Amidala, dans la prétrilogie *Star Wars,* tourne *Free Zone* avec Amos Gitaï en 2005 et remporte un oscar pour sa performance dans *Black Swan* en 2011. Femme engagée, elle est ambassadrice de l'espoir pour la FINCA, une organisation qui promeut le microcrédit afin de développer les entreprises possédées par des femmes dans les pays pauvres.

– ***Yitzhak Rabin*** *(1922-1995)* **:** né à Jérusalem, il grandit à Tel-Aviv. Destiné à devenir ingénieur agricole, il entame finalement une carrière militaire en 1947. Lors de la guerre des Six Jours en 1967, il est parmi les premiers militaires israéliens à rentrer dans la vieille ville de Jérusalem. Il quitte Tsahal au grade de général et devient ambassadeur aux États-Unis en 1968. En 1973, il est élu député travailliste à la Knesset. Il rejoint le gouvernement en tant que ministre du Travail puis est élu dirigeant de son parti politique. Il succède le 2 juin 1974 à Golda Meir à la tête du gouvernement, en tant que Premier ministre, jusqu'en 1977, puis à nouveau de 1992 jusqu'à son assassinat par un extrémiste juif en 1995. Il reçoit le prix Nobel de la paix en 1994, notamment pour son rôle actif dans la signature des accords d'Oslo en 1993, créant ainsi l'Autorité palestinienne et cédant pour la première fois un contrôle partiel de certaines zones de la bande de Gaza et de la Cisjordanie aux Palestiniens.

– ***Yossi Sarid*** *(né en 1940)* **:** homme politique et journaliste israélien, né à Rehovot. Député et l'un des fondateurs, en 1988, du Meretz, parti d'extrême gauche laïc. Il a siégé 32 ans à la Knesset de 1973 à 2005, a été ministre de l'Environnement dans le gouvernement de coalition formé par Yitzhak Rabin en 1992, puis ministre de l'Éducation dans le gouvernement de coalition formé par Ehud Barak en 1999. Prenant sa part de responsabilité dans la perte de députés aux élections de 2006, il annonce son retrait de la politique et préconise le retour de son parti dans le Parti travailliste. Aujourd'hui, écrivant des éditoriaux pour le quotidien *Ha'Aretz* qui font autorité, commentant avec acuité la vie politique israélienne, il reste l'une des bêtes noires de l'extrême droite israélienne.

– ***Menahem Mendel Schneerson*** *(1902-1994)* **:** appelé le Loubavitcher de Brooklyn, qui jamais ne foula le sol israélien. De son vivant messie potentiel, il animait de son verbe et de son charisme la vie de ses adeptes répartis dans le monde, les hassidim de Habad, à partir de son siège de Brooklyn, utilisant les moyens les plus sophistiqués de la publicité, des médias et de l'informatique afin de diffuser son message. Considéré comme roi en Israël par les siens, il fut un personnage quasi politique. Aujourd'hui, son culte se maintient auprès des plus fervents de ses disciples. Certains pensent même qu'il n'est pas vraiment mort et programment son retour prochain sur terre.

– ***Yitzhak Shamir*** *(1915-2012)* **:** né le 15 octobre 1915 à Ruzhany en Biélorussie, il émigre en Palestine en 1935 où il rejoint l'Irgun Zvai Leumi, une organisation armée sioniste de droite, qui commettra de nombreux attentats contre les civils arabes palestiniens entre 1936 et 1939. Après la création de l'État d'Israël, Shamir rejoint, de 1955 à 1965, le Mossad (services secrets), puis entame une carrière politique. Élu à la Knesset en 1973 sur la liste du Likoud, il devient président de cette assemblée en 1977, puis ministre des Affaires étrangères en 1980. En tant que Premier ministre, son incapacité à maîtriser l'inflation aboutit à la formation d'un gouvernement de coalition à la suite des élections de 1984, dirigé par Shimon Peres. Shamir modéra son image de dur du parti pour reconquérir son poste.

Réélus en 1988, Shamir et Peres formèrent une nouvelle coalition gouvernementale jusqu'en 1990 où le parti de Peres quitta le gouvernement, laissant Shamir avec une faible majorité. Shamir quitta la charge de Premier ministre en 1992, puis la direction du Likoud en mars 1993. Il décède en juin 2012, à l'âge de 96 ans.
– ***Ariel Sharon*** *(1928-2014)* **:** né à Kfar Mahal, dans la Palestine mandataire. Membre de la Haganah en 1948-1949, il deviendra par la suite militaire de carrière, s'illustrant en 1956 pendant la crise de Suez, en juin 1967 pendant la guerre des Six Jours, en 1973 lors de la guerre du Kippour. En 1982, il commande l'intervention militaire au Liban et se voit reprocher sa passivité lors des massacres des camps palestiniens de Sabra et de Chatila (pour protester plus de 300 000 personnes manifestent à Tel-Aviv). Après l'armée, membre du Likoud, il embrasse la politique et devient ministre à plusieurs reprises. Nommé Premier ministre le 7 mars 2001 après le début de la seconde Intifada. On lui reprochera d'ailleurs d'en avoir été le déclencheur pour être allé parader sur l'esplanade des Mosquées en septembre 2000. Pour beaucoup, ce fut une provocation (condamnée par le Conseil de sécurité de l'ONU). Il montre cependant un grand sens politique en décidant unilatéralement l'évacuation des colonies juives de la bande de Gaza. Reconduit après les élections législatives de 2003, il réclame la dissolution de la Knesset, quitte le Likoud et fonde Kadima. En janvier 2006, victime d'une attaque cérébrale, il sombre dans un profond coma. Il est décédé le 11 janvier 2014.
– ***Ovadia Yossef*** *(1920-2013)* **:** le plus influent rabbin des juifs orthodoxes séfarades d'Israël, fondateur du parti politique Shass, est mort à l'âge de 93 ans, après avoir été l'allié incontournable de différentes coalitions gouvernementales de gauche comme de droite. La figure de cet homme charismatique était célèbre bien au-delà des frontières israéliennes, ses paroles et décisions ayant été diversement appréciées. Au début des années 1980, le rabbin s'était prononcé en faveur de concessions territoriales aux Palestiniens, avant d'adopter, ces dernières années, des positions de plus en plus nationalistes. Ses funérailles auraient rassemblé quelque 750 000 personnes, et ce bien que son inhumation ait eu lieu dans les heures qui ont suivi sa mort.

POPULATION

Une mosaïque de cultures juives

> **UNE TERRE PAS SI PROMISE**
>
> *En 1934, Staline décida de regrouper les Juifs d'URSS, en créant le Birobidjan, un territoire autonome juif. Situé dans une zone désertique aux confins de la Mongolie, on y parlait yiddish. En 1991, avec l'effondrement de l'Union soviétique, les 200 000 Juifs purent, en grande majorité, émigrer en Israël.*

La société israélienne est marquée par une extrême diversité de cultures, d'habitudes, de traditions et de langues. Les Israéliens affectionnent particulièrement un mot d'origine russe : *balagan,* qui signifie « foire » (voire « bordel »), pour décrire l'impression de pagaille permanente qui caractérise les mœurs civiles et politiques israéliennes. En fait, la société israélienne n'est unanime que sur un point : la sécurité de l'État. Pour le reste, la plupart des problèmes comme l'économie, l'éducation ou les affaires religieuses sont abordés avec beaucoup de pragmatisme.
Israël a toujours fait preuve d'une étonnante capacité d'accueil pour les Juifs du monde entier. Depuis sa création, le pays a été confronté à plusieurs grandes vagues d'immigration. Jusque-là, même si l'intégration était parfois difficile, Israël a su en tirer un grand dynamisme, pour son économie notamment.

Il ne faut pas perdre de vue qu'Israël a surmonté, dans le passé, des crises liées à d'autres vagues d'immigration comme celle des Juifs du Maroc dans les années 1950. Enfin, une véritable immigration économique (légale ou clandestine) s'est développée récemment : vous rencontrerez, à Tel-Aviv surtout, beaucoup de Soudanais, Érythréens, Thaïlandais, Philippins ou Roumains (non juifs), dont les conditions d'existence sont parfois difficiles.

Les Russes

Quelques-uns d'entre eux ont quitté l'URSS dans les années 1970, souvent dans des conditions dramatiques et après des années de lutte, de grèves de la faim, afin d'obtenir l'autorisation d'émigrer, mais la très grande majorité est partie dans les années 1990. Ils ont modifié fondamentalement par leur nombre la société israélienne à laquelle on faisait le reproche de se levantiniser.
Docteurs en médecine, informaticiens, ingénieurs, généraux couverts de médailles, écrivains, chercheurs, ils se distinguent par leur culture européenne, ainsi que par leur fidélité à la langue russe qu'ils continuent de pratiquer. Nombreux sont les spectacles et publications en langue russe, comme les clubs et cabarets où coule abondamment la vodka. Fondamentalement russes, mais ayant fait le choix de devenir des citoyens israéliens à part entière, ils prennent part à tous les projets, économiques, politiques, artistiques. Des Géorgiens, eux aussi venus de l'ancienne URSS, tout comme des Ouzbeks ou des Azéris... artisans, chauffeurs de taxis, fins commerçants, se sont fait une place dans cette société bigarrée.

Les Juifs d'Éthiopie

C'est la décision du célèbre rabbin Ovadia Yossef (mort en 2013) reconnaissant la judaïté des juifs éthiopiens qui permettra leur émigration. Les *Betha Israël* ou *Falashas* (terme qui possède une connotation péjorative), Juifs d'Éthiopie, ont été transférés en Israël par ponts aériens dans les années 1980-1990 pour les sauver d'un massacre annoncé. Leurs débuts en Israël furent difficiles, leur judaïsme mis en question par un rabbinat sourcilleux. L'intégration scolaire posa problème et ils durent souvent accepter les tâches les plus humbles. Juifs noirs déracinés, ils se sont progressivement intégrés dans la société israélienne.

Quelques traits de société...

Israël est une société multiculturelle, composite, dont chacun, à l'aide de critères rationnels, tente avec un succès relatif d'analyser l'essence. Pays qui a trop vite grandi, dans une actualité en permanence bouleversée, à la géographie culturelle spécifique faite de contrastes. Tous, traditionalistes, sionistes, vétérans socialistes, nouveaux immigrés, *tsabarim* (les sabras, maintenant majoritaires), citadins laïcs et hédonistes de Tel-Aviv, âpres Géorgiens aux mœurs plus orientales, rescapés de la Shoah, juifs yéménites, Éthiopiens, Bédouins, jeunes étudiants américanisés, colons intransigeants de Cisjordanie, contestataires et artistes, se retrouvent afin de composer une nation... Le tout avec certains hiatus, car vivant proche de Palestiniens (musulmans, chrétiens, laïcs, athées), aux traditions bien ancrées.
L'enseignement systématique de l'hébreu (ce, dans le cadre d'*oulpanim,* cours d'hébreu), ainsi que l'armée, qui joua un rôle crucial dans l'intégration des nouveaux venus au début de la création de l'État, furent des facteurs décisifs qui

LES MAKUYAS

Cette communauté japonaise pense descendre de l'une des 12 tribus perdues d'Israël arrivée au Japon voici 2 700 ans. Ils associent rites juifs et japonais. Certains viennent en pèlerinage au mur des Lamentations et apprennent l'hébreu dans les kibboutzim.

rendirent à ces diverses communautés une certaine cohésion et leur octroyèrent ce sentiment national. Cependant, le pays jette aujourd'hui un regard nostalgique sur ces années « valeureuses », celles des temps idylliques de la construction de l'État, alors territoire restreint.
Les grandes idéologies qui ont permis de bâtir cette nation ont fait place à des valeurs plus matérialistes, comme pour occulter les problèmes majeurs, existentiels.
Aujourd'hui, quels que soient leurs courants spirituels et leurs origines, les Israéliens donnent la priorité à l'éducation, à la sécurité, aux soins médicaux, au bien-être, au logement, bref au social ! On l'a vu en 2011 avec tous ces manifestants qui campaient sur les places des grandes et moins grandes villes.
Cela préoccupe les esprits aujourd'hui autant que les questions sécuritaires, religieuses et d'intégration. La religion et, dans une moindre mesure, les différentes origines ethniques, constituent le terreau de rivalités passionnées. Les débats qui opposent notamment les ultra-orthodoxes et les laïcs sont de plus en plus vifs. Ils ont d'ailleurs occupé une place importante lors de la campagne des élections législatives en 2013.
Chaque camp essaie de tirer les engagements de l'État à soi. Les religieux juifs bénéficient d'énormes privilèges. Quant aux partis politiques issus des milieux orthodoxes, ils bloquent le système politique en s'alliant au gré des coalitions gouvernementales.
Mais cette société si singulière et diverse est aussi capable de solidarité face à la crise qui touche aujourd'hui le pays, et d'union quand il s'agit de libérer l'un des siens (évoquons le cas de Gilad Shalit).

UN SERVICE MILITAIRE CONTRAIGNANT

Trois ans pour les hommes et 21 mois pour les femmes. Ensuite, les Israéliens deviennent réservistes et peuvent retourner sous les drapeaux, par période, jusqu'à 51 ans. Les jeunes soldats doivent prêter serment au sommet de la forteresse de Massada et proclamer : « Massada ne tombera pas une deuxième fois. »

Les colons

Environ 570 000 colons vivent en Cisjordanie et à Jérusalem-Est. Leur nombre ne cesse d'augmenter, d'autant plus depuis que les élections législatives de début 2013 ont fait émerger une coalition gouvernementale placée très à droite (+ 70 % de constructions de logements au cours du 1er semestre 2013 par rapport à 2012). Mais l'annonce de nouvelles implantations s'est encore plus accélérée depuis la reprise des négociations de paix en juillet 2013 !
Les colons se situent majoritairement à droite, voire à la droite de la droite, mais il y a des exceptions. Ils peuplent les territoires palestiniens occupés. Voir la partie consacrée aux colonies, dans la partie « Divisions administratives » de la Palestine.
Parmi les colons, on compte des traditionalistes, parfois profondément religieux, des militants résolus, agriculteurs, rabbins, étudiants, intellectuels. Certains estiment représenter l'élite de la nation et n'envisagent guère de retrait, ni de concessions. Les plus actifs, minoritaires cependant, entreprennent des actions de colonisation sauvage, n'hésitant pas à s'opposer à la police et à l'armée, provoquant les autorités israéliennes et s'appropriant les terrains de villages arabes proches. Ils gèrent leurs entreprises agricoles ou industrielles, ignorant le plus souvent leurs voisins palestiniens ou... les embauchant. Par ailleurs, de nombreuses écoles et séminaires d'études religieuses, des *yechivot,* fonctionnent dans les Territoires autour de leurs rabbins, loin des cités israéliennes « peuplées de gauchistes ».
D'autres optent pour ce choix en raison de la qualité de vie et des conditions de logement meilleures, moins onéreuses, loin des centres urbains ; les colonies se transformant en villages-dortoirs pour personnes travaillant à Tel-Aviv ou à Jérusalem. D'ailleurs, d'après un sondage effectué par l'organisation israélienne

Peace Now, 77 % des colons installés dans les territoires occupés ne le sont pas pour des raisons religieuses mais pour les faibles loyers (subventionnés par l'État israélien). Si on leur proposait les mêmes conditions de vie, ils seraient nombreux à accepter de revenir en Israël...

L'impunité des colons

Depuis 2010, on assiste à une recrudescence de la violence chez certains colons idéologiques vis-à-vis des Palestiniens ou de leurs propriétés. En 2013, environ 10 000 oliviers ont été endommagés ou déracinés avant la récolte (soit une hausse de 20 % par rapport à l'année précédente). Quant aux attaques, au moment de la récolte des olives, en octobre, elles occasionnent parfois des morts, souvent des blessés. En 2012, un Palestinien fut tué et près de 1 300 furent blessés par des colons, ou des forces de sécurité liées directement ou indirectement aux colonies, y compris pendant les manifestations. Malgré cette violence, l'ONU rapporte que près de 90 % des incidents sont classés sans suite.

Les Palestiniens de nationalité israélienne

Lire plus loin la rubrique homologue du chapitre « Palestine ».

Autres minorités

– ***Les Bédouins :*** ils sont principalement bergers, éleveurs de chameaux et ouvriers agricoles, nomades ou semi-nomades. Ils sont environ 260 000 à vivre surtout dans le Néguev ou autour de Beer Sheva et sont répartis en une trentaine de tribus. Certains servent dans l'armée israélienne, mais, d'une manière générale, leur situation est précaire. Le territoire « autorisé » aux Bédouins s'est réduit comme peau de chagrin. Ils n'ont pas le droit de construire des maisons en dur, en dehors des logements qu'Israël leur alloue. Du coup, 50 % habitent dans des villages « non reconnus », ne bénéficiant d'aucune infrastructure ou services publics (écoles, accès à l'électricité, eau courante, ramassage des déchets ou routes). Ces Bédouins risquent à tout moment de voir leurs habitations (même leurs tentes) démolies. Dans le village d'Al-Arakib, par exemple, les tentes ont été démontées par l'armée israélienne et remontées par leurs propriétaires plus de 51 fois entre 2010 et 2013.

Ces destructions devaient prendre une nouvelle ampleur dans le cadre du ***plan Prawer,*** qui prévoit la démolition de 40 villages, le déplacement de 30 à 40 000 Bédouins et l'expropriation de 70 000 ha, en vue de « judaïser » le Néguev. Face à la mobilisation d'associations et de militants israéliens et internationaux, le gouvernement a renoncé au projet de loi en décembre 2013. Sursis ou abandon définitif ?

L'autre moitié des Bédouins vit dans ces villages créés pour eux par Israël, et disposent pour certains de services en nombre suffisant comme dans la ville de Rahat, mais où parfois l'équipement est sous-estimé. Leur mode de vie y est en rupture totale avec leurs traditions. Ils n'ont pas accès à suffisamment de terres pour pratiquer l'élevage ou l'agriculture, une activité ancestrale qui leur permettrait de subvenir à leurs besoins. Si bien que le taux de chômage est extrêmement élevé parmi la population bédouine, qui vit dans des conditions de grande pauvreté. Une association israélienne, Negev Coexistence Forum for Civil Equality, milite pour plus d'équité et pour apporter une visibilité à cette population minoritaire, victime de discriminations. ● *dukium.org* ● Lire aussi les reportages effectués par l'Union Juive française pour la Paix en soutien aux Bédouins *(● ujfp.org ●).*

– ***Les Circassiens ou Tcherkesses :*** musulmans orthodoxes originaires de la mer Noire, ils émigrèrent en Turquie ottomane lorsque les forces tsaristes envahirent leur pays au XIXe s. Ils vivent essentiellement sur les pentes du mont Thabor et en Galilée. Ils effectuent leur service militaire dans l'armée israélienne.

– ***Les Arméniens :*** très ancienne communauté, ils possèdent leur propre quartier dans la vieille ville de Jérusalem ainsi que leur cathédrale Saint-Jacques, une merveille architecturale.

RELIGIONS ET CROYANCES

Le judaïsme

> « Le judaïsme est une religion tellement exigeante qu'elle se rapproche de la haute couture. Voilà pourquoi on forgea une autre religion bien plus accessible, avec moins d'interdits. Du prêt-à-porter. Ce sera le christianisme. »
>
> Un ami dentiste juif

La religion juive consiste à respecter un certain nombre de principes, les *mitsvoth*, qui sont définis par la loi juive ou *Halakha* écrite dans la *Torah* et commentée par les rabbins dans le *Talmud* et la *Mishnah*. Ces principes qui se comptent par centaines sont irréalisables sur le plan individuel. C'est pourquoi on considère généralement que leur application doit être vécue collectivement par le peuple juif pour préparer les temps messianiques et le « monde meilleur » *(olam aba)*.
Est considéré comme juif tout individu né de mère juive. Les conversions sont possibles (mais rares), notamment par le biais du mariage, mais certains rabbins orthodoxes se montrent réticents sur la question. En fait, la religion juive, lorsqu'elle est strictement observée, aboutit à confiner presque totalement le croyant dans un monde juif et à le priver de relations avec les « gentils » ou « goys » (non-juifs). La difficulté de se marier avec des non-juifs, de manger dans de la vaisselle non casher, de consommer des viandes qui ne proviennent pas d'animaux abattus rituellement, l'obligation de s'arrêter de travailler du vendredi soir au samedi soir, de ne pas se déplacer ni d'allumer du feu durant le shabbat sont autant de limites aux relations humaines entre Juifs et non-juifs.
Cela dit, les Juifs de stricte observance sont minoritaires dans la Diaspora et en Israël. L'immense majorité des Juifs se contente de célébrer les principales fêtes juives, de circoncire les garçons et de manger plus ou moins strictement casher. Il existe des minorités de Juifs se considérant plus « purs » que les autres et qui s'isolent du reste de la communauté. De ce point de vue, le quartier de Mea She'arim (les Cent Portes ou les Cent Mesures) à Jérusalem, où vivent les Juifs ultra-orthodoxes, constitue de fait un ghetto au sein même du judaïsme. Du reste, beaucoup de ces intégristes ne reconnaissent pas l'État d'Israël qui, selon leurs croyances, ne peut exister avant l'arrivée du Messie.

LES COHEN

Selon la tradition juive, ils descendent de Aaron, le 1er grand prêtre. Encore aujourd'hui, c'est généralement un Cohen qui bénit les fidèles à la synagogue. Il doit donc respecter les rituels de pureté dictés par la Torah. Or, les cadavres rendant impurs, les Cohen n'ont pas le droit de s'approcher d'un défunt (sauf pour leurs proches). Voilà pourquoi ils ne rentrent généralement pas dans les cimetières.

Aussi curieux que cela paraisse, la place et le rôle de la religion juive en Israël ne sont pas clairement définis. On peut parfaitement être citoyen israélien sans être juif. C'est le cas des musulmans et des chrétiens palestiniens de nationalité israélienne. La création de l'État juif s'est faite à partir de la notion de peuple juif et non de religion juive. D'où une confrontation permanente entre les partisans de la laïcité et les milieux religieux intégristes. Par exemple, un(e) Israélien(ne) juif(ve) ne peut se marier avec un(e) non-juif(ve), ou alors, il (elle) part le faire ailleurs : à Chypre, en Europe, etc. Le divorce ne peut être prononcé que par un rabbin, la religion est inscrite sur les papiers d'identité, etc.

Calqué sur le modèle juridique britannique, l'État d'Israël ne se fonde pas sur une constitution écrite. C'est la loi juive traduite par un ensemble de « lois fondamentales » qui tient lieu de constitution. Dans bien des domaines, on considère préférable d'accepter un vide juridique (et de respecter le statu quo) afin de préserver le fragile équilibre de la cohésion sociale. Le principe qui veut que tout Juif puisse devenir automatiquement citoyen israélien ne simplifie pas les choses car il faut d'abord savoir qui est juif. Ce qui n'est pas si simple. Pour la loi religieuse juive, est considéré comme juif tout enfant né de mère juive. Mais comment le prouver ? Lorsque les parents se sont mariés religieusement, c'est facile. Il suffit de produire leur *ketouba* (contrat de mariage) établi par le rabbin. Mais qu'en est-il des enfants dont la mère juive s'est mariée civilement ou à l'église ?

TRADITION ROYALE

La reine Victoria était convaincue (!) de descendre, soi-disant, de David, roi d'Israël. Voilà pourquoi ses fils ont été circoncis. Cette coutume perdura 150 ans dans la famille royale jusqu'à la princesse Lady Diana, qui refusa que ses deux fils perpétuent le rituel.

Ces dernières décennies, l'arrivée de Juifs d'Éthiopie et de Juifs de l'ex-URSS a posé la question de l'identité juive. Pour certains rabbins, les Juifs d'Éthiopie n'étaient vraiment considérés comme juifs qu'après s'être « purifiés » en passant par un bain rituel à leur arrivée en Israël. Cette pratique a été abandonnée car ces derniers vivaient cette épreuve symbolique comme une humiliation. En ce qui concerne les Juifs soviétiques, les choses sont encore plus compliquées. Beaucoup d'entre eux ne se sont pas mariés religieusement, de nombreux couples sont mixtes et un certain nombre d'hommes ne sont pas circoncis. Comment savoir qui est juif sinon en faisant confiance aux personnes qui se revendiquent comme telles ?

Face à cette évolution, les Juifs ultra-religieux ne désarment pas. Ces derniers se sont constitués en lobbies au travers d'un certain nombre de partis qui s'allient avec la droite ou la gauche au gré des majorités issues des urnes et exercent un chantage permanent en négociant leur participation au gouvernement contre un grignotage progressif de la laïcité originelle d'Israël. Il ne faut cependant pas s'imaginer que les différences entre religieux et laïcs recoupent les clivages gauche-droite. La plupart des leaders de la droite ou de l'extrême droite nationaliste israélienne ont plutôt une sensibilité laïque, alors que beaucoup de Juifs ultra-religieux sont très critiques à l'égard de la politique israélienne vis-à-vis des Palestiniens. La secte juive ultra-orthodoxe des Netorei Karta va même jusqu'à soutenir (verbalement) l'OLP...

LES PRIVILÈGES EXORBITANTS DES ULTRA-ORTHODOXES

Ils ne travaillent pas puisqu'ils prient. Puissants politiquement, ils reçoivent des subventions de l'État, ce qui révolte les laïcs. Avec les allocations, c'est l'ensemble de la population qui finance leur nombreuse progéniture. En revanche, leurs femmes, elles, ont un emploi extérieur, en plus de l'éducation des enfants et de l'entretien du foyer... Misogyne, une de leurs prières dit : « Béni soit Dieu qui ne m'a pas fait femme. » Ils habitent souvent les colonies en Palestine car les loyers sont moins chers et aussi pour conquérir le « Grand Israël ».

Le hassidisme

Le piétisme, la joie, la prière, l'exaltation, autant de critères qui définissent les amants de Dieu que sont les *hassidim.* Adeptes de ce mouvement qui vit le jour en Europe de l'Est au XVIIIe s sous l'égide du *Baal Shem Tov,* un rabbin miraculeux, un saint François d'Assise version juive. Ils mettent l'accent sur la ferveur, la grâce, la joie, l'amour du Divin qui transcende l'individu. À leur caftan et *shtreimel* (la coiffe bordée de fourrure), on peut aujourd'hui reconnaître les disciples du saint rabbi qui, dans l'attente des temps messianiques, hantent les ruelles de Mea She'arim à Jérusalem.

Un État juif et démocratique

Bien entendu, la liberté de culte est garantie. Mais l'État, juif et démocratique, n'envisage pourtant pas une séparation de l'État et de la religion. Les tribunaux religieux, chrétiens, juifs ou musulmans, ont autorité sur les actes civils tels que mariages, naissances et décès. La cuisine est casher dans les administrations et l'armée. Ainsi, dans les dossiers de l'administration, est-il indiqué la religion de chacun. Il n'existe pas de catégorie « pas de religion ». Quid des athées et des libres penseurs ?

Brèche historique !

Cependant, une importante (et historique) brèche s'est produite dans le système : Yoram Kaniuk, célèbre écrivain israélien, auteur de plus de 25 livres, bardé de grands prix littéraires, ancien combattant de la guerre de 1948 et militant pour la paix, avait demandé que figure désormais sur le registre d'État civil, en face de son nom, le terme « sans religion »... à la place de « religion juive », proclamant qu'il voulait vivre dans un pays où la religion est un choix et non un dogme. Refus du ministère de l'Intérieur qui précisa qu'il pouvait seulement changer de religion (certificat de conversion à l'appui). Après une longue bataille juridique, en octobre 2011, un juge de Tel-Aviv lui a donné raison. Cette décision historique crée bien sûr un précédent, salué par des centaines d'Israéliens qui considèrent que l'on peut être juif sans passer par les fourches caudines du rabbinat et qui attendent depuis longtemps de pouvoir en faire autant ! À suivre...

Le shabbat

« Et, le sixième jour, Dieu acheva son œuvre, et il se reposa le septième jour, de toute l'œuvre qu'il avait faite » (Genèse, II, 2).
Littéralement, *shabbat* signifie « trêve ». C'est le jour sacré pour les Juifs : le samedi. Pour les pratiquants, à Jérusalem ou ailleurs, le shabbat est consacré à la prière, à la méditation, à l'étude et au repos. Pour les laïcs, c'est un jour férié, consacré au repos et aux loisirs (la télé, la plage, etc.). Quoi qu'il en soit, ce jour-là, la famille joue un rôle primordial (à quelques marginales exceptions près). Qu'il soit agnostique ou mystique messianique, l'Israélien juif vit au rythme du shabbat, qu'il le veuille ou non.
Attention, à partir du vendredi (vers 16h) et jusqu'au samedi soir (vers 19h), Israël vit à un rythme plus lent :
– Les bus sont beaucoup moins nombreux, le tram de Jérusalem, la compagnie *EL AL* et les trains ne fonctionnent pas.
– À Jérusalem-Ouest, tout est figé (sauf les discothèques dans le quartier industriel de Talpiot). Mais on peut visiter les lieux chrétiens et musulmans.

ASCENSEUR AUTOMATIQUE !

Pendant le shabbat, les Juifs religieux n'ont pas le droit d'utiliser tout moteur ou appareil électrique. Voilà pourquoi, ce jour-là, certains ascenseurs desservent automatiquement tous les étages, sans avoir à appuyer sur un bouton. En revanche, les ultra-religieux montent par l'escalier.

– À Tel-Aviv, cafés, restos, pubs, discothèques et cinémas restent ouverts pour la plupart.
– À Haïfa, tout (y compris *Egged*) fonctionne au ralenti.
– À Eilat, quasi tout fonctionne.
– Dans les secteurs arabes, rien ne change.
– Les soirées les plus animées sont celles qui entourent immédiatement le shabbat (le jeudi soir surtout et le samedi soir).
IMPORTANT : pour les non-motorisés, des taxis communs *(sherouts)* desservent les 10 destinations les plus importantes du pays. Les prix sont alors majorés. La liaison Jérusalem/Tel-Aviv fonctionne 24h/24 (à peine plus chère que pendant la semaine). Les stations-service restent ouvertes. Les taxis individuels coûtent beaucoup plus cher ce jour-là.

La religion musulmane

Se reporter plus loin à la partie « Religions et croyances » dans « Palestine : hommes, culture, environnement ».

Le christianisme

Berceau des Lieux saints du christianisme, Israël compte aujourd'hui un peu plus de 190 000 chrétiens (soit 3,2 % de la population) dont près de 14 000 à Jérusalem. Cette minorité est pourtant fort représentative de la diversité du christianisme : tout comme le pèlerin s'applique à suivre les pas du Christ en Terre sainte, les différentes Églises ont cherché, au cours des siècles, à s'établir en Israël. De nombreuses communautés religieuses (catholique, syriaque, grecque orthodoxe, copte, arménienne, etc.) sont ainsi regroupées sur le territoire israélien. Leurs membres célèbrent chaque année les fêtes saintes et entretiennent les lieux de culte comme le Saint-Sépulcre et le mont des Oliviers à Jérusalem, la basilique de l'Annonciation à Nazareth, la grotte de la Nativité à Bethléem...

LE MYSTÈRE DES ÉVANGILES

Au nombre de quatre, ils racontent la vie du Christ. On y évoque sa naissance puis son baptême, un épisode auprès des docteurs de lois à 12 ans. Et plus rien jusqu'à 30 ans, le début de sa vie publique. À ce moment-là, 3 ans d'errance, de prêche et de paraboles jusqu'à sa mort puis sa résurrection. On n'y apprend rien sur sa jeunesse et l'enseignement qu'il reçut.

Différents groupes religieux

– ***Les bahaïs :*** adeptes d'une religion universaliste née d'un mouvement mystique musulman en 1850. Leur centre spirituel mondial est situé à Haïfa.
– ***Les coptes et les chrétiens d'Éthiopie :*** des chrétiens aux rites proches qui possèdent leur lieu de culte à Jérusalem.
– ***Les druzes :*** une secte dissidente de l'islam. Ils croient fermement en la réincarnation et pratiquent un certain nombre de rites secrets. Ils parlent l'arabe. N'étant pas Arabes palestiniens, ils s'engagent dans l'armée israélienne, principalement dans le corps des garde-frontières. Ils vivent en Galilée et sur le mont Carmel. Une très forte communauté druze vit également sur les monts du Golan, en Syrie et au Liban.
– ***Les karaïtes :*** secte juive datant du VIIe s adhérant à la seule Torah. Ses 15 000 membres vivent dans les environs de Ramla, Ashod et Beer Sheva.
– ***Les samaritains :*** le mont Garizim en Cisjordanie est leur lieu sacré, où ils vivent depuis 2 500 ans, c'est-à-dire depuis l'exil de Babylone. Ils ne reconnaissent que

la Torah et le livre de Josué et affirment être les descendants de la tribu de Joseph. Ils ne sont plus que 750.
– ***Les melkites :*** il s'agit des Églises de Syrie, de Palestine et d'Égypte restées fidèles aux Églises catholiques de rite byzantin.

LA *QÉHILA* C'EST QUOI ?

Composée d'à peine 500 fidèles, voici la plus petite religion au monde. Créée après la Seconde Guerre mondiale, elle a pour adeptes des catholiques ayant émigré en Israël et parlant hébreu. La messe est donc célébrée dans cette langue. N'oublions pas que les premiers chrétiens étaient, à l'origine, de culture juive. La qéhila prie pour la réconciliation des juifs et des chrétiens. Pendant près de 2 000 ans, ces derniers ont, eux aussi, pourchassé les juifs.

Expressions d'origine biblique

De nombreux termes ou expressions de la langue française puisent leur origine dans les textes de la Bible (Ancien et Nouveau Testament). En voici quelques exemples fréquemment utilisés et dont on a d'ailleurs souvent oublié la signification première.

Quelques expressions tirées de l'Ancien Testament

– ***Pauvre comme Job :*** très pauvre, absolument sans le sou, archi fauché (et passablement déprimé...), c'est ce que l'on est quand on devient « pauvre comme Job ». Terrible histoire que celle de Job. Voilà un homme irréprochable, intègre et droit, à qui tout réussit. Mais un beau jour, le Tout-Puissant autorise Satan à lui faire subir les pires épreuves, afin de tester sa foi. Deuil, misère, déchéance physique s'abattent sur lui. Job tiendra bon, jusqu'au bout. Et Dieu entendra ses prières. À la fin du livre, il retrouve santé et prospérité. *Happy end for Job !*

LE DÉLUGE : MYTHE OU RÉALITÉ ?

Selon des recherches scientifiques menées dans les années 1990, le déluge décrit dans la Genèse aurait bel et bien eu lieu. La fonte des glaces provoqua l'augmentation progressive du niveau de la Méditerranée. Le « trop-plein » se serait déversé par le Bosphore dans la mer Noire qui n'était alors qu'un lac, augmentant brutalement son niveau de 150 m. Ce cataclysme remonterait à 7 500 ans av. J.-C., ce qui correspond au début de l'écriture en Mésopotamie. Voilà pourquoi l'événement est parvenu jusqu'à nous.

– ***Vieux comme Mathusalem :*** c'est-à-dire très, très âgé. L'homme le plus vieux de la Bible est Mathusalem. Selon la Genèse (V, 27), ce sacré vieillard serait mort à l'âge de 969 ans ! Un record de longévité. On raconte aussi qu'il eut son premier enfant à 187 ans, et une flopée de bambins par la suite... C'est ce qui s'appelle rester vert.
– ***Cela remonte au Déluge :*** se dit d'un événement si vieux qu'on n'arrive pas à le dater avec exactitude. Dans la Genèse (VI, 17 à VII, 24), après avoir ordonné à Noé de construire un immense bateau et d'y embarquer une poignée de justes et un couple de chaque espèce animale, Yahvé, furieux des mœurs décadentes des hommes, commanda une pluie d'enfer qui engloutit la terre pendant 40 jours et 40 nuits. Le crachin breton à côté, ce n'est que de la rosée ! Mais le Déluge eut une fin : les bons (hommes) et les bêtes sortirent de l'arche de Noé pour repeupler la Terre.
– ***Sodome et Gomorrhe :*** c'est le titre d'une partie de *À la recherche du temps perdu* de Marcel Proust. Mais à l'origine, Sodome était une ville biblique au sud de la mer Morte, réputée pour ses mœurs prétendues dissolues. Ce n'est pas dit expressément dans la Genèse (XVIII, 20 à XIX, 29), mais on raconte que Sodome

était le paradis des homosexuels de l'époque. La ville fut détruite par Yahvé dans le feu et le soufre. Ce jour-là, il eut la main lourde, car il ne reste que vent et poussière de la ville... Heureusement, les temps ont changé !

– ***Gagner son pain à la sueur de son front :*** non, ce n'est pas La Fontaine qui l'écrivit, mais Yahvé qui le clama haut et fort. La scène se passe dans la Genèse (III, 19). Adam et Ève viennent d'être sévèrement réprimandés pour avoir osé croquer le fruit défendu. Après le Paradis, voici la Chute. Maudit soit le serpent qui a séduit Ève ! Pour punition suprême : les femmes accoucheront dans la douleur et les hommes gagneront leur croûte à la sueur de leur front ! Pas drôle comme programme.

– ***Les trompettes de Jéricho :*** imaginez les remparts d'une ville qui s'effondrent au son de quelques trompettes... Et pourtant voilà ce qu'il advint de Jéricho dans la Bible (Josué, VI, 1). De nos jours, on compare aux trompettes de Jéricho des forces quasi surnaturelles capables de renverser n'importe quel obstacle (ou adversaire) apparemment supérieur.

– ***La tour de Babel :*** tout endroit où l'on parle une multitude de langues étrangères. Courroucé de voir l'homme créé à son image élever un gratte-ciel dans le désert, Yahvé frappa vite et fort : il jeta la confusion en leur faisant parler des langues différentes. Le désordre fut général et le projet mégalomane resta inachevé.

– ***David et Goliath :*** l'histoire du petit gringalet, malin et pugnace, qui finit par vaincre le géant vaniteux. Champion juif de son temps, David est jeune et chétif face au champion des Philistins, Goliath, un redoutable mastodonte. Malgré sa force impressionnante, Goliath sera terrassé par son adversaire.

– ***Le pot de terre contre le pot de fer :*** encore une image d'un combat inégal, perdu d'avance. L'expression nous vient de l'Ecclésiaste (XIII, 2-3) : « Pourquoi mettre le pot de terre avec le pot de fer ? S'il le heurte il se brisera. » Tout ça pour dire qu'il faut fréquenter ses égaux...

– ***Un colosse aux pieds d'argile :*** toute personne ou institution née des hommes dont la puissance et la force reposent sur des bases fragiles. Selon le Livre de Daniel (II, 31-35), Nabuchodonosor, roi de Babylone, eut un songe. Il convoqua le prophète Daniel qui lui raconta, avant que le souverain n'ait ouvert le bec, le rêve du colosse aux pieds d'argile.

– ***Un tohu-bohu :*** c'est une des premières expressions de la Genèse : « Au commencement, Dieu créa le ciel et la terre. Or la terre était tohu et bohu... » Traduisez : vague et vide. Plus tard, d'autres traducteurs y ont vu un chaos, qui devint par déformation une sorte de grand tumulte, la pagaille.

– ***C'est la traversée du désert :*** après leur sortie d'Égypte, les Hébreux séjournèrent 40 ans dans le désert avant de trouver la Terre promise. L'expression s'applique souvent aujourd'hui aux hommes politiques ou aux célébrités quand, après un échec, ils traversent une période ingrate, avant de revenir sous les feux de l'actualité.

– ***Rien de nouveau sous le soleil :*** les optimistes forcenés et les gagneurs n'en feront pas leur slogan de bataille. Car cette réflexion désabusée, tirée de l'Ecclésiaste (I, 9), affirme que rien ne change ici-bas et que tout ce qui arrive s'est déjà produit dans le passé.

L'ANNÉE SABBATIQUE

Ce que tout bon travailleur rêve d'obtenir de son patron, histoire de se changer les idées pendant une année, de mener à bien un projet personnel ou de réaliser un rêve. Cette coutume est vieille comme le monde. Dans la Bible, selon les préceptes du Deutéronome (XV, 1-11), la terre doit se reposer tous les 7 ans et les paysans doivent donner aux pauvres le produit de cette année-là. En Israël, la tradition est assez respectée après les études et un service militaire éprouvant. Les jeunes amassent un pécule en étant serveurs dans les restos et cafés, puis taillent la route.

– ***Œil pour œil, dent pour dent :*** dans les premiers temps bibliques, la vengeance était une pratique courante, encouragée par le Tout-Puissant. C'est à Moïse que Yahvé dicta ainsi cette loi impitoyable du châtiment : on rend au coupable d'une faute le dommage exact qu'il a causé à son prochain. On est loin du pardon chrétien (Exode, XXI, 24).
– ***Costume d'Ève :*** en référence, bien sûr, à Adam et Ève, qui vivaient nus au Paradis terrestre (Genèse, II, 25).
– ***Des jérémiades :*** le livre du prophète Jérémie contient tellement de complaintes et de lamentations sur l'état de désolation du peuple d'Israël qu'une « jérémiade » désigne aujourd'hui une plainte insistante et répétitive.
– ***Un jéroboam :*** c'est une bouteille de champagne contenant 3,2 l. Est-ce que tous les vignerons de Champagne savent que ce nom vient d'un roi d'Israël qui régna de 931 à 910 avant l'ère chrétienne ? L'Ancien Testament le dépeint comme un mauvais souverain entraînant son peuple dans le péché (I Rois, XII, 26 à XIV, 19). Dans le prochain testament, on dira qu'il était plutôt un bienfaiteur de l'humanité.

Quelques expressions tirées du Nouveau Testament (Évangiles)

– ***À chaque jour suffit sa peine*** *(Matthieu, VI, 34).*
– ***Beaucoup d'appelés et peu d'élus*** *(Matthieu, XXII, 14).*
– ***Les derniers seront les premiers*** *(Matthieu, XX, 16).*
– ***Nul n'est prophète en son pays*** *(Luc, IV, 24).*
– ***On connaît l'arbre à ses fruits*** *(Matthieu, VII, 16-20).*
– ***Il y aura des pleurs et des grincements de dents*** *(Matthieu, XXII, 13).*
– ***Il faut rendre à César ce qui est à César, et à Dieu ce qui est à Dieu*** *(Matthieu, XXII, 21).*
– ***Malheur à celui par qui le scandale arrive*** *(Luc, XVII, 1).*
– ***Jeter des perles aux cochons*** *(Matthieu, VII, 6).*
– ***Rentre ton épée, car ceux qui prennent l'épée périront par l'épée*** *(Matthieu, XXVI, 51-52).*
– ***S'en laver les mains*** *(Matthieu, XXVII, 24).*
– ***La porte étroite*** *(Matthieu, VII, 13-14).*
– ***Tuer le veau gras*** *(Luc, XV, 23-24).*
– ***Un capharnaüm :*** la scène se passe dans une maison de la ville de Capharnaüm (en hébreu *Kfar Nahum*), au bord du lac de Tibériade. Jésus y enseigne au milieu d'une foule si compacte que personne ne peut pénétrer dans la demeure. On lui amène alors un paralytique pour qu'il le guérisse. Impossible de se frayer un chemin. Les porteurs doivent percer le toit et faire descendre la civière par le trou. Et c'est parmi les gravats que Jésus absout de ses péchés le paralytique avant d'accomplir le miracle de sa guérison, sous les yeux d'une foule médusée. Depuis cet événement, un capharnaüm est synonyme de désordre, de confusion, d'encombrement.
– ***La Samaritaine :*** saviez-vous que ce grand magasin parisien (aujourd'hui fermé) doit son nom à une femme de

VENDREDI 13 : CHANCE OU MALCHANCE ?

Selon une vieille tradition populaire, le vendredi 13 était, à l'époque, considéré comme un jour néfaste. L'origine de cette croyance remonte à la Passion et à la mort du Christ à Jérusalem. Lors du dernier repas, Jésus et les apôtres étaient 13 à table. De plus, Jésus aurait été crucifié, selon le calendrier juif, le 13 du mois de Nissan. Or les Évangiles relatent qu'il mourut la veille du shabbat, donc un vendredi dans le calendrier chrétien. On obtient ainsi le vendredi 13. Jour de malheur pour les Américains (pas de chambre 13 dans les hôtels !), mais bizarrement, jour de chance... pour les Français !

Samarie qui donna à boire à Jésus ? L'Évangile de Jean (IV, 7-30) rappelle cet épisode qui se déroule dans une ville nommée Sychar (en hébreu *Shechem*), l'actuelle Naplouse. Alors qu'il traversait la région, Jésus fit une halte près du puits de Jacob (toujours visible dans une église à la sortie de Naplouse) pour se rafraîchir. Une Samaritaine vient pour y tirer de l'eau. Jésus lui dit : « Donne-moi à boire... » Elle lui répond : « Comment ! Tu es Juif et tu me demandes à boire, à moi, une Samaritaine ? » À l'époque du Christ, les samaritains étaient en effet considérés par les Juifs comme impurs et impies. En 1609, on fit construire une pompe sur le Pont-Neuf à Paris, avec un bas-relief sculpté représentant la Samaritaine abreuvant Jésus. Plus tard, Ernest Cognacq s'en inspira, nommant son premier magasin *À la Samaritaine.*

SITES INSCRITS AU PATRIMOINE MONDIAL DE L'UNESCO

Organisation des Nations Unies pour l'éducation, la science et la culture

En coopération avec le centre du patrimoine mondial de l'UNESCO

Pour figurer sur la liste du Patrimoine mondial, les sites doivent avoir une valeur universelle exceptionnelle et satisfaire à au moins un des 10 critères de sélection. La protection, la gestion, l'authenticité et l'intégrité des biens sont également des considérations importantes.

Le patrimoine est l'héritage du passé dont nous profitons aujourd'hui et que nous transmettons aux générations à venir. Nos patrimoines culturel et naturel sont deux sources irremplaçables de vie et d'inspiration. Ces sites appartiennent à tous les peuples du monde, sans tenir compte du territoire sur lequel ils sont situés. Pour plus d'informations : • *whc.unesco.org* •

– Israël compte sept sites classés au Patrimoine mondial de l'Unesco : Massada, la vieille ville d'Akko (Saint-Jean-d'Acre), la Ville blanche de Tel-Aviv, la route de l'encens (villes du désert du Néguev : notamment les villes nabatéennes d'Avdat, de Mamshit et de Shivta), les tells bibliques de Megiddo, Hazor et Beer Sheva, les lieux saints des bahaïs à Haïfa et en Galilée occidentale, et les sites de l'évolution humaine du mont Carmel : grottes du Nahal Mearot/wadi el-Mughara.

– Noter que la vieille ville de Jérusalem et ses remparts sont inscrits sur la liste du Patrimoine mondial en péril de l'Unesco.

ISRAËL

TEL-AVIV

410 000 hab. IND. TÉL. : 03

Pour les plans de Tel-Aviv, se reporter au cahier couleur.

Tel-Aviv est le centre économique du pays. Métropole hyperactive et dynamique, c'est également le berceau du théâtre et de la musique, des loisirs, des designers, des galeries d'art, des cafés et des bars branchés, des nuits folles où l'on ne se couche qu'à l'aube. Un véritable creuset de créativités et un haut lieu de festivités. À peine 60 km séparent Jérusalem de Tel-Aviv, mais on a l'impression d'évoluer dans deux mondes différents. Si la Ville sainte vante son hégémonie historique et religieuse, sa rivale profane prône sa suprématie économique, son rayonnement culturel et sa tolérance.

Tel-Aviv est une ville finalement récente qui a réellement pris son envol dans les années 1930, et en 20 ans à peine. Surnommée la Ville blanche, elle a été construite selon des courants de pensée novateurs à l'époque, tant en matière d'urbanisme que d'architecture. Certaines parties du centre-ville sont d'ailleurs inscrites au Patrimoine mondial de l'Unesco. De façon générale, elle s'est développée du sud vers le nord. Plus on remonte, plus ça devient chic ! Pas mal de végétation, ce qui fait aussi son charme. Et puis, à Tel-Aviv, il y a la plage ou, plus exactement, les plages, dont on profite d'avril à novembre. En guise de trait d'union entre le nord et le sud de la ville, le front de mer a été aménagé en une longue promenade où l'on peut saisir cette atmosphère d'insouciance, si particulière et si présente à Tel-Aviv.

UN PEU D'HISTOIRE

Au départ, quelques rues au milieu des dunes constituent le quartier d'Ahouzat Bayit. À partir de 1909, la ville commence à se développer. Dix ans plus tard, elle acquiert le nom de Tel-Aviv (« la Colline du Printemps »). En 1920, elle se sépare administrativement de Jaffa, cette dernière devenant de plus en plus un bastion du nationalisme arabe. Entre 1932 et 1940, avec l'arrivée de ceux qui fuyaient l'Europe nazie, Tel-Aviv connaît un fort développement. Dans le même temps, la révolte arabe de 1936 contraint les Juifs à construire leur propre port à Tel-Aviv. En 1947, peu avant la création de l'État, la ville comptait

220 000 habitants. En 1950 ont lieu les retrouvailles entre Tel-Aviv et Jaffa. Depuis, elles appartiennent à la même municipalité.

LE BAUHAUS, L'ARCHITECTURE D'UNE ÉPOQUE

> **LE DOS À LA MER**
>
> *Le cœur de Tel-Aviv s'est développé dans les années 1930 avec les migrants juifs qui fuyaient le régime nazi. Ashkénazes d'origine allemande, ils n'avaient pas la culture de la mer. Pas étonnant alors que les premiers bâtiments Bauhaus aient été construits loin de la plage, ce qui leur permet aujourd'hui d'être assez bien préservés.*

Au début des années 1930, la construction en Israël a été largement influencée par le Style international ou le mouvement Bauhaus. Tel-Aviv en reste l'illustration la plus éloquente. Ce style s'est développé en Allemagne au lendemain de la Première Guerre mondiale grâce à l'école d'art, de design et d'architecture, le Bauhaus, créée en 1919 par Walter Gropius à Weimar. L'idéologie de ce courant réside dans la recherche de la complémentarité entre l'art et les technologies industrielles. « Le fonctionnel, voilà le beau ! » et « À bas les enjolivures inutiles » pourraient en résumer l'esprit. Sous l'impulsion de grands maîtres comme Klee, Kandinsky, Mies Van der Rohe, artisans et artistes conjuguent leurs compétences et les consacrent à l'architecture, à la création d'objets et de meubles. Dans l'entre-deux-guerres, l'école accueille des étudiants juifs. En 1933, dès leur arrivée au pouvoir, les nazis ferment l'école. Mais l'esprit Bauhaus aura eu le temps, en quelques années seulement, d'imprégner les architectes du XXe s qui se dispersent à travers le monde. À la veille de la Seconde Guerre mondiale, ceux qui optent pour la terre d'Israël participent à l'effort de construction en vue de reloger « la cinquième aliya », une masse grandissante de réfugiés juifs fuyant la montée du nazisme. Tel-Aviv double sa population dans les années qui suivent. La ville fleurit d'immeubles de deux ou trois étages, montés sur pilotis, aux angles arrondis, aux façades dépouillées et aux toits plats. Joseph Neufeld et Carl Rubin figurent parmi les architectes influents.

Aujourd'hui, la ville compte près de 4 000 bâtiments de style Bauhaus. Construits en béton, certains se sont fortement dégradés. D'autres en revanche ont été admirablement restaurés. On peut en voir dans les rues Bialik, le long du boulevard Rothschild (partie sud) et autour de la place Dizengoff. Pour vous aiguiller dans vos pérégrinations, voilà quelques édifices qui méritent le détour : entre les nº 13 et 115, sderot Rothschild *(plan couleur II, F-G5)* ; nº 75 et 64, sderot Ben Gurion *(plan couleur I, B3)* ; 9, rehov Gordon *(plan couleur I, A-B3)* ; l'hôtel Cinéma sur la place Dizengoff *(plan couleur II, F4)* ; le bâtiment bateau à Montefiore (*plan couleur II, H5* ; un peu excentré, à l'est de la ville). Pour en savoir plus, ne pas hésiter à passer au *Bauhaus Center* (se reporter à la rubrique « À voir ») qui propose une carte des immeubles répartis dans la ville et une visite guidée pour découvrir cette architecture si particulière.

Arriver – Quitter

En avion

✈ ***Aéroport international Ben Gourion*** (hors plan d'ensemble) **:** *à 20 km env au sud-est de Tel-Aviv.* ☎ *(03) 975-55-55.* ● *iaa.gov.il* ● *Il existe 2 terminaux opérationnels : le terminal 3 (vols internationaux) et le terminal 1 (vols pour Eilat) ; le terminal 2 est actuellement fermé. Navette gratuite* (shuttle service) *entre les 2 terminaux (départ au 2e étage du terminal 3), ttes les 15-20 mn.*

– À l'arrivée, les ***formalités*** sont assez rapides. À la place du tampon sur le passeport, la police israélienne vous remet désormais un visa à part (ne pas le perdre, il faudra le présenter à

TEL-AVIV

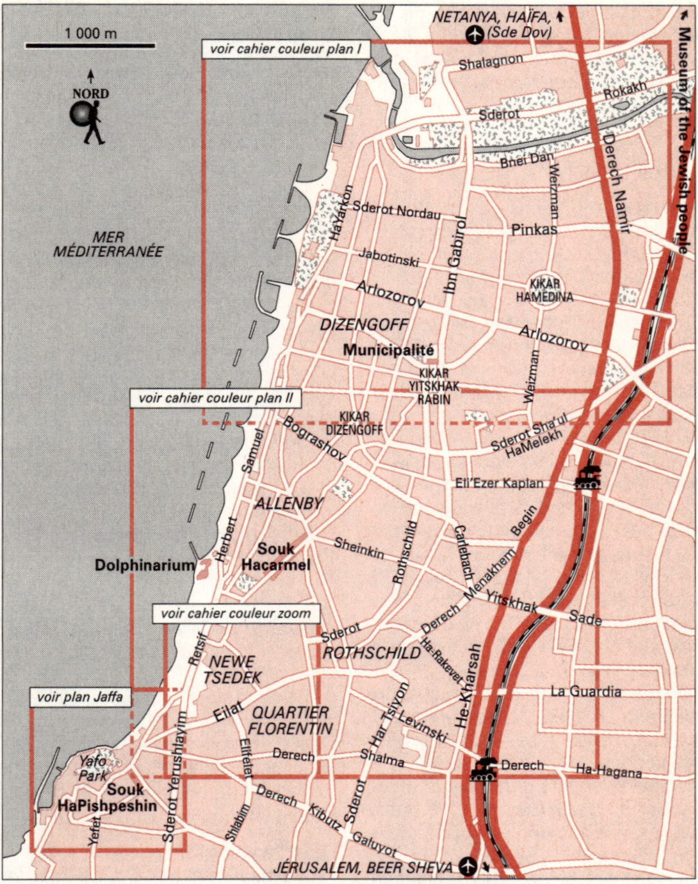

TEL-AVIV – PLAN D'ENSEMBLE

l'arrivée dans les hôtels et le remettre à la sortie du territoire). ***Attention : au retour, arriver à l'aéroport 3h avant votre vol. Les formalités sont longues et les contrôles de sécurité rigoureux.***

Bureaux d'informations touristiques : *dans la salle des bagages. Ouv 24h/24.* 2 bureaux, l'un à côté de l'autre. Celui de gauche « Information » donne des infos sur l'aéroport et les transports pour rejoindre Tel-Aviv ou les autres villes du pays ; celui de droite « Ministry of Tourism » dispose d'infos sur le pays et peut s'occuper de résa d'hôtels (service gratuit). Également un bureau dans le hall principal des arrivées.

■ **Bureaux de change et distributeurs :** *dans la salle de retrait des bagages ainsi que dans le hall principal des arrivées. Bureaux de change tlj, 24h/24.*

■ **Kiosque de téléphonie – Global Cellular :** *dans le hall des arrivées. Ouv 24h/24.* Possibilité de louer un portable avec une carte SIM (env 40 Shk/j.) ou seulement une carte locale à insérer dans son téléphone (env 10 Shk/j.). Non loin, la librairie *Steinmatzky* vend des recharges pour carte SIM israélienne.

■ Les compagnies de ***location de voitures*** ont leurs guichets dans le hall principal des arrivées, au 1er étage (sauf *Europcar* qui transporte ses clients en navette jusqu'à son bureau). *Tlj, 24h/24.*

➢ ***Pour Tel-Aviv***

– ***En train :*** *au rdc du terminal 3 (porte 3). ☎ 611-70-00.* Très pratique, peu onéreux, c'est le moyen le plus rapide. Trains directs pour Tel-Aviv, 24h/24, ttes les 30 mn (ttes les heures 20h-5h et ven). ***Attention, pas de train pendant le shabbat*** (entre ven 14h et sam 19h30 env en hiver et 21h30 en été). Tarif : env 15 Shk. Trajet : 20 mn jusqu'à la gare d'Arlosoroff.

– ***En taxi :*** *au rdc du terminal 3 (porte 3).* Ils ont un compteur. Mais pour rejoindre le centre-ville, les prix sont généralement forfaitaires (ce qui n'est pas plus mal, imaginez si vous tombez dans les bouchons !). Compter env 150 Shk (env 170 Shk pdt le shabbat et 21h-5h30 du mat), + 5 Shk/ bagage. Trajet : env 30-45 mn selon trafic. Le chauffeur doit vous remettre un reçu à la fin de la course.

– ***En bus :*** pas de bus direct entre l'aéroport et Tel-Aviv. C'est surprenant, mais c'est comme ça ! Pour ceux qui y tiennent vraiment : bus n° 5 depuis le terminal 3 (départ depuis le 2e étage à partir de 5h30) jusqu'à *El Al Junction,* à 5 km env de l'aéroport ; de là, il faut attendre les bus nos 475 ou 500 qui rejoignent la gare routière centrale, tout ça avec les bagages. Vraiment galère ! Attention, pas de bus pendant le shabbat.

➢ ***Pour Jérusalem et Haïfa***

– ***En train :*** *au rdc du terminal 3 (porte 3).* Trains directs pour Netanya, Haïfa, Akko et Nahariya. Pour Jérusalem, changer à Tel-Aviv.

– ***En sherout :*** *départ depuis le terminal 3 slt (porte 2), 24h/24.* Il s'agit de minibus jaunes, facilement repérables à la sortie. Ils transportent une dizaine de personnes. Départs pour Jérusalem et Haïfa dès que celui-ci est plein. Tarifs fixes quels que soient l'heure et le jour : compter env 65 Shk et 45 mn-1h de trajet pour Jérusalem ; 80 Shk (ou 120 Shk jusqu'à l'adresse indiquée) et 2h de trajet pour Haïfa.

✈ ***Aéroport Sde Dov*** *(hors plan d'ensemble)* **:** *à 4-5 km env au nord de Tel-Aviv. ☎ 698-45-00. • iaa.gov.il •*
➢ Vols quotidiens pour ***Eilat*** avec les compagnies *Israir* et *Arkia.*

En bus

Gare routière principale *(tahana mercazit ; plan couleur II, G6,* ***1****)* **:** *108, rehov Levinski. Rens (en anglais) : ☎ 072-258-87-87 ou *8787 (sf pdt shabbat). • bus.co.il •* Liaisons avec le centre-ville : bus n° 4 sur les av. Ben Yehuda et Allenby et bus n° 5 sur la rue Dizengoff. Sur 7 étages, c'est à la fois la gare routière et un immense centre commercial. Kiosques, restos et boutiques par dizaines. On s'y perd forcément !

■ ***Bureau de la compagnie Dan :*** *au 7e étage. ☎ 639-44-44. • dan.co.il • Dim-jeu 8h-18h, ven 8h-13h, sam 18h-22h.* Dessert Tel-Aviv et ses environs.

■ ***Bureau de la compagnie Egged :*** *au 6e étage, face à la porte 601. ☎ 694-88-88 ou *2800. • egged.co.il • Dim-jeu 6h30-21h30, ven 6h30-15h, sam 19h-23h.* Départs pour tout le pays et quelques lignes dans Tel-Aviv. En achetant le ticket, n'oubliez pas de demander de quelle porte et de quel étage part le bus.

Les différentes liaisons :
➢ ***Jérusalem :*** bus *Egged* ttes les 20 mn, 6h-minuit.
➢ ***Haïfa :*** départs très fréquents avec la compagnie *Egged,* 5h30-23h30. Trajet : 1h30 env.
➢ ***Netanya :*** bus ttes les 15 mn, 5h30-minuit avec *Nateev Express* (bureau au 6e étage). Trajet : 40 mn env.
➢ ***Beer Sheva :*** bus *Egged* ttes les 15-30 mn, 5h30-19h30 env. Trajet : 1h30.
➢ ***Eilat :*** une dizaine de bus/j., de jour comme de nuit avec *Egged.* Trajet : env 5h30.

Gare routière Arlosoroff *(plan couleur I, D3,* ***2****)* **:** *rehov Arlosoroff. Tt près de la gare ferroviaire principale.* C'est la 2e gare routière de Tel-Aviv, plus petite. Moins de trafic.

TEL-AVIV

En train

Il existe 3 gares ferroviaires :
Gare principale *(Terminal 2000 ; plan couleur I, D3)* **:** *rehov Arlosoroff. ☎ 611-70-00. • rail.co.il •*
Deux autres gares : *HaShalom (plan couleur II, H4),* près du grand centre commercial *Azrieli,* et *HaHagana (plan couleur II, G-H6),* près de la gare routière principale.
Depuis ces 3 gares, liaisons avec :
➢ ***Netanya, Haïfa, Akko, Nahariya :*** départs ttes les 30 mn ou ttes les heures. Durée : respectivement, env 30 mn, 1h, 1h30 et 1h40.
➢ ***Jérusalem :*** départs ttes les heures ou ttes les 2h. Trajet : 1h45 env.
➢ ***Beer Sheva :*** départs ttes les heures. Trajet : 1h30.

En *sherout* (taxi collectif)

– Se prennent dans la rue Tzemach David, à la sortie de la gare routière principale *(tahana mercazit ; plan couleur II, G6).* Départs 24h/24, dès que le véhicule est plein. Pratiques pendant le shabbat, lorsque les bus ne circulent plus.
➢ *Sherout* pour **Jérusalem** (trajet : 1h env), **Haïfa** (trajet : 2h env), **Beer Sheva** (trajet : 1h) et **Netanya** (trajet : 30 mn env). Pas de *sherout* pour Eilat, ni pour Mitzpé Ramon.

Adresses et infos utiles

Infos touristiques

Office de tourisme *(plan couleur II, E4)* **:** *46, rehov Herbert Samuel. ☎ 516-61-88. • visit-tlv.com • Tlj sf sam 9h30-18h30 (17h30 nov-mars), ven 9h30-14h.* Nombreux documents gratuits : brochures et magazines d'information sur la vie culturelle et artistique, notamment le *Time Out.* Propose différentes visites guidées gratuites sur l'histoire et l'architecture de Tel-Aviv (en anglais).
Autre office : *à Jaffa (voir plus loin).*

Poste et télécommunications

✉ **Poste :** *plusieurs bureaux. L'un situé à l'angle des rues Trumpeldor et HaYarkon (plan couleur II, F4). Un autre à l'angle de rues Levontin et Mikve Yisra'el (plan couleur II, G5). Ou encore dans la tour Shalom (zoom couleur, F5) et au 4e étage de la gare routière principale (plan couleur II, G6). Tlj sf sam 8h-18h (12h ven).*
@ **Cyber Link – Interfun** *(plan couleur II, F4,* **6***)* **:** *20, rehov Allenby. ☎ 516-77-76. Tlj 9h-2h du mat, ven 11h-21h.*
@ **Internet Coffee** *(plan couleur II, F4,* **7***)* **:** *74, rehov HaYarkon. En face de l'ambassade américaine. Tlj 6h-16h.* Un vrai cybercafé où l'on peut boire un café et manger un gâteau, avec une terrasse sous les arcades.
@ **Internet-Change** *(plan couleur I, B3,* **8***)* **:** *112, rehov Dizengoff. Tlj 11h-minuit (20h30 ven-sam). Plus cher que les autres (min de 20 Shk pour 1h30).* Fait aussi bureau de change.

TEL-AVIV

Change et banques

■ ***Banques et bureaux de change :*** nombreux en ville, notamment le long des rues Ben Yehuda et Dizengoff.

Représentations diplomatiques

■ ***Consulat de France*** *(plan couleur II, F4,* **9***)* **:** *1-3, rehov Ben Yehuda. ☎ 520-85-00. 📱 0546-670-047 (en cas d'urgence et de situations vraiment graves). • ambafrance-il.org • Au 11e étage. Sur rdv.*
■ ***Ambassade de Belgique*** *(hors plan d'ensemble)* **:** *12, rehov Abba Hillel Silver. ☎ 613-81-30. • diplomatie.be/telavivfr • Au 15e étage. Section consulaire : lun 8h-14h, mar et jeu 8h-13h, ven 8h-12h ou sur rdv.*
■ ***Ambassade du Canada*** *(plan couleur II, H5,* **10***)* **:** *3-5, rehov Nirim. ☎ 636-33-00. • canadainternational.gc.ca/israel • Section consulaire : lun, mar, jeu et ven 8h-12h.*
■ ***Ambassade de Suisse*** *(plan couleur I, B2,* **11***)* **:** *228, rehov HaYarkon.*

☎ 546-44-55. • eda.admin.ch/telaviv • Section consulaire : lun 13h-16h, mar-ven 8h-11h30.

Santé

Hôpital Ichilov *(plan couleur I, C3,* ***12****) : 6, rehov Weizman. ☎ 697-36-86 (urgences).* Le plus central.

■ **Médecin généraliste :** *M. Samama Éric. 0545-874-827. Consultation à domicile l'ap-m slt.* Médecin conseil de l'ambassade de France.

■ **Urgences :** *☎ 101.*

■ **Superpharm :** plusieurs adresses en ville. *4, sderot Shaul HaMelekh (à l'angle d'Ibn Gabirol, au 1er étage ; plan couleur II, G4,* ***13****). ☎ 777-29-00. Ouv 24h/24 sf ven 18h-sam 20h. 129, rehov Dizengoff (au croisement avec la rue Gordon, au 1er étage ; plan couleur I, B3,* ***13****). Dim-ven 8h-minuit (18h ven), sam 20h-minuit. Une autre au pied de la tour Shalom (zoom couleur, F5,* ***13****).* Sorte de grande pharmacie qui vend également des produits de beauté.

■ **Moshenson's Pharmacy** *(plan couleur I, A3,* ***14****) : 83, sderot Ben Yehuda. ☎ 522-24-81. Tlj sf sam 8h-19h30 (15h ven).* On y parle le français.

■ **K-Pharm** *(plan couleur II, F4,* ***15****) : 89, rehov Dizengoff. ☎ 527-34-30. Tlj sf sam 9h-21h (16h ven).* Spécialisée en homéopathie.

Transports

Bus : *• busline.co.il •* Le réseau est bien développé. Le ticket s'achète dans le bus (près de 7 Shk). Attention, les bus ne circulent pas pendant le shabbat. La ligne n° 5 relie la gare routière à la gare ferroviaire principale en passant par le centre (bd Rothschild et rue Dizengoff).

– ***Taxis :*** fonctionnent avec des compteurs. Petit rappel : il existe un tarif de jour (5h30-20h59), et un tarif de nuit (21h-5h29) également valable durant le shabbat. Prise en charge : 12 Shk. Aux heures de pointe ou si vous faites une course à l'extérieur de Tel-Aviv, mieux vaut négocier un forfait, à condition d'avoir une idée des prix. Sinon, optez toujours pour le compteur.

– ***Stationnement :*** si vous avez votre propre véhicule, le stationnement est payant en journée dans le centre (système d'horodateur avec des pièces). Il existe également des parkings que l'on paie à l'heure ou à la journée.

Location de vélos

Tel-Aviv se prête assez bien au vélo. Il existe quelques pistes cyclables, notamment le long de la promenade aménagée en bord de mer. *Compter env 30-35 Shk/h ; 65-75 Shk/j.*

■ **O-Fun** *(plan couleur I, B2,* ***16****) : 197, rehov Ben Yehuda. ☎ 544-22-92. • rentabikeisrael.com • Tlj sf sam 9h30-19h (14h ven).* Loue également des tandems.

■ **Cycle** *(plan couleur I, B2,* ***17****) : 147, rehov Ben Yehuda. ☎ 529-30-37. • cycle.co.il • Dim-jeu 10h-19h, ven 9h30-15h.*

■ **Bike Garage** *(plan couleur II, E-F4,* ***18****) : 48, rehov HaYarkon. 0507-347-789. Dim-jeu 9h30-20h, ven 9h-16h. Pas d'enseigne.* Le plus central et le moins cher de tous.

– Également un système de location de vélos **Tel-Ofun** avec des stations dispersées à travers la ville *(• tel-o-fun.co.il •).* Fonctionne 24h/24, sur la base d'un abonnement journalier par carte de paiement *(17 Shk env)* auquel s'ajoutent les frais d'utilisation (gratuit moins de 30 mn).

Location de voitures

La plupart des compagnies ont un bureau dans la rue HaYarkon *(plan couleur I, A3 et plan couleur II, F4). En principe, tlj sf sam 8h-17h30 (ou 18h ; jusqu'à 13h30 ven).*

■ **Eldan** *(plan couleur I, A3,* ***19****) : 114, rehov HaYarkon. ☎ 527-11-66/67. À l'aéroport, ☎ 977-34-00.*

■ **Budget** *(plan couleur II, F4,* ***20****) : 99, rehov HaYarkon. ☎ 935-00-12. Au pied de l'hôtel Dan. À l'aéroport, ☎ 935-00-11.*

■ **Dollar-Thrifty** *(plan couleur II, F4,* ***21****) : 80, rehov HaYarkon. ☎ 633-52-52. À l'aéroport, ☎ 605-80-00.*

■ **Hertz** *(plan couleur I, A3,* ***22****) : 144, rehov HaYarkon. ☎ 522-33-32. À l'aéroport, ☎ 975-45-05.*

■ **Europcar** *(plan couleur II, F4,* ***21****) : 76, rehov HaYarkon. ☎ 541-76-76. À l'aéroport, ☎ 622-22-40.*

Compagnies aériennes

■ ***Israir*** *(plan couleur II, H5,* ***33****) : 3, rehov HaMelacha. ☎ 795-40-38 ou 510-95-89. • israirairlines.com • Tlj sf sam 8h-17h (13h ven).* Également un bureau au Dov Airport.

■ ***EL AL*** *(plan couleur II, F5,* ***24****) : 27, sderot Rothschild. ☎ 977-11-11 ou *2250. À l'aéroport : ☎ 971-61-11. • elal.co.il • Tlj sf ven-sam 8h30-16h45. Résas 24h/24. Possibilité de faire enregistrer ses bagages la veille du vol avec l'agence Shahar, ☎ 576-14-28. Tlj sf sam 8h-22h (12h ven). Résa 72h avt son départ. Dans ce cas, on peut arriver à l'aéroport 1h30 avt le vol, mais c'est cher (env 600 Shk, 1-6 pers).*

■ ***Arkia :*** *☎ (09) 864-44-44.*

■ ***Air France-KLM*** *(plan couleur I, B2,* ***32****) : 7, rehov Jabotinsky. ☎ 755-50-35. • airfrance.fr •*

■ ***Lufthansa :*** *37, rehov She'erit Israel, à Jaffa. ☎ 513-53-55. • lufthansa.com •*

■ ***Swiss Air :*** *37, rehov She'erit Israel, à Jaffa. ☎ 513-90-00. • swissair.com •*

■ ***Brussels Airlines :*** *☎ 180-949-1000. • brusselsairlines.com/fr •*

■ ***Alitalia :*** *à l'aéroport Ben Gourion. ☎ 975-41-92. • alitalia.com/fr •*

Culture, loisirs

■ ***Institut français*** *(zoom couleur, F5,* ***25****) : 7, sderot Rothschild. ☎ 796-80-00. • ambafrance-il.org • Tlj sf w-e 9h-18h (13h ven).* Nombreuses activités culturelles, médiathèque et presse française (en consultation gratuite).

■ ***Librairie du Foyer*** *(plan couleur II, G4,* ***26****) : 14, kikar Masaryk. ☎ 524-38-35. • librairie.co.il • Tlj sf sam 9h-20h (15h ven).* Une librairie française bien fournie.

■ ***Auditorium Mann*** *(heichal Hatarbut ; plan couleur II, G4,* ***27****) : 1, rehov Huberman. ☎ 621-17-77. • hatarbut.co.il/english •* Avis aux amateurs de musique classique : c'est l'une des plus fameuses salles de concerts du monde, à l'acoustique réputée, où ont lieu des concerts de niveau international. À côté, le ***théâtre Habimah,*** à la remarquable architecture.

■ ***Suzanne Dellal Center*** *(zoom couleur, E6,* ***28****) : 6, rehov Yechieli, Newe Tsedek. ☎ 510-56-56. • suzannedellal.org.il •* Programmation axée sur la danse contemporaine. Également du théâtre et des concerts.

■ ***The Israeli Opera*** *(plan couleur II, G-H4) : 19, Shaul HaMelech. ☎ 692-77-77. • israel-opera.co.il • À côté du musée d'Art.* Programmation contemporaine et classique, riche et variée.

Divers

■ ***ISSTA*** *(plan couleur I, B3,* ***29****) : 109, rehov Ben Yehuda. ☎ 777-70-00. • issta.co.il • (en hébreu). Tlj sf sam 9h-19h (13h ven).* C'est l'agence de voyages des étudiants et des moins de 26 ans qui bénéficient de réductions intéressantes.

■ ***Kibbutz Program Center*** *(plan couleur I, A3,* ***30****) : 6, rehov Frischman. ☎ 524-61-54/56. • kibbutzvolunteers.org.il • Au sous-sol. Dim-jeu 8h30-14h30.* Pour ceux, entre 18 et 35 ans, qui veulent travailler dans un kibboutz pour une période comprise entre 2 et 6 mois.

■ ***Moshav Movement*** *(plan couleur II, G-H4,* ***31****) : 19, rehov Leonardo Da Vinci. ☎ 608-63-33. • tmoshavim.org.il • (en hébreu). Tlj sf ven-sam 8h-15h.* Le bureau officiel des *moshavim* (fermes coopératives).

Où dormir ?

De bon marché à prix modérés (90-350 Shk / 20-75 €)

☗ ***Florentine Hostel*** *(zoom couleur, E6,* ***40****) : 10, rehov Elifelet. ☎ 518-75-51. • florentinehostel.com • Env 80-90 Shk/pers en dortoir (6-8 lits) ; autour de 300 Shk la chambre double.* ***Il faut avoir entre 18 et 45 ans !*** L'une des auberges de jeunesse les moins chères de la ville. Mais aussi l'une des moins sympas (le quartier n'est pas génial, ni l'accueil). Uniquement si vous recherchez un logement à prix plancher, ou bien en dépannage.

Mugraby Hostel *(plan couleur II, F4, **41**) : 19, rehov Allenby. ☎ 510-24-43. 052-235-17-17. • mugraby-hostel.com • S'adresser à l'agence du même nom (fermée sam). Compter env 120 Shk/pers en dortoir ; doubles env 250-320 Shk. Pas de petit déj.* Dortoirs plutôt sommaires dans une demeure haute de plafond et assez vieillotte. En revanche, les chambres réparties dans un autre bâtiment à l'arrière, restaurées et confortables, offrent un rapport qualité-prix tout à fait honorable. Cuisine à disposition au niveau des chambres. Accueil parfois un peu expéditif...

Momo's Hostel *(plan couleur II, F4, **42**) : 28, rehov Ben Yehuda. ☎ 528-74-71. • momoshostel.com • Selon saison, compter env 90 Shk/pers en dortoir 6-8 lits ; doubles 260-320 Shk sans ou avec clim et sdb.* Petit hôtel, genre auberge de jeunesse sans grande prétention, pas très haut en couleur, d'un rapport qualité-prix à peu près convenable pour qui n'est pas trop regardant sur le confort. Les chambres qui donnent sur la rue passante sont assez bruyantes (pas de double vitrage). Accueil réduit au strict minimum. Petit déj un peu *light* mais micro-ondes à disposition.

Beit Immanuel Christian Hostel *(zoom couleur, E6, **44**) : 8, rehov Auerbach. ☎ 682-14-59. • beitimmanuel.org • Dans une petite rue perpendiculaire à rehov Eilat. Bus n° 41 de la gare routière. Compter 125-150 Shk/pers en chambre quadruple ou double avec sdb commune ; 380 Shk la chambre double avec sdb. Les grands dortoirs ne sont destinés qu'aux groupes. Petit déj inclus.* Un genre d'auberge de jeunesse chrétienne très bien tenue et à la propreté garantie. Pas de cuisine à disposition. Idéal pour un groupe ou une famille recherchant un peu de calme et de tranquillité. Organise souvent des séminaires.

De bon marché à prix moyens (90-470 Shk / 20-100 €)

HaYarkon 48 Hostel *(plan couleur II, F4, **45**) : 48, rehov HaYarkon. ☎ 516-89-89. • hayarkon48.com • Résa conseillée. Compter 100-115 Shk/pers en dortoir 3-8 lits, avec ventilo ou clim ; env 330-390 Shk pour une double avec ou sans sdb.* Une agréable auberge de jeunesse, restaurée et très bien tenue. L'une des meilleures adresses de cette catégorie. La déco des chambres est soignée. C'est propre. Il y règne une ambiance sympa et décontractée. Les dortoirs et chambres donnant sur la rue sont bien sûr plus bruyants. Les chambres privées peuvent accueillir jusqu'à 5 personnes. Cuisine à disposition, salle commune avec billard, laverie, casiers de sécurité et coffre-fort. De plus, la plage est à moins de 5 mn à pied ! Le type d'endroit où l'on échange plein d'infos avec des routards du monde entier.

Chef Hostel *(plan couleur II, F5, **59**) : 19, rehov Montefiore. 0522-89-51-45. • chefhostel.com • Pas d'enseigne, repérer la façade rose et les drapeaux. Dortoirs 6-14 lits 95-120 Shk/pers ; doubles avec ou sans sdb 330-400 Shk. Petit déj en sus. Attention, supplément pour les arrivées tardives (après 21h et minuit !). Parking payant (cher).* Très bien située, cette plaisante auberge se prolonge à l'arrière par une cour avec de grandes tables en bois sur lesquelles on pose sa pitance préparée dans la cuisine commune et ouverte. Plusieurs niveaux de confort pour les dortoirs et chambres. Les plus chères, dans les tons mauves, sont climatisées. À l'accueil, jeunes de toutes nationalités, et le patron parle le français.

Tel Aviv Bnei Dan Youth Hostel *(plan couleur I, C1, **46**) : 36, rehov Bnei Dan. ☎ 594-56-55. • iyha.org.il • Excentrée, au nord de la ville ; bus n° 5 de la gare routière principale. Membre du réseau* Hostelling International. *Près de 140 Shk/pers en dortoir ; 360 Shk pour une double avec sdb. Pas de couvre-feu.* Auberge de jeunesse officielle, posée au bord du fleuve et de son parc, bien au calme. Chambres plutôt propres et pas moches du tout. Dans les dortoirs, garçons et filles séparés.

Gordon Inn Hotel & Guesthouse *(plan couleur I, A-B3, **47**) : 17, rehov*

TEL-AVIV

Gordon. ☎ *523-82-39.* • *hostelstelaviv.com* • *Selon saison, dortoirs 100-150 Shk/pers ; doubles env 280-460 Shk sans ou avec sdb.* 💻 📶 Les chambres n'ont rien d'extraordinaire. Clim partout (mais à l'efficacité relative). En revanche, bonnes installations : bar sympa avec billard, cuisine équipée, laverie, coffre à la réception. Un bon compromis entre une auberge de jeunesse et un hôtel plus luxueux. Éviter si possible les chambres qui donnent au niveau de l'intersection entre les rues Gordon et Ben Yehuda, à cause de la circulation.

De prix moyens à chic (350-740 Shk / 53-160 €)

🏠 ***Central Hotel*** *(plan couleur II, F4,* ***53****) : 38, rehov Ben Yehuda.* ☎ *602-01-22.* • *centralhoteltlv.com* • *Doubles 350-450 Shk selon saison, petit déj inclus.* En retrait de la rue, un petit écrin néoromantique composé d'une douzaine de chambres seulement, toutes différentes, pas immenses et celles du rez-de-chaussée ne possèdent que des petites fenêtres, mais l'ensemble se révèle vraiment charmant et calme. Mignonne cour à l'arrière pour se poser loin de l'agitation et terrasse couverte pour le petit déj. Bon accueil. Un excellent rapport qualité-prix-situation.

🏠 ***Seaside Hotel*** *(plan couleur II, F4,* ***48****) : 20, rehov Trumpeldor.* ☎ *620-05-13.* • *sea-sidehotel.com* • *En face du vieux cimetière. Selon saison, doubles 350-460 Shk avec sdb et clim. Parking gratuit.* 💻 📶 Malgré son nom, l'auberge n'est pas en bord de mer mais à 10 mn à pied. Si le lieu est sans grand charme (malgré un hall restauré qui en jette un peu), les chambres offrent un rapport qualité-prix plutôt convenable. L'endroit est calme. Essayer d'en voir plusieurs car elles sont inégales : les unes peu spacieuses, les autres un peu plus sombres ou plus kitsch, salle de bains d'un autre âge ou baignoire balnéo dans la pièce... Bon accueil.

🏠 ***Galileo Hotel*** *(plan couleur II, F5,* ***49****) : 8, Hillel HaZaken.* ☎ *516-00-50.* • *sun-hotels.co.il* • *Depuis la rue Allenby, prendre la ruelle à droite du n° 58 ; c'est dans la 1re rue à droite. Résa conseillée. Doubles env 360-550 Shk selon confort et saison.* 💻 📶 Dans le quartier yéménite, non loin de la vie nocturne, un établissement un brin coquet avec ses boiseries qui recouvrent une partie des murs et ses moquettes. Chambres confortables (téléphone, TV, clim) ; jacuzzi et balcon pour les plus chères. Grande terrasse sur le toit, avec une belle vue sur la ville et, au loin, les reflets irisés de la mer. Un bon rapport qualité-prix.

🏠 ***Eden House*** *(plan couleur II, F5,* ***50****) : 11, Yishkon st (adresse de check-in) ; on vous conduit ensuite à votre logement, dans le même quartier.* ☎ *545-59-00.* • *booking@edenhousetlv.com* • *Doubles env 120-140 $. Également une familiale (5 pers), des studios et appartements. Petit déj compris, proposé au bistrot situé à l'adresse principale. On peut aussi y prendre le dîner.* 📶 Voilà une adresse discrète (pas d'enseigne) qui se cache dans une ruelle tranquille au cœur du quartier yéménite. Une quinzaine de chambres réparties dans 3 maisons, assez différentes les unes des autres. Du coup, l'éventail de prix est large ; ça va de la chambre simple et économique au petit nid d'amour à la déco néobaroque. Il y a même des appartements pour 4 à 5 personnes, avec cuisine, pour ceux qui envisagent un séjour prolongé. Adorable terrasse noyée dans la verdure et idéale pour prendre un café ou un thé. Accueil charmant. Une adresse *gay friendly*.

Chic (125-200 $ / 100-160 €)

🏠 ***Hotel de la Mer*** *(plan couleur II, F4,* ***51****) : 2, rehov Nes Ziona.* ☎ *510-00-11.* • *delamer.co.il* • *À l'angle de rehov HaYarkon. Doubles 140-200 $ selon saison, avec ou sans balcon ; suite plus chère. Quelques places de parking (gratuit).* 💻 📶 À deux pas de la plage, un hôtel d'une trentaine de chambres de bonne tenue, sans grand charme, mais fonctionnelles. La plupart disposent d'un balcon. Les plus chères bénéficient d'un bout de vue sur la mer, plus pour très longtemps puisqu'un immeuble se construit devant ! Terrasse sur le toit pour prendre le frais. Une adresse aux prix raisonnables hors saison. En été, oubliez-la (les tarifs sont franchement abusifs) !

Gilgal Hotel *(plan couleur II, F4,* **52***) :* *7, rehov Nes Ziona.* ☎ *511-10-00.* • *hotelgilgal.com* • *Doubles 150-220 $ selon saison.* Établissement récent à l'architecture moderne (béton, poutres métalliques et bois) qui propose une cinquantaine de chambres tout confort, lumineuses et fraîches. Grand hall d'accueil aéré. Accueil pro, mais peu souriant.

Plus chic (200-250 $ / 160-200 €)

Center Chic Hotel *(plan couleur II, F4,* **54***) :* *2, rehov Zamenhoff.* ☎ *526-61-00.* • *atlas.co.il* • *Doubles 200-225 $ selon période. Parking.* Comme son nom l'indique, il est situé dans le centre, en plein centre même. L'animation est toute proche mais comme le secteur est piéton, les nuits sont calmes. Il s'agit d'un bel hôtel de style Bauhaus restauré dans un esprit *urban* chic, à la déco très étudiée, audacieuse et réussie. La plupart des chambres ont un balcon qui domine le square Dizengoff. Terrasse-solarium sur le toit. Vélos à disposition. Une bonne adresse, si votre budget vous le permet.

Cinema Hotel *(plan couleur II, F4,* **55***) :* *12, Dizengoff Sq.* ☎ *520-71-00.* • *atlas.co.il* • *Doubles standards 170-240 $ selon saison et affluence. Parking gratuit, mais réserver car il y peu de places (sinon, difficile de se garer dans le coin).* Plus de 80 chambres. Sur cette place bordée de splendides immeubles de style Bauhaus, un hôtel dédié entièrement au dieu Cinéma et remarquablement rénové. Ancien *Esther Cinema* des années 1930, l'un des premiers de la ville. Élégant escalier d'origine. Décor de vénérables projecteurs, d'affiches, de souvenirs et divers objets emblématiques. L'hôtel a su conserver l'atmosphère de l'époque, alliée au confort le plus contemporain. Chambres de caractère et de grand confort, certaines avec balcon et kitchenette. Fort agréable *sundeck* avec rafraîchissement gratuit. Beau petit déjeuner-buffet. Vélos à disposition. Accueil pro et francophone.

Artplus Hotel *(plan couleur II, F4,* **56***) :* *35, rehov Ben Yehuda.* ☎ *797-17-01.* • *atlas.co.il* • *Doubles 225-245 $ selon taille et saison. Parking gratuit.* Le propriétaire des lieux, amateur et collectionneur d'art, a voulu donner une touche culturelle à son hôtel contemporain. Chaque couloir a été décoré par des artistes israéliens et les « expos » changent régulièrement. L'idée est sympa, le résultat réussi. Salle des petits déj très agréable avec jardinet verdoyant pour se réveiller tout en douceur. Terrasse sur le toit pour se prélasser le soir venu. En revanche, l'espace étant optimisé au maximum, on aurait bien aimé pousser les murs de certaines chambres standard (ce qui devrait être fait au cours des travaux prévus courant 2014).

Melody Hotel *(plan couleur I, B2,* **57***) :* *220, rehov HaYarkon.* ☎ *521-53-00.* • *atlas.co.il* • *Doubles 200-270 $ selon saison (40 $ en plus pour les supérieures) ; junior suite plus chère. Parking (gratuit). Non-fumeurs.* Un hôtel de facture récente, à la déco contemporaine, qui jongle avec des touches blanches, noires, grises et rouges. Les chambres standard sont confortables, mais guère spacieuses... Salle des petits déj bien lumineuse. Le point fort de l'adresse est incontestablement la terrasse-solarium au dernier étage avec une vue sur le jardin public et la mer, sans immeuble devant ! Vélos à disposition. Accueil aimable. Une bonne adresse pour routards en voyage d'affaires.

Très chic (au-delà de 250 $ / 200 €)

Shalom Hotel *(plan couleur I, B2,* **57***) :* *216, rehov HaYarkon.* ☎ *762-54-01.* • *atlas.co.il* • *Doubles 250-340 $ selon confort, vue et saison. Parking (payant). (dans chaque chambre).* Grandes et jolies chambres, tout confort, à la déco marine raffinée et à l'atmosphère ouatée. Vue sur la mer pour les plus chères (la plage est de l'autre côté de la rue). Sur le toit de l'hôtel, terrasse hautement stratégique pour observer le coucher de soleil sur la grande bleue. Service attentionné avec, entre autres, massage de 15 mn par jour gratuit pour tous les clients, thé et gâteaux à volonté, vélos à dispo (pour éliminer).

Nina Hotel *(zoom couleur, E-F5,* ***58****) : 29, rehov Shabazi. 052-508-41-41. • ninacafehotel.com • Compter 250-400 $ selon taille et saison, petit déj non compris. Parking payant.* Un coup de cœur pour cette ancienne demeure située au cœur du quartier de Newe Tsedek et qui propose seulement 5 suites réparties dans 2 bâtiments. La plus petite ne fait que... 55 m² et les suites familiales peuvent accueillir 5 personnes. 2 d'entre elles s'ouvrent sur un patio. Beaucoup de charme, de l'élégance dans chaque coin et recoin, de la sobriété qui met chaque meuble en valeur. Un mélange de classique et de moderne pour un résultat très cosy. Petit déj dans le café d'en face (c'est la même maison, fermé le samedi). Si votre budget vous le permet, c'est le moment de sortir le grand jeu...

Où manger ?

Ne pas manquer non plus les adresses de Jaffa, au sud de la ville, mentionnées plus loin, après Tel-Aviv.

Autour et à l'est de Dizengoff

Bon marché (50-100 Shk / 10,60-21 €)

Xoho *(plan couleur I, A3,* ***70****) : 18, rehov Mapu. 0722-495-497. Tlj sf sam 7h30-22h (16h ven). Happy hours 16h-20h.* Petit resto végétarien où tout est fait maison, de la soupe aux gâteaux en passant par la quiche ou la tarte du jour. Cuisine ouverte sur la salle, chaises dépareillées, tables recouvertes de mosaïques pour une atmosphère chaleureuse, légèrement *gay friendly.* Le service est assuré par des jeunes filles aimables et souriantes. Terrasse de poche au bord de la rue avec une poignée de tabourets.

Humus et Sabih *(plan couleur I, B3,* ***78****) : à l'angle des rues Frischmann et Dizengoff. Dim-ven 9h-23h (15h30 ven pour le Sabih, 16h pour le Humus), sam ouv à partir de 18h. À emporter ou sur place.* 2 kiosques côte à côte avec quelques tables dehors. Celui à la devanture verte sert à la chaîne mais avec le sourire des sandwichs garnis de *humus, foul* (fèves), falafel et des petites assiettes de *masabacha* (pois chiches, citron, ail, huile d'olive et persil). Bonne pita. Son acolyte (devanture jaune) nourrit les habitués de *sabih,* un plat irakien à base d'aubergines, de pommes de terre et d'œufs. C'est bon, copieux et pas cher.

Miznon *(plan couleur II, G4,* ***85****) : 23, rehov Ibn Gabirol. Tlj 12h-1h du mat. Sur place ou à emporter.* On fait la queue pour commander une pita à la viande (kebab) ou végétarienne, un chou-fleur grillé (entier, le chou-fleur) en se frayant un chemin parmi les habitués déjà accoudés au comptoir pour mieux surveiller les préparations faites sous leurs yeux. Le tout dans un joyeux brouhaha (musique à fond, employée qui tente de hurler le nom des clients dès que la commande est prête...). Ça a l'air simple, mais les produits, frais, ont du goût, les viandes sont excellentes. D'où des prix un peu élevés. Du coup, le chef a ouvert une enseigne à Paris (dans le 4e).

Prix moyens (100-150 Shk / 21-32 €)

Goocha *(plan couleur I, B3,* ***72****) : 171, rehov Dizengoff, à l'angle avec Ben Gourion. 691-16-03. Tlj 12h-1h du mat.* Cadre et décor contemporains assez sophistiqués pour une cuisine de la mer de grande qualité. Hautes tables pour les pressés, terrasse et longues banquettes confortables pour les autres. Cuisine ouverte. Musique pop au goût du jour (mais pas assommante) et clientèle réjouie. Spécialités de poisson et fruits de mer, dont des moules d'une belle fraîcheur aux sauces goûteuses et parfumées. C'est du pro, du sérieux, doublé d'un service jeune, souriant et alerte.

🍴 ***Piazza Caffé*** *(plan couleur II, F4, **73**) : 99, rehov Dizengoff. ☎ 527-44-88. Tlj jusqu'à minuit ; service continu.* Cadre très ouvert et coloré, avec son décor façon « auberge italienne traditionnelle », carrelage blanc, grandes pelles plates en bois et ustensiles de cuisine accrochés artistiquement aux murs. Certes, pas une cuisine d'avant-garde, mais bien exécutée et à base d'ingrédients frais : pizzas *crispy* à souhait, pâtes cuites comme il faut, paninis... Bon turn-over, terrasse au calme dans un renfoncement, atmosphère plutôt décontractée.

🍴 ***Shuk Restaurant*** *(plan couleur II, F4, **74**) : 92, rehov Dizengoff. ☎ 603-31-17. À l'angle de la pl. Dizengoff. Tlj 18h (ven-sam 12h)-minuit.* Sur l'une des places les plus touristiques de Tel-Aviv, ce resto possède une réelle personnalité. Niché dans le décor un peu désuet d'un ancien grand café, haut de plafond, avec un long comptoir de bois et une large terrasse protégée de la rue par des plantes grasses. Mon tout pris d'assaut, plus on avance dans la nuit, par des hordes de clients trendy, hype, branchés, bobos (rayer les mentions inutiles) adorant ce cadre rétro, le décor hétéroclite, l'atmosphère rugissante. Cuisine traditionnelle lorgnant subtilement vers des tendances fusion, à des prix qui savent rester modérés...

🍴 ***Barboonia*** *(plan couleur I, B2, **71**) : 192, rehov Ben Yehuda. ☎ 524-09-61. Tlj sf shabbat 12h-minuit.* Le bon petit resto de poisson, à la bonne franquette et sympa comme tout. On s'installe dans la petite salle au décor très simple, ou dans le bar mitoyen pour une ambiance plus enjouée (même maison, mais les tarifs sont un poil plus élevés). On choisit son poisson, et les entrées (variété de salades orientales) sont comprises dans le prix. Une annexe au n° 163 de la même rue (le cadre et l'atmosphère y sont plus conventionnels, terrasse).

🍴 ***Picola Pasta*** *(plan couleur II, F4, **75**) : 53, rehov Ben Yehuda. ☎ 620-32-57. Tlj sf sam 18h-1h.* Un bon resto italien, guère plus grand qu'un mouchoir de poche, à l'ambiance chaleureuse et intime. Ceux qui préfèrent s'accouder au comptoir ou s'asseoir dans des fauteuils grimperont au 1er étage, qui fait office de bar à vins (plus de 300 références, principalement des vins israéliens et italiens). La spécialité de la maison, ce ne sont pas les pizzas, mais les pâtes. Une adresse à la fois simple et qui a quelque chose de raffiné. Pas de terrasse.

🍴 ***Martha Kitchen & Bar*** *(plan couleur II, G4, **79**) : 26, rehov Ibn Gabirol. ☎ 696-68-43. Tlj 10h-minuit. Résa conseillée.* Ambiance familiale pour ce resto au petit jardin ombragé et à la salle chaleureuse dominée par le long comptoir où se retrouvent les étourdis sans réservation. Salades à moitié emballantes mais fruits de mer plus convaincants. L'accueil en tout cas est réjouissant et le service aux petits soins. Pour la fin de la soirée, rendez-vous au *Toma Bar* voisin (voir plus loin « Où boire un verre ? »).

🍴 ***Rustico*** *(plan couleur I, B2, **96**) : 42, rehov Basel. ☎ 602-69-69. Tlj 12h-23h30 (ven dès 8h30).* Dans une rue qui aligne cafés et restos fréquentés par les habitants du quartier, cette table italienne rassure par sa déco chaleureuse, ses pâtes et pizzas classiques ou plus originales comme celles au thon frais et surtout son excellent tiramisu, léger. Bon service.

🍴 ***Café Michal*** *(plan couleur I, B2, **111**) :* *voir « Où boire un verre ? ».*

Autour d'Allenby

De bon marché à prix moyens (50-150 Shk / 10,60-32 €)

🍴 ***Café Bialik*** *(plan couleur II, F4, **76**) : 2, rehov Bialik. ☎ 620-08-32. Presque à l'angle avec Allenby. Tlj 8h (11h sam)-1h du mat env. Dans la partie basse de la fourchette.* Sympathique café-restaurant au cadre coloré et dont la déco dégage un parfum rétro des années 1950-1960. Sur la mezzanine, de nombreuses affiches de spectacle et des *flyers* pour se mettre au jus de la vie nocturne. Cuisine israélienne qui se défend bien. Salades fraîches et savoureuses qui rassasient le midi. Également d'excellents sandwichs ou des plats plus élaborés. Terrasse ombragée au bord de la rue. Clientèle de tout âge et service efficace. Très bien aussi pour prendre un petit déj, pour un café en journée ou un verre en soirée (quelques concerts vers 21h).

|●| ***Mitbahon*** *(plan couleur II, F5, **77**) : 13, rehov Gedera, à l'angle de rehov Rabbi Akiva. Pour y accéder, prendre la ruelle qui débute entre les nos 58 et 60 de la rue Allenby ; c'est tt droit, à 100 m env. Tlj midi et soir. Dans la partie basse de la fourchette.* À l'écart des grandes artères de circulation, juste derrière le souk HaCarmel et aux portes du quartier yéménite, ce resto est fréquenté par des habitués. On apprécie sa terrasse paisible avec bambous, canisses et bordée de végétation. La nuit, les guirlandes de loupiotes donnent un côté soigné et festif. La cuisine s'inspire d'horizons culinaires variés (couscous, goulasch, *schnitzel, balkan's shakshuka*, etc.) et les prix sont tassés. Une petite adresse bien sympa.

|●| ***Humus Synagogue*** *(plan couleur II, F5, **95**) : 11, HaCarmel. Tlj sf sam 8h-16h (ou ferme plus tôt s'il n'y a plus rien à vendre).* Une ancienne bâtisse transformée en cantine rappelant une synagogue avec vitraux, rouleaux de la Torah... curieux ! On y mange que du *humus* et du *foul*, vite fait, bien fait. C'est pas cher et ça cale.

Prix moyens (100-150 Shk / 21-32 €)

|●| ***Orna vé Ella*** *(plan couleur II, F5, **80**) : 33, rehov Sheinkin. ☎ 525-20-85. Tlj jusqu'à minuit. Résa conseillée ven soir ; si c'est plein (ce qui arrive souvent), donner son nom à l'entrée et attendre qu'une table se libère.* Dans cette rue bondée de magasins de mode tapageurs, ce resto joue résolument dans le registre de la sobriété. Murs blancs au dépouillement monacal. Le parti pris est réussi. À l'arrière, terrasse très calme. Le choix n'est pas large, mais la fraîcheur des produits est garantie (gaspacho, plat du jour, poissons et viandes, quelques plats végétariens également). Un resto couru dans le quartier, et ça fait plusieurs années que ça dure.

|●| 🍷 ***Par Derrière*** *(plan couleur II, F4-5, **94**) : 4, rehov HaMelekh George. ☎ 629-21-11. Dim-jeu 19h-2h du mat, ven à partir de 20h30, sam de 18h. Enseigne peu visible, c'est au fond d'une cour.* On vous voit venir... certes, mais avec ce nom, les proprios voulaient sans doute mettre en avant la face cachée de l'adresse : un petit jardin planté de fûts et de hauts tabourets, éclairés le soir à la bougie. Le *wine bar* et la salle meublée de longues et hautes tables en bois ne sont pas mal non plus. Tapas et plats assez goûteux. Belle carte des vins. Bien agréable.

|●| ***Adega-Tchernichovsky*** *(plan couleur II, F4-5, **94**) : 5, rehov Tchernichovski. ☎ 620-87-29. Tlj sf dim. Formule déj, sinon à la carte compter env 150 Shk.* Plats bien travaillés à base de produits frais pour ce bistrot chic à l'atmosphère feutrée. Service aimable mais un peu « pousse à la conso ».

De chic à très chic (plus de 150 Shk / 32 €)

|●| ***Mizlala*** *(plan couleur II, F5, **81**) : 57, rehov Nahalat Binyamin. ☎ 566-55-05. Tlj 12h-minuit. Résa conseillée.* Business menu *jusqu'à 18h ; le soir, à la carte slt, compter 130-200 Shk.* L'un des restos en vogue de Tel-Aviv dans un cadre moderne et assez branché. Il faut dire que le jeune chef, Meir Adoni, n'en est pas à son coup d'essai. Sa carte trouve son inspiration dans les cuisines française, marocaine et israélienne. C'est goûteux, original et parfois surprenant, du début jusqu'à la fin. *Mizlala*, c'est aussi un peu *the place to be* (c'est peut-être d'ailleurs pour ça qu'il y a de grands murs vitrés offrant une large vue sur la rue, et vice versa). Pas de terrasse.

|●| ***Catit*** *(plan couleur II, F5, **81**) : même entrée que Mizlala. ☎ 510-70-01. Tlj 12h-23h. Résa conseillée.* Business menu

jusqu'à 15h ; le soir, menus gastro 350-480 Shk. Meir Adoni, le chef du *Mizlala,* joue une double partition en ajoutant le *Catit* à son répertoire. Il s'amuse en composant un style très différent aussi bien dans la cuisine tendance moléculaire que dans l'ambiance et la déco plus classiques. On retient surtout des plats créatifs et hauts en saveurs, le tout orchestré avec talent.

Autour de Rothschild

Prix moyens (100-150 Shk / 21-32 €)

|●| ***Joz vé Loz*** *(plan couleur II, F5-6,* ***82****) : 51, rehov Yehuda HaLevi. ☎ 560-63-85. Tlj sf sam 18h-1h du mat.* Ici, on a un peu l'impression de passer la soirée dans la maison de copains, avec leur salon surmonté d'une mezzanine et leur jardin entouré de végétation. On y prépare une cuisine de marché qui change régulièrement. La carte, bien élaborée, réussit le pari d'être assez variée. Pas de dogme culinaire, pas vraiment de spécialité non plus, tout s'élabore selon l'humeur du jour. Musique jazzy ou plus rock. Une adresse agréablement décalée.

|●| ***North Abraxas*** *(plan couleur II, F6,* ***83****) : 40, rehov Lilienblum. ☎ 516-66-60. Tlj sf dim 12h (13h w-e)-4h. Résa conseillée.* Cohortes de bobos tendance *trendy,* au comptoir ou en terrasse. C'est Eyal Shani, un célèbre chef, qui a élaboré cette étonnante gastronomie. Il casse les codes de la cuisine traditionnelle et fait le pari d'une simplicité totale à coups de produits locaux ultra-frais, avec le souci de préserver au maximum le goût des choses, tout en leur donnant une touche, des saveurs réjouissantes et personnelles. Original système de mini-plats, de grosses tapas révélant une subtile créativité et des goûts délicats. Menu en hébreu, mais, avec patience et sourire, on vous le traduira consciencieusement ! Possède également un resto à Paris.

|●| ***Nanuchka*** *(zoom couleur, F6,* ***84****) : 30, rehov Lilienblum. ☎ 516-22-54. Pas d'enseigne visible de la rue ; repérer le comptoir d'accueil au milieu des immeubles. Tlj midi et soir. Le midi en sem, menu env 50-60 Shk ; le soir, env 110-200 Shk.* L'une des adresses qui se trouve régulièrement sous le feu des projecteurs dans cette rue à la vie nocturne animée. Dans une déco éclectique et étudiée qui colle à son époque, l'atmosphère est joyeuse, le service jeune. Selon l'humeur, on s'installe au bar décontracté, dans la petite cour, ou à l'arrière, dans la salle plus posée (et dans laquelle la clientèle est un peu en représentation). Bonne cuisine, notamment géorgienne.

Newe Tsedek

De prix moyens à chic (100-250 Shk / 21-53 €)

|●| ***Suzana Bar*** *(zoom couleur, E6,* ***86****) : 9, rehov Shabazi. ☎ 517-75-80. Tlj 9h30-minuit (1h ven-sam).* Face au centre Suzanne Dellal, café-restaurant très agréable avec une grande terrasse ombragée par des ficus géants. Clientèle jeune et milieu de la danse. L'une des adresses les plus sympas du quartier. Très bien également pour un verre en journée.

|●| ***Bellini*** *(zoom couleur, E6,* ***87****) : 6, rehov Yehieli. ☎ 517-84-86. Sur la place du centre Suzanne Dellal. Tlj.* Un resto qui sert une cuisine italienne pur jus et de qualité. Difficile de résister au délicieux pain aux olives fait maison que l'on vous pose sur la table. L'intérieur est un peu sombre. Mais l'endroit est surtout appréciable pour sa terrasse noyée dans la verdure qui donne sur la place du centre Suzanne Dellal. Ne vous fiez pas aux nappes à carreaux un peu désuètes et aux chaises sommaires.

|●| ***Nana Restaurant*** *(zoom couleur, F5,* ***88****) : 1, rehov Ehad Haam. ☎ 516-19-15. Tlj midi et soir. Business menu 50-70 Shk servi jusqu'à 17h ; le soir, à la carte slt, rejoint la catégorie « Chic ».* Un bâtiment aux robustes murs de brique, genre ancienne friche industrielle réhabilitée, qui a réussi sa reconversion. L'endroit a de l'allure

TEL-AVIV

et de la patine avec ses vieux objets d'antiquaire, son patio et ses différentes salles. Cuisine à la hauteur. Un resto d'un romantisme chic décontracté. On peut aussi juste prendre un verre au comptoir.

Quartier Florentin

Bon marché (50-100 Shk / 10,60-21 €)

Ⓘ ***Kasbah de Florentin*** *(zoom couleur, F6,* ***89****)* **:** *3, rehov Florentin. ☎ 518-21-44. Tlj 9h-minuit (1h du mat w-e). Formule midi sf w-e. Happy hours 17h-21h.* Dans une maison entourée d'un jardin verdoyant, voilà un bar-resto-salon de thé aux multiples facettes. Certains y prennent encore leur petit déj, alors que d'autres avalent déjà leur repas du midi et que d'autres encore sirotent un café en lisant un bouquin. Tables dépareillées, expos photos et bonne musique. Une adresse à l'ambiance chaleureuse et décontractée, gentiment bobo, très bien pour prendre la température du quartier. Carte bien fournie en alcools.

En bord de mer

De prix moyens à chic (100-250 Shk / 21-53 €)

Ⓘ ***Lala Land*** *(plan couleur I, A3,* ***110****)* **:** *voir « Où boire un verre ? ».*

Ⓘ Au nord de la ville, l'ancien port *(namal)* et les hangars ont été restaurés. De ***nombreux bars et restaurants*** *(plan couleur I, B1,* ***91****)* alignent leurs terrasses face au bassin et à la mer. Sans oublier les magasins de fringues qui ferment très tard. Les vendredi et samedi, l'endroit est souvent noir de monde, les ados mangent des glaces, les enfants glapissent en s'élançant sur leurs petits vélos à 4 roues. Mais côté restauration, le rapport qualité-prix est discutable...

De chic à très chic (plus de 150 Shk / 32 €)

Ⓘ ***Manta Ray*** *(zoom couleur, E6,* ***92****)* **:** *Alma Beach. ☎ 517-47-73. Tlj midi et soir. Compter env 200-250 Shk pour un repas. Réserver le soir en fin de semaine.* Au bord de la plage, l'adresse réputée pour manger poissons et fruits de mer, tout en bénéficiant d'une vue idyllique sur le large et le promontoire de Jaffa. Atmosphère intime le soir. Ceux qui voudraient profiter du cadre sans pour autant vider leur porte-monnaie se rabattront sur les *mezze*. Propose aussi de très bons petits déj. Une petite institution à Tel-Aviv (mais qui pourrait tout de même investir dans un plafond plus élégant que le contreplaqué actuel...).

Ⓘ ***Herbert Samuel*** *(zoom couleur, E5,* ***93****)* **:** *6, derech Kaufmann. ☎ 516-65-16. Tlj midi et soir. Résa conseillée. Menus le midi 130-160 Shk servis jusqu'à 17h ; le soir à la carte slt, env 150-300 Shk.* L'un des restos qui tient régulièrement le haut de l'affiche à Tel-Aviv. La salle moderne avec sa grande baie vitrée et sa vue sur la mer est un sacré atout, mais ça ne fait pas tout. Dans les assiettes, on déguste une cuisine fine et savoureuse, des compositions aux accents méditerranéens et asiatiques dans lesquelles les épices sont souvent à l'honneur. Assurément, une bonne table.

Où prendre le petit déjeuner ?

☕ ***Benedict*** *(plan couleur I, B2,* ***32****)* **:** *171, rehov Ben Yehuda, à l'angle de Jabotinsky. ☎ 544-03-45. Tlj 24h/24. Petits déj env 50-70 Shk.* Avec ses airs d'épicerie à l'ancienne et une touche des années 1950, c'est l'un des endroits par excellence pour prendre un petit déj ou un brunch le week-end. Du petit déj continental au petit déj à la française en passant par le petit déj grec, mexicain, israélien, etc., le choix est large ! Pas mal de monde, à tout moment de la journée. Autre adresse : *29, rehov Rothschild, à l'angle de rehov Allenby. ☎ 686-86-57. Même carte, mêmes horaires.* Clientèle jeune et plutôt dorée. Terrasse au bord du boulevard.

Café Bialik (plan couleur II, F4, **76**) : près d'Allenby. Voir « Où manger ? ».

Kasbah de Florentin (zoom couleur, F6, **89**) : dans le quartier Florentin. Voir « Où manger ? ».

Hatahtit (plan couleur II, G5, **112**) : 9, rehov Lincoln. Ouv 24h/24 (cuisine 7h30-4h du mat). Sert des petits déj toute la journée. Voir plus loin « Où boire un verre ? ».

Max Brenner (plan couleur II, F5, **117**) : 45, sderot Rotschild. Tlj 9h-1h du mat (3h le ven). Voir plus bas « Où déguster une bonne glace ? Un bon chocolat ? ».

Où déguster une bonne glace ? Un bon chocolat ?

Anita (zoom couleur, F5, **105**) : angle des rues Shabazi et Pines. ☎ 517-05-05. Dans le quartier de Newe Tsedek. Tlj jusqu'à minuit sf shabbat. Surnommée la *Mamma del gelato*. Des montagnes de glaces parfumées qui régalent tous les habitants et visiteurs de ce quartier néobobo !

Max Brenner (plan couleur II, F5, **117**) : 45, sderot Rothschild. Tlj 9h-1h du mat (3h ven). Ça n'est pas l'usine de *Charly et la Chocolaterie*, mais sa version commerciale pourrait y ressembler... On est dans le saint des saints, tout pour confondre les mordus de chocolat : glaces, cocktails, gaufres, cheese-cakes, chocolat frappé ou chaud de différentes origines et même une pizza ! Plus classiques : des salades et quelques plats légers. Le tout servi dans une vaisselle originale. Ambiance familiale assurément, boutique... évidemment.

TEL-AVIV

Où boire un verre ?

Tel Aviv Nights : 052-837-50-31 (Ido). Pub crawls les jeu et sam soirs 80 Shk ; Beer and Falafel Tours le ven ap-m 50 Shk. Achat en ligne possible. Lieux de rendez-vous indiqués sur le site ou par tél. Les *pub crawls* sont une habitude typiquement anglo-saxonne qui consiste à passer d'un bar à l'autre (en l'occurrence 4 minimum). Quant à la version diurne, les « beer and falafel tours », on s'arrête dans 3 adresses différentes. Une bonne façon de s'immerger dans l'ambiance branchée et éclectique de la ville et de rencontrer aussi bien des locaux que des voyageurs du monde entier. Bonne sélection d'adresses. Très sympa.

Autour de Dizengoff et au nord

Lala Land (plan couleur I, A3, **110**) : Gordon Beach. ☎ 529-33-03. Entre les hôtels Sheraton et Renaissance. Tlj 7h-2h du mat. Le bar de plage par excellence, avec des tables basses posées sur le sable fin. Un endroit top à l'heure de l'apéro, tout en regardant le soleil plonger dans le bleu de la mer. Un conseil : prévoir les tongs ! On peut y manger (les prix ne sont pas excessifs). Le soir, les bougies qui scintillent sur les tables créent une atmosphère intime, propice aux mots doux. Un endroit très fréquenté par les Français.

Café Michal (plan couleur I, B2, **111**) : 230, rehov Dizengoff. ☎ 523-02-36. Tlj 8h-minuit. Le type d'adresse qui tombe à point nommé pour une halte gourmande lors d'une escapade au nord de cette rue commerçante. Une salle aux murs crème et volontairement dépouillés, un genre de bistrot à la tonalité bobo. La terrasse dissimulée derrière un rideau de plantes vertes, au bord de la rue, est accueillante. Salades, sandwichs et gâteaux en journée.

Toma Bar (plan couleur II, G4, **79**) : rehov Ibn Gabirol. 052-482-24-82. Tlj 20h (21h ven)-2h du mat. Avoir 25 ans min. Résa conseillée 1-2 j. avt pour le w-e. 4 formules *all you can drink*. Un bar agrémenté d'un jardin avec bancs et coussins sous un bougainvillier et un olivier. Très agréable.

Autour et à l'est d'Allenby

Café Bialik *(plan couleur II, F4,* ***76****) : voir « Où manger ? ».*

Café Tamar *(plan couleur II, G5,* ***113****) : 57, rehov Sheinkin. ☎ 685-23-76. Tlj sf sam 7h30-20h env. Se reconnaît à son auvent rayé vert et blanc.* Ouvert depuis 1941, ce lieu est une institution, presque une relique... Derrière le comptoir, fidèle au poste, Sarah Stern est toujours aussi fière d'avoir combattu dans l'armée britannique lors de la Seconde Guerre mondiale. Sur les murs, de vieilles photos et articles de journaux racontent tout ce passé glorieux. Les tables en formica attendent le chaland. Un autre monde, une autre époque.

Café Noah *(plan couleur II, G4-5,* ***114****) : 93, rehov Ahad Ha'Am. ☎ 629-37-99. Tlj sf sam 8h-minuit (17h ven).* Un bar un peu excentré et patiné, avec un long comptoir en bois, des tables et des chaises de bistrot à la française, un lourd parquet usé par les nombreux pas qui l'ont foulé. Les artistes et intellos du quartier y ont leurs habitudes. Bien pour un café, un jus de fruits, un milk-shake ou un *lassi* en journée. On peut aussi y caler une petite faim (sandwichs et salades).

Tailor Made Bar *(plan couleur II, F5,* ***119****) : 99, rehov Allenby. Tlj à partir de 19h jusqu'au dernier client. 25 ans min pour les femmes, 28 pour les hommes. DJ mer-sam 21h.* Vous risqueriez de le rater si vous passez trop vite, car situé tout au fond d'une ruelle, après un magasin de musique. On aime la terrasse arborée et la salle, haute de plafond totalement vintage avec son bar et son piano. On peut y manger un morceau. Bonne ambiance.

The Little Prince *(plan couleur II, F5,* ***120****) : 18, rehov Nahalat Binyamin. Dim-ven 16h-1h, mar et ven à partir de 11h (quand il y a le marché des arts dans la rue).* Entrée discrète, c'est plutôt sa terrasse à l'étage qui s'avance en proue au coin de la rue qu'on aperçoit en premier, au-dessus d'une peinture murale. C'est bien là-haut que poètes et artistes s'installent, dans le coin bibliothèque ou à l'extérieur devant un verre ou un plat végétarien, sur fond musical planant. Un lieu où on se sent bien.

Hatahtit *(plan couleur II, G5,* ***112****) : 9, rehov Lincoln. Ouv 24h/24 (cuisine 7h30-4h du mat).* Un café typique de Tel-Aviv aux multiples espaces intérieurs et extérieurs. On s'installe au comptoir face à la rue, en terrasse ou sous la véranda pour boire un verre, un bon café ou un chocolat chaud, savourer un délicieux cheese-cake ou opter pour un plat plus élaboré (végétarien ou non). Excentré et donc peu touristique.

Newe Tsedek et le quartier Florentin

Suzana Bar *(zoom couleur, E6,* ***86****) : voir « Où manger ? ».* Très bien pour un verre en journée.

Jajo Vino *(zoom couleur, F5,* ***115****) : 44, rehov Shabazi. ☎ 510-06-20. Tlj 16h (12h ven)-minuit.* Un bar à vins aux murs rouges où l'on peut grignoter des assiettes de charcuterie et de fromages. Assez classieux et huppé, mais décontracté, à l'image du quartier.

Nana Restaurant *(zoom couleur, F5,* ***88****) : à Newe Tsedek. Voir « Où manger ? ».* En soirée.

Dans le quartier Florentin, on trouve quelques bars à l'angle des rues Florentin et Vital. Les prix sont un peu moins élevés qu'ailleurs ; du coup, pas mal d'étudiants. On a bien aimé le **Perla Bar** *(10, rehov Florentin ; zoom couleur, F6,* ***116****),* mais n'hésitez pas à arpenter le bout de rue et à suivre votre feeling.

Kasbah de Florentin *(zoom couleur, F6,* ***89****) : dans le quartier Florentin. Voir « Où manger ? ».*

Vicky-Cristina *(zoom couleur, E6,* ***118****) : à Hatachana (l'ancienne gare), tt au bout. Tlj 12h-1h du mat.* Deux enseignes, de part et d'autre de la place, pour une cuisine commune. Clin d'œil à Woody Allen et à son *Vicky-Cristina Barcelona.* On y mange donc des tapas en sirotant du vin, une bière sous les étoiles ou à l'ombre d'un ficus bicentenaire. Très agréable, surtout au *Vicky* avec ses mosaïques en noir et blanc, où on partage les grandes tables rectangulaires et hautes, façon bar.

Hugo's *(zoom couleur, E6,* ***118****) : à Hatachana (l'ancienne gare), tt au bout. À l'étage.* Endroit stratégique tourné vers la mer et Jaffa grâce à sa superbe terrasse en hauteur. Accueil très sympa.

Près de Rothschild

Rothschild 12 *(zoom couleur, F5,* ***130****) : voir « Où sortir ? ».*

Nanuchka *(zoom couleur, F6,* ***84****) : voir « Où manger ? ». Tlj jusqu'à 2h ou 3h du mat.* Bar-resto bien sympa, plutôt branché et toujours animé. Sur fond de bonne musique, le comptoir bordé de chaises hautes aux multiples couleurs est parfait pour débuter une soirée.

Où sortir ?

Tel-Aviv *by night* ne ressemble à aucune autre ville de ce côté de la Méditerranée. Troublante métropole où les bars nocturnes, les cafés branchés et autres lieux à la mode sont tellement européens qu'on n'y est pas vraiment dépaysé. Dans cette ville épicurienne, on sort beaucoup et tard, même en semaine. Pour ceux qui veulent danser, la vie nocturne se passe davantage dans les *dance bars* que dans des gigantesques boîtes de nuit. Difficile de définir une atmosphère ou un public pour chacun des lieux. Ils changent en fonction de la soirée organisée. Et d'un jour à l'autre, un même établissement peut faire preuve d'un grand éclectisme !
Voir aussi les adresses de Jaffa, au sud de la ville, mentionnées plus loin, après Tel-Aviv.

TEL-AVIV

Bars et *dance bars*

Rothschild 12 *(zoom couleur, F5,* ***130****) : 12, derech Rothschild. ☎ 510-64-30. Tlj jusque tard dans la nuit.* Un bar très connu que l'on repère facilement à sa terrasse en bord de rue, toujours noire de monde, et qui n'est que la partie visible de l'iceberg. À l'arrière du bâtiment se cache une salle très sympa, une sorte de café-concert où se produisent des groupes à partir de 23h (gratuit). Principalement du rock, parfois funk, fusion, R'n'B, etc. Possibilité de grignoter sur place.

OCD *(plan couleur II, F5-6,* ***131****) : 42, rehov Lilienblum. 052-398-58-58. Tlj sf jeu de 22h30 jusqu'au dernier client. À partir de 25 ans. Dance bar* où il se passe toujours quelque chose. En principe, le lundi, c'est la *gays' night* ; mardi et vendredi, *main stream* ; mercredi, reggae live ; samedi, soirée lesbienne. Bar extérieur.

Radio EPGB *(plan couleur II, G5,* ***132****) : 7, rehov Shadal. ☎ 560-36-36. Tlj de 21h30 jusqu'au dernier client.* Bar musical très sympa en sous-sol, avec un petit côté underground revendiqué. Projections de vidéos sur les murs en béton coloré, long comptoir et fauteuils pour se poser. Le choix musical et la sono sont de bonne qualité. Très enfumé et bruyant. Souvent bondé, il faut alors jouer du corps-à-corps pour se frayer un chemin.

Abraxas *(plan couleur II, F6,* ***83****) : 40, rehov Lilienblum. ☎ 510-44-35. Tlj.* Un bar qui existe de longue date et dont les murs de brique font penser à une taverne. Clientèle mélangée, la trentaine-quarantaine. Son de très bonne qualité. Billard à l'étage. Beaucoup de monde le week-end.

Café Bialik *(plan couleur II, F4,* ***76****) : voir « Où manger ? ».* Certains soirs vers 21h, propose des concerts gratuits avec des groupes qui font leurs premiers pas. La qualité n'est pas toujours au rendez-vous, mais l'ambiance est sympa.

Breakfast Club *(zoom couleur, F5,* ***133****) : 6, derech Rothschild. ☎ 620-08-32. Tlj à partir de 23h. Entrée parfois payante.* Une valeur sûre des nuits de Tel-Aviv. Selon les soirs, musique électro, des années 1980 ou plus rock.

Levontin 7 *(plan couleur II, F6,* ***134****) : 7, rehov Levontin. ☎ 560-50-84. • levontin7.com • Bar tlj 19h-3h du mat. 2 concerts/j. vers 20h30 et 23h ; tarifs : 40-80 Shk (réduc de 10 % si résa par tél).* Un bar au rez-de-chaussée où l'on joue du coude-à-coude au comptoir, mais le vrai spectacle se passe dans la salle de concerts, au sous-sol. Bonne programmation plutôt éclectique : concert tranquille en début de soirée (à dominante jazz), beaucoup plus vitaminé en 2e partie (groupes de rock, voire de hard).

The Sublet *(zoom couleur, E5,* ***93****) : 6, derech Kaufmann. 054-544-84-84. Tlj en été slt.* Situé sur le toit-terrasse d'un immeuble, juste à côté du *Dan Panorama.* L'emplacement est génial. Clientèle branchée et assez sélecte. *The place to be* pour *happy few.* N'oubliez pas vos lunettes de soleil, même s'il est couché depuis belle lurette !

Boîtes de nuit (ou club)

Comme pour les *dance bars,* la musique et l'ambiance changent d'un jour à l'autre, selon la soirée. En principe, l'entrée est gratuite en semaine, payante les jeudi et vendredi (autour de 100 Shk).

Penguin Club *(plan couleur II, F6,* ***140****) : 43, rehov Yehuda HaLevi. ☎ 485-27-41. Tlj à partir de 23h. Entrée payante jeu-ven.* Un club underground réputé pour les DJs de renommée internationale qui s'y produisent. De l'électro, exclusivement. Les jeudi et vendredi, pas la peine d'y venir avant 2h du mat'. La quête peut alors commencer pour ne pas finir la soirée seul.

Une boîte célèbre, à ciel ouvert, qui ne fonctionne que l'été : ***Clara*** *(plan couleur II, E5,* ***142****),* dans l'enceinte du Dolphinarium. Un endroit branché pour les « young and bioutifoul ». Pas d'hommes seuls.

Autre boîte qui frappe fort et bien depuis plusieurs années : le ***Maxim Club*** *(plan couleur II, G4,* ***143*** *; 48, rehov King George).* Bon son techno et house, réputé pour ses DJs venus du monde entier.

The Block *(plan couleur II, G6,* ***141****) : 157, Salame Rd, derrière la gare routière principale. ☎ 537-80-02. Ouv mer-ven. Entrée : 30-100 Shk selon la soirée.* La boîte anti-branchitude : on vient ici avant tout pour danser et écouter de la bonne musique. Pas de dress code et tout le monde peut entrer, mais à chaque soir son style : hardcore et trance le mercredi, DJs du monde entier le jeudi et *gays' night* le vendredi.

La vie nocturne gay

À Tel-Aviv, la communauté gay est importante. La *gay pride,* en juin, rassemble habituellement plusieurs dizaines de milliers de personnes (près de 100 000 selon les organisateurs). Mais ici, pas de ghettos, et rares sont les bars exclusivement gay. Des soirées sont organisées dans différents établissements, et ça change selon le jour.

Evita *(plan couleur II, F5,* ***145****) : 31, rehov Yavne. ☎ 566-95-59. Tlj à partir de 18h jusqu'au dernier client.* L'un des bars homo et lesbien les plus anciens de Tel-Aviv. Organise souvent des soirées (*drag show* le mardi) et DJs en fin de semaine. Grande terrasse au bord de la rue pour prendre l'air et en profiter pour mater le chaland qui passe.

Les principales soirées : le **Cheesecake** *(zoom couleur, F5,* ***133*** *; 6, derech Rothschild)* organise une soirée très fréquentée le jeudi à partir de 23h (entrée libre). Bonne musique électro, ambiance *gay friendly,* filles et garçons bienvenus. Le vendredi, à partir de 23h30, c'est la soirée du ***PAG*** *(Proud & Guilty)* au ***Zizi Club*** *(ça ne s'invente pas ! plan couleur II, G5,* ***146*** *; 7, rehov Carlebach),* là encore, pour filles et garçons (entrée autour de 60 Shk). Ne pas oublier non plus les *gays' night* de l'***OCD*** le lundi (voir plus haut la rubrique « Bars et *dance bars* ») et du ***Block*** le vendredi (voir plus haut la rubrique « Boîtes de nuit »). Le ***Shpagat*** *(43, rehov Nahalat Binyamin, plan couleur II, F5,* ***147*** *; tlj à partir de 21h ; pour les plus de 24 ans)* est un bar sympa qui accueille DJ et artistes. Enfin, grande soirée mecs régulièrement organisée par ***FFF*** (voir site Facebook). Le lieu change à chaque fois. *Entrée : env 100-120 Shk.* En général, beaucoup de monde et grosse artillerie. Plusieurs centaines de garçons, marcels moulants ou torses nus (du 100 % pur jus !). L'entrée n'est pas interdite aux filles mais il faut qu'elles viennent avec leurs potes !

À voir

Autour de Dizengoff

La ***rue Dizengoff*** est en quelque sorte l'épine dorsale de la ville, autrefois hâtivement considérée comme les Champs-Élysées de Tel-Aviv. Beaucoup de magasins, restos et cafés avec terrasses. Elle est toujours très animée, en journée comme le soir. Sur la ***place Dizengoff*** *(plan couleur II, F4)* se dresse la *fontaine musicale Feu et Eau* du sculpteur et peintre « cinétique » Ya'akov Agam. Son esthétique et l'aménagement de la place n'ont jamais fait l'unanimité et ont alimenté de houleux débats. Lors de la création de la voie rapide, la fontaine a été surélevée, et la place a perdu son attrait et sa fonction. Aujourd'hui, la municipalité est en train de réhabiliter cet espace urbain.
Au nord de la place Dizengoff, de part et d'autre de la rue Frischmann, et jusqu'à la rue Frug, levez le nez et vous verrez quelques beaux exemples d'***immeubles Bauhaus,*** dont certains ont été très bien restaurés. En poursuivant vers le nord, on croise la rue ***Gordon.*** Pas mal de galeries d'art dans ce secteur, à découvrir le long des rues arborées.

Bauhaus Center *(plan couleur I, B3)* **:** *99, rehov Dizengoff. ☎ 522-02-49. • bauhaus-center.com • Dim-jeu 10h-19h30, ven 10h-14h30, sam 12h-19h30. GRATUIT. Une annexe à Jaffa (lire plus loin).* Dédié au style Bauhaus et à l'architecture moderne, le centre abrite trois espaces : la boutique, l'espace d'exposition au 1er étage, et les archives au 3e étage. On y trouve une carte détaillée indiquant les monuments Bauhaus de Tel-Aviv ainsi que de nombreux ouvrages sur l'architecture et plus généralement sur le tourisme.
➢ Le vendredi à 10h, le centre propose une visite guidée (en anglais) à travers le quartier pour découvrir l'architecture Bauhaus. Départ devant le centre *(compter 1h30 et 60 Shk/pers).* Possibilité également de partir en solo avec un audiophone (en français) après avoir visionné un petit film ; même tarif.

Ben Gurion's House *(maison Ben Gourion ; plan couleur I, A-B3)* **:** *17, sderot Ben Gurion. ☎ 522-10-10. Dim-ven 8h-15h (17h lun, 13h ven), sam 11h-14h. GRATUIT.* C'est l'ancienne résidence de Paula et David ben Gourion avant leur installation au kibboutz Sdé Boker. Tout est resté en l'état. Objets personnels sous vitrine. À l'étage, impressionnante bibliothèque de 20 000 livres.

En reprenant la rue Dizengoff, plus au nord, on arrive sur la ***place Basel*** *(plan couleur I, B2),* un petit quartier de poche, bordée de cafés et de boutiques pour jeunes yuppies israéliens. Il est agréable de s'y poser avant d'aller se balader devant les vitrines de vêtements de stylistes, parfois vintage, de la rue Dizengoff dans sa partie nord. L'ancien port de Tel-Aviv, entièrement rénové, n'est plus très loin. Les nombreux bars, restos et magasins de fringues aménagés dans les anciens hangars en font un haut lieu de vie, surtout le week-end. On y vient en famille et entre amis.

Old Cemetery *(vieux cimetière de la ville ; plan couleur II, F4)* **:** *rehov Trumpeldor. Avr-oct, tlj sf sam 6h30-19h (17h le reste de l'année ; 14h ven).* Plusieurs personnalités historiques d'Israël y sont enterrées.

Etzel Museum *(musée de l'Etzel ; l'Irgoun ; plan couleur II, G4)* **:** *38, rehov King George. ☎ 528-40-01. • etzel.org.il • Tlj sf ven-sam 8h30-16h. GRATUIT.* Intéressant complément au musée de la Haganah et muséologie assez différente. L'Irgoun, organisation de résistance indépendante de la Haganah, s'opposa souvent à elle. Son chef fut Menahem Begin (qui deviendra Premier ministre). Elle se distingua par de spectaculaires actions, comme l'attaque de la prison d'Akko (et la libération de ses prisonniers) et, surtout, le sanglant attentat contre le QG de l'armée britannique à l'hôtel *King David* de Jérusalem (96 morts). Ici, moins de grandes reconstitutions spectaculaires, on a plutôt mis l'accent sur de petits dioramas et la présentation sobre de nombreux documents, souvenirs, photos, tracts, cartes, journaux, etc. Comme la déclaration solennelle de *Zeev Jabotinsky* aux activistes de l'Irgoun les encourageant à combattre les Anglais, la machine à écrire du QG de l'organisation, les armes et papiers des officiers supérieurs, les nombreux passeports (avec des noms différents bien sûr) de Menahem Begin. Dioramas de toutes les attaques et petit atelier de fabrication d'armes. Documents et témoignages sur l'immigration illégale organisée par l'Irgoun. Au sous-sol, l'accent est mis sur la deuxième phase du combat, après 1945, contre les Anglais, comme l'attentat contre l'ambassade britannique à Rome en octobre 1946. *Memorial Corner* en hommage aux combattants de l'Irgoun exécutés, notamment à la prison d'Akko. Ne pas manquer le film d'archives. Il permet, en plus des faits politiques et historiques, de saisir l'atmosphère de cette époque.

À l'est de Dizengoff

Kikar Rabin *(plan couleur I, B-C3)* **:** c'est la place de l'hôtel de ville, anciennement place Malke Yisrael. C'est ici que fut assassiné Yitzhak Rabin, alors Premier ministre, le 4 novembre 1995, en descendant les marches de l'escalier (après une manifestation monstre... en faveur de la paix !). Le mémorial à sa mémoire est situé au pied de l'escalier, au début de la rue Ibn Gabirol (sur le côté droit de la mairie, en venant de la place).

Tel Aviv Museum of Art *(musée des Arts de Tel-Aviv ; plan couleur II, H4)* **:** *27, derech Shaul HaMelech. ☎ 607-70-20. • tamuseum.org.il • Tlj sf dim 10h-16h (22h mar et jeu ; 14h ven). Entrée : 48 Shk ; réduc ; gratuit moins de 18 ans. Agréable cafétéria.*

Fondé en 1932, partie prenante du Golda Meir Cultural and Art Center, c'est le centre culturel le plus important du pays. Superbes collections d'art moderne grâce aux généreux donateurs. Depuis peu, il s'est enrichi d'une nouvelle aile, le Herta et Paul Amer Building. Comme une proue de navire, tout en angles et harmonieuses lignes de fuite, œuvre de l'architecte Preston Scott Cohen de l'université de Harvard et livrant 20 000 m² de nouvelles salles lumineuses.

– Au 1er étage, les plus belles galeries : la Moshe et Sarah Mayer Gallery (les plus grandes œuvres classiques) et la Mizne-Blumenthal Gallery (œuvres insolites, les modernes et quelques classiques).

Galerie Moshe et Sarah Mayer : de Picasso, *L'Adieu au pêcheur* (1902, période bleue), *Femme à la jupe rouge* (1921) et *Mousquetaire à la pipe* (1968) qui permettent d'appréhender l'évolution de son style. Également Fernand Léger, Braque, Juan Gris, Albert Gleizes, Miró, Vuillard, Bonnard, Dufy *(La Moisson)*, Soutine, Chagall *(La Femme poisson)*, Van Gogh (superbe *Bergère* d'après Millet), Gauguin, Pissarro, Monet *(La Mare aux nénuphars)*, Degas, Sisley, Renoir, Boudin...

Galerie Mizne-Blumenthal : là encore, beaucoup d'œuvres de Picasso. Étonnant de découvrir l'univers noir, la vision apocalyptique et la violence hallucinatoire de Ludwig Meidner, un des rois de l'expressionnisme allemand. Ici, dans *L'Usine qui brûle* (1912), on perçoit ce qu'il doit à Van Gogh et à Munch... Plus le *Coucher de soleil* de Max Pechstein, *Frederike Maria Beer* de Klimt, James Ensor, Kandinsky, le flamboyant *Paysage avec maison verte* de Murnau, Magritte, Dalí, Calder, Arp, Max Ernst, Tanguy et Giorgio De Chirico...

– *Salle du dessous :* Soutine et de remarquables Chagall, dont la *Grand-mère faisant les confitures* (1914), la célèbre *Solitude* (1933) et la fascinante *Ferme* avec ses merveilleux fondus. Autoportrait de Moïse Kisling, Jules Pascin, des Bonnard à la pelle, puis Matisse, Utrillo, Modigliani... Belle série de Max Lieberman, Kokoschka et *Ma chambre favorite* de James Ensor (avec la reproduction de ses propres tableaux aux murs). Quelques pointillistes : Signac, Cross, Henri Martin...

– *L'art de la seconde moitié du XXe s :* Soulages, Dubuffet, Tapies, Alechinsky et un flamboyant Karel Appel. Puis Pollock, Willem De Kooning, Mark Rothko,

Louis Morris, Arman, Jasper Jones, Roy Lichtenstein, Andy Warhol, le surprenant portrait de Chuck Close (1952) et le superbe collage de David Hockney, *Déjeuner à l'ambassade d'Angleterre.* Pour finir, d'étonnantes œuvres américaines comme *Aviva, rose de Tel-Aviv* de Jim Dine, un Van Gogh, une nuit étoilée d'Arman et un très coloré Franck Stella... Mais notre coup de cœur définitif, c'est l'*Invasion des pensées étrangères* de David Wojnarowicz...

– *Au sous-sol :* si vos jambes vous portent encore, les « vieux maîtres », les Rubens, Van Dyck, Rigaud, Van Loo, Reynolds, G. Romney... Les sombres et réalistes toiles de Josef Israëls, Rembrandt *(Samson menaçant son beau-père),* Ruysdael, Poussin et une belle vue de Dresde de B. Bellotto. Finissons sur le saisissant *Portrait de famille avec six enfants* de H. Noorderwiel ou la quiétude rassurante d'une famille bourgeoise.

– Très intéressantes expos temporaires.

Israeli Opera *(plan couleur II, G-H4)* **:** *19, Shaul HaMelech. ☎ 692-77-77. ● israel-opera.co.il ● À côté du musée d'Art.* Il s'agit d'un véritable manifeste architectural de marbre blanc au sein de l'ensemble culturel du *Tel-Aviv Performing Arts Center.* Construit dans le centre Golda Meir (centre réalisé dans les années 1950 pour accueillir des bâtiments publics), l'opéra abrite sur son beau parvis plusieurs restos à la mode. La tour et le portique d'entrée donnent un caractère monumental à l'ensemble.

Helena Rubinstein Pavilion for Contemporary Art *(pavillon Helena Rubinstein d'Art contemporain ; plan couleur II, G4)* **:** *6, sderot Tarsat. ☎ 528-71-96. ● tamuseum.com ● Pour s'y rendre, bus nº 5, arrêt Abima. Tlj sf dim 10h-16h (22h mar et jeu, 14h ven). GRATUIT.* Accueille des expos temporaires d'art contemporain consacrées essentiellement à la jeune scène israélienne.

TEL-AVIV

Autour d'Allenby

Autre artère commerçante importante de Tel-Aviv, qui mène de la plage au boulevard Rothschild.

Rubin Museum *(musée Rubin ; plan couleur II, F4)* **:** *14, rehov Bialik. ☎ 525-59-61. ● rubinmuseum.org.il ● Tlj sf dim 10h-15h (20h mar), sam 11h-14h. Entrée : 20 Shk ; réduc ; gratuit moins de 18 ans. Audioguide en français : 10 Shk. Possibilité de visite guidée sur résa.* C'est la maison de Reuven Rubin, l'un des peintres israéliens les plus importants, dans laquelle il travailla de 1946 jusqu'à sa mort en 1974. On peut y admirer plusieurs de ses tableaux. À l'étage, son atelier est resté en l'état. Parfois des expos d'artistes israéliens.

Bialik Museum *(Beit Bialik ; plan couleur II, F4)* **:** *22, rehov Bialik. ☎ 525-45-30. Lun-jeu 9h-17h (20h mar), ven-sam et j. fériés 10h-14h. Fermé dim. Entrée : 20 Shk ; réduc.* L'ancienne demeure du célèbre poète israélien Chaim Nachman Bialik a été restaurée de manière fidèle à l'esprit des lieux et notamment les couleurs des murs aux tons vifs bien rendus. On y voit le salon, son bureau, la bibliothèque et de nombreux objets personnels. Le carrelage de l'entrée est d'origine. Les explications sont en hébreu, mais un petit guide en français est disponible à l'accueil.

Beit Ha'ir *(plan couleur II, F4)* **:** *27, rehov Bialik. ☎ 724-03-11. ● beithair.org ● Lun-jeu 9h-17h (20h mar), ven-sam et j. fériés 10h-14h. Fermé dim. Entrée : 20 Shk ; réduc. Panneaux en anglais. Visite guidée possible sur rdv.*

L'ancienne mairie de la ville s'impose tout au bout de la rue Bialik, si représentative du style Bauhaus. Le bâtiment fut construit par une riche famille juive dans les années 1920 et devait abriter un hôtel. La crise est passée par là et les travaux n'ont jamais abouti. Dès 1925, la municipalité s'est installée dans les murs, et ce jusqu'en 1965. Certains éléments d'époque ont été conservés, tels que la façade néoclassique ou le carrelage en rez-de-jardin. Un saut en arrière illustré également par des photos de la ville et de ses habitants au moment de la fondation de Tel-Aviv en 1909, ainsi que par la projection d'un film de 15 mn sur l'histoire de la cité.

À l'étage, le bureau de Meir (c'est vraiment son prénom !) Dizengoff, premier maire, entre 1925 et 1936, a été en partie reconstitué, mais son couvre-chef est toujours accroché au porte-manteau. Toute une section est consacrée à sa vie privée et publique.
Ce parcours historique est sans cesse agrémenté de technologies modernes et ponctué d'expos temporaires d'art contemporain. L'ensemble mêle les styles, les époques, à l'instar de la ville, moderne et ancienne, toujours en mouvement.

Bauhaus Tel Aviv *(plan couleur II, F4)* **:** *21, rehov Bialik. ☎ 620-46-64. Mer 11h-17h et ven 10h-14h. GRATUIT.*
Une seule pièce dédiée aux objets (et non plus à l'architecture) conçus par le mouvement Bauhaus. Il s'agit d'originaux (mobilier, objets usuels, etc.) qui étonnent par leur avant-gardisme et leur actualité. L'expo change régulièrement. Un bon complément au Bauhaus Center (voir plus haut).
Juste en face, en sortant, ne pas manquer le bâtiment de style éclectique datant des années 1920, synthèse de Renaissance et d'inspiration orientale, très décoré. Alors que l'édifice plus à gauche, avec ses lignes droites, ses façades lisses, ses ouvertures longues et étroites (en raison de la chaleur), remonte aux années 1930 et représente le Style international. Intéressant de voir l'évolution architecturale qui s'est opérée dans la ville en l'espace de seulement 10 ans.

Le shouk HaCarmel *(marché du Carmel ; plan couleur II, F5)* **:** *le long de rehov HaCarmel, près de kikar Magen David. Tlj sf sam 9h-18h env (16h ven).*
Grand marché coloré, hyper animé. Vêtements (attention aux quelques contrefaçons), fruits et légumes, etc.
Coin intéressant, puisque juste à l'est, sur la partie piétonne de la rue Nahalat Binyamin (angle avec Rambam et au-delà ; *plan couleur II, F5*), un ***marché des arts et de l'artisanat*** *(Arts and Crafts Fair)* se déroule tous les mardis et vendredis *(10h-17h, 19h mar en été).* Original, vivant et coloré.

Le quartier Kerem HaTemanim *(plan couleur II, F5)* **:** à l'ouest d'Allenby, derrière le shouk HaCarmel, le « vieux » quartier yéménite est un dédale de rues calmes et attachantes. Quelques-unes sont pavées. Certaines ont conservé leur placette « carrefour-forum ». Les rues sont bordées de maisons basses aux façades blanches avec balcons et vérandas. La nuit, quand c'est désert, on a l'impression de se promener dans un décor de théâtre.

Sheinkin Street *(rue Sheinkin ; plan couleur II, F-G5)* **:** tout autour de cette rue, immeubles bas qui datent de l'époque britannique et du Bauhaus, ou blocs des années 1950, le tout noyé dans la végétation. Dans les années 1980, de nombreux intellectuels de gauche y ont élu domicile. Plus récemment, des magasins de vêtements de marque y ont ouvert une enseigne. Résultat : c'est un quartier à l'atmosphère particulière où se côtoient musiciens, artistes, écrivains, faiseurs de mode et religieux ultra-orthodoxes. On y trouve des cafés assez branchés fréquentés par des nuées d'ados, ou, à l'inverse, des restaurants *glatt* casher (on ne peut pas faire plus strict).

Shalom Tower *(tour Shalom ; zoom couleur, F5)* **:** *1, rehov Herzl. Fermée pour shabbat.* Au rez-de-chaussée, une fresque en mosaïque de Nahum Gutman, chef-d'œuvre figurant l'histoire de Tel-Aviv. Juste en face, une autre fresque aussi somptueuse, œuvre de David Sharir. Au 1er étage, expo gratuite présentant des photos des débuts

UN PROJET QUI DÉRAILLE

Lors de son inauguration, en 1965, la tour Shalom avait de quoi être fière : c'était la première tour construite dans le pays et la plus haute du Proche-Orient ! Pourquoi s'arrêter en si bon chemin ? Deux ans plus tard, la première station de métro de Tel-Aviv y était inaugurée. La première, mais aussi l'unique pendant plus de 40 ans... le plan de métro ayant été abandonné peu de temps après. À l'automne 2011, un nouveau projet a été remis sur les rails, mais avec un tracé différent.

de la ville, quand les pionniers fraîchement arrivés d'Europe de l'Est se réunirent sur les dunes pour tirer au sort des lots. On passe de l'ambiance Far West des années 1910-1920 au rêve utopique d'une cité idéale, puis à la réalité de Tel-Aviv aujourd'hui.

Autour de Rothschild

Le boulevard Rothschild *(plan couleur II, F-G5)* **:** une longue et large promenade arborée et bordée de belles demeures, certaines de style Bauhaus. On y passe forcément, à pied ou à vélo. Ou mieux, on se pose sur un banc pour sentir l'animation, de jour comme de nuit.

Haganah Museum *(musée de la Haganah ; plan couleur II, F5)* **:** *Beit Eliahu, 23, sderot Rothschild. ☎ 560-86-24. Tlj 8h-16h. Fermé ven-sam et veilles de fêtes. Entrée : 15 Shk ; réduc. Présenter une pièce d'identité.*
Installé dans la demeure d'Eliyahou Golomb, l'un des fondateurs de la Haganah (qui se transformera en Tsahal par la suite), un bel édifice de 1923. Intéressant musée d'histoire pour ceux (celles) qui veulent approfondir leurs connaissances sur la création de l'État d'Israël, principalement à travers l'aspect militaire de la défense des kibboutzim, ainsi que le rôle de la Haganah dans l'émigration juive à partir de 1934, puis dans la guerre de 1948. Profusion de documents et témoignages, prévoir vraiment du temps. Présentation chronologique.
– Fondation de Bar Giora, la première société secrète, ancêtre de la Haganah par Izhak ben Zvi qui deviendra le deuxième président d'Israël. Création des *watchmen* (qui surveillaient les champs pendant les travaux agricoles) et du premier bataillon juif pendant la Première Guerre mondiale (10 000 volontaires s'enrôlèrent dans l'armée anglaise). Création de la Haganah en 1920, puis son évolution jusqu'en 1948 (en 1945, 30 000 à 40 000 membres). Première tour d'observation en bois du kibboutz de Tel Amal Nir David (près de Beit Shean), construite au moment de la première révolte arabe (1936). Salles consacrées à Eliyahou Golomb (pièce inchangée de l'appartement d'origine) et à Ben Gourion.
Après la publication du *White Paper* en 1939 par l'Angleterre, projet défavorable à la politique sioniste, Ben Gourion déclara : « Nous devons aider l'armée anglaise, comme s'il n'y avait pas de *White Paper* et nous opposer au *White Paper* comme s'il n'y avait pas la guerre »... Yitzhak Rabin, Moshe Dayan et Yigal Allon, qui étaient scouts à l'époque, aidèrent alors les troupes britanniques à lutter contre les troupes vichystes. C'est lors d'un de ces combats que Dayan perdit un œil.
– *2e étage :* histoire des camps de personnes déplacées après la Seconde Guerre mondiale. La Haganah organisa alors leur émigration en Palestine. De 1945 à 1948, environ 70 bateaux amenèrent 70 000 personnes. Épisode de l'*Exodus* en juillet 1947 lorsque 4 500 passagers furent empêchés de débarquer par les autorités anglaises. Chypre et ses camps d'internements (53 000 personnes y transitèrent, 2 000 bébés y naquirent !)... Histoire des fabriques d'armement clandestines (en général dans des caves) : mitrailleuses, grenades, explosifs et les célèbres mortiers Davidka. À l'aube de la guerre de 1948, on en dénombrait 46 ! Noter comment on peut cacher un revolver dans un livre (vitrine à côté de l'automobile). Histoire des attaques spectaculaires de la « nuit des trains », puis de celle de la « nuit des postes de police côtiers britanniques » et de celle de la « nuit des ponts » (la Haganah démontra là une remarquable organisation).
– *3e étage :* différentes étapes de la guerre de 1948. Tout sur les actions de la Haganah et du Palmach (ses commandos). De 1920 à avril 1949, 5 151 membres de la Haganah tombèrent. Transformation de la Haganah en armée d'État (l'IDF, *Israel Defense Forces*). Explications détaillées des différentes phases de la guerre : avancées, reculs, problèmes politiques divers... Documents sur la création officielle de l'État d'Israël.

Newe Tsedek *(zoom couleur, E-F5-6)*

Entre Jaffa et Tel-Aviv, ancien petit village aux maisons qui datent du début du XXe s, avec ses ruelles étroites. Historiquement, ce sont les origines de Tel-Aviv. Quand les pionniers ont décidé de sortir de Jaffa, arabe, c'est là qu'ils ont essayé de faire pousser des agrumes. Ils n'y sont pas arrivés, mais les orangers et les citronniers plantés sur la *piazza* du centre Suzanne-Dellal l'évoquent joliment. Aujourd'hui, c'est l'un des quartiers branchés pour jeunes yuppies israéliens. Boutiques de design, de vêtements, cafés, galeries d'art et surtout le ***centre Suzanne-Dellal,*** haut lieu de la danse contemporaine et du théâtre en Israël, dont la création, en 1989, a permis de réhabiliter complètement le quartier.
En marge du quartier, au no 2 boulevard Kaufmann, l'ancienne gare de Jaffa (Old Jaffa Railways Station), appelée ***Hatachana,*** construite à la fin du XIXe s et terminus de la ligne de Jérusalem, a été restaurée. Bars, restos, galeries et magasins de mode ne désemplissent pas le week-end (voir plus haut « Où boire un verre ? »). À l'extrémité gauche des rails (en venant de l'entrée), jetez un œil derrière le mur : on aperçoit d'anciens missiles et tanks aujourd'hui exposés au musée IDF (Israeli Defence Force) voisin ! Vision décalée...

Au sud et à l'est de la ville

Le quartier Florentin *(zoom couleur, E-F6)* **:** *au sud de la ville, entre la rue Herzl et le début de Jaffa.*
Autour de la rue Florentine, les commerçants sont regroupés par corporations depuis les années 1930-1940. En journée, c'est une intense activité que vous découvrirez en errant au hasard des rues.
Au nord-est du quartier Florentin, le ***shouk Levinsky*** *(plan couleur II, F6),* qui s'étire le long de la rue Levinski, principalement entre les rues HaHalutsim à l'est et HaShuk à l'ouest, concentre des *delicatessen* et des échoppes de fruits secs et d'épices appartenant surtout à des marchands juifs d'origine iranienne. Tout à coup, on est quelque part en Orient. Peu touristique.
À l'ouest du quartier, en allant vers Jaffa, s'étend l'***American Colony.*** Juste après la *Beit Immanuel Christian Hostel (zoom couleur, E6, **44**),* au coin de la rue, quelques maisons en bois rescapées du XIXe s témoignent de la présence d'immigrants américains arrivés ici en 1866 sous l'impulsion de John Adams, le prêcheur d'une secte messianique. Un coin secret, décalé par rapport à l'architecture urbaine environnante et qui fait de la résistance, car aujourd'hui le coin est réhabilité pour devenir un quartier bobo prisé.

Azrieli Observatory *(observatoire du centre Azrieli ; plan couleur II, H4)* **:** *132, derech Menahem Begin. ☎ 608-11-79. • mitzpe49.co.il • Au 49e étage de la tour ronde. En principe, tlj sf ven 9h30-17h mais horaires variables (mieux vaut se renseigner avt ou consulter le site internet). Tarif : 22 Shk ; réduc, notamment à partir de la mi-journée.* Un vaste centre commercial de trois immeubles. Intéressant pour la vue depuis le 49e étage, la plus belle que l'on puisse avoir sur Tel-Aviv. Au sommet, bar et resto.

Au nord de la ville

Eretz Israel Museum *(musée Eretz Israël ; plan couleur I, D1)* **:** *2, Chaim Levanon, Ramat Aviv. ☎ 641-52-44. • eretzmuseum.org.il • Pour s'y rendre, bus nos 7, 7a, 13, 24, 25, 271 et 274. Tlj 10h-16h (20h jeu, 15h ven-sam). Entrée : 48 Shk ; réduc étudiants ; gratuit moins de 18 ans. Compter 2-3h de visite. Également un planétarium (fermé ven ; entrée : 32 Shk ; slt en hébreu).*
Le musée Eretz Israël est un grand complexe dans un jardin agréable, dont chaque pavillon, qui accueille une section d'expos temporaires, est un petit musée à lui seul.

– *Pavillon numismatique :* monnaies anciennes remontant à l'Antiquité et provenant du monde entier.
– *Pavillon de l'histoire postale et de philatélie Alexander :* zoom sur la période ottomane et les derniers 150 ans.
– *Pavillon des céramiques :* urne funéraire chalcolithique, poteries et terres cuites de toutes les périodes. À l'entrée, reconstitution d'une maison israélite du VIIe au Xe s.
– *Pavillon Nechushtan :* consacré au cuivre et à l'histoire de sa transformation à travers les âges (techniques de fonderie dans des décors reconstitués et fours anciens).
– *Pavillon du verre :* belles pièces rares de verre reflétant le travail autour de ce matériau introduit en Israël au XVe s.
– *Centre de l'homme et de son travail :* différents outils traditionnels, instruments domestiques et agraires, etc. Reconstitution d'échoppes. Presse à vin en basalte de l'époque byzantine.
– *Pavillon d'ethnographie et du folklore :* vêtements traditionnels et bijoux des différentes communautés juives dans le monde, art religieux, objets de rituels.
– *Pavillon Rothschild :* le rez-de-chaussée est dédié à la famille Rothschild, avec photos et documents. À l'étage, place à des expos temporaires d'art contemporain israélien.
– *Site de Tel Qasile : dans l'enceinte du musée.* Ce site a fait l'objet de fouilles à partir de 1948. Depuis, 12 strates ont été excavées, la plus ancienne remontant aux Philistins (XIIe s av. J.-C.). Point d'observation qui surplombe le site et d'où l'on aperçoit, entre autres, les beaux restes d'un temple philistin.

🏛🏛🏛 ***Israeli Museum – Rabin Center*** *(musée d'Israël ; hors plan couleur I par D1)* **:** *dans le centre Yitzhak Rabin ; 8, Chaim Levanon, Ramat Aviv. Un peu après le Eretz Israel Museum, sur la droite. ☎ 745-33-58. • rabincenter.org.il • Pour s'y rendre, bus nos 13, 24, 27 et 45, 74, 86, 90, 149, 274. Tlj sf sam 9h-17h (19h jeu, 14h ven). Dernière admission 2h avt. Entrée : 50 Shk ; réduc. Audioguide en français inclus. Déconseillé aux enfants de moins de 10 ans.*
Dans le centre dédié à Yitzhak Rabin, plus de 180 documentaires et 1 500 photos retracent l'histoire d'Israël avec, en parallèle, la biographie de l'ancien Premier ministre. Deux axes suivis le long d'un parcours descendant en spirale : la vie privée et publique de Rabin apparaît tel un fil conducteur pour mieux explorer, dans les salles adjacentes, l'histoire du pays. Archives sonores, films, photos anciennes, discours imprimés en anglais évoquent le mandat britannique, les révoltes arabes et juives, la création de l'État et la succession de guerres qui s'en est suivi : 1948, 1956 dans le Sinaï, les Six Jours de 1967, celle du Kippour en 1973, 1982 au Liban, les deux Intifidas. Des tragédies qui ont marqué aussi bien les Juifs que les Palestiniens. Si les faits relatés sont évidemment présentés du point de vue israélien, des concessions linguistiques sont à porter au crédit des auteurs pour mieux exposer les différents points de vue. On peut en effet lire des termes comme *nakba,* mot employé par les Palestiniens pour désigner « la catastrophe », leur exil en 1948 après la création de l'État d'Israël, et rarement utilisé par les hommes politiques israéliens.
C'est qu'au milieu de toutes ces guerres, des fragments de réconciliation pointent ici et là : la visite du président égyptien Sadate à Jérusalem en 1977 qui aboutit l'année suivante aux accords de Camp David, le rapprochement entre Rabin et les dirigeants palestiniens, la conférence de Madrid en 1991 qui pose les jalons des futurs accords d'Oslo en 1993 et du traité de paix avec la Jordanie en 1994. Rabin et Arafat qui reçoivent le prix Nobel de la paix en 1993. On y pose même le débat du caractère « juif et démocratique » de l'État voulu par les fondateurs.
La visite du musée s'ouvre et se termine par les discours de Rabin pour la paix. Et par son dernier, prononcé le 4 novembre 1995, sur la place Kings of Israel, juste avant son assassinat par un jeune extrémiste juif. Alors que le contexte actuel s'avère malheureusement plus difficile qu'en 1995, la rivière que l'on croise avant la sortie symbolise la vie et incite à l'espoir.

Palmach Museum *(hors plan couleur I par D1)* **:** *10, Haïm Levanon. ☎ 643-63-93. • palmach.org.il • Sur rdv slt. Visite guidée ttes les 30 mn, dim-jeu 9h-15h, ven jusqu'à 11h30. Fermé sam et j. fériés. Présenter une pièce d'identité. Compter 1h30. Entrée : 30 Shk ; réduc. Audioguide en français inclus. Déconseillé aux enfants de moins de 10 ans.*
Ce musée, géré par le ministère de la Défense (comme celui de la Haganah, voir plus haut), utilise les technologies les plus modernes pour faire revivre l'histoire du Palmach, une émanation de la Haganah composée de troupes d'élite. L'organisation a été créée en 1941 pour lutter contre une éventuelle invasion de l'Allemagne. Après la tentative britannique pour la dissoudre, elle est entrée dans la clandestinité et a combattu l'occupant anglais tout en encourageant l'immigration juive. Son rôle dans la guerre de 1948 a été prépondérant. Suite à la création de l'État d'Israël, le groupe fut démantelé au profit de Tsahal, successeur de la Haganah, qui prit alors la tête d'un commandement unique.
Le musée rappelle les actions et les valeurs du Palmach à travers le récit de jeunes enrôlés, grâce aux nombreux documents et effets spéciaux qui rendent la visite vivante.

Diaspora Museum *(Beit HaTfutsot, appelé aussi museum of the Jewish People ; musée du Peuple juif ; hors plan couleur I par D1)* **:** *16, rehov Klausner, Tel-Aviv Campus University (porte 2), Ramat Aviv. ☎ 745-78-08. • bh.org.il • Pour y aller du centre-ville : bus Egged nos 74, 86, 274, 454, 464, 572 et 604 ou Dan nos 7, 13, 25, 45 et 49. Possibilité de prendre le train, arrêt University, et de continuer avec les bus nos 7 et 45. Dim-mar 10h-16h ; mer-jeu 10h-19h ; ven 9h-13h. Fermé sam. Entrée : 42 Shk pour l'expo permanente ; 20 Shk pour la temporaire ou 65 Shk pour le billet combiné ; réduc.*
Le musée comprend une partie principale dans l'ancien bâtiment, et une galerie familiale proposant un parcours ludique à l'aide d'outils pédagogiques.
Remarquable musée sur l'histoire, l'exil et la dispersion (ou Diaspora) du peuple juif à travers le temps et de par le monde. Le musée est divisé en six sections (la famille, la communauté, la foi, la culture, la nation, le retour), qui représentent chacune une spécificité de la vie des Juifs. Les pièces et documents exposés mettent en évidence les valeurs qui ont permis au peuple juif, dispersé il y a 4 000 ans, de garder ses traditions et sa culture. En parcourant les salles, on comprend que le judaïsme repose sur des valeurs essentiellement communautaires, créant un lien social fort entre les Juifs et cela, à travers le monde.
- Au *1er étage* (section « famille »), une série de portraits provenant des quatre coins du monde. Et une confirmation évidente : il n'y a pas de « type juif ». Tableau de l'organisation religieuse, sociale et politique par zones géographiques (Pologne, Lituanie, Empire ottoman, France, Allemagne, Espagne et Afrique du Nord). Sans oublier l'impressionnante colonne en mémoire du peuple juif.
- *Au 2e étage :* remarquable expo de maquettes de synagogues. À l'image de la diversité du peuple juif, les synagogues ont un style architectural propre au pays dans lequel elles sont érigées : Alep, Tolède, Fès, ensemble de Vilna (entièrement détruit pendant l'Holocauste), la synagogue Altneuschul de Prague (la plus ancienne d'Europe encore en service). Splendides reproductions des fameuses fresques de la synagogue antique de Doura-Europos en Syrie (datant de 245 de notre ère) qui représentent des scènes de l'Ancien Testament. Reproductions également d'un plafond en bois de synagogue polonaise (Chodorov) jusqu'à celle, très moderne, d'Elkins Park (États-Unis) de 1954, conçue par Frank Lloyd Wright. Sont également abordées les différentes facettes de la culture hébraïque dans le monde : arts, lettres, musique, peinture, philosophie, presse et toutes les langues de la Diaspora.
- *Au 3e étage :* zoom sur quelques moments importants de l'histoire mouvementée du peuple juif. Étonnante histoire de la découverte des documents de la *gueniza* de la synagogue Ben Ezra de Fostat (l'ancien Caire) où étaient entreposés, depuis un millénaire, les ouvrages de piété et autres manuscrits. Copie du décret

de 1492, chassant les Juifs d'Espagne. L'expo s'achève par les Juifs dans le monde moderne, la naissance du sionisme et le retour en terre d'Israël.
– *Filmothèque :* très complète et bien conçue. Plusieurs écrans pour visionner un film ou un document sur l'histoire du peuple juif.
– *Centre généalogique juif Douglas E. Goldman :* unique au monde. L'idée consiste à élaborer son arbre généalogique. On rentre les données sur place ou depuis chez soi à l'aide d'un logiciel spécifique. Cela permet aussi de partager photos et documents, un peu à la mode Facebook...

Galeries

Tel-Aviv compte de très nombreuses galeries d'art contemporain israélien, principalement autour de la rue Gordon, dans le quartier de Newe Tsedek et sur le port de Jaffa.

Autour de la rue Gordon

■ ***Galerie Kishon*** *(plan couleur I, B3,* ***160****) : 31, rehov Frug. ☎ 522-50-69. • kishongallerycom • Lun-jeu et ven mat 11h-14h, 16h-19h.*

■ ***Galerie Stern*** *(plan couleur I, A-B3,* ***161****) : 30, rehov Gordon. ☎ 524-63-03. • sternart.com • Dim-jeu 11h-19h, ven 10h-14h.* Large panel de l'art contemporain israélien. Ici, des toiles d'artistes incontournables tel Reuven Rubin cohabitent avec celles des nouvelles tendances de la jeune scène locale.

■ ***Galerie Ha'Kibbutz*** *(plan couleur I, B3,* ***162****) : 25, rehov Dov Hoz. ☎ 523-25-33. • kibbutzgallery.org.il • Lun-jeu 11h-15h, 16h-18h, ven 11h-14h.* Fondée en 1968 par la fédération du mouvement des Kibboutzim.

■ ***Galerie Givon*** *(plan couleur I, B3,* ***164****) : 35, rehov Gordon. ☎ 522-54-27. • givonartgallery.com • Lun-jeu 11h-18h, dim, ven 10h-14h et sam 11h-14h.* Art contemporain israélien et international.

■ ***Galerie Engel*** *(plan couleur I, A-B3,* ***161****) : 26, rehov Gordon. ☎ 522-56-37. • engel-art.co.il • Tlj sf sam 10h-20h (14h ven).* Une des premières galeries à avoir ouvert en Israël en 1955.

■ ***Galerie Dvir*** *(plan couleur II, F6) : 14, reshit Hochma. ☎ 604-30-03. • dvirgallery.com • Mar-jeu 11h-18h, ven-sam 10h-13h. Fermé dim-lun.* L'une des galeries les plus importantes de Tel-Aviv. Sur 5 étages, expos d'art contemporain, notamment d'artistes israéliens travaillant exclusivement pour la galerie.

Près de Rothschild et à Newe Tsedek

■ ***Galerie Noga*** *(plan couleur II, G5,* ***166****) : 60, rehov Ahad Ha'Am. ☎ 566-01-23. • nogagallery.com • Tlj sf dim 11h-19h (14h ven-sam).* Art (très !) contemporain. Pas mal de choix de livres et catalogues.

■ ***Galerie Paradigma*** *(plan couleur II, G5,* ***166****) : 60, rehov Ahad Ha'Am. ☎ 566-03-33. • paradigmagallery.com •* Un petit espace dédié essentiellement au design d'intérieur contemporain (tables, luminaires, étagères) produit en série limitée.

■ ***Galerie TAG*** *(Tavi Art Gallery ; zoom couleur, E-F6,* ***167****) : 25, rehov Ahva. ☎ 787-06-05. • taviartgallery.com • À Newe Tsedek. Lun-jeu 11h-19h, ven 10h-14h.*

■ ***Galerie Julie M*** *(plan couleur II, G5,* ***166****) : 10, rehov Betzalel Yafe. ☎ 560-70-05. • juliem.com • Dim-jeu 12h-19h, ven-sam 11h-14h.*

■ ***Galerie Chelouche*** *(plan couleur II, F5,* ***168****) : 7, rehov Mazeh. ☎ 620-00-68. • chelouchegallery.com • Lun-jeu 11h-19h, ven 10h-14h, sam 11h-14h.* Au 1er étage d'un café littéraire très sympa.

Les plages

De l'ancien port de Tel-Aviv, au nord de la ville, jusqu'aux portes de Jaffa, au sud, s'étirent près de 5 km de littoral bordé d'une longue promenade et de plages aménagées avec douches gratuites. Le sable y est blanc et très fin. Si vous choisissez

de vous allonger sur un transat, surgira inévitablement un préposé qui vous demandera autour de 15 Shk (petit supplément si vous utilisez un parasol). Pour étaler la serviette sur le sable, c'est gratuit. Toutes les plages sont surveillées. Les espaces de baignade sont assez rigoureusement délimités, et si vous persistez à vous en écarter, vous aurez probablement droit aux hurlements du maître-nageur (mais c'est pour votre bien...). Pour les routardes seules, pas de problème : la drague peut être parfois lourde, mais pas méchante. D'ailleurs, de façon générale, Tel-Aviv est une ville où l'on peut rentrer à pied même très tard, sans pépin. À chaque plage son ambiance, sa population.
Attention aux méduses en été.

La plage ***Frishman*** *(plan couleur I, A3),* en face de l'ambassade de France, est très fréquentée par les Français. En été, même le maître-nageur parle la langue de Molière dans son haut-parleur !

Plus au nord, peu après le *Hilton,* d'autres plages agréables. Une curiosité au passage : la plage des religieux ***(Nordau Beach*** *; plan couleur I, A2),* entourée de murs, est réservée alternativement aux femmes et aux enfants, puis aux hommes selon les jours de la semaine. Juste avant (en venant du sud), la plage des chiens, réservée donc aux toutous, qui n'ont pas le droit de batifoler sur les autres plages en été. À deux pas de là, la plage gay, qui jouxte sans problème les religieux.

Au sud, juste à côté du Dolphinarium, l'***Aviv Beach*** *(plan couleur II, E5).* Le vendredi après-midi, postez-vous vers 16h près des rochers. En 30 mn, des dizaines et des dizaines de personnes arrivent de toutes parts avec djembés et percussions. C'est alors parti pour un gigantesque concert improvisé qui dure 2 ou 3h ! Un grand moment !

Enfin, si l'on préfère avoir un peu plus d'espace (et de calme), et si l'on dispose d'une voiture, le mieux est de filer sur la plage de ***Sde Dov*** *(hors plan d'ensemble),* l'aéroport des lignes intérieures. On voit les avions mais on les entend peu, et il y a moins de monde.

JAFFA (YAFO)

Avec son promontoire qui domine la mer, Jaffa semble embrasser Tel-Aviv de son regard bienveillant. Voilà deux entités qui se côtoient, se tutoient au quotidien, à la fois si proches et si lointaines. C'est ici, au sud de Tel-Aviv, que tout a commencé. D'après les fouilles, le peuplement remonterait à plus de 4 000 ans, ce qui en fait l'un des plus vieux ports du monde. Mais ce n'est qu'au début du XXe s que des habitants quittèrent la ville pour établir le premier quartier de Tel-Aviv, l'actuel Newe Tsedek.
Aujourd'hui, les choses se sont inversées. Jaffa, qui signifie « belle » en hébreu, est désormais un vaste faubourg de Tel-Aviv, aux multiples facettes. Juifs et Arabes y vivent dans une atmosphère apaisée. Au-dessus du port s'élève le vieux Jaffa qui s'est refait une beauté, un lacis de ruelles bordées d'anciennes demeures ottomanes restaurées, genre palais des Grimaldi à Monaco, et dans lesquelles résident de riches Israéliens. Plus au sud, c'est la partie moins léchée, plus déglinguée, celle où vivent les Arabes israéliens. Et, tel un point de ralliement, le fabuleux marché aux puces donne le pouls au cœur même de la ville. Jaffa est effectivement belle dans son savant mélange de parfums orientaux, de bâtisses élégantes, de ruelles encombrées et animées, de galeries et de marchands d'art et de vagues qui se fracassent sur les rochers.

Un peu d'histoire

L'histoire de Jaffa remonte à la nuit des temps. Pendant près de six siècles, elle reste sous la domination égyptienne, avant de connaître une série d'invasions.

Selon la Bible, c'est de là que Jonas a pris la fuite sur un bateau après avoir désobéi à Dieu. Le Tout-Puissant entra alors dans une grosse colère (une tempête) et Jonas se fit avaler par une baleine qui le garda 3 jours dans son gros ventre, avant de le recracher sur la plage.

Au Ier s av. J.-C., la cité est administrée par les Romains et l'empereur Marc-Antoine en fait don à Cléopâtre. Plus tard, elle passe sous le joug de l'Empire byzantin avant l'invasion arabe au VIIe s. Lorsque les croisés y débarquent en 1099, elle devient le port de Jérusalem, vocation qu'elle gardera pendant plusieurs siècles. De nombreux pèlerins y passent. Au XVIIIe s, sous l'Empire ottoman, Jaffa connaît une période calme et prospère, jusqu'à l'arrivée, en 1799, d'un certain Napoléon Bonaparte qui la saccagea en partie.

En 1906, des Juifs quittent Jaffa surpeuplée pour fonder un faubourg résidentiel : Tel-Aviv. Dans les années 1930, la ville est le siège de révoltes et de grèves contre le mandat britannique, mouvements qui se solderont par la destruction de quartiers par les forces britanniques. En 1947, l'ONU préconise que Jaffa soit une enclave du futur État arabe palestinien. Mais, en avril 1948, la cité est prise par la Haganah et l'Irgoun. Une grande partie de la population arabe quitte la ville, chassée par les combats, pour trouver refuge dans les zones tenues par les forces arabes. Jaffa restera israélienne. Depuis avril 1950, Jaffa et Tel-Aviv ne forment plus qu'une seule municipalité.

QUAND BONAPARTE FAIT SA PROMO

En 1799, les troupes de Napoléon saccagèrent une partie de Jaffa et massacrèrent plusieurs milliers de prisonniers turcs. Dans la foulée, une épidémie de peste décima l'armée française. Bonaparte passa alors une commande au peintre Antoine-Jean Gros, qui réalisa le célèbre tableau Les Pestiférés de Jaffa, *montrant le général touchant des pestiférés. Son courage fut glorifié ! Ce tableau (aujourd'hui exposé au Louvre) a participé à sa légende, alors que la réalité semble nettement moins glorieuse : le « généreux » Bonaparte aurait suggéré de tuer les malades !*

Arriver – Quitter

En bus : n° 10 (à Tel-Aviv, se prend le long de la rue Ben Gourion et de l'av. Ben Yehuda ; arrêt près de la tour de l'Horloge à Jaffa) ; nos 25 et 125 (le long des av. Iben Gabirol et King George ; arrêt sur Jerusalem Bd, à 300 m env de la tour de l'Horloge) ; n° 41 de la *tahana mercazit* (*Central Bus Station* ; arrêt sur Jerusalem Bd).

– **À pied ou à vélo :** balade agréable en longeant le bord de mer (une grande partie a été aménagée en piste cyclable). Compter env 45 mn-1h de marche depuis le centre de Tel-Aviv.

Adresse utile

Office de tourisme *(plan Jaffa, B1)* **:** *2, rehov Marzuk Ve-Azar. ☎ 516-61-88. • visit-tlv.com • À 100 m de la tour de l'Horloge. Avr-oct, tlj sf sam 9h30-18h30 (17h30 le reste l'année), ven 10h-14h.* Nombreux documents. Propose une visite guidée gratuite de Jaffa *(en principe, mer 10h).*

Où dormir ?

Old Jaffa Hostel *(plan Jaffa, B2,* **59***)* **:** *13, rehov Ami'ad. ☎ 682-23-70. • telaviv-hostel.com • De la tour de l'Horloge, suivre la rue Yefet, passer devant la boulangerie Abou Elafia, puis 1re à gauche ; c'est à 100 m sur*

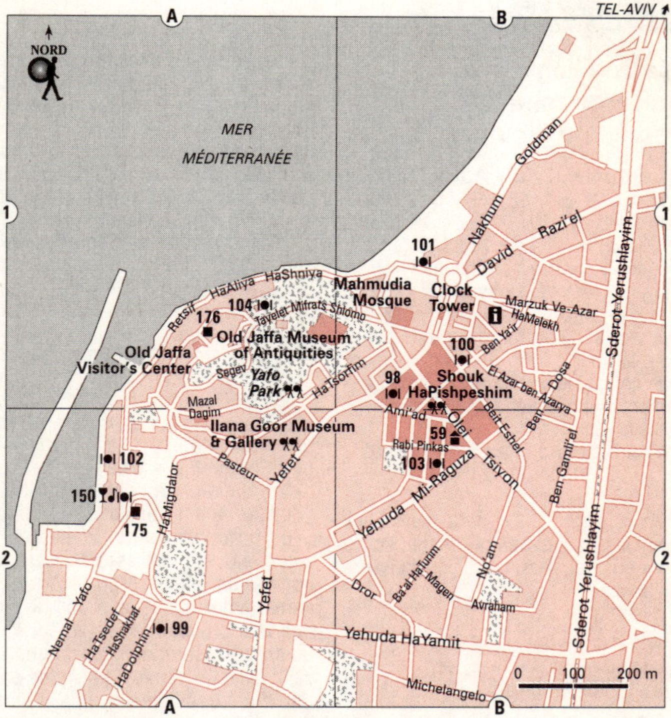

JAFFA

■ **Adresse utile**

- ℹ Office de tourisme

Où dormir ?

- 59 Old Jaffa Hostel

Où manger ?

- 98 Boulangerie Abou Elafia
- 99 Ali Karavan
- 100 Dr Shakshuka
- 101 Margaret Tayar
- 102 The Old Man and the Sea
- 103 Puaa
- 104 Aladin

Où boire un verre ? Où sortir ?

- 150 Container

■ **Galeries et achats**

- 175 Galerie Rosenthalis
- 176 Bauhaus Centre

la droite (l'entrée se trouve de l'autre côté du coin de la rue). En été, possibilité de dormir sur la terrasse 65 Shk/pers ; compter 90 Shk en dortoir (10 lits max) ; 250-380 Shk la chambre double selon confort (avec ou sans sdb) et saison. À l'entrée du marché aux puces, cette auberge de jeunesse est aménagée dans une maison de grand-mère des années 1940. Loin d'être formaté, l'endroit a un certain charme. Un bon point également pour ses possibilités de logement adaptées à différents budgets. Les chambres les moins chères ne sont pas climatisées. Certaines ont la chance d'avoir un balcon. Cuisine à disposition perchée sur la terrasse du toit, laverie. En revanche, l'accueil y est tout a fait moyen, de même que l'entretien. Dommage.

Où manger ?

De très bon marché à bon marché (moins de 80 Shk / 17 €)

|●| ***Boulangerie Abou Elafia*** *(plan Jaffa, B1, **98**) : 7, rehov Yefet. ☎ 681-23-40. Tlj 24h/24. À emporter seulement.* Très réputée, on s'y bouscule à toute heure de la journée. On y fait les meilleures pitas du pays, des pains au sésame, à l'oignon, au fromage et de petites pizzas orientales. Tout est cuit au feu de bois. Vraiment pas cher. Une institution à Jaffa. Également une pâtisserie un peu plus haut dans la rue, au nº 11.

|●| ***Ali Karavan*** *(plan Jaffa, A2, **99**) : 1, rehov HaDolphin. ☎ 682-03-87. Tlj sf sam jusqu'au dernier* hommos *(vers 15h env)...* Un petit resto-cantine, un peu excentré, mais réputé pour son *hommos,* parmi les meilleurs de la ville !

TEL-AVIV

Prix moyens (80-120 Shk / 17-25 €)

|●| ***Dr Shakshuka*** *(plan Jaffa, B1, **100**) : 3, Beit Eshel. ☎ 682-28-42. De la tour de l'Horloge, prendre la rue Beit Eshel, le resto se trouve 20 m plus loin, sur le trottoir de gauche. Tlj midi et soir. Fermé pdt shabbat.* Dans le marché aux puces, un restaurant libyen typique, avec de lourdes tables en bois. Grosse animation en salle comme sur la petite place à laquelle on accède par un porche. La spécialité de la maison, c'est la *chakchouka* (œufs cuits dans une sauce à la tomate), sans oublier le couscous. On ressort calé pour 24h, au moins (et ce n'est pasle patron qui nous contredira) ! Attention, on a parfois tendance à vous apporter des plats non commandés, mais facturés ! Soyez vigilants.

|●| ***Margaret Tayar*** *(plan Jaffa, B1, **101**) : 8, HaAliya HaShniya. ☎ 682-47-41. À 100 m env de la tour de l'Horloge, dans la rue qui part vers la mer depuis le rond-point. En principe, tlj sf sam (mais c'est variable).* Quelques tables dans un jardin avec, s'il vous plaît, vue sur le large. Margaret prépare une cuisine orientalo-israélienne avec générosité et amour. Ses couscous sont excellents, le poisson grillé délicieux. Très copieux. Mais mieux vaut ne pas être trop pressé, car le service est plutôt lent.

|●| ***The Old Man and the Sea*** *(plan Jaffa, A2, **102**) : au bout de Retsif HaAliya HaShniya. Depuis le rond-point à proximité de la tour de l'Horloge, prendre la rue qui part vers la mer, puis longer la promenade vers le sud ; c'est à 10 mn env à pied. ☎ 544-88-20. Tlj, midi et soir.* Les anciens entrepôts et ateliers du port de Jaffa ont été réhabilités en restaurants et quelques galeries d'art. Les petits bateaux dodelinent sur l'eau, l'ambiance est familiale, bon enfant avec un public plutôt alternatif. Le week-end, les terrasses sont pleines comme un œuf ! À l'*Old Man,* on fait carrément la queue pour obtenir l'une des nombreuses tables à l'intérieur ou en terrasse et manger du poisson servi avec un *mezze* de salades et du bon pain. Très copieux. Une véritable institution.

|●| ***Puaa*** *(plan Jaffa, B2, **103**) : 8, rehov Rabbi Yohanan, au marché aux puces. Repérer la véranda bleue. ☎ 681-11-40. Tlj 9h (10h sam)-1h du mat.* Dans une maison ancienne, pergola fleurie, déco complètement vintage (certains meubles sont même à vendre !), on s'assoit devant une cuisine orientale de très bonne facture, avec parfois une touche d'originalité. Quelques plats végétariens. Accueil attentionné et souriant, en plus d'un très bon rapport qualité-prix-cadre.

Chic (120-220 Shk / 25-47 €)

|●| ***Aladin*** *(plan Jaffa, A1, **104**) : 5, rehov Mifrats Shlomo. ☎ 682-67-66. De la tour de l'Horloge, prendre la rue qui longe la mosquée sur le côté gauche, puis toujours tt droit. Tlj 11h-minuit.* Un resto posé au

sommet de la colline, avec une grande baie vitrée et 2 terrasses face à la mer. L'emplacement est super ! Principalement du poisson et des fruits de mer. Un peu chérot, on paie la vue, forcément...

Où boire un verre ? Où sortir ?

Container *(plan Jaffa, A2, **150**)* **:** *2, Warehouse, au port. ☎ 683-63-21. • container.org.il • Tlj jusqu'à 1h du mat (plus tard le w-e). Resto à prix moyens ; brunch le w-e.* Dans un ancien hangar réhabilité, ce resto-bar et espace culturel est l'adresse hype du port. Déco néo-industrielle minimaliste (bar en tôle ondulée, palettes en bois en guise de tables). On y vient en journée pour prendre un verre au bord du bassin, ou en soirée pour ses concerts réguliers et ses DJs (gratuits). Vraiment sympa.

À voir

– ***Visite guidée de Jaffa en anglais* :** *tte l'année, tlj à 10h. Compter 2h. Départ devant la tour de l'Horloge (plan Jaffa, B1 ; repérer la personne en T-shirt rouge). Pourboire attendu (autour de 30 Shk/pers).*

L'ÂGE D'OR

Avant la Première Guerre mondiale, l'occupant était ottoman. La coexistence entre Juifs, Arabes et chrétiens était plutôt harmonieuse. On s'entendait bien contre les Turcs, ces ennemis communs qui abusaient souvent de leur domination, notamment vis-à-vis de l'impôt.

Clock Tower *(tour de l'Horloge ottomane ; plan Jaffa, B1)* **:** *à l'entrée de Jaffa.* Édifiée par le sultan en 1906. Sur la place, il reste une partie de la façade de la résidence du gouverneur (et siège du gouvernement), édifiée en 1897 et détruit en 1948 par les membres du Lehi (groupe armé juif combattant les Britanniques).

Mahmudia Mosque *(mosquée Mahmudia ; plan Jaffa, B1)* **:** *rehov Russian.* Construite en 1812 avec des colonnes antiques provenant des sites d'Ashqelon et de Césarée. Portes ouvragées. Ne se visite pas, mais si c'est ouvert, vous apercevrez les belles voûtes de la galerie.

Le shouk HaPishpeshim *(plan Jaffa, B1-2)* **:** *entre les rues Beit Eshel et Olei Tzion. Tlj sf sam 8h-18h (env 16h ven) ; mieux vaut venir le mat de bonne heure.* Dans un quartier ancien s'étend le marché aux puces le plus célèbre de Tel-Aviv. On y trouve vraiment de tout. Marchander n'est pas seulement conseillé, c'est juste obligatoire ! On y découvre de vrais artisans : ébénistes, chaudronniers, dinandiers, etc. Très vivant !

Old Jaffa *(vieux Jaffa ; plan Jaffa, A1)* **:** la vieille ville ottomane, reconstruite au début du XIXe s après le passage de Bonaparte, a beaucoup souffert en 1948. Elle a été restaurée et transformée en véritable musée à ciel ouvert avec galeries d'art, boutiques, restaurants... C'est très touristique, surtout le week-end, mais charmant, notamment la nuit.

Old Jaffa Museum of Antiquities *(musée des Antiquités du vieux Jaffa ; plan Jaffa, A-B1)* **:** *10, Mifratz Shlomo. ☎ 682-53-75. • oldjaffa.co.il • De la tour de l'Horloge, prendre la rue qui longe la mosquée Mahmudia sur le côté gauche, puis tt droit. Ouv slt lors d'expos ; Tlj sf dim 10h-18h (14h ven).*

Entrée : 30-40 Shk selon expo. C'est l'ancienne « Government House » de l'administration ottomane (avant la construction de la nouvelle résidence près de l'horloge fin XIXe s). Elle fut transformée tour à tour en poste, en prison, puis en savonnerie. C'est aujourd'hui un musée présentant uniquement des expos temporaires.

🔭 ***Old Jaffa Visitor's Center*** *(plan Jaffa, A1)* **:** *6, pl. Kdumim. ☎ 518-40-15. • oldjaffa.co.il • Entre le port et le parc Yafo, à côté de l'église. D'avr à mi-déc, tlj 9h-20h (15h ven) ; de mi-déc à fin mars, tlj 9h-18h (15h ven). Entrée : 30 Shk ; réduc. Visite guidée slt ; compter 30-40 mn. Également un audioguide en anglais disponible pour un tour dans la vieille ville.* Une visite à la rencontre du passé de Jaffa parmi des vestiges datant de 3 000 av. J.-C. Projection d'un film (15 mn environ ; version en français). La visite se poursuit dans les murs de l'ancienne cité, au sein d'une maison de la période hellénistique (2500 av. J.-C.) et d'une habitation romaine (IVe-Ve s de notre ère). Pour finir, grande fresque historique animée de 15 mn. Assez ludique. On a même droit au vent et aux embruns pendant les scènes de bataille navale !

🔭🔭 ***Ilana Goor Museum & Gallery*** *(musée et galerie Ilana Goor ; plan Jaffa, A2)* **:** *4, rehov Mazal Dagim. ☎ 683-76-76. • ilanagoor.com • Tlj 10h-16h (14h veilles de fêtes ; 18h sam et j. fériés). Entrée : 30 Shk ; réduc.*

Dans cette superbe et ancienne auberge de pèlerins, Ilana Goor a aménagé un véritable musée d'art contemporain (qui est aussi sa demeure !). Elle y expose ses propres œuvres (pas mal de sculptures), ainsi que celles d'autres artistes qu'elle a elle-même sélectionnées, ce qui donne un caractère très personnel à l'ensemble de la collection. Parmi les pièces et œuvres remarquables, on retiendra *Les Hybrids* dans l'atrium (une série de sculptures en métal), une collection de 15 sièges dans la salle du mobilier, la sculpture monumentale *Le Seigneur des mouches* de Jacob Dorchin (1995), le couloir des statuettes et les créations selon le procédé *ready made* (l'art de faire des œuvres à partir de différents objets glanés). Dans le réfectoire des moines, noter le grand tableau des poupées du Pérou réalisé par Ilana Goor. La poupée accrochée en dehors du cadre représente l'artiste telle qu'elle se définit, c'est-à-dire en marge.

Durant la visite, on ne peut s'empêcher d'admirer l'architecture et le raffinement de l'intérieur. Petit salon de lecture intime. Cuisine magnifique, terrasse avec son jardin de sculptures et sa remarquable vue sur le port de Jaffa et la mer (on peut même y déballer son pique-nique !). Les œuvres de Ilana Goor (sculptures et bijoux) sont en expo-vente.

🔭🔭 ***Yafo Park*** *(parc Yafo ; parc Abrasha ; plan Jaffa, A1)* **:** *au-dessus du vieux Jaffa.* Très agréable pour lézarder sur l'herbe au soleil et pour profiter de la vue magnifique sur la Méditerranée. Des fouilles ont révélé la présence de vestiges de différentes époques. En haut du parc, noter la *statue de la Foi,* une grande arche blanche qui représente le rêve de Jacob, le sacrifice d'Isaac et la conquête de Jéricho. La tradition veut que les jeunes mariés viennent poser dans le parc.

Galeries et achats

■ ***Galerie Rosenthalis*** *(plan Jaffa, A2,* ***175****)* **:** *8, rehov Nemal Yafo. ☎ 682-85-78. • rosenthalis.co.il • Jeu-sam 10h-16h ou sur résa.* Galerie exclusivement dédiée au peintre israélien Rosenthalis qui occupa les lieux jusqu'à sa mort en 2008. Dans l'atelier du maître sont exposées ses toiles réalisées en Lituanie jusqu'en 1958, avant son immigration. Dans les autres pièces, son travail réalisé plus tard. Noter la différence entre l'austérité de la première période et la fraîcheur de la seconde, dès son retour en Israël...

■ ***Bauhaus Centre*** *(plan Jaffa, A1,* ***176)*** ***:*** *kikar Kedumim. ☎ 643-06-96. Tlj 10h-20h (19h en hiver, 21h30 juil-août), jusqu'à 14h ven.* Pas aussi complète que la maison mère à Dizengoff (voir plus haut), il ne s'agit ici « que » d'une belle boutique avec des livres sur l'architecture, mais aussi cartes et guides touristiques, ainsi que de l'artisanat de Cisjordanie (céramiques d'Hébron).

LA CÔTE MÉDITERRANÉENNE

Au nord de Tel-Aviv, la côte alterne stations balnéaires (comme Netanya) et cités historiques (Césarée, Akko). Un parcours non dénué de spiritualité (Haïfa, mont Carmel) entre passé et présent, où l'art et la mémoire ont toute leur place.

NETANYA

env 180 000 hab. IND. TÉL. : 09

À 35 km environ au nord de Tel-Aviv, Netanya est une grosse station balnéaire à l'atmosphère familiale et très fréquentée en saison. Il faut dire qu'avec ses 10 km de plage au pied d'une haute falaise, et ses 8 mois de belle saison, l'endroit bénéficie d'une situation privilégiée. En revanche, la ville n'a pas de charme particulier, même si la municipalité a fait de gros efforts pour aménager une longue promenade en front de mer. Beaucoup de francophones d'Afrique du Nord se sont installés ici, et une importante communauté de retraités français y ont élu domicile pour profiter du climat clément. Surplombant la plage, petit auditorium où se tiennent des concerts en plein air.

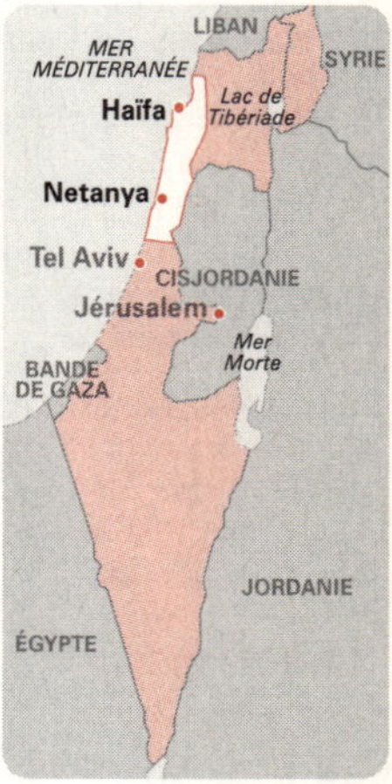

Arriver – Quitter

En voiture

En venant de Tel-Aviv ou de Haïfa, par la route 2, à la sortie « Natanya Interchange », suivre le panneau *Natanya 57 (West).*

En bus

🚌 ***Gare routière*** *(tahana mercazit ; Central Bus Station ; plan B2)* ***:*** *3, sderot Binyamin. ☎ 694-88-88.* 2 compagnies de bus : *Egged (☎ 03-694-88-88)* et *Nateev Express (☎ 1-599-559-559 ; ● nateevexpress.com ●).* Liaisons avec :

➢ ***Tel-Aviv :*** bus ttes les 15 mn, 5h30-minuit avec *Egged* et *Nateev Express.* Trajet : 40 mn env.

➢ ***Haïfa et Jérusalem :*** bus (n° 947) ttes les 45 mn, 6h-23h env avec *Egged.* Trajet : respectivement 1h et 2h env.

➢ ***Eilat :*** 2 départs/j. à minuit avec *Egged.* Trajet : 6h env. Réserver son billet 2 ou 3 j. à l'avance.

➢ ***Akko, Nazareth et Tibériade :*** pas de bus direct ; changer à Haïfa.

En train

🚂 ***Gare ferroviaire*** *(hors plan par B2)* ***:*** *derech HaRakevet. ☎ 693-79-79. À 2 km env du centre-ville. Le bus n° 5 relie la gare ferroviaire à la gare* *routière, ttes les 30 mn ; sinon, taxi (compter 25 Shk env).* Liaisons avec :

➢ ***Tel-Aviv :*** départs ttes les 30 mn. Trajet : 30 mn. Le train passe par l'***aéroport Ben Gourion*** (c'est d'ailleurs le moyen le plus pratique pour rejoindre l'aéroport, sinon taxi).

➢ ***Haïfa :*** départs ttes les 30 mn ou ttes les heures. Trajet : 1h.

En *sherout* (taxi collectif)

➢ ***Pour Tel-Aviv :*** départs depuis sderot Binyamin, juste devant la gare routière *(plan B2).* Un peu plus cher que le bus.

➢ ***Pour Haïfa :*** oubliez les *sherouts* (ils s'arrêtent sur la grande route 2, c'est galère !).

Adresses utiles

■ ***Office de tourisme municipal*** *(plan A2) : 12, kikar HaAtzmaout. ☎ 882-72-86. • gonetanya.com • Tlj sf ven-sam 8h-16h.* Intéressant pour ceux qui recherchent un plan de la ville.

✉ ***Poste*** *(plan A2) : kikar HaAtzmaout.* Juste à côté de l'office de tourisme.

■ Plusieurs ***bureaux de change*** et ***banques*** près de kikar HaAtzmaout *(plan A2).*

■ ***Médecin généraliste :*** ***M. Thierry Guedj.*** *Centre médical français (plan A2,* ***3****), 16, rehov Remez. ☎ 887-65-55.*

■ ***Superpharm*** *(plan A2,* ***3****) : à l'angle des rues David Remez et Smilanski. Tlj sf sam 8h-23h (17h30 ven).*

■ ***Location de voitures :*** *plusieurs agences au centre-ville.* ***Eldan*** *(plan A2,* ***4****), 2, rehov Gad Machnes ; ☎ 882-15-44.* ***Budget*** *(plan A2,* ***4****), 2, rehov Gad Machnes ; ☎ 935-00-18.* ***Hertz*** *(plan A2,* ***10****), 2, rehov Ussishkin ; ☎ 882-88-90.* ***Avis*** *(plan A2,* ***10****), 2, rehov Ussishkin ; ☎ 833-16-19.* ***Thrifty-Dollar*** *(plan A2,* ***5****), 1, rehov Ussishkin ; ☎ 861-20-00.*

Où dormir ?

Prix majorés au mois d'août et pendant les fêtes israéliennes. Négociation très recommandée hors de ces périodes. À noter que certains établissements gonflent un peu leur prix le vendredi.

De bon marché à prix moyens (80-420 Shk / 17-90 €)

■ ***Hotel Orit*** *(plan A2,* ***11****) : 21, sderot Hen. ☎ 861-68-18. • hotelorit.com • Selon saison, compter env 130-160 Shk/pers en dortoir 4 lits, 280-400 Shk en chambre double avec sdb.* Située dans un quartier résidentiel, une maison entourée d'un jardin dont l'atmosphère paisible évoque plus celle de chambres d'hôtes que d'un véritable hôtel. Les propriétaires sont suédois. Une dizaine de chambres confortables, lumineuses qui sentent le propre, dotées d'un balcon (sauf une) et de touches de déco soignée. Une adresse où l'on se sent vraiment bien.

■ ***Hotel Atzmaout*** *(plan A2,* ***10****) : 2, rehov Ussishkin. ☎ 882-25-62. Fax : 862-13-15. Donne sur la pl. HaAtzmaout. Double 200 Shk avec ou sans cuisine équipée (même tarif). Pas de petit déj.* Un hôtel dont les chambres ne sont plus de première jeunesse, mais peu onéreux, surtout à 3 ou 4 personnes (c'est là son principal avantage). Certaines chambres disposent d'une cuisine équipée, bien pratique pour se préparer le petit déj.

De prix moyens à chic (250-600 Shk / 53-127 €)

■ ***Mizpe Yam Hotel*** *(plan A2,* ***12****) : 1, rehov Jabotinsky. ☎ 862-37-30. • mizpe-yam.co.il • Doubles env 350-600 Shk selon confort et saison. Min 2 nuits le w-e.* L'un des hôtels de la station qui tire plutôt bien son épingle du jeu avec sa façade pimpante, ses chambres spacieuses et un accueil aimable. Pas vraiment d'originalité dans la déco, mais l'ensemble

NETANYA

Adresses utiles

- Office de tourisme municipal
- *Sherouts* pour Tel-Aviv
- 3 Centre médical français et Superpharm
- 4 Eldan et Budget
- 5 Thrifty-Dollar
- 10 Hertz et Avis

Où dormir ?

- 10 Hotel Atzmaout
- 11 Hotel Orit
- 12 Mizpe Yam Hotel
- 13 Margoa Hotel
- 14 King Solomon Hotel

Où manger ? Où boire un verre ?

- 10 Bistro Jacky
- 20 Restaurant Chez Claude
- 21 Pundak Hayam
- 22 Rose Marine

À faire

- 6 The Ranch (balades à cheval)

est propre et fonctionnel : chambres avec une bonne literie, clim, frigo, coffre et TV (2 d'entre elles – les plus chères – avec balcon). Reçoit parfois des groupes.

Margoa Hotel *(plan A2,* ***13****) : 9, rehov Gad Machnes. ☎ 862-44-34. • hotelmargoa.co.il • Doubles env 300-500 Shk selon saison ; deluxe 135-225 $.* À proximité de l'ascenseur qui permet l'accès à la plage, un hôtel de standing de 6 étages et dont le hall, à l'esprit contemporain, en jette pas mal. En revanche, les chambres ont une déco et une atmosphère beaucoup plus classiques. Pas de problème en matière de confort. Si votre budget vous le permet, les *deluxe* restaurées et situées au dernier étage disposent chacune d'une grande terrasse privée avec vue sur la mer. Accueil souvent francophone.

Plus chic (165-280 $ / 132-224 €)

King Solomon Hotel *(plan A1,* ***14****) : 18, rehov HaMaapilim. ☎ 833-84-44. • inisrael.com/kingsolomon • Doubles 170-300 $ selon saison (supplément de 10 $/pers ven). Parking public gratuit à proximité.* Derrière une façade de 9 étages qui se dresse face à la mer se dissimulent des chambres joliment restaurées dans un esprit moderne et frais, spacieuses et parfaitement confortables. Piscine, sauna, salle de fitness, et, bien entendu, superbe vue depuis le balcon des chambres. Accueil pro. Bien pour routards fortunés voulant à tout prix contempler la mer confortablement allongés dans leur lit...

Où manger ? Où boire un verre ?

Très bon marché (autour de 30 Shk / 6,50 €)

Restaurant Chez Claude *(plan A2,* ***20****) : 8, rehov Herzl. ☎ 882-59-39. Tlj sf sam jusqu'à 22h (16h ven). Shawarma,* kebabs et falafels à emporter ou à manger autour d'une des tables posées au début de la zone piétonne. Bien pour se caler à moindres frais.

De bon marché à prix moyens (40-120 Shk / 8,50-25 €)

Bistro Jacky *(plan A2,* ***10****) : 2, rehov Ussishkin. ☎ 834-45-59. Fermé pdt le shabbat. Près de la pl. HaAtzmaout.* Un genre de bistrot à la française avec une terrasse sur le trottoir. La carte propose un choix assez large qui satisfera différents appétits : sandwichs, pâtes, *schnitzel,* poissons, grillades, couscous royal, etc. Tenu par Jacky, un sympathique moustachu francophone. D'ailleurs, nombre de compatriotes français venus passer une douce retraite à Netanya y ont leurs habitudes pour l'apéro.

Pundak Hayam *(plan A2,* ***21****) : 1, rehov HaRav Kook. ☎ 834-12-22. À 10 m en retrait de la pl. HaAtzmaout. Tlj jusqu'à 23h30 env (16h ven).* Certes, la salle masquée derrière une grande vitre teintée ne donne pas forcément envie d'entrer... En revanche, la terrasse ombragée sur une placette située en léger retrait de l'animation est plus séduisante. Au final, c'est une adresse simple, à l'esprit populaire, autant appréciée pour ses poissons que pour ses viandes, et au rapport qualité-prix honorable.

De prix moyens à chic (80-220 Shk / 17-47 €)

Rose Marine *(plan A1,* ***22****) : 8, sderot Nitza. ☎ 832-33-22. À 10 mn à pied du centre-ville, en longeant la promenade du bord de mer vers le nord ; juste après le grand immeuble de l'hôtel* Season, *dans un bout de rue où plusieurs restos jouent à touche-touche. Tlj sf ven-sam. Menu le midi en sem env 80 Shk ; le soir à la carte slt, env 110-180 Shk.* La déco à la fois classique et soignée annonce du sérieux. On confirme ! C'est même l'un des meilleurs restos de poisson de la

LA CÔTE MÉDITERRANÉENNE

ville. Plaisante terrasse au bord de la rue, face à la promenade verdoyante qui surplombe le large. Quelques viandes pour les carnivores inconditionnels. Accueil agréable et prix raisonnables.

À faire

– ***La baignade :*** c'est l'activité principale à Netanya ! En été, son littoral compte une dizaine de plages surveillées. À noter qu'au niveau de la promenade HaRishonim *(plan A2)*, il existe un ascenseur gratuit qui permet de rejoindre la plage située au pied de la falaise, sans se fatiguer ! Transats et parasols en location (compter respectivement 20 et 10 Shk). Douches, quelques restos et bars de plages.

– ***Balades à cheval :*** sympa le long de la plage.

■ ***The Ranch*** *(hors plan par A1, **6**)* ***:*** *à 4 km env au nord du centre-ville ; près de Havatzelet Hasharon. ☎ 866-35-25.* Propose aussi des randonnées au clair de lune.

– ***Parapente :*** deux adresses pour vols et cours.
■ ***Dvir :*** *☎ 899-02-77.*
■ ***Chamayim :*** *☎ 954-97-88. 📱 052-222-32-21.*

CÉSARÉE (CAESAREA)

IND. TÉL. : 04

À 25 km au nord de Netanya et à 40 km au sud de Haïfa, Césarée est l'ancienne capitale administrative des Romains en Judée. Elle fut fondée au Ier s av. J.-C. par le roi Hérode, en lieu et place d'un ancien comptoir phénicien. Hérode la baptisa Caesarea en l'honneur d'Auguste César, fils adoptif de Jules César. Ce fut un port très actif et une oasis très fertile. Césarée connut des heures tragiques lorsque des milliers de Juifs y furent exécutés suite à leur révolte contre l'occupation romaine. Plus tard, la ville sera prise par les Arabes, les croisés, les mamelouks et les Ottomans, avant de disparaître sous le sable et de sombrer dans l'oubli. C'est un lieu chargé d'histoire et émouvant, même si une partie des ruines ont été transformées en galeries marchandes avec restos et boutiques de souvenirs, et que l'ancien port romain repose sous les eaux.

LE SACRÉ GRAAL POUR LES NULS

Lorsque les croisés s'emparèrent de Césarée au début du XIIe s, ils mirent la main sur un butin. Parmi celui-ci, une coupe, le Saint-Graal, qui aurait contenu le sang du Christ. Himmler, éleveur de poulets et fou d'ésotérisme, envoya des nazis au monastère de Montserrat à Barcelone pour le récupérer. Ce vase sacré lui aurait permis de gagner la guerre ! Dans Indiana Jones et la dernière croisade, *Spielberg raconte cette aventure authentique avec des nazis allumés.*

Comment y aller ?

Assez compliqué pour ceux qui ne sont pas motorisés : les bus *Egged* circulant entre Haïfa et Tel-Aviv s'arrêtent à *Or Akiva Interchange,* à 4 km env du site, sur la route 2. Avec un peu de chance, vous attraperez alors le bus nº 76 qui relie l'arrêt de bus *Egged* à la vieille ville de Césarée (bus ttes les 1 ou 2h). Sinon, seule possibilité, faire de l'auto-stop, en précisant bien que vous désirez vous rendre aux ruines (qui sont à 1 km de la ville).

Où dormir ? Où manger dans le coin ?

Merkaz Yami : *dans le kibboutz **Sdot Yam,** à 500 m au sud du site de Césarée. ☎ 636-46-65. • mer kazyami@sdot-yam.org.il • Doubles 440-500 Shk (prix un peu musclés tt de même).* Au bord de la mer, un ensemble de petits bâtiments propose des chambres bien équipées (salle de bains, frigo, TV, clim), confortables et qui sentent le propre. Un bémol tout de même pour les lits 1 personne un peu étroits, et pour la vue sur la centrale électrique non loin. Possibilité de se restaurer à prix moyens et bar de plage pour contempler le coucher de soleil sur la mer.

Les restos de la citadelle des croisés : *dans l'enceinte du site (par l'entrée principale) ; en journée, il faut payer le droit d'entrée au site ou bien 13 Shk pour accéder slt à la partie occupée par les restos (accès gratuit à partir de 18h). Tlj, midi et soir.* Plusieurs restos avec terrasses se sont installés au sein d'anciens bâtiments de pierre restaurés, au bord du port. Sandwichs, salades ou plats plus cuisinés. Tout à fait correct et prix raisonnables.

À voir

Le site (Caesarea Harbor National Park) **:** *☎ 636-13-58. Il existe 2 entrées distantes de 300 m env : l'entrée principale au niveau de la citadelle des croisés, et celle située au sud du site, à proximité du théâtre romain. Avr-sept, tlj 8h-18h (16h ven et veilles de fêtes) ; oct-mars, tlj 8h-16h. Tarif : env 40 Shk ; réduc enfants. Baignade interdite sur le site.*

– *La citadelle des croisés :* c'est en quelque sorte un melting-pot de toutes les civilisations qui se sont succédé. Elle est délimitée par des fortifications édifiées au XIIIe s par Saint Louis qui s'empara de la ville et renforça ses défenses. Vestiges de maisons byzantines et de greniers arabes, entrepôts romains avec magasins voûtés, sans oublier les quelques restos et magasins de souvenirs dans des bâtiments restaurés... L'ancien port romain est totalement immergé. La jetée actuelle a été construite beaucoup plus tard. Grimper sur la *poterne* (porte principale de la cité des croisés) pour prendre de la hauteur et apercevoir les douves, les restes de l'hippodrome et l'amphithéâtre. Un espace muséographique *(Time Trek Audio Visual Display)* présente deux films sur Césarée (projections en français) et une salle avec les principaux personnages historiques du site qui apparaissent en hologramme.

– *L'hippodrome et l'amphithéâtre : depuis la citadelle des croisés, accès par la poterne ou accès direct depuis l'entrée sud du site.* L'ancien hippodrome, plutôt bien conservé, s'étire le long du rivage. Le contraste entre cette longue esplanade dénudée, le bleu intense de la Méditerranée et les tours de la centrale électrique qui s'élèvent au loin avec force, crée une perspective et une atmosphère tout à fait particulières. Au bout de l'hippodrome, sur une langue de terre qui s'avance dans la mer, sommeillent les vestiges du palais du roi Hérode *(The Reef Palace)*. À l'entrée du palais, une stèle romaine porte le nom de Ponce Pilate. Dans un bâtiment récent, petit film de 10 mn environ sur l'histoire de Césarée, depuis le roi Hérode jusqu'à nos jours (projection en français sur demande). À deux pas, se dresse l'amphithéâtre romain entièrement reconstitué. Ce fut l'un des plus beaux d'Orient. On y donne des spectacles, de mai à octobre.

À voir dans les environs

Archeological Museum (Musée archéologique) **:** *dans le kibboutz de **Sdot Yam,** à 500 m env de l'entrée sud de Césarée. ☎ 636-43-67. Tlj sf sam et lun*

10h-16h (13h ven). Entrée : 15 Shk ; réduc. Expose les pièces archéologiques découvertes lors de la construction du kibboutz. Elles sont datées des époques romaine, byzantine, islamique et des croisades. La collection des poteries remontées des fonds marins est particulièrement intéressante.

Hannah Senesh Memorial Center (centre de documentation sur Hannah Senesh) **:** *dans le kibboutz de* **Sdot Yam,** *à 500 m env de l'entrée sud de Césarée ; en face du Musée archéologique. ☎ 636-43-66. • hannahsenesh.org.il • Tlj sf ven-sam 10h-16h. Entrée : 13 Shk ; réduc.* Le centre rend hommage à Hannah Senesh, héroïne nationale qui vécut dans le kibboutz. Parachutiste pendant la Seconde Guerre mondiale, elle sauta derrière les lignes allemandes pour porter secours aux communautés juives de Hongrie et y fut exécutée par les nazis à l'âge de 23 ans. Elle est l'auteur de poèmes dont le plus connu est la chanson *Eli Eli*.

Roman Aqueduct (aqueduc romain) **:** *à 4 km env au nord du site. GRATUIT.* Sur près de 11 km, il acheminait vers Césarée l'eau d'une source qui jaillit au pied du mont Carmel. Construit par Hérode le Grand, il fut restauré au IIe s par Hadrien. Les arcades s'offrent en perspective le long d'une belle plage sablonneuse. Photogénique...

Ralli Museum (musée Ralli) **:** *à 3 km env du site, dans la ville nouvelle de Césarée. ☎ 626-10-13. Tlj sf dim et mer 10h30-15h ; ouv slt ven et sam en janv-fév (mêmes horaires). GRATUIT.* Impressionnant musée privé qui présente la collection personnelle de Harry Recanati, fondateur du musée. Dans un vaste bâtiment faisant penser à une hacienda mexicaine, nombreuses œuvres d'artistes espagnols et sud-américains. Peintres contemporains et postimpressionnistes modernes. Sculptures de Dalí, Delcambre, Minne, Rodin, Masson... Peintures et lithographies de Chagall, Miró, Matta, parmi les plus connus. Un deuxième bâtiment expose des tableaux de peintres européens du XVIe au XVIIIe s (italiens, français, espagnols, flamands et allemands) qui ont représenté des scènes bibliques. À l'intérieur, noter l'escalier central qui évoque la tour de Babel.

HAÏFA

275 000 hab. IND. TÉL. : 04

Haïfa est le plus grand port et la troisième ville d'Israël. On a l'habitude de dire : « À Jérusalem, on prie, à Tel-Aviv, on s'amuse, à Haïfa, on travaille ! » C'est vrai que lorsqu'on arrive par les grands boulevards sans âme qui mènent au port, on est saisi par l'intense activité économique maritime. Mais dès que l'on tourne le regard vers la colline (le Carmel), on se dit que cette ville a de faux airs de San Francisco, avec ses escaliers raides et ses rues pentues.

Et puis, comme un mirage, apparaît une surprenante perspective : une succession de jardins qui dévalent la colline en cascades. Au milieu, un majestueux dôme doré. Il s'agit de l'un des sanctuaires les plus importants de la religion bahaïe, un haut lieu de pèlerinage. À Haïfa, cinq communautés de cultes s'y côtoient : juifs, musulmans, chrétiens, bahaïs et druzes.

De jour comme de nuit, l'activité touristique se concentre le long de la rue Ben Gourion, dans le quartier de la colonie allemande, avec ses jolies demeures restaurées et bien léchées. Pour humer des parfums d'Orient, il faut déambuler dans le wadi Nisnas, le quartier arabe. Pour s'en mettre plein les yeux, on grimpera au sommet du mont Carmel.

Pour finir, Haïfa possède un nombre important de musées et près de 1,5 km de plage aménagée. Une ville qui mérite donc plus qu'un simple passage.

UN PEU D'HISTOIRE

BACHI-BOUZOUK

Ce juron du capitaine Haddock signifie « tête folle » en turc. C'est ainsi qu'on appelait les mercenaires enrôlés dans l'armée ottomane. Incontrôlables et violents, ils se livraient aux pires exactions. Leur sale réputation les précédait et la guerre psychologique était gagnée avant le premier coup d'épée !

Port romain, byzantin, puis arabe, Haïfa est attaqué en 1099 par les croisés et résiste longtemps avant de tomber. Un siècle plus tard, la ville est rasée par Salah ed-Din (Saladin). Quelques années après, elle est conquise par Richard Cœur de Lion. En 1156, fondation de l'ordre du Carmel. En 1250, nouvelles fortifications construites par Saint Louis. Baïbars le Mamelouk s'empare de la ville en 1265. C'est alors la fin de la domination franque. Au XVIe s, les Turcs imposent leur domination. En 1799, Bonaparte s'empare de Haïfa.
Les Ottomans reprennent ensuite la ville. Des Allemands protestants arrivent en nombre vers 1870 et fondent le quartier de la colonie allemande. À l'aube du XXe s, la ville étouffe et les remparts sont rasés. Grand port servant au trafic des produits agricoles de Galilée, Haïfa devient le port de l'immigration juive, mais aussi de nombreuses autres religions et ethnies. Des milliers d'Arabes de Galilée et du Hauran (en Syrie) cherchent de l'embauche. En 1918, les Britanniques succèdent aux Ottomans en déroute. La ville compte alors 20 000 habitants dont la moitié de Juifs. Dans les années 1930, Haïfa est une ville ouvrière très politisée (municipalité de gauche), surnommée « Haïfa la Rouge ».
Avec la victoire des nazis en Allemagne, de nombreux Juifs allemands rallient la Palestine, et la ville voit sa population augmenter. Mais avec la parution du *Livre blanc* en 1939 (arrêt de l'immigration juive), les Britanniques expulsent en masse, surtout à partir de 1945. Haïfa devient alors la « capitale » de l'immigration clandestine. En 1947-1948, pendant la guerre contre les Arabes, des combats acharnés ont lieu pour le contrôle de la ville. Après la défaite arabe, Haïfa compte 150 000 habitants (les deux tiers sont juifs). C'est l'une des rares villes du pays qui retient une partie de la population arabe (à l'appel du Conseil ouvrier juif de la ville). Aujourd'hui, Haïfa est la ville la plus industrielle du pays et possède un centre universitaire réputé.

Arriver – Quitter

En bus

Il existe 2 gares routières *(Bus Stations)* : rens compagnie Egged, ☎ **2800 ou (03) 694-88-88.*

Merkazit Hof HaCarmel *(plan d'ensemble, A3,* ***1****) : à 5,5 km au sud-ouest du centre-ville, à côté de la gare ferroviaire du même nom.* Pour rejoindre le centre-ville, bus nos 103, 108 et 114 qui passent dans derech HaAtsma'ut. Liaisons avec :
➢ ***Jérusalem :*** départs ttes les 30 mn env, 6h-21h. Trajet : env 2h.
➢ ***Tel-Aviv et Netanya :*** départs très fréquents, 5h30-23h30. Trajet : 1h30 env pour Tel-Aviv.
➢ ***Eilat :*** 2 bus/j., tôt le mat, l'autre de nuit. Trajet : 6h. Mieux vaut réserver 2 ou 3 j. à l'avance.

Merkazit HaMifratz *(hors plan d'ensemble par D3,* ***2****) : à 5 km env à l'est du centre-ville et à quelques centaines de mètres de la gare ferroviaire du même nom.* Pour rejoindre le centre-ville, bus no 103 qui passe dans derech HaAtsma'ut. Liaisons avec :
➢ ***Nahariya et Tibériade :*** nombreux départs, 6h30-22h. Trajet : env 1h15.
➢ ***Jérusalem :*** départs ttes les 30 mn env, 6h-19h. Trajet : env 2h.
➢ ***Beer Sheva :*** 1 bus/j. le mat. Trajet : env 2h30.

Nazareen Tours *(zoom C1, **3**) : derech HaAtsma'ut, sur le parking de la gare ferroviaire. ☎ 1-599-559-559.* Liaisons avec :

➢ ***Nazareth :*** départs ttes les heures. Attention, certains s'arrêtent à Nazareth Illit (la ville nouvelle). Le bus nº 331 va jusqu'à la vieille ville.

➢ ***Amman :*** 4 bus/sem en début de matinée. Attention, il faut changer à Nazareth (même si Amman est écrit au devant du bus). Durée : env 1h30.

En *sherout* (taxi collectif)

➢ ***Tel-Aviv et l'aéroport Ben Gourion*** *(zoom C2, **4**) :* se prennent dans rehov Hehaluz. Trajet : env 2h. Mieux vaut réserver 2 j. avt pour l'aéroport.

➢ ***Akko et Nahariya*** *(zoom D2, **5**) :* départs dans rehov Herzl, à l'angle de rehov Balfour. Repérer les *sherouts* bleu et jaune. Trajet : 15 mn pour Nahariya, 40 mn env pour Akko.

➢ Pas de *sherout* pour ***Jérusalem.***

En train

Gare ferroviaire principale *(zoom C1) : derech HaAtsma'ut. ☎ (03) 611-70-00.*

Il existe 2 autres ***gares ferroviaires*** : *Hof HaCarmel Railway Station (plan d'ensemble A3),* à 5,5 km env au sud-ouest du centre-ville, près de la plage, et *Lev HaMifratz Railway Station (hors plan d'ensemble par D3),* à 5 km env à l'est du centre-ville. Liaisons avec :

➢ ***Tel-Aviv et l'aéroport Ben Gourion :*** départs ttes les 30 mn ou ttes les heures. Durée : 1h pour Tel-Aviv ; 1h20 pour l'aéroport.

➢ ***Netanya :*** changement à Binyamina.

➢ ***Akko :*** nombreux départs. Trajet : 20 mn.

➢ ***Beer Sheva :*** départs ttes les heures. Trajet : près de 2h30. Directs le mat 6h-10h, ensuite changer à Tel-Aviv.

➢ ***Jérusalem :*** pas de train direct. Il faut changer à Tel-Aviv. Trajet : env 2h30.

En avion

✈ **Aéroport** *(hors plan d'ensemble par D3) : à 6 km env à l'est du centre-ville, en direction d'Akko. ☎ 847-61-11.*

➢ Vols quotidiens pour ***Eilat*** avec *Israir* et *Arkia.*

Adresses et infos utiles

Office de tourisme *(zoom C2) : 48, sderot Ben Gurion. ☎ 853-56-06. • tour-haifa.co.il • Entrée par le petit escalier situé sur le côté droit du bâtiment. Dim-jeu 9h-17h, ven 9h-13h, sam 10h-15h.* Efficace. Carte de la ville et documentation intéressante (plan plus détaillé en vente). Dispose d'une liste de chambres d'hôtes.

✉ ***Postes :*** *27, sderot Ben Gurion (zoom C2). Dim, jeu 8h-18h ; lun, mar 8h-12h30, 15h30-18h ; mer 8h-13h30 ; ven 8h-12h (on n'a pas trouvé plus simple !). Autres bureaux : à l'angle de sderot HaNevi'im et sderot Shabtai Levi (zoom C2) et 63, rehov Herzl (zoom D2). Ouv dim-jeu 8h-18h (12h ven).*

■ Plusieurs ***banques*** et ***bureaux de change*** au centre, notamment dans derech HaAtsma'ut *(zoom C-D2).*

■ ***Consulat de France*** *(consulia Tsarfatit ; zoom C2, **6**) : 37, rehov HaGefen. ☎ 813-88-22/14. • ambafrance-il.org • Lun-ven 8h-12h.*

■ ***Consulat honoraire de Belgique*** *(zoom C2, **7**) : 22, sderot Allenby. ☎ 855-65-02. • marcovici@marco.co.il •*

■ ***Médecin généraliste : Marc-Alain Levy,*** *12, rehov Jerusalem. ☎ 862-88-85.* Médecin-conseil auprès de l'ambassade de France.

■ ***Superpharm*** *(zoom C2, **8**) : 16, sderot HaNevi'im. Tlj 8h-21h (23h ven-sam).*

■ **Laundry** *(zoom D2, **20**) : juste à côté de l'auberge* Port Inn *(voir plus loin « Où dormir ? »). Tlj 7h30-minuit.* Laverie qui appartient à l'auberge voisine.

✚ ***Hôpitaux : Rambam Medical Center*** *(plan d'ensemble, C1), Bat Galim. ☎ 854-31-11.* ***Bnai Zion Medical Center*** *(zoom C3), 47, rehov Golomb. ☎ 835-93-59.* ***Carmel Medical***

Center *(hors plan d'ensemble par D2), 7, rehov Michal. ☎ 825-02-11.* **Haïfa Medical Center** *(hors plan d'ensemble par A3), 15, rehov Horev. ☎ 830-52-22.*

■ ***Location de voitures :*** **Eldan** *(hors plan d'ensemble par D3,* ***9****), 84, sderot Hahistadrut. ☎ 841-09-10.* **Avis** *(hors plan d'ensemble par D3,* ***9****), 39, rehov Hahistadrut. ☎ 861-04-44.* **Budget** *(hors plan d'ensemble par D3), 7, rehov Ha'ashlag. ☎ (03) 935-00-19.* **Hertz** *(hors plan d'ensemble par D3,* ***9****), 104, sderot Hahistadrut. ☎ 840-21-21.*

■ ***Métro Carmelit :*** *tlj sf shabbat 6h-minuit (15h ven). Ticket : env 6,60 Shk (même tarif que le bus) ou 15 Shk pour un ticket à la journée. 1 rame ttes les 12 mn env.* Relie la partie basse de la ville au Carmel, la partie haute, en 6 stations (de kikar Paris à Gan Ha'em). Plutôt un funiculaire souterrain. Ne pas confondre avec la télécabine à l'ouest de la ville.

■ ***Bus :*** *infos sur ● bus.co.il ● et ● dannorth.co.il ●*

■ À noter également, un réseau de ***tramway*** appelé *Metronit. Rens auprès de l'office de tourisme.*

Où dormir ?

De bon marché à prix moyens (80-420 Shk / 17-90 €)

Se procurer la liste des ***chambres d'hôtes*** auprès de l'office de tourisme ou sur leur site (en français, rubrique « hébergements »). Voir « Adresses et infos utiles » plus haut.

Port Inn *(zoom D2,* ***20****) : 34, rehov Yafo. ☎ 852-44-01. ● portinn.co.il ● Dortoirs (5-9 lits) mixtes ou séparés 90 Shk/pers (130 Shk avec petit déj) ; doubles sans ou avec sdb 340-420 Shk selon saison, petit déj compris. Également 3 apparts avec cuisine pour 3-5 pers 450-800 Shk. Parking (payant).* À 5 mn à pied de la gare ferroviaire principale, une auberge de jeunesse parfaitement tenue, vraiment agréable et bien placée. Certaines chambres disposent d'un balcon. Clim partout. Salon commun avec TV et super jardin ombragé pour le petit déj, pour prendre un verre ou bouquiner au calme. Cuisine à disposition (thé, café et lait à volonté). Excellent accueil (parfois en français) et plein d'infos utiles que l'on vous donne avec le sourire. Une vraie bonne adresse. En revanche, pour les apparts, le rapport qualité-prix est beaucoup moins évident.

1926 – Designed Apartments Hotel *(zoom D2,* ***26****) : 9, rehov Moshe Aharon. ☎ 866-53-20. ● 1926.co.il ● Apparts pour 2-3 pers env 350-400 Shk. Min 2 nuits, mais si dispo, loc possible pour 1 seule nuit, téléphoner avt.* Dans une rue piétonne animée aux beaux jours par un marché et des concerts le jeudi soir et le vendredi. Les 2 bâtiments contigus ont été rénovés dans un style coloré très contemporain (chaises et sièges originaux, style *Kartell*) et dotés de tout le confort. Les apparts sont fonctionnels, équipés d'une cuisine, de la clim, propres et carrelés. Certains possèdent un balcon sur la rue, d'autres, plus calmes, donnent sur l'arrière. Bon accueil du patron qui cherche sans cesse à améliorer son établissement.

Haddad Guesthouse *(zoom C2,* ***21****) : 26, sderot Ben Gurion. 772-01-06-18. ● haddadguesthouse.com ● Double avec sdb env 380 Shk. Également des triples. Pas de petit déj, mais thé, café et muffins dans les chambres.* La maison compte une dizaine de chambres, pourtant il règne davantage une atmosphère de *guesthouse* que d'hôtel. L'ensemble est propre et parfaitement tenu. Celles au dernier étage, mansardées, ont un petit supplément d'âme et une cuisine équipée (même tarif). Grande table à disposition pour partager les repas avec ses voisins de palier.

G 38 *(zoom C2,* ***22****) : 38, rehov HaGefen. 054-522-42-81 ou 054-804-40-62. ● g38.co.il ● Résa obligatoire car il n'y a pas de réception sur place. Appart env de 400 Shk pour 2 (min 3 nuits). Également un appart plus petit env 270 Shk loué en single, mais de taille très correcte pour 2.* Ici, pas de chambre, mais des appartements (1 à 5 personnes) avec kitchenette, aménagés dans un esprit contemporain épuré : murs blancs ou en parpaings gris, sol en béton ciré, quelques toiles de facture moderne pour agrémenter le tout. Attention, certains appartements au rez-de-chaussée sont un peu sombres. Sur le toit, terrasse avec superbe vue sur la ville et la mer. Service de laverie gratuit. Un bon plan, à condition d'y rester au moins 3 nuits.

Maris Hotel (zoom D2, **27**) : *40, HaNamal. Près de la gare ferroviaire. 0723-66-00-01. • marishaifa.com • Double env 85 $.* Si l'entrée se fait par une rue piétonne, l'environnement à l'arrière manque de charme (vue sur les rails). C'est avant tout une adresse fonctionnelle : chambres dans les tons gris et rouge avec kitchenette, clim et TV. Certaines sont prolongées par une grande terrasse (catégorie supérieure) ou un balcon (dont quelques standard ; à demander, car les autres sont plus sombres).

Beth Shalom Carmel (zoom C2, **23**) : *110, sderot HaNassi. ☎ 837-74-81/82. • beth-shalom.co.il • Situé dans le quartier du Carmel, à côté du Musée japonais. Résa conseillée. Double env 400 Shk avec le petit déj. Parking gratuit (quelques places). (payant).* Un hôtel bien tenu, qui propose une trentaine de chambres pas bien grandes et à la déco d'une gaieté relative (moquette sur les portes !). Deux d'entre elles ont la chance d'avoir un balcon (même tarif). Terrasse arborée à l'arrière et au calme. Rapport qualité-prix moyen. Pour ceux qui voudraient absolument dormir sur le mont Carmel...

Chic (420-600 Shk / 90-127 €)

Gallery Hotel (zoom D2, **24**) : *61, rehov Herzl. ☎ 861-61-61. • haifa.hotelgallery.co.il • Doubles standard 460-570 Shk selon saison et j. de la sem ; supérieures et suites encore plus chères. Package chambre et spa. Parking gratuit.* Depuis sa construction en 1938, ce bâtiment est un hôtel, aujourd'hui tourné vers l'art. Chaque client se voit remettre à l'arrivée un feuillet avec un descriptif des œuvres exposées et à vendre. Déambuler dans les couloirs devient ici un véritable plaisir ! Chambres confortables, terrasse sur le toit pour prendre le frais, spa pour se relaxer et salle de fitness pour se muscler. Un bel hôtel à prix plutôt raisonnables.

Plus chic (plus de 170 $ / env 125 €)

Bay Club (zoom D2, **28**) : *7, rehov Hassan Shukri. ☎ 811-97-00. • atlas.co.il • Doubles standard 170-190 $ (+ 60 $ pour les deluxe).* Bâtiment du début du XXe s magnifiquement restauré dans un style années 1930 avec une touche néoclassique dans la déco et un confort on ne peut plus moderne. Tout est impeccable, mais ça manque peut-être d'un peu de chaleur. À vous de voir. Toit-terrasse et agréable véranda. Accueil pro.

The Colony Hotel Haifa (zoom C2, **21**) : *28, sderot Ben Gurion. ☎ 851-33-44. • colony-hotel.co.il • Double env 210 $ (+ 30 $ pour les deluxe, + 30 $ le w-e et pdt les vac).* Dans une élégante bâtisse en pierre datant de 1905 et superbement restaurée, l'établissement propose une quarantaine de chambres confortables mais à la déco qui commence à dater un peu. Les chambres *deluxe* sont un peu plus spacieuses et bénéficient d'une vue plus sympa. La terrasse sur le toit offre un panorama de choix sur le sanctuaire bahaï. Accueil pro. L'adresse classico-chic dans cette rue quelque peu huppée de la *German Colony*.

Templars Boutique Hotel (zoom C2, **29**) : *36, sderot Ben Gurion. ☎ 629-77-77. • templars.co.il • Doubles 150-200 $ selon saison et j. de la sem (plus cher le w-e) ; 2 nuits min pour les w-e de fin d'année.* Bâtiment typique de la fin du XIXe s à l'époque de l'implantation des Allemands à Haïfa. Il abrite aujourd'hui une dizaine de chambres toutes différentes et spacieuses, parfois vraiment originales (éclairage bleuté et salle de bains transparente, *terracota* pour la version toscane, design contemporain et balcon privé avec vue sur les jardins bahaïs pour d'autres). Pour tous les goûts et toutes les envies...

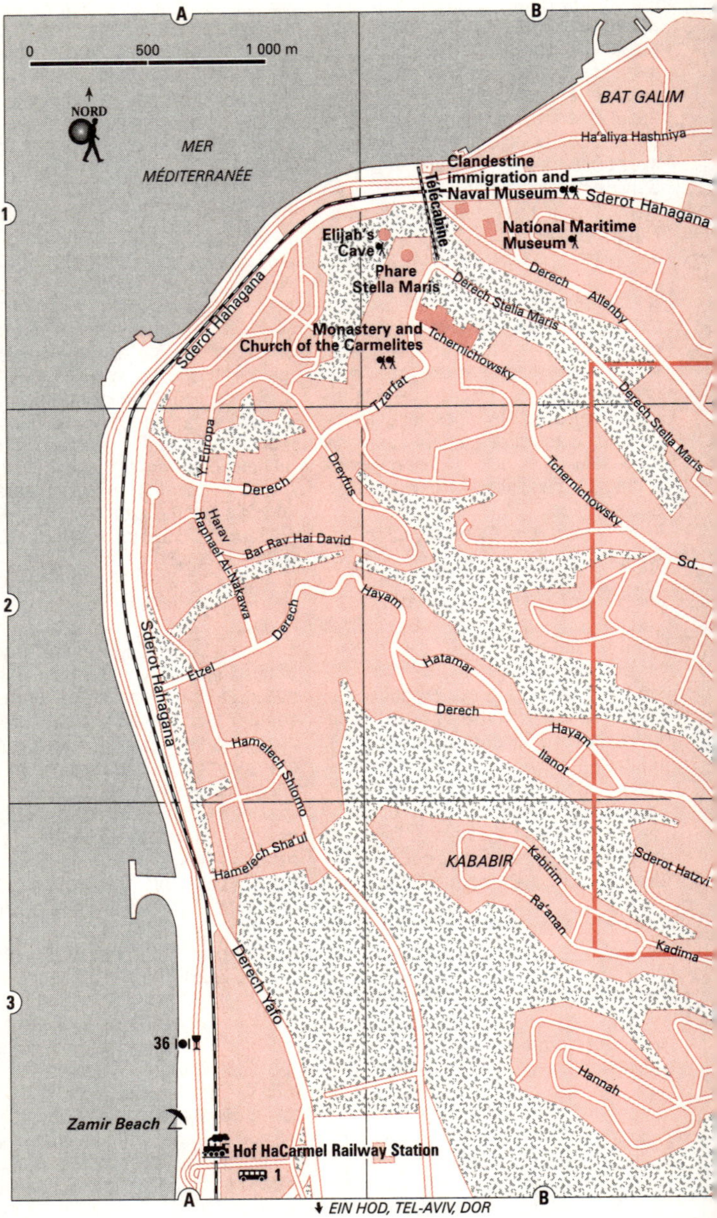
A
B
0
500
1 000 m
NORD
MER
MÉDITERRANÉE
BAT GALIM
Ha'aliya Hashniya
Clandestine immigration and Naval Museum
Sderot Hahagana
Télécabine
National Maritime Museum
Elijah's Cave
Phare Stella Maris
Derech Allenby
Derech Stella Maris
Monastery and Church of the Carmelites
Tchernichowsky
Sderot Hahagana
Tzarfat
Y. Europa
Dreyfus
Derech
Harav Raphael Al-Nakawa
Bar Rav Hai David
Sd.
Hayam
Derech
Etzel
Hatamar
Derech
Hayam
Ilanot
Hamelech Shlomo
Hamelech Sha'ul
KABABIR
Kabirim
Ra'anan
Sderot Hatzvi
Kadima
Derech Yafo
Hannah
1
2
3
36
Zamir Beach
Hof HaCarmel Railway Station
1
EIN HOD, TEL-AVIV, DOR

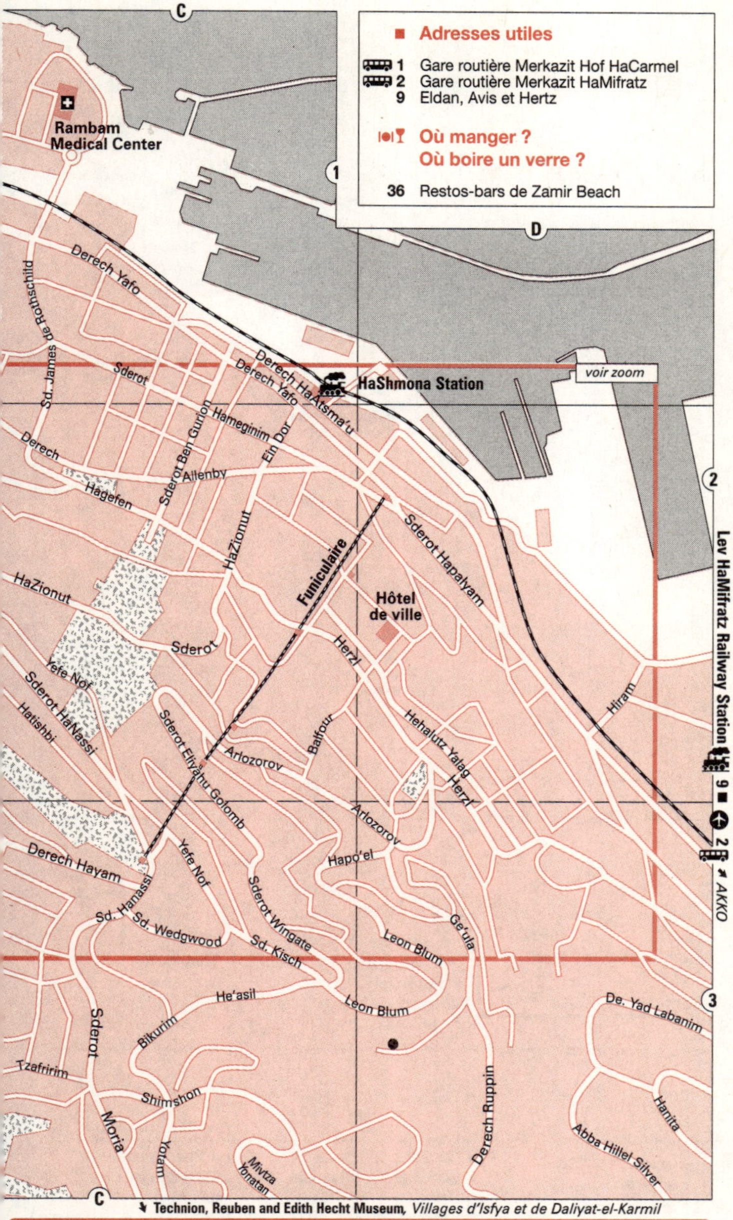

HAÏFA – PLAN D'ENSEMBLE

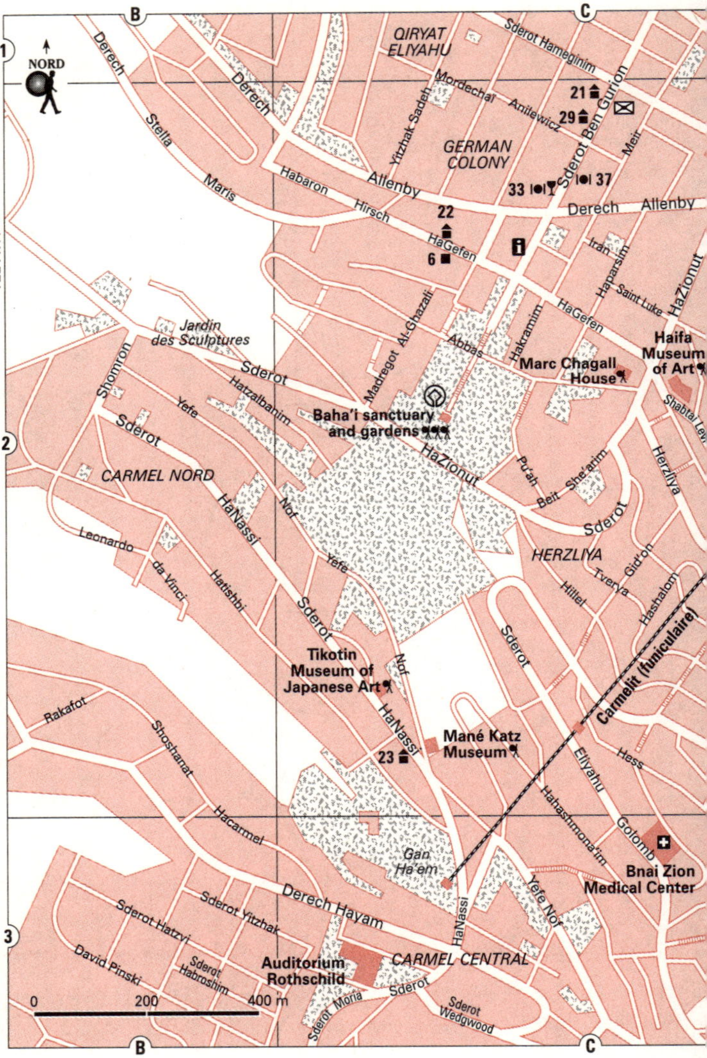

Adresses utiles

- Office de tourisme
- 3 Nazareen Tours
- 4 *Sherouts* pour Tel-Aviv et l'aéroport Ben Gourion
- 5 *Sherouts* pour Akko et Nahariya
- 6 Consulat de France
- 7 Consulat honoraire de Belgique
- 8 Superpharm
- 20 Laundry

Où dormir ?

- 20 Port Inn
- 21 Haddad Guesthouse et The Colony Hotel Haifa
- 22 G 38
- 23 Beth Shalom Carmel
- 24 Gallery Hotel
- 26 1926 – Designed Apartments Hotel

HAÏFA – ZOOM

27 Maris Hotel
28 Bay Club
29 Templars Boutique Hotel

Où manger ?

30 Chez Nadima
31 Abu Youssef
32 Jacko Fish
33 Fattoush
34 Ma'Ayan Habira
35 Abu Maroun
37 Douzan
38 Butcher Bar
39 Hanamal 24

Où boire un verre ? Où sortir ?

33 Fattoush
50 Kalman's Pub
51 Ali's
52 Syncopa

Où dormir dans les environs ?

⛺ 🏠 ***Village de vacances Dor :*** *à Dor, à 22 km au sud de Haïfa, au bord de la mer. ☎ 639-91-21. Fax : 639-27-81. Prévoir 75 Shk/pers en tente ; selon saison, compter 550-800 Shk pour 2 en igloo ; également des cottages 950-1 300 Shk pour 5 pers.* Une quarantaine d'igloos et une vingtaine de cottages répartis sur une vaste pelouse bien entretenue et ombragée par des palmiers. Tous disposent d'une cuisine. On sort de sa chambre et on est sur la plage ! Un coin est réservé pour planter la tente. En saison, l'adresse est prisée par les familles (les bambins peuvent gambader en toute liberté et un coin jeux leur est aménagé). Hors saison, c'est plus calme. *Minimarket,* resto et activités sportives.

Où manger ?

De très bon marché à bon marché (moins de 80 Shk / 17 €)

🍽 Nombreux ***stands de falafels et shawarmas*** *(zoom C2)* au croisement de rehov Allenby et de sderot Zionut, de rehov Hehalutz et de rehov HaNevi'im. Prix très bas.

🍽 ***Chez Nadima*** *(zoom C2,* ***30****)* **:** *37, rehov Saint John's. Tlj sf dim jusqu'à 15h. Depuis la rue Khuri (en venant du centre), c'est la rue qui part à droite en face de l'école épiscopale ; demander, tt le monde connaît. Très bon marché.* Au cœur du marché arabe des fruits et légumes, une petite gargote de quartier, ouverte sur la rue. Derrière les fourneaux, la vénérable Nadima prépare inlassablement sa tambouille. Ce n'est pas de la grande cuisine, mais on aime bien cette adresse attachante qui permet aussi de saisir une partie de l'âme de Haïfa.

🍽 ***Abu Youssef*** *(zoom D2,* ***31****)* **:** *1, kikar Paris. ☎ 866-37-23. Dans le wadi Nisnas, en face de la station de métro. Tlj 8h-21h (17h ven).* Grande salle carrelée, à la déco banale et à l'éclairage « néon », genre cantine, qui fait régulièrement le plein le midi. On choisit ses plats comme dans un self. Cuisine orientale et fraîcheur assurée.

De bon marché à prix moyens (40-120 Shk / 8,50-25 €)

🍽 ***Jacko Fish*** *(zoom D2,* ***32****)* **:** *rehov Qehilat Saloniki. ☎ 866-88-13 ou 862-66-39. Tlj jusqu'à 17h env (23h jeu). Depuis la rue Natanzon, prendre la rue à droite du City Building (beau bâtiment en pierre), puis 1re à droite. Partie haute de la fourchette.* Une adresse réputée pour la fraîcheur de ses produits (notamment celle de ses poissons), et cela fait des années que ça dure. Cadre simple et plaisant (tables en bois, murs agrémentés de photos en noir et blanc). L'endroit est propre, l'ambiance sympa et populaire, même si ça n'est pas donné.

🍽 ***Fattoush*** *(zoom C2,* ***33****)* **:** *38, sderot Ben Gurion. ☎ 852-49-30. Dans le quartier German Colony. Tlj jusqu'à 1h du mat env.* C'est à la fois un resto et un café-bar oriental fréquenté par de nombreux jeunes. Dans la salle voûtée avec banquettes et tapis, on se croirait dans une cossue maison orientale. Agréable terrasse verdoyante et super ombragée, idéale pour se poser à toute heure de la journée. L'atmosphère y est paisible. Sandwichs, salades ou grillades pour se restaurer.

🍽 ***Ma'Ayan Habira*** *(zoom D2,* ***34****)* **:** *4, rehov Natanson. ☎ 862-31-93. Tlj sf sam 10h-17h (22h mar et jeu, 23h mar en été). Résa conseillée 2 sem avt. Prix moyens.* Petit resto-bar populaire à l'atmosphère familiale et à la déco volontairement surchargée (instruments de musique suspendus au plafond, photos, coupures de journaux épinglées au mur). Pas mal de vieux y ont leurs habitudes car la soupe est bonne et pas chère. En été, le mardi à partir de 20h, on installe tables et chaises dans la rue (alors interdite à la circulation). Un groupe grimpe sur une petite estrade, et c'est parti pour la fiesta et un grand moment de convivialité. Un endroit plein de vie et de générosité. Une institution à Haïfa.

Butcher Bar (zoom D2, **38**) : rehov Moshe Aharon, à l'angle de HaAtsma'ut. ☎ 622-98-78. Tlj 11h-minuit. Business lunch jusqu'à 17h. Plats bon marché. Dans un recoin de l'angle, un bar de poche avec des tables en terrasse spécialisé dans les sandwichs originaux, entre autres : *asian shawarma* (au magret de canard fumé), *tunisian sandwich* au thon frais avec pommes de terre, œufs et oignons. Également quelques plats chauds. Préciser si on ne veut pas trop épicé. Produits de qualité.

Abu Maroun (zoom D2, **35**) : 1, rehov Kibboutz Galuyot. Juste au pied du minaret de la mosquée. Tlj jusqu'à 16h env. L'adresse est un peu excentrée, mais ici, on détient le secret du meilleur *hommos* de la ville. Il paraît même qu'on vient de tout le pays pour le déguster ! En prime, la terrasse couverte dissimulée derrière un rideau de végétation est bien agréable. Tout cela mérite bien un p'tit détour !

De prix moyens à chic (80-220 Shk / 17-47 €)

Restos-bars de Zamir Beach (plan d'ensemble, A3, **36**) : à 5 km env au sud-ouest du centre-ville, en direction de Tel-Aviv. Tlj midi et soir. Prix moyens. Plusieurs établissements étalent leurs terrasses le long de la promenade aménagée en bord de plage. Pas d'adresse particulière à vous conseiller, suivez votre feeling. La cuisine n'a rien de mémorable, sans être mauvaise pour autant. On vient avant tout pour le cadre et pour la sieste sur la plage !

Douzan (zoom C2, **37**) : 35, sderot Ben Gurion. ☎ 852-54-44. Tlj 10h jusqu'au dernier client. Pas mal de restos et de terrasses le long de cette rue assez chicos. Celui-ci tire plutôt bien son épingle du jeu : pas de racolage abusif, intérieur rouge carmin et déco tendance mauresque, terrasse paisible pour se poser en soirée. Côté cuisine, pas véritablement de spécialités mais le choix est varié. Soupes, salades copieuses et appétissantes pour caler une petite faim, grillades, plats libanais, etc. Essayer aussi le *sahlab*, une crème à la fleur d'oranger saupoudrée à la noix de coco.

Hanamal 24 (zoom D2, **39**) : 24, rehov HaNamal. ☎ 862-88-99. Tlj sf dim 12h-21h30 (dernière commande). Lun-ven, le midi, menus env 100-140 Shk ; le soir (sf ven), plats 100-160 Shk. C'est dans un ancien entrepôt du port que s'est installé l'un des restos en vogue de Haïfa. Éclairage et déco très étudiés avec une succession de salles aux thèmes et à l'atmosphère différents : la pièce principale évoque la Toscane, plus loin, un salon romantique, une crèmerie, une cave à vins, etc. Dans les assiettes, cuisine raffinée d'inspiration méditerranéenne que le chef, qui a étudié à Lyon, n'a de cesse de renouveler. Dommage qu'il n'y ait pas de terrasse.

HAÏFA

Où boire un verre ? Où sortir ?

La vieille ville est animée en journée, mais, après 20h, la plupart des rues deviennent désertiques. L'animation se concentre alors sur les quelques terrasses qui bordent sderot Ben Gurion. En revanche, le quartier du Carmel est particulièrement fréquenté en fin de journée (et jusque tard dans la nuit).

Fattoush (zoom C2, **33**) : voir « Où manger ? ». Sympa en journée, comme en soirée.

Restos-bars de Zamir Beach (plan d'ensemble, A3, **36**) : voir « Où manger ? ». Très bien pour l'apéro tout en admirant le coucher de soleil sur la mer.

Kalman's Pub (zoom D2, **50**) : 3, rehov HaNamal. Tlj sf sam 18h-2h env (happy hours 18h-21h). Dans le quartier du port, un pub à l'anglaise. On se croirait presque dans un faubourg londonien. Terrasse très sympa coiffée de palmiers au bout de cette rue tranquille. *Guinness* onctueuse et quelques petits plats pour grignoter.

Ali's (zoom D2, **51**) : 35, rehov

Natanson. Tlj 20h30 (ou 21h)-2h ou 3h du mat. Un bar chaleureux qui propose des petits concerts gratuits de jazz, de blues ou parfois de rock. Pas mal d'étudiants et de jeunes gens fraîchement installés dans la vie active.

Syncopa (zoom D2, **52**) **:** *5, rehov Kayat. Tlj à partir de 20h30. Entrée gratuite au bar ou payante pour les concerts à l'étage, en principe ven (20-40 Shk selon programmation).* Décor rougeoyant, à l'esprit un poil bohème, pour ce bar qui organise régulièrement des concerts et soirées DJs (*drum'n'bass, jungle,* hip-hop, électro, etc.).

À voir. À faire

Pour plus d'infos sur les musées de la ville, consulter le site : • *hms.org.il* •

Dans la ville basse

Baha'i sanctuary and gardens *(sanctuaire bahaï et ses jardins ; zoom C2)* **:** *sderot HaZionut (accès au temple). ☎ 831-31-31. • bahaigardens.org.il • Sans visite guidée, on ne peut accéder qu'aux 2 petites terrasses (tlj 9h-17h, sf si le sol est mouillé, dans ce cas, c'est fermé), l'une située sderot Yefe Nof (sur le mont Carmel), l'autre au bout de sderot Ben Gurion, au bas de la ville.*
C'est là où repose Bab, l'un des deux fondateurs de la foi bahaïe. Il est enterré dans son mausolée au dôme doré qui se repère de loin *(tlj 9h-12h).* Haut lieu de pèlerinage, c'est le sanctuaire le plus important de la religion bahaïe. Depuis sderot Ben Gurion, la perspective sur les jardins et le temple est imposante, surtout la nuit avec les illuminations qui dévalent le versant de la colline.
La religion bahaïe, apparue en Iran au milieu du XIXe s, compte près de 7 millions de fidèles dans le monde. Elle prône notamment l'union de toutes les religions, de toutes les races et l'égalité des sexes. Elle n'a ni culte ni prêtre.
– ***Les jardins :*** *pour y aller, bus avec arrêt au niveau de l'hôtel* Dan Carmel. *Accès slt en visite guidée (gratuite). Horaires des tours et des langues à l'entrée sur sderot Ben Gurion. Tlj sf mer ; se présenter à 11h45 au 45, sderot Yefe Nof (zoom B-C2). Durée : 45 mn. La balade s'achève 200 marches plus bas, par la visite d'un petit musée (projection parfois d'un film de 20 mn sur l'histoire du sanctuaire). La sortie s'effectue au niveau de sderot HaZionut. Pour revenir en ville, taxi ou bus. Tenue correcte de rigueur.* Superbes jardins à la française qui dévalent la colline en une succession de 19 terrasses, de part et d'autre du mausolée. C'est le site le plus visité de Haïfa.

Haifa Museum of Art *(musée d'Art de Haïfa ; zoom C2)* **:** *26, rehov Shabtai Levi. ☎ 911-59-91. • hma.org.il • Tlj 10h-16h (19h jeu, 13h ven). Entrée : 30 Shk ; réduc. Billet combiné avec le National Maritime Museum, le Mané Katz Museum et le Tikotin Museum : 50 Shk.* Dans un édifice restauré, un musée d'Art contemporain qui accueille des expositions temporaires.

Marc Chagall House *(maison dite de Marc Chagall ; zoom C2)* **:** *24, sderot HaZionut. ☎ 852-23-55. Dim-jeu 9h-13h, 16h-19h ; sam et j. fériés 10h-13h. GRATUIT.* Rien d'exceptionnel, à part le fait que Marc Chagall a acheté cette maison pour en faire un lieu d'exposition. Elle est gérée aujourd'hui par l'association des peintres et sculpteurs de Haïfa qui exposent leurs œuvres.

Madatech – Israel National Museum of Science, Technology & Space *(musée de la Science, de la Technologie et de l'Espace ; zoom C2)* **:** *25, sderot Shmaryahu Levin ou 12, sderot Balfour. ☎ 861-44-44. • madatech.org.il • Arrêt de bus : Beit Hakranot. Avec le métro Carmelit : station Hanevi'im. Attention, les horaires peuvent changer, se renseigner : en principe, tlj 10h-15h (13h ven, 17h sam). Entrée (chère) : 90 Shk ; réduc ; 75 Shk pour les 5-18 ans.*
Un premier bâtiment, aux allures de fac vieillissante, est une sorte de musée de la Science, aménagé de manière interactive et ludique : ici, on a le droit de toucher ! On y aborde les technologies de communication, l'optique, la chimie, le monde de

l'ADN, le son et les ondes, etc., en passant par l'aérodynamisme et les énergies vertes. Nombreux objets insolites ou stratégiques, comme le fax utilisé par Henry Kissinger pour transmettre ses documents manuscrits à la Maison-Blanche pendant les pourparlers de paix entre Israël et l'Égypte.
L'autre bâtiment, plus récent, ressemble davantage à une salle d'entraînement de cardio. On réalise un véritable parcours de santé pour comprendre comment fonctionne le corps (ou comment il ne fonctionne pas...). Également un cinéma en 3D. À l'extérieur, un amphithéâtre où se déroulent différentes manifestations autour de la science.

National Maritime Museum *(Musée national maritime ; plan d'ensemble, B1) : 198, derech Allenby. ☎ 853-66-22. • nmm.org.il • Depuis le centre-ville, bus n° 114. Tlj 10h-16h (13h ven). Entrée : 30 Shk ; réduc. Billet combiné avec le Haifa Museum of Art, le Mané Katz Museum et le Tikotin Museum : 50 Shk.* Collection d'objets maritimes : cartes de navigation très anciennes, maquettes et différents instruments de navigation (compas, jumelles...). Également une section grecque et romaine.

Clandestine Immigration and Naval Museum *(Musée naval et de l'Immigration clandestine ; plan d'ensemble, B1) : 204, derech Allenby. ☎ 853-62-49. Bus depuis le centre-ville. Tlj sf ven-sam 8h30-16h. Tarif : 15 Shk ; réduc. Entrée par un escalier qui descend en contrebas de la rue.* Émouvant musée présentant des documents et témoignages inédits, notamment sur l'odyssée de l'*Exodus*. On apprend aussi qu'en 1940, environ 1 650 Juifs, après avoir échappé à l'Allemagne nazie, furent déportés par les Anglais... à l'île Maurice ! Chypre, pendant près de 3 ans, servit de camp de concentration... anglais ! En 1949, les 10 276 derniers internés furent ramenés en Palestine. Expo d'objets et lithos fabriqués dans les camps. Toute la presse, les tracts de 1945 à 1948. Une page d'histoire exceptionnelle !

Elijah's Cave (grotte d'Élie ; plan d'ensemble, B1) : *230, derech Allenby. ☎ 852-74-30. Au-dessous du phare Stella Maris ; accès par un petit chemin qui débute à 150 m env du Musée national maritime, sur le côté gauche de la rue. Bus depuis le centre-ville. Tlj sf sam 8h-18h (17h en hiver ; 13h ven). GRATUIT.* Un site religieux vénéré par les juifs, les chrétiens et les musulmans. C'est la grotte où Élie se serait réfugié après 40 jours de marche jusqu'au mont Horeb, et où Dieu lui serait apparu. Dans les faits, pas grand-chose à voir, et les abords pourraient être mieux entretenus...

Beaucoup d'autres ***musées*** : le musée des Industries pétrolières, le musée de la Préhistoire, le musée du Chemin de fer, etc. Renseignements auprès de l'office de tourisme.

La plage *(Zamir Beach ; plan d'ensemble, A3) : Hof HaCarmel, à 5,5 km env au sud-ouest du centre-ville, en direction de Tel-Aviv. Bus depuis le centre-ville.* Belle plage de sable fin qui s'étend sur près de 1,5 km, le long de laquelle a été aménagée une promenade avec bars et restos. Un endroit très prisé des joggeurs matinaux et pour les balades familiales le week-end. En été, plage surveillée, location de transats et parasols.

Sur le mont Carmel

Surtout, et avant tout, le superbe ***panorama sur la baie de Haïfa*** du haut du mont Carmel. Points de vue sur *Yefe Nof (Panorama Road).* Le matin, le soir au coucher du soleil, la nuit, tout le temps, spectacle magnifique, superbe, changeant, même pas gâché par les implantations industrielles du port.

– *Pour y monter, plusieurs possibilités :* le métro *Carmelit* (voir « Adresses et infos utiles », plus haut) qui relie kikar Paris à Gan Ha'em sur le mont Carmel (et dont les stations correspondent aux différents étages de la ville).
Sinon, plus pittoresque, la télécabine *(cable car)* qui permet d'accéder au monastère des Carmes *(plan d'ensemble, B1).* Deux stations : Stella Maris sur le mont Carmel et promenade Bat Galim en bord de mer sur sderot HaHagana (moins visible et accessible que la station sur le mont Carmel). *Fonctionne tlj 9h-20h en été ; 10h-18h en hiver. Départs ttes les 15 mn env. Tarif : env 20 Shk (30 Shk A/R).*
Dernière solution : bus depuis la vieille ville ; arrêt dans sderot Ben Gurion, à côté de l'office de tourisme *(zoom C2).*

Monastery and church of the Carmelites *(monastère et l'église des Carmes ; plan d'ensemble, B1)* **:** *derech Stella Maris. ☎ 833-77-58. En face du phare Stella Maris et au débouché de la télécabine. Bus depuis le centre-ville.* Son implantation date du XIIe s. Le monastère servit d'hôpital pendant la campagne militaire de Bonaparte en 1799. À sa défaite, 200 blessés furent abandonnés et massacrés par les Ottomans. Tout fut démoli. Il a été reconstruit en 1827. Possibilité de visiter la petite église *(Stella Maris Church ; tlj 6h-12h30, 15h-18h).* À l'entrée de l'église, sur le côté droit, très modeste musée (gratuit) avec des objets de la période byzantine et des croisades. L'endroit, à 150 m d'altitude, vaut surtout le détour pour le point de vue époustouflant sur la ville et le port.

Mané Katz Museum *(musée Mané Katz ; zoom C2)* **:** *89, rehov Yefe Nof. ☎ 911-93-72. • mkm.org.il • Accessible en bus. Tlj 10h-16h (13h ven). Entrée : 30 Shk (valable aussi pour Tikotin Museum) ; réduc. Billet combiné avec le National Maritime Museum, le Haifa Museum of Art et le Tikotin Museum : 50 Shk.* Expose des œuvres de Mané Katz, un peintre né en Ukraine en 1894, naturalisé français, et mort à Tel-Aviv en 1962. Le musée est aménagé dans son ancien atelier. Admirer sa manière très expressive, la puissance des couleurs, son réalisme teinté de symbolisme.

Tikotin Museum of Japanese Art *(musée d'Art japonais Tikotin ; zoom C2)* **:** *89, sderot HaNassi. ☎ 838-35-54. • tmja.org.il • Pour y aller, bus (descendre au niveau de l'hôtel* Dan Carmel*). Tlj 10h-16h (19h jeu, 13h ven). Entrée : 30 Shk (billet valable pour le musée Mané Katz) ; réduc. Billet combiné avec le National Maritime Museum, le Haifa Museum of Art et le Mané Katz Museum : 50 Shk.* Petit musée à l'ambiance raffinée à la japonaise. Présente de très jolies pièces, notamment des estampes des XVIIIe et XIXe s, et près de 500 impressions (cartes d'invitation, de vœux, calendriers...) réalisées entre 1790 et 1830.

Manifestations

– **Festival du Film :** *1 sem en oct lors de la fête de Soukoth.* Programmation internationale.
– **Fête des Fêtes :** *les w-e en déc.* Dans le quartier du wadi Nisnas. Un ensemble de manifestations culturelles axées sur la culture arabe.

À voir dans les environs

Le Technion *(hors plan d'ensemble par C3)* **:** *à* **Neve Sha'anan.** *☎ 829-38-63. • technion.ac.il • À 6 km env du centre-ville. Accès en bus possible.* Créé en 1925, l'institut technologique israélien le plus pointu du pays (il forme l'élite des ingénieurs informatiques) présente un spectacle audiovisuel au *Kooler California Visitor's Center* sur les réalisations de l'institut *(sur résa slt : tlj sf ven-sam 8h30-15h30 ; GRATUIT).*

Reuben and Edith Hecht Museum *(musée de Reuben et Édith Hecht ; hors plan d'ensemble par C3)* **:** *sur le campus de l'université de Haïfa, à 7 km env du centre-ville (route 672) et à 2 km du Technion ; sur la route des villages druzes. ☎ 824-03-08. • mushecht.haifa.ac.il • Bus depuis le centre-ville. Tlj 10h-16h (19h mar, 13h ven et 14h sam). GRATUIT.*

Remarquable musée privé qui présente la très riche collection de Reuben Hecht, grand passionné d'archéologie et de peinture. Grâce à une muséographie très soignée et des éclairages délicats, les pièces sont mises en valeur comme de véritables œuvres d'art. On a le sentiment que chacune d'elles a été choisie avec le plus grand soin. Le musée expose de nombreux objets depuis la période chalcolithique (entre le Néolithique et l'âge du bronze ; 4500 av. J.-C.) jusqu'à l'époque byzantine (VIIe s) : statuettes, poteries, lampes à huile, bijoux, pièces de monnaie, jouets en os, etc. Remarquables sarcophages des XIV-XIIIe s av. J.-C. Pour compléter la visite, belle collection de tableaux de peintres français et juifs du milieu du XVIIIe s au début du XXe s (Monet, Modigliani, Soutine, Pissarro...). Également des expos temporaires. Un musée qui séduira aussi bien les experts que les néophytes.

– Depuis la grande dalle de béton qui s'étend au pied de la tour de l'université, panorama exceptionnel sur la région !

PILE OU FACE ?

Le musée de Reuben et Édith Hecht expose une curieuse toile du peintre et sculpteur italien, Amedeo Modigliani, réalisée en 1908. D'un côté, le portait de Maud Abrantes. De l'autre, et à l'envers, celui d'une femme nue, coiffée d'un chapeau. Probablement mécontent d'une première peinture, Modigliani utilisa le second côté de la toile par souci d'économie (procédé qui n'était pas rare à l'époque). En scrutant le portait de Maud, on devine d'ailleurs en arrière-plan les traits d'un visage de femme, vestiges de son œuvre ratée.

Ein Hod Village : *à 15 km env au sud de Haïfa. • ein-hod.org • En voiture, prendre la direction de Tel-Aviv via Zikhron Ya'akov (route 4). Bien indiqué ensuite sur la gauche (route 7111). Quelques restos dans le village.*

Village fondé au XIXe s, vidé de ses habitants au moment de la guerre de 1948, mais non détruit, le commandant en charge de l'opération ayant été touché par son architecture.

Le dadaïste Marcel Janco, venu à Haïfa pour fuir la Seconde Guerre mondiale (le mouvement dada est né au cabaret *Voltaire* de Zurich en 1916), est tombé amoureux de cet endroit. Il y a fondé avec d'autres un village d'artistes aux règles assez strictes. Aujourd'hui encore, ne peuvent y résider que des acteurs, musiciens, écrivains, poètes, peintres, sculpteurs... à tel point que lorsque l'un d'entre eux décède, si ses enfants ne sont pas artistes eux-mêmes, ils doivent quitter le village. L'arrivée d'un nouvel artiste se fait par cooptation. L'intensité créatrice de cet endroit est impressionnante. Il est possible de visiter plusieurs ateliers et galeries. Le samedi, c'est noir de monde.

– **Janco Dada Museum** *(musée Janco)* **:** *dans le village, à 10 m de la place principale. ☎ 984-23-50. • jancodada.co.il • Dim-jeu 9h30-15h30 (14h ven), sam*

L'AUTRE EIN HOD

Au moment de la guerre de 1948, trois familles arabes originaires de Ein Hod se réfugièrent dans des grottes à 3 km de là. Pendant 63 ans, elles vécurent ici, s'agrandirent, puis reçurent l'autorisation de bâtir... 6 chambres, trop peu pour les résidents du nouveau village rebaptisé Ayn Hawd. Les constructions illégales firent l'objet d'un arrêté de démolition. Mais la mission des soldats fut stoppée grâce à Yossi Sarid, journaliste et leader du parti de gauche Meretz. Les autorités israéliennes ont finalement reconnu le village en 2005, qui a ainsi pu être raccordé au réseau électrique du pays. Aujourd'hui, Ayn Hawd compte 350 habitants.

10h-16h. Entrée : 20 Shk ; réduc. Expose des toiles remarquables de Janco et accueille des expositions temporaires. Film sur le dadaïsme (en anglais ou en hébreu). Au 1er étage, petite terrasse avec une des plus belles vues du village sur la mer.

Les villages druzes d'Isfya et de Daliyat-el-Karmil : *à respectivement 15 et 20 km au sud de Haïfa, par la route 672. Bus nº 192 (mais peu fréquent). Pas de marché ven.* Daliyat-el-Karmil est le plus grand village druze en Israël, fondé il y a 400 ans. Il comporte un souk important, marché d'échoppes, des restaurants et galeries. En matière d'artisanat, on y trouve des tapis, objets en raphia, en cuivre, et des vêtements traditionnels. Profitez-en aussi pour goûter la nourriture traditionnelle druze : la pita druze (pain fin), le *labaneh* à l'huile d'olive (petit lait amer), le *zaatar* (mélange d'épices à base de thym), le *barvazani* (potage de lentilles et riz oriental), le thé à la cannelle et les gâteaux orientaux.

Zikhron Ya'akov : *à 30 km env au sud de Haïfa.* L'histoire de ce petit village débute véritablement à la fin du XIXe s, lorsque le baron Edmond de Rothschild crée l'un des premiers moshavim (implantation agricole) en Israël. Le baron y importe les meilleurs pieds de vigne de ses vignobles bordelais et fonde, en 1882, une exploitation vinicole, la *Carmel Winery.* Aujourd'hui, la petite rue principale du village, bordée de verdure, de maisons coquettes et de restaurants, est un lieu de promenade très prisé des familles le week-end.

Tourist Information Centre : *au centre-ville. ☎ (04) 639-88-92. • zy1882.co.il •*

Carmel Winery : *à l'entrée du village. ☎ (04) 639-17-88. • carmelwines.co.il •* Propose des visites guidées, avec dégustation. Boutique *(dim-jeu 9h30-13h30 et 14h-17h, ven 9h-14h)* et resto.

AKKO (SAINT-JEAN-D'ACRE)

46 300 hab. IND. TÉL. : 04

À 22 km au nord de Haïfa, c'est une ville ancienne magnifique qui a conservé ses remparts et son plan datant des croisés. C'est à coup sûr l'un des endroits à ne pas manquer en Israël. Ne vous attendez pas à une cité proprette où l'on a caché les fils électriques pour faire plaisir aux gentils touristes. Les filets des pêcheurs s'étalent toujours sur le quai du petit port. Bref, c'est une cité bien vivante.

Le nom de Saint-Jean-d'Acre lui a été donné par les hospitaliers de Saint-Jean-de-Jérusalem à l'époque des croisades. En 1799, Bonaparte s'y est cassé les dents, mais c'est parce que les Anglais prêtaient main-forte à El-Jazzar, tyran local d'origine bosniaque, dit « le Boucher ». Enfin, pendant leur mandat, les Anglais installèrent dans la citadelle la prison centrale de Palestine où ils enfermèrent les Juifs activistes, notamment ceux de l'Irgoun et du groupe Stern. Huit d'entre eux y furent pendus. Si bien qu'Akko est pour l'État d'Israël un lieu important du souvenir.

UNE TERRIBLE HÉCATOMBE

Le siège de Saint-Jean-d'Acre (1189-1191) fut certainement la bataille la plus meurtrière du Moyen Âge : 120 000 chrétiens et 190 000 musulmans massacrés. Quatre souverains y participèrent : Richard Cœur de Lion, Philippe Auguste et Frédéric Barberousse, d'un côté. Saladin de l'autre.

LA CÔTE MÉDITERRANÉENNE

Orientation

Pour accéder à la vieille ville, que l'on soit en voiture, en *sherout* ou en bus, entrer dans la ville nouvelle par la rue Ben Ami (rue commerçante) et la remonter en direction de la mer. À hauteur du 27, rehov Ben Ami, prendre la rue Weizmann sur la gauche qui mène jusqu'à la vieille ville. L'entrée se fait par la Land Gate.

Arriver – Quitter

Le vendredi, sortir d'Akko tôt dans l'après-midi, si on ne veut pas y rester jusqu'à la fin du shabbat.

En bus

Akko est relié sans problème à Haïfa par de nombreux bus. Certains partent du parking de rehov Weizmann dans la ville ancienne, mais ils sont rares. La grande majorité des bus pour les grandes villes se prennent sur HaArba'a, dans la ville nouvelle, donc loin de la vieille ville *(hors plan par C1).*
➢ ***Pour Haïfa :*** bus n°s 361, 500 et 271. Un peu moins de 1h de trajet.
➢ ***Pour Nahariya :*** bus n° 271.
➢ ***Pour Safed :*** bus n° 361.

En train

Gare ferroviaire : *à deux pas du terminal des bus.*
➢ Trains ***pour Haïfa*** (30 mn), ***Nahariya*** (15 mn) et ***Tel-Aviv*** (moins de 2h). Très nombreuses fréquences. Attention, pas de trains pendant le shabbat. *Rens : ● rail.co.il ●* (site très bien fait).

En *sherout* (taxi collectif)

Très pratique et pas cher.
➢ ***Pour Haïfa :*** en face du terminal des bus, dans la ville nouvelle. Quelques-uns pour ***Safed.***

Adresse utile

Visitor's Center *(plan C1)* ***:*** *1, rehov Weizmann. À l'entrée de la citadelle. ☎ 995-67-06/07. ● akko.org.il ● En été, tlj 8h30-18h30 (16h30 ven) ; en hiver, tlj sf ven 8h30-16h30.* Doc et plan en français. Projection de films toutes les 30 mn, accessible avec le billet de la citadelle (durée : 8 mn). Introduction sur les monuments de la ville. Accueil très pro et francophone.

Où dormir ?

De bon marché à prix moyens (80-420 Shk / 17-90 €)

Akko Sands *(plan C2,* ***10****)* ***:*** *rehov Salah ed-Din, sur le côté sud de la mosquée El-Jazzar et du bazar turc. ☎ 991-86-36. ● akko.sand.hostel@gmail.com ● Venant de rehov Weizmann, aller tt droit (de Salah ed-Din, à hauteur du marché à arcades, tourner à gauche). Puis à droite, la ruelle qui suit le côté de la mosquée (c'est ensuite indiqué). Dortoirs 5 lits 80-90 Shk/pers, doubles avec sdb 250-300 Shk selon saison. Pas de petit déj, mais on peut se le préparer. (payant).* Auberge fort bien insérée dans la vieille ville, au cadre fouillis (la réception ressemble plutôt à une brocante), qui lui donne un supplément d'âme. Dortoirs bien tenus (mixtes ou séparés) et chambres à la déco orientale, correctement équipées : clim (dans certaines), TV satellite, frigo. Thé et café gratuits à la cuisine. Accueil chaleureux de Hamoudeh, le patron pêcheur, et de sa femme, Intisar, qui parle peu l'anglais mais arrive très bien à se faire comprendre.

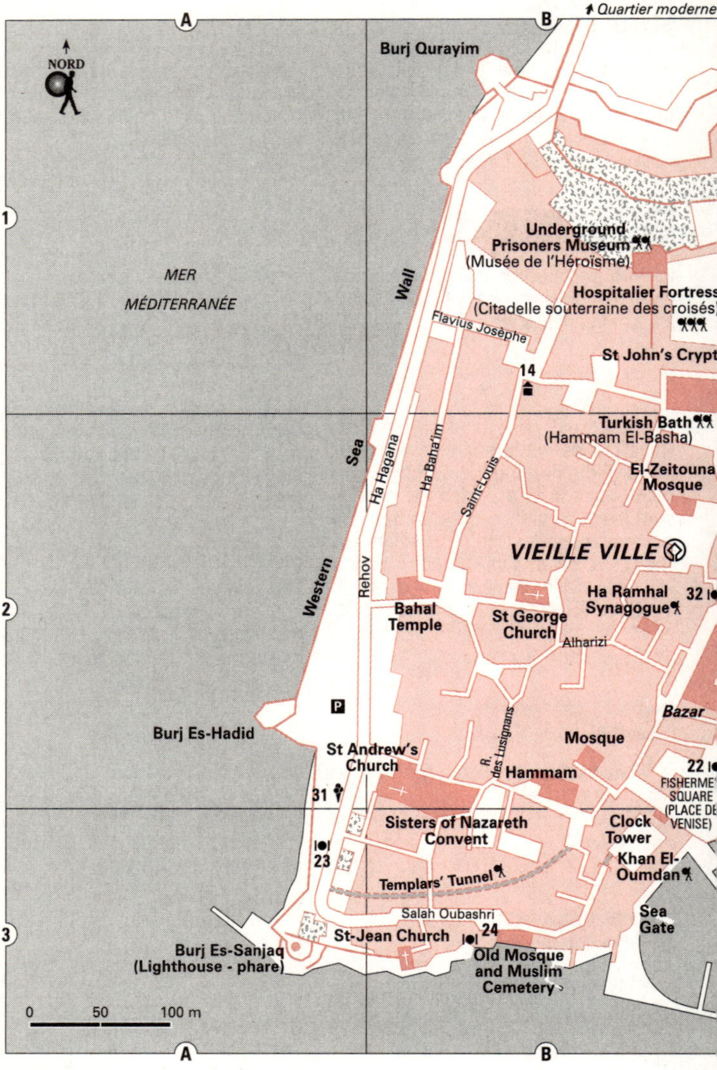

Adresse utile

Visitor's Center

Où dormir ?

10 Akko Sands
11 Akko Gate Hostel
12 Akko Knights Hostel & Guest House
13 Akkotel
14 Palais Efendi

Où manger ?

20 Saïd

AKKO (Saint-Jean-d'Acre)

21 Arafe Falafel
22 Belal
23 Uri Buri
24 Doniana
25 La Marsa

Où boire un thé ? Où déguster une bonne glace ou de bonnes pâtisseries ?

30 Cafés du Khan El-Shawarda
31 Eindomela
32 Qashash

Atmosphère conviviale à souhait ! Terrasse avec vue.

🏠 ***Akko Gate Hostel*** *(plan C-D2, **11**) : rehov Salah ed-Din. ☎ 991-04-10. • walid.akko.gate@gmail.com • Dortoirs mixtes 6 lits 80 Shk/pers, double avec sdb 300 Shk. Petit déj en sus.* Petit hôtel familial, dans son jus. Entretien minimum, mais chambres doubles équipées d'une clim et d'un frigo. Lits très fermes. Le petit déj est servi sur une terrasse couverte qui fait office de grenier. En dépannage, mais bon accueil.

De prix moyens à chic (250-600 Shk / 53-127 €)

🏠 ***Akko Knights Hostel & Guest House*** *(plan C1, **12**) : rehov Weizmann. ☎ (02) 594-57-11. • iyha.org.il • Face à la citadelle. Doubles 350-500 Shk, petit déj inclus.* Énorme bloc de pierre blonde posé à l'entrée nord de la vieille ville. La luxueuse auberge fait penser à une forteresse ; elle est d'ailleurs construite autour de vestiges de l'époque croisée : un aqueduc traverse le *lobby* et la terrasse de la salle à manger, tandis que des ruines de la même période sont encore visibles dans la cour ! Et du toit, on profite d'une vue sur les remparts. Côté hôtellerie, rien à redire sur le confort et la propreté, tout est impeccable, même si un peu froid. Certaines chambres familiales peuvent accueillir jusqu'à 6 personnes. Bon accueil.

De plus chic à très chic (plus de 165 $ / 132 €)

🏠 ***Akkotel*** *(plan D2, **13**) : rehov Salah ed-Din (porte de la Terre). ☎ 987-71-00. • akkotel.com • Double env 185 $ (plus chère pdt les fêtes), également des suites, petit déj inclus.* 💻 📶 Situation originale, l'hôtel est incrusté dans les fortifications (ancienne douane, logement de la garde à l'époque ottomane, puis école de garçons et tribunal après 1948). Ça lui donne une personnalité et un charme indéniables. 16 chambres, toutes différentes, sans être très modernes dans la déco, mais souvent originales par leur agencement : l'une en duplex (pour 5 personnes), une autre avec lit à baldaquin, certaines voûtées, avec pierres apparentes et alcôves ; mais rassurez-vous, si les anciennes latrines ont été conservées, c'est pour leur valeur historique, non pour leur côté pratique ! Calme garanti vu l'épaisseur des murs. Tout le confort possible : meubles fabriqués main, clim, TV satellite, frigo, coffre individuel, copieux petit déjeuner. La terrasse sur le toit donne sur les remparts. Accueil pro, parfois en français.

🏠 ***Palais Efendi*** *(plan B1, **14**) : rehov Saint Louis. 📱 074-729-97-99. • efendi-hotel.com • Doubles deluxe (les moins chères) 320-400 $ selon saison et j. de la sem, petit déj inclus.* 📶 Immense palais ottoman transformé en boutique-hôtel par le patron du *Uri Buri* (voir « Où manger ? Chic »). Seulement 12 chambres, toutes différentes (de 24 à 48 m²), somptueuses et dotées de tout le confort moderne. Les plus chères regardent la mer. Des artistes italiens sont venus restaurer les fresques des plafonds datant de 2 siècles. Bar sur le toit. Cave à vins dans les fondations croisées. Hammam et spa. Des terrasses et coursives, vue privilégiée sur la vieille ville et l'horizon. *Wine bar* ouvert à tout le monde (carte avec les meilleurs vins d'Israël).

Où manger ?

Bon marché (40-80 Shk / 8,50-17 €)

🍴 ***Saïd*** *(plan C2, **20**) : dans le souk. Tlj sf sam 5h30-14h30.* C'est propre, d'une blancheur immaculée, avec clim et ventilo. Réputé servir le meilleur *hommos* de la ville. Plein comme un œuf en tout cas et bon turn-over : les gens, venant essentiellement se nourrir, ne traînent pas à table...

🍴 ***Arafe Falafel*** *(plan C2, **21**) : rehov Salah ed-Din, dans le renfoncement du* *sq. Far'hi (sur la droite du square, c'est la rue qui mène au souk). Tlj sf certains sam 8h30-16h.* C'est un stand tout simple, on y mange debout pour pas cher. Même nourriture que partout ailleurs, mais très fréquenté, donc plus frais.

Prix moyens (80-120 Shk / 17-25 €)

🍽 ***Doniana*** *(plan B3,* ***24****) : accès par une rampe au pied du phare, puis continuer sur les remparts derrière le clocher de l'église. ☎ 991-00-01. Tlj 12h-23h30.* On pourrait croire, vu sa situation, que c'est un piège à touristes. Or, c'est un des rapports qualité-prix-cadre les plus intéressants de la ville. Choisissez entre la terrasse au-dessus de l'eau avec vue sur Haïfa ou la grande et élégante salle sur le rempart (tables panoramiques et bien séparées, clim, serviettes en tissu). Bon choix à la carte : croquantes salades, *mixed grill,* le savoureux *Doniana Casserole* (crevettes, calamars et moules) et quelques variations de poulet. Pas si cher que ça, finalement !

🍽 ***Belal*** *(plan B2,* ***22****) : pl. de Venise. 📱 050-831-53-44. Au fond de la place, sur le même trottoir que la mosquée Sinan Basha. Tlj sf lun 12h-19h (selon le monde), jusqu'à 21h ven-dim.* C'est le resto d'un poissonnier, et donc la garantie d'une belle fraîcheur. On va d'abord choisir son poisson, puis on s'installe en salle. Les locaux connaissent l'adresse. Prix tout à fait acceptables et accueil gentil comme tout.

🍽 ***La Marsa*** *(plan C3,* ***25****) : sur le port. ☎ 901-92-81 ou 955-07-99. Tlj 11h-minuit. Business lunch jusqu'à 17h.* Agréable et grande véranda face au port et ses bateaux qui dansent. Poissons, certes pas donnés, mais plutôt bien préparés (par exemple, celui au *tahiné* ou le *barramundi* servi avec du *freekeh,* du blé vert). Service discret et efficace.

Chic (120-220 Shk / 25-47 €)

🍽 ***Uri Buri*** *(plan A3,* ***23****) : Light House Pl. ☎ 955-22-12. Tt près du phare. Tlj 12h-22h30. Résa conseillée, surtout pour le w-e.* Belle maison de pierre face à la mer, 2 salles ultra-simples, qui subissent les assauts du temps... Ce qui compte, c'est ce qu'il y a dans l'assiette. Certainement un des meilleurs restaurants de poisson de la côte. Uri, le généreux patron à la barbe de patriarche, connaît et aime son métier. Il choisit lui-même chaque matin sa marchandise auprès des pêcheurs. En fonction des arrivages, il saura vous conseiller. Il a fait tous les métiers, rapporté mille recettes de ses voyages et manifeste un prodigieux sens des épices et des saveurs. Bonne idée d'ailleurs que de proposer des demi-portions, ça permet de goûter à plusieurs plats. Quelques spécialités : bar en cocotte au lait de coco, *mix seasonal sea food...* Certes un peu cher, mais justifié. Belle carte des vins. Terrasse.

Où boire un thé ? Où déguster une bonne glace ou de bonnes pâtisseries ?

🍷 Dans la cour du ***Khan El-Shawarda*** *(plan C2,* ***30****),* plusieurs terrasses pour boire un thé et fumer le narghilé en regardant les matchs de foot version grand large.

🍦 ***Eindomela*** *(plan A2,* ***31****) : HaHagana. Tlj de 10h au coucher du soleil.* C'est Uri (voir « Où manger ? Chic ») qui a ouvert cette boutique de glaces. Garantie donc des plus beaux parfums et des sorbets les plus fruités : dattes, halva, cardamome, rose... Terrasse.

🍽 ***Qashash*** *(plan B2,* ***32****) : dans le souk, non loin du couvent des Franciscains. Tlj 8h30-22h. Repérable à son panneau « Lukoum, baklava ».* Quelques marches pour descendre au cœur d'un univers de douceurs : très bon *knafeh,* dessert à base de fromage de chèvre fondu parsemé de cheveux d'ange... orange. Également délicieux baklavas et *halawe* (pâte de sésame).

À voir. À faire

The Old town (la vieille ville)

Promenez-vous au hasard (de toute façon, c'est impossible de s'y retrouver), marchandez dans le souk et laissez-vous porter par le charme de la ville. Population musulmane ou chrétienne. Peu de Juifs ; ceux-ci vivent surtout dans la ville nouvelle. Au XIe s, les républiques de Gênes, Venise, Pise et Amalfi se partageaient la ville en quartiers. Vous noterez progressivement toutes ces petites différences architecturales.

Remarquez, surtout autour du marché, les sortes de fresques qui ornent l'entrée des maisons. On trouve le même ornement dans le quartier musulman de la vieille ville de Jérusalem. Les fresques représentent généralement la Pierre noire de La Mecque et/ou le Dôme du Rocher de Jérusalem. Elles indiquent ceux qui ont fait le pèlerinage à La Mecque. Tout musulman doit l'effectuer une fois au moins dans sa vie. On lui doit alors un respect particulier et on place devant son nom le titre honorifique *Hadj*.

– ***Visite :*** un ***ticket combiné*** permet de découvrir la citadelle, le musée Okashi, le tunnel des Templiers et le musée des Trésors du Rempart (ou musée ethnographique) pour 27 Shk ou 46 Shk avec le hammam El-Basha. Achat à l'entrée de la forteresse. Les horaires de fermeture des trois principaux sites sont aménagés selon un parcours logique. En principe, on commence par la citadelle avant de poursuivre vers le musée Okashi (qui ferme 30 mn plus tard) et enfin le tunnel des Templiers (dernière admission 30 mn après Okashi). Ça vous laisse le temps de tout voir. Mais si vous comptez vraiment en profiter, mieux vaut prévoir la journée entière pour sillonner la vieille ville et ses magnifiques monuments.

Il existe également un billet combiné qui comprend les sites d'Akko, le Ghetto Fighters' House Museum (dans les environs) et Rosh Hanikra (dans le nord) : 77 Shk.

Hospitalier Fortress *(citadelle souterraine des croisés ; plan B1)* **:** *entrée en face de la mosquée El-Jazzar. Tlj 8h30-18h (17h ven et veilles de fêtes) ; ferme 1h plus tôt en hiver. Dernière admission 1h avt. Acheter à l'entrée du site, près de l'office de tourisme, un billet combiné (avec le musée Okashi, le tunnel des Templiers et le musée des Trésors du Rempart) 27 Shk. Audioguide en français inclus.* À ne manquer sous aucun prétexte.

C'est l'ancien quartier des hospitaliers de Saint-Jean de Jérusalem, une succession de salles distribuées autour d'une vaste cour. Quand El-Jazzar arrive au XVIIIe s, il comble les ruines croisées afin de construire au-dessus sa propre ville. Aujourd'hui, le travail des archéologues consiste à placer des étais afin de dégager les décombres sans risque d'effondrement. Tout n'a pas encore été fouillé.

– Les bâtiments des hospitaliers se trouvant sous les constructions ottomanes, on descend des escaliers pour atteindre la *salle des Prisonniers*, voûtée d'ogives, qui rejoint ensuite une *rue* de l'ancienne ville croisée. La salle mène à l'entrée du *réfectoire*, qui date du XIIIe s et qui est plantée de 3 piliers à la fois massifs et élégants qui supportent des voûtes gothiques. On y trouve l'origine de la fleur de lys, qui décorait les chapiteaux de cette salle, symbole de la royauté. Il y en a deux gravées, mais peu visibles car érodées par le temps. De plus, la salle est plongée dans la pénombre. On pourrait faire un jeu de piste, mais on est magnanime, on vous file un coup de main : elles se situent sur le mur est (à gauche en entrant), à chaque angle, en hauteur.

ROYAL !

Mais que vient faire la fleur de lys, symbole des rois de France, sur les pièces de 1 shekel ? Étonnant, non ? Eh bien, parce que cette fleur vient d'Orient. Elle représente Dieu et les rois depuis la haute antiquité.

LA CÔTE MÉDITERRANÉENNE

Louis VII les remarqua lors de sa visite en 1148 et adopta la fleur de lys comme emblème des Capétiens à son retour en France.
– En sortant du réfectoire, on débouche sur la *cour* de la citadelle et ses larges arcades gothiques où les moines s'entraînaient au combat. El-Jazzar l'avait comblé pour y ériger sa résidence. Si bien que le niveau du sol à la période ottomane se situait en haut de la rampe d'escaliers à gauche. On imagine le volume de gravats qui a dû être déblayé au cours des fouilles ! Pas étonnant qu'elles aient duré deux ans...
– On pénètre ensuite dans la *Grande Salle (the Great Hall),* la première à avoir été découverte dans les années 1960. Lorsque les décombres qui la remplissaient ont été évacués, la voûte s'est effondrée à cause du poids de la citadelle. Consolidée et restaurée selon des plans de l'époque, elle accueille désormais des ateliers présentant les métiers anciens, démonstration à l'appui.
– L'impressionnante *Salle des Chevaliers,* plutôt une succession de salles, se tient là encore tout en voûte d'ogives, soutenues par d'énormes piliers. Sa hauteur sous plafond peut atteindre 12 m. Elle servait de logis aux moines-soldats. Tout au fond, en haut, à gauche, on remarque les traces de l'incendie perpétué par les Mamelouks en 1291 et mises à jour lors des fouilles.
– Traversez la cour pour emprunter un incroyable *tunnel* souterrain, long de 450 m, mais dont seuls 70 m sont accessibles aujourd'hui. Il semble avoir été creusé dans le roc et faisait partie d'un vaste réseau d'égouts datant de l'époque croisée. Des latrines, correspondant avec le tunnel, ont en effet été retrouvées. Et les soldats s'en sont sans doute servi comme passage secret pour sortir de la ville assiégée. Il émerge dans la *crypte de l'église Saint-Jean,* détruite en 1291, rasée au XVIIIe s par El-Jazzar qui utilisa les pierres pour construire les autres édifices. Si bien qu'il ne reste que le rez-de-chaussée. Au bout, quelques pierres tombales de croisés. La visite se termine à la boutique de souvenirs, d'où on peut ensuite rejoindre le bazar turc.
– Ne pas oublier de rapporter l'audioguide à l'entrée.

Turkish Bazar *(bazar turc ; plan C2) : tlj jusqu'à 18h env, certaines boutiques ferment un peu plus tard.* Réhabilitée, la rue accueille désormais plusieurs petites échoppes d'artisanat et de bouche (bon glacier et resto de poisson, *mana'ish* – galette à l'huile d'olive et au *zaatar,* mélange d'épices...) tenues par des commerçants de toutes les confessions.

Okashi Museum *(musée Okashi ; plan C1) : rehov El-Jazzar. Tlj 9h30-18h30 (17h ven et veilles de fêtes). Respectivement jusqu'à 17h et 16h en hiver. Entrée : 10 Shk ou billet combiné (voir plus haut, au début de la rubrique « À voir »). Dernière admission 30 mn avt.* Avshalom Okashi est la fierté locale. Peintre de talent, il s'installa à Akko dès 1948 et y resta jusqu'à sa mort en 1980. Il acquit dans les années 1960 une renommée internationale et exposa dans d'importants musées et galeries à travers le monde. Le musée est installé dans son ancien studio réaménagé pour y accueillir ses œuvres, ainsi que des expositions temporaires. Immense salle voûtée de pierre, le lieu idéal. On notera son style extrêmement éclectique : collage, retouche sur photo, lavis, montages divers, dessins à la plume, gros traits noirs à la Tardi, bandes de couleur à la Rothko... Un talentueux touche-à-tout !

Turkish Bath *(hammam El-Basha ; plan B1-2) : près de la mosquée El-Jazzar. En été, tlj 8h30-18h ; ven et veilles de fêtes 9h-17h. En hiver, tlj 9h-17h (16h ven et veilles de fêtes). Entrée : 25 Shk ou billet combiné (46 Shk ; voir plus haut, le texte sur l'office de tourisme). Dernière admission 45 mn avt.* Construit au XVIIIe s par El-Jazzar (le Boucher). Il fonctionnait encore comme bain public jusqu'à la guerre de 1948. De tout temps, le hammam fut le centre de la vie sociale, lieu de rencontres, de repos et d'échanges des informations. Superbement restauré et mis en valeur, la visite s'effectue sous une forme multimédia appelée « L'histoire du dernier Maître des Bains ». Évocation de la période ottomane, celle qui consacra la suprématie d'Akko, après plusieurs siècles de décadence. Des personnages et des illustrations restituent bien gestes et situations et, c'est le cas de le dire, tout ce merveilleux décor vous plonge vraiment dans le bain...

El-Jazzar Mosque *(mosquée El-Jazzar ; plan C1)* **:** *rehov El-Jazzar. Tlj 8h-19h (sf au moment des prières). Entrée : 10 Shk. Un guide propose ses services (pourboire attendu).* Édifiée en 1782 sur le site de l'ancienne cathédrale de la Sainte-Croix. Très agréable jardin intérieur. Jolie fontaine à ablutions (avis aux photographes : l'après-midi, la façade de la mosquée est dans l'ombre). Les colonnes à l'entrée proviennent de Césarée. Ne pas manquer de voir, au fond, les immenses réservoirs d'eau datant des croisés (XIIe s). Ils faisaient partie de la cathédrale avant de servir de réservoirs. Aujourd'hui encore, ils sont approvisionnés par les eaux de pluie. El-Jazzar et son fils sont enterrés à l'intérieur, tandis qu'un bout de la barbe du prophète, est, selon la tradition, conservée ici.

Underground Prisoners Museum *(musée de l'Héroïsme ; plan B1)* **:** *dans la citadelle construite au-dessus de la ville des croisés. Tlj sf sam 8h30-16h30 (13h30 ven). Entrée : 15 Shk. Avoir une pièce d'identité.*
Forteresse au XVIIIe s, puis ancienne prison centrale des Anglais et aujourd'hui musée retraçant la lutte du peuple juif contre les Britanniques (photos, documents d'époque). On visite la salle des gardes, l'accueil des prisonniers, le mur des visiteurs (Moshe Dayan y reçut sa femme en 1939), les ateliers, etc. Vous y verrez les cellules des prisonniers de la Haganah, du *Etzel* (l'Irgoun), du *Lehi* et du groupe Stern. Explications détaillées pour chaque groupe (origine, leaders, activités). Salle d'exposition où est expliquée en détail la fameuse attaque de l'Irgoun, le 4 mai 1947, qui permit la libération de 251 détenus. Vous y apprendrez aussi comment on pouvait sortir le courrier clandestinement (papier à cigarette ou de toilette caché dans un stylo, dans les gamelles, etc.). La cellule no 11 était la seule où l'on mêlait criminels juifs et arabes. On y relate aussi l'évasion organisée par l'Irgoun de 221 prisonniers (40 Juifs et 180 Arabes) en mai 1947. La moitié y laissèrent leur vie.
Poignants dans leur dénuement et leur atmosphère, la salle de la potence et son couloir de la mort, avec les portraits des activistes juifs qui y furent exécutés. À côté, *Memorial Hall* des héros (parfois fermé). Grimper sur la terrasse de la citadelle pour le panorama sur toute la ville.

Treasures in the Walls Museum *(musée des Trésors du rempart ; plan D1)* **:** *situé dans le burj El-Kommandar (la tour du Commandant), au nord-est des remparts (à droite de la rue Weizman quand on sort de la ville). Tlj 10h-17h (16h en hiver) ; 15h ven et veilles de fêtes. Entrée : 15 Shk ou billet combiné (voir plus haut en début de rubrique).*
Appelé aussi *Musée ethnographique d'Acre et de Galilée,* installé dans l'ancienne garnison ottomane. Dans ce cadre de pierre majestueux, reconstitution particulièrement réussie d'un marché en Galilée, il y a un siècle, avec ses boutiques et ses artisans traditionnels. Ainsi le vannier, le bourrelier, le potier, le réparateur de lampes, le quincaillier, l'atelier d'un menuisier (qui travailla jusqu'en 1984)... Plus le bijoutier, le tailleur, le forgeron, l'étameur et la plus vieille pharmacie de la région.
Somptueux salon traditionnel avec de beaux meubles incrustés de nacre, pittoresques collections de jouets et d'objets familiers. Exposition de mobilier, vaisseliers sculptés. Quelques vitrines, genre cabinet de curiosités, présentant des objets insolites. Superbe vaisselle persane.

Khan El-Oumdan *(caravansérail des Piliers ; plan B3)* **:** *accès du port de Pise ou par le khan Es-Shuna (caravansérail du Grain). Des travaux devaient débuter courant 2014 pour en faire un hôtel. D'ici là, on peut encore l'admirer de la cour.* Caravansérail construit au XVIIIe s sur l'emplacement de bâtiments des douanes portuaires de l'époque des croisés. Splendide architecture intérieure dont les colonnes en granit sont originaires de Césarée. Les salles basses servaient d'entrepôts. Les chambres des voyageurs étaient installées au 1er étage. Tour de l'Horloge élevée en 1906 pour les 30 ans de règne du sultan ottoman.

Khan El-Faraj *(caravansérail des Francs ou des Européens ; plan B-C2)* et le **khan El-Shawarda** *(plan C2)* sont également d'anciens caravansérails. Juste avant le khan El-Shawarda (ou Es-Shuarda, projet d'hôtel là aussi) s'élève le *burj El-Sultan,* pratiquement la seule vraie fortification datant des croisés (XIIIe s). Dans la baie du port, on voit la *tour des Mouches,* tas de ruines informes. C'est ce qui reste du phare des croisés.

Ha Ramhal Synagogue *(plan B2)* **:** *Ramhal St. En principe, mêmes horaires que les autres sites. Si c'est fermé, s'adresser à l'office de tourisme.* Petite synagogue construite comme lot de consolation lorsque le sultan transforma la grande synagogue de la ville en mosquée. Mérite le p'tit coup d'œil.

Templars' Tunnel *(tunnel des Templiers ; plan B3)* **:** *entrée près du khan El-Oumdan, sortie près du phare ; ou l'inverse, puisqu'il se prend dans les 2 sens. Tlj 9h30-18h30 (17h30 ven). En hiver, ferme 1h avt. Entrée : 15 Shk ou billet combiné (voir plus haut au début de la rubrique). Dernière admission 30 mn avt.* Découvert par hasard en 1994, suite à un dépannage sur un égout bouché. Long de 350 m, il date du XIIe s. Il servait de passage secret entre la forteresse et le port non seulement aux chevaliers, mais aussi pour transporter les marchandises qui évitaient ainsi les droits de douane. Attention à la tête : sur une dizaine de mètres, la faible hauteur contraint à se plier en deux. Reproduction de peintures de la période croisée. Au niveau de l'embranchement, un autre tunnel, plus haut, correspond en fait à la rue de l'époque. Un canal longe une partie du tunnel creusé au-dessus d'une source et dont l'eau est évacuée par pompage pour éviter tout débordement.

– **Balades en bateau :** en saison, on vous proposera des petites balades autour des remparts. *Env 10-20 Shk/pers.*

La ville nouvelle

La synagogue Or-Torah *(hors plan par D2)* **:** *13, rehov Kaplan. En sortant de la vieille ville par la porte de Terre, prendre la 3e rue à droite. Tlj sf sam 9h-12h30, 15h30-18h. Donation bienvenue.* Tsion Baddache, Juif tunisien, sioniste et tailleur de pierre, est arrivé en Israël en 1954. Il a commencé la construction de la synagogue 1 an plus tard en souvenir de la synagogue de la Ghriba à Djerba. Son originalité : elle est couverte de mosaïques du sol au plafond. Des milliards de petits carrés de pierre locale qui racontent l'histoire du peuple juif, le sionisme, l'Holocauste, la création de l'État, l'armée. L'escalier grimpe sur quatre niveaux et permet d'accéder à la synagogue principale dont la coupole est constituée de mosaïques et de vitraux illustrant les 12 signes du zodiaque, le mur des Lamentations, la Ghriba, la Knesset et le drapeau d'Israël. Face à l'entrée, les arches saintes renferment les rouleaux de la Torah. Leurs portes, plaquées en argent massif, pèsent chacune 120 kg. Il devrait y en avoir 28 au total. À gauche sont inscrits des textes de bénédiction pour les soldats de l'armée.
Tsion Baddache reçoit toujours les visiteurs, dans la langue de chacun, pour expliquer, inlassable, l'œuvre de sa vie, toujours inachevée.

Plages : il y en a deux. Celle de Sussim (« chevaux » en hébreu), à la sortie de la vieille ville. Assez sale et non surveillée, à déconseiller. La plage Argaman (« pourpre »), surveillée, plus agréable et assez bien aménagée, se trouve dans la ville nouvelle. Compter 15 mn à pied depuis la porte de Terre. La plage se situe près d'une école navale.

DANS LES ENVIRONS D'AKKO (SAINT-JEAN-D'ACRE)

Baha'i Gardens (Jardins bahaïs) **:** *à 3 km au nord de Akko par la route 4, puis fléché sur la gauche avt Lohamei Haghetaot. Tlj 9h-16h, mausolée ouv ven-lun 9h-12h. Attention, pas plus de 20 pers à la fois à l'intérieur du mausolée.* En complément des jardins et du mausolée de Haïfa. C'est ici que repose l'autre fondateur de la foi bahaïe, Mirza Hussein Ali, banni de Perse pour ses croyances en 1868 et envoyé à Akko pour y être emprisonné à vie. Au bout de 9 ans, il bénéficia d'un régime de semi-liberté et se retira dans cette propriété, alors résidence du gouverneur turc. Il y resta jusqu'à sa mort en 1892. Lieu le plus sacré pour les bahaïs, la visite vaut pour ses magnifiques jardins à la française, notamment autour du mausolée, encadré de cyprès.

Ghetto Fighters' House Museum (musée des Combattants des ghettos) **:** *dans le kibboutz de* ***Lohamei Haghetaot.*** *Situé à env 4 km au nord d'Akko, sur la route 4. ☎ (04) 995-80-80. • gfh.org.il • Bus n° 271 de Akko ou Nahariya. Musée principal 9h-16h (18h juil-août) ; fermé ven, sam, fêtes juives et veilles de fêtes. Entrée : 30 Shk ou 20 Shk slt pour Yad Layeled ; réduc. Billet combiné avec les sites de Akko et Rosh Hanikra : 77 Shk.*

CHAPEAU LE HÉROS

Le mémorial comporte une salle Janusz Korczak, cet instituteur juif polonais connu avant la guerre comme un grand pédagogue. Dans la queue allant vers la mort, un officier allemand le reconnut et lui proposa de l'épargner (il lisait les livres de Korczak à ses enfants). L'instituteur refusa de quitter ses élèves et resta avec eux jusqu'à la chambre à gaz.

Ce grand édifice moderne, au milieu d'un espace verdoyant, abrite l'un des plus fascinants musées relatant l'histoire du peuple juif, principalement de Lituanie et de Pologne (d'où sont originaires les membres de ce kibboutz). Immense théâtre en plein air, bordé par un ancien aqueduc en pierre.

– Salle consacrée à *Vilna,* la Jérusalem de Lituanie, une des plus grandes communautés juives d'Europe de l'Est. Photos et témoignages sur l'ancien ghetto entièrement détruit pendant la Seconde Guerre mondiale, sa riche vie sociale et politique (fondation du *Bund,* parti socialiste juif, et du *Yiddish Scientific Institute*). À droite, salle *Olkieniki,* consacrée à un *shtetl* (communauté juive d'une petite ville de la campagne), ses habitants, ses conditions d'existence. Nombreux documents remarquables, maquettes, objets domestiques et d'art, comme la cage de verre d'Adolf Eichmann pendant son procès.

– Nombreuses salles consacrées à l'histoire ; la montée du nazisme, l'antisémitisme, les persécutions, la déportation. Présentation didactique très rigoureuse. Prodigieuse documentation, photos inédites. Particulièrement poignante, la partie consacrée à la résistance héroïque du ghetto de Varsovie.

– Expos temporaires consacrées à des artistes et écrivains. Section sur la vie de *Yitzhak Katzenelson,* auteur dramatique, poète et compositeur de chansons.

– *Yad Layeled :* le *mémorial des Enfants.* Dans un bâtiment à part, inauguré en mai 1995. Le mémorial est destiné à témoigner du destin des enfants juifs pendant l'Holocauste et à commémorer le million et demi d'enfants qui périrent. L'exposition a lieu sur trois niveaux reliés par une rampe centrale appelée « Les enfants de l'Holocauste ». Prévu à l'origine pour un public de jeunes visiteurs, le mémorial présente les témoignages authentiques d'enfants survivants. Dans le hall sont affichés des dessins d'enfants de *Theresienstadt.* Les visiteurs accèdent ensuite le long de la rampe aux principales zones d'exposition et aboutissent enfin dans le hall de la Flamme éternelle où des témoignages sur la libération sont diffusés.

LE NORD

La plaine d'Akko se prolonge vers le nord entre les monts de haute Galilée et la mer. Plaine très fertile couverte de vergers, d'oliveraies, de champs de coton et de bananeraies. Les *monts,* bien que peu élevés (le mont Méron culmine à 1 208 m), constituent un relief spectaculaire et sauvage, à mi-chemin de l'Andalousie et de la Provence, avec une « touche galiléenne » indéfinissable et une grande qualité de lumière. Forêts, vallées fertiles et collines pelées alternent, harmonieusement balisées de temps à autre de châteaux forts. Dans la région, beaucoup de villages et petites villes arabes ou druzes. Vous noterez sur votre droite, en remontant vers Nahariya, les vestiges de l'aqueduc construit au XVIIIe s, pour acheminer l'eau à Akko.

LA CÔTE NORD ET LA HAUTE GALILÉE

LA RÉGION DE NAHARIYA

Nahariya fut fondée en 1934 par des immigrants venant d'Allemagne. Grande station balnéaire populaire sur la plaine côtière, c'est la ville d'Israël la plus au nord. Nombreux sites d'intérêt tels que les grottes de Rosh HaNiqra, le château de Yehi'am, la vallée du Kéziv, Hanita, etc.

➢ ***Depuis et vers Akko :*** bus nos 271 et 251.

Adresse utile

Office de tourisme : *bd HaGa'aton, à* ***Nahariya.*** *☎ (04) 987-98-00. Au rdc de l'immeuble de la municipalité (Municipality Building). Tlj sf sam : dim-jeu 9h-13h, 16h-19h ; ven 9h-13h.*

Où dormir dans la région ?

Shlomi Youth Hostel & Guesthouse : *à* ***Shlomi,*** *à 12 km de Nahariya, dans l'extrême nord du pays. ☎ (02) 594-57-08. • iyha.org.il • Bus nos 22 et 23 du centre de Shlomi (la ville en contrebas) ou en taxi, assez cheap de Nahariya. Doubles autour de 80-100 $.* Auberge officielle. Une bonne base entre Rosh HaNiqra, Hanita, Montfort et Akhziv. Une centaine de chambres. Moderne et confortable.

Youth Hostel : *à* ***Peqi'in,*** *à 26 km de Nahariya. ☎ (02) 594-56-77. • iyha.org.il • Bus nos 44 et 45 de Nahariya. Dans un grand bâtiment blanc face au village. Bien indiqué. Doubles à partir de 70 $ et 20 $/pers en chambre de 5 lits.* Une auberge de jeunesse sans grand charme mais assez récente, et très fonctionnelle.

Haïfa Lieux traités
Cana Adresses et lieux dans les environs
HaZorea Repères
NORD
MER MÉDITERRANÉE
Sur (Tyre)
Rosh HaNikra
Hanita
Adamit
Shlomi
Qeshet Cave
Montfort
Nahariya
Yehi'am
Lohamei Haghetaot
Akko (Saint-Jean d'Acre)
Sakhnin
Haïfa
Shefar'am
GALILÉE
Mount Carmel
Zippori
Isfya
Reina
Ein Hod
Nazareth
Daliyat-el-Karmil
HaZorea
Afula
Dor
Zikhron Ya'akov
Megiddo
CISJORDANIE
Hadera
Jénine
TEL-AVIV

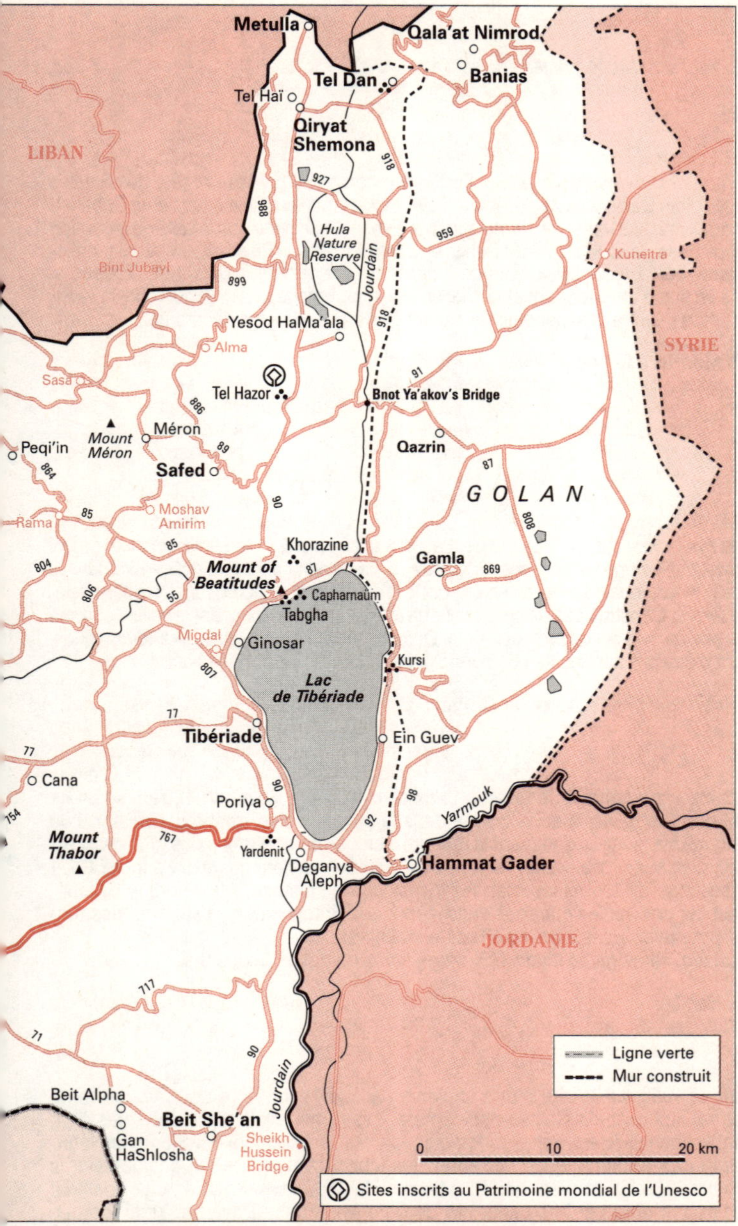

LE NORD ET LA GALILÉE

À voir dans les environs

Yehi'am Castle (château de Yehi'am) : ☎ (04) 985-60-04. *À une quinzaine de km à l'est de Nahariya. Pour y aller, bus nos 39 de Nahariya (en fin de matinée) et 42. Se méfier pour le retour, peu de bus et stop difficile car Yehi'am est une ville fermée en cul-de-sac. En voiture de Nahariya, par la route 89, à droite à la jonction Ga'aton. Tlj 8h-17h (16h ven et veilles de fêtes, et en hiver). Entrée : 15 Shk ; réduc. Camping sur place possible (env 40 Shk/pers).* Forteresse construite par les croisés, démantelée par le sultan Baïbars au XIIIe s, avant d'être reconstruite au XVIIIe s par l'émir Dahar el-Omar. De ce deuxième édifice, aujourd'hui en ruine, il ne reste que la salle de réception datant de la période de l'émir Dahar el-Omar. Énormes piliers carrés et salle entièrement voûtée. Soubassements de grosses pierres et donjon datant des croisés et dans un état encore remarquable. Site sauvage, commandant la vue sur toute la vallée jusqu'à la mer. Ne pas manquer de monter tout en haut pour le panorama.

Montfort Castle (château de Montfort) : *à 18 km à l'est de Nahariya. Pour s'y rendre, bus nos 25, 40 et 43 de Nahariya. S'arrêter à Mi'ilya. Traverser le village Hila par la route du milieu. Monter ensuite sur près de 3 km avt de voir la 1re pancarte annonçant le château. De là, il ne reste que 1 km de chemin balisé. Les routards motorisés remonteront vers le nord jusqu'à Shlomi (au croisement Hanita Junction plus exactement). Prendre la direction Sasa. À 12 km, on trouve le kibboutz Goren, le Goren Park et le nahal Kziv. Bifurquer au panneau « Nahal Kziv ». Une petite route mène à un point d'observation duquel on aperçoit le château. Se garer ici.* Les ruines du château dominent le lit de la rivière Kziv (nahal Kziv). On peut aussi y accéder par le versant d'en face, ce qui permet d'avoir une vision d'ensemble du site. La balade consiste à descendre dans le lit de la rivière (quasi asséchée en été) pour se retrouver au pied du fort. L'un des mieux conservés. Construit par les croisés sur un rocher escarpé dominant la vallée, comme Yehi'am, dans le but de protéger Akko. Occupé ensuite par les chevaliers Teutoniques, avant d'être pris par le sultan Baïbars. Donjon imposant de 20 m de haut.

Rosh HaNikra (cap de la Grotte) : ☎ (04) 985-71-08. • rosh-hanikra.com • *Pour s'y rendre : bus nos 20 et 22 au départ de Nahariya. Tlj 9h-18h (16h ven et en hiver) ; jusqu'à 12h les veilles de fêtes. Téléphérique env 45 Shk A/R. Billet combiné avec des sites de Akko et le Ghetto Fighters' House Museum : 77 Shk.* C'est la frontière entre Israël et le Liban. « Jérusalem 205 km, Beyrouth 120 km » : on ne peut rater cette information gravée dans le mur du poste-frontière. Une sorte de promontoire rocheux dominant la mer qui a creusé en contrebas des grottes. C'est beau, bien sûr, un peu surfait à notre avis, particulièrement quand il y a foule. Point de passage de toutes les grandes invasions de l'histoire, Alexandre le Grand y aurait fait creuser les marches dans le roc. Les Britanniques y percèrent des tunnels pour relier Haïfa à Beyrouth par le chemin de fer.
– *Parking, cafétéria, toilettes, téléphone :* près du poste de douane.

Hanita : *kibboutz situé juste à la frontière libanaise, sur une hauteur dominant tte la région (endroit stratégique). ☎ (04) 985-96-76. • hanita.co.il • Pour s'y rendre, suivre la route 899 sur quelques km jusqu'au carrefour indiquant Hanita. Également 2-3 bus/j. (no 23 de Nahariya). On y trouve le musée d'Archéologie et d'Histoire régionale.*
Créé en 1938 sur le site d'une ancienne ville juive du VIIe s av. J.-C., ce fut le premier kibboutz de Galilée occidentale. Les terres avaient été achetées à un notable libanais (c'est Ben Gourion qui organisa l'acquisition). Pour contrer l'interdiction des Britanniques d'implanter des kibboutzim en Galilée occidentale, le 21 mars 1938, 50 camions et 500 hommes débarquèrent. Le village fut construit en 1 nuit et entouré d'une enceinte de défense. Moshe Dayan et Yigal Alon en étaient. Pendant la guerre de 1948, complètement isolé du reste du pays, il subit de nombreuses attaques des armées arabes, mais résista.
Aujourd'hui, le kibboutz compte environ 600 personnes (dont la moitié de permanents). On y trouve de petites industries (métallisation de plastique, lentilles

de contact et pelliculage) et des cultures d'agrumes, avocats, bananes, coton et céréales. Beaucoup de membres du kibboutz viennent d'Afrique du Nord et de France, et le français y est la première langue parlée après l'hébreu.
– ***Hanita Museum and Antiquities*** *(musée d'Archéologie et d'Histoire régionale)* **:** *☎ (04) 985-96-77. 052-374-96-77. • hanita.co.il • Ouv avr-oct, dim-jeu 9h-14h, ven, sam et j. fériés 10h-13h. Conseillé de téléphoner la veille pour s'assurer de l'ouverture du musée. Entrée : 20 Shk.* Le musée se trouve sur l'emplacement d'une église byzantine et ce fut la première maison en dur du kibboutz. Section d'archéologie proposant des objets vieux de 4 000 ans : poterie, bijoux préhistoriques, romains et byzantins, lampes à huile, monnaies anciennes, verrerie de Tyr, superbes mosaïques. Section sur la faune et la flore régionales et riche présentation historique de Hanita (nombreux documents et photos).

Qeshet Cave : *prendre la route 899 sur quelques km puis la bifurcation à gauche en direction d'Adamit. Sur la route qui monte en serpentant, après quelques km, suivre un petit panneau vers la droite. Au bout du chemin de terre, laisser sa voiture sur le « parking » et descendre en contrebas vers la droite.* Passer la porte dans le grillage. Non loin de là, près d'un arbre, on arrive juste au-dessus d'une grotte impressionnante franchie par un étroit pont naturel. ATTENTION (aux enfants notamment), c'est spectaculaire mais assez dangereux. De là, très belle vue sur tout l'ouest de la Galilée. On domine tout, de la Méditerranée à l'ouest aux petites montagnes vers l'est avec la plaine entre les deux. Quand il fait beau, lumière superbe avant le coucher du soleil.

Peqi'in : *à 3 km au sud-est de Ma'alot. Si vous venez par le bus (nº 44 ou 45 de Nahariya), demandez à descendre au vieux Peqi'in, un arrêt après Peqi'in HaKhadacha.* Pittoresque village juif, druze et chrétien, situé dans un joli paysage. La tradition locale soutient fermement que les Juifs y vivent sans interruption depuis la destruction du second Temple. C'est à Peqi'in, dans une grotte, que se réfugia Shimon Bar Yochaï pour échapper aux Romains. C'est là que, selon la tradition, il aurait rédigé le *Zohar,* le livre sacré des kabbalistes (au Ier s apr. J.-C.). Voir la vieille ***synagogue*** du IIe s apr. J.-C. Pour se repérer : la place centrale du vieux Peqi'in s'appelle *kikar HaMeydan.* On peut y accéder en voiture par les petites rues et se garer juste après. Sur la place se trouve une fontaine en forme de piscine. Dos à la fontaine et face à un bâtiment en arcades, la première rue ascendante sur la droite mène à la grotte (dans cette rue, gravir un escalier au bout duquel prendre à droite, puis un nouvel escalier sur la gauche). Du même point de départ, pour accéder à la synagogue, revenir vers la Peqi'in nouvelle par une rue sur la gauche, puis première à gauche.

Le mont Méron : accès par une route entre Hurfeish et Sasa. Point culminant de la haute Galilée. Panorama tout à fait unique sur Safed, le Sud-Liban et la Galilée en général.

Quant à ***Méron,*** ville à l'ouest de Safed, c'est un haut lieu de pèlerinage (le jour du *Lag Ba'omer*). Des milliers de pèlerins viennent (en avril-mai) se recueillir sur la tombe de Rabbi Shimon Bar Yochaï. Cérémonies d'une grande intensité. Ruines d'une synagogue du IIIe s.

SAFED (TSFAT ou ZEFAD)

30 000 hab. IND. TÉL. : 04

Une des quatre villes saintes juives avec Tibériade, Hébron et Jérusalem. C'est la ville la plus haute d'Israël (860 m). Grosse cité croisée au XIIIe s, elle connut un regain d'importance aux XVIe et XVIIe s, avec l'arrivée des Juifs chassés d'Espagne par l'Inquisition. Elle devint la capitale des kabbalistes. Une telle vie intellectuelle et spirituelle y amena nécessairement la création de la première imprimerie du pays en 1563. Peste et tremblements de terre provoquèrent

son déclin au XVIIIe s. Bonaparte s'y installa pour contrôler la route de Damas. En 1837, un énorme séisme détruisit la ville et ce qui restait de la forteresse des croisés. Beaucoup de Juifs partirent peupler Haïfa et les villages de Galilée. Dans la première moitié du XXe s, Safed était devenue une ville majoritairement arabe (12 000 contre 1 500 Juifs). En 1948, lors de la guerre contre les armées arabes, une action militaire du Palmach (qui fit sauter la citadelle) provoqua la fuite de la population arabe et la ville devint israélienne.
Depuis, son air sain et vivifiant et une grande qualité de lumière ont attiré nombre d'artistes. Safed présente donc trois visages : bétonné et sans charme dans sa partie moderne ; très touristique autour de ses activités artistiques et commerciales ; religieux, spirituel et pittoresque grâce à la vieille ville, ses très anciennes synagogues et le plus beau cimetière juif de toute la région (dans un environnement superbe).

Arriver – Quitter

***Gare routière** (plan B1) :* *Yerushalayim St.*
Liaisons avec :
➢ ***Tibériade :*** bus n° 459. 1 bus/h, 7h-16h, plus rare ensuite (sam à partir de 17h). Bus n° 450 de la *Connex* aussi.
➢ ***Qiryat Shemona :*** peu de bus directs au départ de Safed. Il faut changer à *Rosh Pinna,* à 10 km de Safed, sur la route de Tibériade. Puis prendre un autre bus pour Qiryat Shemona et la haute Galilée (bus n° 511 de *Nateeve Express,* ☎ *1-599-559-559*).
➢ ***Carmiel, Ma'alot, Nahariya, Hatzor et Rosh Pinna :*** *Nateeve Express.*
➢ ***Tel-Aviv et Jérusalem :*** avec *Egged (☎ 2800 ou (03) 694-88-88 ; • egged.co.il •).* 3 bus/j. pour Tel-Aviv. 7 bus/j., 8h-22h (sf ven-sam 2 bus/j.) pour Jérusalem.
➢ ***Haïfa et Akko :*** 1 bus ttes les 30 mn, nos 361 et 362 *(Egged),* 5h30-20h.

***Station centrale des bus** (plan B1) : sq. HaAtzmaout.* ☎ *692-11-22.*

Adresses utiles

***Tsfat Tourist Information Center** (plan A2) : Alkabetz St.* ☎ *692-44-27.* • *safed-home.com* • Y prendre un plan de Safed, indispensable pour s'orienter. Infos sur le festival de Musique et sur les sites religieux des environs. Intéressante petite vidéo en français de 10 mn.
✉ ***Poste :*** *37, rehov Yerushalayim (plan A1) et sq. HaAtzmaout (hors plan par B3).*
■ ***Téléphones publics :*** *devant le bâtiment de l'office de tourisme.*
■ ***Banques :*** ***Leumi,*** *33, rehov Yerushalayim.* ***HaPoalim,*** *72, rehov Yerushalayim.* ***Discount,*** *83, rehov Yerushalayim.*
■ ***Compagnies de taxis locales :*** ☎ *697-07-07 ou 692-22-28.*

Où dormir ?

Les hôtels sont chers et peu nombreux. Difficile donc de se loger dans cette ville régulièrement envahie par les pèlerins, les Israéliens en vacances et les touristes. À noter aussi, une grosse différence de prix entre la semaine et le shabbat (et les fêtes juives), au moins 50 %, parfois même du simple au double.

Bon marché (80-250 Shk / 17-53 €)

***Beit Binjamin Youth Hostel** (hors plan par B3) : 1, Lohamei Haghetaot St ; dans le sud de la ville.* ☎ *(04) 692-10-86.* • *iyha.org.il* • *Suivre sderot HaNassi ou Fromtchenko. Grand* *bâtiment moderne sur la gauche. Bus nos 6 et 7 du terminal des bus. Réception en principe 8h-16h.* Sans grand charme, mais propre et fonctionnel. Dortoirs de 6 lits et chambres privées avec lits superposés et salle de bains impeccable à l'intérieur. Souvent complet en juillet et août. Pendant l'année, beaucoup de groupes scolaires. Cuisine.

Hostel Lifshitz *(plan B3,* ***10****) : rehov Yod Zayin. 052-247-2-60 ou 052-349-70-55. Téléphoner, proprio rarement là. Double 200 Shk, sanitaires communs.* Dans une ruelle piétonne tranquille d'un quartier de charme. À deux pas du centre. Vieille demeure de pierre avec petit patio verdoyant et fleuri, à l'ombre d'un citronnier. 6 chambres très modestes, mais propreté acceptable, de même pour les sanitaires. Avant tout, une adresse pour budgets serrés.

Ascent Institute *(plan A1,* ***11****) : rehov Ridbaz (à l'angle de HaAri). ☎ 692-13-64 ou 1-800-30-40-70. • ascent.co.il • Dortoir 70 Shk/pers, double 200 Shk, petit déj en sus.* Centre d'études religieuses acceptant en principe ceux qui ne sont pas élèves (mais pas les non-juifs). C'est animé et toujours l'occasion de rencontres. Dortoirs corrects et quelques chambres privées.

Prix moyens (250-420 Shk / 53-90 €)

Hotel Carmel *(plan A1,* ***12****) : 8, HaAri St. ☎ 692-00-53. Accès à l'arrière, par une ruelle du vieux quartier juif. Double 350 Shk, petit déj compris. CB refusées. Café et thé à dispo.* Genre hôtel de famille gentiment patiné, à l'atmosphère intime, chaleureuse, un poil provinciale. On s'y sent bien d'emblée. Chambres de bon confort (TV câble) et impeccablement tenues. Quelques-unes communicantes et celles d'angle particulièrement lumineuses. Le vrai plus ici, c'est la qualité d'accueil. Patrons charmants, et leur fils tient, côté rue, en dessous, le ***HaAri 8,*** l'un des meilleurs restos de la ville (voir la rubrique « Où manger ? » plus loin).

Tel Aviv Hotel *(plan A1,* ***13****) : dans une rue qui donne sur la rehov Yerushalayim. ☎ et fax : 697-25-55. Doubles 300-350 Shk, petit déj en sus.* Ancien bâtiment ottoman de 1858, parfaitement remis à neuf. Avant la Première Guerre mondiale, il abrita le consulat austro-hongrois, puis après guerre une maternité qui cachait secrètement le PC de la Haganah. On dit que les Anglais qui réprimaient pourtant ses activités ne s'en doutèrent même pas. Hôtel depuis les années 1950. Confortable, calme, sans caractère mais bien tenu. Préférer les chambres en étage, plus claires et spacieuses. Belle vue sur la vallée.

Ha Mezuda Hotel *(plan A1,* ***14****) : Yerushalayim St. ☎ 697-04-14. Double 400 Shk, petit déj inclus.* Moderne, sans caractère, mais hyper central et fonctionnel. Chambres confortables avec clim, frigo, TV satellite écran plat, etc. Une bonne alternative si tout est plein ailleurs.

Plus chic (600-1 050 Shk / 127-223 €)

Beit Yosef B & B *(plan B2,* ***15****) : dans la ruelle montant à droite de l'Old City Inn. À 100 m de l'Arlzsoroff St. ☎ 692-25-15. 054-247-23-23. • beityosef.co.il • Doubles 650-750 Shk, petit déj inclus.* Un proprio a eu l'idée de créer 8 chambres d'hôtes dans d'anciennes maisons disséminées dans les ruelles tranquilles de la vieille ville. Murs et voûtes de pierres sèches bien mis en valeur, alliés à de fraîches couleurs et au confort le plus moderne, en font de superbes chambres d'hôtes de charme. Certaines, regroupées dans une même maison, intéresseront les familles ou bandes d'amis. Elles ont pour noms : « Serenity », « Bougainvillea », « The Meron », « View House », « Metzuda »... à découvrir sur un site internet fort bien fait ! Quasiment toutes avec kitchenette équipée, TV, clim et ventilo, chauffage, parfois un romantique lit en fer forgé...

Rimonim Hotel *(plan B3,* ***16****) : rehov Tet Zayin. ☎ 692-04-56 ou 00-800-97-33-42-26. • english.rimonim.com • Doubles 500-750 Shk ; familiales.*

Imposante bâtisse ottomane. Intéressant effort de déco entre ancien et modernité. 2 catégories de chambres : dans la partie ancienne, elles possèdent un certain charme (arcades médiévales, murs de pierres sèches) ; dans l'annexe moderne, elles sont spacieuses et fonctionnelles. Grande piscine, salle de remise en forme, etc. Quelques bémols : un certain manque de professionnalisme du personnel, accueil froid, resto fermant trop tôt le soir, serveurs peu aimables.

Old City Inn *(plan B2, **17**) : Arlzsoroff St (presque à l'angle de rehov Yerushalayim). ☎ 052-739-43-34. 077-935-03-60. • zimmer.co.il • Doubles 800-1 300 Shk, petit déj inclus.* Élégante demeure ottomane superbement restaurée. Le décor d'un goût exquis et au charme sophistiqué, allié à un confort total, en font une adresse de rêve pour amoureux. Magnifiques suites sous de hauts combles avec grande terrasse privée. Les autres chambres, plus petites, moins chères, n'en sont pas moins désirables et glamour...

Où manger ? Où déguster une glace ?

Safed n'est assurément pas une grande étape gastronomique. Nombreux petits restos dans la rue principale du centre.

Bon marché (40-80 Shk / 8,50-17 €)

Les meilleurs falafels sont au ***California Falafels*** *(plan B2, **20**)*, situé près du petit pont en bas de la rue piétonne. 2 ou 3 autres concurrents de part et d'autre du pont pour les *addicts*.

Pizza Da Leone *(plan B2, **21**) : rehov Yerushalayim. Tlj jusqu'à 23h sf shabbat.* Depuis qu'un magazine la désigna comme la meilleure pizzeria du pays, elle l'affiche haut et fort. N'exagérons pas, elles sont certes excellentes, *crispy* à souhait, mais il faut raison garder !

Art Café *(plan B2, **22**) : rehov Yerushalayim. ☎ 682-09-28. Près de la banque HaPoalim. Midi et soir jusqu'à 23h sf shabbat (du ven soir au sam en fin d'ap-m, mais ouv le sam soir et assez tard !).* Petit resto *dairy*, plus sympa pour le cadre moderne et l'accueil que pour la cuisine, moyenne.

Café Bagdad *(plan B2, **23**) : rehov Yerushalayim. ☎ 697-40-65. Tlj sf shabbat 8h-21h30.* Un *dairy* là aussi, servant des mets corrects, salades, sandwichs, raviolis, *blintzes* et de bons cheese-cakes. Principale qualité : sa terrasse de l'autre côté de la rue, avec panorama privilégié !

The Balcony *(plan A1-2, **24**) : 62, rehov Yerushalayim.* Un populaire glacier aux parfums entêtants et aux goûts multiples...

Prix moyens (80-120 Shk / 17-25 €)

HaAri 8 *(plan A1, **25**) : 8, HaAri St. ☎ 692-00-33. Tlj sf shabbat : petit déj, midi et soir jusqu'à 22h.* Installé dans un bel édifice ottoman, voici peut-être le meilleur resto de viande de Safed. Cadre chaleureux et aéré, arches de pierre, tables bien séparées. Accueil pro et affable tout à la fois, service efficace. Uniquement des produits

Adresse utile

Tsfat Tourist Information Center

Où dormir ?

10 Hostel Lifshitz
11 Ascent Institute
12 Hotel Carmel
13 Tel Aviv Hotel
14 Ha Mezuda Hotel
15 Beit Yosef B & B
16 Rimonim Hotel
17 Old City Inn

Où manger ? Où déguster une glace ?

20 California Falafels
21 Pizza Da Leone
22 Art Café
23 Café Bagdad
24 The Balcony
25 HaAri 8
26 Maximillian

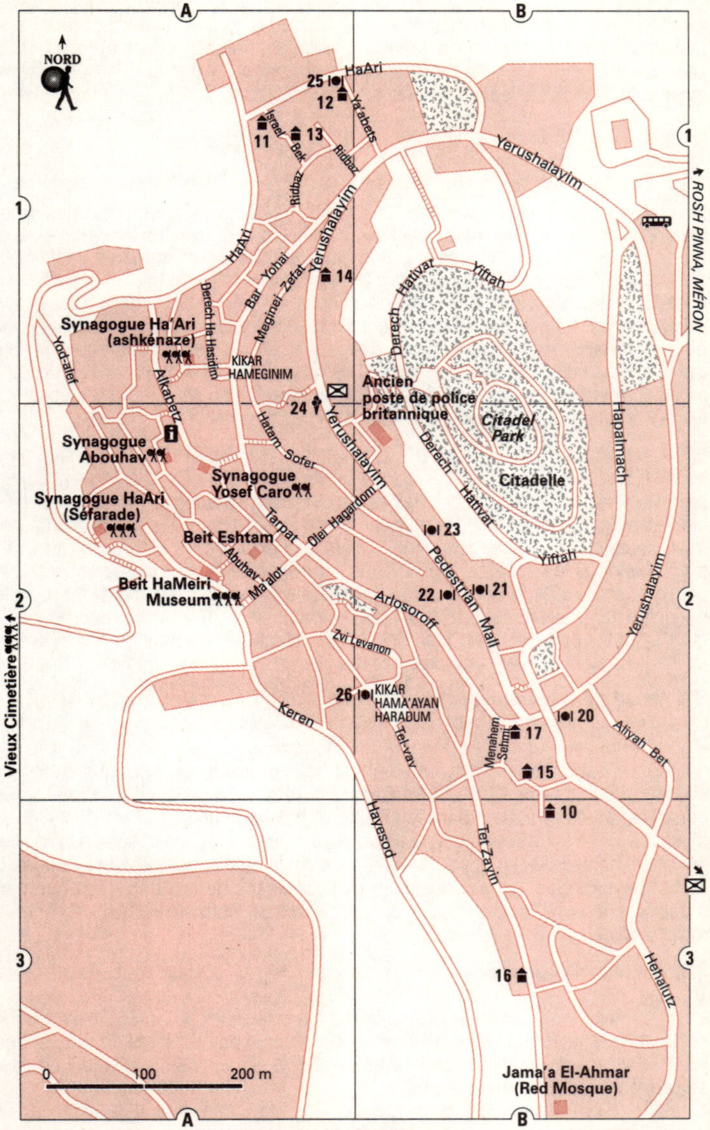

SAFED

frais régionaux. Viandes extra-tendres cuites à la demande et servies généreusement, *juicy burgers,* légumes bien saisis, frites craquantes, copieuses salades, beaux desserts. Bon, on y retourne !

|●| *Maximillian* *(plan A-B2,* ***26****)* ***:*** *quartier des artistes. ☎ 693-53-33.*

050-757-74-74. Tlj sf shabbat. On ne peut pas trouver emplacement plus touristique (à côté de la grande salle d'expo et de la vieille mosquée), mais cuisine très correcte et, surtout, terrasse sur rue piétonne fort plaisante. Que des classiques : sandwichs, salades, quiches, pâtes et toujours un poisson et un plat du jour (en général plus élaboré).

À voir

Deux grands pôles à visiter à Safed : le côté spirituel avec les synagogues, les cimetières et certains musées, et le pôle artistique, en flânant dans les étroites ruelles et en visitant les ateliers d'artistes et autres musées (tous les artistes sont présents en été, pas forcément en hiver ; se renseigner auprès de l'office de tourisme, qui fournit aussi une carte avec la localisation des ateliers). On peut tout voir en 1 journée. Un « circuit court » d'une demi-journée consiste à visiter les principales synagogues de la vieille ville, l'exposition générale (tous les artistes y exposent une ou plusieurs œuvres) et à repérer les ateliers que vous souhaitez visiter dans le quartier des artistes. Attention au shabbat (du vendredi après-midi au samedi soir), il est strictement respecté à Safed. La ville s'éteint et il n'y a plus rien à voir ni à faire.

***Ha'Ari Synagogue** (plan A1) : ☎ 697-12-22. De kikar HaMeginim, en tournant le dos au resto* HaKikar, *prendre une ruelle sur la droite. Tlj 9h-13h, 14h-17h30.* En plein vieux quartier juif de Safed. De rite ashkénaze, la synagogue est dédiée à Ari (le Lion), mot qui cache en fait le nom d'Adonénou Rabbi Itzhak Luria, l'une des figures essentielles du mysticisme juif. Né en 1534 à Jérusalem, il s'installa à Safed en 1569, où il développa le kabbalisme lourianiste. Il transmit ses leçons et ses secrets à un petit groupe d'initiés, avant de mourir en 1572. La synagogue elle-même fut détruite par un tremblement de terre en 1837, puis reconstruite en 1857. Arche sacrée sculptée datant de cette époque. Une des rares à subsister, celles d'Europe orientale ayant été majoritairement détruites lors de la Seconde Guerre mondiale.

***Yosef Caro Synagogue** (plan A2) : ☎ 692-43-84. Accessible par les ruelles Beit Yosef ou Alkabetz. Pas facile à trouver, mais elle est quand même indiquée.* Petite, émouvante, orientée vers l'ouest (donc tournée vers Jérusalem), elle est dédiée au Rabbi Yosef Caro, éminent kabbaliste du Moyen Âge. Juif espagnol chassé d'Espagne en 1492, Yosef Caro vint se réfugier à Safed en 1535, après quelques années passées dans les Balkans. Il devint l'un des chefs de file de la mystique juive. Sous la synagogue se trouve la maison où Caro rédigea son œuvre, le « choul'hane aroukh ». Selon la tradition, c'est là qu'un ange céleste lui apparut. Dans la synagogue, on voit quelques vieux rouleaux de la Torah. L'un viendrait d'Espagne et aurait plus de 500 ans, un autre d'Irak, vieux de 300 ans. À l'entrée, marchand de souvenirs religieux.

***Abouhav Synagogue** (plan A2) : située dans la ruelle Abouhav, au-dessous de la synagogue Yosef Caro. ☎ 692-32-34. En principe ouv pdt la journée.* C'est la principale et la plus kabbalistique des synagogues de Safed : elle est bâtie selon une arithmétique sacrée qui cache les 12 principaux chiffres de la mystique juive. D'abord, elle présente une forme carrée, et elle est peinte en bleu (couleur céleste qui protège du mauvais œil).

Le chiffre 1 symbolise Dieu, on ne peut donc ni le nommer ni le représenter. Le chiffre 2 est dans les 2 rouleaux de la Torah qui figurent les 2 Tables de la Loi de Moïse. Il y a 3 armoires de la Torah qui rappellent Abraham, Isaac et Jacob, les 3 patriarches. Notez les 4 colonnes qui soutiennent la synagogue, elles symbolisent les 4 mères juives : Sarah, Rebecca, Rachel et Lea (autre version, les 4 éléments : l'eau, le feu, l'air et la terre). Les 5 bancs, série de fauteuils reliés les uns aux autres, ce sont les 5 livres de la Torah. Ensuite le chiffre 6 : il y a 6 marches d'escalier, ce sont les 6 traités de la Mishnah, compilation écrite des lois orales juives (autre version : les 6 premiers jours de la semaine). 7 est le chiffre de la

plénitude, c'est-à-dire le 7e jour de la semaine, celui du shabbat (jour consacré au divin). 8 : ce sont les 8 jours après la naissance menant à la circoncision chez les Juifs. Il y a 9 alcôves de style gothique, elles cachent les 9 mois de l'enfantement. Dans le dôme, remarquez les 10 petites fenêtres, il faut y voir les 10 Commandements révélés par Dieu à Moïse. Le chiffre 11 rappelle les 11 étoiles de Jacob dans le ciel. Enfin 12 fenêtres (plus grandes) symbolisent les 12 tribus d'Israël.
Autre originalité de cette synagogue : on y trouve quelques peintures, ce qui est contraire à la tradition juive, qui proscrit les images et les sculptures. Quoi d'autre ? Ah oui, on avait oublié de vous dire que l'endroit a une origine magique : cette synagogue a été construite à Tolède en Espagne puis transportée « dans les airs » jusqu'à Safed. En 1837, elle fut détruite par un tremblement de terre, sauf un mur abritant l'armoire avec les rouleaux de la Torah. C'est parce qu'ils sont très saints, dit la tradition...

HaAri Synagogue *(plan A2)* **:** *accrochée à la colline au-dessus du cimetière, c'est la plus facile à trouver (et la plus belle aussi, quelle chance !). 050-544-55-88. Il est de bon ton de laisser une obole.* Cette synagogue est de rite séfarade. À ne pas confondre avec l'autre Ha'Ari, de rite ashkénaze. Construite en forme de forteresse et précédée d'un patio. Superbes portes sculptées. Intérieur très lumineux et coloré, atmosphère d'une grande sérénité. Forte probabilité que l'un des officiants parle le français (beaucoup de Juifs du Maroc à Safed).

Cemeteries *(cimetières)* **:** *sur le flanc occidental de la ville.* Y aller en fin d'après-midi. Le panorama sur la vallée est extraordinaire. On comprend tout à fait l'engouement des kabbalistes pour le coin. Car, en plus du climat sain et vigoureux, la campagne dégage indéniablement une grande spiritualité. La partie la plus ancienne du cimetière dégringole sur les pentes de la colline. Les tombes s'identifient littéralement au paysage. Leur calcaire blond a vite fait, en été, d'épouser les teintes des herbes sauvages desséchées. Les pierres se fendent, se disloquent, se désagrègent. Minéral retournant harmonieusement au minéral, refonte du cimetière dans la nature. Seules, sur les plus gros fragments de pierre, les belles lettres hébraïques évoquent encore les morts avant de disparaître à leur tour, syllabe après syllabe... On y trouve les tombes des grands kabbalistes du XVIe s et, dans la partie nouvelle, celles des militants de l'Irgoun exécutés sous le mandat britannique à Akko. Le dôme, s'élevant dans le petit vallon tout en bas, abriterait la tombe du prophète Osée.

Beit HaMeiri Museum *(plan A2)* **:** *Keren HaYesod. ☎ 697-13-07 ou 692-19-39. • safed.co.il • Au bas de la vieille ville, au bout d'une rue (keren HaYesod), pas très loin du cimetière juif. Ouv dim-ven 9h-14h (13h ven et veilles de vac). Entrée : 10 Shk ; réduc.* Musée d'Histoire de la ville de Safed, mais aussi centre de recherche et d'enseignement. Le bâtiment date de 1517, mais il a été en partie détruit par la guerre, puis rénové. Visite à ne pas manquer. L'histoire bien sûr, mais aussi une intéressante section ethnographique. Grande salle voûtée de pierre avec de nombreux tableaux et petit salon avec belle vue. Puis galerie avec pittoresques photos de l'ancien Safed. Dans l'ancienne cave de la maison supérieure, collection d'objets domestiques, meules et lampes traditionnelles du début du XXe s (avant l'arrivée de l'électricité). Nouvelle salle voûtée de pierre avec les outils traditionnels du cordonnier, menuisier, forgeron, etc. Au dernier étage, la terrasse, ancienne cour d'école. Les pièces autour servaient de classes au début du XXe s. L'école (la première à enseigner l'hébreu à Safed) ferma pendant la guerre de 1914, à cause de la famine et du typhus. Reconstitution d'une petite classe de garçons. Outre le panorama privilégié sur la vallée, le mont Méron et le vieux cimetière, petite expo d'objets et vêtements religieux (châle brodé d'argent, orfèvrerie, bougeoirs, etc.) et, pour finir, présentation d'une ancienne chambre familiale typique : vénérable chaudière, berceau, objets familiers...

Artist Quarter *(quartier des artistes ; plan B3)* **:** *à la sortie de la vieille ville, au bout des rues Beit Yosef et Tarpat. Le quartier commence par l'exposition générale (General Exhibition), rue Leon Isakov. ☎ 692-00-87. On la repère grâce à son minaret (c'est en effet une très vieille mosquée mamelouke). Ouv tte l'année 9h-18h* *(sam et j. de fêtes 10h-14h). GRATUIT.* C'est une galerie qui regroupe des œuvres de chaque artiste de Safed. Leurs ateliers sont ouverts aux visites (et aux achats évidemment) : peinture, sculpture, céramique, broderie, papier mâché, bougies...

Park and citadel *(parc et citadelle ; plan B1-2)* **:** *tt en haut de la ville.* Vestiges de la forteresse croisée (ses dimensions étaient impressionnantes). Parc très agréable d'où l'on a une vue superbe sur la ville et la Galilée, le lac de Tibériade au loin et les hauteurs du Golan. La citadelle fut prise quelques jours avant la Déclaration d'indépendance par un commando du Palmach. Au pied de la citadelle, dans la rue Jérusalem, vestige d'un poste de police britannique qui porte encore les traces des violents combats de 1948. Sur le parapet de la rue, un *Davidka,* mortier artisanal, fabriqué à cette époque, une des premières armes 100 % made in Israël ! Aujourd'hui, c'est un petit mémorial en hommage à cette période.

VERS METULLA ET LE GOLAN

Nous recommandons vraiment de monter dans le « doigt » de la Galilée, cette mince bande de terre coincée longtemps entre Liban et Syrie (avant l'annexion du Golan). Au milieu, la *vallée de Hula,* qui fut un immense marécage jusqu'à l'arrivée des premiers pionniers juifs (en 1883, à Beit Dubrovin). Dépaysement assuré. Nature superbe, propice à d'agréables petites randonnées à pied. Intéressants sites archéologiques, belles réserves naturelles avec, en fond, les neiges éternelles du *mont Hermon.* La vallée de Hula fut asséchée et débarrassée de la terrible malaria qui y causait des ravages, mais de larges espaces furent préservés et constituent aujourd'hui de riches réserves d'oiseaux. Réseau de petites routes où il fait bon flâner en voiture. Enfin, c'est la porte d'entrée au plateau du Golan.
– Les visiteurs pressés passeront par *Rosh Pinna, Tel Hazor* et la route 90 qui remonte la vallée de Hula. Gros trafic automobile.
– Les autres, les poètes, les bucoliques, les amoureux de routes quasi désertes emprunteront la route 886, magnifique itinéraire qui passe par *Kerem Ben Zimra.* Au carrefour de Rinatiyah, petit crochet pour *Bar'am* qui abrite l'une des plus anciennes synagogues de Galilée (et la mieux préservée). Construite à la fin du IIe s apr. J.-C. Superbe façade précédée de quelques colonnes, vestiges du péristyle. Très belle porte à linteau, surmontée d'une arche ronde sculptée.
La route s'élève ensuite dans les *monts de Naftali,* livrant d'époustouflants points de vue sur le Sud-Liban et la vallée de Hula.

LE NORD

Où dormir dans le coin ?

Kibboutz Ayelet HaShahar : *en venant de Rosh Pinna, peu après la ferme Dubrovin à droite. ☎ (04) 686-86-11. • natiweb@netvision.net.il • Se trouve sur l'itinéraire de nombreuses lignes de bus : les nos 841, 842 et 845 (Tel-Aviv/Kiryat-Shmona), le no 963 (Jérusalem-Kiryat), le no 501-505 (Haïfa-Kiryat), le no 500 (Akko-Kiryat), le no 511 (Safed-Kiryat).* Kibboutz très chouette dans un cadre verdoyant. L'un des plus anciens (1915) et l'un des plus gros producteurs de fruits du pays. Sur le plan historique : cible des canons syriens en 1967 et des *katiouchkas* lors de la guerre du Liban en 2006. Bel hôtel, grandes chambres confortables et jolies dans de petits bâtiments d'un étage. Cher bien sûr, mais le rapport qualité-prix se révèle vraiment bon. Nombreuses activités possibles, piscine du kibboutz, tours guidés, balades en jeep. Pour les enfants, miniparc animalier (canards, lapins, cerfs, paons...). Moins chère, une ***Country Inn*** offrant 62 chambres de bon confort, avec clim, minifrigo *(☎ (04) 686-86-66 ; fax : 686-86-30).*

TEL HAZOR

Tel Hazor : *à env 15 km au nord de Safed. ☎ (04) 693-72-90. Tlj 8h-17h (16h oct-mars et 15h ven et veilles de fêtes). Dernière admission 1h avt. Entrée : 22 Shk (musée inclus) ; réduc.* Visite indispensable pour les mordus d'archéologie et d'histoire ancienne : on y trouve le site cananéen le plus important d'Israël, deux millénaires d'histoire antérieurs à l'ère chrétienne. 21 villes s'y superposent. Un guide très bien fait permet de comprendre toutes les phases de construction du site : *Itinéraires bibliques. Guides de Terre sainte* aux éditions du Cerf, 1980. Voir aussi le musée à l'est du site, où les objets ont été bien mis en valeur.

LA FERME DUBROVIN

Dubrovin's Farm (ferme Dubrovin) **:** *située à* ***Yesod HaMa'ala.*** *À une quarantaine de km au nord de la ville de Tibériade et à env 5 km après Tel Hazor en direction de Qiryat Shemona (route 90). Bus nos 941 et 963.*
Au milieu de la plaine de Hula, découvrez l'un des kibboutzim les plus sympas de Galilée, son restaurant et un remarquable musée.
Fondé par des Polonais en 1883 alors que toute la région n'était qu'un immense marécage malsain, avec en tout et pour tout, à l'origine, deux taureaux, une vache et quelques chèvres. La malaria causa pendant longtemps de sérieux ravages, au point que les femmes firent le maximum d'enfants pour que quelques-uns survivent. La quinine était difficile à obtenir et le premier médecin n'arriva que 6 ans après l'installation des premiers pionniers. S'accrochant fermement à leur idéal, ils réussirent à gagner du terrain sur les marais et à planter arbres fruitiers, céréales et fleurs. Ce n'est qu'après l'indépendance que le marécage fut complètement asséché et la malaria définitivement vaincue. Aujourd'hui, le *moshav* produit céréales, avocats, citrons, etc. On visite la ferme Dubrovin, du nom de la famille (d'origine non juive) qui la construisit.

Museum « Dubrovin Estate » (musée d'Histoire et d'Ethnographie) **:** *dans l'ancienne ferme. ☎ (04) 693-73-71. • dubrovninfarm@bezeqint.net • Tlj sf dim 10h30-16h ; sam et veilles de fêtes 10h30-14h. Entrée payante.* Dans plusieurs pièces de l'ancienne ferme, panneaux et photos relatent toute l'histoire de la colonisation de la région. Dans la cour, nombreux outils et machines agricoles. Reconstitution de l'ameublement traditionnel. Ateliers divers (poterie). Moulin à eau. Présentation audiovisuelle (100 ans d'existence).

The Farmyard Restaurant : *☎ (04) 693-44-95. Dans un des bâtiments de la ferme. Tlj sf dim jusqu'à 23h. Résa fortement conseillée.* Resto-snack très réputé dans la région. On y déguste de bons produits naturels. Cuisine comme à la maison, dans un cadre agréable. Goûtez aux saucisses fumées, foie d'oie à la hongroise, délicieux gâteaux maison. Si vous prenez le plat principal, sachez que le prix du billet du musée est normalement déduit du prix du plat.

LA RÉSERVE HULA

Hula Nature Reserve : *à 1 km au nord de la ferme Dubrovin. ☎ (04) 693-70-69. En bus, prendre de Qiryat Shemona les nos 840, 841 et 501. Arrêt à un croisement à 3 km de l'entrée du site. Une seule solution ensuite, le stop. Préférable d'arriver tôt (tlj 8h-16h, être sorti avt 17h ; le ven ferme à 15h ; ouv sam). Entrée : 35 Shk ; réduc.* Une réserve de 310 ha. Dense forêt de cyprès et grandes étendues d'herbe, c'est le point de passage d'oiseaux migrateurs. Possibilité de louer des jumelles à l'entrée, bien utiles pour observer les oiseaux. À l'intérieur, des points d'observation ombragés, un kiosque de restauration légère, des aires de pique-nique. Au *Visitor's Center* enfin, exposition sur la faune et la flore du parc avec dioramas, autres supports multimédia et effets spéciaux.

QIRYAT SHEMONA

23 000 hab. IND. TÉL. : 04

La « capitale » du nord de la Galilée présente peu d'intérêt en soi. Mais ses environs offrent de nombreuses possibilités. On a beaucoup parlé de cette ville carrefour dans les années 1970, époque où elle était la cible des attaques des Palestiniens installés au Sud-Liban.

Arriver – Quitter

Station des bus Egged : *☎ 2800 ou (03) 694-88-88. • egged.co.il •* Liaisons avec :

- ***Haïfa :*** nos 500, 501 et 505.
- ***Tel-Aviv :*** nos 841, 842 et 845.
- ***Akko :*** no 500.
- ***Safed :*** no 511.
- ***Jérusalem :*** no 963.
- ***Tibériade :*** nos 541, 841 et 963.

Adresse utile

✉ ***Poste :*** *pas très loin de la station des bus, pas loin non plus de la banque HaPoalim.*

Où dormir dans les environs ?

Auberge de jeunesse de Tel Haï : *à 2 km au nord de Qiryat Shemona. ☎ 594-56-65. • iyha.org.il • Dortoir 120 Shk, doubles à partir de 310 Shk, petit déj inclus. Bâtiment sur une butte, à gauche de la route (vers Metulla). Bus nos 20, 21 et 24 du terminal des bus de Qiryat Shemona.* Superbe vue sur la Galilée, le Golan et le mont Hermon. Une trentaine de doubles lumineuses, assez spacieuses et confortables, plus de 50 minidortoirs. Cafétéria. Pas de couvre-feu. Staff sympa.

Kibboutz-hôtel de Kfar Giladi : *entre Qiryat Shemona et Metulla, après Tel Haï, suivre une petite route qui monte à flanc de colline. ☎ (04) 690-00-00. • kfar-giladi.co.il • Doubles 750-1 100 Shk, familiale (4 pers) 1 200 Shk, petit déj inclus.* Superbe kibboutz-hôtel avec des jardins fleuris, une immense piscine surplombant le paysage, des chambres très confortables. Tout le confort espéré : clim, minibar, sèche-cheveux, TV satellite, coin thé-café... L'équivalent d'un 3-étoiles chez nous. Bien pour une soirée exceptionnelle ou pour routards fortunés. Le kibboutz lui-même mérite une visite (se reporter à la rubrique « Dans les environs de Qiryat Shemona », plus bas).

DANS LES ENVIRONS DE QIRYAT SHEMONA

Tel Haï : *à 2 km au nord de Qiryat Shemona.*
Tel Haï fut le lieu de durs affrontements entre Juifs et Arabes en 1920. Ici moururent Yosef Trumpeldor, le jeune commandant, aujourd'hui héros national, et sept autres jeunes Juifs armés en défendant la colonie de Tel Haï. Celle-ci fut alors abandonnée, mais reprise quelques mois plus tard. En hommage à Trumpeldor et ses sept camarades, on nomma la grande ville la plus proche *Qiryat Shemona...* la « Cité des Huit »...
Yossef Trumpeldor naquit en Russie en 1880. Engagé, premier officier juif dans l'armée russe, il perdit une main à Port-Arthur (en 1904), lors de la guerre

LE NORD

russo-japonaise, puis fut fait prisonnier. En 1912, il émigre en Palestine et travaille dans un kibboutz du lac de Tibériade. Sioniste convaincu de la nécessité d'un entraînement militaire pour les pionniers, il s'implique dans la création des bataillons juifs dans l'armée anglaise pendant la Première Guerre mondiale. Il fut témoin du désastre militaire des Dardanelles. À son retour en Palestine, en 1919, il commença alors à appliquer ses idées d'autodéfense.
– ***Tel Haï Museum :*** *☎ 695-13-33. Tlj sf sam 9h-16h (11h-13h ven). GRATUIT.* Retrace toute cette période avec de nombreux témoignages, photos, outils agricoles, etc.
– ***Museum of Photography*** *(musée de la Photographie) :* *Tel Haï Industrial Parla. ☎ 681-67-02. Tlj sf ven : dim-jeu 8h-16h (10h-14h en été) ; sam et j. fériés 10h-17h. Entrée : 20 Shk.* Riche collection d'appareils de toutes sortes. Photos et procédés photographiques.

👁👁 ***Le kibboutz de Kfar Giladi :*** *entre Qiryat Shemona et Metulla, après Tel Haï, suivre une petite route qui monte à flanc de colline.* Fait aussi hôtel (voir « Où dormir dans les environs ? », plus haut). Le kibboutz lui-même a été fondé en 1916.

👁 ***Beit HaShomer Museum :*** *☎ 694-15-65. Dim-jeu 8h-16h. Entrée : 15 Shk.* Petit musée très bien fait. Il retrace l'histoire de la défense des colonies agricoles de la Galilée dans les années 1920 par le *Beit HaShomer,* l'ancêtre de la Haganah. Dommage, peu d'explications en anglais.
– À côté, la ***statue du Lion rugissant*** (A. Malnikoff) commémore les héros de Tel Haï. C'est là aussi que se trouve le ***cimetière*** des anciens du HaShomer.

METULLA

1 500 hab. IND. TÉL. : 04

Ville frontière avec le Liban, c'est l'un des rares points qui resta ouvert dans le Nord jusqu'en 2000. Tous les matins, des Libanais(es) venaient alors travailler dans les entreprises de la région ou se faire soigner. Couvrez-vous, il peut faire très frais en soirée (nous sommes en altitude). L'air de Metulla est très bon et beaucoup d'Israéliens viennent s'y reposer.
➢ ***Bus pour Qiryat Shemona :*** n°s 20 et 21. 4-5 bus/j. Les mêmes que pour Tel Haï.

À voir. À faire

Pas grand-chose (!), mais les amateurs d'émotions contempleront la *vallée du Litani.* À droite, sur l'une des collines les plus éloignées, on peut apercevoir, par beau temps, le célèbre *château croisé de Beaufort,* utilisé naguère par l'OLP pour bombarder la Galilée. Ensuite, c'est le Hezbollah qui a pris la relève. À propos, dans ce coin bien blindé, bétonné et plein de barbelés, prendre des photos ne se révèle pas nécessairement bien vu !

👁👁 ***Nahal Ayun Nature Reserve :*** *à la sortie de la ville. ☎ 695-15-19. De Qiryat Shemona, bus nº 20. Tlj en principe 8h-17h (16h ven et en hiver). Entrée payante.* Pour les amateurs de randonnées, de superbes balades à faire dans les environs de Metulla. Parcours bien balisé débouchant sur de très belles chutes d'eau, des collines (points d'observation) et des aires de pique-nique en pleine nature. Compter environ 2h. Malheureusement, les chutes et le cours de la rivière sont souvent à sec en été sauf pour quelques piscines stagnantes. Il est interdit de s'y baigner. La plus grande chute, celle du *Tanour,* a une dénivelée de 18 m. Impressionnante, surtout en hiver, lorsque la neige recouvre le paysage.

SUR LA ROUTE ENTRE METULLA ET LE GOLAN

MA'AYAN BARUCH

Kibboutz à env 5 km de Qiryat Shemona, sur la route du mont Hermon.

Upper Galilee Museum of Prehistory *(Musée préhistorique régional) :* *☎ (04) 695-46-28. • theprehistoricmanmuseum.blogspot.com • Tlj 9h-13h30 (y compris j. fériés). Entrée : 20 Shk.* Dans un plaisant petit bâtiment, exposition de toutes les découvertes effectuées dans la région. Musée très complet, remarquable présentation des objets. Au départ, des membres du kibboutz qui défrichaient des terrains arides et enlevaient pierres et rochers. Ils découvrirent alors quantité de matériaux préhistoriques, au point que les archéologues se précipitèrent sur le site. Vestiges s'étalant de 780000 à 6000 av. J.-C. Nombre de pierres taillées, hachettes, outils, bris de vaisselle, verre, poterie... Souvent trouvés sur des sites funéraires. L'un des gros points d'intérêt est le squelette d'une femme d'environ 50 ans enterrée avec son chien (le plus vieux du monde, dit-on !). Intéressante section d'outils et d'objets du monde entier, fabriqués dans des matériaux naturels.

LE SITE ARCHÉOLOGIQUE DE TEL DAN

Tel Dan Nature Reserve : *route 99. ☎ (04) 695-15-79. • park.org.il • Les bus nos 35, 36 et 55 vous déposent au kibboutz Dan. Attention : ils sont peu fréquents. Tlj 8h-17h (16h en hiver et ven). Entrée : 29 Shk ; réduc.* L'un des points d'orgue de votre voyage en Galilée. Un splendide parc naturel, proposant une promenade assez fascinante. Tours de 45 mn et de 2h. Moins de temps ne vous livrerait vraiment pas grand-chose de la beauté du site. Avec le billet d'entrée, remise d'un plan très pratique. Condensé de toute la flore de la région que l'on découvre par un étroit sentier zigzagant. Végétation exubérante (lianes, racines rampantes, fougères géantes) au bord de la rivière Dan aux flots tumultueux. À cet endroit, la Dan est la plus large des trois sources qui vont donner naissance au Jourdain. Sur ses berges, de très beaux arbres comme le *Syrian Ash,* le laurier, le pistachier, le chêne kermès, le nerprun, l'argousier. Forêt de grosses branches entremêlées, arrosée par toutes les ramifications de la Dan. Atmosphère un peu mystérieuse. Par temps de pluie, on a des chances de voir la célèbre salamandre jaune à taches noires. Au fil de la promenade, de petites collines livrent de beaux panoramas sur le site archéologique et la vallée, et le Sud-Liban à deux pas. Découverte d'une ville cananéenne qui, selon la Bible, marquait les limites de la Terre promise. D'abord, des vestiges des fortifications du IXe s av. J.-C. Puis, à la fin de la balade, côté plaine du Sud-Liban, un quartier de la ville, avec son amorce de rues, les fondations de plusieurs édifices et d'énormes blocs de pierre épars (probablement des vestiges des remparts). Dan fut détruite au VIIIe s av. J.-C. par un roi assyrien. Le site fut définitivement abandonné au IVe s apr. J.-C.

UNE HISTOIRE ÉCRITE À GROS TRAITS !

À l'extrême limite du parc, au lieu-dit Look-out Post, la rivière Dan servit en 1923 de délimitation entre les zones mandataires française et anglaise. Les Syriens, qui avaient succédé aux Français, profitèrent de la grosseur du trait marquant la frontière sur le plan de partage pour aller... pomper l'eau de la Dan. Cela défrisa quelque peu Israël et provoqua de grosses tensions. Jusqu'à un début de guerre, en 1964, qu'Israël gagna !

BEIT USSISHKIN MUSEUM

Proche de Tel Dan, dans le kibboutz Dan. Propose à la fois un ***petit musée de la Nature*** et une ***exposition sur les fouilles de Tel Dan.*** *Rens : ☎ (04) 694-17-04. Tlj 8h-16h (15h ven) ; sam et j. fériés 9h30-16h30. Entrée payante.*

– Partie botanique et monts du Golan et du Hermon présentés dans le cadre du musée de la Nature. Présentation audiovisuelle sur le sujet. Dioramas particulièrement réussis. Riche présentation de la végétation et de la faune locales. Notamment une vipère de 1,40 m de long qu'on ne trouve que dans la région (et en Turquie) et 38 sortes de papillons.
– Les importants travaux de fouilles à Tel Dan ont mis au jour de véritables trésors. Chaque pan de mur de la salle correspond aux découvertes réalisées lors d'une année de recherches archéologiques sur le site. On admirera, placé derrière un hologramme, un vase très ancien découvert dans une tombe qui remonte au XIVe ou au XIIIe s av. J.-C. À voir également, l'arche (fondation de porte) la plus ancienne au monde. Elle serait le vestige de la cité de Dan, fondée environ en 2700 av. J.-C.

LE GOLAN

IND. TÉL. : 04

À près de 1 000 m d'altitude, ce plateau d'origine volcanique surplombe la vallée de Hula et le lac de Tibériade. Dominé au nord par la masse impressionnante du mont Hermon, il est sillonné, dans sa partie sud, de profondes crevasses qui convergent vers le lac de Tibériade (occasion de belles randonnées). La végétation est assez pauvre. Pourtant, il y eut autrefois de belles forêts. On venait y chercher le chêne pour la charpente des navires. L'utilisation massive du bois de chauffage et de construction provoqua une déforestation quasi totale.
Il n'y a pas longtemps encore, y vivaient des lions et des hyènes. Consolez-vous en apprenant qu'il y subsiste des sangliers, des chacals, de nombreuses variétés d'oiseaux (corvidés, cailles, perdrix, passereaux, faucons et vautours), et même des gazelles. Les randonneurs, quant à eux, ne fraterniseront pas avec les scorpions (assez venimeux) ni avec la veuve noire (une araignée). Le Golan est peu peuplé : quelques villages druzes au nord et les implantations de colons juifs.

UN PEU D'HISTOIRE

Par son importance stratégique, le plateau suscita de tout temps de nombreuses convoitises. La tribu de Manassé l'occupa d'abord. De l'époque du second Temple et de plus tard encore témoignent les vestiges de nombreuses synagogues (des IIIe et IVe s de l'ère chrétienne). Les Romains y exercèrent, bien entendu, leur domination. Rattaché à la Syrie à la fin de la Première Guerre mondiale, le Golan passa un temps sous protectorat français. Dès 1948, les Syriens le fortifièrent et l'utilisèrent comme base militaire pendant la guerre. Lors de la guerre des Six Jours (1967), les Israéliens l'occupèrent. En 1973, durant la guerre du Kippour, l'armée syrienne revint presque aux limites de 1967. Mais après de très durs combats, Tsahal envahit à nouveau le terrain. Sous l'égide de l'ONU, une zone démilitarisée fut créée au-delà de Quneitra.
En 1981, le Golan fut annexé par Israël. Mais la restitution (totale ou partielle) du Golan à la Syrie en échange d'un vrai traité de paix entre les deux pays était de nouveau évoqué juste avant la mort du président syrien Hafez el-Assad qui avait relancé les négociations avec les Israéliens. Un embryon de processus de paix que la révolte palestinienne de fin 2000 a bien entendu interrompu !
Aujourd'hui, on peut s'y balader en voiture sans problème, mais il est vraiment conseillé de ne pas s'aventurer dans les endroits clôturés de barbelés et de bien respecter les pancartes d'interdiction (certains terrains n'ont pas encore été déminés).
– Ne pas oublier d'acheter une bonne carte de la région (entre autres l'*Eastern Galilee and Golan Map,* publiée par Corazin).
– Compter 1 journée en voiture en prenant son temps.

BANIAS

À env 15 km à l'est de Qiryat Shemona. ☎ 690-25-77 ou 695-02-72. • parks.org.il • Pour s'y rendre, bus nos 14, 55 et 58 de Qiryat Shemona (2 bus/j. et dernier retour à 17h). Mieux vaut avoir son propre véhicule. Si vous souhaitez rester sur le site plus longtemps, marchez 5 km vers le kibboutz Dan, les derniers bus repartent en principe plus tard à Qiryat Shemona. Renseignez-vous avt. 2 entrées : l'une marquée « Banias Falls », l'autre slt « Banias ». Tlj 8h-17h (16h hiver et ven). Dernière admission 1h avt. Entrée : 29 Shk ; réduc. Ticket combiné avec la citadelle de Nemrod : 41 Shk ; réduc.
Parc naturel très populaire auprès des familles israéliennes. Nombreux cars les jours de congés. L'une des sources importantes du Jourdain (s'appelait aussi Cesarae de Philippe). La tradition chrétienne identifie Banias comme le lieu où Jésus remit à saint Pierre les clés de l'Église (vente à l'entrée de fioles pour conserver l'eau de ce site de pèlerinage). Les protestants, eux, reconnaissent l'endroit comme étant celui de la Transfiguration (sur le mont Thabor pour les autres chrétiens).
Point de départ d'agréables petites randonnées. Sentiers bien balisés. Possibilité de se rendre jusqu'à une cascade. Piscines naturelles et chutes d'eau, mais le site a été tellement dégradé par les visiteurs qu'il est aujourd'hui interdit de s'y baigner. L'un des principaux points d'intérêt est la grotte de Pan. Un chemin permet aussi de monter en un peu plus de 1h à la citadelle de Nemrod. Emporter de l'eau.

NIMROD FORTRESS NATIONAL PARK (LA CITADELLE DE NEMROD)

À 2 km à l'est de Banias. ☎ 694-92-77. • parks.org.il • Belle route en lacet pour parvenir à ce nid d'aigle édifié par les croisés au XIIe s. Même desserte que Banias : bus nos 14, 55 et 58 de Qiryat Shemona (mais rares et aléatoires, mieux vaut avoir son propre véhicule). Tlj 8h-17h (16h hiver et ven). Entrée : 22 Shk ; réduc. Billet combiné avec la réserve de Banias : 41 Shk. Malgré le prospectus et le panneau à l'entrée du site, des chercheurs affirment que la forteresse est antérieure aux croisés. Elle aurait été construite au IXe s par une secte musulmane, les *khashashim* (leur nom vient du haschich qu'ils utilisaient pour se donner du courage). Ils pratiquaient l'assassinat. Le mot « assassin » en français viendrait justement de *khashashim* ou *ashashim.* De la vallée, ruines très imposantes qui provoquèrent l'admiration de Mark Twain lors de son passage. De là-haut, prodigieux panorama : la Galilée, le Liban, le mont Hermon et, par temps très clair... la mer. Campagne tout autour superbe (surtout au printemps).

LE MONT HERMON

Il culmine à 2 814 m. L'itinéraire qui longe la frontière libanaise est fermé à la circulation. Pour s'y rendre, une seule route (sous contrôle militaire), interdite entre le coucher et le lever du soleil. Elle passe par ***Neve Ativ*** et ***Majdal Shams,*** le village druze le plus important et vraiment très typique. Atmosphère, costumes et tout. Très guerrière et fière statue sur la place principale. Dans la campagne, les taches blanches des mosquées tranchent sur le paysage minéral.
La dernière portion de route vers le mont Hermon est à péage. Grand parking au pied du télésiège. En principe, le télésiège fonctionne toute l'année. Après la saison de ski, l'entrée du site est gratuite. N'oubliez pas votre petite laine. En outre, en mars-avril, même si la veille vous vous promeniez en T-shirt à Tibériade, emportez carrément le gros pull et l'anorak. Vent glacial pendant la montée. Au sommet, on a parfois du mal à tenir debout. Méditez donc sur ce beau dicton arabe à propos du mont Hermon : « Au sommet, c'est toujours l'hiver, sur ses épaules resplendit l'automne, sur ses flancs fleurit le printemps, à ses pieds règne l'éternel été. »
– En haut, cafétéria aux prix raisonnables.

LA ROUTE VERS QAZRIN (KATZRIN)

Itinéraire par *Mas'ada,* autre village druze typique. À côté, le ***lac de Ram,*** tout rond et à la belle eau bleue. Un petit mystère pour les géologues. En effet, il affiche le même niveau hiver comme été, nul ne sait où se trouve la source et il n'existe aucun débouché visible des eaux !
De Mas'ada, possibilité de gagner Qazrin à travers le Golan (par la route 98) ou de retourner dans la vallée de Hula (par la route 959 et Gonen).

QAZRIN (KATZRIN)

Pour s'y rendre en voiture, suivre la route 87 par le sud, ou, au nord, la route 91. De Qiryat Shemona, les bus nos 55 et 58, peu fréquents, conduisent directement jusqu'au nord de Qazrin. Autre possibilité, bus nos 480, 500, 841, 842, 845 et 969 pour Rosh Pinna. De là, le no 57 pour Qazrin. De Tibériade, bus directs nos 15, 16 et 19.
La ville se trouve à une relative proximité de Tibériade et Safed. Créée en 1977, elle possède aujourd'hui environ 10 000 habitants.
Qazrin est la capitale administrative et le centre municipal du Golan. La ville nouvelle est une ville de colons israéliens typique, mais c'est surtout des vestiges de la cité antique qui s'élevait là il y a 14 siècles que Qazrin tire tout son charme. Quelques visites intéressantes toutefois dans la ville moderne. Il faudra pour cela traverser l'inévitable zone industrielle.

Office de tourisme : *à l'entrée est de la ville. ☎ 696-28-85. • tour.golan.org.il •* Demander leur carte bien faite du Golan.

À voir

Golan Archeological Museum *(Musée archéologique du Golan)* **:** *à l'angle de Shayon et Daliyot St. ☎ 696-96-36. Dim-jeu 8h-17h, ven 8h-15h. Entrée : env 30 Shk.* À l'extérieur, dolmen vieux de 4 000 ans, sculptures et inscriptions datant des périodes chalcolithique (6000 av. J.-C.), romaine et byzantine (période d'expansion du Talmud). Flavius Josèphe, l'historien juif romain chargé de la défense de la Galilée pendant la grande révolte des Juifs contre les Romains (qui débute en 66 et se termine en 73 avec la prise de Massada), décrit le siège de Gamla dans son ouvrage *La Guerre des Juifs.* Présentation très plaisante. À l'intérieur, poteries et objets domestiques de l'âge du bronze, amulettes, pièces de monnaie, petits bronzes, expo de photos, etc. Film sur Gamla en plusieurs langues.

L'ancienne Katzrin : *à la sortie de la ville, vers Gamla. ☎ 696-24-12. Tlj 8h-17h, ven 8h-15h, sam 8h-16h (j. fériés 10h-16h). En principe, même ticket que pour le musée.* Découverte en 1967, juste après la guerre des Six Jours. Parc archéologique d'un village talmudique où quelques demeures ont été partiellement réédifiées, ainsi que la synagogue (du VIe s apr. J.-C.). Élégant encadrement de porte, avec linteau sculpté. Des personnes font vivre le village comme à l'époque : exemple vivant de l'activité de tissage, de la poterie, etc.

Golan Heights Winery *(coopérative vinicole du Golan)* **:** *à l'entrée de la zone industrielle. ☎ 696-84-09. • golanwines.co.il • Tlj sf sam 8h-16h (13h ven). Entrée payante. Mieux vaut téléphoner avt.*
Salle d'exposition des procédés – scientifiques – de production à l'entrée (on est loin des petites caves et des tonneaux en bois du Beaujolais), un coin dégustation et un espace de vente. Les premiers pieds de vigne ont été plantés dans le Golan en 1977. Dix ans plus tard, la production s'exportait. Depuis, les vins du Golan remportent des prix dans les plus hauts concours internationaux, notamment des

médailles d'or à *Vinexpo* (Bordeaux). En avril 2011, le vignoble de *Ramat Hagolan* remporta le prix du meilleur producteur du monde, au concours de Vérone (Italie). On y trouve une large variété de cépages rappelant différents vignobles français : cabernet, sauvignon, merlot, pinot noir, syrah, riesling, chardonnay...
Les vins du Golan sont donc très bons et... casher (ce n'est pas incompatible, comme on le croit souvent). Qu'est-ce qu'un vin casher ? C'est la réunion de deux règles de production et de trois règles agraires (d'origine biblique). D'abord, seuls des ingrédients casher peuvent être utilisés dans la production. Et seul un Juif observant rigoureusement la religion peut toucher les raisins et l'équipement agricole. Ensuite, les grappes de raisin ne peuvent être récoltées qu'à partir de la quatrième année de plantation. Tous les 7 ans, la terre doit être mise en jachère, et une cérémonie symbolique doit être organisée pour rappeler les contributions agricoles payées à l'époque du Temple. Tout cela paraît bien compliqué mais on peut être sûr qu'aucun additif non naturel n'a été ajouté à la production.

Mei Eden : *à 500 m de la Winery, dans la ZI sur la droite. ☎ 696-10-50 ou 696-28-25. Ouv dim-jeu 9h-17h, ven 8h-13h. Entrée : 20 Shk.* Centre de production de l'eau minérale israélienne *Eden.* Visite guidée de cette usine ultramoderne de mise en bouteilles incluant une présentation vidéo sur les sources, un coin dégustation et un petit cadeau de bienvenue. Prendre rendez-vous.

Balades dans le coin

Balade dans la réserve naturelle du Nahal Gilbon : *pour y aller, revenir jusqu'au carrefour de la route du pont de Bnot Ya'akov. Tourner à droite vers Quneitra.* À environ 1 km, début du chemin de randonnée suivant le ruisseau jusqu'à la *chute de Devora* (*nahal* signifie « cours d'eau » en hébreu). Bien indiqué, en principe. Possibilité de pousser jusqu'à une autre chute.

Balade de la gorge du Zavitan : *de Qazrin, prendre la direction de Gamla. À quelques km sur la route 87, entre les km 18 et 19, à l'est, débute le sentier qui suit le nahal Zavitan.*
Superbe randonnée nécessitant un plan détaillé, qui suit une gorge taillée dans le basalte et le calcaire. Marquage blanc et bleu.
Au départ, une petite vallée à la végétation fabuleuse (un vrai jardin d'Éden) qui se transforme peu à peu en gorge profonde, avec de nombreuses piscines naturelles et les ruines d'un petit village abandonné. La première partie n'est pas la plus impressionnante mais, à notre avis, la plus belle et la moins touristique. Possibilité de manger les sabras et figues cueillis en route et de dormir dehors sans problème.
La seconde partie est plus difficile et plus fréquentée pendant le shabbat. *Attention,* ne pas partir seul, en cas d'accident, les conséquences pourraient être plus graves. Prévoir environ 3h de descente. Possibilité de rejoindre le bassin de *HaMeshoshim,* encadré de belles colonnes basaltiques hexagonales naturelles. Arrivé au bassin, on se délecte de la baignade après cette longue marche.

LE PONT DE BNOT YA'AKOV ET MITZPÉ GADOT

À moins d'une dizaine de km de Qazrin.

En venant par la route 91, à droite sur une butte s'élève le ***mémorial de Mitzpé Gadot,*** érigé à la mémoire des soldats israéliens tombés pour la prise de la colline. En effet, c'est ici que se tenait la plus célèbre pièce d'artillerie syrienne, qui arrosait toute la vallée du Jourdain, y compris les kibboutzim. Les casemates sont toujours enfouies dans la terre du Golan.

Bnot Ya'akov's Bridge *(pont de Bnot Ya'akov)* **:** pont des « Filles de Jacob ». Selon la tradition biblique, les filles de Jacob auraient en effet franchi le Jourdain à cet endroit. Tout à côté, le kibboutz de Gadot, pas mal bombardé par les Syriens de 1948 à 1967. Le pont servait aux négociations entre officiers israéliens et syriens, les rares fois où le canon se taisait. Aujourd'hui, la sérénité de ces berges ne permet nullement d'imaginer ce que furent ces années d'enfer.
Apparaît quand même très bien la valeur stratégique de ce plateau. On raconte qu'en 1967 les troupes israéliennes auraient réussi leur progression sur le Golan grâce à leurs services secrets. Eli Cohen, un espion israélien parfaitement infiltré aux plus hauts niveaux du pouvoir politique, en aurait été l'artisan. Il aurait conseillé aux généraux syriens de camoufler toutes leurs positions sous des eucalyptus. Sachant cela lors de son offensive, Israël aurait alors fait bombarder par son aviation tous les eucalyptus situés sur la frontière avec le Golan.
Noter qu'à cet endroit-là de son cours le Jourdain n'est qu'un gros ruisseau.

GAMLA

Gamla Nature Reserve : *☎ 682-22-82. Pour s'y rendre, hélas, pas de bus. La réserve, ouv tte l'année, est très bien fléchée (marquage blanc et rouge). Aucun risque de se perdre. Tlj 8h-17h (16h en hiver, ven et veilles de fêtes). Dernière admission 1h avt. Entrée : 29 Shk ; réduc. Depuis le point d'observation, prévoir 20 mn de descente raide pour atteindre les ruines à pied. Pas beaucoup d'ombre : chapeau et réserve d'eau nécessaires.* La réserve de Gamla abrite les ruines d'une ancienne ville juive. Longtemps, la cité résista héroïquement contre les Romains. « Si Gamla n'était pas tombée, Jérusalem n'aurait pas été prise, et le Temple n'aurait pas été détruit », affirment les historiens. Le site évoque une grosse bosse, d'où le nom Gamla (la « bosse » en hébreu !). Ces ruines n'ont pas trop d'intérêt en elles-mêmes, mais elles sont situées sur une petite montagne avec, de part et d'autre, des canyons. Vestiges de la tour principale que les Romains abattirent en enlevant patiemment les blocs de pierre à la base. Pressoir à huile reconstitué et vestiges d'une des plus anciennes synagogues du pays. Faune très riche : marmottes, gazelles, chacals... Petite balade sympa à l'observatoire pour voir évoluer les vautours griffons. En haut, le long des falaises, ruines de villages arabes. Cascade assez accessible (la plus haute d'Israël : 50 m).

UN « MASSADA DU NORD »

L'historien Flavius Josèphe décrivit en détail le siège de Gamla par le général romain Vespasien, au moment de la grande révolte juive (en 67 apr. J.-C.). Au bout de 7 mois, la ville tomba. Les 9 000 derniers combattants se battirent au bord des murailles jusqu'au bout et, refusant la captivité, se jetèrent dans le ravin en dessous ! Gamla y gagna le surnom de « Massada du Nord » !

LA GALILÉE

TIBÉRIADE (TVÉRIA)

40 000 hab. IND. TÉL. : 04

***Tvéria* en hébreu, la perle de la Galilée. Endroit magnifique à 210 m au-dessous du niveau de la mer. Petite ville hélas très touristique, assez bétonnée et curieusement mal entretenue, ce qui lui enlève une partie de son**

charme (il faut dire que les tremblements de terre du passé ne lui ont guère laissé de maisons ni de bâtiments civils). En revanche, les paysages du lac de Tibériade (la mer de Galilée) sont enchanteurs et valent vraiment l'arrêt. Tibériade est connue depuis la haute Antiquité pour ses sources d'eau chaude. Avis aux rhumatisants et arthritiques : ils feront une étape réparatrice à l'établissement thermal.

– ***Conseil :*** arrangez-vous pour être à Nazareth les vendredi soir et samedi (dimanche tout est fermé !), et à Tibériade les jeudi ou dimanche (au moment du shabbat, la ville est désertée !).

UN PEU D'HISTOIRE

Tibère, Tibériade : vous l'avez deviné, la ville tient son nom de l'empereur Tibère, bien qu'elle fût fondée par Hérode Antipas, vers 21 apr. J.-C. Jésus, qui était encore rabbin à l'époque, évita sans doute cette ville de Juifs assimilés (les Juifs « hellénisés »). C'est d'ailleurs pour cela qu'il est allé recruter ses apôtres sur la rive nord du lac, où se trouve le fameux « triangle évangélique » formé par les cités de Capharnaüm, Beit Saïda et Khorazine.

L'événement le plus important dans l'histoire de Tibériade c'est, curieusement, la destruction du temple de Jérusalem en l'an 70 de l'ère chrétienne. Après l'expulsion des Juifs de la Judée, la petite ville lacustre devint le siège « officiel » du Sanhédrin (la plus haute autorité religieuse du judaïsme). Une sorte de refuge spirituel et temporel pour les Juifs chassés de Jérusalem. C'est à Tibériade que furent achevés la Mishnah (vers 200 apr. J.-C.) et le Talmud (vers 400 apr. J.-C.). Maïmonide, le « second Moïse », un des plus grands noms de la tradition juive, y est enterré, ainsi que d'autres sages.

Tibériade est considérée comme l'une des quatre Villes saintes juives (avec Jérusalem, Safed et Hébron), mais ne présente pas un aspect religieux très marqué comme les autres villes (sauf le jour du shabbat où la ville est déserte).

LE *SCOTS HOTEL* : LA TRÈS RICHE HISTOIRE D'UN LIEU !

Le docteur David Torrance, chef de la mission de l'Église d'Écosse, créa en 1894 le premier hôpital de Tibériade, ouvert à tous sans distinction de race ni de classe. Il s'y consacra sans compter et cela malgré une scoumoune incroyable : il perdit au fil de son activité ses deux épouses et quatre de ses enfants à cause de mauvaises fièvres (probablement le paludisme), puis fut victime d'un accident automobile. Malgré cela, il continua jusqu'à sa mort, en 1923. Son fils prit le relais jusqu'en 1953. L'hôpital ferma alors et fut transformé en auberge pour pèlerins. Après avoir accueilli les routards du monde entier pour une somme modique, l'établissement a été transformé en hôtel de luxe (voir la description de l'hôtel actuel dans « Où dormir ? », plus loin).

Arriver – Quitter

Terminal des bus *(tahana mercazit ; plan A-B2)* **:** *à l'angle de rehov HaYarden et de HaShiloah.* Plusieurs compagnies, dont la principale est *Egged (☎ *2800 ou (03) 694-88-88 ; • egged.co.il •),* mais aussi *Violia (bureau dans la gare routière ; ☎ *6686). Rama* ne possède pas de comptoir, s'adresser directement au chauffeur.

Liaisons avec :

➢ ***Jérusalem :*** bus *Egged* n°s 961 et 962 (le plus rapide : 2h40), directs, 6h30-20h45, env ttes les 30-40 mn. Dernier bus ven en début d'ap-m, et plus rien jusqu'au sam soir.

➢ ***Tel-Aviv :*** bus *Egged* n°s 830, 835 (le plus rapide), 836 et 840, une vingtaine/j., 5h-20h30 (15h ven).

➢ ***Haïfa :*** bus *Egged* n° 430 (direct).

1h de trajet. Quasi ttes les 30 mn.
➢ ***Safed :*** bus *Violia* direct nº 450. Env 50 mn de trajet. 12 bus 7h-19h15.
➢ ***Qyriat-Shemona :*** bus *Egged* nºs 63 et 841 ; 2 départs dans l'ap-m.
➢ ***Pour Beit She'an :*** bus *Violia* nº 28. Une quinzaine de bus 5h30-21h.
➢ ***Tabgha et Capharnaüm :*** bus *Egged* nº 52, ttes les heures. Compter 25 mn jusqu'à Capharnaüm.
➢ ***Hamat Gader :*** 1 bus/j. direct avec la compagnie *Rama.*
➢ ***Autour du lac, en direction du sud :*** bus *Rama* nºs 17, 18, 19, 20 et 21, jusqu'à l'est, nº 22.
➢ ***Qazrin :*** bus nº 62 de la compagnie *Rama.*

Sherout ***pour Tel-Aviv*** *(plan B2,* ***1****) : sur le parking d'un centre commercial.*

Adresses et infos utiles

Office de tourisme municipal *(plan B2) : rehov HaBanim. ☎ 672-56-66. Situé dans le parc archéologique, en face de l'hôtel* Leonardo Plaza. *Tlj sf ven-sam 8h-15h30.* Carte de la ville, du tour du lac en voiture ou à vélo *(biking trail),* ainsi que quelques brochures.

✉ ***Poste centrale*** *(plan B2) : angle des rues HaYarden et El-Hadef. ☎ 672-00-19. Dim-jeu 8h-12h30, 15h30-18h et ven 8h-12h30. Fermée mer ap-m.* Service *Western Union.*

■ ***Distributeur*** *(plan B2,* ***2****) : rehov HaBanim.* ***Mizrahi Bank*** *(enseigne orange et gris). Dim-jeu 9h-13h30, 16h-18h et ven 8h30-12h.*

Location de voitures

Mieux vaut louer une voiture en se regroupant (3 ou 4 personnes) que de prendre un taxi (plus cher et moins d'autonomie) pour faire le tour du lac en 1 journée.

■ ***Eldan*** *(plan B2,* ***3****) : rehov HaBanim. ☎ 672-03-85 ou 679-18-22. Tlj sf sam 8h-17h, ven 8h-13h.* Propose les tarifs les plus intéressants de la ville.

■ ***Hertz*** *(plan B2,* ***4****) : à l'angle des rues HaBanim et HaPalmah. ☎ 672-39-39.*

■ ***Avis*** *(plan B2,* ***5****) : rehov HaYarden. ☎ 672-27-66. Tlj sf sam 8h-17h (14h ven).*

Location de bicyclettes

■ À l'***Aviv Hostel*** *(plan B3,* ***10****)* et l'***Aviv Hotel*** *(plan B3,* ***14****).* Voir « Où dormir ? ».

Santé

Urgences *(plan B2,* ***6****) : rehov HaBanim. ☎ 101 ou 679-01-11. Face au* Leonardo Club.

■ ***Hôpital de Poriya :*** *☎ 665-22-11.*

Où dormir ?

De bon marché à prix moyens (80-420 Shk / 17-90 €)

Aviv Hostel *(plan B3,* ***10****) : 66, rehov HaGalil. ☎ 672-00-07. • aviv-hotel.xwx.co.il • Dortoirs 4-5 lits 70-100 Shk/pers, doubles 250-350 Shk selon confort. Parking gratuit.* Le même propriétaire que l'*Aviv Hotel,* juste à côté. Un des hôtels les plus populaires de Tibériade. À deux pas du lac et pas loin du centre. Chambres doubles et dortoirs équipés de salle de bains, de la clim et souvent d'un balcon. Terrasse avec vue, cuisine à disposition. Thé et café à volonté. Location de vélos. Propose aussi des tours intéressants. Accueil pro et souriant.

Casa Nova *(plan B2,* ***17****) : 1, rehov HaYarden. ☎ 671-22-81. 050-279-19-78. • casanova@koinoniagb.org • Près de l'église Saint-Pierre située de l'autre côté de la route par rapport à la* Church of Scotland. *Résa conseillée très longtemps à l'avance pour la hte saison. Dortoirs 8 lits 90 Shk/pers, double 260 Shk, petit déj inclus.* Très bien situé, à 20 m de la plage publique. Imposante bâtisse de pierre de 1903 fort bien rénovée. Certes, ambiance un peu monacale, mais chambres vraiment bien avec clim et chauffage, certaines ont une vue sur le lac, d'autres avec des éléments architecturaux d'origine. Celles du bas donnent sur la cour de l'église Saint-Pierre. Cuisine à disposition au dernier étage, terrasses avec vue également. Tout est nickel. Très bon accueil et, en prime, plein d'infos sur la région.

Maman Mansion (plan B3, **11**) : *rehov Atzmon. ☎ 679-29-86. • maman-mansion.co.il • Du terminal des bus, prendre la rue HaShiloah, puis 2e à gauche. Dortoir 4 pers avec sdb 100 Shk/pers, double 300 Shk, petit déj en sus. CB acceptées. Parking.* Petit hôtel intime et bien tenu offrant des dortoirs ou chambres doubles tout à fait corrects avec petites salles de bains. Chauffage et clim, eau chaude garantie 24h/24, petit frigo, TV satellite... Cuisine à disposition. Restaurant (cuisine familiale marocaine, on y sert aussi le petit déjeuner), piscine, location de vélos. Cour à arcades pour se relaxer.

Tiberias Hostel (plan B2, **12**) : *Rabin Sq. ☎ 679-26-11. • tiberiashostel.com • Dans le square, face à la poste, entrée discrète. Dortoir 4-6 lits 85-95 Shk, doubles 300-400 Shk selon saison, petit déj inclus.* Ancien hôtel transformé en *hostel*, mais qui offre toujours quelques chambres doubles. Très central. À l'étage, assez intime et chaleureux. Très bien tenu et confort correct : coin cuisine, minifrigo dans les chambres et les dortoirs, clim, service de blanchisserie, sanitaires impeccables et en nombre.

Beit Berjick (plan A1, **13**) : *1, rehov Tabor HaArez. ☎ 672-68-20 ou 672-01-27. 050-575-37-13. Au coin de rehov El-Hadif. Pas trop loin du centre à pied, sinon bus nos 5, 7, 8, 9 et 36. Doubles à partir de 200 Shk. Les prix peuvent varier selon saison et j. de la sem. Pas de petit déj.* Belle bâtisse de pierre à arcades, ancienne demeure du maire de Tibériade. Architecture typique des maisons arabes : vastes pièces, hautes de plafond, carrelage oriental au sol. Bar au rez-de-chaussée. Chambres avec déco minimaliste, mais propres. En principe, avec clim et minifrigo. Certaines avec balcon et vue privilégiée sur le lac. Côté rue, peut-être un peu bruyant. Annexe pas terrible.

Panorama Hotel (plan B3, **15**) : *rehov HaGalil. ☎ 672-48-11. Doubles 200-300 Shk selon saison. Pas de petit déj, mais cuisine à dispo.* Une quarantaine de petites chambres, climatisées et bien tenues (petit frigo, TV), mais la douche est peu pratique. Belle terrasse à l'étage avec vue sur le lac. Sur rue donc inévitablement un peu bruyant. Reste une très bonne option pour les budgets serrés !

Chic (420-600 Shk / 90-127 €)

YMCA Peniel (hors plan par B1, **16**) : *à la sortie de la ville en direction de Capharnaüm. ☎ 672-06-85. • ymca-galilee.co.il • À hauteur du km 418 sur la route 90. Bus nos 450, 50, 52, 54, 55 et 56... Doubles 450-500 Shk, petit déj compris.* *Guesthouse* sur le bord de mer avec appartements propres, confortables et calmes, jardin très agréable, chapelle, parking et plage privée. Chambres doubles ou familiales particulièrement charmantes côté lac. Un bon plan en basse saison et en famille (réductions pour les enfants).

Aviv Hotel (plan B3, **14**) : *rehov Achva. ☎ 671-22-72. 050-403-01-41. • aviv-hotel.xwx.co.il • Doubles 450-600 Shk, petit déj inclus. Également des familiales (6 pers).* Dans un bâtiment moderne de 3 étages, de véritables studios, avec coin cuisine, lumineux et de bon confort (clim, TV satellite, coffre), mais sans charme. Certains avec balcon de guingois pour une meilleure vue sur le lac. Bon accueil. Très intéressants en basse saison, les prix augmentent pas mal en haute saison. Location de vélos.

Emily's Hotel (plan B3, **14**) : *66, rehov HaGalil. 050-403-01-41. • emilys_hotel.xwx.co.il • Doubles env 145-200 $.* Cet hôtel de petit luxe se trouve juste en face de l'*Aviv Hotel* (même direction). 48 chambres de grand confort. Piscine.

Prima Too (plan A1, **20**) : *2, rehov Ohel Yaacov. ☎ 660-88-80. • prima.co.il • Situé un peu avt l'*Eden Hotel*. Si vous venez du centre, attention, pas d'entrée côté rue, il faut tourner à droite*

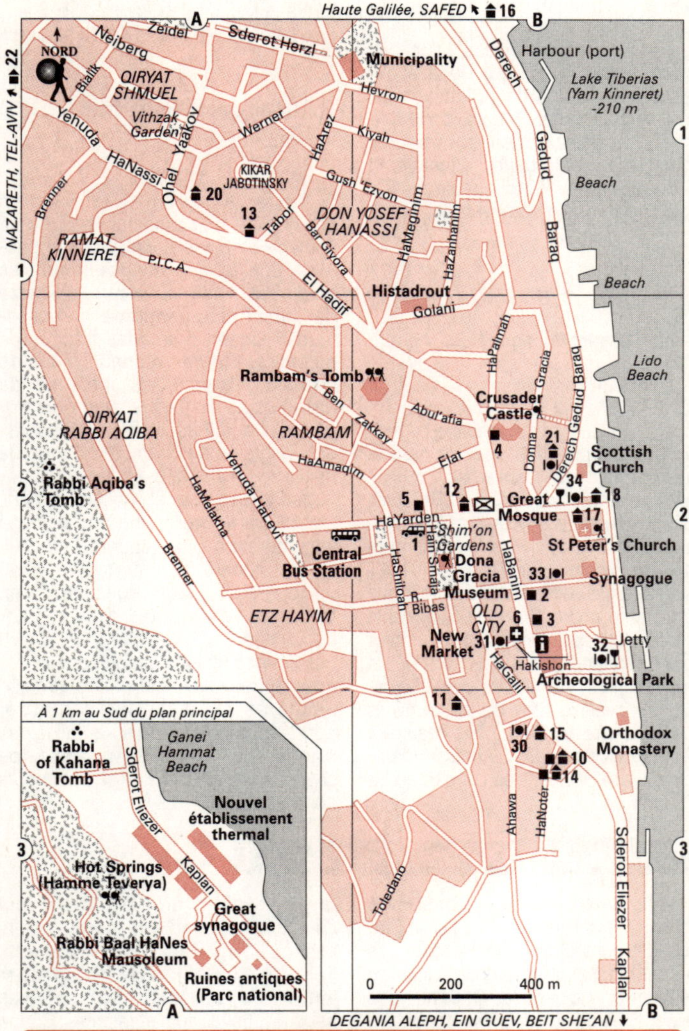

TIBÉRIADE

Adresses utiles

- Office de tourisme municipal
- 1 *Sherout* pour Tel-aviv
- 2 Distributeur de billets
- 3 Eldan
- 4 Hertz
- 5 Avis
- 6 Urgences
- 10 et 14 Location de bicyclettes

Où dormir ?

- 10 Aviv Hostel
- 11 Maman Mansion
- 12 Tiberias Hostel
- 13 Beit Berjick
- 14 Aviv Hotel et Emily's Hotel
- 15 Panorama Hotel
- 16 YMCA Peniel
- 17 Casa Nova
- 18 Shirat Hayam Boutique Hotel
- 20 Prima Too
- 21 The Scots Hotel
- 22 Shavit Family

Où manger ? Où boire un verre ?

- 30 Guy Restaurant
- 31 Little Tiberias
- 32 Rosa
- 33 Big Ben
- 34 Unique Bar

juste avt l'hôtel. Doubles 400-470 Shk selon j. de la sem, petit déj compris. Également des familiales. Un peu excentré pour qui n'a pas de véhicule. Grand hôtel moderne et fonctionnel. Une centaine de chambres, donc toujours une chance d'en trouver une. Spacieuses, confortables, décor sobre et douces tonalités de couleurs. Un bon rapport qualité-prix. Accueil pro.

Plus chic (600-1 100 Shk / 127-234 €)

Shirat Hayam Boutique Hotel *(plan B2,* ***18****) : Igal Alon Promenade (rehov HaYarden). ☎ 672-11-22. • shirathayam.org.il • Doubles 750-1 100 Shk selon saison et j. de la sem, petit déj inclus.* Superbe maison ottomane de 1850 (pierre de basalte, fenêtres en arcades), face au lac. En 1946, l'hôtel prit le nom de *Étoile de l'Est* après que l'immense star égyptienne Oum Khalsoum y eut résidé... Plus tard, point de chute de nombreux peintres. Aujourd'hui, il en reste quelque chose de fin, d'artistique dans l'atmosphère. Cadre d'une élégante et charmante sophistication. 11 chambres dont de magnifiques suites lumineuses avec balcon et vue, lit *king size* à baldaquin, vénérable mobilier, jacuzzi, certaines avec le basalte apparent... Très beau petit déjeuner (option *dairy*). Adresse idéale pour voyage de noces ou couples qui se rabibochent.

Très chic, « spécial folies » (plus de 350 $ / 260 € et plus)...

The Scots Hotel *(plan B2,* ***21****) : Gedud Baraq. ☎ 671-07-10. • scotshotels.co.il • Doubles 380-500 $. Menus 195-250 Shk. (payant).* Ouvert en 2004 comme un 5-étoiles par l'Église d'Écosse sur le site d'un ancien complexe hospitalier qui possède une longue histoire (voir plus haut). Bâtiments exprimant l'élégance de l'architecture ottomane. Majestueuse façade à arcades frangée de palmiers. Cadre intérieur plein de charme, alliance harmonieuse du passé et du confort le plus contemporain. Dans 2 bâtiments historiques, une vingtaine de chambres ont gardé le charme d'antan, avec pierres apparentes basaltiques et mobilier ancien. Dans l'aile nouvelle, une cinquantaine sont de style plus moderne. Tout le confort espéré bien sûr (coffre, clim, minibar, etc.). Magnifiques jardins en terrasses verdoyantes avec romantiques petits belvédères. Soirées divines à contempler le lac garanties. Très grande piscine. Resto gastronomique réputé (le *Torrance,* non casher) et *Scottish Bar* très sympathique. Ne pas manquer de jeter un œil sur la superbe cave à vins voûtée. Le week-end, petits concerts le soir.

Où manger ? Où boire un verre ?

Vous ne pourrez pas manquer les restos sur le quai au bord du lac (la Promenade), au bout de rehov HaYarden. Ils se valent tous, vous promettent tous les meilleurs poissons du lac (le saint-pierre ne vient pas du lac mais des kibboutzim de la vallée du Jourdain) et ressemblent diablement à des pièges à touristes. Mais les terrasses sont tellement agréables ; et le vendredi soir, c'est une de vos rares chances de vous restaurer en ville.

De bon marché à prix moyens (40-120 Shk / 8,50-25 €)

Guy Restaurant *(plan B3,* ***30****) : rehov HaGalil. ☎ 672-30-36. Dans le centre, à l'écart du front de mer, à l'angle de rehov HaLeishon. À deux pas de l'*Aviv Hotel. *Tlj sf shabbat 12h-21h30.* Petit resto de quartier tout simple, sans prétention, avec ses habitués, travailleurs et retraités. Bonne cuisine familiale traditionnelle (tout est fait maison). Goûter absolument à son foie haché, ses boulettes, ses feuilles de vigne et ses légumes farcis. Prix du temps de Jésus. Accueil affable.

Sur *HaYarkon Street* (*plan B2* ; rue piétonne), nombreux stands à falafels et snacks divers.

Little Tiberias *(plan B2,* ***31****) : rehov Hakishon. ☎ 679-21-48. Tlj 12h-minuit.* Cadre chaleureux en bois, en salle et en terrasse. Cuisine goûteuse assez variée, notamment du poisson à l'ail bien tourné, arrosé d'une bonne bière ambrée de brasserie.

🍽 🍷 ***Rosa*** *(plan B2, **32**)* **:** *sur la promenade. 📱 050-737-61-36. Tlj sf shabbat 9h-2h du mat.* Grand café moderne pour manger à toute heure des salades, pâtes maison ou quelques plats qui fusionnent les influences : nouilles sautées (*stir fried* au fromage de chèvre local), tortillas mexicaines version orientale avec aubergines, pickles et *tahiné* !

🍽 ***Big Ben*** *(plan B2, **33**)* **:** *☎ 672-22-48. Dans le centre, dans la descente en direction du bord du lac (la rue piétonne). Tlj jusqu'à minuit. Menu fish ou meat 50-60 Shk.* Pub anglais doté d'une immense terrasse. La nourriture snack (petites pizzas, salades, frites...) qu'on y sert se révèle très classique, mais le resto a le mérite d'être bon marché pour un endroit aussi central et fréquenté. Service rapide.

Prix moyens (80-120 Shk / 17-25 €)

🍷 🍽 ***Unique Bar*** *(plan B2, **34**)* **:** *rehov HaYarden. ☎ 679-03-58. 📱 050-631-88-88. À 20 m de la promenade. Tlj jusque tard.* Niché au creux des arbres, avec sa terrasse tranquille. Bar sympa tout en bois et bien tamisé. Possibilité de petite restauration à toute heure (salades et pizzas).

Où dormir ? Où manger dans les environs ?

🏠 🍽 ***Shavit Family*** *(hors plan par A1, **22**)* **:** *dans le moshav d'**Arbel**. ☎ 679-49-19. • 4shavit.com • De Tibériade, prendre la route El-Hadif, quasi jusqu'en haut de la colline en direction de Nazareth. Puis, emprunter la route 7717 vers Arbel (fléché). On traverse un plateau sur 3 km, le moshav est à droite. Compter 350-560 Shk pour 2 selon saison et j. de la sem.* De la route, magnifique vue sur le lac. Dans ce *moshav* aux maisons très modernes, la famille Shavit a bâti un petit nid noyé sous les bougainvilliers et les arbres fruitiers (pamplemousses, clémentines...), peuplé de chats (et un chien). Petits appartements avec cuisine, salon, parfois une grande baignoire qui trône dans la chambre, une terrasse ou un balcon. Piscine. Le resto, accessible aux non-résidents, propose une cuisine typiquement israélienne (pas donnée, mais de qualité).

À voir. À faire

👁 ***Crusader Castle*** *(château des Croisés ; plan B2)* **:** *rehov Elhadeff. Un peu plus haut que l'office de tourisme.* Jetez un coup d'œil sur les ruines de cette forteresse croisée. Malgré une restauration au XVIIIe s, il n'en reste qu'une façade.

👁👁 ***Rambam's Tomb*** *(tombeau du Rambam ; plan B2)* **:** *rehov Yohanan ben Zakkay. Dans l'ancien cimetière juif.* Rambam est le nom abrégé du fameux Maïmonide, théologien et philosophe juif aristotélicien (le plus réputé du Moyen Âge), également vénéré par les musulmans. Né à Cordoue en Espagne en 1138, mort au Caire en 1204, il avait émis le désir d'être enterré en Terre sainte. Son tombeau (tout en haut du cimetière) fait l'objet d'un grand culte. Il s'agit vraisemblablement d'un cénotaphe. À ses côtés, Maimon ben Yosef, son père (mort en 1166). D'autres tombes de sages célèbres ont été rassemblées dans les environs, comme Rabbi Akiva (dans le quartier portant son nom), Ramhal (1707-1747), rabbin, créateur de la littérature hébraïque moderne (mort à Akko, enterré à côté du Rabbi Akiva), la tombe des Mères (près du *Sheraton Paradise Hotel*). Se renseigner sur place.

👁👁 ***Le vieux Tibériade*** *(plan B2-3)* **:** victime des tremblements de terre, des guerres et de la spéculation immobilière, la ville possède peu de vestiges anciens, lesquels sont remis partiellement en valeur, au pied des grands hôtels. Curieuse vision que la *Grande Mosquée* (du XVIIIe s) à l'abandon émergeant (sur HaBanim)

d'un ensemble commercial. Dommage qu'elle ne fasse pas l'objet de restauration. Au bout de HaYarden, en bord de lac, *église Saint-Pierre* qui date des croisés. Cliché insolite également que la présence des vieilles *mosquée* et *synagogue* juste devant le très moderne *Castle Hotel* (au nouveau débarcadère). La vénérable mosquée *Jama'a El-Bahr* au bord du lac date de la fin du XIXe s.
Tout autour de l'office de tourisme s'étend le *parc archéologique* avec des vestiges significatifs datant pour la plupart du XIIe s. Le bâtiment qui abrite désormais l'office de tourisme faisait partie du fort de Tibériade, chaînon d'un ensemble de fortifications érigées par les ottomans au XVIIIe s. Quelques pans des fortifications édifiées en 1788, dans le basalte caractéristique de la région.
Toujours au bord du lac, vestiges d'une *forteresse* maritime bédouine du XVIIIe s.

Saint Peter's Church *(église Saint-Pierre ; plan B2)* **:** *accès par la promenade, juste avt le* Galei Gil *en venant du sud ; petit panneau discret en hauteur.* ☎ *672-05-16.* • *saintpeterstiberias.org* • *Lun-sam 8h-12h30, 14h30-17h ; dim, sur résa slt.* Bâtie sur des fondations croisées. Transformée ensuite en mosquée, puis en caravansérail, puis de nouveau en église. L'abside en forme de proue évoquerait la barque de Simon, dit Pierre. Sobre façade à triples arcades surmontées d'un oculus. Devant, trône la statue du saint. À l'intérieur, la voûte en forme de carène de navire évoque également saint Pierre.
Dans le même coin que l'église, éparpillé dans le gazon, *musée de la Sculpture moderne* en plein air...

Dona Gracia Museum *(plan B2)* **:** *3, rehov Refael Bibas (ex-HaPhrahim). Au rdc de l'hôtel du même nom.* ☎ *671-71-76. Tlj. Entrée (chère) : 40 Shk.* Petit musée narrant la vie de dona Gracia (Béatrice de Luna de son vrai nom, 1510-1569), fille d'une famille de *conversos* (marranes) ayant fui l'Inquisition et installée à Tibériade. Commerçante douée, elle devint, dit-on, la femme la plus riche du monde de l'époque. Soutenue par le sultan ottoman, elle participa avec énergie au développement économique de la ville. Visite guidée dans le décor baroque de l'hôtel (quelques scènes avec mannequins en costume du XVIe s).

Hot Springs *(sources chaudes ; Hamme Teverya ; plan A3)* **:** *bd Eliezer Kaplan.* ☎ *612-36-00/10. À env 2 km du centre, vers le sud. Bus nos 1 et 5. Dim, lun et mer 8h-20h ; mar et jeu 8h-22h ; ven-sam 8h-16h. Entrée : 80 Shk (90 Shk sam), mais 45 Shk après 16h (bon plan !). Possibilité de louer une serviette et un casier.* Deux piscines à 38 °C dont une à l'intérieur, et une autre en plein air à 25 °C (fraîche en comparaison !). Ambiance populaire. Très agréable, surtout le soir. Cafétéria.
– ***Hamat Teverias*** **:** *en face de l'établissement thermal.* ☎ *672-52-87. Tlj avr-sept 8h-17h, 16h ven. En hiver, ferme 1h plus tôt. Entrée : 15 Shk.* Une ancienne synagogue aux belles mosaïques, malheureusement endommagées par des juifs ultra-orthodoxes en 2012. L'une d'entre elles décrit les signes du zodiaque (avec un dieu Soleil au milieu), une autre représente quatre femmes symbolisant les saisons. Quelques témoignages du culte, une arche sacrée, des inscriptions en grec et en araméen. Petit musée sur l'histoire du site. Possibilité de grimper la côte jusqu'au mausolée blanc à dôme de *Rabbi Meir Ba'al Haness* (un disciple du célèbre rabbin Akiva).

Galilee Experience *(plan B3)* **:** *sur la marina, en face du* Leonardo Plaza. ☎ *672-36-20. Tlj 8h-22h.* Présente un film de 35 mn retraçant les 4 000 ans de la Galilée (et particulièrement la vie de Jésus et la création de l'État d'Israël).

Les plages

Elles sont payantes et chères, et plus rocheuses que sablonneuses, mieux vaut aller sur l'autre rive du lac. Elles sont ouvertes en général de mai (fête de Pessah) à octobre et payantes quand il s'agit de plages d'hôtels.

Au sud

Gai Beach : *la plus proche, à 1 km du centre. Liée à l'hôtel du même nom. ☎ 670-07-00. Privée.* Familiale, avec *water slides* (toboggans) pour les enfants et piscine à vagues.

Ganim Beach : *à env 1,5 km.* C'est la plage municipale. Familiale, endroits ombragés, possibilité de camper.

Remonim Mineral Water : *à env 2 km du centre. ☎ 672-85-55.* Sports nautiques, terrains de jeux pour les enfants. Pub et resto.

Les plages religieuses *(Separate Beaches)* **:** *à 2,5 km du centre.* Hommes et femmes séparés : à gauche pour les femmes, à droite pour les hommes.

Biriniki Beach : *à 3 km au sud du centre. Payant slt si on entre en voiture.* Camping également.

Au nord

Ha Shaket Beach *(Quiet Beach)* **:** *à env 1 km, accès par Geddud Baraq. ☎ 670-08-00.* C'est celle de l'hôtel *Leonardo Tiberias.* Son nom signifie « plage tranquille ». Bien équipée et confortable aussi.

Hatchelet Beach *(Blue Beach)* **:** *Juste après la Quiet Beach. ☎ 672-01-05.* Une des plus belles.

Ron's Beach : *la plus au nord, à env 1,5 km. Face à l'hôtel du même nom. ☎ 679-13-50.*

LE TOUR DU LAC DE TIBÉRIADE

Une très belle balade qui permet de découvrir quelques hauts lieux du christianisme, des sites archéologiques, le premier kibboutz d'Israël (Degania), ainsi que des paysages naturels préservés, comme les lagunes du parc du Jourdain (Jordan River Park) qui raviront les amateurs d'oiseaux.

UNE PETITE MER EN FORME DE HARPE

Mentionné sur la plupart des cartes comme la mer de Galilée, le lac de Tibériade (c'est comme cela que les chrétiens le désignent) suggère, grosso modo, la forme d'une harpe ou d'une lyre (*kinnor* en hébreu, d'où le nom de *kinneret* donné par les Israéliens). Pour Israël, cette mer intérieure est d'une importance vitale. Le lac constitue en effet le premier réservoir d'eau douce du pays. L'eau de Tibériade sert même à alimenter des kibboutzim du désert du Néguev, comme celui de Sdé Boker. Des sommets du Golan, rus, ruisseaux, petites rivières viennent se déverser dans le Kinneret. D'où l'inquiétude toute stratégique qui ronge certains responsables de l'État d'Israël à propos du contrôle des sources. En 1963, le Golan était encore syrien, et Damas décida de détourner toutes les sources d'eau afin d'assécher le lac de Tibériade... On comprend dès lors pourquoi l'idée même de la restitution du Golan à la Syrie est loin de faire l'unanimité.
En vous baladant, ne soyez pas surpris de voir des haut-parleurs au milieu des champs : c'est le meilleur moyen d'empêcher les oiseaux de dévorer les cultures. 85 % des oiseaux migrateurs d'Europe passent par la vallée du Jourdain en route

vers l'Afrique. On peut les voir dans le ciel, portés par des courants ascendants très forts, qui font aussi la joie des amateurs de vol à voile. Est-ce d'ailleurs un courant d'air ascendant qui a permis à Jésus de marcher sur les eaux du lac pour épater ses disciples il y a 2 000 ans ?... « Jésus voyant ses disciples s'épuiser à ramer, car le vent leur était contraire, vient vers eux en marchant sur la mer... Ceux-ci crurent que c'était un fantôme et poussèrent des cris. Mais lui, aussitôt leur parla et dit : Ayez confiance, c'est moi, soyez sans crainte... » (Marc VI, 45-52). Quoi qu'il en soit, son passage dans la région mériterait un topoguide à lui tout seul, tellement il a sillonné en long et en large les rives de ce lac, et notamment le secteur compris entre Tabgha, Capharnaüm, Khorazine et Beit Saïda (un vague rectangle en fait). Ami routard, vous allez suivre la route des miracles et des béatitudes. Que Dieu vous garde !

Comment faire le tour du lac ?

Le tour fait 55 km. En voiture, ce n'est rien, en bus c'est déjà un peu plus compliqué : il faut faire le tour par le sud (environ 8 bus par jour ; renseignements à la gare routière). Mais mieux vaut prendre son temps pour sentir l'ambiance particulière qui règne sur les rives du lac. Pour les plus sportifs, l'idéal consiste donc à louer une bicyclette à Tibériade et à faire la balade en 1 journée (voir les adresses de location dans la rubrique « Adresses et infos utiles »). Pas de tout repos, prévoir de partir très tôt le matin, d'apporter de l'eau et de faire une pause aux heures chaudes. Sinon, louer une voiture à plusieurs reste une option intéressante. On indique les sites dans le sens inverse des aiguilles d'une montre, en commençant par le sud, donc.

AU SUD DU LAC

Le site de Yardenit : *à env 11 km au sud de Tibériade, à l'endroit où le Jourdain sort du lac de Tibériade. ☎ 675-91-11. • yardenit.com • Tlj mars-nov : 8h-18h (16h ven), déc-fév 8h-17h (16h ven). Les cérémonies de baptême s'arrêtent 1h avt. GRATUIT. Loc d'une aube blanche pour se faire baptiser : 10 $.* Ce site a été aménagé pour le baptême des pèlerins chrétiens en 1981. Environnement assez bucolique, mais atmosphère très commerciale. Des groupes venant du monde entier, grande boutique de souvenirs et tout et tout. D'ailleurs, ce n'est pas là que Jésus fut baptisé par saint Jean Baptiste, mais à Béthanie, dans l'actuelle Jordanie.

Taiber Youth Hostel : *à **Poriya.** ☎ (02) 594-57-22. • iyha.org.il • À env 10 km au sud de Tibériade. Prendre la route 90 vers le sud du lac ; sur la droite, à un moment donné, il faut suivre une petite route qui grimpe sur la colline. Pas de transport public. Réception ouv à partir de 14h. Dortoirs env 36-40 $/pers ; doubles autour de 105-120 $.* L'auberge surplombe le lac et offre une vue superbe sur le plateau du Golan au loin. Moderne et très bien tenue. Dortoirs de 3, 4 ou 6 lits et chambres doubles. Mais le must, ce sont les 26 gentils petits chalets, en général avec vue privilégiée sur le lac (et certains avec balcon). Toutes les chambres avec clim, minifrigo, TV, set à café. Possibilité de repas. Assez cher mais bien. Attention, beaucoup de groupes et de scolaires, réservez !

Le kibboutz Degania Aleph : *à env 12 km au sud de Tibériade, sur la gauche de la route principale.* C'est le plus vieux kibboutz d'Israël. Fondé en 1910, à l'époque de la domination ottomane. Il a traversé toutes les guerres, résisté aux nombreuses attaques syriennes (de 1948 à 1973). Moshe Dayan y est né. La grande poétesse Rachel, A. D. Gordon (un des pères du système des kibboutzim) et Joseph Trumpeldor y travaillèrent.

– ***Le musée Beit Gordon :*** *☎ 675-00-40. • degania.org.il • Ouv slt sur résa. 052-374-91-70. Entrée payante.* Consacré à l'histoire du kibboutz, à l'archéologie, à l'agriculture et aux sciences naturelles. Riche collection

LA GALILÉE

LE LAC DE TIBÉRIADE

ornithologique, impressionnante section de serpents, poteries anciennes, intéressants dioramas, minéralogie...

Kibboutz Degania Bet : *à la pointe sud du lac. ☎ 675-57-58 ou 675-56-60. • degania-b.org.il • Doubles 480-600 Shk, petit déj inclus.* Fondé en 1920, un des tout premiers kibboutzim. Pas vraiment de charme, on trouvera quand même l'éternelle et grande piscine, les allées de gazon, les palmiers et les installations industrielles au milieu de tout ça. Fréquemment desservi par les bus.

Bet Gabriel on the Kinneret (centre culturel Bet Gabriel) **:** *à* ***Tzemah.*** *☎ 675-11-75. • betgabriel.co.il • Tlj sf dim 10h-minuit. GRATUIT.*
Bel endroit dédié aux arts, créé en 1993 par Gita Sherover, en souvenir de son fils Gabriel. Aujourd'hui, expos de peintures, photos.
C'est là que se déroulèrent les négociations de paix entre le roi Hussein et Yitzhak Rabin qui aboutirent au traité de paix de novembre 1994. Demandez à voir la ***Peace Room,*** conçue par Gita Sherover pour réunir, espérait-elle, les dirigeants syriens et israéliens. On se trouve en effet à la frontière d'avant 1967 entre Israël et la Syrie. C'est finalement la Jordanie qui se retrouva à la table des pourparlers, le keffieh rouge et blanc du roi y est toujours. Notez les miroirs placés de telle façon que tous les participants pouvaient voir le lac et l'horizon. D'autres objets sont présentés, tels que des cadeaux reçus par Shimon Peres, notamment de la part de Yasser Arafat.

Resto de Bet Gabriel : *054-624-52-99. Tlj sf dim (mais parfois des groupes, donc tenter) 11h-22h.* Architecture intérieure originale dont les structures en métal représentent des palmiers, mais c'est surtout la terrasse au bord du lac qui retient l'attention. Dans l'assiette, un beau choix de poissons, pâtes ou fruits de mer à savourer tranquillement, tant l'endroit est beau et paisible à la fois.

À L'EST DU LAC

Le kibboutz d'Ein Gev : *sur le lac de Tibériade, route 92, au km 20.* Fondé en 1937 par 100 volontaires, qui en une seule journée ont construit une tour entourée de palissade. Le soir même, 40 membres ont pu s'y installer. Teddy Kollek, l'un des maires les plus populaires de Jérusalem (de 1965 à 1993), faisait partie des fondateurs.
– Petit train pour visiter le kibboutz. *054-565-80-25. Dim-ven à 12h30 et 14h30, sam 12h-16h, ttes les heures. Env 25 Shk/pers.*

Le ***camping*** se trouve à 800 m au nord du kibboutz.
Ein Gev Fish Restaurant : *dans le kibboutz. ☎ 665-81-36. Tlj jusqu'à 22h. Compter env 100 Shk pour un poisson.* Une escale plaisante au bord du lac, mais il faut bien reconnaître que c'est un peu l'usine. Terrasse immense pour accueillir les nombreux cars de touristes. Quelques tables près de l'eau sont toutefois réservées aux voyageurs individuels. Poisson servi entier ou en filet, frit ou grillé. Rien de très fin, mais fraîcheur indéniable. Service très efficace. Un conseil : venir juste avant le crépuscule, c'est un enchantement.

Hippos Susita : derrière Ein Guev s'élève une grosse colline appelée *Hippos Susita.* Elle fut une cité florissante à l'époque de Jésus et compte parmi les toutes premières cités païennes à s'être converties au christianisme, avant d'être abandonnée suite à un violent tremblement de terre en 748. Dans un environnement serein, ruines d'églises byzantines, du forum romain, d'entrées de ville, de citernes et conduites d'eau. Vestiges d'un temple grec.

Kursi : *à 5 km au nord de Ein Gev. Au rond-point, au niveau de Kursi, sur la route principale, prendre à droite direction Afiq, c'est tt de suite à droite. ☎ 673-19-83. En été, tlj 8h-17h (16h ven, veilles de fêtes et pdt les vac juives). Ferme 1h plus tôt en hiver. Entrée : 15 Shk ; réduc.*
– Le *monastère byzantin,* le plus grand de la région, a en partie été détruit par les Perses en 614, il ne s'en releva pas. Les vestiges en basalte ont conservé par endroits leur pavement en mosaïques, dont celle connue et bien conservée qui illustre deux cannes de part et d'autre d'un panier. À voir sur le côté gauche, au milieu.
– À gauche du monastère, vestiges de *thermes.*
– Compter 5 mn de grimpette par un chemin balisé pour atteindre la chapelle. C'est là que serait survenu le miracle, qui ressemble assez à de l'exorcisme : Jésus

fit sortir les démons d'un homme ; ceux-ci entrèrent dans des pourceaux qui se précipitèrent ensuite du haut de la falaise dans la mer... Ce même épisode est raconté en Jordanie, à Gadara (Umm-Qais).

Entre Ein Gev et Kursi, la ***plage de Gofra*** accueille les campeurs en saison. *Compter env 50 Shk/voiture.*

Golan Rooms : *dans le moshav **Ramot.** Après Kursi, prendre à droite à l'embranchement suivant. Une fois dans le moshav, tourner à gauche au 1er rond-point, puis encore à gauche. Inscription slt en hébreu.* ☎ *673-18-14.* *052-339-32-77. À quelques km au-dessus du lac. Env 500-1 000 Shk le bungalow selon saison et j. de la sem. CB refusées.* Très calme. Bungalows dans un bel environnement. Certains peuvent accueillir jusqu'à 6 personnes. Spacieux et confortable. Cuisine équipée, mais aussi salon pour les plus grands. Air conditionné, TV écran plat, salon de jardin à l'extérieur. Nombreuses activités possibles, piscine, jacuzzi, tennis. Possibilité de prendre un copieux petit déjeuner dans une véranda au 1er étage de la maison des propriétaires.

Tel Beit Saïda : *pour atteindre le parc naturel, on traverse le Jourdain qui se jette dans le lac, formant une sorte de lagune. Souvent fermé (cela dépend des périodes de fouilles sur le site). Se renseigner auprès de l'office de tourisme de Tibériade. Accès payant.* Encore un coin très tranquille, réputé pour les miracles qu'y accomplit Jésus (guérison d'un aveugle et deuxième multiplication des pains). Beit Saïda était un petit village de pêcheurs. Cinq apôtres (Pierre, André, Jacques, Jean et Philippe) en étaient originaires.

À L'OUEST DU LAC

Capharnaüm *(Kafar Nahum) :* ☎ *672-10-59. • capernaum.custodia.org • À 3 km de la basilique de Tabgha par une superbe route le long du lac (à parcourir à pied si vous avez le temps). Tlj 8h-17h (16h en hiver). Entrée : 3 Shk. Pantalon ou jupe longue exigés pour les filles.* Le paysage de ce côté du lac vaut vraiment le déplacement. C'est l'un des coins les plus chouettes du pourtour. On découvre le site occupé par Jésus après avoir été chassé de Nazareth. Hérode y maintenait à l'époque une garnison de mercenaires commandés par un centurion. Jésus y fit quelques miracles, dont la guérison du serviteur de ce centurion. Le Christ habitait chez Pierre et enseignait à la synagogue. Capharnaüm était son camp de base quand il rayonnait dans la campagne pour prêcher. Il y revenait après chaque voyage.

« [...] Lorsque Jésus entendit que Jean avait été jeté en prison, il revint en Galilée. En quittant Nazareth, il se rendit à Capharnaüm, situé à proximité du lac et y séjourna... » (Matthieu, IV, 12-13).

– ***La synagogue :*** en calcaire blanc, du IVe s. Quelques vestiges significatifs : un long pan de mur, des chapiteaux corinthiens finement ciselés, de beaux linteaux, une petite colonnade.

– Également, des restes de fondations de maisons du Ier s et une bien laide église octogonale (évoquant une soucoupe volante) reposant sur huit piliers et construite à l'emplacement de la maison de Pierre (le sol en verre permet d'en voir les vestiges). Pour nous, c'est un scandale d'avoir bâti une telle horreur dans un endroit aussi sacré. Ancien pressoir à olives et, à l'entrée du site, un couvent franciscain.

LES ÉVANGILES SONT-ILS VÉRIDIQUES ?

Les textes les plus anciens datent d'au moins 70 ans après la mort du Christ. Les témoignages ont été transmis oralement comme le voulait l'époque. En fait, 5 000 manuscrits anciens prouvent la réalité des événements. D'ailleurs, les variantes entre les quatre Évangiles sont minimes.

– Dans la partie est des fouilles du site, 500 m plus loin, s'élève l'***église orthodoxe de Capharnaüm*** (murs blancs, dômes rouges).

Mount of Beatitudes *(mont des Béatitudes)* **:** *pour y aller, bus nos 459, 541 et 963 de Tibériade (arrêt sur la route, il faut marcher 1 km ensuite). On y accède par une route que l'on prend sur la droite entre Tabgha et Vered HaGalil (c'est indiqué). ☎ 671-12-00. Tlj 8h-11h45, 14h-16h45. Fermé à Noël et à Pâques.* « Heureux les pauvres en esprit, car le royaume des cieux est à eux... Heureux ceux qui procurent la paix, car ils seront appelés fils de Dieu... Heureux les affamés et les assoiffés de justice, car ils seront rassasiés... » (Matthieu, V, 3-6). C'est au sommet de cette colline que Jésus aurait prononcé le fameux Sermon sur la Montagne, plus connu sous le nom des Béatitudes. Jésus avait l'habitude de monter ici pour enseigner à ses disciples et pour prier en solitaire. Une église italienne avec dôme et arcades a été construite sur le site en 1937.

Khorazine : *à 2 km de Vered HaGalil ; par la route 90, rejoindre la 8277. ☎ (04) 693-49-82. Tlj 8h-17h (16h en hiver ; 15h ven et veilles de fêtes). Dernière admission 1h avt. Entrée : 22 Shk ; réduc.* Réputée il y a 2 000 ans pour son indifférence au message évangélique. Jésus ne cacha pas sa colère : « Malheur à toi Khorazine... » La malédiction fut efficace puisque la ville tomba en ruine au VIIIe s, et l'est restée depuis cette époque. On y voit peu de choses : ruines de basalte noir d'une grande synagogue du IVe s, que l'on aperçoit aussi de la route. On y a retrouvé une « chaise de Moïse » taillée dans le roc, mentionnée dans l'Évangile et dans le Talmud.

Vered HaGalil : *au km 433 de la route 90. ☎ 693-57-85. • veredhagalil.com • Proche du mont des Béatitudes. Compter 105-230 $ la nuit selon taille, confort et saison.* Ranch magnifiquement situé, qui propose de confortables petits chalets, studios (avec kitchenette) ou cottages. Assez cher, mais beaucoup de cachet. Possibilité de leçons d'équitation et de balades de 1h à plusieurs jours.

Tibi's *(restaurant du Vered HaGalil)* **:** *☎ (04) 633-08-85. Tlj 12h-22h. Résa conseillée. Plats 60-110 Shk, plus cher pour les viandes.* Dans le resto de ce ranch, il règne forcément une ambiance western : musique country en fond, *steakhouse* pour prendre des forces avant une chevauchée. Bonnes viandes donc, mais le reste est vraiment mitonné avec talent, à base de produits frais. Merveilleux desserts et copieux, qui plus est. Attention, pas de grillades les vendredi soir et samedi midi. C'est shabbat, tout est mijoté et maintenu au four.

Sea of Galilee Guest House : *Almagor. ☎ 693-00-63. • seaofgalileegh@gmail.com • Arrivée par la route 8277. Situé à l'intérieur d'un* moshav *(barrière à l'entrée), nécessité absolue d'avoir son véhicule. Si vous voyagez en bus (nos 840, 841, 842, 845...), prenez un rdv précis avec la guesthouse à l'une de ces jonctions (Vered HaGalil, Amiad, Kfar Nahum ou Yahudia) et on viendra vous chercher. Résa obligatoire. Lit en dortoir 100 Shk (sans petit déj), double 550 Shk (avec petit déj) ; des familiales également (5 pers).* L'une de nos plus sympathiques *guesthouses*, accueil adorable des hôtes. Sur une colline livrant un panorama total du lac. Environnement verdoyant. Un vrai bout du monde ! Et là, noyées dans la végétation, les fleurs et les arbres fruitiers, des maisonnettes toutes blanches entourées de canards, d'oies en terre cuite et de vrais chats adorables... Chambres immaculées et confortables : clim, TV, petite cuisine équipée, frigo, café à dispo... Mignon dortoir avec balcon, hamac et possibilité de cuisiner. Petit déj copieux avec confitures maison. Possibilité de laver son linge. Location de vélos. On peut même camper !

Tabgha : *basilique de la Multiplication des pains (shrine of the Multiplication of the loaves). ☎ 667-81-00 ou 672-10-61. Pour s'y rendre, bus nos 63, 450, 459, 541, 841 et 963. Tlj 8h-17h, sam 15h (fermé dim sf messe).*
On a retrouvé, au XIXe s, les mosaïques de l'ancien sanctuaire datant du IVe s. Ce sont les plus belles du pays. Les bénédictins allemands ont construit une église et

un couvent moderne sur ce site très chargé d'histoire. En effet, c'est là que Jésus multiplia les pains et les poissons. Sous l'autel, le rocher sur lequel le Christ aurait posé les pains.

« [...] Les disciples dirent : Renvoie la foule, afin qu'elle aille s'acheter des vivres. Jésus leur répondit : Ils n'ont pas besoin de s'en aller, donnez-leur vous-mêmes à manger. Mais ils lui dirent : Nous n'avons ici que cinq pains et deux poissons... » (Matthieu, XIV, 14-21).

À 200 m, en bord de lac, petite ***chapelle Saint-Pierre*** *(tlj 8h-12h, 14h-17h).* Elle s'élève sur l'emplacement où le Christ ressuscité fut, d'après la tradition, accueilli par les apôtres et où il partagea leur repas. Il y chargea également Simon-Pierre de diriger son Église. Là aussi, gros rocher évoquant l'endroit.

Karei Deshe Youth Hostel : *à Karei Deshe, **Tabgha.** ☎ (02) 594-56-33. • iyah.org.il • À env 12 km au nord de Tibériade, à 3 km de Capharnaüm. Bus Egged assez fréquents de la station de Tibériade (nos 52 et 405, arrêt au carrefour, encore 1 km à pied). Ouv tte l'année. Dortoirs 6 lits 110-130 Shk/pers. Doubles 340-440 Shk, petit déj inclus. Le w-e, mars-oct, ½ pens obligatoire.* Au bord du lac. Chambres pour couples et petits dortoirs avec salle de bains, avant tout fonctionnels. Cafétéria. Grand jardin. Vue magnifique sur le lac. Un peu loin de tout, mais proche de Tabgha, Capharnaüm et du mont des Béatitudes.

Yigal Allon Center : *à **Ginosar.** ☎ 671-20-73. • jesusboat.com • Près du kibboutz-hôtel. Dim-jeu 8h30-15h30.* Sorte de mémorial à l'architecture intéressante, dédié à Yigal Allon, un des grands ministres des Affaires étrangères d'Israël. Pas vraiment un musée d'ailleurs. Quelques panneaux, photos, témoignages, rappelant sa vie, son œuvre... En revanche, plus intéressants, ce sont les vestiges d'un *vieux bateau* découvert en 1986 dans le fond du lac, à l'occasion d'une sécheresse exceptionnelle. Il est acquis que le bateau de Ginosar date du siècle de Jésus... La datation précise, sa forme, le type d'équipage probable, le rapprochent de ceux décrits dans les Évangiles, qu'empruntèrent très probablement Jésus et ses disciples à l'époque. Relire Luc, V, 1-11 : « [...] Comme Jésus se trouvait auprès du lac de Tibériade et que la foule se pressait autour de lui pour entendre la parole de Dieu, il vit au bord du lac deux barques. Il monta dans l'une de ces barques qui était à Simon et le pria de s'éloigner un peu de la terre. Puis il enseignait la foule... Et Jésus dit à Simon, ne craint point, désormais tu seras pêcheur d'hommes. Et ayant ramené les barques à terre, ils laissèrent tout et le suivirent. »... Les mêmes bateaux furent également employés par les Juifs lors de la célèbre bataille navale de Migdal, en 67, contre les Romains. Aujourd'hui, c'est donc un puissant et unique témoin des activités navales sur le lac de Tibériade, au fort pouvoir d'évocation, suscitant plein de belles images et de rêves... Cette barque en bois, aujourd'hui superbement restaurée, est visible dans une salle spéciale aux conditions de température et d'humidité adéquates à sa conservation, dans une douce pénombre. Ne pas manquer le très intéressant film sur le sauvetage du bateau, les insolites techniques utilisées, puis tout le travail de préservation qui dura 11 ans ! Du 5e étage de l'édifice, superbe vue sur les environs.

Cafétéria sympa et expos temporaires de qualité d'artistes régionaux.

LE POISSON, SYMBOLE DE LA CHRÉTIENTÉ

Bien avant la croix, le poisson était le symbole chrétien pour plusieurs raisons. D'abord, en grec, poisson se dit ichtus, ce qui signifie « Christ ». De plus, les chrétiens étaient surnommés pisci, en latin les « poissons ». Enfin, n'oublions pas que plusieurs apôtres étaient pêcheurs sur le lac de Tibériade. Le poisson était leur code secret, leur signe de ralliement.

🏠 ***Kibboutz de Ginosar :*** *situé à 4 km au nord de Tibériade, près du musée Beit Yigal Allon. ☎ 670-03-20 (résas). • ginosar.co.il • Résa à l'avance conseillée. Pour l'hôtel* ***Nof Ginosar,*** *au bord du lac, compter 200 $ pour les doubles standards en moyenne saison, plus cher le w-e, en été et pdt les fêtes juives.* Chouette environnement, excellent accueil. Le ***Ginosar Inn*** dispose, quant à lui, de petits bungalows éparpillés dans un parc. *Doubles 170-270 $ selon jour de la sem. et saison. Également des familiales. Petit déj compris.* Coin cuisine, TV... Bien pour ceux qui circulent en voiture et ne veulent pas dormir en ville. Cher tout de même.

Même sans y loger, on peut profiter de la cafétéria et, surtout, aller admirer l'ancien *bateau de Galilée* du temps de Jésus (voir plus haut).

DANS LES ENVIRONS DU LAC DE TIBÉRIADE

HAMMAT GADER

À 25 km au sud de la ville de Tibériade. Pour se rendre à Hammat Gader, bus nº 24. En principe, 2 ou 3 bus en début de matinée. Pas de bus sam.

Hammat Gader, coincée entre la Jordanie et le Golan, est connue depuis l'Antiquité pour ses sources chaudes. Ce fut le deuxième plus grand établissement thermal de l'Empire romain. Paysages sublimes, piscines thermales en plein air et élevage spectaculaire d'alligators. Très belles ruines de thermes romains et vestiges d'un amphithéâtre. Succès garanti de la photo représentant le minaret de la mosquée se mirant dans l'eau de la piscine.

Ne pas manquer de monter sur l'***éperon*** qui domine la *vallée du Yarmouk.* Panorama assez impressionnant sur la frontière et la Jordanie. Plus de points de vue encore pour ceux qui emprunteront la route du Golan (la 98).

Les thermes : *☎ (04) 665-99-66. • hamat-gader.com • Tte l'année. Juin-sept, tlj sf dim-lun : mar-mer 9h30-17h, jeu-ven 8h30-22h30, sam 8h30-17h (en août, tlj, mêmes horaires). Ferment plus tôt en hiver. Entrée assez chère : env 100 Shk (réduc), mais ça vaut vraiment la peine.* Un conseil : arriver le plus tôt possible pour éviter la cohue (attention, beaucoup de monde le samedi). Près de la source, eau à 42 °C. Ne pas rater, tout au fond, les minichutes d'eau qui massent bien le corps. Plusieurs snacks et restos.

Hammat Gader possède également un ***parc d'alligators*** (au moins 200 bébêtes). En été, possibilité d'assister à leur repas. Spectacles pour les enfants avec des perroquets, proposés deux à trois fois par jour. Minizoo pour les tout-petits. Restaurants et snack.

NAZARETH (NATSRAT)

60 000 hab. IND. TÉL. : 04

Voici la localité où Jésus passa sa jeunesse et son adolescence. Mais plus que pour son patrimoine biblique, c'est sa vieille ville qui mérite le détour, avec ses ruelles pentues et ses belles demeures à l'architecture typique.
La ville est habitée en majorité par des Arabes (dont 35 % sont chrétiens) qui ont fui le reste du territoire lors de la guerre de 1948. Nazareth a vu alors sa population quadrupler. Aujourd'hui, elle est dominée par la commune voisine, Nazareth Illit, dont la mairie lorgne du côté de la cité historique. La ville nouvelle (construite à la fin des années 1950) est peuplée essentiellement de Juifs, mais aussi d'Arabes qui trouvent dans ces logements modernes

le confort qui manque parfois dans les anciennes maisons. Les centres commerciaux sortent de terre et vident le vieux souk de ses commerçants et de son âme. Nazareth change...

LA VOIE DU SEIGNEUR

Avec l'aide d'historiens, l'agence de voyages Jesus Trail *propose un trek de Nazareth à Tibériade, sur les lieux fréquentés par Jésus. Au total, 65 km en 6 jours, mais on peut effectuer seulement certaines portions. Carte précise sur Internet.*

Observations pratiques :
- La rue principale (Paulus VI) est constamment bloquée par la circulation.
- Pour ceux qui sont véhiculés, il est donc préférable de se garer dès que le trafic se fait dense et d'accéder à pied aux sites du centre-ville.
- Les noms et numéros de rues ne sont presque jamais indiqués.
- Si l'office de tourisme est fermé et que vous n'avez pu obtenir de plan, vous pouvez compter sur les habitants, toujours prêts à renseigner. Nazareth est une étape intéressante à découvrir le samedi quand les sites de beaucoup d'autres villes sont fermés. En revanche, évitez le dimanche, car presque tout est fermé ce jour-là.
- Pantalon ou jupe longue exigés pour les filles (on n'en prête pas sur place, donc prévoir).

Arriver – Quitter

Gare centrale des bus *(plan B2)* ***:*** *sur Paulus VI. Les bus arabes fonctionnent sam en direction de différentes villes du Nord.*
Liaisons avec :
➢ ***Tibériade :*** bus n° 431 ; dim-jeu, une quinzaine de bus 6h30-20h30 ; ven, 6 bus 7h15-16h45 ; sam, 1 seul le soir. Prévoir 50 mn de route. Attention, certains bus partent du « Big Fashion Mall », centre commercial à l'extérieur de la vieille ville.
➢ ***Haïfa :*** bus n° 331. Env ttes les 20 mn, 5h10-18h45. Compter 50 mn de trajet.
➢ ***Jérusalem :*** 2 bus/j. directs (n° 955), le mat tôt (1 seul le ven), mais en soirée sam. Sinon, passer par Tel-Aviv ou Haïfa.
➢ ***Akko :*** bus n° 343. 14 bus/j., ttes les heures 6h-19h (15h ven). Aucun le sam.
➢ ***Tel-Aviv :*** une dizaine de bus/j., 5h20-17h30.

Adresse et info utiles

- *Attention :* presque tout est fermé le dimanche.

Office de tourisme *(plan A2)* ***:*** *rehov Casa Nova. ☎ 657-30-03. Tlj sf dim 8h30-17h (sam 9h-13h).* Bonnes infos.

Information pour les bus Egged : *☎ 2800 ou (03) 694-88-88. • egged.co.il •* Compagnie israélienne : ne fonctionne pas le samedi.

Où dormir ?

De prix moyens à chic (250-600 Shk / 53-127 €)

Abu Saeed Hostel *(plan B1,* ***11****)* ***:*** *un peu plus haut que le Fauzi Azar Inn. ☎ 646-27-99. 050-570-38-80. • abusaeedhostel.com • Doubles 300-350 Shk, petit déj en sus. Parking à une centaine de mètres (prévenir).* Vénérable maison de 350 ans au cadre ancien voûté et plaisant (vieux puits, décor d'ustensiles de cuisine). Une poignée de chambres d'une grande simplicité, mais bien tenues. Une seule, la plus chère bien sûr, possède un certain charme et une entrée autonome directement sur la ruelle. En outre, plus spacieuse, elle offre un coin cuisine et bains et toilettes sont séparés.

Les Sœurs de Nazareth *(plan A2,* ***12****) : rehov Casa Nova.* ☎ *655-43-04 (résa souvent difficile par tél). • accueil nasra@live.fr • Tt près de la basilique de l'Annonciation. Rue qui débute face à la basilique (entre Casa Nova Ospizio per Pellegrini et le Catholic Action Club). Lit en dortoir 60 Shk et 85 Shk avec petit déj. Double 280 Shk, petit déj compris. Également des triples. Dîner 50 Shk.* Endroit très propre, tenu par des sœurs françaises. Attention, filles et garçons séparés (mais pas les couples mariés) et couvre-feu à 22h30. Salle de séjour, cuisine et jolie cour intérieure. Possibilité d'y prendre tous ses repas. En période de fêtes religieuses, privilégie les groupes. Des fouilles effectuées sous la maison ont permis de dégager un ancien tombeau (se reporter plus loin à la rubrique « À voir »).

Fauzi Azar Inn *(plan A1,* ***13****) : Old Market Rd.* ☎ *602-04-69.* 📱 *054-432-23-28. • fauziazarinn.com • Dortoir (avec sanitaires communs) 80-85 Shk/pers, doubles avec sdb 440-500 Shk, petit déj inclus (avec un tour de ville offert). Dîner sur résa.* Dans le vieux centre, à un pas du souk, une ancienne demeure aristocratique de plus de 2 siècles. Architecture d'une grande élégance s'appuyant sur des structures médiévales. Cour avec arches gothiques et *diwan* de charme. Au 1er étage, superbe réception haute de plafond avec fresque. Chambres possédant toutes une personnalité. Les spacieux et lumineux dortoirs près de la réception présentent même de beaux plafonds peints (que n'ont pas les chambres !). Tout le confort : lave-linge, boissons chaudes gratuites toute la journée, cuisine à disposition, etc. Accueil pro. Une de nos plus belles *guesthouses* en Galilée !

Samira Guesthouse *(plan B1,* ***10****) : Sibat Kawar St.* 📱 *077-551-72-75. • samira-guesthouse.com • Doubles 300-400 Shk avec ou sans sdb.* Sami est un sacré personnage. Il fourmille d'idées pour faire de son auberge un lieu convivial et de caractère, accessible au plus grand nombre. Toutes les chambres sont différentes : orange flashy avec des œuvres d'artistes locaux ou plus classico-chic. Tout est impeccable. Agréable terrasse couverte avec cuisine à dispo pour se poser. Plein d'infos à glaner. Sami possède également une annexe qui ne propose que des dortoirs. Une excellente adresse.

Al-Mutran Guest House *(plan B1,* ***14****) : Bishop Sq.* ☎ *645-79-47.* 📱 *052-722-90-90. • al-mutran.com • Doubles 470-520 Shk selon confort, petit déj inclus. Parking public gratuit devant (mais souvent plein), un privé mais payant à 150 m.* Au cœur de la vieille ville, dominant une place, voilà un plaisant petit hôtel, ancienne résidence d'un riche joaillier, vieille de plus de 200 ans. Dégage un charme indéniable et une réjouissante intimité. Atmosphère authentique. En revanche, chambres d'une certaine simplicité, mais très propres et confort correct. Accueil chaleureux du patron, toujours prêt à rendre service.

Rosary Sisters *(plan A2,* ***15****) : itinéraire bien fléché depuis le souk.* ☎ *655-44-35. • rsisters.com • Double avec sdb 380 Shk. Pas de couvre-feu.* 24 agréables chambres toutes climatisées. Salle commune avec TV, plaisante salle à manger ; lave-linge. Grand jardin paisible et reposant. Panorama privilégié sur la ville et la basilique. Excellent accueil. Une de nos meilleures adresses.

St Margaret Hostel *(plan A1,* ***16****) :* ☎ *657-35-07 ou 646-68-38. • j-diocese.org • En haut du dédale de ruelles en pente, non loin du monastère de Jésus-Adolescent. Double 400 Shk, petit déj compris.* Belle pension, dans un bâtiment tout en pierre blanche pourvu d'une cour intérieure et d'une agréable terrasse. Également des chambres simples, triples et quadruples (grandes, jolies et équipées d'une salle de bains). Pour ceux qui s'y rendraient à pied du centre avec leur sac à dos, prévoir une grande bouteille d'eau bien pleine car les rues inclinées à 30°, ça assèche le gosier et ça casse les pattes...

Casa Nova *(plan A2,* ***17****) : en face de la basilique.* ☎ *645-66-60. • casanovanazareth@yahoo.com • Double 450 Shk, petit déj inclus. Couvre-feu à 23h.* Immense édifice de pierre et jardin fleuri. Chambres assez

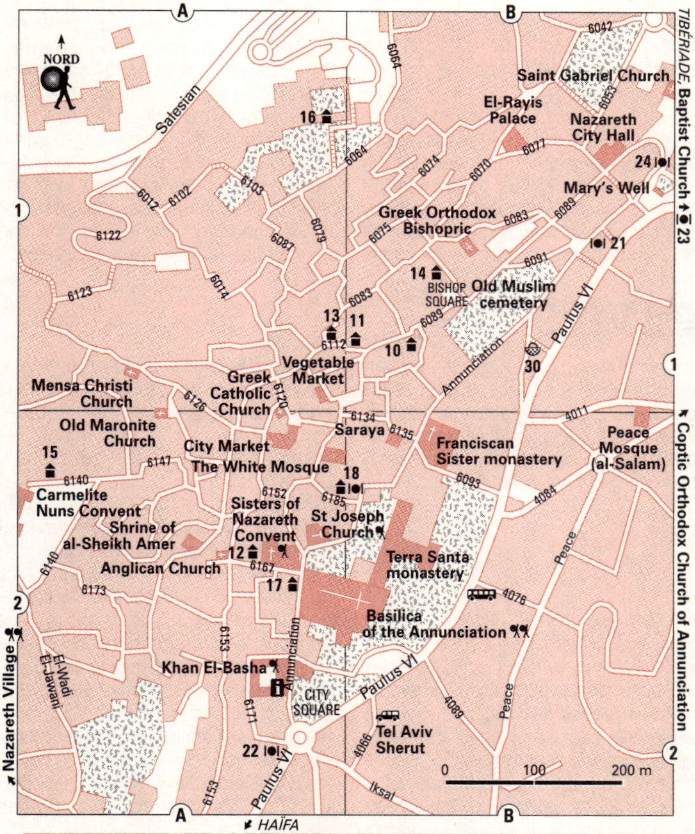

NAZARETH

- **Adresse utile**
  - Office de tourisme
- **Où dormir ?**
  - **10** Samira Guesthouse
  - **11** Abu Saeed Hostel
  - **12** Les Sœurs de Nazareth
  - **13** Fauzi Azar Inn
  - **14** Al-Mutran Guest House
  - **15** Rosary Sisters
  - **16** St Margaret Hostel
  - **17** Casa Nova
  - **18** Al Reda
- **Où manger ? Où déguster de bonnes pâtisseries ?**
  - **18** Al Reda
  - **21** Tishreen
  - **22** Al Mahroum Sweets
  - **23** Al Babour
  - **24** Bayat
- **Où acheter de bonnes épices ?**
  - **30** El Babour

spacieuses, propres et d'une grande sobriété. Adresse intéressante surtout pour sa situation centrale, car présente parfois quelques petits défauts d'entretien qu'il faudra accepter (clim défectueuse, fenêtre fermant mal ou Internet en panne, etc.). Surtout des pèlerins italiens.

Plus chic (600-1 100 Shk / 127-234 €)

Al Reda (plan A-B2, **18**) : *Albesharah St. ☎ 608-44-04. Env 800 Shk pour 2 et 1 000 Shk pour 4 pers. 2 nuits min.* L'un des meilleurs restos de la ville (voir plus loin « Où manger ? ») offre peut-être la plus belle chambre de charme d'Israël (quasi un appartement !). Une seule, quel dommage ! Eh oui ! sachez donc la réserver. Immense espace sous les combles, haut de plafond, entièrement en bois, sol verni, beaux tapis et poutres apparentes. 2 grands lits, mobilier de caractère, objets de brocante, coin salon, salle à manger, clim, belle salle de bains, cuisine équipée, frigo, lave-linge, écran plat géant. Terrasse privée. Vue panoramique sur la basilique et la forêt des toits. Les multiples coins et recoins font que lorsque l'on quitte les lieux, on n'en connaît pas encore tous les espaces...

Où manger ?

Vous trouverez la plupart des restaurants, stands à falafels et pâtisseries orientales le long de Paulus VI. Laissez-vous guider par votre flair, même si ces différents endroits offrent des prestations relativement équivalentes.

Prix moyens (80-120 Shk / 17-25 €)

Tishreen (plan B1, **21**) : *56, Mary's Well. ☎ 608-46-66. 057-944-28-30. Tlj 12h-minuit. Alcool servi.* Un des meilleurs restos de Galilée. Cadre chaleureux, pierres sèches, bois, poutres sculptées. Les jeunes chefs ont réussi ici, avec cœur et un grand professionnalisme, un subtil syncrétisme entre les classiques recettes palestiniennes et les influences de plusieurs grands chefs mondiaux, nappées d'effluves méditerranéens. Un vrai bonheur pour les papilles ! D'abord, des produits hyper frais et un choix superbe de plats... Au moins une demi-douzaine de savoureuses façons d'accommoder le poulet, des viandes cuites dans le four à bois (*kofta* et *cinta*, le bœuf aux herbes) et, surtout, des fruits de mer assemblés de belle façon et aux saveurs délicates et parfumées. Goûter au *mix aubergines seafood* (crevettes, huîtres et calamars)... Remarquable carte des vins.

Al Reda (plan A-B2, **18**) : *Albesharah St. ☎ 608-44-04. Tlj 13h-2h (dim 19h-2h). Sert de l'alcool.* Installé dans une élégante demeure ottomane. Spacieuse salle à manger, haut plafond voûté. Accueil fort sympathique du patron. Bonne cuisine traditionnelle, dont de goûteuses spécialités comme le *gabi affendi* (bœuf fumé au fromage et passé au four), le *latta blatta* (genre fine pizza avec viande hachée, poivron et thon), les champignons farcis, patates douces et amandes. Plus la cohorte habituelle de hors-d'œuvre, le poulet frit au sésame, les brocolis à l'ail gratinés, etc. Mon tout nimbé du meilleur des concerts d'Oum Kalsoum.

Bayat (plan B1, **24**) : *juste au-dessus de la fontaine de Marie. ☎ 655-51-46. Tlj sf dim 9h-23h30.* Un endroit stratégique, au-dessus de l'animation de la rue Paul VI. Cuisine orientale aux influences éclectiques (à moins que ça ne soit l'inverse) à même de satisfaire tout le monde. Agréable terrasse et bonne musique.

Où manger dans les environs ?

Al Babour (hors plan par B1, **23**) : *à* ***Reina,*** *à env 3 km de Nazareth (bus n° 28 ; ou taxi 20-25 Shk), sortie du village vers Tibériade (juste derrière la station-service* So Good *rouge et blanc). ☎ 601-49-48. Tlj 11h-22h. Compter 100-120 Shk.* Tenez-vous bien, voilà peut-être le meilleur restaurant de cuisine traditionnelle arabe de Galilée ! Si, si ! N'a pas pu s'installer en ville, car très difficile d'y trouver de grands espaces. Ici, le samedi, l'immense salle à manger (pourtant banale ; clim et ventilo) est toujours remplie. Le patron est membre de *Slow Food* et de *Chefs for Peace,* des références. Cuisine ouverte nickel, légumes du marché d'une belle fraîcheur, remarquable choix de hors-d'œuvre, portions généreuses : plusieurs sortes de caviars d'aubergine, taboulé libanais aux grains de grenade, délicieuses feuilles de vigne farcies, *beurek* au fromage, falafels tout frais et craquants, agneau tendre à souhait, *kube,* kebab aux cuissons parfaites... On arrête, on se remet à saliver !

Où déguster de bonnes pâtisseries ?

I●I *Al Mahroum Sweets* *(plan A2,* ***22****)* **:** *vous en trouverez 2 dans la rue Casa Nova, un peu avt la basilique, sur la gauche en montant.* Ne pas manquer de goûter au *knafeh,* très bon gâteau au fromage sucré (de couleur orange). Pâtisseries orientales et café turc.

Où acheter de bonnes épices ?

El Babour *(Galilee Mill ; plan B1,* ***30****)* **:** *dans la rue parallèle au-dessus de Paulus VI St. ☎ 645-55-96. Tlj sf dim 9h-16h.* Ancien moulin qui fonctionna plus de 100 ans. Les paysans y apportaient leur grain à moudre et y achetaient herbes et épices de toutes sortes. Depuis la rue, la petite porte ne laisse pas deviner qu'on va pénétrer dans une sorte de caverne d'Ali Baba dont les trésors seraient plus de 1 000 produits plus odorants les uns que les autres. Impressionnant, envoûtant, cet escalier qui descend dans de magiques et hautes salles en pierre voûtées... De-ci de-là, parmi les sacs, on découvre vestiges du moulin, vieux puits, pièces de machine, vénérables meules, donnant un véritable charme à l'ensemble. Épices rigoureusement sélectionnées, et en quantité telle qu'on ne sait plus où donner de la tête ! Vraiment, à ne pas manquer, un tourbillon de couleurs et de senteurs, un temple du goût et de la gastronomie exceptionnel !

À voir

★★ *Basilica of the Annunciation* *(basilique de l'Annonciation ; plan A-B2)* **:** *☎ 656-00-01. ● basilicanazareth.org ● Tlj 8h-18h. Grotte 5h45-21h.*
Vaste édifice plutôt massif, érigé dans les années 1960 à l'emplacement où l'ange Gabriel apparut à la Vierge Marie. Épisode évoqué dans les Évangiles selon saint Luc (I, 30-31) : « [...] L'ange entra chez elle et dit : Je te salue, toi à qui la grâce a été faite ; le Seigneur est avec toi... Tu deviendras enceinte et tu enfanteras un fils et tu lui donneras le nom de Jésus... »
Aujourd'hui, la plus grande du Moyen-Orient. Pas moins de cinq églises la précédèrent, détruites et reconstruites au long des siècles. Noter les énormes portes de bronze décrivant la vie de Jésus. L'intérieur évoque presque celui d'une centrale nucléaire désaffectée ! Vestiges de toutes les églises antérieures : mosaïques, pavements, soubassements, etc. Beau jeu de lumière des vitraux. Dans l'église du haut (prendre les escaliers situés de part et d'autre de l'entrée principale), splendide *chemin de croix* en terre cuite émaillée. Interprétations très originales de *L'Annonce faite à Marie,* offertes par chaque pays de religion catholique. À l'extérieur, le long des murs, pittoresques contributions artistiques de nombreux pays, autour du thème de la Nativité.

★ *Lapidary Museum* *(Musée lapidaire ; plan A2)* **:** *vers l'église Saint-Joseph, sous l'esplanade, en plein air.* Vestiges des structures du quartier, des maisons, caves, puits. Alliance curieuse de la pierre et du béton.

Saint Joseph Church *(plan A2)* **:** *tlj 7h-18h.* C'est le clocher avec l'horloge qu'on aperçoit en sortant de la basilique par le 2e étage. Construite en 1911 sur les fondations d'une basilique croisée, à l'endroit où Joseph aurait eu son atelier de charpentage. Crypte au sous-sol. Restes de mosaïques et bassin de baptême.

Tomb of the righteous man *(at the Sisters of Nazareth ; tombeau de la maison des religieuses de Nazareth ; plan A2)* **:** *rehov Casa Nova. ☎ 655-43-04. Tt près de la basilique de l'Annonciation. Visite à 8h30 (sf dim).* Des fouilles effectuées sous la maison ont permis de dégager un tombeau intact, l'un des plus anciens et des mieux conservés du Proche-Orient. Daté de la période hérodienne, le tombeau possède toujours l'énorme pierre ronde qui le fermait.

Khan El-Basha *(plan A2)* **:** *à côté de l'office de tourisme.* Un ancien caravansérail de plus de 1 000 ans. Entrée suffisamment haute pour permettre aux chameaux d'y pénétrer avec leur chargement. Ouvertures en arc brisé classiques qui furent dessinées en 1839 par le célèbre peintre David Roberts.

Saint Gabriel Church *(Greek Orthodox Annunciation Church ; et fontaine de Marie ; plan B1)* **:** *tlj 7h-18h (14h dim).* Quasi sur la place de la fontaine de Marie. Une église grecque orthodoxe du XVIIIe s, de loin la plus authentique puisque la seule source de Nazareth y jaillit, alimentant la fontaine. D'après la tradition orthodoxe, l'ange Gabriel apparut à Marie, tandis qu'elle tirait de l'eau du puits (avant d'apparaître à nouveau à sa maison). Merveilleuses icônes dans leur iconostase de bois ciselé.

LA VIRGINITÉ DE MARIE

D'après les manuscrits de la mer Morte, on sait qu'autrefois, certaines femmes juives très religieuses acceptaient le mariage à condition de rester vierge. Cet engagement ne pouvait se faire qu'avec l'assentiment du mari. Sinon, il pouvait demander l'annulation du mariage. Certains disent que Marie était une adepte.

Old Roman Bath *(anciens bains romains ; plan B1)* **:** *Galerie Cactus, pl. de la Fontaine de Marie. ☎ 657-85-39 ou 50-384-343. Tlj sf dim 9h30-19h. Entrée : 15 Shk (rafraîchissement compris).* Par hasard, les proprios de la galerie de bijoux découvrirent les importants vestiges de bains romains lors de travaux de rénovation en 1993. Tout un réseau d'arches de pierre, le *caldarium* (la chambre « chaude »), l'*hypocauste* (les conduits de chauffage). Jusqu'à ce jour, ce sont les seuls bains romains connus à Nazareth.

La synagogue *(plan A1)* **:** *dans le marché. Tlj sf dim 8h-17h (16h oct-mars). Pour s'y rendre, partir de la basilique, prendre la ruelle couverte qui monte, tourner à gauche, puis à droite.* Jésus la fréquentait le jour du shabbat (Luc, IV, 16). Sans aucun décor, nef unique, voûte en arc légèrement brisé, l'intérieur a gardé un charme indéniable. À côté, l'église paroissiale de 1887.

White Mosque *(mosquée Blanche ; plan A2)* **:** *plus haut que la basilique de l'Annonciation. Tlj 10h-17h.* Date de la fin du XVIIIe s. Ce fut jusqu'en 1964 la seule mosquée de la ville. Tenue appropriée exigée pour tous et tête couverte pour les dames.

Le souk *(plan A2)* **:** *entre ts ces édifices religieux.* Il n'est pas très grand, les ruelles sont étroites. On peut y trouver des narghilés, ainsi que ces étonnantes petites bouteilles contenant du sable coloré et représentant un paysage ou un dessin.

Penser à grimper tout en haut de la colline pour le *panorama* sur la vieille ville, la mosquée et la basilique. Éviter cependant d'y aller seul et à la tombée de la nuit. La petite église au sommet est le lieu de rendez-vous nocturne de beaucoup de jeunes.

Nazareth Village *(hors plan par A2)* **:** *El-Wadi El-Jawani (près de la YMCA). ☎ 645-60-42. • nazarethvillage.com • Tlj sf dim 9h-17h (dernier tour à 15h). Entrée : 50 Shk ; réduc. Visites guidées slt, ttes les heures.* Visite interactive d'un village galiléen du temps du Christ. Reconstitution de scènes traditionnelles, artisans au travail, bergers rentrant les moutons, cultures en terrasses... Réelles activités liées aux saisons (cueillette des olives, vendanges). Belle synagogue reconstruite d'après des vestiges (intérieur lumineux avec un beau jeu de colonnes et d'ouvertures), pressoir à olives, anciennes citernes, carrières de pierre, etc. Boutique.

DANS LES ENVIRONS DE NAZARETH (NATSRAT)

Cana (Kafr Kanna) : *à 7 km de Nazareth sur la route de Tibériade. Bus nos 28, 29 et 431.* Le village s'appelle *Kafr Kanna* en hébreu et en arabe. Célèbre par son traiteur qui organisait de si belles noces qu'il eut droit à un reportage de quelques pages dans le Nouveau Testament. Endroit présumé donc où Jésus changea l'eau en vin... épisode décrit dans l'Évangile selon saint Jean (II, 1-11) : « [...] Le troisième jour, il y eut noce à Cana, en Galilée. La mère de Jésus était là... le vin vint à manquer. La mère de Jésus : Ils n'ont pas de vin... Jésus dit aux serviteurs : Remplissez d'eau ces jarres... »
Aujourd'hui, plaisant village arabe ; cependant, à part l'église franciscaine *(tlj 8h-12h, 14h-18h ou 17h en hiver),* pas grand-chose à voir.

Mount Thabor : *pour y aller de Nazareth, prendre le bus n° 354 ou 356 jusqu'à Afula, puis un autre en direction de Kinneret et Tibériade (en principe le n° 350, se renseigner sur la fréquence de ces bus avt de partir). Ils s'arrêtent tt près du mont, au village arabe de Dabburiya ou à celui de Shibli. Il faut alors prendre un taxi. Assez cher, groupez-vous. À pied, c'est un enfer de 1h jusqu'en haut. Pour les bons marcheurs slt. ☎ 662-07-20. Site ouv 8h-12h, 14h-18h (17h en hiver ; jusqu'à 11h30 ven).* Vraiment une belle montagne. C'est un énorme et large pain de sucre abrupt qui domine de ses 588 m la Galilée environnante. On peut monter au sommet, sur lequel se dresse, devinez quoi ? une basilique (dite de la Transfiguration) construite en 1924. Le mont Thabor serait, selon la tradition, le site de la Transfiguration de Jésus qui apparut à ses apôtres en compagnie de Moïse et du prophète Élie. Admirez le magnifique panorama de la tour sarrasine à proximité.

Zippori National Park : *☎ 656-82-72. • parks.org.il • À 6 km au nord de Nazareth. Mal desservi. Le bus n° 343 s'arrête à un carrefour à 3 km de là. Rens auprès de l'office de tourisme sur les possibilités d'y aller en sherout. Site tlj 8h-17h (16h en hiver). Entrée : 29 Shk ; réduc. Dernière admission 1h avt.*
Le site remonte à l'époque du premier Temple. Fouilles archéologiques dévoilant de magnifiques vestiges des périodes judéo-chrétienne, romaine et byzantine. La ville est épargnée par les destructions qui provoquent la chute de Jérusalem en 70. Au IIIe s, elle est le siège du Sanhédrin (le grand tribunal rabbinique), et Rabbi Yehuda HaNassi y rassemble les disciples les plus érudits pour transcrire les enseignements de la Loi orale (cette compilation s'appelle la Mishnah). Les fouilles ont révélé un amphithéâtre romain de 4 000 places, de magnifiques mosaïques, une forteresse croisée et une synagogue.
Le plus appréciable dans la visite de ce site réside dans la richesse du travail de présentation et de mise en valeur des ruines. Dans la citadelle des croisés, présentation audiovisuelle du site (ne pas manquer le panorama du toit). La plus belle mosaïque a été recouverte d'un dôme sombre. À l'intérieur, un jeu de lumière la met magnifiquement en valeur. Tout autour, des photos d'une partie de la mosaïque en expliquent les symboles cachés. Une des représentations féminines est d'ailleurs appelée la *Mona Lisa de la Galilée,* c'est dire le chef-d'œuvre.

Megiddo National Park : *☎ 659-03-16. À 21 km au sud de Nazareth et 35 km de Haïfa. Bus nos 301 et 302 d'Afula. De Tibériade, bus nos 835 et 841 (par Afula). Bus nos 823 et 840 de Nazareth par Afula. Bus n° 302 depuis Haïfa (route 66). Arrêt Tzomet Megiddo puis 1 km de marche jusqu'au site. Tlj 8h-17h (16h en hiver). Dernière admission 1h avt. Entrée : 29 Shk ; réduc.* Megiddo est une ville cananéenne habitée depuis 3000 av. J.-C. La ville était surtout un point de rencontre situé sur les routes commerciales vers l'Égypte et la Mésopotamie (la voie de la mer). Le roi Salomon et ses successeurs, les Israélites, aux Xe et IXe s avant notre ère, y construisirent des fortifications et un impressionnant système hydraulique. Les canalisations, les étables, l'énorme silo à grains et d'autres ruines se visitent. L'endroit est identifié par la tradition chrétienne comme étant le lieu biblique d'Armageddon (le lieu des combats de l'Apocalypse, selon saint Jean). Excellent film commenté en français sur l'histoire des lieux. Megiddo représente pour toutes ces raisons un intérêt majeur et attire beaucoup de touristes. Mieux vaut donc arriver tôt. Cafétéria sympa dans le parc et l'inévitable boutique de souvenirs (cependant bien fournie en ouvrages sur l'histoire, l'archéologie et la nature).

BEIT SHE'AN

20 000 hab. — IND. TÉL. : 04

À 37 km de Nazareth et de Tibériade. Ville moderne sans intérêt particulier. Mais elle jouxte la plus grande cité romano-byzantine d'Israël, son « Éphèse », en quelque sorte.
Amphithéâtre (des gladiateurs), théâtre romain impressionnant, vestiges de bains monumentaux, d'un temple, d'une maison close, etc., dans un capharnaüm de pierres provoqué par le tremblement de terre de 747. Juste à côté, le tertre imposant de la cité cananéenne et biblique.

Arriver – Quitter

➢ ***Depuis et vers Tel-Aviv :*** bus n°s 828 et 829.
➢ ***Depuis et vers Jérusalem :*** bus n°s 961 et 963.
➢ ***Depuis et vers Afula :*** bus n°s 412 et 415.
➢ ***Depuis et vers Haïfa :*** bus n° 409.
➢ ***Pour la Jordanie*** via le poste-frontière de Sheikh Hussein, se reporter en début de guide, au chapitre « Quitter Israël et la Palestine ».

Où dormir ? Où manger ?

Beit Shean Youth Hostel : *129, sderot Menachem Begin. ☎ (02) 594-56-44. • iyha.org.il • Double 460 Shk, petit déj inclus.* Comme toutes les AJ de ce réseau, on est quand même plus proche de l'hôtel de petit luxe ! Située pas loin du site archéologique. Dortoirs corrects avec coin cuisine et salle à manger. Une soixantaine de chambres d'excellent confort ordonnées autour d'un patio. Clim, TV câble, minifrigo, boissons chaudes... Agréable cafétéria orientée *dairy* et proposant des petits plats fort bien concoctés : gratin de chou-fleur, lasagnes à la tomate, etc. Mon tout, bien sûr, copieux et très généreux sur la crème.

Où dormir dans le coin ?

Kibboutz Nir David : *Spring Valley, à quelques km à l'ouest de Beit Shean, sur la 71. ☎ 648-80-60 ou 648-85-25. • nir-david.org.il • Résa très conseillée, surtout le w-e. Doubles 610-990 Shk selon taille et saison.* Ce fut l'un des premiers kibboutzim fortifiés de la région (lors de la révolte arabe en 1936). Une quarantaine de chalets dans un superbe environnement verdoyant, un jardin d'Éden en miniature. 3 sortes de chalets tout confort, tous avec clim, TV écran plat, coin cuisine... Accès aux installations sportives du kibboutz et possibilité de faire du kayak sur la rivière à côté. Bon resto. Petit Musée archéologique, et on peut aller dire bonjour aux kangourous.

À voir

⚑⚑⚑ ***Beit She'an National Park :*** *le site archéologique se trouve à 2 mn de marche du terminal des bus. ☎ 658-71-89. Tlj même sam 8h-16h30 (15h30 en hiver) ; ven, ferme à 15h30 (14h30 en hiver). Entrée : 38 Shk ; réduc.* Sur une quinzaine d'hectares, le site renferme encore de nombreuses ruines et il est amené à se développer encore. Pour se repérer dans ce dédale de pierres, possibilité de louer des baladeurs. Du *Cardo Café,* belle vue sur le site.

Un peu d'histoire

L'histoire du site remonte à 5 000-6 000 ans et une quinzaine de villes s'y superposent. Occupé plus de trois siècles par les Égyptiens, puis par les Philistins. Après la bataille du mont Gilbo et la défaite des Hébreux, les corps du roi Saül et de son fils furent pendus aux murailles de la ville. Importante cité du royaume de David et Salomon, puis incendiée par les Assyriens en 732 av. J.-C. Rebâtie à la période hellénistique, elle prit le nom de *Scythopolis.* Beit She'an fit partie de la Decapolis, les 10 villes majeures organisées par le général Pompée en 63 av. J.-C. À l'apogée de la ville (Ve s), elle compta plus de 30 000 habitants. En 749, un terrible tremblement de terre l'abattit et elle ne s'en releva pas...

La visite

Pour la visite, prévoir du temps (et un chapeau, bien sûr). Vestiges significatifs des thermes, les plus grands en Israël. Ils permettent de bien comprendre le système sophistiqué de circulation de l'air chaud entre les piliers, chauffant en même temps l'eau des bains, le sol et les murs des salles... De-ci de-là, des vestiges de pavements de mosaïques. Sur les « Champs-Élysées » du site, bordés d'une belle colonnade, d'autres intéressantes portions de mosaïques devant les boutiques. Immense théâtre du IIe s apr. J.-C., qui pouvait contenir jusqu'à 8 000 personnes, un des mieux préservés de la période romaine. Rude montée sur la colline surplombant le site, mais on est récompensé par l'ampleur du panorama. Esseulé sur cette colline, un arbre dénudé, vaguement cruciforme, très voyant, a servi de « croix du Golgotha » dans l'un des nombreux films christiques tournés en Israël.

D'autres vestiges parsèment la ville moderne, comme le grand hippodrome.

En saison, *Shean Nights,* beau son et lumière : l'histoire de Beit She'an à travers les âges (et le tremblement de terre de 749 en prime). *Résas : ☎ 648-11-22. • parks.org.il •*

⚑ ***Le Musée municipal :*** *☎ 658-62-21. Sur rdv slt. Fermé sam.* Présentation de toutes les découvertes régionales, surtout la période romaine et celle des croisés.

DANS LES ENVIRONS DE BEIT SHE'AN

⚑⚑ ***Gan HaShlosha*** *(Sachné)* ***:*** *☎ 658-62-19. • parks.org.il • À 5 km de Beit She'an sur la route 669. Bus nos 412 et 415 de Beit She'an ou d'Afula. Tlj 8h-17h (16h ven en hiver et veilles de fêtes). Dernière admission 1h avt. Entrée :*

40 Shk ; réduc. Trois impressionnantes piscines de 100 m chacune, chaudes toute l'année, entourées d'un gazon paradisiaque. Ce sont des sources naturelles (chaleur constante à 28 °C). Une agréable étape pour se reposer, se rafraîchir et se restaurer. Les sources sont exploitées par le kibboutz Nir David situé à côté. L'activité de ce kibboutz étant la pisciculture, on mange dans la cafétéria de Sachné du très bon poisson (mulet).

Beit Alpha : *synagogue située dans le kibboutz Heftziba. ☎ 653-14-00. Bus n°s 412, 415 et 417 de Beit She'an ou d'Afula. En voiture, ne pas confondre avec la flèche indiquant « Kibboutz Beit Alpha ». Tlj sf dim 8h-17h (16h en hiver).* Datant du VIe s, la synagogue comprend deux salles annexes et une pièce intermédiaire séparées de la salle principale par deux rangées de colonnes. La mosaïque de la salle intermédiaire décrit, avec de merveilleuses couleurs, le sacrifice d'Isaac, les signes du zodiaque avec le dieu du Soleil sur un char tiré par quatre chevaux. Il y a aussi quatre personnages symbolisant chaque saison de l'année. Dans la partie sud de la mosaïque on aperçoit, entre autres, l'Arche sainte et, des deux côtés, des chandeliers à sept branches. La mosaïque a été réalisée au IIe s.

DE BEIT SHE'AN À JÉRUSALEM PAR LA CISJORDANIE

Pour rejoindre Jérusalem en voiture (à condition d'avoir une double assurance « Israël-territoires palestiniens »), il est possible (et même conseillé) de passer par la Cisjordanie, moyennant le passage de deux check-points (à l'entrée et à la sortie). L'occasion de visiter cette région passionnante : Jénine, le charmant village de Sebastia et son site archéologique, Naplouse et son souk, Ramallah à l'atmosphère si différente ou encore Jéricho au bord de la mer Morte. Des découvertes à ne pas manquer. Lire plus loin la partie consacrée à la Palestine.

LE SUD

LA MER MORTE

Un site naturel fascinant, unique au monde ! Situé à 400 m au-dessous du niveau de la mer, c'est le point le plus bas de la planète ! D'un côté, Israël, de l'autre, la Jordanie. Alimentée au nord par le Jourdain, la mer Morte est un immense lac déserté par toute forme de vie en raison de sa forte salinité, hormis quelques bactéries, sans oublier l'*Homo touristicus* bien sûr. Sur ses rivages, les concrétions de sels esquissent parfois d'étranges silhouettes, à la blancheur immaculée. Le long de la route qui longe la mer, se dressent des paysages puissants, silencieux, capturés par le soleil.

Ne vous privez pas d'une baignade. L'expérience est unique, la sensation étrange. On a l'impression de tremper dans de l'huile tiède. Vous vous rendrez vite compte que les prospectus publicitaires ne mentent pas. Impossible de couler, on peut réellement lire le journal en se baignant ! Un conseil : ne

mettez pas la tête sous l'eau et sachez qu'il est douloureux d'immerger une blessure. Après la trempette, il est nécessaire de se doucher. Autre expérience amusante, les bains de boue. Au plaisir régressif de s'enduire et de sécher au soleil s'ajoute la certitude de se refaire une peau de bébé. C'est très relaxant. Les bains de boue sont particulièrement recommandés à ceux qui souffrent de rhumatismes et d'affections de la peau comme le psoriasis.

POURQUOI UNE EAU SI SALÉE ?

Elle est six à huit fois plus salée que la Méditerranée. En effet, la mer Morte est alimentée par le maigre Jourdain, pompé excessivement, et aucune rivière n'en sort. Une échappatoire : l'évaporation. Seul le sel reste, s'accumulant au cours des siècles.

UN SAUVETAGE URGENT

Près de 1 m d'eau disparaît en fumée (si l'on peut dire) tous les ans. Le pompage excessif du Jourdain et de ses affluents par Israël (à hauteur de 60 %), la Jordanie et la Syrie, mais aussi des nappes phréatiques, en est la principale cause. Et si l'on ajoute à cela une évaporation intense, des sécheresses persistantes, on comprend facilement que le niveau de l'eau baisse de façon dramatique, réduisant progressivement la superficie de cette mer intérieure, ou plutôt de ce lac. Un chiffre éloquent : la mer Morte a perdu 30 % de sa superficie ces 30 dernières années.
À ce rythme, les scientifiques craignent sa disparition pure et simple d'ici à 2050. Une disparition qui aurait de graves conséquences sur l'économie et l'activité humaine de toute la région. À moins de trouver une (des) solution(s)...

DES SOLUTIONS POUR UN HORIZON INCERTAIN ?

Plusieurs solutions ont été imaginées. La plus avancée consiste à relier la mer Rouge et la mer Morte par un canal de 180 km de long. La dénivellation permettrait à la première de pallier les pertes de la seconde et, dans le même temps, de produire de l'électricité nécessaire au fonctionnement d'une usine de dessalement. L'idée de réaliser un canal n'est pas nouvelle en soi. Un tel projet, entre la mer Morte et la Méditerranée, avait déjà germé dans l'esprit de l'amiral anglais William Allen en 1855 !
Un accord a été signé entre l'Autorité palestinienne, Israël et la Jordanie, et une étude de faisabilité a démarré en 2007. Elle doit, entre autres, évaluer les contraintes économiques et écologiques de ce projet titanesque. En effet, l'environnement du bassin de la mer Morte est déjà fortement fragilisé par les pollutions industrielles, agricoles et domestiques, par l'extraction des minéraux, le détournement de l'eau, le tourisme, les actions non concertées entre les pays limitrophes et la faible pluviométrie. N'en jetez plus ! Pourtant, la construction d'un tel canal pourrait aussi contaminer les nappes phréatiques avec de l'eau salée (le risque sismique étant important dans la région), et perturber l'écosystème aussi bien autour de la mer Morte que dans la mer Rouge (faune et flore du récif corallien mises en danger dans la zone de pompage). Sans parler des conséquences liées à l'apport d'une eau moins salée, qui modifierait la composition si particulière de la mer Morte. Certains redoutent notamment l'apparition d'algues vertes.
Voilà pourquoi les écologistes avaient proposé une autre solution : élever (c'est le cas de le dire !) le bassin de la mer Morte au rang de « Réserve de la biosphère » auprès de l'Unesco, sous l'égide d'un comité tripartite (jordano-israélo-palestinien)

pour un développement durable. Cela supposait, entre autres, une gestion concertée et mieux adaptée à l'environnement des secteurs touristique, industriel et agricole. Mais ce projet aurait dû s'inscrire dans le cadre d'une politique régionale de l'eau. Et là, on bascule dans la géopolitique...
La logique ne voudrait-elle pas en effet que l'on s'intéresse d'abord à la « source » de cette disparition : le faible débit du Jourdain ? Arrêter de capter les eaux du fleuve permettrait d'alimenter de nouveau la mer Morte en eau douce, comme elle l'a toujours été. On imagine bien l'impact sur l'agriculture, les problèmes économiques et politiques que générerait une telle décision... Par ailleurs, Israël et la Jordanie ont décidé de stopper les rejets d'eaux usées dans le Jourdain en 2011, ce qui en soi mérite d'être salué. Seulement, comme le souligne l'ONG *Les Amis de la Terre,* cet accord devrait assécher encore un peu plus le fleuve, car ces eaux, une fois traitées, serviront à l'agriculture et ne seront pas réinjectées dans le Jourdain. Côté israélien, on a aussi réfléchi au pompage du lac de Tibériade pour faire grossir cette malheureuse rivière. Un sauvetage urgent certes, mais bien compliqué.

EIN GUEDI

IND. TÉL. : 08

C'est à Ein Guedi que les routards goûteront aux sensations d'une baignade dans la mer Morte. Les plus fortunés, eux, vont dans les grands hôtels d'Ein Boqeq, à 30 km plus au sud. Ein Guedi n'est pas un village, mais plutôt un hameau, avec une poignée d'hébergements, une supérette, un kiosque et un restaurant. C'est une base idéale pour rayonner dans le coin : proximité de sites importants, petite plage publique et nombreuses possibilités de randos. La plage, bordée de galets et de cailloux, est équipée de douches gratuites.

Arriver – Quitter

En bus

Compagnie *Egged* slt. Plusieurs arrêts à Ein Guedi : à 100 m de l'auberge de jeunesse *(Beit Sarah Youth Hostel & Guesthouse)* et de l'entrée du site ; sur le parking de la plage publique ; devant les thermes d'Ein Guedi *(Ein Guedi Spa).* Certains bus grimpent même jusqu'au kibboutz Ein Guedi.
Liaisons avec :
➢ ***Jérusalem :*** une dizaine de bus/j., 6h-19h20 (12h20 ven) ; 3 bus sam, 18h30-21h30. Trajet : 1h15 env.
➢ ***Eilat :*** 4-5 bus/j. sf sam, 7h45-17h45 (14h45 ven). Trajet : 4h env. Attention, pour Eilat, mieux vaut réserver son billet 2 ou 3 j. avt.
➢ ***Massada :*** une dizaine de bus/j., 8h-18h (14h ven) ; 3 bus sam, 18h30-0h30. Trajet : 20 mn env.
➢ ***Beer Sheva*** *(via Arad)* ***:*** 4 bus/j. sf sam, 8h-18h (12h30 ven). Trajet : 1h30.
➢ ***Tel-Aviv*** *(via Jérusalem)* ***:*** 1 bus/j. sf ven-sam vers 14h30. Trajet : 3h15.

Adresses utiles

Tourist Information : *à Ein Boqeq.* ☎ *997-50-10.* ● *deadsea.co.il* ●
■ Pas de ***banque*** dans le coin. ***Bureau de change*** dans le shopping center Ein Hathelet à Ein Boqeq. Un ***distributeur*** dans le hall du *Ein Guedi Resort,* dans le kibboutz du même nom. Sinon, à Ein Boqeq.

Où dormir ? Où manger ?

Peu d'endroits où loger « bon marché » à Ein Guedi (à part planter sa tente sur la plage publique !). Si vous rêvez de faire la montée de Massada avant le lever du jour et que vous n'êtes pas véhiculé, ce n'est pas ici qu'il faut dormir, mais au pied même du site. Il y a bien des bus Massada-Ein Guedi mais en journée seulement.

Camping

Possibilité de planter sa tente gratuitement sur la plage publique. Quelques emplacements ombragés. Quelle vue le matin, lorsque le soleil se lève sur les montagnes jordaniennes !

De bon marché à prix moyens (80-420 Shk / 17-90 €)

Beit Sarah Youth Hostel & Guesthouse : *à 150 m de l'entrée du wadi David et à proximité de l'arrêt des bus. ☎ (02) 594-56-00. • iyha.org.il • Membre du réseau Hostelling International. Résa conseillée. Dortoir env 120 Shk/pers ; près de 355 Shk la chambre double ; ½ pens obligatoire ven. Repas autour de 55 Shk (65 Shk w-e ; resto ouv si 25 pers min). Pour les résidents, réduc de 25 % sur le prix d'entrée à la réserve d'Ein Guedi.* Une auberge de jeunesse bien placée (la plage publique est à 500 m), très bien tenue, et très propre. Les chambres sans surprise, mais bien équipées (clim, salle de bains, frigo, *coffee-maker,* parfois un balcon), peuvent être transformées en dortoir de 6 lits sur simple demande. Préférer la partie la plus récente, plus tranquille et à la vue plus dégagée.

Field School (Beit Sefer Sade) : *à 500 m env de l'entrée du wadi David et de l'arrêt des bus ; au bout de la route qui grimpe au-dessus de l'auberge de jeunesse. ☎ 658-42-88 ou (03) 638-86-88. • ngedi@spni.org.il • Compter 90 Shk/pers (petit déj-buffet 25 Shk) en dortoir ; double 385 Shk, petit déj inclus (½ pens obligatoire ven en chambre double) ; resto ouv ven soir slt.* Chambres du même calibre que l'AJ en contrebas. Mais comme l'adresse est située plus en hauteur, la vue est plus belle. On bénéficie même d'un petit panorama sur le wadi David. Dortoirs filles et garçons séparés. C'est ici que vous récolterez les meilleurs tuyaux pour des balades hors des sentiers touristiques. Dispose d'un bureau de guides expérimentés pour partir en rando.

Ein Gedi Pundak : *au bord du parking de la plage publique. Tlj jusqu'à 15h30 env. De bon marché à prix moyens.* Un self-service que l'on est bien content de trouver si l'on n'a pas prévu le pique-nique. Terrasse au bord du parking. Juste à côté, un snack est ouvert 24h/24 !

Plus chic (165-280 $ / 132-224 €)

Ein Gedi Resort : *dans le kibboutz Ein Guedi ; en venant du sud, fléché sur la gauche juste avt d'arriver à Ein Guedi. ☎ 659-42-22/20 (résas). • ein-gedi.co.il • À 1 km au sud de la plage publique. Doubles 185-275 $ selon confort et saison ; suites encore plus chères. Resto ouv le soir slt ; repas env 75 Shk ; possibilité de ½ pens. Entrée gratuite aux thermes d'Ein Guedi (Ein Guedi Spa).* C'est le prix d'un grand hôtel, mais on paie le cadre paradisiaque, verdoyant et calme. On peut aussi profiter à loisir du jardin botanique ! 4 types de chambres tout confort. 2 piscines, programme pour les enfants, terrains de sport et excursions proposées.

À voir. À faire

Ein Gedi Nature Reserve (réserve d'Ein Guedi) : ☎ 658-42-85. *Mai-sept 8h-17h, oct-avr 8h-16h ; attention, dernière entrée 1h avt pour le wadi David, 2h avt pour le wadi Arugot. Entrée : 27 Shk ; réduc (billet valable pour la visite du parc des Antiquités, le même jour).*
Magnifique réserve naturelle aménagée autour de deux gorges, le wadi David et le wadi Arugot, qui cisaillent la falaise de manière impressionnante. Ces *wadi* sont parcourus chacun par une rivière qui apporte une fraîcheur bienfaisante. Tout autour, sur les rochers, évolue une faune discrète. Il n'est pas rare d'observer des bouquetins. La réserve est sillonnée de chemins balisés (repères peints sur les rochers). Il est possible de faire une balade de 1h30 ou une vraie rando de 7 à 8h de marche. À l'entrée, un plan de la réserve avec les différents sentiers, leur niveau de difficulté et les temps de parcours est distribué (l'idéal est de se procurer le plan la veille, histoire de mieux préparer sa journée). Comme d'habitude, prévoir de bonnes chaussures, de quoi se couvrir la tête et les épaules, de la crème solaire et emporter beaucoup d'eau. Dernier point : en hiver, certaines parties des gorges peuvent être fermées en raison de la montée des eaux ; renseignez-vous avant de partir. Il existe deux entrées, correspondant chacune aux deux *wadi* :
– ***Wadi David :*** *500 m après le parking de la plage publique, sur le côté gauche (bien indiqué) en venant du sud. C'est l'entrée principale.* Ce *wadi* est le plus fréquenté, car le plus facile. Compter environ 1h30 aller-retour pour la balade jusqu'à la cascade *David's Fall* (très facile, faisable avec de jeunes enfants). Baignade interdite. De là, le sentier se poursuit en grimpant, sans difficulté majeure. On peut aller jusqu'à la grotte Dodim, un temple chalcolithique et à En Gedi Spring (prévoir la demi-journée).
– ***Wadi Arugot :*** *accès par la route goudronnée (2 km) qui part du parking du wadi David.* Le wadi Arugot est plus sauvage et moins fréquenté. Il convient davantage aux marcheurs. Compter environ 1h-1h30 pour atteindre *The Hidden Falls,* autant pour revenir (faisable avec des enfants en théorie à partir de 5 ans). Le long de la balade, plusieurs piscines naturelles dans lesquelles on peut se rafraîchir (quand il y a de l'eau !). On peut même continuer un peu après les cascades.
Une autre balade très sympa consiste à grimper jusqu'au point de vue *(En Gedi Lookout)* perché au sommet de la falaise. Compter environ 1h30 de bonne grimpette ; il faut donc partir tôt le matin pour être revenu avant la fermeture de la réserve. Dernière précision : si vous comptez randonner sur le plateau, au-dessus de la falaise, ne partez pas sans carte détaillée (en vente à l'entrée du wadi Arugot). Pour certaines randos sur le plateau, mieux vaut partir avec un guide. N'hésitez pas à vous renseigner aussi à la *Field School* (*Beit Sefer Sade* ; voir « Où dormir ? Où manger ? ») qui dispose d'un bureau de guides spécialisés dans l'organisation de treks (pas de rando en principe lors des fortes chaleurs).

En Gedi Antiquities National Park (parc des Antiquités) : ☎ 658-42-85. *Accès par la route goudronnée qui part du parking du wadi David. Tlj 8h-17h (16h en hiver). Entrée : 14 Shk (billet combiné avec l'entrée de la réserve d'Ein Guedi : 27 Shk, utilisable le même jour) ; réduc.* Vestiges peu impressionnants d'une synagogue datant du IIIe s de notre ère. Surtout intéressant pour ses mosaïques restaurées du IVe s.

Botanical Gardens (Jardin botanique) : *dans le kibboutz Ein Guedi ; en venant du sud, fléché sur la gauche juste avt d'arriver à Ein Guedi.* ☎ *658-44-44.* • *ein-gedi.co.il* • *Visite à n'importe quelle heure de la journée, mais il faut acheter son billet au kiosque d'entrée avt 16h (14h ven). Tarif : 26 Shk ; réduc.* Le kibboutz, très verdoyant, est un petit jardin d'Éden... Un sentier balisé permet d'admirer des centaines d'espèces végétales (espèces rares, arbres vénérables, plantes aromatiques, nombreux cactus, etc.). Magnifique ! Également un petit parc zoologique qui plaît aux jeunes enfants.

– ***Ein Guedi Spa*** *(thermes d'Ein Guedi)* **:** *à 4 km env au sud de la plage publique, sur la route de Massada. ☎ 659-48-13. • ein-gedi.co.il • Tlj 8h-18h (17h en hiver) ; fermeture 1h plus tôt ven. Entrée : près de 70 Shk ; réduc.* Bains chauds soufrés (45 °C), bains de boue de mer et piscine d'eau douce. Différents soins du corps, massages (en supplément de l'entrée ; un peu plus cher le samedi). Un petit train gratuit fait régulièrement la navette avec le rivage de la mer Morte, distant de 1 km.

MASSADA (MASADA)

IND. TÉL. : 08

L'un des sites à voir absolument en Israël pour sa beauté extraordinaire, pour le paysage inoubliable qu'on découvre du sommet de la falaise. Massada est une cité fortifiée construite par Hérode au beau milieu du désert de Judée, sur un promontoire qui domine le bassin de la mer Morte. Les fouilles ont mis au jour les bâtiments, ce qui rend la visite passionnante. Un grand lieu de pèlerinage pour les Israéliens.

UN PEU D'HISTOIRE

Massada fut d'abord une résidence royale pour Hérode. Il y fit construire un palais surplombant l'abîme. Après sa mort, Massada fut le lieu de la grande révolte juive contre les Romains qui débuta en 66. Les Romains gagnèrent la guerre en 70 par la conquête de Jérusalem, mais Massada continua à résister. Une armée de 10 000 à 15 000 légionnaires mit plus de 1 an à venir à bout de 967 zélotes assiégés. Les Romains bâtirent huit camps et une rampe d'assaut fantastique par laquelle ils atteignirent le sommet. Mais à leur arrivée, ils ne trouvèrent qu'un silence de mort et des cadavres. Cette résistance héroïque fait de Massada le symbole de la résistance juive. Aujourd'hui, les jeunes appelés du corps des blindés y prêtent serment.

UNE FIN HÉROÏQUE

Lorsque Massada fut sur le point de tomber entre les mains des Romains, les Zélotes (Hébreux révoltés contre les Romains) assiégés refusèrent de se rendre vivants. Ils tirèrent au sort 10 d'entre eux, chargés de superviser le suicide collectif et de mettre fin ensuite à leurs jours, afin de mourir en hommes libres. Seuls deux femmes et quelques enfants, cachés dans une citerne, auraient échappé au massacre.

Arriver – Quitter

En bus

Compagnie *Egged* slt ; arrêt des bus au pied du site, à 100 m de l'auberge de jeunesse *(Massada International Youth Hostel)*. Liaisons avec :

➢ ***Jérusalem :*** une dizaine de bus/j., 8h30-19h30 (16h20 ven) ; 3 bus sam, 18h45-0h20. Trajet : 2h.

➢ ***Eilat :*** 4-5 bus/j. sf sam (n° 444), 8h15-18h (15h15 ven). Trajet : 3h45 env. Attention, pour Eilat, mieux vaut réserver son billet 2 ou 3 j. avt.

➢ ***Ein Guedi :*** une quinzaine de bus/j.,

8h30-19h15 (14h30 ven) ; 3 bus sam, 18h45-0h20. Trajet : 20 mn env.

➢ ***Beer Sheva*** *(via Arad)* **:** 4 bus/j. sf sam, 8h30-18h30. Trajet : 1h15.

Où dormir ? Où manger ?

Massada International Youth Hostel & Guesthouse : *à 100 m env de l'entrée du site. ☎ (02) 594-56-22. • iyha.org.il • Résa conseillée. Dortoir env 140 Shk/pers ; près de 390 Shk la chambre double ; ½ pens obligatoire ven. Repas autour de 55 Shk (resto ouv à partir de 20 pers).* Une auberge de jeunesse qui ressemble à un hôtel avec des chambres modernes et confortables (salle de bains, TV, clim, frigo et *coffee-maker*). Mais ici, pas de cuisine à disposition. En revanche, super petit déj-buffet. Très propre. Certaines chambres offrent une vue de choix sur la mer Morte et les montagnes de la Jordanie. D'avril à octobre, il y a même une piscine ! Une auberge de jeunesse assez classe !

Plusieurs resto au niveau du *Visitor's Center,* près du musée et du téléphérique.

Le site

Infos utiles

– Il existe ***deux entrées*** : l'une du côté de la mer Morte (l'entrée principale), l'autre du côté de la *rampe Romaine.* Pour accéder à cette seconde entrée, il faut passer par la ville d'Arad, et il n'y a pas de bus (avoir son propre véhicule). Sachez que sur le site même, il n'y a pas de route reliant les deux entrées. En accédant par la *rampe Romaine,* impossible donc de visiter le musée du *Visitor's Center,* situé au pied de la falaise, côté mer Morte. Seul avantage de cette seconde entrée : l'accès à pied est moins sportif que celui du côté de la mer Morte (20 mn contre 1h).
– **Horaires :** *☎ 658-42-07/08. Fermé pour Yom Kippour. Avr-sept, tlj 8h-17h (dernière montée du téléphérique à 16h) ; oct-mars, tlj 8h-16h (dernière montée à 15h). Tte l'année, fermeture du site 1h plus tôt ven et veilles de j. fériés. À noter : une 1re ouverture du site 1h avt le lever du soleil (mais dans ce cas, ascension à pied slt).*
– Pour y monter depuis l'*entrée principale* (côté mer Morte), deux possibilités : ascension par un *téléphérique* (5 mn seulement mais impressionnant), ou à pied par le *sentier du Serpent* (assez éprouvant ; compter environ 1h de grimpette, 30 mn pour redescendre). Si vous choisissez le sentier, évitez les heures les plus chaudes de la journée, prenez un chapeau et n'oubliez pas l'eau !
– ***Départ du téléphérique :*** *ttes les 15 mn ou dès que 40 pers sont présentes. Avr-sept, dernier retour à 17h (16h le reste de l'année).*
– ***Tarifs :*** *72 Shk l'A/R par téléphérique (54 Shk la montée simple) ; ascension à pied (A/R) : 27 Shk ; réduc. Audioguide disponible en français en haut de la falaise (20 Shk ; ticket de l'audioguide donnant droit à l'accès au musée de Massada).*
– En haut, il y une fontaine avec de l'eau potable fraîche, sinon au *Visitor's Center,* vente de bouteilles d'eau.
– Possibilité de laisser les sacs à dos dans une consigne au *Visitor's Center.*
– ***Spectacle son et lumière :*** *du côté de la rampe Romaine. ☎ 995-93-33. Mars-oct, 2 fois/sem (en principe, mar et jeu à partir de 21h ; 20h en sept-oct). Tarif : 45 Shk ; réduc.* Traduction simultanée dans plusieurs langues dont le français.

La visite

Au-delà de la vue époustouflante (quel que soit le côté où l'on se tourne), ce vaste plateau au sommet abrite des vestiges de bâtiments, partiellement restaurés. L'un des endroits les plus fascinants est l'ancien palais d'Hérode, construit sur trois niveaux. Descendre jusqu'au niveau inférieur pour découvrir les fresques de l'époque. Remarquer le système qui permettait à Hérode d'avoir plusieurs bains et même une vraie piscine, ce qui est un véritable tour de force dans ce désert. L'église byzantine est aussi un petit bijou avec ses mosaïques bien conservées. Au gré de votre balade, vous croiserez anciens magasins, tour de garde, citernes, bains romains. Le tout cerné par les remparts fortifiés. Depuis le point d'observation situé au niveau de l'entrée du côté de la *rampe Romaine,* on perçoit les traces de l'un des anciens campements romains construits lors du siège. Au *Visitor's Center,* à côté du départ du téléphérique, projection d'un film (en hébreu et en anglais) sur l'histoire du site.

Masada Museum *(musée de Massada)* **:** au Visitor's Center. *Tlj 8h30-16h30 (15h30 oct-mars) ; fermeture 1h plus tôt ven et veilles de j. fériés. Entrée : 20 Shk (ticket incluant la loc de l'audioguide sur le site) ; gratuit moins de 5 ans. Visite avec audioguide.* Un musée très bien fait qui retrace l'histoire du site depuis l'époque du roi Hérode jusqu'aux fouilles récentes, à travers la reconstitution de scènes historiques. On se retrouve dans la salle de banquet du roi, dans le port de Césarée sur les bords de la Méditerranée, dans la cité en compagnie des zélotes, ou encore dans le campement romain lors du siège de Massada. Jolie muséographie et les atmosphères des différentes reconstitutions ont quelque chose d'onirique. On peut admirer aussi de remarquables pièces trouvées sur le site : amphores, chapiteau provenant du palais du roi avec peintures d'origine, nombreux bijoux et objets personnels des Romains et des zélotes, etc. Ne pas rater le très rare morceau de papyrus correspondant à un bulletin de paie d'un soldat romain.

Festival

– ***Festival d'Opéra :*** *5 j. en juin. ☎ (03) 692-77-77. • israel-opera.co.il • Au pied du site. Spectacles payants.*

DANS LES ENVIRONS DE MASSADA (MASADA)

SODOME (SDOM)

À 18 km env au sud d'Ein Guedi, par la route 90. Un panneau indiquant « Mt Sodom », sur la droite, permet de localiser l'endroit. Pas de bus pour y aller ; avoir son propre véhicule.

C'est l'un des sites supposés de l'ancienne cité biblique. Selon la Bible, Dieu anéantit Sodome, et sa voisine Gomorrhe, pour punir les habitants de leurs mœurs dépravées. La malédiction divine a été tellement efficace qu'il ne reste absolument rien de la ville ! Une théorie scientifique avance que Sodome aurait été détruite par un violent tremblement de terre, suivi d'un gigantesque glissement de terrain, et que la ville reposerait aujourd'hui au fond de la mer Morte.

FOUDRES DIVINES

Averti de la volonté divine de détruire Sodome par une pluie de soufre et de feu, Abraham demanda à Dieu d'épargner son neveu Loth, sa femme et ses deux filles. Dieu envoya alors deux anges pour les prévenir de quitter les lieux, sans se retourner. Dans sa fuite, la femme de Loth ne put s'empêcher de braver l'interdit en regardant derrière elle. Voilà pourquoi elle fut immédiatement changée en statue de sel.

Quelques centaines de mètres après le panneau « Mt Sodom », un autre panneau indique « Lot's wife ». Il s'agit d'un petit piton qu'on remarque à peine, une sorte d'aiguille qui serait la fameuse femme de Loth, transformée en statue de sel selon la légende. Peu convaincant tout ça... Sinon, plusieurs grottes dans le coin, sculptées dans le sel, malheureusement fermées à la visite, car trop dangereuses. C'est dans l'une d'elles que se seraient réfugiés Loth et ses deux filles, lors de la destruction de Sodome. Mais, selon une autre théorie, la grotte qui aurait servi de refuge se trouverait de l'autre côté de la mer Morte, en Jordanie. Au-dessus de la falaise, des sentiers balisés sillonnent le plateau entaillé par un canyon aux parois de marnes blanchâtres et farineuses. Ne pas s'y aventurer sans eau ni carte détaillée.

LE DÉSERT DU NÉGUEV

Ce triangle en forme d'entonnoir représente 60 % de la superficie du pays, soit près de 10 000 km². C'est une vaste étendue sauvage et désolée faite de rocaille, de sable, de vent et de tourbillons qui entraînent la poussière dans une folle ascension. Une nature nue, étonnamment variée, ponctuée par des collines érodées, entaillée par des oueds, cassée par des ravins et des canyons fantastiques, ou creusée par des cratères lunaires et arides. Sans oublier des zones de plateaux, comme pour mieux reprendre son souffle. Une sorte de Far West israélien, un décor de films à l'américaine où l'on peut surprendre des gazelles en fuite ou des bouquetins perchés sur leur rocher.
Mais ne vous fiez pas aux apparences. Car ce « pays sec » (traduction littérale de *néguev* en hébreu), aux étés torrides, cache des réserves d'eau en profondeur. Et qui dit eau dit possibilité de vie. Sous l'effet conjugué de l'homme et de cet or bleu, le Néguev est capable de ressembler, soudainement, à un vert pâturage, de voir pousser des champs de blé et de tomates, de nourrir des troupeaux de vaches parquées dans des enclos. Un vrai-faux désert en somme. Près de 150 000 Bédouins y vivraient. Dans les kibboutzim et les *moshavim,* on s'efforce de faire fleurir cette terre inhospitalière. Grâce à des systèmes élaborés d'irrigation et de transformation de l'énergie solaire, le Néguev n'est plus cette terre improductive que parcouraient inlassablement les caravaniers nabatéens.
Depuis la guerre des Six Jours en 1967, le Néguev est aussi une zone hautement stratégique pour Israël (les camps d'entraînement militaires sont là pour le rappeler). Malgré tout, le Néguev reste une terre de prédilection pour les amoureux de solitude, d'étendues désertiques et les amateurs de treks. Une nuit passée à la belle étoile restera gravée à jamais dans votre mémoire.

Randonner dans le désert

Partir en trek dans le désert est une expérience fabuleuse mais qui ne s'improvise pas. Voici quelques conseils et infos utiles :
– Il existe des sentiers balisés à l'aide de marquage de couleur sur les pierres. Il est dangereux de s'en écarter. Des cartes détaillées des sentiers sont souvent disponibles dans les écoles de la nature *(SPNI – Field School)* ; ne pas hésiter à y passer et à vous faire expliquer la balade.
– Pour une randonnée de plusieurs jours, ne jamais s'aventurer seul. Adressez-vous à une agence spécialisée qui a pignon sur rue.
– Il est possible de faire un trek toute l'année, mais sachez que de juin à septembre, la chaleur est écrasante en journée. Il faut alors marcher tôt le matin ou bien

à la tombée de la nuit. En janvier et février, il fait souvent très froid (la température peut descendre jusqu'à 2 °C à 900 m d'altitude en pleine nuit, dans le secteur de Mitzpé Ramon). Par ailleurs, en hiver, il arrive que des orages violents éclatent. Les oueds peuvent se gonfler soudainement et devenir dangereux. D'où la nécessité de ne pas planter sa tente n'importe où, et de partir accompagné d'un guide qui connaisse le danger.
– Cela va de soi, mais prévoyez de bonnes chaussures, des lunettes de soleil, une crème solaire à indice élevé, de quoi vous couvrir la tête et suffisamment d'eau (pas de point de ravitaillement en plein désert !).

BEER SHEVA

186 000 hab. IND. TÉL. : 08

Quatrième ville du pays et capitale du Néguev, Beer Sheva est avant tout un carrefour aux portes du désert. Son nom apparaît déjà dans l'Ancien Testament, mais Beer Sheva a pris son essor dans les années 1960, jaillie du désert par la volonté des pionniers. Une ville à comprendre comme la réalisation d'une prophétie de Ben Gourion pour qui la conquête du désert était la clé de l'indépendance d'Israël. Beer Sheva est aussi une ville universitaire importante qui accueille près de 20 000 étudiants. Et pour finir, pas mal d'immigrants russes et éthiopiens, mais pas beaucoup de Bédouins.

Arriver – Quitter

En bus

Gare routière *(tahana mercazit ; plan B1)* **:** *sderot Hakham, à 10 mn à pied du centre-ville.* 2 compagnies : *Egged* *(☎ 629-43-11)* et *Metropoline* *(☎ 59-00 ; ● metropoline.com ●).* Les tickets de bus s'achètent au guichet de la gare.
Liaisons avec :
➢ ***Tel-Aviv :*** bus ttes les 15-30 mn, 5h30-19h30 env. Trajet : 1h30.
➢ ***Mitzpé Ramon :*** une quinzaine de bus/j., 6h30-23h, avec la compagnie *Metropoline* (bus n° 60). Pas de bus pendant le shabbat. S'arrêtent à ***Sdé Boker.*** Les bus *Metropoline* sont 2 fois moins chers que les bus *Egged.*
➢ ***Massada*** (*via* Arad) **:** 4 bus/j., 8h30-18h30. Trajet : 1h15.
➢ ***Jérusalem :*** bus ttes les 30 mn (ou 1h), 6h-22h30. Trajet : 2h-2h30.
➢ ***Eilat :*** ttes les heures env, 6h30-1h du mat env. Trajet : 4h30.
➢ ***Haïfa :*** 1 bus/j. le mat. Trajet : env 2h30.

En train

Gare ferroviaire *(Be'er Sheva Merkaz ; plan B1)* **:** *sderot Hakham. ☎ 623-72-45.*
Liaisons avec :
➢ ***Tel-Aviv :*** départs ttes les heures. Trajet : 1h30.
➢ ***Haïfa et Akko :*** départs ttes les heures. Trajet : près de 2h30 pour Haïfa ; 3h pour Akko.
➢ ***Jérusalem :*** changement à Lod.

En *sherout* (taxi collectif)

➢ Départs devant les gares routière et ferroviaire *(plan B1). Sherout* essentiellement pour ***Dimoma.*** Quelques rares départs pour ***Tel-Aviv*** (il est plus économique de prendre le train).

Adresses utiles

✉ ***Poste*** *(plan B1)* **:** *sderot Yitzhack Rager.*

■ ***Consulat honoraire de France*** *(plan A2,* ***1****)* **:** *2, rehov HaHistadrut.*

Permanence les 1er et 3e lun de chaque mois, l'ap-m slt. Sinon, à ***Dimona,*** *à 35 km au sud-est de Beer Sheva. ☎ 656-32-48.*

■ **Location de voitures :** ***Hertz,*** *7, Hasadna. ☎ 665-15-51.* ***El-Dan,*** *4, rehov Leonard Cohen. ☎ 643-03-44.* ***Avis,*** *2, rehov Amal. ☎ 627-17-77.* ***Budget,*** *1, derech Shazar. ☎ 935-00-17.*

Où dormir ?

Prix moyens (250-420 Shk / 53-90 €)

Hôtel HaNeguev *(plan A2,* ***10****) : 26, rehov HaAtzmaut. ☎ 627-70-26. Fax : 627-87-44. Double avec sdb env 250 Shk. Pas de petit déj.* Hôtel sans charme, aux chambres assez sommaires et plutôt bruyantes côté rue, mais pas très chères non plus. Et puis il peut dépanner car le choix est franchement limité à Beer Sheva. Accueil en dilettante (presque les pieds sur le comptoir).

Beit Yatziv *(plan A1,* ***11****) : 79, rehov HaAtzmaut. ☎ 627-74-44. Depuis la gare routière, bus n° 13. Doubles 300-400 Shk selon confort.* Un établissement qui propose 3 catégories de chambres propres et climatisées, avec salle de bains. Les plus chères sont plus spacieuses. Un établissement qui fera l'affaire pour une petite halte.

Plus chic (600-1 100 Shk / 127-234 €)

Leonardo Neguev *(plan B1,* ***12****) : 4, rehov Henrietta Szold. ☎ 640-54-44. • leonardo-hotels.com • Bien placé ; à 10 mn à pied du centre-ville et à 5 mn de la gare routière. Double env 700 Shk.* L'hôtel de standing de Beer Sheva et de la fameuse chaîne qui essaime ses établissements à travers le pays. Près de 250 chambres, confortables et sans mauvaise surprise. Plus on grimpe dans les étages (une douzaine), plus la vue sur la ville est impressionnante.

Où manger ?

De bon marché à prix moyens (40-120 Shk / 8,50-25 €)

Kebab Amunah Restaurant *(plan A2,* ***20****) : 58, rehov KKL. ☎ 627-88-65. Tlj sf sam 9h-23h (14h ven). Bon marché.* Situé dans la rue principale de la vieille ville, cet établissement est connu de tous pour ses délicieux kebabs ! Une affaire familiale qui tient la route depuis 3 générations. C'est une cantine très améliorée (salle bien propre) qui réunit ouvriers et cols blancs du quartier. Petite terrasse.

Saba Jebeto *(plan B1,* ***21****) : en retrait de la rehov Henrietta Szold. ☎ 627-28-29. Tlj jusqu'à 2h30 du mat env ; sam à partir de 20h.* Sympathique resto qui se dissimule dans une ruelle marchande, parallèle à la rue Henrietta Szold. Délicieuses salades à base de produits frais, sandwichs généreux, quiches ou plats plus consistants à prix vraiment raisonnables. Goûter le pain fait maison parfumé aux multiples saveurs (basilic, olives, épices, etc.). À l'arrière, pour prolonger la soirée, bar aménagé au sein d'une grande cour envahie de végétation (lorsque le temps le permet) ! Moult banquettes, coussins, guirlandes de loupiotes se lovant autour de troncs... Une vraie petite oasis à l'ambiance *lounge*. Un endroit inattendu, très sympa, et pourtant entouré de béton.

Smilanski Tapas Bar *(plan A2,* ***22****) : 23, rehov Smilanski. ☎ 665-48-54. Tlj 17h-2h du mat (à partir de 12h ven-sam). Résa conseillée ven soir.* Ne vous y trompez pas, malgré son nom, ce bar-resto propose davantage de salades, poissons et viandes que de tapas. Peu importe. L'endroit a été joliment restauré et l'ambiance est

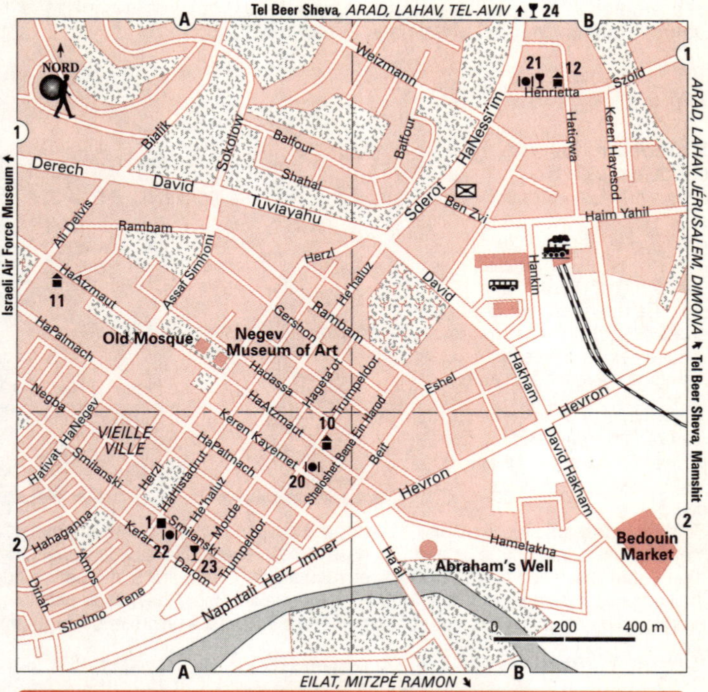

BEER SHEVA

Adresse utile

1 Consulat honoraire de France

Où dormir ?

10 Hôtel HaNeguev
11 Beit Yatziv
12 Leonardo Neguev

Où manger ?

20 Kebab Amunah Restaurant
21 Saba Jebeto
22 Smilanski Tapas Bar

Où boire un verre ?

21 Saba Jebeto
23 Gecko Coffee House
24 Coca Bar

souvent au rendez-vous (surtout le vendredi soir). En prime, terrasse sur le trottoir au bord de l'une des rues les plus agréables de la vieille ville.

Où boire un verre ?

Saba Jebeto *(plan B1,* ***21****)* **:** *voir « Où manger ? ».*

Gecko Coffee House *(plan A2,* ***23****)* **:** *13, rehov Smilanski. ☎ 628-89-37. Tlj 9h-23h (18h ven).* Ambiance décontractée pour ce bar-salon de thé où se retrouvent les amoureux de bons cafés (la carte en propose une vingtaine, du monde entier). Quelques plats à grignoter. Là encore, terrasse pour se poser. Très bien en journée.

Coca Bar *(hors plan par B1,* ***24****)* **:** *54, rehov Arlozorov. Près de l'université Ben Gourion ; le plus simple est d'y aller en taxi. Tlj jusqu'à 2h du mat env.* Un bar plein de vie, très connu des étudiants. On peut y manger. Dans la même cour, 3 autres bars, pour ceux qui voudraient faire la tournée.

À voir

Bedouin Market *(marché bédouin ; plan B2)* **:** *av. David Hakham (route 406, en direction de Mitzpé Ramon), à 1 km env du centre-ville. Jeu 6h-13h slt (sf en périodes de fêtes musulmanes) ; venir tôt, car à 10h, il s'effiloche déjà.* De moins en moins de marchands, l'activité s'est fortement réduite ces dernières années... et la balade s'avère décevante.

MARCHÉ CONCLU

Le marché bédouin de Beer Sheva remonte à l'Empire ottoman. Au début du XXe s, les Ottomans souhaitaient que la ville devienne le centre administratif des Bédouins du Néguev. Pour cela, ils érigèrent de beaux bâtiments et une mosquée. Mais, traditionnellement isolés, les Bédouins avaient l'habitude de prier en solitaire et délaissèrent la ville. C'est alors que les Ottomans décidèrent de créer un marché hebdomadaire pour donner aux Bédouins une bonne raison de venir !

Abraham's Well *(puits d'Abraham ; plan B2)* **:** *à l'angle de Keren Kayemet et de Ha'al. ☎ 623-46-13. Entrée par l'arrière du bâtiment. Tlj sf ven-sam 8h-16h. Entrée : 5 Shk.* Au milieu d'une cour, un puits profond d'une vingtaine de mètres, considéré comme celui cité dans la Bible, Genèse, XX, lors de la signature d'un pacte d'alliance entre Abraham et Abimelekh. Une autre école pense que le puits en question se trouve à l'entrée du site de Tel Beer Sheva (voir plus loin). Projection d'un film (en anglais) consacré à Beer Sheva et à l'histoire d'Abraham.

Negev Museum of Art *(musée du Néguev ; plan A1)* **:** *60, rehov HaAtzmaout. ☎ 699-35-35. • negev-museum.org.il • Lun, mar et jeu 10h-16h ; mer 12h-19h ; ven-sam 10h-14h ; fermé dim. Entrée : 15 Shk ; réduc.* Installé dans la maison de l'ancien gouverneur ottoman de Beer Sheva. Un petit musée qui accueille des expos temporaires d'artistes essentiellement israéliens, parfois internationaux.

À voir dans les environs

Tel Beer Sheva *(Tel Beer Sheva National Park)* **:** *à 7 km env au nord-est de Beer Sheva. ☎ 646-72-86. Prendre la direction Arad (route 60) puis, à 5 km env, fléché sur la droite. Tlj 8h-17h (16h de mi-oct à mars). Entrée : près de 15 Shk ; réduc.* C'est le site présumé de l'ancienne cité biblique, perché au sommet d'une colline qui domine le Néguev. Les fouilles ont mis au jour des vestiges datant de la période chalcolithique (4000 av. J.-C.) jusqu'aux débuts de l'occupation arabe (VIIe-VIIIe s). L'ancienne cité fortifiée, dont le tracé des rues et l'emplacement des maisons sont parfaitement visibles grâce à des travaux de restauration, date des IXe et VIIIe s av. J.-C. À l'entrée du site, noter le puits qui pourrait être celui d'Abraham mentionné dans la Bible. Tour d'observation qui permet de prendre de la hauteur. Mais le clou de la visite est le cheminement aménagé au sein des anciennes citernes creusées dans la roche, fabuleux système de récupération et de stockage de l'eau !

Israeli Air Force Museum *(musée de l'Aviation)* **:** *à 10 km env à l'ouest de Beer Sheva ; depuis le centre-ville, direction de Ashqelon, puis prendre à gauche la rue Yiga'el Yadin (feu n° 19), puis fléché. Bus n° 31 depuis la gare routière. ☎ 990-68-53. • iaf-museum.org.il • Tlj sf sam 8h-17h (13h ven). Entrée : 30 Shk ; réduc.* Un musée à la fibre patriotique et dédié à l'armée de l'air. Les amateurs pourront admirer les Mustang, Kfir, Cessna et autres avions utilisés par l'armée israélienne. Sans oublier les morceaux d'avions de combat égyptiens, exposés comme de véritables trophées... Pour les passionnés d'engins de guerre.

Museum of Bedouin Culture *(musée Joe Alon de la Culture bédouine)* **:** *à* ***Lahav,*** *à 20 km env au nord de Beer Sheva. Prendre la route 60 (direction Arad), puis la 31 (direction Ashqelon) ; 5 km plus loin, bifurquer à droite (route 358 ; direction Lahav). ☎ 991-33-22. • joealon.org.il • Tlj 9h-17h (14h ven). Entrée : 25 Shk ; réduc.* Intéressant musée pour découvrir la culture bédouine. Expo d'objets traditionnels, habits, bijoux, jouets, tapis et artisanat. Également des infos sur l'histoire de ce peuple nomade, les coutumes, la médecine traditionnelle, etc.

Arad : *à 45 km à l'est de Beer Sheva, par la route 60, puis la 31.* Ville pionnière sortie du désert qui n'a rien d'exaltant, mais on y passe forcément en allant de Tel-Aviv à la mer Morte, ou pour assister au son et lumière du site de Massada. Au cas où vous auriez besoin d'y passer la nuit, voici trois adresses :

Blau Weiss International Youth Hostel : *4, Ha'atad. ☎ (02) 594-55-99. • iyha.org.il • Compter 120 Shk en dortoir – attention, pas de logement en dortoir le w-e ; doubles 360-410 Shk selon période.* Chambres propres et bien tenues.

Inbar Hotel : *38, Yehuda St, dans le centre-ville. ☎ (08) 997-33-00. • inbar-hotel.co.il • Près de 130 $ pour 2.* Une centaine de chambres confortables dans cet hôtel équipé d'un spa avec piscine chauffée, jacuzzi, sauna, massages, etc.

Zman Midbar : *près d'Arad. ☎ (08) 634-00-41. • zmanmidbar.net •* Un *ecolodge* construit en plein désert pour des ateliers de méditation, yoga, relaxation. Dans la *Tea House,* on prend ses repas, on boit un thé, on y dort même en communauté sur des matelas posés à même le sol. Des excursions sont aussi organisées pour aller à la rencontre des Bédouins de la région.

Dimona : *à 35 km au sud-est de Beer Sheva, par la route 25.* Rien de particulier à voir. Juste pour signaler que c'est dans cette ville nouvelle, au milieu de nulle part, que s'est installée, en 1967, une communauté de Noirs américains, les *Black Hebrews.* Ils se disent être les descendants d'une tribu chassée de la Terre promise après l'invasion romaine en l'an 70 de notre ère.

Mamshit : *à 40 km au sud-est de Beer Sheva, par la route 25. ☎ 655-64-78. En été, tlj 8h-17h (16h ven) ; en hiver, tlj 8h-16h (15h ven). Dernière admission 1h avt. Entrée : 22 Shk ; réduc.* En plein désert et au bord d'un canyon, c'est une ancienne cité nabatéenne, comme Avdat, par où passaient les caravanes du désert, il y a 2 000 ans. La ville a été construite au Ier s de notre ère et n'a été abandonnée qu'à la conquête arabe, au VIIe s. La plupart des bâtiments que l'on voit datent en fait du IIe s, époque à laquelle l'Empire romain étendait son emprise sur toute la région. Plusieurs édifices ont été dégagés et partiellement restaurés. Parmi eux, ne pas manquer l'église des Martyrs dont le sol est recouvert d'une magnifique mosaïque.

– Possibilité de loger sur place en chambre double, sous une grande tente bédouine ou même de planter sa tente. Cuisine à disposition.

Negev Camel Ranch : *à Mamshit. ☎ 655-28-29. • cameland.co.il • Env 60 $ pour 2, petit déj 9 $ et dîner autour de 15 $. CB refusées.* Petits bungalows cubiques pouvant accueillir jusqu'à 5 personnes. Les proprios organisent des balades à dos de chameau dans le désert. Accueil toutefois inégal.

Large Makhtesh Crater (Grand Cratère) **:** *à 15 km au sud de Mamshit, par la route 206 puis 225 (fléché).* Vaste cirque vraiment superbe de 6 km de large environ sur 10 km de long.

Shivta : *à 55 km env au sud-ouest de Beer Sheva et à 40 km env à l'ouest de Sdé Boker. Depuis la route 40, à 30 km env au sud de Beer Sheva, bifurquer à droite en direction d'Ashalim, puis fléché. Pas de bus. Tlj 8h-17h. GRATUIT.* Au milieu du désert, dans un site remarquable et loin de tout. Il y a de fortes chances pour que vous soyez seul à visiter l'endroit. Cette cité nabatéenne n'a pas encore été entièrement dégagée. Quelques pans de murs ont été restaurés, quelques bâtiments partiellement reconstitués de manière discrète, juste assez pour faciliter la compréhension du site. Résultat, on déambule au hasard des rues, en côtoyant amas de pierre et édifices qui semblent avoir mieux résisté aux assauts du temps. Au cours de la balade, on traverse l'ancien quartier des ateliers et des commerces reconnaissable à sa grande place. Plus loin, grande demeure avec linteau sculpté et chapiteaux à motifs géométriques, vestiges d'un pressoir à vin. Aller à l'extrémité du site pour admirer la superbe église avec ses absides en cul-de-four.

Nabato Guesthouse : *à l'entrée du site. 0507-383-802. Doubles avec sdb env 450-550 Shk selon période (650 Shk lors des fêtes juives), petit déj compris (min de 2 nuits). Menu fixe 120 Shk (résa 2 j. avt).* Dans une jolie maison en pierre, 3 chambres à la déco sobre et soignée, à base d'artisanat bédouin. Chaque chambre dispose d'un ventilateur et d'une terrasse privée au bord du désert. Le lieu a du charme, incontestablement. Mais, en principe, il faut séjourner 2 nuits (vous pouvez toujours essayer de négocier...) et ne l'oubliez pas, on est vraiment loin de tout (sans parler des prix qui nous ont paru un peu musclés).

SDÉ BOKER

IND. TÉL. : 08

Sdé Boker se trouve en plein cœur du plateau du Néguev, à 50 km au sud de Beer Sheva. Impossible de ne pas être saisi par l'immensité et la grandeur austère de ces paysages vieux comme le monde, rabotés et usés par les siècles. Sdé Boker, c'est aussi tout un symbole en Israël. Un endroit idéal pour découvrir le désert au travers des rêves et des idées de celui qui en fut le visionnaire, Ben Gourion.
Sdé Boker, c'est à la fois un kibboutz et une petite cité, située à 4 km plus au sud, sur la route 40.

UN PEU D'HISTOIRE

C'est dans ce coin du Néguev, où il n'y avait rien, qu'un kibboutz fut fondé par des pionniers en 1953 pour expérimenter une agriculture du désert. À la fin de cette même année, une automobile traversant la région s'arrêta à Sdé Boker. Un homme à la tignasse dressée sur la tête en descendit pour faire un brin de causette avec quelques jeunes regroupés dans des tentes. C'était David ben Gourion, le Premier ministre d'Israël. Ému par les paroles de ces jeunes et touché par la beauté du lieu, il décida de se joindre à eux. Il y séjourna dès décembre 1953, suite à un retrait de la scène politique. Rappelé aux fonctions de Premier ministre, il quitta le kibboutz en 1955. Celui qu'on appelait familièrement « le Vieux », y revint en 1963 avec son épouse Paula, pour s'installer dans une « cabane », aujourd'hui transformée en musée. Ben Gourion espérait ainsi servir d'exemple à la jeunesse israélienne et montrer que le désert pouvait être reconquis par la créativité, l'énergie et la passion. C'est là qu'il décédera en 1973.

Arriver – Quitter

Les bus de la compagnie *Metropoline* (n° 60) reliant ***Beer Sheva*** à ***Mitzpé Ramon*** s'arrêtent à l'entrée de Sdé Boker. Ceux de la compagnie *Egged* ne s'arrêtent pas.

Où dormir ? Où manger dans le coin ?

Prix moyens (250-420 Shk / 53-90 €)

Hamburg House – Field School : *dans le village de Sdé Boker, à 150 m des tombes des Ben Gourion, au bord du canyon. ☎ 653-20-16. • orders.boker@gmail.com • Doubles avec sdb 300-400 Shk selon équipement (360-460 Shk ven).* Chambres de 2 à 6 personnes, simples (pas de déco inutile...), mais bien tenues. Les moins chères sont un poil vieillissantes, mais propres (c'est l'essentiel !). Les plus onéreuses disposent d'une kitchenette. Guides diplômés pour balades dans les environs.

Chambres d'hôtes Krivine : *tt au bout du village, à 100 m à peine du canyon. 0522-712-304. • zimmeril.com • Résa indispensable. Double avec ou sans sdb 350 Shk ; petit déj 35-55 Shk/pers. Repas sur commande 90 Shk. CB refusées.* Une vraie et agréable *guesthouse* (elles sont peu nombreuses dans le coin !), tenue par John et sa femme qui est française. 4 chambres au rez-de-chaussée, à l'entrée indépendante, et au bord d'un jardin. Les vieilles photos de famille et les meubles anciens patinés dégagent une atmosphère quelque peu british. Accueil simple. John parle le français.

Chic (115-165 $ / 84-120 €)

Kibboutz de Mash'abbei Sadeh : *à 15 km env au nord de Sdé Boker, sur la route de Beer Sheva. ☎ 656-51-34. • mashabim.co.il • Double env 130 $.* En plein désert, ce kibboutz de 500 habitants propose près de 80 chambres réparties dans plusieurs maisonnettes. Elles sont confortables, carrelées, propres et lumineuses. L'endroit est verdoyant et mignon. Dans le kibboutz, *dining room* (ouvert le midi) et épicerie pour se préparer un casse-croûte. Piscine. Une bonne adresse pour se reposer tout en découvrant la vie dans un kibboutz et son activité agricole (culture de légumes et vaches laitières). Pour info, possibilité de visiter le kibboutz Tlallim, à 3 km au sud en allant vers Eilat, qui possède l'un des systèmes les plus modernes de traite des vaches.

À voir

Dans le kibboutz

Ben Gurion's Desert Home *(maison de Ben Gourion)* **:** *☎ 656-04-69. • bgh.org.il • Dim-jeu 8h30-16h ; ven et veilles de fêtes 8h30-14h ; sam et j. fériés 10h-16h. Petit film sur la vie de Ben Gourion diffusé en anglais jusqu'à 15h slt. Entrée : 15 Shk (10 Shk sam et j. fériés) ; réduc. Fermeture des caisses env 1h avt.* Entrée par un petit musée consacré à la vie de Ben Gourion. C'est au fond du jardin que se tient sa maison. Un décor dépouillé comme dans l'ermitage d'un ascète du désert, peu d'images, un portrait de Gandhi (qu'il admirait) dans sa chambre à coucher. La simplicité même est le propre des grands hommes, n'est-ce pas ? Conformément à sa volonté, rien n'a changé depuis sa mort, le 1er décembre 1973. Son peigne, ses boutons de manchette, ses lunettes, ses pantoufles au pied de son lit... sont toujours là. La pièce la plus significative est la bibliothèque aux murs tapissés d'environ 3 500 volumes écrits dans une dizaine de langues.

– Après la visite, faites une halte au magasin de la *winery Sdé Boker,* à 100 m de la maison de Ben Gourion, pour une dégustation-vente de la petite production du kibboutz (près de 2 000 bouteilles par an).

Dans le village

David and Paula Ben Gurion's Tombs *(tombe de David ben Gourion et de sa femme Paula)* **:** *accès par un chemin de 200 m env qui débute au parking situé à côté de l'entrée nord du parc national En Avedat (Zinim Cliff entrance pavillon).* En Israël, les grands hommes sont généralement enterrés au sommet du mont Herzl à Jérusalem. Mais Ben Gourion adorait le wadi Zin, ce canyon fantastique, digne du Colorado. Et on le comprend ! Il souhaita se faire enterrer ici, face à cet immense paysage désolé et superbe. Sur sa tombe, toute simple, on peut lire l'épitaphe suivante : « David ben Gourion, né en 1886, mort en 1973, monté en Israël en 1906. » Et comme le veut la tradition dans les cimetières juifs, pas de fleurs, juste de petites pierres posées sur la tombe.

Jacob Blaustein Institute for Desert Research *(Institut de recherche sur le désert)* **:** *à l'université Ben Gourion (Midreshet Ben Gurion). ☎ 659-67-10. • bgu.ac.il • En principe, visite dim mat et jeu mat. Résa souhaitée. Compter env 300 Shk. Durée : 30 mn/thème (possibilité de choisir 1 ou 2 thèmes de visite slt).* L'université comprend trois instituts qui travaillent sur les secrets du désert et développent des techniques pour rendre ces terres plus fertiles. L'université organise des visites commentées autour de quatre thèmes : maîtrise de l'eau (traitement, recyclage et désalinisation), de l'énergie solaire, aquaculture et architecture en milieu désertique. Chaque visite est menée sur le lieu même des expérimentations et des installations de recherche.

En Avedat National Park *(canyon En Avedat)* **:** *☎ 655-56-84. Billetterie tlj 8h-16h (15h oct-mars) ; on doit être sorti du canyon à 17h (16h oct-mars). Tarifs : 29 Shk par l'entrée nord (billet combiné avec le site d'Avdat : 46 Shk) ; 15 Shk par l'entrée sud ; réduc.*
Il existe deux entrées. L'entrée principale, la seule par laquelle on accède au fond du canyon (*entrée nord* ; Zinim Cliff entrance pavillon), se trouve au niveau du grand parking de la cité de Sdé Boker (à 100 m de l'arrêt des bus). L'*entrée sud* se situe à 7 km de là, sur la route 40, en direction de Mitzpé Ramon (entre les km 124 et 123). Attention, par l'entrée sud, on accède seulement à un belvédère qui surplombe le site (il est interdit de descendre au fond du cayon par ce côté-là). Baignade et pique-nique interdits. Sachez qu'en hiver le canyon peut être impraticable en raison de fortes pluies.
Magnifique canyon que l'on parcourt à pied sur 1,5 km environ, le long d'un sentier balisé. Dans le canyon, une piscine naturelle (baignade interdite), une cascade et quelques ruines byzantines discrètes. Deux circuits sont possibles. Ils débutent au parking situé au fond du canyon, à 3 km de l'entrée principale, et auquel on accède par une route goudronnée. Le circuit court (1h30 à 2h de marche) permet de faire un aller-retour sans difficulté particulière. Le circuit long (prévoir 2-3h) consiste à parcourir l'ensemble du site et à rejoindre l'entrée sud en grimpant par le sentier qui escalade la falaise. Dans ce cas, avoir une voiture qui vous attend à l'entrée sud ou tenter le stop pour rentrer à Sdé Boker.

DANS LES ENVIRONS DE SDÉ BOKER

Avdat *(Avdat National Park)* **:** *à 10 km au sud de Sdé Boker, en direction de Mitzpé Ramon (sur le côté gauche de la route). ☎ 655-15-11. En été, tlj 8h-17h (16h ven) ; en hiver, tlj 8h-16h (15h ven) ; attention, dernière entrée 1h avt fermeture des guichets. Entrée : 29 Shk (billet combiné avec le canyon En Avedat : 46 Shk) ; réduc. Au centre d'accueil, projection d'un film de 10 mn (en français).*
➢ *Pour y aller :* les bus de *Metropoline* (n° 60) qui relient Mitzpé Ramon à Beer Sheva s'arrêtent devant le site (attention, ne pas confondre avec l'En Avedat National Park). Accès au site en 30 mn de grimpette ou en 5 mn en voiture (parking au pied des ruines).

Avec Massada, Avdat constitue l'un des plus beaux sites archéologiques d'Israël. Il s'agit de la plus importante cité fondée par les Nabatéens, au IVe s av. J.-C., dans le Néguev. Entre le VIe s avant notre ère et leur déclin au Ier s apr. J.-C. (Empire romain oblige...), les Nabatéens furent les seigneurs du désert, convoyant marchandises et épices de l'Orient vers les ports méditerranéens pour les transporter jusqu'à Rome. Un peuple de caravaniers et de commerçants dont la capitale était Pétra en Jordanie. Pendant près de 400 ans, Advat servit de halte sur la route des épices et de Pétra. Conquise par les Romains, elle fut ensuite dotée d'églises et de monastères byzantins dont on voit les ruines. Son abandon remonte au Xe s.
Au gré de la balade, belle reconstitution du pressoir à vin en pierre, vestiges du moulin à huile, maison romaine de deux étages, forteresse byzantine, ruines de deux églises, d'un monastère, etc. Voir le linteau au lion à la proue du château et, au pied de la colline, les thermes d'époque byzantine. La vue du haut de la colline (que domine une caravane de chameaux découpés dans le métal) est superbe.

MITZPÉ RAMON

4 500 hab. IND. TÉL. : 08

Petite ville nouvelle sans charme particulier, si ce n'est d'être construite au bord du cratère, *makhtesh Ramon,* le plus grand des trois cratères du Néguev. Il est gigantesque : plus de 400 m de profondeur, 40 km de long et une petite dizaine de kilomètres de large. N'imaginez pas la chute d'un énorme astéroïde qui aurait tout défoncé, ne cherchez pas non plus la responsabilité du côté d'un vieux volcan éteint. La formation de cet énorme trou est liée à l'érosion. Dans le cratère, ou depuis le sommet de la falaise, le spectacle est sublime et envoûtant, encore plus au lever du soleil. Mitzpé Ramon est un point de chute idéal pour préparer un trek dans le désert et découvrir un univers lunaire fascinant.

FAITES VOS VŒUX !

Tous les ans, peu avant la mi-août, la Terre traverse les Perséides, un nuage de météores qui se consument en entrant dans l'atmosphère. Situé au cœur du désert et à l'écart de la pollution lumineuse nocturne, Mitzpé Ramon célèbre alors, à cette occasion, la fête des Étoiles filantes. Toutes les lumières de la ville sont éteintes et l'on vient du monde entier pour observer l'une des plus belles nuits étoilées du Proche-Orient ! Les bonnes années, on peut admirer jusqu'à 100 voire 120 étoiles filantes par heure !

Arriver – Quitter

Pas de gare routière à Mitzpé Ramon. Plusieurs arrêts de bus dans la ville, dont l'un dans rehov Ben Gurion (où se trouve le petit centre commercial), l'autre à 100 m de l'auberge de jeunesse officielle (en face du *Visitor's Center,* et du centre Bio Ramon). Le plus simple est de demander l'arrêt au chauffeur.

Les bus de la compagnie *Egged* (n° 392) qui relient ***Eilat*** à ***Beer Sheva*** s'arrêtent à Mitzpé Ramon. Ttes les heures env, 6h30-1h du mat env. Trajet : 2h30 pour Eilat et Beer Sheva.

➢ ***Beer Sheva :*** une quinzaine de bus/j., 5h-21h30 avec la compagnie *Metropoline* (bus n° 60). S'arrêtent à ***Sdé Boker.*** Les bus *Metropoline* sont 2 fois moins chers que les bus *Egged* (mais ces derniers sont plus rapides car directs).

➢ ***Tel-Aviv et Jérusalem :*** pas de bus directs. Passer par Beer Sheva.

➢ Pas de *sherout* à Mitzpé Ramon.

Adresses et infos utiles

Visitor's Center : *se reporter à la rubrique « À voir. À faire ».*

Poste : *derrière le petit centre commercial, à 100 m du rond-point principal.* Pas de change mais service *Western Union.*

Banque Hapoalim : *dans le petit centre commercial, au niveau du rond-point principal.* Change euros et *travellers.* Distributeur automatique.

Internet : *à la bibliothèque municipale* (library), *13, rehov Ben Gurion. ☎ 658-84-42. Lun-mer 9h-12h ; dim, mer et jeu 15h-19h. Accès payant.*

Supermarché : *dans le petit centre commercial, au niveau du rond-point principal.* Bien fourni.

Location de VTT : *s'adresser à* **Desert Shade,** *voir « Où dormir ? Où manger dans le coin ? ». Compter 60 Shk la ½ journée ; 80 Shk/j.*

Agences et guides

The Chosen Path : *basé au* **Green Backpackers,** *voir « Où dormir ? Où manger dans le coin ? ». 0545-330-948. • yoashli@chosenpath.co.il •* Yoash, qui tient l'auberge de jeunesse *The Green Backpackers* avec sa compagne Lee, est un jeune guide aguerri et sérieux. Il organise des balades accompagnées d'une demi-journée *(env 500 Shk, jusqu'à 5 pers),* à la journée *(env 1 000 Shk)* ou des treks de plusieurs jours avec la logistique nécessaire (tente, matelas, nourriture, etc.). Circuits à thème (nature, faune, histoire, etc.) selon l'intérêt de chacun. Propose un *sunset tour* dans le désert *(env 20 Shk/pers pour 1h).*

Ramon Jeep Tour : *0544-935-192. • ramontours.com •* Une agence tenue par Oded, très sympa et qui connaît presque tous les secrets du désert. Le contacter, et il viendra sur votre lieu d'hébergement. Spécialisé dans les virées en jeep de quelques heures à plusieurs jours *(compter env 700 Shk pour 2h30 et jusqu'à 8 pers ; 1 300 Shk pour la journée).* Organise également des treks à la demande.

Desert Experience – Tiyul Acher : *rehov Har Ardon. ☎ 659-51-92. • tiyulacher.com • Dans l'ancienne zone industrielle réhabilitée.* Excursions sur l'ensemble du Néguev. Une agence sérieuse et reconnue.

Field School : *voir « Où dormir ? Où manger dans le coin ? ». ☎ 658-86-15/16. Près de 1 000 Shk/j. en sem ; 1 200 Shk/j. ven-sam.* Dispose de guides accompagnateurs diplômés.

Où dormir ? Où manger dans le coin ?

Campings

Une petite dizaine d'***aires de camping*** ont été aménagées au sein du cratère. Gratuites. Très sommaire, juste un terrain plat, pas de douche. Apporter sa tente. Seul le camping près de *Lots Cisterns,* à l'extérieur du cratère mais à quelques centaines de mètres de la falaise, dispose de douches et toilettes (gratuit).

Be'erot Campground : *à 15 km de Mitpzé Ramon. ☎ 658-67-13. • beerot@netvision.co.il • Prendre la route d'Eilat, puis à 10 km, fléché sur la gauche ; c'est à 5 km par une piste carrossable. Le seul camping payant dans le cratère : env 35 Shk (pour 4 pers) pour planter sa tente ; 50 Shk/pers sous une tente bédouine. Petit déj en sus. Double avec sdb et clim env 500 Shk. Repas 50 Shk.* Beaucoup de matelas peu épais sous de grandes tentes bédouines et 4 chambres en dur de 6 lits chacune. L'environnement est superbe mais c'est un peu l'usine.

De très bon marché à bon marché (moins de 250 Shk / 53 €)

Desert Shade : *à 1,5 km env du rond-point principal ; prendre la direction de Beer Sheva, puis fléché sur la droite. ☎ 658-62-29.*

LE SUD

0546-277-413. • desert-nomads.com • Près de 70 Shk/pers en dortoir, 100 Shk/pers en chambre ; petit déj 30 Shk, pas de resto. Possibilité de planter sa tente. À l'écart du village, la petite adresse routarde par excellence, avec une vue sur le cratère qui rend contemplatif, philosophe et zen... 3 huttes sommaires, aux murs de terre, contenant chacune 2 chambres. Un peu plus loin, en guise de dortoir, une grande tente bédouine avec une quarantaine de matelas. Douches et sanitaires communs. Agréable salle pour se poser, papoter ou se préparer un casse-croûte (apporter ses provisions). Location de VTT. Organise des virées dans le désert.

De bon marché à prix moyens (80-420 Shk / 17-90 €)

The Green Backpackers : *10/6, Nahal Sirpad. ☎ 653-23-19. • thegreenbackpackers.com • Compter env 80 Shk/pers en dortoir ; doubles 285-350 Shk sans ou avec sdb. Pas de petit déj. Min 2 nuits en dortoir.* Un genre d'auberge de jeunesse tenue par Lee et Yoash, un jeune couple vraiment sympa. Dans une petite maison de quartier, ils ont aménagé 2 dortoirs de 6 lits (un pour les filles, l'autre mixte) et 2 chambres. La déco, à base d'objets recyclés et réalisée par Lee, est soignée. L'atmosphère est chaleureuse comme tout, on a l'impression d'être en colocation. Cuisine équipée, lave-linge et petit jardin à l'arrière. Yoash est guide et organise des treks de 1 ou plusieurs jours. On aime beaucoup.

Youth Hostel : *à 100 m du Visitor's Center et de la falaise. ☎ 658-84-43. • iyha.org.il • Arrêt des bus pour Beer Sheva à 100 m. Résa conseillée (l'AJ est vite complète) ou tâcher d'arriver de bonne heure. Selon saison, compter 105-120 Shk/pers en dortoir ; doubles 300-350 Shk avec sdb. Repas env 65 Shk (75 Shk pour le shabbat).* Auberge moderne proposant des chambres confortables (clim, frigo, TV) et propres. Elles peuvent être transformées en chambres familiales ou en dortoirs de 6 lits, selon la demande. Très bien située.

Succah Bamidbar : *à env 7,5 km à l'ouest de Mitzpé Ramon. ☎ 658-62-80. • succah.co.il • À 5 km de la ville, tourner à droite et continuer sur 2,5 km par une piste accessible aux voitures de tourisme (fléché). Mieux vaut arriver avt la nuit. Prévoir 550 Shk pour 2 en ½ pens, 700 Shk le w-e. Sdb communes. Cuisine végétarienne. Min 2 nuits pdt les vac scol.* En plein désert, 8 cabanes chaleureuses avec tapis et nattes au sol, éclairées et chauffées à l'énergie solaire, assez éloignées les unes des autres pour avoir l'impression d'être au bout du monde. Les plus grandes peuvent accueillir une famille.

Field School : *à 3 km du centre-ville ; prendre la route d'Eilat, puis fléché sur la droite. ☎ 658-86-15/16. • har@spni.org.il • Résa conseillée (souvent complet). Doubles 340-405 Shk selon saison (ajouter 60 Shk ven). Resto ouv à partir de 15 pers.* Une quarantaine de chambres propres et fonctionnelles. Certaines peuvent accueillir jusqu'à 6 personnes. Organise des treks dans le désert avec des guides diplômés. On est en pleine nature, mais la clôture qui entoure la *Field School* donne un petit côté militaire à l'endroit... dommage.

Chic (420-600 Shk / 90-127 €)

Ibike Hotel : *4, rehov Har Ardon. 0523-611-115 ou 0524-367-878. • ibike.co.il • Dans la zone industrielle réhabilitée (The Spices Routes Quarter). Doubles env 420-500 Shk selon période ; suite avec kitchenette et terrasse privée plus chère.* Une dizaine de belles chambres dans un ancien hangar restauré avec beaucoup de goût, dans un esprit sobre, moderne et élégant. Elles s'organisent autour d'un espace commun très sympa, où l'on prend le petit déj autour d'une grande et même table. Attention, certaines sont tout de même un peu sombres. Thé à volonté, bouquins et jeux de société à disposition. Prêt de VTT. Il y règne une atmosphère de chambres d'hôtes de charme. Aviva, la propriétaire, vous donnera plein d'infos sur les balades et activités dans le coin.

Ramon Hotel : *8, Nahal Meishar. ☎ 658-88-84. • ramonhotel.com • Doubles 430-500 Shk selon saison (ajouter 90 Shk ven), petit déj compris ; jusqu'à env 700 Shk pdt les fêtes juives.* Dans un bâtiment restauré de 2 étages (sans ascenseur), un ensemble de studios avec cuisine équipée ou des appartements pour famille. Déco moderne, dans l'air du temps. Fait aussi resto. Bon accueil.

Plus chic (600-1 100 Shk / 127-234 €)

Chez Eugène : *8/1, rehov Har Ardon. ☎ 653-95-95. 0528-575-451. • mitzperamonhotel.co.il • Au sein de l'ancienne zone industrielle restaurée* (The Spices Routes Quarter). *Resto tlj le soir slt, et ven midi. Doubles 700-900 Shk selon confort (200 Shk supplémentaires ven). Pas de menu, à la carte slt ; compter env 130-200 Shk le repas.* Venu en vacances à Mitzpé Ramon en routard il y a une vingtaine d'années, Arnaud est tombé amoureux de ce coin de désert. Fidèle à son coup de cœur de jeunesse, il a ouvert un hôtel-resto, devenu aujourd'hui l'une des plus belles adresses de la ville. En cuisine, le jeune chef talentueux, qui a fait ses classes dans de grandes tables en Europe et à Tel-Aviv, maîtrise son sujet. Un maximum de produits frais, des saveurs à dominante méditerranéenne et de la créativité pour des plats qui enchantent les sens. Côté chambres, même tempo. Design contemporain sobre et très réussi dans ces anciens hangars industriels. Suites avec terrasse et jacuzzi pour les plus chères.

Achats

– À 1,5 km au nord de la ville, en direction de Beer Sheva, l'ancienne zone industrielle *(The Spices Routes Quarter)* a été réhabilitée. Les anciens hangars accueillent notamment quelques ateliers-boutiques, restos et différentes agences.

Faran : *12, rehov Har Ardon. ☎ 653-93-33. • faran-cosmetic.com •* Boutique de cosmétique naturelle, labellisée *Écocert,* et dont les produits sont réalisés sur place, notamment du savon bio. On peut voir l'atelier de fabrication à travers une vitrine.

À voir. À faire

Visitor's Center : *au bord du cratère.* Un espace muséographique largement consacré à l'exploration spatiale et à Ilan Ramon, premier astronaute israélien, disparu lors du crash de la navette *Columbia* en février 2003, avec les six autres membres d'équipage. Et, bien entendu, expo sur l'histoire et la géologie du cratère.

Balades le long de la falaise : de part et d'autre du *Visitor's Center,* deux sentiers de quelques centaines de mètres chacun longent le sommet de la falaise. Vue superbe, cela va de soi ! Sur le côté droit du *Visitor's Center,* le sentier mène au belvédère du mont du Chameau (har HaGamal). De l'autre côté, il conduit jusqu'à un « champ » de sculptures.

Bio Ramon Center *(centre Bio Ramon)* **:** *en contrebas du* Visitor's Center. *☎ 658-87-55. Tlj 8h-17h (16h ven) ; fermeture 1h plus tôt en hiver. Entrée : 21 Shk ; réduc.* Un genre de petit zoo où l'on peut voir vivantes moult bébêtes du Néguev : scorpions, araignées, serpents et autres reptiles ou rongeurs. La visite accompagnée par des guides qui connaissent bien la faune du désert est plutôt intéressante. Et maintenant... qui est volontaire pour une nuit à la belle étoile ?

Alpaca Farm (Ferme des Alpagas ; HaVat HaAlpakot) : à 3 km env au sud du centre-ville. ☎ 658-80-47. 052-897-70-10. • alpaca.co.il • Depuis le centre-ville, prendre la direction d'Eilat, puis fléché sur la droite. Tlj 8h30-18h30 (16h30 en hiver). Tarif : 25 Shk (à partir de 3 ans). Env 45 mn de visite. Propose des sorties pique-nique de 2h avec des lamas pour porter les affaires ; env 65 Shk/pers si vous apportez votre pique-nique, sinon prévoir 100 Shk/pers. Possibilité de dormir sur place. Également des balades à cheval à partir de 2 pers, le mat ou en fin d'ap-m (compter env 1h30 et 150 Shk/pers). Une ferme qui élève des alpagas et des lamas. La laine des alpagas est récoltée puis vendue. Quant aux lamas, adaptés au climat sec et chaud du désert, ils servent de compagnons aux trekkeurs désireux d'explorer la région. Propose également quatre jolies chambres et un dortoir.

➢ ***Balades dans le cratère :*** l'accès au cratère est gratuit. Il est parcouru par des sentiers balisés de repères peints sur les rochers (bleu, noir, rouge ou vert). Une carte répertorie les différents sentiers. On la trouve dans les établissements de Mitzpé Ramon, au *Visitor's Center* ou au Bio Ramon. Sachez enfin qu'il est interdit de randonner entre le coucher et le lever du soleil (pour votre propre sécurité et pour préserver la faune nocturne). Si vous passez la nuit dans le cratère, vous devez donc avoir rejoint le camping à la tombée de la nuit.

Plein de balades possibles avec différents niveaux de difficultés. N'hésitez pas à vous les faire expliquer de manière précise. Une balade assez facile, d'une durée de 2-3h environ, débute près de mont du Chameau (har HaGamal), à droite du *Visitor's Center.* Suivre le balisage vert. Elle permet d'atteindre le fond du cratère après 300 m de dénivellation et de rejoindre la route 40 qui mène à Eilat. Pour revenir à Mitzpé Ramon, faire du stop. Une variante plus difficile (pour les marcheurs) consiste, une fois arrivé dans le cratère, à quitter le balisage vert et à suivre le rouge. Prévoir environ 6h de marche. Comme précédemment, retour par la route 40.

EILAT

48 000 hab. IND. TÉL. : 08

À l'extrême sud du pays, Eilat est une station balnéaire moderne et sans charme, au bord de la mer Rouge. En saison, la marina, les grands hôtels luxueux et les boîtes de nuit ne désemplissent pas. Il faut dire que le coin bénéficie d'un climat unique. Le soleil brille plus de 330 jours par an, et c'est peut-être le seul endroit au monde où le vent souffle de la terre vers la mer. Il y fait donc toujours chaud (même étouffant en été !), et on s'y baigne toute l'année.

Autre point fort du golfe de la mer Rouge : ses fonds marins et ses sites de plongée à la réputation internationale ! Un simple masque et un tuba permettent déjà d'admirer de superbes coraux et une faune multicolore surprenante.

POURQUOI LA MER ROUGE ?

Il existe plusieurs théories qui expliquent l'origine du nom de la mer Rouge. Selon une hypothèse assez répandue, sa teinte rouge viendrait d'un micro-organisme qui colore abondamment la surface de l'eau lorsqu'il prolifère. Une deuxième théorie, couramment admise, rappelle que, dans l'Antiquité, les points cardinaux étaient désignés par des couleurs. Le rouge indiquait communément le sud. Quoiqu'il en soit, les eaux de la mer Rouge sont d'un bleu bien intense !

Sachez enfin que depuis Eilat il est très facile d'organiser une virée vers la fabuleuse citée de Pétra en Jordanie, ou vers l'envoûtant désert du Sinaï en Égypte.

Arriver – Quitter

En bus

Gare routière *(tahana mercazit ; plan A1)* **:** *sderot HaTmarim.* Compagnie *Egged* slt *(☎ 636-81-11).* Attention : réserver son billet 2 ou 3 j. à l'avance, surtout en juil-août et pendant les fêtes juives, pour ne pas rester en rade.

➢ Le bus nº 15 rejoint la frontière égyptienne de Taba (env 9 km) par la route qui longe la mer. Départs ttes les heures, 8h-22h (15h ven ; 19h sam). De la frontière au centre-ville, bus nº 16, qui revient env 20 mn plus tard.

➢ ***Tel-Aviv* :** une dizaine de bus/j., 5h-1h du mat. Trajet : env 5h30.

➢ ***Jérusalem* :** 4 bus/j., 7h-17h. Trajet : env 5h.

➢ ***Beer Sheva* :** ttes les heures env, 6h30-1h du mat env. Trajet : 4h30.

➢ ***Haïfa* :** 2 bus/j. Trajet : env 6h.

➢ Pas de *sherout* à Eilat.

En avion

✈ ***Aéroport*** *(plan B2)* **:** *à l'angle de sderot HaTmarin et de derech HaArava (en plein centre-ville !).* ☎ *634-01-52.*

■ ***Arkia Airlines* :** *à l'aéroport.* ☎ *638-48-88/33.*

■ ***Israir*** *(plan A-B1,* ***1****)* **:** *2, rehov HaTmarim, dans le Shalom Center.* ☎ *634-06-66.*

■ ***EL AL*** *(plan A-B1,* ***1****)* **:** *2, rehov HaTmarim, dans le Shalom Center.* ☎ *637-15-15.*

➢ Vols quotidiens pour ***Tel-Aviv*** (aéroport Sde Dov ou aéroport Ben Gourion) avec *Israir, Arkia* et *EL AL.*

De/vers l'Égypte et la Jordanie

Se reporter, au début du guide, au chapitre « Quitter Israël et la Palestine ».

Adresses et infos utiles

ℹ ***Centre d'informations touristiques*** *(plan B2)* **:** *Bridge House.* ☎ *630-91-11.* • *goisrael.com* • *Tlj sf sam 8h30-17h (13h ven).* Plein d'infos sur la ville. Horaires de bus. Compétents.

■ ***Tourist Patrol* :** ☎ *636-72-69.* Bureau d'aide aux touristes pour toutes sortes de problèmes (vol de papiers, de carte de paiement, etc.).

✉ ***Poste*** *(plan A1)* **:** *Red Canyon Center, au centre-ville.* ☎ *637-22-19.*

■ ***Banques et bureaux de change* :** plusieurs dans sderot HaTmarim *(plan A1),* au centre-ville.

■ ***Consulat honoraire français* :** 📱 *0548-820-108. En cas d'urgence slt.*

■ ***Consulat honoraire belge* :** *424/1, derech Jerushalayim Hashlema.* ☎ *637-55-56.* • *poms-j@actcom.co.il* •

■ ***Consulat de Suisse* :** ☎ *367-27-49.* • *eilat@honrep.ch* •

■ ***Consulat d'Égypte*** *(hors plan par A2,* ***2****)* **:** *68, rehov Efroni, à l'angle de rehov Nesher.* ☎ *637-68-82. Tlj sf ven-sam 9h30-14h.* Pour l'obtention du visa (tarif : 100 Shk ; valide 1 mois), délivré le jour même, apporter son passeport (valide au moins 6 mois) et une photo d'identité. Pas besoin de visa si on se cantonne au Sinaï et qu'on revient ensuite à Eilat.

■ ***Location de voitures* :** ***Eldan*** *(plan A-B1,* ***1****), dans le Shalom Center.* ☎ *637-40-27.* ***Hertz*** *(plan A1,* ***3****), sderot HaTmarim, dans le Red Canyon Center.* ☎ *637-50-50.* ***Budget*** *(plan A-B1,* ***1****), dans le Shalom Center.* ☎ *637-41-24.* ***Avis*** *(plan A-B1,* ***1****), dans le Shalom Center.* ☎ *637-31-64.*

Agences, guides

■ ***Desert Ecotours*** *(plan A2,* ***4****)* **:** *Zofit Center.* ☎ *632-64-77.* 📱 *0522-765-753.* • *desertecotours.com* • Agence sérieuse qui propose des circuits dans le Néguev, dans le Sinaï et en Jordanie. Treks, virées en 4x4, en jeep ou à dos

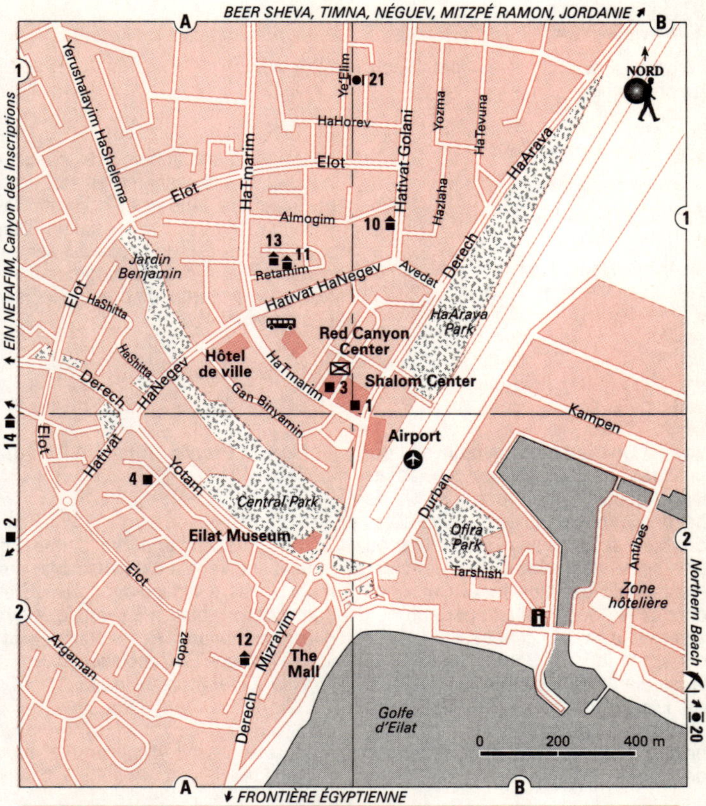

EILAT

■ **Adresses utiles**

- **i** Centre d'informations touristiques
- **1** Israir, EL AL, Eldan, Budget et Avis
- **2** Consulat d'Égypte
- **3** Hertz
- **4** Desert Ecotours

Où dormir ?

- **10** Arava Hostel
- **11** Sunset Motel
- **12** Eilat International Youth Hostel
- **13** Hôtel Pierre
- **14** Villa Kibel

Où manger ?

- **20** Moses
- **21** Pedro Bistro

LE SUD

de dromadaire.

■ ***Francki Tours :*** *0507-928-737.* • *francki-tours.com* • Une agence tenue par Franck Azuelos, un Français, qui organise des excursions d'une demi-journée à plusieurs jours en Israël et en Jordanie (Pétra, Wadi Rum).

Balades en jeep.

■ ***Eilat Field School*** *(SPNI ; plan Les environs d'Eilat,* ***15****)* ***:*** *à Coral Beach, voir « Où dormir dans les environs ? ».* Propose une carte de randos dans les environs. Également des guides compétents pour organiser un trek.

Où dormir ?

En juillet et août, c'est la haute saison, les prix flambent.

De bon marché à prix moyens (80-420 Shk / 17-90 €)

Arava Hostel *(plan B1,* ***10****) : 106, rehov Almogim. ☎ 637-46-87. 0528-326-851. • a55.co.il • Pas de résa pour 1 nuit le w-e (priorité donnée à ceux qui restent 2 nuits). Dortoir 4-6 lits 80-100 Shk/pers selon saison ; doubles avec sdb 180-400 Shk selon confort et saison. Petit déj en sus.* Une auberge de jeunesse qui propose une gamme de prix assez large, depuis le dortoir aux salles de bains communes, jusqu'aux chambres doubles et familiales, restaurées ou plus anciennes, avec TV, clim et frigo. L'ensemble est bien tenu. Certaines chambres nous ont juste paru un peu sombres avec leur fenêtre en hauteur qui limite la vue. Grande terrasse et jardin planté de palmiers (le boulevard est assez passant, mais la circulation n'est pas insupportable non plus). Barbecue, cuisine à disposition et service de laverie. Bon accueil. Une bonne adresse.

Sunset Motel *(plan A1,* ***11****) : 130/1, sderot Retamim. ☎ 637-38-17. 0502-708-795. • sunsetmotel.co.il • Doubles avec sdb env 250-350 Shk selon saison. Pas de petit déj.* Un endroit bien sympa avec bar, terrasse, jardin ombragé et reposant. Des chambres agréables, propres, dotées d'une cuisine équipée. Patron bien cool. Un rapport qualité-prix fort correct.

Eilat International Youth Hostel *(plan A2,* ***12****) : 7, derech HaArava. À Tel-Aviv : ☎ (02) 594-56-05. • iyha.org.il • Depuis la gare routière, bus n*os *1 et 15. Dortoir 110-140 Shk/pers selon saison ; doubles avec sdb 320-430 Shk selon période.* À deux pas du centre-ville, une auberge de jeunesse sur 3 étages aux chambres standard, parfaitement tenues et confortables (clim, TV, frigo et *coffee-maker*). Dortoirs (filles et garçons séparés) dans la même veine. À chaque étage, une terrasse aérée permet de prendre le frais. Pas mal du tout.

De prix moyens à chic (250-600 Shk / 53-127 €)

Hôtel Pierre *(plan A1,* ***13****) : 123, rehov Ofarim. ☎ 632-66-01. Fax : 632-66-02. Doubles avec sdb env 320-560 Shk selon saison.* Dans une rue calme, un hôtel d'une trentaine de chambres aux murs blancs, à la déco dépouillée. Elles sont confortables mais ont quelque chose de monacal. Petite cour végétalisée à l'arrière. Bon accueil.

Villa Kibel *(hors plan par A1,* ***14****) : 18, rehov Peres. ☎ 637-69-11. 0505-345-366. • villakibel.co.il • Un peu sur les hauteurs de la ville, dans un quartier résidentiel, à 1 km env de la mer. Selon saison, compter 250-450 Shk pour 2 ; 450-580 Shk pour 4.* Du studio au F2 pouvant accueillir jusqu'à 5 personnes, avec salle de bains, kitchenette équipée et TV. Une adresse où règne une ambiance de chambres d'hôtes. Russell, le propriétaire originaire d'Afrique du Sud, habite sur place et vous donnera plein de conseils sur les balades dans la région. Il peut venir vous chercher à l'aéroport ou à la gare routière. Une adresse pratique et agréable si l'on veut rester quelques jours à Eilat.

Où dormir dans les environs ?

Eilat Field School Camping & Hostel *(plan Les environs d'Eilat,* ***15****) : à* **Coral Beach** *; à 6,5 km env du centre-ville, sur la route qui mène à la frontière égyptienne. ☎ 637-20-21. • eilat_re@spni.org.il • Réception tlj sf sam 8h-20h (15h ven). Bus n° 15 depuis la gare routière. Autour de 40 Shk/pers en camping. Doubles avec sdb 300-385 Shk* *selon saison.* Face à la *Coral Reserve,* une cinquantaine de chambres de 2 à 9 personnes, classiques, carrelées et propres. Lits jumeaux, AC, frigo, *coffee-maker* mais pas de télé. Également quelques emplacements de camping ombragés. Ceux qui sont éloignés de la route sont forcément plus calmes.

Où manger ?

À Eilat, on vient pour la plage, le soleil, pour faire la fête, de la plongée, mais pas pour ses restos... La ville est pauvre en gastronomie. Quelques petites adresses le long de sderot HaTmarim *(plan A1),* notamment aux abords de la gare routière, où l'on peut manger sur le pouce, sans se ruiner.

Prix moyens (80-120 Shk / 17-25 €)

Moses *(hors plan par B2,* ***20****) : 4, Shvil Hayam. Au bord de la plage, dans la zone hôtelière. Tlj 12h-4h du mat. L'addition sera « bon marché » avec un sandwich.* Beaucoup d'animation et de restos assez chicos sur cette promenade qui court le long de la plage. Ce resto fait partie de la célèbre chaîne, spécialisée dans les hamburgers. Malgré tout, on a bien aimé sa terrasse paisible et sa déco moderne réussie qui fait penser à une friche industrielle réhabilitée. De bons hamburgers, mais aussi des salades fraîches et des plats plus cuisinés qui se défendent correctement. Et au moment de l'addition, ce ne sera pas le coup de bambou.

Chic (120-220 Shk / 25-47 €)

Pedro Bistro *(plan A-B1,* ***21****) : 14, rehov Ye'Elim. ☎ 637-95-04. Tlj sf dim.* À l'écart du centre-ville, un resto réputé pour ses bonnes viandes grillées. Et les desserts ne sont pas en reste. Cadre à la fois élégant, décontracté et chaleureux qui mélange modernité et touches plus anciennes. Les nombreuses bouteilles, soigneusement rangées sur les étagères au fond de la pièce, confèrent une atmosphère de bar à vins (la carte est d'ailleurs bien fournie !). Quelques tables en terrasse.

Où manger dans les environs ?

The Last Refuge *(plan Les environs d'Eilat,* ***22****) :* ***Coral Beach.*** *☎ 637-36-27. À 5 km env du centre-ville, sur la route de la frontière égyptienne, devant un petit port. Tlj jusqu'à 23h30 env. Résa préférable en saison, surtout pour avoir la vue sur la mer. Env 150-210 Shk le repas.* Un restaurant de poisson de bonne tenue. Cadre boisé et déco très inspirée par le large. Prix raisonnables pour un restaurant de station balnéaire, mais cuisine inégale.

À voir. À faire à Eilat et dans les environs

Eilat Museum *(musée d'Eilat ; plan A2)* **:** *2, rehov Yotam. ☎ 634-07-54. • eilat-history.co.il • Tlj sf sam 10h-20h (14h ven et veilles de j. fériés). Tarif : 10 Shk ; réduc.* Comme son nom l'indique, ce musée est consacré à l'histoire d'Eilat. Nombreuses photos. Pourquoi pas, si vous voulez comprendre ce qu'est devenue Eilat en seulement 60 ans !

Les plages : Eilat possède plusieurs kilomètres de plage. Les plages du nord *(Northen Beach ; hors plan par B2)* se trouvent au niveau de la ville, en face des grands hôtels. Elles sont aménagées et équipées de parasols et transats qui vous tendent les bras. Beaucoup, beaucoup de monde en été et pas mal de décibels. Les plages du sud *(Southern Beach ; plan Les environs d'Eilat)* s'étirent sur 5 km environ, le long de la route qui mène à la frontière égyptienne. Un peu plus sauvages et plus sympas. Avec palmes et tuba, on peut admirer coraux et poissons à quelques mètres à peine au large. La plus belle d'entre elles est la plage des Coraux (voir plus loin), c'est d'ailleurs une réserve naturelle.

➢ ***Croisières sur la mer Rouge :*** *plusieurs agences à la marina.* Rude concurrence, comparer les formules (durée, repas ou non...). Croisières dans le golfe d'Eilat, jusqu'au point frontière des eaux territoriales entre quatre pays : Israël, Arabie Saoudite, Jordanie et Égypte.

Les différents sites se situent le long de la route qui mène à la frontière égyptienne. Depuis le centre-ville, bus n° 15 qui rejoint la frontière. Départ ttes les heures 8h-22h (15h ven ; 19h sam). Dans l'autre sens (de la frontière au centre-ville), bus n° 16, qui revient env 20 mn plus tard.

Dolphin Reef *(plan Les environs d'Eilat) : à 4 km env du centre-ville. ☎ 630-01-11. • dolphinreef.co.il • Tlj 9h-19h (17h en hiver) ; la zone d'observation des dauphins ferme à 17h, tte l'année. Entrée : 65 Shk. Possibilité de faire du* snorkelling *(à partir de 10 ans) 340 Shk (entrée comprise). Accès aux piscines 170-320 Shk selon soins (+ 30 Shk en soirée, le w-e et j. fériés). Bars et resto sur place.* Une petite dizaine de dauphins évoluent au sein d'un enclos surmonté d'un ponton en bois. Selon leur humeur, ils s'approchent très près ou se maintiennent à l'écart. On peut même plonger en leur compagnie à partir de 8 ans (mais c'est cher !). Projection d'un film sur ces mammifères attachants. À côté de l'enclos, une plage privée de sable fin, avec transats et parasols, a été aménagée. Le cadre boisé est particulièrement agréable. Également un bar aux multiples terrasses avec fauteuils et coussins confortables qui surplombent la mer et littéralement envahies de végétation. L'atmosphère est très zen. Pour couronner le tout, fabuleux espace de relaxation noyé sous la verdure, avec chute d'eau, sauna et trois piscines : l'une remplie d'eau douce, l'autre d'eau de mer, la troisième d'eau salée comme dans la mer Morte. Possibilité de massages. Un endroit parfait pour paresser une bonne partie de la journée.

Coral Beach Nature Reserve *(plage des Coraux ; plan Les environs d'Eilat) : à Coral Beach ; à 6,5 km env du centre-ville. ☎ 637-68-29. En été, tlj 9h-18h (17h ven et veilles de j. fériés). En hiver, tlj 9h-17h (16h ven et veilles de j. fériés). Attention, fermeture des guichets 1h avt. Entrée : 35 Shk ; réduc. Loc de masques et tuba (env 20 Shk ; on peut aussi en louer moins cher ailleurs).* Face à la barrière de corail, une plage aménagée pour faire du *snorkelling* et observer moult petits poissons multicolores. Quelques brassées dans la mer, et vous voilà vite récompensé ! C'est la plage la plus sauvage le long du littoral, assez familiale.

Underwater Observatory Marine Park *(observatoire sous-marin ; plan Les environs d'Eilat) : à 7 km env du centre-ville. ☎ 636-42-00. • coralworld.co.il • Tlj 8h30-16h (18h lun-mer avr-sept ; 17h oct-mars). Entrée : 95 Shk (10 Shk supplémentaires pour l'Oceanarium) ; petite réduc pour les 3-16 ans. Nourrissage des poissons et tortues à différents horaires (se renseigner). Tickets valables 3 j. Cafétéria sur place.* Un centre qui a un petit côté parc d'attractions mais qui permet aussi d'admirer la beauté de la vie sous-marine : plusieurs aquariums dont un avec des requins qui montrent leurs dents, un autre dans lequel évoluent des poissons rares. Vitrines consacrées aux récifs de la mer Rouge (pour ceux qui émettraient des doutes, les coraux et les poissons sont garantis couleurs naturelles...), bassin aux tortues géantes. Mais le plus intéressant reste la tour d'observation, à 100 m de la plage, accessible par une passerelle qui mène à une salle d'observation située à 5 m sous la mer ! Dans un fabuleux paysage d'anémones et de coraux, déambulent des centaines de poissons tropicaux : les poissons-lions aux piquants venimeux, les poissons-pyjamas rayés de bleu et jaune, les ptéroïs (tout zébrés avec crinière) et cet étonnant chatécodon avec son cercle noir près de la queue. Le spectacle de la mer Rouge sans tuba et

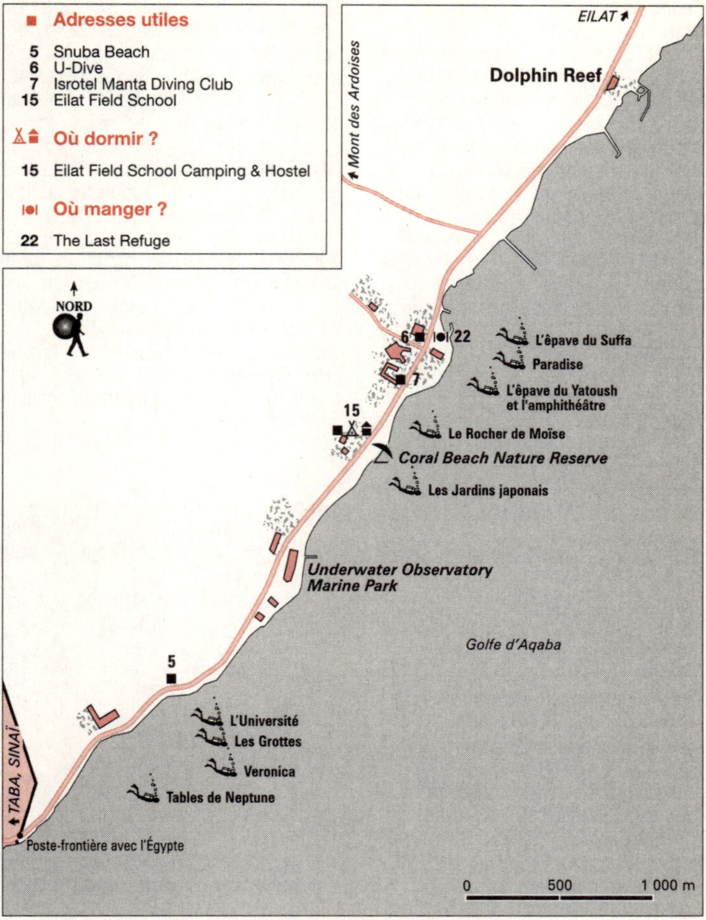

LES ENVIRONS D'EILAT

avec air conditionné. Superbe ! Au sommet de la tour, splendide vue sur le golfe d'Eilat, d'Aqaba en Jordanie jusqu'aux sables d'Arabie Saoudite.

Plongée sous-marine

Les clubs de plongée

Il existe une quinzaine de centres de plongée à Eilat. Un conseil : ne pas chercher le moins cher au risque de se retrouver avec du mauvais matériel, et de plonger dans de grosses palanquées avec des plongeurs de niveaux très différents.

■ ***Snuba Beach*** *(plan Les environs d'Eilat,* ***5****)* **:** *à 8 km env du centre-ville, sur la route de Taba.* ☎ *637-27-22.* ● *snuba.co.il* ● *Avt la frontière* *égyptienne et le* Princess Hotel, *sur le côté droit de la route. À partir de 8 ans et pour les débutants slt. Compter 200 Shk la plongée.* La technique du *snuba* permet de plonger à 6 m de profondeur maximum, sans licence. Le principe est simple : les bouteilles d'oxygène restent sur un petit bateau pneumatique pendant que les plongeurs, accompagnés d'un moniteur, descendent dans l'eau reliés à deux détendeurs à très longs tuyaux. C'est fun ! Accueil parfois en dilettante.

■ **U-Dive** *(plan Les environs d'Eilat,* ***6****)* **:** *à 5,5 km env du centre-ville, sur la route de Taba. ☎ 637-60-15. 📱 0547-706-505. • udive.org • Tte l'année, tlj 9h-17h. Compter près de 65 $ pour 2 plongées ; 350 $ pour le cours PADI Open Water (1er niveau).* Un centre de plongée PADI 5 étoiles, très compétent et très sérieux, tenu par Serge et Claire, deux Français. Serge Fitoussi est *PADI Course Director,* le plus haut niveau d'instruction en plongée sous-marine. Le centre propose cours de plongée PADI, baptême, plongée guidée, plongée de nuit, etc. Instruction de qualité, service personnalisé et que des petits groupes.

■ ***Isrotel Manta Diving Club*** *(plan Les environs d'Eilat,* ***7****)* **:** *à 6 km env du centre-ville, sur la route de Taba. ☎ 633-36-66. • redseasports.co.il •* Gros centre de plongée de l'*Isrotel Red Sea Sport Club* (la grande chaîne d'hôtels). C'est un peu l'usine mais le centre est sérieux.

Les spots de plongée

***L'épave du Suffa* :** *niveau I ou II selon la partie de l'épave. À 50 m env de la marina de Coral Beach.* C'est l'une des célèbres « vedettes de Cherbourg », une histoire qui a fait la une des médias à Noël 1969, et qui a provoqué, à l'époque, une sérieuse tension diplomatique entre la France et Israël. Depuis 1994, le *Suffa,* appelé localement *Satil,* gît entre - 20 m et - 25 m. L'épave est en excellent état et mesure 45 m de long. Très beau site de plongée avec beaucoup de vie marine : poisson crocodile, coraux très colorés, rascasses volantes, parfois tortue et raie aigle. Il est possible de pénétrer dans l'épave et de découvrir l'intérieur du bateau.

UNE ARRIVÉE EN VEDETTE

Dans les années 1960, Israël commanda à la France 12 vedettes lance-missiles. Seulement voilà, en 1967, la guerre des Six Jours éclata et le général de Gaulle décréta un embargo sur les ventes d'armes à Israël. Sept bateaux avaient déjà été livrés. Les cinq autres restèrent bloqués à Cherbourg ! Dans la nuit du 24 au 25 décembre 1969, un commando israélien se glissa dans les cinq vedettes et prit le large... Les navires arrivèrent en Israël le Jour de l'an, sous les applaudissements de la population israélienne !

***Paradise* :** *niveau II. Juste après l'épave du Satil.* Paradise Reef est une plongée profonde, à - 30 m environ, avec un plateau marin littéralement couvert de belles formations coralliennes.

***L'épave du Yatoush* :** *niveau II.* Ancien bateau utilisé pendant la guerre du Vietnam et situé à - 30 m. Le *Yatoush* a été acheté par l'armée israélienne à l'armée américaine (on peut d'ailleurs voir ce type de navire dans le film *Apocalypse Now*), puis coulé en 1986, pour faire un site de plongée. Le bateau mesure 8 m de long. La poupe repose à - 31 m, la proue à - 26 m. On y voit souvent de nombreux poissons lions et des murènes. Bloc de corail culminant à - 3 m. Grand tube de 5 m de long. On peut jouer au capitaine en passant par le poste de pilotage. Sur le chemin du *Yatoush,* vous pouvez voir le jardin d'anguilles et quelques formations de coraux.

***L'amphithéâtre* :** *niveau II et certifiés plongeurs profonds. Peu après l'épave du Yatoush.* Un petit plateau de sable de 15 m de diamètre entouré de coraux forme un amphithéâtre à 40 m de profondeur. On peut y voir des raies, des tortues et des coraux d'eau profonde comme le corail noir. Un bon site pour la plongée technique, mais uniquement pour plongeurs expérimentés.

Le Rocher de Moïse : *ts niveaux.* Au cœur de la réserve naturelle de Coral Beach, le rocher de Moïse est un splendide récif corallien de 8 m de haut, flirtant avec la surface de l'eau et abritant une exceptionnelle biodiversité. Tout autour, de petits pâtés coralliens abritent une vie marine foisonnante. Les formations coralliennes varient entre - 3 m et - 40 m. On peut y voir des gorgones et de grandes tables de corail Acropora. La visibilité est généralement excellente et les couleurs sont magnifiques : le rêve pour les photographes sous-marins !

Les Jardins japonais : *niveau II.* Deux sites de plongée accessibles à un nombre limité de plongeurs par jour et par bateau uniquement. Une première plongée à - 30 m, le long d'un mur de coraux magnifiquement conservés avec toute la vie prolifique des récifs de mer Rouge. La seconde plongée est similaire, mais limitée à - 15 m. La visibilité est généralement excellente. Là encore, d'immenses tables de corail.

L'Université : *niveau I.* Site de plongée unique entre - 14 m et - 18 m, où l'on peut voir les expériences menées par les biologistes sur la croissance des coraux ou sur les phénomènes de symbiose entre poissons et coraux.

Les Grottes : *débutants et plongeurs de niveau I. En face de* Snuba Beach. L'un des sites de plongée les plus populaires d'Eilat. Plongée peu profonde entre - 4 m et - 6 m. Site parfait pour les baptêmes. Il doit son nom aux petites cavités qui se sont formées à l'intérieur de ce récif très coloré et abritant une faune et une flore exceptionnelles. Un vrai condensé de vie de mer Rouge avec une arche sous-marine où se cachent des dizaines de poissons hachette. Les plongées de nuit sont généralement exceptionnelles.

Veronica : *niveau I.* Ce site, superbe et peu fréquenté, est le prolongement naturel des ***Grottes,*** en direction du sud. Plongée profonde à travers de belles formations de corail au-dessus d'un plateau vallonné. Ou bien plongée longue, peu profonde, avec une excellente visibilité.

Tables de Neptune : *niveau I. Juste avt la frontière égyptienne.* Pour beaucoup, c'est l'un des plus beaux sites de plongée d'Eilat. Un endroit habituellement calme où l'on peut admirer de très anciennes tables d'Acropora entourées d'une vie foisonnante. Un genre de grand jardin situé entre - 15 m et - 40 m, où les récifs sont entrecoupés par des étendues sablonneuses. En principe, la visibilité est très bonne. Riche en poissons bannière et poissons Anthias. Tortues et raies pastenagues, parfois.

Festivals

– ***Festival de Musique de chambre :*** *1 sem en mars.* • *eilat-festival.co.il* •
– ***Festival de Jazz :*** *dernier w-e d'août.* • *redseajazzeilat.com* • Festival renommé où se retrouvent les plus grands musiciens.
– ***Festival de Musique classique :*** *déc.* • *redsea-classic.co.il* •
Renseignements également au centre d'informations touristiques.

DANS LES ENVIRONS ÉLOIGNÉS

La région possède de nombreuses possibilités de randos avec sentiers balisés (marquage bicolore ou tricolore sur les pierres ou les arbres). On peut se procurer une carte de rando à *Eilat Field School Camping & Hostel* (voir « Où dormir dans les environs ? »). Toujours les mêmes recommandations concernant les balades dans la nature : faites-vous expliquer au préalable la balade, ne vous éloignez pas des sentiers balisés, partez bien chaussé, couvrez-vous la tête et les épaules, emportez une crème solaire à indice élevé et, bien entendu, suffisamment d'eau. Et si vous prévenez quelqu'un de votre départ, c'est encore mieux.

Le mont des Ardoises (har Tzfakhot) : fabuleux point d'observation d'où l'on peut voir quatre pays : Israël, l'Arabie Saoudite, la Jordanie et l'Égypte. Compter environ 2h30, aller-retour.
Pour y aller, un sentier balisé débute sur la gauche de l'*Eilat Field School Camping & Hostel* (à 6,5 km environ du centre-ville, sur la route qui mène à la frontière égyptienne ; voir « Où dormir dans les environs ? »). Retour par le même chemin. Deuxième parcours possible : un peu avant d'arriver à l'*Eilat Field School Camping & Hostel,* prendre la route à droite, direction HaVat HaYa'en. Le premier panneau vert sur la gauche indique le début du circuit. S'y faire déposer par un taxi. Par là, la pente est plus douce et on peut redescendre en direction de la mer. Retour en ville par le bus n° 16.

Timna Park *(parc Timna)* **:** *à 30 km au nord d'Eilat, par la route 90 (panneau sur la gauche). ☎ 631-67-56. • parktimna.co.il • Tlj 8h-16h (13h juil-août). Entrée : env 45 Shk ; réduc. En été, sunset tour mar 17h-20h, sur résa slt.* Le parc Timna est une sorte de vaste dépression en demi-cercle, qui s'étend sur près de 60 km². La grande diversité géologique de l'endroit révèle des paysages vraiment magnifiques, de formes et de couleurs très variées. En fait, Timna est, à l'origine, le plus ancien centre d'extraction de cuivre connu au monde. L'extraction y a commencé il y a 6 000 ans, mais ces mines ont connu trois grandes périodes d'essor : la première avec les Égyptiens du XIVe au XIIe s av. J.-C. (le cuivre était alors acheminé à dos d'âne sous forme de lingots jusqu'à la mer Rouge), la deuxième au début de notre ère grâce aux Romains, puis après la conquête arabe. À faire à pied ou en voiture. L'itinéraire traverse des sites sublimes, œuvres de l'homme (les traces des anciennes mines ou les chars gravés dans la roche, par exemple) ou créations étonnantes de la nature comme le *Champignon* ou les fameux *piliers de Salomon.* Ces derniers sont de superbes rochers de grès rouge érodés qui mesurent parfois 50 m de haut (on y découvre aussi les ruines d'un temple égyptien).

Hai-Bar Wildlife Reserve *(réserve de Haï Bar ; Haï-Bar Yatvata)* **:** *à 35 km env au nord d'Eilat, par la route 90 (fléché sur la droite). ☎ 637-60-18. Tlj 8h30-17h (16h ven-sam) ; fermeture des guichets 1h avt. Entrée : 27 Shk ; réduc.* Le parc se compose d'un vivarium et d'une réserve où évoluent en semi-liberté onagres, oryx, gazelles et autruches.

Bird Watching Center *(Centre d'observation des oiseaux)* **:** *au kibboutz* ***Lotan,*** *à 50 km env au nord d'Eilat, par la route 90. ☎ 633-69-35 ou 635-68-88. • kibbutzlotan.com • Loc de jumelles.* Observations accompagnées (payantes) d'un ornithologue. Surtout intéressant au printemps et à l'automne, lors des périodes de migrations.

➢ ***Excursions en Égypte (Sinaï) et en Jordanie :*** plusieurs agences organisent des excursions au ***monastère de Sainte-Catherine*** en Égypte, LE classique du mont Sinaï (pas de visa nécessaire), et à ***Pétra*** en Jordanie, en 1 ou 2 jours. Voir « Adresses et infos utiles ».

JÉRUSALEM ET SES ENVIRONS

JÉRUSALEM

789 000 hab. IND. TÉL. : 02

◗ Pour les plans de Jérusalem, se reporter au cahier couleur.

« Dix mesures de beauté ont été répandues sur le monde ; neuf ont été prises par Jérusalem, et une par le reste du monde. »

Talmud de Babylone

Ironie du destin : Jérusalem *(Yeroushalayim)* signifie en hébreu « ville de Paix », ou encore « la Paix apparaîtra », et « La Sainte » *(Al-Quds* en arabe*)*. Et pourtant elle n'a cessé d'être détruite et reconstruite avec ses propres pierres. Pourquoi tant de convoitise et d'acharnement à conquérir cette ville ? Est-ce parce qu'elle fut longtemps considérée comme le « nombril du monde » ? Ou parce qu'en ses murs trois grandes religions monothéistes la vénèrent comme une Ville sainte ? Aucune grande route commerciale ne la traverse, tout autour ce ne sont que les collines arides du désert de Judée. Nul fleuve nourricier ne la baigne. Pas d'or ni de pétrole, encore moins de richesses minérales. Son secret serait-il d'essence spirituelle ? On serait tenté de le croire bien volontiers tant son destin est peu commun. L'adjectif « céleste » ne convient d'ailleurs qu'à Jérusalem (« Paris céleste », ça sonne mal...).
Voilà une cité qui nie le temps : des questions vieilles de 2 000 ans et plus restent toujours aussi actuelles. Et c'est ce qui fascine à Jérusalem. On dirait que le présent ne l'intéresse pas vraiment.
Ici on n'oublie rien, c'est la « capitale de la mémoire », où l'éternité se rencontre à chaque pas. Le moindre centimètre carré de terrain a une importance primordiale. Il suffit, pour s'en rendre compte, d'aller flâner dans la vieille ville, divisée en quartiers ethniques et religieux. Chaque communauté, attachée à sa culture et à sa foi, s'y maintient à l'intérieur de frontières complexes mais rigoureusement définies, bien qu'invisibles. Ce qui n'empêche pas que ces communautés se livrent une vraie bataille immobilière...
Première Ville sainte du peuple juif depuis l'aube des temps (avec Hébron, Tibériade et Safed), vénérée par les chrétiens comme la ville du Christ,

Jérusalem est considérée par les musulmans comme leur troisième lieu saint après La Mecque et Médine. Une ville surchargée de sacré et de spiritualité. Grave, mais ni triste ni austère. Elle offre en fait un double visage : mystique et religieux (la vieille ville), actif et laïc (la ville nouvelle, ouest de Jérusalem). Là, on travaille et on s'amuse comme partout, même si l'exode des jeunes vers Tel-Aviv la méditerranéenne est manifeste. Sortez la nuit dans les cafés de la rue Ben Yehuda ou dans les boîtes de nuit de Talpiot. On se croirait n'importe où...

CARTE D'IDENTITÉ DE LA VILLE

- *Nombre d'habitants :* 790 000.
- *Population :* 320 000 habitants (les Hiérosolymitains) vivent à Jérusalem-Ouest et 470 000 à Jérusalem-Est, dont plus de 200 000 colons.
- *Principales langues :* l'hébreu, l'arabe et l'anglais. On parle aussi le français, le grec, le yiddish (dans les quartiers peuplés de Juifs orthodoxes, comme Mea She'arim), l'allemand, et depuis quelques années le russe, l'espagnol (Philippins), l'éthiopien, et le thaï, conséquence de l'afflux parfois massif d'immigrants venus de ces pays. De nombreux panneaux de signalisation et des publicités entières existent désormais en russe.

RELIGIONS

- *Le judaïsme :* la tradition, vieille du règne du roi David, voit dans le rocher du mont du Temple l'endroit où Abraham, prêt à immoler son fils Isaac, scella l'Alliance avec son dieu. Par ses deux Temples, de Salomon, puis d'Hérode, Jérusalem s'érigea en tant que cité de ce Dieu, unique, invisible, omnipotent et omniscient. Les sanctuaires ont été rasés. Néanmoins, Jérusalem est restée pour les Juifs, par la force de la mémoire collective, un aimant, une boussole : depuis plus de 2 000 ans, trois fois par jour, les Juifs pratiquants se tournent tous vers elle pour prier leur dieu. En outre, selon les Prophètes, le Messie doit revenir à Jérusalem, entraînant dans son sillage tous les morts ressuscités du vieux cimetière du mont des Oliviers. En attendant ce jour glorieux, Israël doit demeurer « une nation sainte et un peuple de prêtres ». Actuellement, c'est à Jérusalem que l'on voit le plus de haredim, Juifs ultra-orthodoxes venus de Russie, d'Ukraine et de Lituanie. Leur tenue noire n'a pas changé depuis l'époque du ghetto (XVIIIe s). Intégristes de la religion juive, ils appliquent à la lettre les préceptes de la Loi. Ils forment une minorité agissante mais contestée au sein du judaïsme.
- *Le christianisme :* environ 10 000 chrétiens vivent à Jérusalem ; pour la plupart ce sont des Arabes, répartis entre le quartier chrétien de la vieille ville (autour du Saint-Sépulcre) et la partie orientale de Jérusalem (Jérusalem-Est). Une vingtaine de communautés chrétiennes dépendant des Églises d'Orient et d'Occident y sont implantées depuis longtemps. On trouve des catholiques (franciscains ou dominicains ou catholiques grecs et arméniens), des anglicans, des représentants des Églises syriaque, copte, arménienne (non catholique) ou éthiopienne, des orthodoxes grecs, russes... Les Arméniens forment la plus ancienne communauté chrétienne de la

LE PREMIER POLITICIEN NON VIOLENT

Saint François d'Assise refusa la brutalité des croisades. Il rencontra le sultan Al-Kamil en 1219 qui détenait l'accès aux Lieux saints. Le fondateur de l'ordre des Franciscains créa des écoles et des logements, sans distinction de religion. Ainsi les franciscains eurent-ils toujours accès à Jérusalem, même pendant les périodes d'interdiction aux chrétiens. À méditer.

ville : ils sont là depuis leur conversion au christianisme au IVe s apr. J.-C. Pour les nombreux pèlerins qui affluent chaque année sur les Lieux saints, Jérusalem est d'abord la ville où Jésus vécut ses heures les plus douloureuses et les plus glorieuses : la Crucifixion et la Résurrection.

– *L'islam :* durant 1,5 an, le prophète Mahomet enseigna à ses fidèles de se tourner vers Jérusalem (*Al-Quds* pour les Arabes) pour prier Abraham dont un des fils, Ismaël, est considéré comme le « père des Arabes ». Depuis le mystérieux voyage nocturne accompli par Mahomet dans cette même ville, les musulmans la vénèrent comme leur troisième lieu saint (après La Mecque et Médine). Au VIIe s, les califes omeyyades édifièrent le Dôme du Rocher (improprement surnommé mosquée d'Omar, car c'est un mausolée – et non une mosquée – construit par le calife Abd-al-Malik et non par Omar) à l'endroit même où le prophète aurait quitté le monde des vivants, sur le site naguère occupé par le Temple juif. C'est sur cette esplanade que les disciples d'Allah attendent le retour de Mahomet qui retrouvera Abraham, Moïse et Jésus pour prier ensemble. Mais il n'est pas conseillé de traîner dans le coin ce jour-là car cette rencontre au sommet préludera à la fin du monde et au Jugement dernier...

HISTOIRE AGITÉE DE LA « VILLE DE LA PAIX »

Tout commence par deux A : Abraham et Alliance. Selon la Bible, Dieu demanda à Abraham de sacrifier son fils Isaac, sur le mont Moryah à Jérusalem. L'événement s'est passé entre 2 000 et 1 500 ans avant l'ère chrétienne. C'est cet acte fondateur que l'on appelle l'Alliance (entre Dieu et Abraham, représentant du Peuple élu). Selon la tradition, le rocher de l'Alliance existe toujours. Il serait situé sous le Dôme du Rocher, sur le mont du Temple.

La cité de David, de Salomon et d'Hérode

Après sa sortie d'Égypte et la traversée du désert, dans les premières années du XIIIe s av. J.-C., le peuple hébreu conquiert Canaan (la Terre promise) ; mais il faudra attendre le roi David pour que Jérusalem devienne, vers l'an 1000 av. J.-C., la capitale du royaume uni d'Israël. Avant cette date, ce n'était qu'une bourgade cananéenne habitée par des Jébuséens, des Hittites et des Amorrites.

En rapportant l'arche d'alliance (coffre contenant les Tables de la Loi dictées par Dieu à Moïse dans le Sinaï) à Jérusalem, David fit de cette ville le véritable centre religieux du peuple juif. Mais c'est son fils, Salomon, qui entreprit en 961 av. J.-C. la construction du premier Temple sur le mont Moryah, où Dieu s'était révélé jadis à Abraham. Surviennent les Babyloniens (de l'Irak actuel) conduits par le roi Nabuchodonosor. Ils envahissent Jérusalem en 586 av. J.-C., détruisent le temple de Salomon et exilent les Juifs à Babylone. Ceux-ci en reviennent 50 ans plus tard pour édifier le second Temple sur le site même du premier (consacré en - 515), et reconstruire la ville. Un peu de repos et voici les Grecs qui débarquent. Alexandre le Grand, en 332 av. J.-C., ne pénètre pas dans la ville, qui lui fait volontiers allégeance. Jérusalem hellénisée, le Temple est profané par les païens. Puis c'est au tour des Ptolémées d'Égypte et des Séleucides de Syrie de faire main basse sur la ville. Conduits par Judas Maccabée, les Juifs chassent les Séleucides et consacrent à nouveau le Temple (- 164). La paix enfin ? Non, en 63 av. J.-C., les Romains

LE SAINT DES SAINTS

C'est le lieu le plus sacré du temple de Salomon. Il renfermait l'arche d'alliance offerte à Moïse sur le mont Sinaï. Seul le grand prêtre y avait accès, une fois l'an, lors de Kippour. Personne d'autre que lui ne pouvant entrer, on prétend qu'on lui attachait une corde à un pied, pour le sortir, en cas de décès à l'intérieur.

conduits par Pompée débarquent en Palestine, occupent Jérusalem et installent l'Iduméen Hérode (juif d'adoption de par la conversion au judaïsme de son père Antipater) sur le trône de Judée.
Hérode, surnommé le Grand, s'empare de la cité en 37 av. J.-C. et lui redonne toute sa splendeur. C'est un grand bâtisseur. Sous son règne, Jérusalem devient l'une des plus belles villes du monde. Malin, rusé, cruel, il craint les Juifs autant que ceux-ci le redoutent. Pour les amadouer, il agrandit et embellit le second Temple : 10 000 ouvriers et 1 000 prêtres y travaillent pendant environ 10 ans (selon l'historien juif romain Flavius Josèphe). C'est ce Temple en voie d'achèvement que Jésus a connu.

La ville où Jésus est mort (avant de ressusciter)

Selon l'Évangile de saint Jean, Jésus de Nazareth (Galilée) ne serait venu que cinq fois au plus dans la Ville sainte. La première fois, à 12 ans, il fugue, gagne le Temple où on le retrouve discutant le coup avec les docteurs de la Loi médusés par sa précocité. La dernière fois, Jésus y revient pour la Pâque juive *(Pessah)*. Il passe ses dernières journées au Temple à enseigner contre vents et marées, et ses nuits au mont des Oliviers. C'est de cette colline qu'il prédit la chute de Jérusalem. Il est ensuite arrêté, accusé de soulever le peuple contre Rome, condamné par Ponce Pilate à la peine de mort. Il meurt crucifié, un vendredi 13 avril de l'an 30 (ou 33), à l'âge de 35 (ou 38) ans (car il est probablement né en l'an 5 avant notre ère).

Une cité de toutes les confessions

Excédés par l'oppression romaine, les Juifs se révoltent contre Rome. Ça dégénère en guerre. Celle-ci s'achève en l'an 70 avec la destruction du Temple par les troupes de Titus (soit 656 ans, jour pour jour, après la destruction du premier Temple par les Babyloniens).
Malgré la résistance héroïque de Bar Kokhba, Jérusalem est à nouveau anéantie en 135. L'empereur Hadrien rebaptise la ville *Aelia Capitolina*. Ayant reçu l'interdiction de s'y rendre sous peine de mort, les Juifs se replient en Galilée, puis, pour échapper à la disette, aux persécutions et aux impôts élevés, commencent à se disperser dans le Bassin méditerranéen. C'est le début de la Diaspora. À l'aube du IVe s, l'empereur romain Constantin se convertit au christianisme, qui devient la religion officielle de l'empire. Commence alors l'époque byzantine. Jérusalem devient une ville chrétienne. Hélène, la mère de Constantin, vient en mission à Jérusalem pour y retrouver les lieux de la Passion du Christ. Elle fait construire, en 335, la basilique du Saint-Sépulcre, détruite entre 614 et 630 lors d'une brève invasion perse. La population est déportée. En 636, l'islam, religion toute nouvelle, se répand dans l'Empire byzantin. À la tête des armées musulmanes, le calife Omar se lance dans un vaste programme d'islamisation et d'arabisation de la ville. Le meilleur symbole de cette époque reste sans conteste le Dôme du Rocher (ou mosquée d'Omar) construit à l'emplacement du rocher de l'Alliance, sur le mont du Temple. Jérusalem devient la troisième Ville sainte de l'islam après La Mecque et Médine.

Des croisés au mandat britannique sur la Palestine

Pour libérer Jérusalem de l'occupation musulmane, l'Europe lance les croisades. En 1099, Godefroy de Bouillon, accompagné de chevaliers francs et germaniques, entre dans la Ville sainte, massacrant la quasi-totalité de ses 40 000 habitants, juifs et musulmans. Un bain de sang ! Sous la domination croisée, toute la ville vit à l'heure chrétienne, de nombreux Arabes se convertissent, ancêtres des Arabes chrétiens d'aujourd'hui (10 % des Arabes de Jérusalem-Est). Les synagogues sont détruites, les mosquées transformées en lieux de culte chrétiens.

Le royaume latin de Jérusalem s'achève en 1187 avec la conquête du pays par Saladin (il était kurde, et non arabe). Puis ce sont les mamelouks d'Égypte qui prennent le relais en 1250, avant que n'arrivent les Turcs ottomans en 1517. Des tenaces ! Ils vont rester là pendant quatre siècles, tenir la Palestine et gouverner Jérusalem de 1517 à 1917 ! Soliman le Magnifique fait rebâtir les murailles (1537) de l'actuelle vieille ville, et installe des fontaines publiques un peu partout. Aux XVIIe et XVIIIe s, Jérusalem sombre dans le déclin et l'oubli.

UN CROISÉ PACIFISTE

Frédéric II de Hohenstaufen, descendant du terrible Barberousse, régna au XIIIe s sur le Saint Empire romain. Reprenant le vœu de son père, il mena à bien la sixième croisade sans tirer un seul coup de canon. La seule (avec celle, sanglante, de Godefroy de Bouillon) qui conquit les Lieux saints. Il subjugua les Arabes à tel point que le sultan le nomma roi de Jérusalem.

Il faut attendre l'avènement du sionisme à la fin du XIXe s pour voir la ville retrouver une certaine prospérité. De nombreux Juifs du monde entier affluent vers Jérusalem, réalisant ainsi le vieux rêve de retour en Terre promise. « L'an prochain à Jérusalem », cette phrase transmise de génération en génération était devenue dans la Diaspora une sorte de mot de passe, symbole d'un retour futur. Le 11 décembre 1917, les Turcs abandonnent Jérusalem au général britannique Edmund Allenby après de rudes combats. La Société des nations confie à la Grande-Bretagne le mandat sur la Palestine. La région devient le théâtre d'affrontements parfois violents entre Juifs et Arabes, chaque communauté cherchant à faire valoir ses revendications nationales auprès des Britanniques. Mais les Anglais annoncent leur intention de renoncer à leur mandat en mai 1948. L'assemblée générale de l'ONU adopte alors en 1947 une résolution prévoyant le partage de la Palestine en deux États, l'un juif, l'autre arabe, et recommande d'attribuer à Jérusalem un statut international. Le plan est rejeté en bloc par les Arabes.

De la création d'Israël à aujourd'hui

Au lendemain de la proclamation de l'État d'Israël, le 14 mai 1948, la guerre éclate. Quand le cessez-le-feu est signé le 3 avril 1949, Jérusalem, pour la première fois dans son histoire, est coupée en deux parties séparées par un no man's land. La Jordanie occupe la vieille ville et les Lieux saints. Israël prend le contrôle des parties ouest et sud de la ville. De 1948 à 1967, le mur Occidental (des Lamentations), haut lieu de la foi juive, est interdit aux Juifs qui doivent se contenter de l'observer du sommet du mont Sion.
En juin 1967, Israël sort victorieux de la guerre des Six Jours (contre cinq armées arabes coalisées). Jérusalem-Est (467 000 habitants, dont 60 % d'Arabes et 40 % de Juifs de nos jours) est annexée au reste de la ville. En 1980, la Knesset (Parlement) proclame Jérusalem « capitale éternelle de l'État d'Israël ». Une situation de fait, que ne reconnaît pas la communauté internationale, sauf deux petits pays : le Salvador et le Costa Rica... pas plus qu'elle ne reconnaît Jérusalem comme capitale du futur État palestinien.
Voilà bien un des problèmes centraux des négociations : quel statut donner à cette ville trois fois sainte ? Un statut international ? Une partition, avec Jérusalem-Est pour capitale palestinienne, proposition d'un proche du ministre israélien Ehud Barak en préparant le sommet de Camp David en juillet 2000 ? Proposition revue à la baisse par les négociateurs. C'est en partie à la question de Jérusalem qu'on impute l'échec du sommet.
Surtout quand elle sert de symbole pour exacerber les tensions. Lorsque le 28 septembre 2000 Ariel Sharon, flanqué de militaires, se rend sur l'esplanade des Mosquées, les Palestiniens considèrent le geste comme une provocation. Il n'en fallait pas plus pour que l'étincelle embrase le pays. Début de la seconde Intifada.

Le 8 décembre 2009, l'Union européenne appelle Israël à partager Jérusalem en capitale conjointe entre les États israélien et palestinien. De plus, les 27 rappellent qu'ils ne reconnaîtront aucun changement autre que négocié au statut d'avant 1967.

LE SYNDROME DE JÉRUSALEM

Un mal insidieux qui gagne pèlerins, touristes essentiellement chrétiens et anglo-saxons au contact des Lieux saints à Jérusalem.
Subjugués par une foi qui ne demandait qu'à s'extérioriser, baignés dans cette atmosphère de sainteté, des êtres à priori équilibrés – non pas des exaltés – brusquement se reconnaissent messie, prophète témoignant des temps de la Résurrection, et sur les places publiques déclament et dansent, s'exhibant le plus souvent en robe blanche.
Certains, convaincus d'être des réincarnations du Christ, du roi David, de Marie, délirent, transportés par une joie qu'ils ne peuvent réprimer. Le docteur Bar El, au nom prédestiné (« fils de Dieu »), disposant d'un service auquel étaient confiés ces exaltés, se spécialisa dans ce type d'affection et trouva le remède radical, qui consiste à remettre dans l'avion les saintes réincarnations. Celles-ci, oubliant alors leurs excentricités, retrouvent leur équilibre premier. Amen !

L'INCROYABLE SAGA DE LA FAMILLE SPAFFORD !

En 1871, la famille Spafford vivait tranquillou à Chicago quand elle fut victime du grand incendie. Anna, la maman, d'origine suédoise, partit alors pour des vacances en Europe avec ses quatre filles. Leur bateau, le *Ville du Havre,* sombra et seule Anna survécut. De retour à Chicago, le couple décida de recommencer sa vie à zéro. Ils eurent un garçon qui, en 1880, mourut à 4 ans de la scarlatine. Très charitablement, ils furent alors chassés de leur paroisse car à l'évidence punis par Dieu pour leurs péchés ! Les Spafford décidèrent donc de s'exiler à Jérusalem, emmenant avec eux une douzaine de paroissiens scandalisés par leur éviction. À Jérusalem, ils vécurent tous ensemble, mettant tout en commun et s'ouvrant généreusement à leurs voisins juifs et palestiniens. De retour à Chicago, Anna convainquit 70 membres de son Église de la rejoindre en Terre sainte, puis d'autres dans le village de sa famille en Suède. Leur demeure étant alors devenue trop petite, à plus de 150 personnes, on s'installa en 1895 dans l'immense demeure d'un riche pacha... Sa vocation d'hôtel vint en 1902, lorsque le baron Ustinov (grand-père du célèbre acteur et qui vivait à Jaffa) y logea ses amis.
De 1914 à 1917, coupée du monde, Jérusalem connut la faim et le typhus. Les membres de la colonie organisèrent des soupes populaires et prirent en charge plusieurs hôpitaux. Le 9 novembre 1917, le gouverneur turc vint annoncer à Anna Spafford qu'il se rendait aux Anglais, et ajouta : « Je voulais que vous soyez la première à connaître la nouvelle. » Elle offrit alors un drap de l'hôpital pour servir de drapeau blanc... Horatio, le petit-fils d'Anna, géra l'hôtel jusqu'en 1980, sa femme Valentine jusqu'à sa mort en 2008 et des membres de la famille siègent toujours au *Board of Directors.* Incroyable destin ! La suite au chapitre *American Colony Hotel,* rubrique « Où dormir ? À Jérusalem-Est. Très chic ».

Arriver – Quitter

En avion

Pas d'aéroport à Jérusalem. On arrive donc à l'aéroport Ben Gourion de Tel-Aviv, d'où l'on prend un *sherout* (minibus, taxi collectif) ou un bus. Compter 40-50 mn de trajet.

En bus

Central Bus Station-Egged-Tahana mercazit *(plan d'ensemble)* **:** *224, Jaffa Rd, à Romema. Rens : ☎ 530-49-62. • egged.co.il • Objets trouvés : ☎ 530-49-99. Horaires pour*

les billets : dim-jeu 6h15-20h45 ; ven 6h15-15h30 ; sam 20h30-22h30. Le service de bus fonctionne à partir de 5h et s'achève 23h-minuit. Pas de circulation ven fin d'ap-m/sam à la nuit tombée.
La gare est accessible en tram (arrêt « Central Bus Station »).
Bus *Egged* pour ttes les directions. Liaisons avec :
➢ ***Beer Sheva :*** n°s 446 et 470, ttes les 30 mn (ttes les 20 mn aux heures de pointe).
➢ ***Eilat :*** n° 444, 4-5 départs, 7h-17h. Ven, 3 bus le mat. Ne pas hésiter à réserver si l'on ne veut pas voyager debout.
➢ ***Haïfa :*** n° 940 (direct) ou n°s 945 et 947 (qui passent aussi par l'aéroport), ttes les 30 mn. Dernier départ vers 20h.
➢ ***Akko :*** correspondance à Haïfa.
➢ ***Tel-Aviv :*** n° 405, ttes les 15 mn, 6h-22h50.
➢ ***Tibériade :*** n°s 961, 962 et 963. Ttes les heures. Dernier départ vers 22h30.
➢ ***Beit Shean :*** n° 961. Pratiquement ttes les heures, 7h-20h. Sam, 2 départs en soirée.
➢ ***Massada :*** peu de bus, bien se renseigner auprès d'*Egged* pour les horaires.
➢ ***Ein Guedi :*** n°s 421, 486 et 487. 5-6 bus/j. Sam, 1 bus vers 21h-22h. Durée : 1h15 env.
➢ ***Kiryat Shemona :*** n° 963. 4-5 bus/j.
➢ ***Aéroport Ben Gourion :*** bus n°s 423, 945 ou 947. 1 départ quasi ttes les 30 mn.
➢ ***La Jordanie :*** voir le chapitre « Quitter Israël et la Palestine », en début de guide.

Gare centrale des bus palestiniens *(plan couleur II, C1)* **:** *porte de Damas.* On peut s'y rendre par les bus *Egged* n°s 23 et 27. Ils assurent leur propre desserte dans Jérusalem et à l'extérieur. Il peut être intéressant de les emprunter d'abord parce qu'ils ***fonctionnent pendant le shabbat,*** ensuite parce qu'ils relient des villes que les bus israéliens ne desservent pas toujours, enfin parce que les billets sont moins chers que ceux d'*Egged.*
– Au départ de la station près de la porte de Damas, en face du *Pilgrim's Hotel.*
– À la porte de Damas :
➢ ***Pour Bethléem :*** bus n°s 21 et 24 jusqu'au check-point piéton, puis taxi jusqu'au centre (tout proche) de Bethléem.
➢ ***Pour Hébron :*** bus n° 160, direct.
➢ ***Pour le mont des Oliviers :*** bus n° 75.
– Au départ de la rue Nablus :
➢ ***Pour Ramallah :*** bus n° 18. De Ramallah, bus pour la plupart des destinations en Cisjordanie.
➢ ***Pour Sheikh Jarrah :*** n° 74.
➢ ***Pour Allenby Bridge :*** *ABDO Office (en face de Damascus Gate ; ☎ 628-32-81).*
■ ***Al Nymeh Taxi Service :*** *Sultan Suliman St. Damascus Gate. ☎ 627-74-66.* Ttes les 30 mn.

En *sherout* (taxi collectif)

Les *sherouts* fonctionnent aussi pendant le shabbat (à peine plus chers que pendant la semaine).
➢ ***Tel-Aviv :*** *départs à l'angle de Jaffa St. et d'HaRav Kook St.*
➢ ***Aéroport Ben Gourion*** *(Tel-Aviv)* **:** *☎ 625-72-27. • neshertours.co.il/français • Tlj 24h/24.* Un des moyens les plus pratiques et les moins chers (compter 60 Shk). Compter 40-50 mn selon circulation.
De l'aéroport, on trouve les *sherouts* à droite en sortant (suivre « shuttle ») ; minibus vert et blanc, qui partent quand ils sont pleins ; pas d'attente en général.
De Jérusalem, le plus simple (sans surcoût) est de réserver 48h à l'avance, et on viendra vous chercher directement à votre hôtel.

En taxi

Compter 300 ou 350 Shk selon le jour et l'heure, donc pas intéressant, même pour une famille de 4 personnes par exemple. Taxis *Nesher* : *☎ 625-72-27. • neshertours.co.il/français • Tlj 24h/24.*

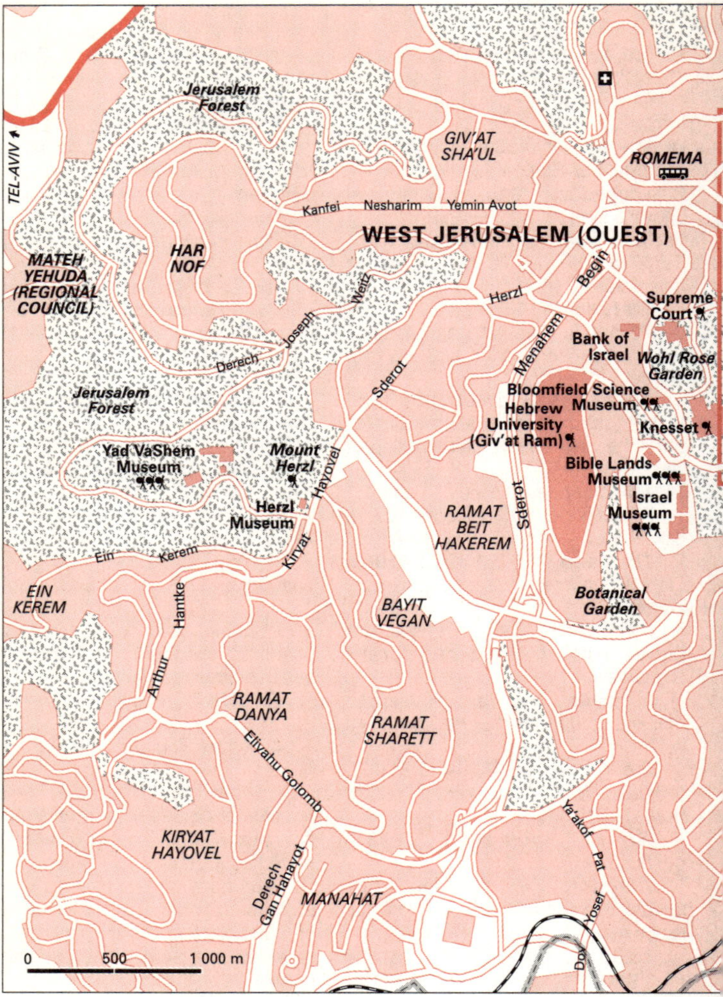

Adresses et infos utiles

Infos touristiques

Jaffa Gate Tourist Office *(plan couleur I, A3) : porte de Jaffa. ☎ 628-03-82 ou 627-14-22. ● tour.jerusalem.muni.il/eng ● Tlj sf sam 8h30-17h (13h ven).* Principalement pour y récupérer un plan de la vieille ville. Accueil inexistant.

Christian Information Center (Centre chrétien d'information ; plan couleur I, B3, **2**) : *kikar Omar Ibn el-Khattab. ☎ 627-26-92. ● cicts.org ● Dans la vieille ville, à 100 m de*

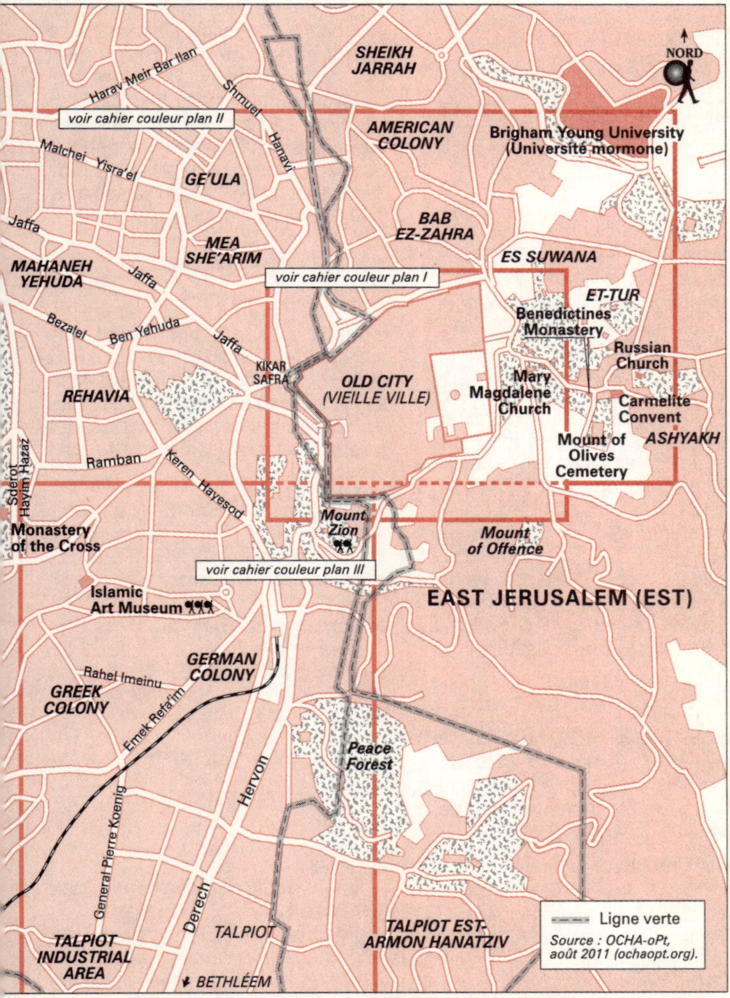

JÉRUSALEM – PLAN D'ENSEMBLE

la porte de Jaffa. Tlj sf dim et j. fériés 8h30-17h30, sam 8h30-12h30. Informe de façon très complète sur les églises (et leurs horaires d'ouverture), les hospices et les logements dans la vieille ville (pas plus chers que les AJ, et souvent d'un très bon rapport qualité-prix ; on cite d'ailleurs les meilleurs, *of course !*). Fournit livres, documentation religieuse et archéologique (payant), tout un support bien utile pour les pèlerinages et les visites des Lieux saints du christianisme. C'est aussi auprès du centre qu'il faut réserver pour assister à la messe de Noël à Bethléem (voir plus loin la partie consacrée à cette ville pour plus de détails).

Postes et télécommunications

✉ ***Poste centrale*** *(plan couleur II, B2)* **:** *23, Jaffa Rd. Tlj 8h-18h (12h ven).*
✉ ***Autres bureaux de poste :*** *dans la vieille ville, près du centre chrétien d'info (porte de Jaffa). Dim-jeu 7h30-14h30. Dans Manin St, près de la gare routière (mêmes heures d'ouverture). Également dans le quartier juif (de la vieille ville), près du sq. Batei Mahse, ainsi qu'à côté de la porte d'Hérode.*
■ ***Appels internationaux Solan :*** *2, Luntz St (Midrakhov). ☎ 625-89-08. En pleine ville nouvelle, dans une petite rue qui traverse Ben Yehuda. Dim-jeu 8h-23h ; ven jusqu'à 17h ; sam 17h-minuit.* Communications internationales à prix réduits, location de téléphones portables, service de fax, photocopies et informations téléphoniques.
– *Cabines publiques :* fonctionnent principalement à l'aide de cartes magnétiques que l'on se procure dans tous les bureaux de poste et dans les nombreuses échoppes qui vendent de tout. Cartes de 20 ou 50 unités.

Internet

L'immense majorité des hôtels, *hostels* et un certain nombre de cafés proposent Internet et wifi. Les boutiques sont également nombreuses. Voici néanmoins quelques adresses.

@ **Old City Net :** *Latin Patriarchate St (vieille ville). À deux pas de la Jaffa Gate. ☎ 627-57-99. Tlj 11h30-23h. CB refusées.* Accueil sympa, bon matériel, petit café.
@ **Café Net :** *3e étage de la New Central Bus Station, 232, Jaffa Rd.*
@ **Café Internet :** *31, Jaffa Rd, Jérusalem-Ouest. Dim-jeu 9h-22h, ven 9h-14h.*
@ **Ali Baba :** *6, Dolorosa St, vieille ville. Tlj 10h-22h.*

Banques, change

Vous trouverez des *banques* et des *bureaux de change* un peu partout dans le centre de la nouvelle ville (en particulier dans le périmètre compris entre Jaffa Road, King George Street et Hillel Street). Pour changer vos devises, préférez toutefois les bureaux de change ou de poste, car ils ne prennent pas de commission. Si malgré tout vous avez besoin des services des banques, sachez qu'en général elles ouvrent de 8h30 à 14h ou 14h30 (12h le vendredi). Si elles ouvrent l'après-midi, c'est généralement 2 fois par semaine. Toutes ferment le samedi.

Représentations diplomatiques

Seuls 2 pays au monde ont une ambassade à Jérusalem : le Costa Rica et le Salvador, qui reconnaissent Jérusalem comme la capitale d'Israël. Tous les autres pays ont leurs ambassades à Tel-Aviv et certains des consulats à Jérusalem.

■ ***Consulat de France*** *(plan couleur II, B2,* **3***)* **:** *5, Paul Emile Botta St. ☎ 629-85-00 ou 625-94-81. • consulfrance-jerusalem.org • Lun-ven 9h-12h.*
■ ***Consulat de Belgique*** *(hors plan couleur II par C1)* **:** *5, Baïbars St, Sheikh Jarrah. ☎ 582-82-63 (urgence : ☎ 574-298-603). • jerusalem@diplobel.fed.be • Tlj sf sam 8h30-13h30 (12h ven).*

Urgences, soins médicaux

■ ***Police :*** *☎ 100.*
✚ ***Soins médicaux d'urgence*** *(plan d'ensemble)* **:** *Magen David Adom. 7, HaMemGimel St. Ouv 24h/24. N° général : ☎ 101. Sinon, service spécial à Jérusalem, TEREM : Beit Yahav, 80, Yirmeyahu St, Romema. Près de la Central Bus Station. ☎ 1-599-520-520. Ouv 24h/24.* Traite tout ce qui ne nécessite pas d'hospitalisation. Très efficace. Soins et examens prodigués pour une somme forfaitaire.
✚ ***Hôpital Hadassah*** *(hors plan d'ensemble)* **:** *au mont Scopus, ☎ 584-41-11. À Ein Kerem, ☎ 677-71-11.*
■ ***Pharmacie Alba :*** *42, Jaffa Rd, à hauteur de la rue Yoel Salomon. ☎ 625-37-03. Tlj sf sam 7h-19h (14h ven).* Autre endroit très central,

Superpharm (une pharmacie-drugstore) : *3, HaHistadrout St (☎ 624-62-44/45), entre les rues Ben Yehuda et King George. Ouv jusqu'à minuit, ven 13h (sam 19h-minuit).*

Se déplacer dans Jérusalem

– ***En tram :*** un tramway *(light train)* relie la ville au mont Herzl ; un tracé de 14 km et 23 stations. Le tram part, à l'ouest, du cimetière national du mont Herzl (à proximité de Yad VaShem), traverse d'abord des quartiers juifs, longe la vieille ville, les quartiers palestiniens, pour aboutir à Pisgat Ze'ev, quartier de colonisation construit à Jérusalem-Est après 1967. Un projet sensible qui a mis des années à voir le jour. Le tram fait aujourd'hui le plein, sillonnant la ville équipé de vitres pare-balles...
Se reporter au tracé qui apparaît sur nos différents plans de la ville.

À savoir

– Achat de billets uniquement aux stations (6,60 Shk).
– Les billets ne sont valables que le jour de leur achat, et 1h30 à compter du compostage.
– Les vendredi et samedi : plus de tram le vendredi à partir de 90 mn avant le début du shabbat, jusqu'au samedi 1h après la fin du shabbat.
– Le dernier train part de Mount Herzl à 23h53, et de Heil Ha-Avir à 23h58.

– ***En bus :*** *la ligne circulaire du bus nº 99 :* une superbe balade en bus *Egged,* avec les commentaires en anglais du chauffeur (ou audio en français). Le circuit dure environ 1h30. Compter 60 Shk. Départs de la gare routière à 9h, 11h, 13h30, 15h45 (ven 9h, 11h30, 13h30). Entre autres, arrêt Jaffa Gate 32 mn plus tard. Les 25 arrêts prévus (dans les principaux sites touristiques de la ville) sont signalés par un symbole en forme d'œil sur le panonceau portant le numéro du bus (le billet étant valable toute la journée, vous pouvez descendre là où bon vous semble, remonter dans un des bus suivants et continuer votre tour). On achète le billet auprès du chauffeur, dans les grands hôtels ou également à l'office de tourisme, situé porte de Jaffa.
– ***En taxi :*** toujours demander au chauffeur un reçu (système électronique). Tous les taxis ont des compteurs, c'est obligatoire. En revanche, beaucoup d'habitants de Jérusalem, aux heures d'embouteillage, optent pour un forfait (souvent moins élevé que le prix au compteur). À vous de voir. Pour se rendre au mont des Oliviers, prendre un taxi collectif, un *sherout* (appelé plutôt *service* en arabe) à côté de la porte de Damas ou le bus nº 75 à la gare routière arabe, en face de la porte de Damas à droite.

Location de voitures

– Attention, les prix indiqués ne comprennent souvent pas l'assurance ni les taxes diverses. On trouve les principaux loueurs dans le quartier de l'hôtel *King David.* Si vous comptez vous rendre en Cisjordanie, demandez bien si la double assurance est possible.

■ ***Hertz :*** *18, King David St. ☎ 623-13-51. • hertz.co.il • Tlj sf sam 8h-18h (14h ven).*
■ ***Avis :*** *19-22, King David St. ☎ 624-90-01. • lavis.co.il • Dim-jeu 8h-18h ; ven 8h-14h ; sam 8h-12h. Autre adresse : 21, Yermiyahu St, Romema. ☎ 538-93-83. • avis.co.il • Tlj sf sam 8h-17h (13h ven).*
■ ***Eldan :*** *24, King David St. ☎ 625-21-51. • eldan.co.il • Tlj sf shabbat 8h-18h (13h ven).*
■ ***Good Luck Car Rentals :*** *George St, Al-Shayk Jarrah. ☎ 627-70-33. • goodluckcars.com • En face de l'*American Colony Hotel *(plan couleur II, C1,* ***32****).* Propose une assurance permettant de circuler également en Cisjordanie (avec une plaque jaune).
■ ***Dallah Rent a Car*** *(plan couleur II, C1,* ***32****) :* *bureau à l'*American Colony Hotel*. ☎ 627-97-25. • dallahrentacar.com •* Également une succursale à Ramallah. Loue des voitures à la double assurance, permettant de circuler à la fois en Israël et en Cisjordanie.

Compagnies aériennes

■ ***EL AL :*** *12, Hillel St. Infos, résas et confirmations de vols : ☎ 677-02-07 ou 977-11-11. Infos aéroport Ben Gourion : ☎ (03) 971-61-11. Réclamations : ☎ (03) 760-22-33. • elal.co.il • Bureaux ouv dim-jeu 9h-17h.*

■ ***Air France :*** *3, Shlomzion HaMalka St. ☎ 628-25-35. Fax : 627-63-03. Infos : ☎ (03) 755-50-57 (dim-jeu 8h30-17h). Réclamations : ☎ (03) 755-50-10 (dim-jeu 9h-22h). • airfrance.co.il •*

Agences de voyages et tours guidés

■ ***Green Olive Tours :*** *☎ (03) 721-95-40. • toursinenglish.com •* Agence proposant des circuits de 3h, à la journée et de 4 à 14 jours hors des sentiers battus. Avec un programme complet sur les territoires palestiniens.

■ ***Alternative Tours*** *(plan couleur II, C1,* ***9****) :* *au Jerusalem Hotel, 19, Nablus Rd. 📱 0522-86-42-05. • alternativetours.ps •* Cette agence propose des tours classiques ou plus politiques, aussi bien en Cisjordanie qu'en Israël. Elle peut aussi vous aider à trouver un logement à Jérusalem et organiser un transport vers différentes destinations (aéroport, frontière jordanienne...).

■ ***Safieh Tours and Travel Agency*** *(plan couleur II, C1) : Nablus Rd. ☎ 626-44-47. • safiehtours@bezequint.net •* L'agence développe des circuits en Palestine accompagnés par un guide francophone (selon disponibilité).

■ ***Society for the Protection of Nature in Israel*** *(Société de protection de la nature en Israël ; SPNI) : 24, Hebron St, JVP Media Quarter. ☎ 625-23-57 ou 624-46-05. • aspni.org • Dans le centre, pas loin de la cathédrale russe. Dim-ven 9h-18h45 (12h30 ven).* Librairie où vous trouverez tous les renseignements possibles sur les randonnées et les excursions guidées en Israël. Organise en juillet et août des balades hors des sentiers battus (commentaires en anglais) dans Jérusalem. Téléphoner avant pour obtenir les jours et les horaires. Sinon, le mieux est encore de passer à leur siège. Les guides de la SPNI sont connus pour leur haut niveau scientifique.

■ ***Colette Deuval :*** *☎ 671-41-67. 📱 0522-58-32-20. • manodvl@zahav.net.il •* Colette est diplômée de la remarquable école israélienne des guides. Française et israélienne, elle possède une vaste culture et est à l'aise sur tous les sites. Son circuit est adapté à la demande. C'est l'une des rares à accepter de guider pour la demi-journée.

■ ***Zion Walking Tours*** *(plan couleur I; A3) : situé dans la vieille ville, en face du poste de police de la porte de Jaffa. ☎ 627-75-88. 📱 050-530-55-52. • zionwt.dpages.co.il • Fermé pdt les fêtes juives.* Recommandé par le ministère du Tourisme. Organise des visites guidées des 4 quartiers de la vieille ville, du mont des Oliviers, du désert de Judée et de Jéricho, de Mea She'arim, un tour archéologique, etc. 4 personnes minimum. Réductions pour les retraités et les étudiants. En téléphonant avant, possibilité de visite en français.

Culture, loisirs, spectacles

Pour vous informer sur les différents événements culturels à Jérusalem, procurez-vous (à votre hôtel ou à l'office de tourisme) de petits magazines comme *This Week in Jerusalem, Your Jerusalem* ou *Hello Israel,* ainsi que *Events in Jerusalem.* En outre, le *Jerusalem Post* publie une édition internationale en langue française (en ligne également *• jpost.com •,* mais bien moins complet que si vous optez pour la langue anglaise), et l'*Ha'Aretz* (l'équivalent du *Monde*), un supplément en anglais que vous trouverez quotidiennement dans l'*Herald Tribune* : c'est incontestablement la meilleure source d'informations sur la vie culturelle (en particulier l'édition du vendredi).

■ ***Centre culturel français Chateaubriand*** *(plan couleur II, C1,* ***6****) : 21, Salah ed-Din St. ☎ 628-24-51. • ccfjerusalem-chateaubriand.org • Ouv mar-jeu et sam 10h-13h, 14h-18h.* Au cœur de Jérusalem-Est, une dynamique institution culturelle qui mérite le détour. Outre la médiathèque, le centre propose un riche programme, expos diverses, concerts, festival de cinéma, conférences-débats.

■ ***Centre culturel français Romain-Gary*** *(plan couleur II, B2,* ***4****)* **:** *9, kikar Safra, Jérusalem-Ouest. ☎ 624-31-56. • ccf-gary-jerusalem.org.il •*

■ ***Librairie Vice Versa*** *(plan couleur II, B2,* ***7****)* **:** *1, Ben Shatah St. ☎ 624-44-12. • viceversalib.com • Tlj sf sam 9h-18h30 (ven et veille de fêtes 9h-13h30).* LA librairie française de Jérusalem ! Tous les titres en hébreu traduits en français et... vice versa. Les nouveautés en même temps qu'en France. Cadre agréable. Accueil pro et chaleureux. Une ou deux fois par mois, des auteurs viennent présenter leur livre. Parfois chansons et spectacles pour enfants. Livres d'occasion, bien sûr. Section papeterie et cadeaux.

■ ***Stein Beschatz* :** *6, Schatz St. ☎ 623-10-87. Dans une rue perpendiculaire à la rue King George. Tlj 9h30-20h (15h ven).* Librairie très plaisante, où l'on peut bouquiner à l'aise dans un fauteuil avec un petit café. On y trouve tous types de livres, neufs, d'occasion, sur tous les sujets et dans de nombreuses langues. Plusieurs salles.

■ |●| ***Educational Bookshop*** *(plan couleur II, C1,* ***6****)* **:** *Salah ed-Din St, Jérusalem-Est. ☎ 627-58-58. • educationalbookshop.com • Tlj 8h-20h.* Juste à côté du Centre culturel français Chateaubriand, cette petite mais importante librairie anglophone (quelques livres en français néanmoins) propose un vaste choix d'ouvrages sociologiques, pédagogiques et politiques. Organise aussi conférences, lectures et débats (un des rares lieux de débats sur les problèmes actuels). En mezzanine ou sur le trottoir, une poignée de tables pour grignoter (sandwichs, salades, gâteaux) ou boire un verre.

■ ***Cinémathèque*** *(plan couleur III, B1,* ***5****)* **:** *11, Hebron Rd. ☎ 565-43-33. • jercin.org.il • Dans la vallée du Hinnom. Desservi par une dizaine de lignes de bus.* Plusieurs films par soir (et d'autres dans la journée). Une programmation internationale bien choisie, projetée en v.o., et souvent sous-titrée en anglais quand celui-ci n'est pas la langue originale.

Droits de l'homme

■ ***Alternative Information Center – AIC*** *(plan couleur II, B2)* **:** *4, Queen Shlomzion St, Jérusalem-Ouest. ☎ 277-54-44. • alternativenews.org •* L'une des plus importantes organisations israélo-palestiniennes de défense des Droits de l'homme, se doublant d'un centre de recherche et d'analyse politique sur les sociétés israélienne et palestinienne (sur des valeurs de justice, démocratie et transparence). Milite entre autres contre les expulsions et les destructions illégales de maisons palestiniennes, les injustices du mur (découpages aberrants de villages et de terres agricoles), les discriminations de toutes sortes (voir leur site internet, très complet)... Édite quelques brochures en anglais.

Où dormir ?

Dans la vieille ville

Bon marché (80-250 Shk / env 17-53 €)

⌂ ***Jaffa Gate Hostel*** *(plan couleur I, B3,* ***10****)* **:** *pl. Omar ben el-Kattab, porte de Jaffa. ☎ 627-64-02. 0544-95-71-45. • jaffa_gate.hostel.com • Indiqué par un grand panneau. Selon saison, dortoir 20-25 $/pers, doubles 52-60 $ sans sdb, et 65-75 $ avec.* Petite auberge un peu labyrinthique située au fond d'une impasse, un peu à l'écart de l'agitation avoisinante. Rien de luxueux, mais chambres propres et assez jolies pour certaines ; parfois adossées à de vénérables murs de pierres apparentes avec vue sur une partie de la ville, sur 3 étages. La plupart n'ont que de petites fenêtres, voire pas du tout. Frigo dans certaines. Bouts de terrasses au rez-de-chaussée et à l'étage, et accès au toit (quelle vue !) ; coin TV satellite. Accueil aimable et ensemble bien tenu.

🏠 ***Al HaShimi Hostel*** *(plan couleur I, B2,* ***12****) : 73, Khan El-Zeit St. ☎ 628-44-10. • alhashimihotel-jerusalem.com • Bus nos 1 et 6 jusqu'à la porte de Damas, puis 5 mn à pied, ou les nos 13, 18 et 20 jusqu'à Jaffa Gate. Chambres 2-6 pers et un dortoir, compter 40 $/pers ; double avec sdb 90 $, petit déj inclus. CB refusées. Attention, n'accepte les couples que mariés !* 💻 Endroit assez original, aux couleurs vives, large utilisation du marbre. Importante clientèle musulmane. Beaucoup plus soigné, large utilisation du marbre. Belles chambres, propres et assez confortables. Laverie. Bon rapport qualité-prix, donc. Immense terrasse avec panorama à 360° sur tous les monuments de la ville.

🏠 ***Citadel Youth Hostel*** *(plan couleur I, B3,* ***14****) : 20, Saint Mark St. ☎ 628-44-94. 📱 0545-805-085. • citadel-hostel@gmail.com • Dans le quartier arménien de la vieille ville. Dortoir 65 Shk/pers (sur la terrasse 50 Shk/pers), doubles 200-250 Shk sans ou avec sdb.* Un véritable petit labyrinthe que cette auberge. Chaleureuse petite réception, avec l'impression qu'elle donne d'avoir été creusée dans la roche. Chambres au confort inégal, certaines vraiment bien en pierres apparentes, d'autres blanchies à la chaux, sans trop de déco et mobilier. Lits superposés à ressorts vraiment pas terribles dans les dortoirs, celui sans aération peut apparaître étouffant au plus fort de l'été. Mini-cuisine et petite terrasse sur le toit avec une jolie vue, mais entassement assuré en haute saison.

🏠 ***New Swedish Hostel*** *(plan couleur I, B3,* ***15****) : 29, David St. ☎ 627-78-55. 📱 0544-431-177. • swedishhost@yahoo.com • Dortoir 15 $/pers, doubles 45-60 $, familiale 85 $; petit déj en sus. CB refusées. 💻 (payant).* 📶 L'ensemble est assez vieillot et bien usé, mais propreté acceptable et c'est un des moins chers. Cuisine, laverie, casiers de sécurité, clim, coffre-fort, et thé ou café à volonté. Certaines chambres avec frigo. Couvre-feu à 3h. Pas notre premier choix, en dépannage.

De prix moyens à chic (250-600 Shk/ env53-127 €)

🏠 ***Lutheran Guest House*** *(plan couleur I, B3,* ***16****) : Saint Mark St. ☎ 626-68-88. • luth-guesthouse-jerusalem.com • Doubles avec sdb 420-500 Shk selon saison, petit déj compris.* 💻 📶 À la frontière des quartiers juif et arménien, un des coins les plus charmants. Construite sur des structures du temps des croisés. Une trentaine de chambres bien arrangées et confortables avec chauffage central et clim, certaines avec balcon (et vue extra). Grande cour intérieure très verdoyante et paysagée avec un petit café, et une terrasse dominant toute la vieille ville. Ascenseur. Le tout très lumineux et impeccablement tenu. Une de nos adresses préférées.

🏠 ***Foyer Mar Maroun*** *(plan couleur I, B3,* ***26****) : 25, Maronite Convent St, Jaffa Gate. ☎ 628-21-58. • maronitejerusalem.org • Compter 100 $ pour 2. Fermeture de la porte à 22h30.* 📶 Ce foyer, qui dépend de la communauté maronite de Jérusalem, offre 28 chambres impeccables, dans des bâtiments articulés autour d'un chouette patio central couvert et aménagé. Un environnement bien agréable, où l'on entend parfois les chants des 3 soeurs de la communauté monter de la chapelle. Toit-terrasse.

🏠 ***Austrian Hospice*** *(plan couleur I, B2,* ***18****) : 37, via Dolorosa. ☎ 626-58-00. • austrianhospice.com • À l'angle d'El-Wad. Dortoir 32 $/pers, double 77 $, copieux petit déj compris.* Cette grande et élégante bâtisse, d'aspect un peu austère, propose des lits en dortoirs corrects ou des chambres doubles spacieuses avec salle de bains. Fondé en 1857, l'hospice fut confisqué par les autorités anglaises en 1939 (comme « propriété allemande »). Transformé en 1948 en hôpital par les Jordaniens, restitué aux Autrichiens en 1985. Oasis de sérénité, avec son jardin et ses palmiers. Café viennois où l'on trouve le célèbre *Sachertorte,* joli salon de musique et belle vue du toit (notamment sur le Dôme du Rocher, à 250 m de là). La chapelle vaut le coup d'œil également.

🏠 ***Armenian Guest House*** *(plan*

couleur I, B2, ***17****) : 36, via Dolorosa. ☎ 626-08-80. • armeniangues thouse@hotmail.com • Doubles avec sdb 400-480 Shk selon saison, et 575 Shk pour les 2 nouvelles, petit déj compris.* Pension bien tenue, mais pas très animée. Chambres confortables, très propres et équipées de TV. 2 chambres plus luxueuses ont été aménagées au dernier étage, avec une belle terrasse commune, et à vrai dire, ce sont elles qui font tout l'intérêt de l'adresse. Dommage que la cour intérieure de la *guesthouse,* très propre, ne soit pas aménagée avec quelques plantes et une poignée de tables, et que la qualité de l'accueil soit très fluctuante...

■ ***Couvent Ecce Homo*** *(plan couleur I, C2,* ***19****) : 41, via Dolorosa. ☎ 627-72-92. • eccehomoconvent.org • À hauteur de la 2e station, accolé au Lithostratos. Lit en dortoir avec box env 30 $/pers, double avec sdb env 100 $ pour 1 seule nuit (petite réduc à partir de 2 nuits), petit déj compris. Également des triples et quadruples. Couvre-feu à 23h.* Couvent en activité depuis 1860. Sur 3 étages avec terrasses. Chambres sobres et très bien tenues. Salon avec café en libre-service, livres et ordinateur à dispo. Personnel très accueillant. De la terrasse du dernier étage, on profite de la plus belle vue qui soit sur la vieille ville.

■ ***Casa Nova*** *(plan couleur I, A2,* ***20****) : porte Neuve, Casa Nova St. ☎ 628-27-91. • fr.custodia.org • Résa conseillée. Doubles avec sdb à partir de 360 Shk, petit déj inclus. ½ pens et pens complète possibles.* Vénérable édifice en pierre aux nombreuses fenêtres en arcades, propre et confortable. Plus de 90 chambres climatisées d'une grande sobriété. Ambiance « pèlerins » (beaucoup d'Italiens). Bar.

■ ***East New Imperial Hotel*** *(plan couleur I, A3,* ***21****) : porte de Jaffa. ☎ 628-22-61. • newimperial.com • Doubles 70-100 $ avec petit déj selon chambre, + 15 % en hte saison. Intéressantes chambres familiales pour 4-5 pers avec mezzanine et 2 sdb (170 $).* Bel édifice de la fin du XIXe s avec façade ouvragée. Une cinquantaine de chambres dans un cadre de caractère. L'empereur Guillaume II d'Allemagne y a séjourné en 1898, Allenby et d'autres personnalités aussi. On ne peut mieux placé, à la charnière nouvelle ville-vieille ville (tout en bénéficiant du charme de cette dernière). À l'intérieur, très belle collection de robes anciennes, vénérable mobilier, débauche d'objets d'art ou familiers. Tout est d'époque. Le propriétaire – francophone – et ses deux enfants, font tout pour préserver le caractère du lieu et vous raconteront toute l'histoire de ce véritable musée (voire joyeux capharnaüm), géré par la famille Dajani depuis 1949. Terrasse sur le toit avec une vue magnifique sur la vieille ville. Toutes les chambres ont été rafraîchies. Frigo et set café/thé, spectaculaire hauteur sous plafond, un mur de superbes pierres apparentes dans presque toutes. Éviter les quelques chambres au verre coloré sur les fenêtres (car vis-à-vis assez proche), du coup un peu plus sombres. Double vitrage dans la poignée de chambres donnant sur la place animée. Accueil charmant.

■ ***Saint Thomas Guesthouse*** *(plan couleur II, C1,* ***48****) : 6, Nablus Rd. Dans une impasse, en face de l'École biblique et archéologique française. ☎ 628-26-57. • ronniemontana@gmail.com • syriacatholic.org/ministries/guest-homes • Double avec sdb 110 $, petit déj inclus. Ascenseur. Parking.* Appartient à l'église catholique syriaque. Une bonne vingtaine de chambres doubles, triples et quadruples, propres et climatisées, d'un bon rapport qualité-prix. Accueil aimable, parfois en français.

■ ***Christ Church Guesthouse*** *(plan couleur I, B3,* ***22****) : à côté du Centre chrétien d'information. ☎ 627-77-27. • cmj-israel.org • Doubles avec sdb 525-580 Shk selon saison, familiales 710-750 Shk, petit déj inclus. Parking.* Idéalement situé, en pleine vieille ville et pourtant très calme. Vénérable bâtisse de 1840. Une atmosphère typiquement anglaise, rétro. Chambres bien entendu cosy et confortables. Attention, garçons et filles séparés si non mariés. Petit jardin ravissant, terrasse paisible, petite cafétéria.

Plus chic (165-280 $ / 132-224 €)

Knight's Palace – Latin Patriarchate (plan couleur I, A2, **23**) : *Freres St. ☎ 628-25-37 ou 627-53-91. • knightspalace.com • De la porte Neuve, c'est tt droit puis à droite. De la porte de Jaffa, suivre le dédale de Latin Patriarchate St jusqu'au bout. Doubles 170-200 $ selon saison, petit déj inclus.* Ascenseur. Très calme, dans un palais d'une grande élégance. Ancien séminaire construit en 1890, superbe dallage. Demander si possible les chambres de l'ancienne aile, elles bénéficient de l'architecture ogivale d'époque. Petite cour intérieure verdoyante. Impressionnant : le restaurant dont le mur droit est constitué du mur d'enceinte de la vieille ville (du XIIe s). Chambres de bon confort.

Gloria Hotel (plan couleur I, A3, **24**) : *33, Latin Patriarchate St. ☎ 628-24-31/32. • gloria-hotel.com • À 100 m de la porte de Jaffa, dans la rue qui part à gauche. Doubles 170-200 $ selon saison, petit déj inclus.* Un certain charme, tout en voûtes, arches et larges dalles. Bon accueil et atmosphère sereine. Fréquenté essentiellement par des groupes de pèlerins et des Français. Très belle vue aussi de la grande terrasse située sur le toit.

À Jérusalem-Est

Bon marché (80-250 Shk / 17-53 €)

Franciscaines de Marie (plan couleur I, B1, **11**) : *9, Nablus Rd. ☎ 626-01-66. • srsfmm@netvision.net • Dortoir 8 pers (pour famille ou amis) 25 Shk/pers ; double 45 $, petit déj inclus. Fermeture du portail à 23h. Ascenseur. Parking à proximité.* Idéalement situé (en face de *Garden Tomb*), à la sortie de la vieille ville par la porte de Damas, une trentaine de chambres soigneusement tenues et arrangées, climatisées. Également 2 chambres familiales (une pour 3 et l'autre pour 4) avec cuisine, dans un petit bâtiment indépendant donnant sur la cour-jardin verdoyante, qui peuvent communiquer. Et tout ça est entretenu au cordeau. Bon petit déjeuner. Accueil charmant, en français le plus souvent, et plein de bons conseils des sœurs. Ceux qui y font escale ne tarissent pas d'éloges ! Rapport qualité-prix imbattable.

New Palm Hostel and Hotel (plan couleur I, B1, **25**) : *6, HaNevi'im St. ☎ 628-75-02. • newpalmhotel.net • Dortoir 60 Shk/pers (sur la terrasse 40 Shk/pers). Doubles 200-240 Shk selon qu'elles sont au calme ou côté rue, avec clim, petit déj inclus.* À quelque 100 m de la porte de Damas, réception au 1er étage. Se divise en 2 : un populaire *hostel* et une partie hôtel. Dortoirs (environ 40 places) de 6 à 8 lits bien tenus. Petite pièce commune sympa, avec kitchenette attenante (en principe rénovée à l'heure où vous lirez ces lignes). Côté hôtel, une trentaine de doubles correctes, pas trop grandes, certaines avec balcon (mais côté porte de Damas, avoir le sommeil lourd !). Atmosphère internationale garantie, rapport qualité-prix correct. Café et thé à disposition.

Chic (420-600 Shk / 90-127 €)

St George's Pilgrims Guest House (plan couleur II, C1, **29**) : *20, Nablus Rd. ☎ 628-33-02. • j-diocese.org • Double 150 $ (1 seule)-180 $, petit déj compris.* À côté de la cathédrale, un bel ensemble en pierre blanche, crénelé façon château fort. Grand jardin fleuri et paisible avec palmiers, le tout entouré d'arcades et cour de style gothique. Une trentaine de chambres impeccables, certaines avec murs de pierre et croisées d'ogives. Bon confort : clim, TV, etc. Atmosphère paisible, à une poignée de minutes à pied de la vieille ville et de la ville nouvelle.

Azzahra Hotel (plan couleur II, C1, **30**) : *13, Azzahra St. ☎ 628-24-47. • azzahrahotel.com • Doubles 140-170 $ selon saison, petit déj inclus.* Dans le quartier musulman, un hôtel à l'architecture plaisante et à taille humaine (14 chambres), livrant une certaine intimité. Musique classique dans les couloirs. Chambres aux beaux volumes pour la plupart, propres et bien équipées. Proprios charmants, et un resto qui fait souvent le plein (voir plus bas).

Plus chic (165-280 $ / 132-224 €)

Legacy Hotel *(plan couleur II, B1, **31**) : 29, Nablus Rd. ☎ 627-08-00. • jerusalemlegacy.com • Doubles à partir de 170 $, copieux petit déj inclus.* L'ancienne *YMCA* s'est remarquablement convertie en un luxueux boutique-hôtel. Immense *lobby* au design contemporain sophistiqué auquel une vénérable fontaine arménienne en céramique donne une touche poétique... Superbes chambres aux teintes douces, lumineuses et spacieuses, et tout le confort possible (lit *king size,* TV écran plat, câble, satellite, coffre, minibar, etc.), certaines avec balcon et vue. Accès à la salle de remise en forme, aux sauna et jacuzzi, et à la piscine. En prime, le bar de plus de 7 m de long (et autant de bouteilles), un *coffee shop* smart, un plantureux buffet midi et soir et le *Cardo,* un resto exceptionnel proposant une cuisine exquise. De la grande terrasse, vue privilégiée sur la vieille ville.

Très chic (plus de 280 $ / 224 €)

American Colony Hotel *(plan couleur II, C1, **32**) : Nablus Rd. ☎ 627-97-77. • americancolony.com • Doubles standard à partir de 300 $ (et le plus beau petit déj de la ville inclus), mais ça grimpe vite selon saison.* Ce charmant hôtel 4 étoiles est remarquablement situé, sur une hauteur de Jérusalem-Est. Construit en 1840 par un riche pacha pour ses quatre femmes. Il doit son nom à une colonie d'Américains et de Suédois installés là à la fin du XIXe s, sous l'impulsion de la très idéaliste Anna Spafford (lire son histoire plus haut, au début du chapitre sur Jérusalem). Bâti hors des murailles, l'édifice a l'allure d'une forteresse tournée vers l'intérieur, selon le style ottoman. Grandes salles voûtées envoûtantes. Des fenêtres en arceaux donnent sur les fontaines d'une jolie cour intérieure ornée de fleurs et d'arbustes. Sous le mandat britannique, l'hôtel fut fréquenté par des célébrités comme Winston Churchill, sir Alec Guinness, Marc Chagall, Peter Ustinov ou Peter O'Toole. Hôtel littéraire par excellence. Aujourd'hui, c'est le point de ralliement habituel des correspondants de la presse internationale. Jolie piscine donnant sur un minaret. Un coup de cœur. À défaut d'y dormir, offrez-vous un succulent petit déjeuner-buffet (compter 30 $), ou, le samedi, l'énorme brunch-buffet qui prend le relais et que viennent déguster de nombreux Israéliens. Et puis il est toujours possible de visiter l'établissement et d'y boire un café dans le joli patio verdoyant. Surtout, ne pas rater le couloir-galerie pour découvrir en vénérables photos toute l'histoire de l'hôtel, ainsi que cette hallucinante affiche détaillant les punitions des « ouvriers et des enfants fainéants » !

Dans la ville nouvelle

Bon marché (80-250 Shk / 17-53 €)

Abraham Hostel *(plan couleur II, A1, **33**) : 67, HaNevi'im St (Davidka Sq). ☎ 650-22-00. • abraham-hostel-jerusalem.com • Hyper bien situé dans la ville nouvelle. Dortoirs 70-85 Shk/pers, doubles 290-400 Shk, triples et familiales (4-6 pers) 400-480 Shk, petit déj inclus. Parking payant à côté de l'AJ.* La meilleure AJ privée de Jérusalem, une vraie petite ville, débordant d'énergie. Spacieuse, lumineuse, colorée, impeccablement tenue et accueil pro. 6 dortoirs nickel (mixtes ou filles seules) avec *lockers* individuels, plus de 70 chambres simples et très propres, toutes avec salle de bains et minifrigo. Et surtout, un vraiment vaste et super espace commun, avec, en *open-space* traversant : bar, cuisine équipée, hamacs, billard et baby-foot. Plein d'autres services bien utiles aussi : lave-linge, sèche-linge, *travel center,* location de portables et de vélos, tour gratuit de la ville, organisation d'excursions, projection de films, music live, récits de voyage, terrasse sur le toit avec dîner barbecue...

The Jerusalem Hostel *(plan couleur II, B1-2,* ***34****) : 44, Jaffa Rd (Zion Sq).* ☎ *623-61-02. • jerusalem-hostel.com • Ⓣ Jaffa Center. On ne peut pas faire plus central. Dortoirs 80 Shk/pers avec sdb (filles et garçons séparés), doubles 250-350 Shk (la plupart avec TV câblée), petit déj inclus.* Ancien hôtel de 1926 haut de plafond et à l'élégante façade ouvragée. Du balcon, le 3 août 1948, Menahem Begin, dirigeant de l'Irgoun, fit son premier discours après être sorti de la clandestinité. Petit hôtel bien tenu, et confort correct : clim et chauffage central, cuisine équipée, coffre, etc. Accueil jeune et sympa. À 10 m de là, *Little Jerusalem,* plus récemment rafraîchi, mêmes propriétaires, sans réception propre ; basique, mini salles de bains, mais récentes ; vitrage simple.

Noga Hotel *(plan couleur II, A2,* ***35****) : 4, Bezalel St.* ☎ *625-45-90 ou 566-18-88 (proprio). • hotelnoga.com • Double 240 Shk, propre mais sans confort (sanitaires communs). Le proprio n'étant pas toujours là, obligation de réserver et de prévenir de son arrivée. Long séjour possible. CB refusées.* Dans une maison en pierre, environnement tranquille et fleuri. Une chambre sur le toit se trouve dans une maisonnette qui évoque un chalet. Bien situé, non loin de Ben Yehuda. Bon accueil, cuisine bien équipée, thé ou café à volonté.

Prix moyens (250-420 Shk / 53-90 €)

Agron Guesthouse and Youth Hostel *(plan couleur II, B2,* ***36****) : 6, Agron St.* ☎ *594-55-22. • iyha.org.il • Bus n°s 4, 7, 8, 9, 21, 31, 32 et 74. Réception dim-jeu 7h-23h, ven 7h-15h. Dortoir 130 Shk/pers, double 390 Shk/pers, petit déj compris.* Immense bâtisse de pierre traditionnelle qui abrite aussi un centre de séminaires et des salles de conférences. Quelques minidortoirs et une cinquantaine de chambres de bon confort, lumineuses et colorées, bien dans la ligne de cette sérieuse chaîne d'AJ de petit luxe. TV, petit frigo, lave-linge, petit *coffee shop,* 2 restos...

Chic (420-600 Shk / 90-127 €)

Zion Hotel *(plan couleur II, B2,* ***38****) : 10, Dorot Rishonim.* ☎ *623-23-67. • hotelzion.com • Doubles 400-530 Shk.* L'idéal pour qui souhaite être au cœur de l'animation (café-jazz à un pas et tous les restos et bars à deux encablures), et saura passer sur le côté un peu daté de l'hôtel. Chambres cependant très bien tenues, confort correct et prix honnêtes.

Beit Shmuel *(plan couleur II, B2,* ***40****) : 6, Shama St ; à la hauteur du 13, King David St.* ☎ *620-34-56/55 (réception). • beitshmuel.co.il • Bus n°s 5, 6, 15, 18, 21, 30 et 31. Doubles 375-500 Shk.* Vaste bâtiment, siège de la *World Union for progressive Judaism* offrant 3 formules de logement : un *hostel* avec 28 chambres pouvant accueillir de 2 à 6 personnes (réduc avec la carte des AJ « *IYHA* »), une partie hôtel avec une dizaine de doubles et, pour finir, un appartement. Toutes les chambres sont avec salle de bains, clim, chauffage central, parfois un balcon. Vraiment propres et plaisantes. Quant à l'appartement, il se loue pour 2 jours, 1 semaine, 1 mois, à condition de réserver à temps. D'une blancheur immaculée, avec 2 chambres, salle à manger, cuisine et 2 salles de bains. Cafétéria *(ouv 9h-18h sf shabbat).*

St Andrew's Scottish Guesthouse *(plan couleur III, B1,* ***41****) : 1, David Remez St.* ☎ *673-24-01. • scotsguesthouse.com • À deux pas du théâtre Khan, dans une petite rue qui monte, côté HaMelekh-David St. Doubles standard 600-670 Shk, petit déj compris ; appartement 1 200-1 350 Shk.* Le *Scottie* (pour les intimes) se révèle hyper bien situé, calme et sérénité garantie. Grande cour arborée. L'église fut construite en 1927 en mémoire des soldats écossais tombés dans la région en 1914-1918. Solide architecture inspirée du style croisé dont lord Allenby posa la première pierre. Une vingtaine de belles chambres doubles dont certaines avec une vue magnifique. Intéressant appartement avec 2 chambres et une superbe terrasse. Accueil sympa en anglais avec l'accent écossais, bien sûr. Confortables parties communes (*lobby*, salon, bibliothèque, etc.). De la grande terrasse, vue privilégiée sur toute la ville.

Jerusalem Inn Hotel *(plan couleur II, B2, **39**) : 7, Horkanos St. ☎ 625-27-57. • jerusalem-inn.com • Doubles standard avec sdb 500-600 Shk selon saison (plus chères lors des grandes fêtes juives), petit déj compris.* Environ 27 chambres dont certaines communicantes pour les familles. Situation centrale, dans le quartier russe (très animé le soir). Cadre contemporain plaisant. Tout le confort espéré : clim, TV câble, coffre digital, minifrigo, avec balcon pour la plupart des chambres. Copieux petit déjeuner.

Palatin Hotel *(plan couleur II, A-B1, **37**) : 4, Agrippas St. ☎ 623-11-41. • palatinhotel.com • Tt près de Ben Yehuda. Doubles 450-650 Shk selon confort et saison, petit déj compris.* Hôtel assez classique, mais bien situé. Chambres aux teintes douces et décor sobre. TV écran plat, câble, clim et ventilo. Fonctionnel, mais propreté moyenne. Quelques minisuites de 2 chambres. Accueil très convenable.

Plus chic (165-280 $ / 132-224 €)

YMCA 3 Arches Hotel *(plan couleur II, B2, **42**) : 26, King David St. ☎ 569-26-92. • ymca3arch.com • Bus n°s 6, 18 et 21. Doubles 580-830 Shk selon saison et fêtes religieuses, petit déj inclus. Accès à la tour (ascenseur) pour les non-résidents : 10 Shk.* Remarquablement situé, à équidistance de tout. Vaste établissement d'une soixantaine de chambres, construit par un milliardaire américain, fonctionnant désormais comme un hôtel haut de gamme. Curieux style romano-islamique, avec 2 bâtiments en forme d'église byzantine de chaque côté, en belle pierre de Jérusalem (œuvre de l'architecte de l'*Empire State Building* à New York). À l'intérieur, festival d'arches, arcades, plafonds ouvragés, marbres... Chambres aux sobres tonalités, spacieuses et tout confort. Souvent plein. Au resto, cuisine non casher. Piscine, squash (apporter raquettes/balle). Centre de fitness. Du haut de la tour, beau panorama sur la vieille ville. Jardins luxuriants.

Eldan Jerusalem *(plan couleur II, B2, **43**) : 24, King David St. ☎ 567-97-77. • eldanhotel.com • À quelques mn à pied de la vieille ville. Doubles 160-300 $ selon saison, petit déj inclus.* Hôtel planté là comme un gros cube de pierre blanche, dont les chambres viennent d'être rénovées et la literie renouvelée. Grand confort bien sûr, jusqu'au prêt du téléphone portable. Cafétéria et bar. Charme limité, fonctionnel, adresse sans surprise.

Dans le quartier de German Colony

À moins de 30 mn à pied de la vieille ville, un intéressant quartier branché et animé, et relativement peu touristique.

De chic à plus chic (jusqu'à 280 $ / 224 €)

A Little House in the Colony *(plan couleur III, B1, **44**) : 4a, Lloyd George St. ☎ 566-24-24. • jerusalem-hotel.co.il • Bus n° 18. Résa min 2 nuits le w-e. Doubles 480-710 Shk, petit déj compris.* À deux pas du *restaurant row,* l'une des rues les plus pourvues de restos de Jérusalem. Grande demeure ancienne offrant une vingtaine de chambres. Certes, parfois pas très grandes et il y aurait bien quelques petites choses à améliorer, mais c'est globalement correct et l'environnement arboré et le côté havre de paix l'emportent. Bon petit déjeuner, clim, TV câble, café à dispo et frigo commun.

Dan Boutique Hotel *(plan couleur III, B1, **45**) : 31, Hebron Rd. ☎ 568-99-99 ou (03) 520-25-52 (résas). • danhotels.com • Doubles à partir de 230 $ (voir aussi sur Internet), petit déj inclus.*

Parking gratuit. Décor intérieur résolument contemporain, avec une touche de design sophistiqué, à l'image de la réception et du bar. Chambres très confortables, cadre vraiment élégant, certaines avec larges fenêtres panoramiques et vue unique sur le mont Sion et la vieille ville. Billard et *sundeck*. Personnel particulièrement aimable.

Assez loin du centre

Prix moyens (250-420 Shk / 53-90 €)

Yitzhak Rabin Guest House *(hors plan couleur II par A2, **46**) : 1, Nahman Avigad St, Giv'at Ram. ☎ 594-55-11 ou 678-01-01 et 1-599-510-511 (résas). ● iyha.org.il ● Bus n°s 9 et 17 depuis le terminal des bus (sf shabbat). Dortoir env 120 Shk/pers ; double 400 Shk.* Cette belle et impressionnante bâtisse, à la plaisante architecture contemporaine, intéressera avant tout celles et ceux qui souhaitent se retrouver dans un coin aéré et échapper aux tribulations et embouteillages du centre. Bien inséré dans le quartier des grands musées et de l'université, tous accessibles à pied depuis l'AJ. Elle offre 77 chambres tout confort de 2 à 4 personnes (salle de bains, TV satellite, frigo, machine à café)... Grand *lobby* aéré, cafétéria. Tout à côté, centre sportif avec piscine, tennis, squash, salle de gym...

Où manger ?

Dans la vieille ville

Les gargotes ne manquent pas dans la vieille ville. Cependant, vous n'y trouverez pas beaucoup de hauts lieux gastronomiques. Pour ça, il faut aller dans la ville nouvelle.

Bon marché (40-80 Shk / 8,50-17 €)

Michael Restaurant *(plan couleur I, B3, **59**) : Saint Mark St. Tlj jusqu'à 19h.* Tout juste à l'écart du flot de touristes, ce simple resto de poche est tenu par trois charmantes sœurs, qui se relaient pour préparer quotidiennement de quoi concocter une poignée de plats bien frais. Une carte aussi courte que le resto est petit : *kofta,* falafel, *shawarma,* salade grecque ou omelette, et un jus d'orange pressé pour la touche sucrée. 2 tables dans la ruelle.

Lina *(plan couleur I, B2, **55**) : 42, Al-Khanqa St, quartier chrétien (via Dolorosa). ☎ 627-73-20. Tlj 8h-16h.* C'est ici, dit-on, que l'on trouve le meilleur *hommos* (avec la traditionnelle pita, ses pignons de pin, ses *pickles*), ainsi que du *foul* et diverses salades. Jus de fruits frais. Propre, climatisé, pas cher, intime, sympa. Le succès est suffisamment au rendez-vous pour que le proprio ait décidé d'ouvrir le même resto en face ; impeccable mais moins d'âme ; 2 salles 2 ambiances donc, alors à vous de voir !

Abu Shukri *(plan couleur I, B2, **56**) : à l'intersection d'El-Wad St et de la via Dolorosa. ☎ 583-18-48. Tlj 8h-17h.* Pas de caractère en soi, mais bien tenu et réputé pour son excellent *hommos* et autres snacks traditionnels.

Prix moyens (80-120 Shk / 17-25 €)

Armenian Tavern *(plan couleur I, B3, **57**) : 79, Armenian Orthodox Patriarchate Rd. ☎ 627-38-54. Tt près de la porte de Jaffa. Tlj sf dim.* Sympathique restaurant arménien. Belle salle voûtée en sous-sol, haute de plafond avec une imposante arche de pierre, mais surtout l'impression de rentrer dans un chaleureux petit musée (grands vases en étain ciselé, collection de lampes, meubles incrustés de nacre). Accueil et service en douceur, et, on est quand même là pour ça, une cuisine simple et de bonne tenue avec des produits de qualité (salades diverses, kebabs, *mixed grill,* pâtes et sandwichs).

Amigo Emil *(plan couleur I, B2,* **58***) : Al-Khanqa St, quartier chrétien. ☎ 628-80-90. Service non-stop jusqu'à 21h30 sf dim.* Haute salle voûtée de pierre, tables avec dessus en céramique, cadre frais et plaisant pour une cuisine classique et fraîche. Lasagnes maison, hamburgers, pizzas, boulettes, salades diverses...

Chic (120-220 Shk / 25-47 €)

Rossini's *(plan couleur I, A3,* **60***) : 32, Latin Patriarchate St. Juste derrière la Jaffa Gate. ☎ 628-29-64. Tlj sf dim.* Cuisine italienne et française. Membre des *Chefs for Peace*, le chef a servi nombre de personnalités (Jean-Paul II, Yasser Arafat, Mahmoud Abbas, Tony Blair, Poutine, Richard Gere et Benoît XVI). Cadre qui vient d'être entièrement rénové, chaleureux et élégant avec pierres apparentes et bois sombre, lumière judicieusement tamisée... Idéal pour un dîner romantique dans la vieille ville. Bon choix à la carte : carpaccio de bœuf, délicieuses lasagnes, viandes à la cuisson parfaite, steak de thon sauce miel et gingembre. Cave à vins attenante.

Eucalyptus *(plan couleur I, A3,* **72***) : 14, Hativat Yersushalayim, The Artist Colony. ☎ 624-43-31. À deux pas de la porte de Jaffa. Fermé pdt shabbat (et sam soir en été). Résa conseillée. Menus 167-225 Shk.* L'un des meilleurs restos de Jérusalem. Cadre sobre, voire austère, comme pour mieux mettre en valeur cette très belle cuisine. Moshe Basson, d'origine irakienne, cumule les qualités : il est l'un des leaders de *Slow Food* en Israël et membre de l'association *Chefs for Peace.* Il s'est fait une spécialité de ne cuisiner qu'avec des herbes et des produits locaux. Résultat : des mets raffinés et délicieux, aux saveurs variées (figues farcies, confiture de potiron, potage d'amandes et de raisins, couscous aux sept légumes...). Mon tout fondant et parfumé à souhait. Bons conseils en vins. En outre, Moshe adore venir recueillir les avis de ses clients.

Dans la ville nouvelle (centre-ville)

Quelques rues et ruelles présentent une offre particulièrement riche pour tous les budgets : la *Shlomzion Hamalka Street,* le *Feingold Courtyard,* la *Shimon Ben Shetah Street* (et, hors shabbat, animation garantie !)... Bref, tout le quartier de *Nahalat Shiv'a.* De même, autour et dans le grand marché de *Mahané Yehuda.*

Bon marché (40-80 Shk / 8,50-17 Shk)

Azura *(plan couleur II, A1,* **64***) : dans le marché de Mahané Yehuda. Tlj au déj sf ven. De l'artère principale (Mahané Yehuda) du marché empruntée en descendant du tram, prendre la 1re à droite, puis à nouveau 1re à droite ; c'est en bas de la volée de marches... à droite. Plat env 40 Shk.* En terrasse, une poignée de tables, nappes à carreaux et chaises de bistrot, au pied des étals du marché. En face de la cuisine ouverte sur la petite salle bien arrangée et ses quelques tables, la photo du patriarche turc fondateur, et, aux murs, des coupures de presse en hébreu vantant les mérites de la cuisine. Et pour cause : dans l'assiette, de bons plats parfumés et pas bien gras, qui mijotent sous vos yeux sur le comptoir de la cuisine, dans de larges marmites posées sur leur réchaud. Aubergine farcie au bœuf haché, pignons et sauce un peu piquante à la cannelle, queue de bœuf sauce ail et poivre, *chicken sofrito...* Sans façons, frais et bon.

Rahamou *(plan couleur II, A1,* **61***) : 5, Haeskol St (et Harmonim). ☎ 623-45-95. Slt le midi, tlj sf shabbat.* Dans le quartier du grand marché. Cadre de bistrot ouvrier décoré de vieux objets, avec vénérables photos souvenirs du quartier et ventilos laborieux. Bonne cuisine rustique qui tient au corps : moussaka, *chicken schnitzel, roast beef,* goulasch... Du monde certes, mais ça tourne rapidement !

Mizrahi *(plan couleur II, A1,* **62***) : 12, Hashazif. ☎ 624-21-05. Dans le marché de Mahané Yehuda. De l'artère principale (Mahané Yehuda) empruntée* *en descendant du tram, prendre la 5e allée à gauche. Tlj midi et soir sf shabbat.* Un cadre de bistrot contemporain, bien ventilé. L'adresse fait souvent le plein d'une clientèle de trentenaires bobo-branchés, à l'intérieur comme pour la poignée de tables en terrasse, dans l'allée du marché. *Dosa* indiennes, gnocchis maison asperges, châtaignes et crème de truffes, salades originales... La carte, variée, change régulièrement, et c'est bien bon. Quant aux desserts, présentés sur le bar et qu'on dévore au premier regard, ils sont à tomber...

Focaccia *(plan couleur II, B2,* ***63****) : 4, Rabbi Akiva St. ☎ 625-64-28. Tlj de 10h jusqu'au dernier client.* Un endroit fort populaire, prisé par les jeunes. Grande demeure ancienne en pierre. On y déguste, sur une plaisante terrasse protégée sur plusieurs niveaux, tout en bois, et qui ne désemplit jamais, ou attablé au bar, une bonne cuisine internationale. Pizza, pâtes, poulet à la thaïe, saumon fumé, sandwichs... Service un poil longuet parfois.

Modern *(hors plan couleur II par A2,* ***70****) : 11, Ruppin Rd. ☎ 648-08-62. Tlj 12h-fermeture du musée (23h jeu) ; ven 11h30-15h.* C'est le resto du musée d'Israël, en service continu. Bien entendu, élégant cadre contemporain, spacieux, climatisé, avec une fort agréable terrasse. Tout le long du mur, une belle sélection de vins, disposés comme dans une bibliothèque (le plus grand choix de crus casher au monde !). Dans l'assiette, une cuisine moderne, fraîche, bien troussée. Exquis petits hors-d'œuvre, sandwichs chauds, *mulet and salmon ceviche, business lunch* avec moussaka, bœuf casserole, entrecôte, etc. Le jeudi, à 20h, ne pas rater la *Live and Wine,* dégustation de vins (parfois certaines gratuites) et super concerts de jazz.

Sima *(plan couleur II, A1,* ***65****) : 82, Agrippas St. ☎ 623-30-02. Tlj sf shabbat jusqu'à 23h. Dans un coin éminemment populaire, en marge du quartier kurde.* Cadre propre et climatisé. Spécialités de bonnes viandes (steak, *shashlik,* cervelle, *mixed grill,* etc.), soupes et salades ; appétissant.

@ ***Tmol Shilshom, café-restaurant and bookstore*** *(plan couleur II, B2,* ***67****) : 5, Yoel Salomon St. ☎ 623-27-58. On y accède par une ruelle qui part de la rue Salomon (pancarte qui indique le resto). Tlj sf shabbat 10h-minuit (17h ven ; 2h sam soir). Tmol Shilshom* est le titre d'un livre de Shmuel Yosef Agnon, auteur israélien qui a obtenu le prix Nobel de littérature en 1966. Ici, on peut acheter des livres et assister à des récitals de poésie ou à des discussions littéraires, généralement en hébreu ou en arabe (parfois en anglais). Cadre intime et chaleureux, un peu rétro, pour une clientèle variée et une cuisine typiquement israélienne. Petit déjeuner spécial (buffet) le vendredi matin. Agréable petite terrasse verdoyante. Un endroit sacrément sympa.

Prix moyens (80-120 Shk / 17-25 €)

Barood *(plan couleur II, B2,* ***69****) : 31, Jaffa Rd, Feingold Courtyard. ☎ 625-90-81. Au début du passage menant à Havilio Sq. Tlj sf dim midi jusqu'à minuit. Business lunch (- 15 % sur les prix) 12h30-17h.* Avec quelques tables dans le passage piéton, sachant cependant prodiguer une cuisine de grande qualité à partir de beaux produits. Ambiance hispano... irlandaise. Cadre chaleureux (pierres apparentes, bois, couleurs, toiles cirées). Demandez des précisions sur la spécialité maison, le *postelikos* ; Osso bucco de porc, entrecôte, *spare ribs,* calamars, toujours préparés avec une petite touche perso. Musique *live* plusieurs fois par semaine : mardi vers 17h30 et vendredi à 15h30 (plutôt hispanique-latino), et occasionnellement jazz ou irlandais.

Chic (120-220 Shk / 25-47 €)

Arcadia *(plan couleur II, A1-2,* ***73****) : 10, Agrippas St. ☎ 624-91-38. Dans la ruelle entre le 63, Jaffa Rd et le 10, Agrippas. Tlj 12h30 (13h sam)-15h, 19h-22h30. Résa ultra-conseillée. Menus 160-240 Shk. Midi, lunch 90 Shk.* Une belle demeure, un joli jardin mais seulement une dizaine de tables. Découvrez une cuisine contemporaine aux accents européens, saupoudrée de quelques touches malignes d'inspiration moyen-orientale. Belle carte des vins.

Little Jerusalem *(plan couleur II, B1, **68**) : The Ticho House, 9, HaRav Kook St. ☎ 624-41-86. Tlj sf shabbat. Vins à partir de 70 Shk.* Décor tout à fait charmant puisqu'il s'agit de la belle demeure de pierre du peintre *Anna Ticho* (lire plus bas la rubrique « À voir »). En plein cœur de la ville. Agréable terrasse donnant sur le merveilleux jardin en été. Possibilité de venir également pour un brunch ou pour boire un verre. Récitals de musique classique aussi, le samedi soir (réservation obligatoire).

King's Garden Restaurant *(plan couleur II, B2, **74**) : 23, King David St. ☎ 520-25-52.* C'est l'un des 2 restaurants de l'hôtel *King David,* à ne pas confondre avec l'autre (le restaurant *La Régence*) qui est hors de prix. Surplombant les jardins et la piscine, pour une somme un peu plus élevée qu'ailleurs, on y déguste, dans un cadre ravissant, une cuisine moderne reflétant la diversité des influences gastronomiques en Israël... De très bonnes salades, d'excellents plats (de la pastilla marocaine au *gefilte fish* en passant par les spécialités russes) et des desserts vraiment délicieux.

Machneyuda *(plan couleur II, A1, **75**) : 10, Beit Ya'akov St. ☎ 533-34-42. Tlj 12h30-16h, 18h30-minuit. Résa quasi obligatoire.* Cadre rustiquo-bobo genre « entrepôt épicerie » – d'ailleurs les fruits et légumes utilisés en cuisine sont présentés dans des cagettes, comme à l'épicerie – avec mezzanine, chaises de bistrot, assiettes dépareillées, et un long bar auquel on peut s'attabler, qui clôture la cuisine entièrement ouverte et son effervescence. Plutôt bruyant, car c'est tout le temps bondé. Pas mal d'artistes, écrivains, politiciens... Voir et être vu ! Bonne qualité des produits, pointe d'originalité des mets et des saveurs, et carte plutôt courte – toujours bon signe – qui change un peu tous les jours. Foie de poulet et purée maison, *shikshukit tahini & yahourt* et kebabs, cheese-cake banane caramélisée... mmh ! Petite terrasse.

Canela *(plan couleur II, B2, **71**) : 8, Shlomzion HaMalka St. ☎ 0579-44-36-36. Tlj sf shabbat 12h-15h, 18h-23h.* Cadre confortable et d'une sobre élégance pour une cuisine d'inspiration française de grande réputation. Plancher en bois et longue banquette de cuir, tables bien séparées et comptoir le midi. Quelques fleurons de la carte : foie gras poêlé sauce vermouth et orange, raviolis asperges et épinards vin blanc et sauge, filet de bœuf vin rouge et brandy... Beaux desserts, subtile sélection de vins israéliens.

Très chic (plus de 220 Shk / 47 €)

1868 *(plan couleur II, B2, **77**) : 10, King David St. ☎ 622-23-12/13. Tlj sf shabbat. Business lunch env 100 Shk le midi en sem ; compter 150-200 Shk le soir hors vin. Réserver quelques j. avt.* Dans une vénérable demeure de pierre, de petites salles d'un blanc éclatant, des tables bien séparées, une atmosphère chic mais pas coincée, un accueil discret et souriant... On y va surtout en couple pour y déguster une cuisine d'inspiration française de qualité, du classique raffiné avec une petite touche perso bien sûr, à base de beaux produits du marché : pas mal de canard (en confit par exemple), entrecôte de 28 jours, hamburger « différent ». Fines petites entrées comme le sashimi de poisson blanc, mais on aurait aimé que ce soit plus copieux... Belle carte des vins. Terrasse.

À Jérusalem-Est

Prix moyens (80-120 Shk / 17-25 €)

Resto de l'Azzahra Hotel *(plan couleur II, C1, **30**) : 13, Azzahra St. ☎ 628-24-47. Au rdc.* Bon resto de cuisine palestinienne offrant des plats typiques comme le collier de mouton (farci riz et viande) et le classique *makloubeh* (pour 2), ainsi qu'un large choix de plats européens, et une carte de pizzas. Terrasse. Bien aussi pour boire un verre. Atmosphère sympa.

Philadelphia Restaurant *(plan couleur II, C1, **78**) : 9, Azzahra St. ☎ 532-26-26. Tlj jusqu'à 21h30. CB refusées.* Salle en sous-sol malheureusement. Cuisine classique, sérieuse et de qualité régulière. En particulier les viandes : fondant et généreux agneau rôti, *mixed grill, T-bone.* Également *mezze,* pâtes et lasagnes, et du poisson (pas si fréquent). Clips à la télé, musique d'ascenseur, service pro et charmant.

Chic (120-220 Shk / 25-47 €)

Legacy Hotel *(plan couleur II, B1, **31**) : 29, Nablus Rd. ☎ 627-08-27. Tlj midi et soir.* Cette belle adresse de luxe (voir plus haut « Où dormir ? ») possède, ça va de soi, un superbe resto gastronomique. Cadre contemporain cossu d'une blancheur lumineuse, bénéficiant en outre d'une terrasse et d'une vue incomparable sur la ville. Cuisine raffinée, mets présentés de façon artistique, service pro... Tout pour plaire !

Dans le quartier de German Colony

Ce quartier présente de nombreuses qualités : ouvert, arboré, aéré, avec de nombreuses anciennes demeures arabes bien restaurées, se mêlant à celles construites dans les années 1920-1930 par les premiers immigrants. Tout se tient sur *Emek Refaim,* qui affiche une longue série de restos sophistiqués et branchés, de bars animés et de fast-foods de toutes sortes. *Last but not least,* peu de touristes...

Bon marché (40-80 Shk / 8,50-17 €)

Burgers Bar *(plan couleur III, B1, **85**) : 20, Emek Refaim, German Colony. ☎ 561-23-33. Ouv jusqu'à 2h.* La « Rolls » des fast-foods pour des hamburgers d'anthologie ! Cadre plutôt design dans les tonalités de noir, des écrans géants pour suivre le sport, quelques hauts tabourets et une terrasse. Beaux sandwichs préparés à la demande, savoureux triple burger spécial, *crispy chicken,* tortilla *wraps,* salades... Grand choix de sauces du jour. À avaler sur place ou à emporter (pour manger dans le jardin public tout proche par exemple).

Prix moyens (80-120 Shk / 17-25 €)

La Boca *(plan couleur III, A2, **87**) : 46, Emek Refaim, au 1er étage. ☎ 563-55-77. Tlj sf shabbat. Résa conseillée en sem. Business lunch 50-70 Shk (11h30-17h).* Monter le long et étroit escalier extérieur pour un des temples de la cuisine sud-américaine. Choix entre l'élégante salle à manger, la véranda ou la terrasse. En prenant le nom de *La Boca,* célèbre quartier de Buenos Aires, le chef se devait de proposer des morceaux de « bife » exemplaires... C'est le cas ! En plus du chili con carne, paella, fajitas et autre poisson Santa Fe (à la sauce *muhu,* herbes et citron), autant de spécialités adaptées au goût des Israéliens. Intéressante formule : la *parrilla* (sélection de viandes différentes) pour 2 à 4 personnes.

Bagel's Café *(plan couleur III, A2, **87**) : 46, Emek Refaim. ☎ 587-78-77. Ouv dès 7h ; fermé pdt shabbat.* Un *deli*-café-resto dans une belle salle baignée de lumière. Un bon choix de bagels bien sûr (y compris dans le pain lui-même), mais aussi la quiche ou la soupe du jour, une poignée de plats de pâtes ou un filet de saumon, qu'on accompagne d'une bonne pâtisserie. Et le *Bagel's Café* se révèle aussi une bonne escale dès le matin, le temps d'avaler un bon petit déjeuner. Service sympa.

Pini's Kitchen *(plan couleur III, A-B1, **88**) : 24, Emek Refaim. ☎ 625-55-06. Fermé pdt shabbat.* Les propriétaires viennent de tourner la plage du *successful Joy Grill* pour, toujours à la même adresse, proposer une tout autre cuisine dans un nouveau décor : celui... d'une cuisine, justement, mais pas la cuisine aseptisée des magazines de déco : carreaux de ciment à motifs, pierres apparentes, ustensiles suspendus aux murs, condiments sur les étagères, et chaises colorées... Et dans l'assiette, des spécialités de viandes grillées ou en ragoût.

Où prendre un bon petit déjeuner ou un bon gâteau ?

Café Kadosh *(plan couleur II, B2,* ***71****) : 6, Shlomzion HaMalka. ☎ 625-42-10. Tlj sf shabbat jusqu'à 23h30.* L'une des pâtisseries les plus populaires de la ville. Cadre très classique. Toujours bourrée de monde. Quant aux bons desserts, il vous suffit de vous lever pour aller choisir l'élu dans la vitrine. Terrasse prise d'assaut. Bon accueil.

Halita'tea *(plan couleur II, B2,* ***66****) : 5, Hillel St. ☎ 77-411-02-24. Tlj 9h-16h sf shabbat.* Petit café-salon de thé, au calme et à l'ombre d'une impasse, en face du café *Hillel.* Plusieurs formules, idéales pour un petit déjeuner ou une pause *teatime,* sucrés ou salés. *Shakshuka,* curry de lentilles fromage *halloumi, dal* de lentilles rouges au lait de coco, *scones* (renversants !), genre de tiramisu moins réussi en revanche ; bon choix de thés et de tisanes. Atmosphère tranquille et accueil charmant du jeune couple de propriétaires. Musique live le vendredi vers 12h (jazz, country).

Mizrahi *(plan couleur II, A1,* ***62****) : lire plus haut « Où manger ? ».* Délicieuses pâtisseries, vraiment.

Restaurants ouverts pendant le shabbat

Voici quelques adresses pour se restaurer le vendredi soir et le samedi midi. Pas de panique, il y en a quand même pas mal... Bien sûr, elles ne sont pas casher.

Voir également les restaurants des grands hôtels.

Focaccetta *(plan couleur II, B2,* ***71****) : 4, Shlomzion HaMalka. ☎ 624-32-22. Tlj jusqu'à minuit. Plats 50-100 Shk.* Cadre contemporain, particulièrement spacieux, atmosphère tamisée à souhait, clientèle un peu branchée 25-35 ans. Bonne cuisine de brasserie classique à prix abordables (choix de 4 salades, 4 pizzas, 4 pâtes), ainsi que sandwichs, steaks, *risotto seafood,* etc. Grande ardoise au mur pour les plats du jour et les vins du mois. Le tout bien servi !

– *Rappel :* également ***Foccacia, Barood, Machneyehuda, Arcadia, Azura*** (voir plus haut), et les restos arabes ou chrétiens de la vieille ville et de Jérusalem-Est, comme le *Philadelphia.* Voir aussi le ***Jabotinski*** et quelques autres sur ***Shimon Ben Shetah Street*** *(plan couleur II, B2),* une rue généreuse en restos... Enfin, le ***Jerusalem Hotel,*** sur Nablus Road *(plan couleur I, B1 ; Jérusalem-Est)* offre un fort bon lunch le samedi midi.

Restaurants ouverts 24h/24

Zuni *(plan couleur II, B2,* ***67****) : 15, Yoel Moshe Solomon St. ☎ 625-7776. Tlj. Dans le quartier de Nahalat Shiv'a. Situé à l'étage (minuscule balcon). Plats à partir de 70 Shk.* Cadre tout en bois, lumière tamisée, baies vitrées. Une bonne surprise pour un restaurant ouvert 24h/24, où on pourrait attendre un cadre peu tristoune et une ambiance un peu « usine » ; point du tout donc. Un peu plus de choix à la carte en soirée que dans la journée : entrecôte, poulet grillé, moules marinières, potiron au mascarpone, *quiche loren* (dans le texte)... Dans l'ensemble correct.

Sur Hillel *(plan couleur II, B2),* au n° 18, le ***Aroma*** qui fait partie d'une chaîne de cafés : sandwichs, salades, gâteaux divers. Au n° 16, le ***Hillel 16.*** On y achète son dernier pack de bières avant que le jour ne se lève !

Où boire un verre ? Où sortir ?

Souvent, concernant la vie nocturne, seule Tel-Aviv est évoquée comme ville festive. Mais les temps ont changé, et Jérusalem l'Orientale a aujourd'hui bien moins à envier à sa sœur méditerranéenne : pubs, cafés, boîtes de nuit et cinémas ouvrent désormais de plus en plus souvent le vendredi soir (début du shabbat). Une libéralisation relative des mœurs, destinée à freiner l'exode des jeunes vers Tel-Aviv, la soirée la plus festive restant celle du jeudi soir.

Les secteurs animés de la vie nocturne sont le quartier russe *(Russian Compound),* en haut de la rue Heleni HaMalka en partant de Jaffa Road, la rue *Ben Yehuda* où l'on trouve une kyrielle de cafés et de bars.

Cependant, l'épicentre de la vie nocturne, c'est le vieux quartier de *Nahalat Shiv'a,* troisième quartier juif créé en dehors de la vieille ville en 1869, caractérisé par un ensemble de petites demeures enserrant des courettes intimes et reliées par des passages... Malgré une pression immobilière très forte, les habitants réussissent à préserver cette architecture humaine et chaleureuse. Quelques repères : le *passage Feingold* (au niveau du 31, Jaffa Road), *Havilio Square,* les étroites ruelles *Yoel Solomon* et *Joseph Rivlin* (entre *kikar Zion* et *Hillel Street*). Enfin, sur *Shlomzion HaMalka,* chaque immeuble abrite un bar ou un resto.

Et pour qui voudrait changer radicalement de quartier, la rue *Emek Refaim,* à *German Colony,* se révèle bien animée aussi (voir « Où manger ? »).

🍷 ***Roza*** *(plan couleur II, B2,* ***69****) :* *Feingold Courtyard.* ☎ *624-41-11. Tlj sf shabbat.* L'un des bars les plus denses (et le jeudi soir, le plus bruyant du passage). Possibilité d'y manger aussi.

🍷 Les cafés de la *place Havilio,* au débouché du passage *Feingold* et de la rue *Joseph Rivlin.* Le jeudi soir, degré maximum de décibels et d'animation. C'est véritablement dément, les terrasses fusionnent, la bière coule à flots, des centaines de jeunes s'écroulent sur les banquettes basses, noyés dans la fumée des narguilés...

🍷 |●| Les cafés ***Zolly's*** et ***Nadin Pub*** *(plan couleur II, B2,* ***96****),* sur *Joseph Rivlin.* Pas vraiment des lieux de rendez-vous pour romantiques (trop rugissant !). Ils sont ouverts les soirs du shabbat, mais pas vraiment conseillés ce jour-là non plus (atmosphère quelque peu morne)... On y mange aussi.

🍷 Depuis *Joseph Rivlin,* un passage mène au ***Habibi Bar,*** sa courette bruyante et ses écrans géants pour le sport, pour déboucher sur la cour du ***Tmol Shilshom, café-restaurant and bookstore,*** qu'on indique déjà comme resto (voir plus haut).

🍷 ***Monaco*** *(plan couleur II, B2,* ***99****) :* *18, Ben Sira.* ☎ *054-221-25-08. Tlj 19h-3h.* Un bar bien dans l'air du temps, qui a la cote auprès de la jeunesse branchée ; régulièrement des soirées avec DJ live.

🍷 ***Uganda*** *(plan couleur II, B2,* ***97****) :* *6, Aristobolus St.* ☎ *623-60-87. Dans le quartier russe. Dim-jeu 12h-3h, ven 21h-3h, sam 20h-3h.* Le *Uganda* tient son nom d'une des destinations pressenties à la fin du XIXe s (avant la Palestine) comme pays d'accueil de l'immigration juive. Possède comme caractéristique d'avoir tous ses clients dans la rue et quasi pas un à l'intérieur. Repaire des bohèmes, artistes, anars, étudiants radicaux et athées de tous bords... Musique rock ou blues à tue-tête !

🍷 ***Café Birman*** *(plan couleur II, B2,* ***38****) :* *8, Dorot Rishonim St.* ☎ *623-61-15. Tlj sf shabbat, jusqu'au dernier client.* Dans un quartier piéton animé, on y vient surtout pour ses concerts de jazz. Possibilité de s'y restaurer.

🍷 ♫ ***Toy Bar*** *(plan couleur II, B2,* ***97****) :* *6, Dhu Nawas St.* ☎ *623-66-66. Tlj sf dim à partir de 21h30 jusqu'au dernier client. Grosse sélection à l'entrée.* Un incontournable de la nuit hiérosolymitaine. Sur plusieurs niveaux, festival de couleurs et lumières flamboyantes. Certains jours, beaucoup, beaucoup de monde, et ça danse ! Différents DJs selon les soirs. Clientèle 25-35 ans. Soirées étudiantes lundi et mercredi. Bon choix de bières.

🍷 |●| ***Versavee*** *(plan couleur I, A3,* ***102****) :* *Greek Catholic Patriarchate Rd (entrée aussi dans l'impasse de l'*East Imperial Hotel, *dans la vieille ville).* ☎ *627-61-60. Tlj sf dim soir jusqu'à 22h30-23h (21h* *cuisine).* Agréable placette au fond d'un passage aéré, pour écluser de bonnes bières et manger une fraîche petite cuisine de brasserie dans une atmosphère détendue. Au fond, des photos anciennes de la ville ou du pays, dont vous pouvez acheter la reproduction.

Notre-Dame de Jérusalem *(plan couleur I, A2,* ***103****) : 3, HaTsanhanim Rd. ☎ 627-91-11. Juste en face de la porte* New Gate. Derrière cette imposante façade siège l'Institut pontifical. L'ensemble, territoire du Vatican, abrite à la fois un centre religieux, un hôtel, un restaurant, et surtout une superbe terrasse où l'on peut boire un verre, avec vue panoramique sur une partie de la vieille ville... divin !

Où écouter de la musique ? Où danser ?

Pour danser, c'est à *Talpiot,* au sud de la ville, que ça se passe. Quartier totalement en dehors des sentiers battus. Bon choix d'adresses ! Entre autres, sur *HaOman Street (plan couleur III, A3,* ***100****),* au nº 17, le *17 (☎ 678-16-58).* Beaucoup de monde le mardi soir (principalement musique israélienne) et le samedi (plutôt disco). Au même endroit, *Lev Talpiyot Mall,* le *Gag (Roof). Jeu-sam 22h30-3h.* Une autre boîte *(2, Poalei Zedek Street ; plan couleur III, A3)* spécialisée dans la musique *mizrahi* (pop orientale). Bar immense et belle atmosphère. Quant au *Yellow Submarine (13, Harechavim ; ☎ 679-40-40),* il offre des concerts de qualité presque toutes les nuits. Tous les genres : pop, hip-hop, jazz, chanson... Se renseigner, bien sûr, pour savoir s'ils sont ouverts en été. Lire aussi, plus haut, les infos sur le *Toy Bar.*

Très chic

Bar de la terrasse du Mamilla Hotel *(plan couleur II, B2,* ***101****) : 11, King Solomon St. ☎ 548-22-20. Tlj.* L'hôtel se révèle en soi déjà une vraie réussite architecturale. Œuvre de l'architecte italien Piero Lissoni... Festival de lignes épurées, d'escaliers design, d'espaces harmonieux. De son immense terrasse protégée et verdoyante, vue unique sur la vieille ville. Un autre bar, le *Mirror,* résolument branché, propose de bons concerts live *(en principe dim, lun et mar, sinon DJs). Bar food* aussi. Décor sophistiqué époustouflant !

À voir : visites possibles le samedi

Le jour de repos en Israël étant le samedi, la ville tourne au ralenti ce jour-là (sur fond de pratique religieuse évidemment). Quelques idées pour organiser vos visites en fonction des sites ouverts.

- Toutes les *églises de la vieille ville.*
- *Le musée d'Histoire de Jérusalem (citadelle et la tour de David) : 10h-14h (jusqu'à 17h en juil-août).*
- *Le musée d'Israël : dans la ville nouvelle, 10h-17h.*
- *La promenade sur les remparts.*
- *Le musée des Pays de la Bible (Bible Lands Museum) : dans la ville nouvelle, 10h-14h (sf j. fériés).*
- *Le musée d'Art islamique : 10h-16h.*
- *Le musée des Sciences Bloomfield : 10h-15h.*
- *Le musée archéologique Rockefeller : à Jérusalem-Est (entre la porte d'Hérode et la porte des Lions), 10h-14h.*

À voir

La vieille ville (Old City)

C'est l'une des plus vieilles villes du monde, l'une des plus célèbres, l'une de celles qu'on rêve de visiter. À juste titre. C'est en partie pour cette vieille ville que

les Israéliens ont fait la guerre des Six Jours en 1967 (elle était du côté jordanien depuis 1948). Subtile symbiose entre une myriade de vénérables sanctuaires et une constellation d'échoppes bariolées. Et des ambiances qui varient au rythme des différents quartiers (musulman, juif ou chrétien) qui défilent sous vos pas. Un théâtre humain coloré, vif, passionné, parfois tendu mais ô combien riche et étonnant.
Un petit conseil : mieux vaut éviter toute tenue trop dénudée pour arpenter la vieille ville. C'est une condition sine qua non pour visiter la plupart des monuments juifs, chrétiens et musulmans. Opter pour un pantalon ou une jupe au moins au genou et une chemise ; dans le cas contraire, l'accès pourrait vous être refusé.

Visites guidées de la vieille ville

Bien sûr, on peut se passer de guide. À condition d'avoir un bon plan (celui proposé par l'office de tourisme par exemple), ou envie de se perdre et un peu de patience pour s'y retrouver. C'est un vrai dédale, mais, contrairement à la médina de Fès ou au bazar d'Istanbul, beaucoup plus grands, on s'y retrouve aisément. Il faut y flâner, et certainement y revenir plusieurs fois pour mieux la connaître. La formule idéale pour ceux qui disposent de quelques jours consiste à prendre une visite guidée pour le premier jour, puis à y revenir ensuite seul.
– *Visites organisées par la municipalité :* en anglais uniquement. Se renseigner auprès de l'office de tourisme de la municipalité. Un intérêt majeur, elles sont gratuites. Une fois par semaine, le samedi matin généralement à 10h. Également tous les jours (sauf les jours de fêtes eux-mêmes) durant la semaine de la Pâque juive et celle de la fête des Tabernacles. Un thème à chaque fois : le quartier arménien, le mont Sion... mais aussi des balades hors de la vieille ville.
– Voir également les agences et guides indiqués dans les adresses utiles au début du chapitre sur Jérusalem.

Les huit portes

Jaffa Gate *(porte de Jaffa ; plan couleur I, A3)* **:** c'est la principale et la plus accessible quand on vient de la ville nouvelle. L'accès à la vieille ville se fait principalement par une brèche dans la muraille sur la droite de la porte. Cette ouverture a été percée en 1898 en l'honneur de l'empereur Guillaume II d'Allemagne pour que puisse passer le carrosse impérial. Le kaiser aimait son confort et la discrétion.

Zion Gate *(porte de Sion ; plan couleur I, B4)* **:** près du mont Sion où se trouve la tombe du roi David. Elle communique avec le quartier arménien. Ses pierres ont été criblées par les tirs de fusils lors des combats de la guerre des Six Jours (1967).

Dung Gate *(porte des Détritus ; plan couleur I, C3)* **:** communique directement avec l'esplanade du mur Occidental (ou des Lamentations). Dans la tradition juive, le jour de son retour, le Messie pourrait passer par cette porte. Mais d'autres disent qu'il choisira la porte Dorée.

Golden Gate *(porte Dorée ; plan couleur I, C2)* **:** située dans la muraille, côté est du mont du Temple, elle regarde le mont des Oliviers. Mais elle est fermée (par des pierres) depuis des siècles. Selon la tradition biblique, elle ne se rouvrira qu'à la « fin des temps ». Jésus l'aurait empruntée le fameux dimanche des Rameaux précédant sa crucifixion. Elle a été bouchée par les Turcs ottomans de peur que le Messie ne revienne...

Lions' Gate *(porte Saint-Étienne, ou porte des Lions ; plan couleur I, C1)* **:** elle fut construite sous le sultan Soliman. C'est le début de la via Dolorosa, dans le quartier musulman.

Herod's Gate *(porte d'Hérode ; plan couleur I, C1)* **:** côté quartier musulman.

Damascus Gate *(porte de Damas ; Shekhem ; plan couleur I, B1)* **:** donne en plein dans Jérusalem-Est (quartier musulman). Comme son nom l'indique, la très vieille route de Jérusalem à Damas partait d'ici. La deuxième porte par son importance, après celle de Jaffa, et la plus pittoresque.

New Gate *(porte Neuve ; plan couleur I, A2)* **:** ouverte en 1889 pour faciliter l'accès au quartier chrétien.

Les quatre quartiers

– ***Le quartier juif :*** au sud, rasé par la légion arabe en 1948, reconstruit ensuite. Tout neuf maintenant ; il faut noter le remarquable travail architectural accompli.
– ***Le quartier musulman :*** au nord-est, le plus important. Il regroupe la majorité des Palestiniens de Jérusalem. De loin le coin le plus oriental de la vieille ville, avec ses innombrables commerces nichés dans de longues rues voûtées et obscures.
– ***Le quartier chrétien :*** à l'ouest. Peuplé essentiellement d'orthodoxes et de quelques familles de Palestiniens chrétiens.
– ***Le quartier arménien :*** au sud-ouest. La plus ancienne communauté chrétienne de Jérusalem. Petit rappel : de tous les peuples du Proche-Orient, seuls les Arméniens se sont convertis au christianisme en masse, et cela dès l'an 300. L'Arménie devint ainsi la première nation chrétienne de l'histoire.

À ne pas manquer

Jerusalem Walls *(remparts de Soliman le Magnifique) : entre la porte de Jaffa et la porte des Lions. ☎ 627-75-50. Tlj sf ven 9h-16h. Rempart sud : sam-jeu 9h-17h (16h oct-mars) ; ven 9h-14h. Rempart nord : tlj sf ven 9h-17h (16h oct-mars). Entrée : 16 Shk. Ticket valable 1 j. et donne accès aux 2 parcours.* Ils ont été construits entre 1532 et 1536. On a une vue étonnante sur les toits.
De nos jours, les antennes caractérisent plus particulièrement le quartier musulman. Sa population, grâce aux paraboles, capte les programmes des pays arabes voisins.
➢ Deux parcours sont proposés : le rempart sud se déroule entre la porte de Jaffa et la porte des Détritus. Départ porte de Jaffa sur la gauche en entrant. Le rempart nord relie la porte de Jaffa à la porte des Lions. Départ porte de Jaffa, longer les remparts extérieurs par la droite, entrée à 50 m.

UN CONSEIL VIEUX DE 2 000 ANS !

Du temps du Christ, c'est sur ces toits que passait toute la communication de la ville (à voix haute nécessairement). D'où l'expression d'origine biblique : « Il ne faut pas le crier sur tous les toits. »

Citadel and David's Tower *(citadelle et tour de David – Musée d'Histoire de Jérusalem ; plan couleur I, A-B3)* **:** *entrée en face de la Christ Church et du Centre chrétien d'information, porte de Jaffa. ☎ 626-53-33. • towerofdavid.org.il • Juil-août : sam-jeu 10h-17h (19h jeu), ven 10h-14h. Sept-juin : tlj sf ven 10h-16h, sam 10h-14h. Entrée : 36 Shk (70 Shk, combiné avec le son et lumière). Mieux vaut suivre les visites guidées (anglais-hébreu) : dim-jeu 11h à partir de la porte principale. Audioguides (10 Shk) en hébreu, français ou anglais. Le soir (min avr-oct), spectacle son et lumière de 45 mn, entre 19h et 20h selon mois, voire un 3e spectacle plus tard. ☎ 626-53-47. Prix : 55 Shk. Même en été, s'habiller chaudement. Cafétéria sf sam et j. fériés.*
Une introduction parfaite sur Jérusalem. C'est une forteresse du XIIe s, élevée sur l'emplacement de trois tours d'Hérode. De récentes fouilles ont révélé des vestiges de l'époque du premier et du second Temple et des murs du temps des croisés.

Une grande partie de la citadelle a été superbement restaurée, notamment la tour de David. De là-haut, bien sûr, spectaculaire panorama (avec table d'orientation). Ne pas manquer la *tour Phasael* qui offre un point de vue très différent et une maquette de la ville du XIXe s. Du sommet, une superbe vue à 360° sur toute la ville, doublée de maquettes et de cartes. Attention, les vénérables marches qui jalonnent le parcours sont parfois de hauteur inégale et usées donc glissantes.
– *Le musée d'Histoire de Jérusalem :* très intelligemment conçu, le musée présente peu d'objets mais captive par ses plans en relief, vidéos et diaporamas. En somme, une scénographie contemporaine et réussie. Les différentes salles retracent chacune des périodes de la ville. Pour ne pas les manquer : l'époque cananéenne, le premier Temple, l'époque asmonéenne (sur toile de fond hellénistique), l'époque hérodienne, la Jérusalem romaine puis byzantine, l'époque islamique, la salle des croisés, les mamelouks, l'Empire ottoman et enfin le mandat britannique. Notez, à l'entrée de chaque salle, deux repères : l'un géographique (la ville à l'époque délimitée par rapport à aujourd'hui), l'autre chronologique.

★★★ ***Armenian Quarter*** *(quartier arménien ; plan couleur I, A-B3-4)* **:** lacis de ruelles, cours, escaliers, culs-de-sac. C'est le plus résidentiel de la ville (très peu de boutiques). Élégante *cathédrale Saint-Jacques,* aux murs ornés de céramiques du XVIIIe s, aux sols recouverts de tapis, aux chapelles de bois et nacre. Vous pourrez assister à un office arménien. Très impressionnant, on croit replonger tout d'un coup plusieurs siècles en arrière. Comportement discret indispensable.

LE « TRÉSOR » ARMÉNIEN

Avec à peine 2 000 membres, les Arméniens ne représentent plus que 0,003 % de la population de la ville. Or leur Église, installée depuis 1 500 ans, possède 15 % de la vieille ville. Une Église riche en immobilier mais avec peu de fidèles. L'administration israélienne n'hésite pas à faire pression pour grignoter ce patrimoine.

★★★ ***Jewish Quarter*** *(quartier juif ; plan couleur I, B-C3)* **:** on y passe nécessairement pour accéder au mur Occidental (ou des Lamentations). Habité en grande partie par des religieux mais aussi par des laïcs.

★★ ***Old Yishuv Court*** *(musée du Vieux Yishouv ; plan couleur I, B3)* **:** *6, Or HaHayim. ☎ 628-46-36. Tlj sf sam 9h-16h (ven 10h-13h). Entrée : 20 Shk.* Très intéressant musée ethnographique. Reconstitution d'une maison juive traditionnelle avec un splendide ameublement, objets domestiques, dentelles, broderies, lits pour enfants. Pièces typiques, l'une de la bourgeoisie ashkénaze, l'autre de la bourgeoisie séfarade. Deux petites synagogues, l'une séfarade, l'autre ashkénaze, à l'étage. Salon avec belle table en marqueterie. Tous les petits métiers exposés. Noter les produits pharmaceutiques en français et le diplôme en allemand : au XIXe s, ça faisait très bien dans les intérieurs.

★★ ***Le Cardo*** *(plan couleur I, B3)* **:** devant le Tsemach Tsedeq s'étend le Cardo, ancienne voie romaine, puis byzantine, construite sur les ruines de la ville après les révoltes de 70 (Massada) et 135 (Bar Kokhba) apr. J.-C. Une grande partie du Cardo est souterraine, avec ses dalles et ses colonnes. L'ensemble, un peu décevant, est prolongé par la rue des Croisés, puis par la rue couverte du marché arabe. Voir la reproduction du plan en mosaïque, dit de *Madaba,* et les vestiges du mur d'enceinte du premier Temple.
Une porte sépare le Cardo du quartier arabe. Étonnant de voir ces deux mondes si différents de part et d'autre de cette porte.
À proximité du Cardo, la *Hurva,* l'une des plus célèbres synagogues de la ville juive, détruite par la légion arabe et aujourd'hui reconstruite à l'identique. À côté, la *synagogue Ramban,* l'une des plus anciennes.

Possibilité de visiter le petit *musée de la Dernière Bataille pour la vieille ville (Cardo ; ☎ 628-81-41 ; tlj sf sam 9h-17h, ven 9h-13h).* Le 28 mai 1948, les défenseurs du quartier juif se rendirent à la Légion jordanienne. Toute la bataille, la destruction du quartier et sa reconstruction, à travers photos et divers témoignages.

Herodian Quarter *(quartier Hérodien ; plan couleur I, B3)* **:** imposant complexe de fouilles situé aujourd'hui en sous-sol. Vestiges d'habitations patriciennes juives. Le site principal, *The Wohl Archeological Museum,* est situé *rue HaKara'im (☎ 626-59-00, poste 102).* De la place Hurva dans le quartier juif, un totem métallique assez vilain indique l'endroit *(ouv dim-jeu 9h-17h, ven et j. fériés jusqu'à 13h, fermé sam). The Burnt House* : *2, Tiferet Israel ; ☎ 626-59-00 ; mêmes horaires. À la demande, le gardien projette un film de 15 mn sur les 2 sites. Possibilité également de louer des écouteurs.* La maison garde les traces de l'incendie qui consuma la ville lors de sa conquête par Titus en l'an 70. Fresques murales et mosaïques judéo-romaines.

Les quatre synagogues séfarades *(plan couleur I, B3)* **:** *☎ 628-05-92. Au cœur de la ville juive. Malheureusement, les horaires d'ouverture sont complètement aléatoires, et c'est bien dommage. En tout cas, fermé ven ap-m et sam. Entrée : compter 15 Shk. Explications écrites disponibles.*

Du dehors, difficile de soupçonner leur richesse intérieure. Elles datent pour l'essentiel du XVIe et du XIXe s. Beaucoup de séfarades, chassés d'Espagne, se réfugièrent à Jérusalem, où ils représentèrent la majorité de la communauté juive jusqu'au milieu du XIXe s. À l'époque, les synagogues n'avaient pas le droit de dépasser les bâtiments arabes. De plus, celles-ci sont enfoncées dans le sol. Grâce à cela, elles échappèrent pendant près de 20 ans à la fureur iconoclaste des Jordaniens (mais elles furent quand même pillées et utilisées comme bergeries).

- La *Yochanan Ben Zakkai* était devenue le centre spirituel de la ville. Pendant les combats de 1948, elle abrita jusqu'à 1 500 personnes. C'est la plus grande des quatre synagogues. Ornée d'une fresque moderne au-dessus de l'arche reconstruite.
- La *Eliyahu HaNavi* est la plus ancienne. Belle armoire de la Renaissance italienne. Elle tient son nom d'une légende : à l'époque la plus difficile de la communauté, à la veille du Grand Pardon, on ne réussit pas à réunir le quorum des 10 hommes *(minyan)* pour les prières, mais, peu avant le début de la fête, un vieil homme apparut, resta tout le temps du Grand Pardon, puis disparut. Les fidèles affirmèrent ensuite qu'il s'agissait du prophète Élie et lui dédièrent la synagogue.
- La synagogue *Emtzaï,* la troisième, présente une structure très étroite et sert pour les *bar mitsvoth.* C'est la plus petite. Très beau portail. Plafond en voûte avec médaillons.
- Enfin, la quatrième, la synagogue *Istanbuli,* possède des fenêtres « mameloukes » à réminiscences gothiques (arcs en accolade). Tribune à l'italienne et arche sainte provenant de la synagogue d'Ancône (du XVIIe s).

Le plus parlant est certainement la petite galerie de photos personnelles du conservateur du musée : le quartier juif détruit en 1948, reconstruit en 1967, les synagogues saccagées (avant rénovation), les habitants du quartier, les personnalités...

Jerusalem Archeological Park et **Davidson Center** *(plan couleur I, C3)* **:** *dans l'Ophel archeological garden réaménagé au sud du mur des Lamentations (entre les remparts et l'enceinte de la colline du Temple). ☎ 627-75-50. • archpark.org.il • Dim-jeu 8h-17h, ven 8h-14h. Fermé sam et j. fériés. Entrée : 30 Shk ; réduc.*

À l'époque du premier Temple, c'est à cet endroit que se dressait la ville. De nombreux vestiges sont aujourd'hui visibles, datant de toutes les époques entre le Xe s av. J.-C. (règne du roi Salomon) et le XVIe s (époque de la construction des remparts de Jérusalem par Soliman le Magnifique). Signalons notamment un bâtiment public de l'époque du premier Temple, l'arche de Robinson (second Temple) – en fait le plus ancien échangeur de routes, les restes d'un escalier monumental, des bains, des maisons byzantines, des fortifications médiévales, etc. Dans le *Davidson Center,* reconstitution virtuelle et interactive du temple d'Hérode. Belle vue sur la vallée du Cédron et le mont du Mauvais Conseil. Place Ma'hasseh, où domine la Beit Rothschild, noter l'élégante construction ottomane dont aucune arche ne possède la même forme qu'une autre.

***Western Wall** (**HaKotel** ; **Ha'et al Buraq** ou **mur des Lamentations** ; plan couleur I, C3) :* le site le plus sacré pour les Juifs. Lieu saint par excellence de la foi juive, c'est l'endroit le plus proche du Rocher, où Dieu se révéla à Abraham (l'Alliance). Un morceau de mur, haut de 15 m environ, long d'à peine 150 m, et composé de gros blocs de pierre calcaire devant lequel des foules de fidèles viennent prier. Voilà ce qui reste en fait du mur d'enceinte du grand Temple, le second, édifié par Hérode et détruit en l'an 70 par les troupes romaines de Titus. Des fondations en somme, mais pas n'importe lesquelles puisqu'il s'agit là du soubassement occidental du Temple qui se tenait autrefois au-dessus (là où se trouve aujourd'hui le Dôme du Rocher, lieu saint de l'islam). On l'appelle ainsi parce que, à l'aube, il se couvre de rosée : la tradition dit que ce sont les pleurs du peuple juif.

BONAPARTE ET LES JUIFS

Digne héritier, sur ce plan, des idéaux de la Révolution, il fut le premier chef d'État français à vouloir traiter les Juifs comme tous les autres citoyens. Quelle stupéfaction pour lui de constater que dans certains ghettos italiens, les Juifs portaient obligatoirement un bonnet jaune (déjà !) et une étoile de David. Lors de l'expédition d'Égypte, en 1800, il dira même : « Si je gouvernais une nation juive, je reconstruirais le temple de Salomon. »

Ce temple, centre de gravité de l'univers religieux et spirituel des Juifs, ne fut jamais reconstruit. Selon la tradition biblique, il ne pourra l'être qu'après le retour du Messie ! Le rabbin – orthodoxe – du Kotel a d'ailleurs posé une pancarte à l'entrée de la passerelle menant à l'esplanade. Elle précise que la colline sacrée du mont est interdite, sous-entendu aux Juifs orthodoxes. Non seulement pour éviter les heurts, mais aussi pour signifier que seul Dieu reconstruira le troisième Temple, non les hommes. « Il descendra des cieux... Dieu n'a pas besoin de votre aide » ajoute le rabbin à l'attention des Juifs désireux de monter sur la colline du temple (*Le Monde* du 14 octobre 2012). Mais certains groupuscules ultra-intégristes croient fermement qu'il faut commencer par reconstruire le Temple (et au passage raser la mosquée), puis attendre le retour du Messie. D'ailleurs, les loubavitch (Juifs ultra-religieux) n'hésitent pas à l'annoncer sur des grandes banderoles autour du site de prière et à monter sur l'esplanade, entraînant régulièrement des incidents.

D'autres incidents se produisent régulièrement entre les Juifs orthodoxes et les femmes du mouvement « Femmes du Mur » qui revendiquent le droit de prier au pied du mur à voix haute en revêtant *talith* et *tefilin,* ce qui est, selon une stricte interprétation de la *halacha* (loi juive), réservé aux hommes. Elles trouvent un soutien auprès des Juifs de la diaspora, et notamment de ceux qui viennent habiter en Israël.

Pendant des siècles, les Juifs implorèrent Dieu pour que l'accès au mur des Lamentations leur soit autorisé. Lors de l'occupation jordanienne, de 1948 à 1967, le mur (*HaKotel HaMa'aravi* en hébreu, « mur de l'Ouest ») leur était interdit d'accès. Et on se souvient de cette image de la reconquête de la vieille ville en juin 1967 (guerre des Six Jours) où des soldats juifs pleurent devant le mur enfin retrouvé.

À gauche du mur, creusée sous l'esplanade du Temple, l'*arche de Wilson,* curieux endroit squatté par les « noirs », religieux qui en ont fait une sorte de prolongement souterrain du mur. Accès non autorisé aux femmes.

Conseils et infos pratiques

– L'entrée de la place est surveillée par des gardes.
– Hommes et femmes sont séparés (et ne disposent pas du même espace, comme vous pourrez le constater).

– Tenue correcte exigée. Kippas disponibles pour les hommes.
– Les bar-mitsvah (communions juives à l'âge de 13 ans) se déroulent les lundi et jeudi.
– ***Pour une visite archéologique des fondations du mur*** (le tunnel archéologique), prendre rendez-vous *(☎ 627-13-33 ; éventuellement pour le jour même). Par groupe de 40 pers max. Visite guidée en anglais incluse dans le prix du billet.* Intéressante maquette du second Temple qui, par un jeu de poulies, montre les différentes étapes de la construction de l'esplanade du Temple aux époques hérodienne, mamelouke et actuelle.
– Noter les 6 grandes flammes symbolisant les 6 millions de Juifs tués par les nazis.
– Pas de photos les jours de shabbat (samedi).
– Faxez vos prières et elles seront ensuite glissées entre deux blocs de pierre du mur : c'est possible. On n'a pas encore essayé... *Fax : 626-48-28.*

Temple Mount (Haram-esh-Sharif ; Har haBayith ; esplanade des Mosquées** ; plan couleur I, C2-3)* **:** *☎ 622-62-50.* ***L'entrée au Dôme du Rocher et à la mosquée El-Aqsa est interdite aux non-musulmans. *L'accès à l'esplanade se fait par la passerelle qui monte sur le côté droit du mur des Lamentations. Pour les non-musulmans, la seule entrée possible. Ne pas tenir compte de la pancarte à l'entrée indiquant que la colline sacrée du Mont est interdite, elle s'adresse implicitement aux seuls Juifs orthodoxes ! Les musulmans, eux, peuvent entrer par la quinzaine d'accès qui leur sont réservés. Ne pas oublier son passeport, contrôles de police stricts à l'entrée. Y aller dès l'ouverture si possible, car parfois tout le monde ne rentre pas les jours d'affluence ; les femmes doivent être bien couvertes. Accessible dim-jeu 7h30-10h ; fermé ven-sam et fêtes islamiques.* Le haut lieu musulman. Dessus sont édifiés le ***Dôme du Rocher*** ou *Qoubet Es-Sakhra (plan couleur I, C2)* et la ***mosquée El-Aqsa*** *(plan couleur I, C3)*. C'est un lieu réellement somptueux qui inspire la paix et la sérénité, un grand jardin avec des fontaines, portiques, dômes et de belles perspectives architecturales.
– Surtout ne prenez pas le *Dôme du Rocher* pour une mosquée, même si tout le monde l'appelle « mosquée d'Omar ». C'est le sanctuaire qui protège le rocher, doublement sacré puisque Abraham s'y préparait à sacrifier son fils Isaac et que Mahomet est monté au ciel de ce même endroit, après son voyage nocturne depuis La Mecque jusqu'à Jérusalem. Si bien que le Dôme du Rocher, construit en 691, est le troisième Lieu saint de l'islam après La Mecque et Médine. À l'intérieur, un déambulatoire à colonnes richement ornées. La barrière de bois qui protège le rocher date de 1196. La moitié des verrières remontent, quant à elles, à l'époque de Soliman le Magnifique.
À l'origine, le dôme était en or. Après avoir été pillé, il fut remplacé par du plomb puis de l'aluminium doré. En 1994, il a retrouvé une couverture en or grâce à feu le roi Hussein de Jordanie. Issu de la famille Hachémite, originellement gardienne des lieux saints de l'islam, le roi Hussein avait dû vendre une de ses villas à Londres (10 millions de dollars, dit-on) pour réaliser l'opération et ainsi garder son autorité religieuse sur l'esplanade.
– La *mosquée El-Aqsa* date du VIIIe s et fut probablement érigée par le calife Al-Walid, le fils d'Al-Malik, entre 705 et 715. Mais le bâtiment actuel est le résultat d'une restauration effectuée en 1035. Les colonnes de marbre ont été offertes en 1939... par Mussolini (incroyable, mais vrai !) pour remplacer les anciennes, dont seules quelques-unes subsistent dans le fond. La façade à arcs brisés traduit une nette influence du style franc.

UN GESTE PEU COURANT DANS L'HISTOIRE !

Après la prise de la vieille ville, en 1967, par l'armée israélienne, le drapeau israélien flotta sur l'esplanade des Mosquées. Moshe Dayan le fit enlever et rendit la gestion des Lieux saints à un organisme musulman.

– Le vendredi matin, si la situation est calme, postez-vous dans la vieille ville le long de la grande rue qui descend de la porte de Damas pour observer la foule des croyants qui vont à la prière (pas de photos). En fin d'après-midi, c'est le début du shabbat et de très nombreux Juifs ultra-religieux, revêtus de leurs plus beaux habits, vont prier devant le mur. Parfois, c'est exactement au même moment que les cloches des églises chrétiennes se mettent à sonner à la volée pendant qu'on entend le chant du muezzin. Vertige assuré !

COMMENT RÉÉCRIRE L'HISTOIRE... OU PRESQUE ?

Le Dôme du Rocher fut construit en 691 par le calife omeyyade Al-Malik, comme l'atteste une inscription à l'intérieur de l'édifice. Un souvenir que le calife abbasside Al-Mamoun ne manqua pas d'effacer 120 ans plus tard lors de son accession au pouvoir, en gravant son nom à la place de son prédécesseur. Il oublia juste un petit détail : modifier la date !

Saint Ann's Church *(basilique Sainte-Anne ; plan couleur I, C1)* **:** *19, Mudjahidin St. ☎ 628-32-85. Tt de suite après la porte des Lions au début de la via Dolorosa, au nord de la colline du Temple (sortie par la bab El-Ghawanimeh). Tlj sf dim 8h-12h, 14h-18h (17h hiver). Accès à la piscine Probatique : 7 Shk.* L'une des basiliques les mieux conservées de la période des croisés (construite en 1130). L'une des rares, en effet, épargnées par les destructions arabes (grâce à son acoustique exceptionnelle) et transformée en école de droit coranique. L'Empire ottoman en fit don à la France en remerciement de son soutien dans la guerre de Crimée ; la basilique est toujours un territoire français aujourd'hui. Dans la crypte, on vénère le lieu de naissance de la Vierge. Voyez la *piscine Probatique,* vaste réservoir du temps d'Hérode, où Jésus guérit les paralytiques. Au-dessous, on a construit une basilique.

➢ En sortant, profitez-en pour vous balader dans le quartier musulman, peu touristique dans ce secteur. Vous êtes à deux pas de la *porte Saint-Étienne* (ou *porte des Lions*), l'une des plus belles.

Via Dolorosa *(plan couleur I, B-C2)* **:** c'est le chemin qu'aurait suivi Jésus de la forteresse de l'Antonia jusqu'au Golgotha. Elle commence au couvent de la Flagellation où l'on a remis la Croix à Jésus (voir dans la chapelle les dalles striées d'où Jésus est parti) et va jusqu'au Saint-Sépulcre en 14 stations.
Généralement le vendredi à 16h, un chemin de croix est organisé par les moines franciscains. Il est préférable de se renseigner avant à l'office de tourisme de la porte de Jaffa. Cependant, vous croiserez des groupes de pèlerins de tous les pays avec parfois un porteur de croix en tête. Vraisemblablement, le chemin d'il y a 2 000 ans était situé à quelques mètres au-dessous du niveau actuel. Et encore plus vraisemblablement, ce n'était pas du tout là. Qu'importe ! L'endroit est sanctifié par près de 1 000 ans de pèlerinage, même si son lieu de départ a été fixé au XIIIe s seulement.

LES MARCHANDS DU TEMPLE

Jésus les chassa. Eh bien, ils sont revenus. Sur le chemin de Croix qui mène au Saint-Sépulcre, les boutiques proposent tous les gadgets qui évoquent pêle-mêle les trois religions : kippas, Sainte Vierge, mains de Fatima, icônes orthodoxes, chapelets... et même couronnes d'épines.

Le Lithostrotos *(plan couleur I, B-C2)* **:** *dans le couvent des sœurs de Sion, au fond de l'église, accès au Lithostrotos. Tlj sf dim et fêtes, 8h30-12h30, 14h-17h.* Partie de la cour pavée de l'Antonia. Très impressionnant dallage. Vestige également de l'arc de l'Ecce Homo, élevé par l'empereur Hadrien pour commémorer sa victoire sur la révolte de Bar Kokhba en 135 apr. J.-C.

Holy Sepulchre Church *(Saint-Sépulcre ; plan couleur I, B2)* **:** ☎ 627-33-14. • saintsepulcre.custodia.org • *Tenue décente exigée. Avr-sept : tlj 5h-21h ; oct-mars : tlj 4h-19h. Immense église qui englobe le lieu présumé du Calvaire (Golgotha) et le tombeau du Christ. Arrivez tôt !*

« [...] Le premier jour de la semaine, Marie Madeleine se rendit au sépulcre, dès le matin avant que les ténèbres fussent dissipées, et elle vit la pierre enlevée du sépulcre. Elle courut donc et vint trouver Simon-Pierre et un autre disciple que Jésus aimait et leur dit : Ils ont enlevé du sépulcre le Seigneur et nous ne savons où ils l'ont mis... » (Jean, XX, 1-2).

AIMEZ-VOUS LES UNS LES AUTRES ?

À l'intérieur du Saint-Sépulcre, six églises chrétiennes se disputèrent les Lieux saints. Après une multitude de bagarres (et même de meurtres !), le partage de l'espace fut figé par le statu quo de 1852 imposé par le sultan ottoman Ayoub... avec beaucoup d'inégalités. En revanche, la surveillance de la porte principale (question de sécurité) est confiée depuis des siècles aux deux mêmes familles musulmanes.

Il y eut bien des malheurs : incendie, obus arabes et israéliens. Quand vous faites face au Saint-Sépulcre, regardez si au fond de la cour, à droite, la petite porte en bois est ouverte. Si oui, faufilez-vous silencieusement, en montant les marches, vous laisserez sur votre droite deux minuscules chapelles éthiopiennes décorées de bois et de peintures naïves. En débouchant sur le toit du Saint-Sépulcre, sur la droite, se trouvent les petites maisons blanches où vivent les moines éthiopiens. C'est très émouvant, et totalement inattendu, même si l'Éthiopie fut l'un des premiers pays, avec l'Arménie, à adopter le christianisme. Bien sûr, on est prié de ne pas pénétrer dans ce miniquartier et de laisser les moines en paix dans leur couvent.

Quand vous entrez dans le Saint-Sépulcre, vous êtes juste en face du lieu qui est adoré par les orthodoxes comme le lieu de la Déposition. Juste après, sur la gauche, un petit édifice recouvert d'inscriptions arméniennes. C'est la première surprise : eh oui, le Saint-Sépulcre est en réalité davantage géré par les chrétiens dits d'Orient que par ceux de l'Église occidentale.

Le tombeau du Christ est au milieu de la rotonde. Il est gardé par des moines grecs orthodoxes, et, si vous faites la queue, vous serez autorisé à pénétrer dans cette rotonde. Les coptes ont une chapelle qui touche le tombeau de l'autre côté, à l'arrière. Continuez à faire le tour sur la gauche. Petite chapelle, dernier vestige d'un état primitif de l'église telle que l'ont connue les croisés. En reprenant ensuite le tour du tombeau, descendez la volée de marches pour arriver dans l'espace arménien, très impressionnant et théâtral, avec un beau pavement de mosaïques. Au passage, vous verrez, gravées dans le mur par des pèlerins au cours des siècles, des milliers de petites croix dont certaines sont à l'évidence très anciennes. En descendant encore dans la crypte de Sainte-Hélène, au sous-sol, on découvre le fossé où furent trouvées les croix de Jésus et des larrons. Quand on ressort, on monte par un escalier raide au calvaire, « tenu » par les orthodoxes, pour y trouver le rocher où était plantée la Croix.

Tout cela est recouvert de dorures, de lampes et d'icônes. Les plus anciennes parties du Saint-Sépulcre datent du XIIe s seulement, car l'église byzantine construite en 326 a été entièrement détruite (y compris le tombeau du Christ) par le calife Hakim en l'an 1009. C'est ce geste qui déclencha les croisades (Jérusalem fut reconquise le 15 juillet 1099).

Derrière le tombeau du Christ, la *chapelle Jacobite* possède une tombe intacte depuis 2 000 ans. Elle apporte à la visite du Saint-Sépulcre une intéressante idée des sépultures de l'époque.

Un détour par le ***musée de Christ Church*** *(tlj 9h30-17h ; entrée : 5 Shk),* porte de Jaffa, permet de voir une maquette originale du Saint-Sépulcre datant de 1864.

Les différentes communautés imbriquées sur ce site sont représentées par des couleurs différentes. Cette maquette fut offerte au sultan ottoman Abdul Hamid pour qu'il comprenne les tensions existant entre les communautés chrétiennes et l'emplacement de chacune d'entre elles à Jérusalem.

LE FEU SACRÉ

Le Samedi saint, un patriarche orthodoxe se glisse à l'intérieur du tombeau du Christ. Et tout à coup, on aperçoit un orifice par lequel jaillit une flamme. Ce miracle, signe de la résurrection du Christ, se reproduit depuis presque 2 000 ans. Saint Pierre l'apôtre en aurait été témoin.

Solomon's Quarries – Cave of Ezekiah *(carrières de Salomon ; grotte de Ezekiah ou Sédécias ; plan couleur I, B1)* **:** *près de la porte de Damas, entrée par l'extérieur des remparts. ☎ 627-75-50. Tlj sf ven 9h-17h (16h oct-mars). La roche étant humide et glissante, prendre de bonnes chaussures de marche. Avis aux claustrophobes : on descend très profond sous la roche, du coup la lumière est particulièrement faible et le plus souvent on se retrouve seul (rassurant, tt ça !). La descente dure 20 mn env.* Immense grotte et très longues galeries qui s'enfoncent sous les remparts de la vieille ville. D'après une légende ancienne, c'est par cette grotte que le roi Sédécias, dernier roi de Judée, s'échappa de Jérusalem, fuyant les Babyloniens lors de la destruction du premier Temple. Malheureusement pour lui, ses ennemis l'auraient attendu à la sortie, non loin de Jéricho. Ce serait également ici que le roi Salomon fit tailler les pierres destinées à la construction du Temple, d'où le nom de cette grotte. Les blocs dégagés de cette carrière servirent d'ailleurs à la construction de nombreux palais et édifices. Grotte sans architecture – rien à voir avec les villes souterraines de Cappadoce – mais c'est une oasis de fraîcheur dans la ville.

Roman Square *(place romaine ; plan couleur I, B1)* **:** *à la porte de Damas. ☎ 627-75-50. Tlj sf sam 9h-16h (14h ven et veilles de fêtes).* Sous la porte de Damas plus exactement, on peut voir les vestiges d'une porte qui marquait l'entrée de la ville au IIe s. Des pans de murs, deux tours de garde romaines et les restes d'une colonne qui s'élevait au centre d'une place située juste après la porte ont été dégagés. Notons d'ailleurs que les Arabes nomment la porte de Damas *bab Al-Amoud,* ce qui signifie « porte de la Colonne ». Exposition de cartes, photos et illustrations liées à l'histoire de cette porte, ainsi que la *carte de Madaba,* vieille de 1 400 ans, la plus ancienne carte de Jérusalem en mosaïque.

Le souk : comme dans toutes les villes orientales, le souk de la vieille ville regorge de charme. Ici aussi, les activités sont réparties par rues : la rue des faïences, la rue des bijoux en or, la rue des souvenirs, la rue des bouchers, la rue des fruits et légumes... Parmi l'artisanat local, on trouve des objets en osier, des poteries en tout genre à dominante bleue et du verre soufflé. On peut aussi rapporter du café à la cardamome (qu'on fera bouillir trois fois, à la turque, avec autant d'eau que de sucre et de café), ou des épices, ou encore de la sauge sauvage (*miramiyé* en arabe, excellente en infusion contre les maux de ventre ou pour se préparer une nuit douce !). Préférez la partie qui descend de la porte de Damas pour vous sentir vraiment en Orient.

Idée de cadeau sympa : acheter un retirage d'après négatif original d'une photo ancienne chez ***Elia Photo Service*** : *14, Al-Khanka. À la porte de Jaffa, suivre la rue David et prendre la 1re à gauche (rue commerçante), dans le quartier chrétien ; au bout de la rue, tourner à droite (vous êtes derrière le Saint-Sépulcre), et c'est à 50 m sur la droite.* Comme beaucoup d'autres Arméniens, le père d'Elia était photographe. Dès le début des années 1930, il a photographié toute la région. Son fils a conservé les négatifs et on peut acheter un très beau retirage, ou encore craquer sur des retirages (mais pas d'après négatif) de près de 8 000 photos de 1840 à 1920 de la

Palestine. Comme souvent ici, l'histoire familiale est intéressante, et l'accueil charmant, alors ne vous privez pas de cette rencontre !

À proximité de la vieille ville, mais à l'extérieur

Mount of Olives (*mont des Oliviers ; plan couleur I et II, D2*) **:** *à pied : sortir de la vieille ville par la porte Saint-Étienne, au tt début de la via Dolorosa. En taxi : prendre à la porte de Damas, négocier le prix avt d'embarquer. En bus : n° 75 également à partir de la porte de Damas ; il s'arrête en face de l'hôpital Makassed, et il reste alors quelque 500 m à parcourir à pieds. Dans ts les sites chrétiens du mont des Oliviers, tenue décente exigée (pas de vêtement au-dessus des genoux).*
Une des quatre collines sacrées de Jérusalem. Le sommet du mont est vénéré par les chrétiens pour avoir été le lieu où Jésus-Christ « fut enlevé au ciel », 40 jours après sa mort, épisode évangélique plus connu sous le nom d'Ascension (pensez-y même si vous n'y croyez pas, lors de votre prochain week-end de l'Ascension...).
Puisqu'on parle de Jésus, plusieurs épisodes relatés dans la Bible se sont déroulés ici. « [...] Jésus se rendit au mont des Oliviers. Les maîtres de la Loi et les Pharisiens lui amenèrent une femme : Maître, cette femme a été surprise au moment même où elle commettait un adultère. Moïse nous a ordonné dans la loi de tuer de telles femmes à coups de pierres. Et toi, qu'en dis-tu ? Jésus se redressa et leur dit : Que celui d'entre vous qui n'a jamais pêché lui jette la première pierre... » (Jean, VIII, 2-11). C'est également sous les oliviers du jardin de Gethsémani que Jésus s'attarda avant d'être trahi par Judas (un membre du service de contre-espionnage de l'époque), puis arrêté par les légionnaires romains. On dit que huit oliviers du jardin auraient près de 2 000 ans d'âge et qu'ils auraient été témoins de cet événement capital pour l'avenir de l'humanité.

JÉSUS ?

Ce n'est qu'en 2010 qu'on découvrit un manuscrit copte du IVe s dans lequel Jésus parlait de « ma femme ». Deux mots mais une vraie bombe pour le Vatican. Il s'agit, bien sûr, de Marie Madeleine, qui fut traitée de prostituée non par les Évangiles mais par le pape Grégoire Ier... au VIe s apr. J.-C. On oublie que le célibat des prêtres ne fut décidé qu'au XIe s...

Mais le mont des Oliviers est aussi une colline sacrée de la tradition juive. En effet, c'est là que se trouve le plus ancien et l'un des plus vastes cimetières juifs du monde. Ouvert à tous les vents, sérieusement endommagé à l'époque de l'occupation jordanienne (nombreuses tombes profanées), il est orienté à l'ouest, en direction du mont du Temple et de la vieille ville de Jérusalem.
Selon le prophète Zacharie, le Messie apparaîtra sur le mont des Oliviers où il rassemblera les morts (qui l'attendent) avant d'entrer dans la vieille ville par la porte Dorée (mais certains disent qu'il passera par la porte des Détritus). Pour les trois religions du Livre, ce lieu serait celui du Jugement dernier.
Pour ceux qui font l'ascension du mont à pied, on trouve dans l'ordre les sites suivants à partir du contrebas de la porte Saint-Étienne.
– Dans la vallée du Cédron, entre les remparts de la vieille ville et le mont des Oliviers, on peut découvrir les *tombeaux des Prophètes,* datant du second Temple *(ouv lun-jeu 9h-15h),* le *tombeau d'Absalon* (surmonté d'un cône), qui date du Ier s, le *tombeau des Bnei Hézir* (famille de prêtres) et celui de *Zacharie* (Ier s).
– Le tombeau de la Vierge Marie : au bas du jardin de Gethsémani. ☎ 628-46-13. Tlj 5h (6h en hiver)-12h, 14h30-17h. Peut-on dire que la mère de Jésus mourut, ou non ? Les théologiens emploient le terme de « dormition ». La thèse principale affirme qu'elle serait « endormie » pour l'éternité sur le mont Sion (dans la crypte de l'église de la Dormition), puis qu'elle fut enterrée dans la vallée du Cédron. Une autre tradition chrétienne prétend qu'elle serait enterrée à Éphèse en Turquie. On

franchit un porche, puis un escalier impressionnant conduit à une crypte d'époque byzantine creusée dans la roche. Même atmosphère qu'au Saint-Sépulcre. Les musulmans aussi vénèrent cet endroit : c'est ce que rappelle une inscription sur le mur sud.

– *La grotte de la Trahison (ou grotte de Gethsémani) : à droite du tombeau de la Vierge Marie. ☎ 626-64-44. Tlj 8h30-12h, 14h30-17h (16h dim et jeu).* Elle commémore la trahison de Judas et l'arrestation de Jésus.

– *La basilique Gethsémani (ou église de Toutes-les-Nations) : tlj 8h-12h, 14h-18h (17h oct-mars).* Dans le jardin de la basilique se trouvent les huit oliviers dits bimillénaires. Gethsémani vient de *Gath-schemanim,* « pressoir d'huile », et est à l'origine le nom d'une grotte. La dénomination s'étend aujourd'hui à toute la zone habitée au pied du mont des Oliviers. Émouvant, c'est peut-être auprès d'eux que Jésus fut arrêté. Oliviers énormes, tordus, déchirés, troués par les siècles, dont les racines datent sûrement de l'époque de Jésus... La basilique est récente (1926), mais construite sur le site d'une église croisée détruite en 1200 (dont certaines ruines sont encore visibles), elle-même édifiée sur les ruines d'une église byzantine détruite en 614. Un panneau à l'entrée du temple donne des explications précises dans plusieurs langues. Nobles vitraux et splendide mosaïque frontale. La teinte violette est censée favoriser l'atmosphère de recueillement. Roche de l'agonie devant l'autel. Sous des dalles de verre, les pavements d'origine.

SAINTES RELIQUES

Au Moyen Âge, le commerce (parfois le vol) des reliques fut une activité florissante, notamment celles qui se réfèrent au martyre du Christ. Ainsi, Saint Louis acheta la couronne d'épines pour la somme fabuleuse de 135 000 livres. Elle est aujourd'hui conservée à Notre-Dame de Paris.

– *Le couvent de Sainte-Marie-Madeleine : au-dessus de la basilique Gethsémani par un chemin ascendant sur la droite. ☎ 628-43-71. Visite slt mar et jeu... 10h-12h !* Église russe avec ses élégants et si caractéristiques dômes en forme de bulbes d'oignons.

– *Le cimetière juif :* y sont enterrés, entre autres, Menahem Begin et Robert Maxwell. Possibilité de faire une pause dans l'ascension du mont en flânant entre les tombes, la vue commence à être remarquable.

LA PROPRETÉ TUE !

Les dômes de l'église orthodoxe Maria Magdalena sont recouverts d'or. Autrefois, ils étaient régulièrement nettoyés au mercure. Les vapeurs étant mortelles, on embauchait des condamnés à mort pour ce travail. Ensuite, il leur restait 2 ou 3 ans avant de mourir de défaillance des voies respiratoires.

– *L'église du Dominus Flevit : ☎ 626-64-50. Tlj 8h-11h45, 14h-17h.* Construite en 1956 et dont la forme évoquerait l'une des larmes versées par Jésus songeant à la future destruction de Jérusalem.

– *L'hôtel des Sept-Arches : en haut de la colline.* C'est devant l'hôtel que vous dépose le bus arabe nº 75. La vue est réputée pour être le plus beau panorama sur la vieille ville (surtout au coucher du soleil, même si, la ville étant à l'ouest, on a un beau contre-jour...). Ceux qui s'attendraient à un point de vue un peu à l'écart de l'agitation seront peut-être déçus puisque certains jours, les cars – qu'ils déposent des touristes à l'hôtel ou juste pour la vue – peuvent être de la partie.

– *L'église du Pater Noster : à 200 m sur la gauche de l'hôtel des Sept-Arches. ☎ 626-49-04. Tlj sf dim 8h30-12h, 14h30-16h30. Entrée : 7 Shk.* C'est un cloître construit autour de la troisième grotte mystique du christianisme (après Bethléem et le Saint-Sépulcre) : la grotte de l'Enseignement. Elle servit de refuge à Jésus, qui y fit de nombreuses révélations et y enseigna le Notre Père. Hélène, la mère de Constantin, y fit ériger l'église des Disciples-et-de-l'Ascension en 334. Incendiée par les Perses en 614 puis rasée par les musulmans en 638. Retrouvée en 1868 par la princesse de La Tour d'Auvergne, la grotte fut alors encadrée d'un cloître dont la princesse fit don à la France. Sur toutes les parois du cloître, prière du Notre Père dans une centaine de langues sous la forme de panneaux en céramiques. Langues modernes, anciennes ou disparues (samaritain, breton, nissart, groenlandais, araméen, turc sous alphabet arabe...). Impressionnant. En revanche, la visite de la *chapelle de l'Ascension,* en face de l'église du Pater Noster, peut décevoir.

*** ***City of David Archeological Park*** *(parc archéologique de la Cité de David ; plan couleur I, C4)* **:** *sortir par la porte des Détritus, village de Siloe, Ophet Rd. ☎ 626-87-00. • cityofdavid.org.il • Dim-jeu 8h-19h (17h en hiver) ; ven 8h-16h (14h en hiver). Entrée : 27 Shk ; réduc. Caisse fermée 2h avt. Bons tours guidés en anglais et français (réserver). Apporter une lampe électrique (achat sur place possible). Prévoir d'avoir à marcher dans l'eau (d'ailleurs, des chaussures en plastique sont aussi vendues sur place !).* Très intéressante visite des vestiges des premier et second Temple. Sur les flancs de la vieille ville, la cité de David livre ses plus récents secrets. Impossible de tout décrire, la visite dure 2 ou 3h suivant qu'on y intègre ou pas celle du tunnel d'Ezekia's. En gros : en contrebas, la cité Royale, avec des vestiges du mur de soutien de la citadelle de Sion, ainsi que ceux de la maison d'Achiel. On y a trouvé des pointes de flèches babyloniennes et des sceaux royaux gravés. La source du Gihon approvisionnait la ville en eau. S'y déroulait aussi toute une série d'événements (l'onction des rois, dont celle de Salomon, la fête des Eaux, le sacrifice de la génisse rouge destiné aux offices du Temple). Tout sur le système de distribution des eaux. Le canal cananéen daterait du premier Temple. Quant à celui d'Ezekiah, de 533 m de long, il fut creusé pour détourner les eaux à l'intérieur de la ville devant la menace assyrienne (VIIIe s av. J.-C.). Grande citerne de 15 m de diamètre découverte en 1998. La piscine de Siloé date de l'époque byzantine (une plus grande fut découverte en 2004). Comme à Rome et à Louxor, au moindre coup de pioche, on trouve quelque chose ! Promenade supérieure sur des sections de l'ancienne muraille.

* Dans le ***jardin du quartier de Yemin Moshe*** *(plan couleur II, B2), Chutzot Hayotzer-Jerusalem Art colony. Fermé ven ap-m et sam. • jerusalem-art.org •* D'anciennes étables abritent aujourd'hui plus d'une vingtaine d'ateliers d'artistes ; de l'art et de l'artisanat souvent religieux (broderie, orfèvrerie...), mais pas seulement : bijoux, sculptures, objets en cuir, peintures, céramiques... de quoi agrémenter une balade dans le jardin, à l'écart du tumulte de la ville.

La ville nouvelle (New City)

Elle date de 1860 environ, époque où des Juifs ont commencé à construire en dehors de la vieille ville. C'est maintenant une ville étendue, principalement à l'ouest, agréable, pleine de jardins et d'espaces verts. Son expansion est galopante : depuis la guerre des Six Jours (1967), Jérusalem a multiplié par trois sa superficie. La politique de l'État d'Israël est d'y installer un maximum d'Israéliens pour ne plus revenir à une partition avec la Jordanie, comme ce fut le cas entre 1948 et 1967. Le centre de Jérusalem, le vrai, c'est la place Sion (kikar Zion) avec Jaffa Road et Ben Yehuda Street, une rue piétonne très animée.

** ***Mea She'arim*** *(plan couleur II, B1)* **:** *pour s'y promener, les filles ont intérêt à être en jupe longue, les épaules et les bras couverts. Le quartier est fermé à la circulation lors du shabbat.* ***N'y prenez aucune photo pdt le jour sacré.*** Quartier de la ville nouvelle où vivent les *harédim* (littéralement « les Craignant-Dieu »). *Rehov Mea She'arim* et *rehov Nathan Strauss* en sont les axes principaux. Les *harédim* sont des Juifs puristes qui se reconnaissent aisément à leur large chapeau noir (voire leur toque de vison), leur grand manteau et, bien sûr, leurs papillotes.

Évidemment, ces vêtements portés en Pologne ou en Hongrie au XIXe s sont tout à fait inadaptés au soleil d'Israël. Les femmes mariées ont les cheveux camouflés (perruque ou foulard) et les plus religieuses sont rasées dessous. Leurs foyers sont majoritairement pauvres – la plupart des hommes ne travaillant pas mais étudiant la Torah –, et le taux de natalité y est très important. Certains (les *Neturei Karta*) ne reconnaissent pas les lois d'Israël. Culture et tradition d'un autre temps. Faites-vous discret.

GRANDE DIVERSITÉ, DISIEZ-VOUS !

Les Neturei Karta (gardiens de la cité, en araméen), à Mea She'arim, récusent pour certains l'État juif, impie et sacrilège car, selon eux, Israël ne pourra advenir qu'avec la venue tant attendue du Messie. Campés dans leur rigueur extrême, dédaignant leur pays, ils refusent d'utiliser la monnaie israélienne ou d'envoyer des lettres d'Israël puisqu'ils ne veulent pas acheter des timbres d'un État créé avant la venue du Messie. Certains d'entre eux n'hésitent guère à mener des activités anti-israéliennes, voire, pour une frange des plus radicales, à participer à une... conférence islamique à Téhéran.

Israel Museum *(musée d'Israël ; plan d'ensemble)* **:** *Ruppin Blvd.* ☎ *670-88-11.* ● *english.imjnet.org.il* ● *À l'ouest de la ville, à côté de la Knesset. Bus n°s 7, 9, 14 et 35. Dim, lun, mer, jeu, sam 10h-17h ; mar 16h-21h, ven et veilles de fêtes 10h-14h.* Shrine of the Book – *manuscrits de la mer Morte – est accessible aux mêmes heures. Entrée : 50 Shk, audioguide (en français) gratuit ; réduc. Visites guidées thématiques quotidiennes en anglais (plusieurs/j.), et en français (chefs-d'œuvre) lun et jeu 11h. Plan du musée en français.*

Vous allez pénétrer dans l'un des plus fascinants musées au monde, une extraordinaire architecture, un didactisme stupéfiant ! Il satisfera aussi bien l'amateur d'art moderne que l'amoureux d'ethnographie. À ne manquer sous aucun prétexte. Demandez le plan, car c'est très étendu, ainsi que le programme mensuel. Long et impressionnant hall d'entrée qui laisse présager la merveilleuse muséographie à venir !

– *Section archéologique :* insolites sarcophages verticaux en argile du cimetière de Deir-ei-Balah, au sud de Gaza (période cananéenne, XIVe s av. J.-C.), avant d'accéder aux salles organisées chronologiquement.

– Premiers sites archéologiques dont celui de *Ubeidiya,* dans la vallée du Jourdain (1,4 million d'années), les premières communautés (outils, poteries). Puis l'âge du bronze (sceptres, couronnes, etc.) ; extraordinaire découverte de la « cave des trésors », 429 objets rituels en cuivre, pierre et ivoire, datant de 4 500 ans av. J.-C. Petites figurines de dieux et déesses, insolite collection de petits sarcophages anthropomorphiques...

– Puis l'*Égypte des pharaons* et les classiques vases canopes, figurines de bronze, etc. Pour les antiquités grecques, pas d'accumulation intempestive, juste quelques pièces dont de superbes cratères. Riches salles romaines : beaux sarcophages en calcaire ciselé, vestiges de temples et belle statue en plomb et bronze de l'empereur Hadrien.

– Grande salle présentant la *bataille de lachish,* avec un magnifique bas-relief du VIIe s av. J.-C. Noter, en bas à gauche, les spectaculaires exécutions de prisonniers, empalés sur de longues lances. Exceptionnel : la *Priestly Benediction,* le plus ancien exemple de texte biblique (quatre siècles avant les manuscrits de la mer Morte).

– *Galerie d'art islamique :* belles pièces dont un brûleur d'encens zoomorphique (Khurasan, XIIe-XIIIe s), des carreaux de faïence et stèles sculptées. Mihrab en céramique et ravissante vaisselle imitant le style chinois, bijoux, précieux petits verres...

– Longue galerie menant à la salle des sculptures (au passage, objets domestiques en bronze et superbes bijoux en or filigrané). On va découvrir une belle *Artémis* d'Éphèse, *Tychè,* déesse de la Fortune et une remarquable *Aphrodite.* Longue série de bustes funéraires et rare cercueil en plomb ciselé. En contrebas, intéressante mosaïque découverte dans une synagogue avec l'un des plus vieux textes talmudiques connus (VIe s). Belle synagogue de *Susiya* (près d'Hébron). Fascinante mosaïque byzantine verticale montrant de vigoureuses batailles hommes-animaux et animaux entre eux (578). Une petite galerie ronde enchantera les numismates (et les autres) par sa présentation détaillée du sens des figures sur les monnaies. Salle des verres à travers les âges. Vestige de l'atelier de verre de Beth Shean...

– *Section d'art juif religieux :* le « Rythme de la vie » (naissance, mariage et décès). Rituels, vêtements traditionnels, photos de mariages hassidim, objets cultuels très variés suivant les pays. Rideau de la Torah en soie et broderie d'or provenant de la synagogue de Cochin (Inde). Dans une douce pénombre, les livres religieux enluminés dont le fabuleux *Nuremberg Mahzor* (1331) et le *Rothschild Miscellany* aux riches illustrations (1460, nord de l'Italie). On y sent bien sûr l'influence de la Renaissance italienne. Grande salle avec nombre d'objets religieux, *torah* diverses, orfèvrerie. Cabane de *Sukkot* peinte et coffre à *torah* en argent ciselé. Superbe plafond peint de la synagogue d'*Horb Am Main* (Allemagne, 1735). Remarquable reconstitution de la *Vittorio Veneto Synagogue* (Italie) au riche décor sculpté et doré et, surtout, de la *Kadavumbagam,* celle de Cochin (Inde, XIVe s) dont on admire le chancel ciselé polychrome, le plafond ouvragé, la porte et son décor floral. Dans la salle du fond, dans des niches, impressionnante série de lampes de Hanouka. Collections de vêtements, rideaux de Torah, kippas, parures et bijoux de femmes...

– Riche *section de peinture* (dont de nombreux impressionnistes). Impossible de tout citer, en voici les fleurons : Renoir, Pissarro, Monet (*La Falaise d'Aval* à Étretat), Sisley, Corot, Boudin, Gauguin *(La Danse du feu),* Vuillard, Bonnard, Cross, Signac, Cézanne *(Vue matinale à l'Estaque contre le soleil)...*

Salles d'art européen : Rubens, Rembrandt (lumineux *Saint Pierre en prison*), somptueuse reconstitution d'appartements (salon Rothschild du XVIIIe s de style rococo venant de l'hôtel de la rue du Bac, à Paris), salle vénitienne (XVIIIe s, de style chinois).

Salles modernes : Picasso, Matisse, Van Dongen, Soutine (dramatique *Village Square at Ceret* et *Boy in Blue*), Franz Kline, Egon Schiele, Derain, Man Ray, Victor Brauner, André Masson, Delvaux (déception, pas de belle poitrine ni de train dans aucune de ses toiles !), Dubuffet, Magritte *(Le Château des Pyrénées)...*

Au dernier étage : les salles de la photographie, design, dessins, estampes et gravures. De même, l'art moderne israélien et les arts africain, asiatique, océanien et américain.

– *Les manuscrits de la mer Morte (Shrine of the Book) :* sous un immense dôme, l'une des plus fabuleuses découvertes historiques de tous les temps. Se doutait-il, ce petit berger bédouin, de ce qu'il découvrait, tout à fait accidentellement, en recherchant une chèvre ? Le dôme, d'ailleurs, évoque le couvercle de la jarre qui renfermait les manuscrits. La pièce la plus importante est le *Livre d'Isaïe* (66 chapitres), le plus vieux texte de l'Ancien Testament écrit en hébreu, mais il y a aussi les textes de livres jusque-là inconnus. Au sous-sol, présentation d'objets trouvés dans le même coin et dans un état exceptionnel : cruches en bronze, plats en verre, tissus, couteaux, outils, etc.

– Remarquable *jardin des sculptures,* jardin d'art Billy Rose (sculpture de James Turrell, sorte de pyramide à ciel ouvert, un pur chef-d'œuvre), et aussi des pièces de Rodin, Henry Moore, Bourdelle, Maillol, Jacques Lipchitz, Richard Serra...

– *Maquette de Jérusalem :* la ville en miniature sur 400 m², la veille de la Grande Révolte de 66 apr. J.-C., avant sa destruction. Remarquable ouvrage dans ses moindres détails en calcaire dit « de Jérusalem ».

– Librairie et conférences par thèmes, ciné-club, concerts, activités pour les enfants... L'extraordinaire librairie possède un très vaste choix d'ouvrages sur l'art et l'archéologie.

*** ***Bible Lands Museum*** *(musée des Pays de la Bible ; plan d'ensemble) :* *25, rehov Granot. ☎ 561-10-66. • blmj.org • Tt près du musée d'Israël. Bus nos 9,*

17, 24 et 99. Ouv dim, lun, mar et jeu 9h30-17h30 ; mer 9h30-21h30 ; ven, sam et veilles de fêtes 10h-14h. Fermé j. fériés. Entrée : 40 Shk ; réduc. Juil-août : gratuit pour les moins de 18 ans. Intéressantes expos temporaires. Visites guidées régulières en anglais ou en français ; se renseigner.

Un musée consacré à la culture et à la civilisation des anciens pays de la Bible. Caractéristique intéressante : pas d'accumulation d'œuvres qui fatigue. À peine quelques pièces par genre, et les plus belles ! Collections permanentes au niveau 2. Les limites géographiques des pays de la Bible s'étendaient de l'Afghanistan à l'est jusqu'à la Méditerranée à l'ouest, des montagnes du Caucase au nord, à la Nubie au sud...

Voici quelques coups de cœur : section Empire sassanide (600-300 av. J.-C.), des bols en argent ciselé avec de fins décors d'oiseaux, puis d'exquises mosaïques. Section grecque, petites amphores et vases délicatement peints. Superbe collection de bijoux en or et poteries peintes de l'âge du bronze. Beaux sarcophages romains sculptés et vénérables tissus coptes. Riche salle de Babylone. Maquette de Jérusalem au temps du premier Temple et fascinantes sculptures assyriennes. Stèle du roi *Hamitaya.* Belles salles iranienne et hittite. Section égyptienne particulièrement abondante. Salle sumérienne avec, entre autres, explication de l'imagerie animale dans la religion. Petits objets délicatement ciselés (bronze, os, ivoire). Cônes de la ziggourat de Ur (2100 av. J.-C.). Insolite collection de sceaux.

La Knesset *(plan d'ensemble)* **:** *rehov Granot. ☎ 675-33-37. • knesset.gov.il • Bus nos 7, 7a, 14 et 35. Visites guidées slt, gratuites jeu et dim à 13h en français et à 8h30, 12h et 14h en anglais ; 1h env. Se munir de son passeport, tenue correcte exigée ; prévoir d'arriver plus tôt pour passer les contrôles de sécurité.* C'est le Parlement israélien. En face du musée d'Israël et de la Cour suprême. À l'intérieur, présentation du mode de fonctionnement du Parlement et commentaires sur la salle de réception : tapisseries et mosaïques au sol de Chagall, hautement symboliques, présentation de la Déclaration d'indépendance... La Knesset tient séance trois fois par semaine : les lundi et mardi entre 16h et 22h, le mercredi de 11h à 18h. Possibilité d'assister à une séance (en hébreu, bien entendu !). À l'extérieur, admirez la grande *menorah* de bronze sur laquelle sont gravés les principaux épisodes de l'histoire d'Israël.

RICHISSIME

L'Église orthodoxe est le plus grand propriétaire foncier en Grèce. On sait moins qu'elle possède des milliers d'hectares en Israël et aussi beaucoup de lieux saints. Et plus bizarrement, la Knesset et le palais de la Présidence israélienne.

Supreme Court *(Cour suprême ; plan d'ensemble)* **:** *rehov Granot. Face à la Knesset, séparée par le jardin des Roses. Dans les environs du campus de Givat Ram et du musée d'Israël. ☎ 675-96-12. Dim-jeu 8h30-14h30. Visite en anglais à 12h (modifications possibles en été ; mieux vaut téléphoner avt). Film de 20 mn suivi d'une visite de 30 mn. Possibilité d'assister à un procès 9h-13h. GRATUIT.*

Ne pas manquer de visiter la Cour suprême lors de votre passage à la Knesset (et réciproquement). L'architecture du bâtiment inauguré en novembre 1992 est magnifique. Un mariage parfait des symboles de la Loi et de la Justice, de la tradition et du modernisme. La Cour suprême est la plus haute instance judiciaire de l'État. Elle est d'abord l'équivalent de la Cour de cassation (sans séparation entre le civil et l'administratif). Elle est ensuite Haute Cour de justice et peut ainsi juger de la légalité des actions et décisions des autorités de l'État. Tout citoyen israélien peut ainsi faire appel à l'autorité de la Cour suprême s'il s'estime lésé par une décision d'un organe de l'État. En 2010, elle donna même raison aux Palestiniens du village de Biline et ordonna le déplacement du mur qui gênait leurs activités sur leur territoire. La Cour suprême assure également un « service de garde » la nuit (un juge y tient donc une permanence pour les décisions urgentes). Ainsi, lors de l'épisode du transfert des militants du Hamas vers le

Liban en 1992, le juge de nuit, alerté par les familles des transférés, a fait stopper l'ordre du gouvernement pour statuer sur cette décision.

Bloomfield Science Museum *(plan d'ensemble)* : *Museum Blvd, Hebrew University, Givat Ram. ☎ 654-48-88. • mada.org.il • Bus nos 7, 9, 14 et 35. Lun-jeu 10h-18h, ven 10h-14h, sam 10h-15h. Entrée : 45 Shk ; réduc.* C'est le pendant du musée des Sciences de la Villette à Paris, mais en plus coloré et intime. Musée leader dans l'idée d'établir un pont entre sciences et société, de vulgariser dans le bon sens du terme, d'exciter curiosité et imagination et de susciter des vocations. Tout est conçu pour faire comprendre les sciences, les techniques et la nature de façon didactique et ludique. Partout de drôles de machines invitant les curieux à les expérimenter, dans tous les domaines (les énergies, l'électricité, etc.). Les enfants, grands ados, jeunes adultes peuvent manipuler de petits appareils révélant de façon simple des concepts scientifiques semblant compliqués. Très intéressantes expos temporaires.

Yad VaShem *(plan d'ensemble)* : *sur le mont Herzl. ☎ 644-38-02 ou 644-35-65. • yadvashem.org.il • À l'extrême ouest de Jérusalem. Pour s'y rendre : le plus pratique, c'est bien sûr le tram jusqu'au terminus (Mount Herzl). De nombreux bus y vont aussi, et vous laissent au mont Herzl, où il vous reste 800 m à effectuer à pied, ou en navette* (shuttle) *gratuite aux heures d'ouverture (ttes les 20 mn). Fermé sam et pdt les fêtes juives. Musée historique (les moins de 10 ans ne sont pas admis), musée d'Art et crypte du Souvenir ouv 9h-17h (20h jeu, 14h ven et veilles de fêtes). Archives et bibliothèque dim-jeu 8h30-17h. GRATUIT.*

Yad VaShem est un grand mémorial consacré à la Shoah qui commémore l'extermination par les nazis et leurs alliés de près de 6 millions de Juifs en Europe, pendant la Seconde Guerre mondiale. Immense parc, il nécessite au minimum 2h de visite. Pour nous, c'est incontestablement l'un des moments les plus forts du voyage en Israël.

– *L'allée des Justes* : elle mène au musée de l'Histoire de l'Holocauste. Chaque caroubier représente un Juste, c'est-à-dire un non-juif ayant aidé et sauvé des Juifs pendant la période nazie. Une plaque est posée sous chaque arbre. Noter celle qui est dédiée au peuple du Danemark (« seulement » 50 Juifs furent tués dans ce pays où le roi Christian X décida de porter lui-même l'étoile jaune en signe d'opposition aux nazis).

LE PREMIER JUSTE ARABE

Le médecin égyptien Mohamed Helmy, mort en 1982 à l'âge de 81 ans, est le premier citoyen d'un pays arabe à se voir attribuer le titre de « Juste parmi les Nations ». Étudiant en médecine à Berlin à partir de 1922, il a sauvé quatre membres d'une famille juive avec l'aide de sa fiancée allemande Frieda Szturmann.

– *Le musée de l'Histoire de l'Holocauste* : toute l'histoire de la destruction des communautés juives d'Europe au travers de photos et témoignages saisissants. Installé depuis 2005 dans un édifice triangulaire. En voici les points forts : le massacre du camp de *Klooga* (les 2 000 corps n'eurent pas le temps de brûler, exposition des papiers d'identité et d'objets familiers recueillis), de spectaculaires autodafés, la montée du nazisme, l'antisémitisme, l'émigration de Einstein, Freud, Stefan Zweig, Walter Benjamin (qui échoua à la frontière espagnole), Adorno, Marcuse, Schoenberg, Elias Canetti, Kurt Weill et tant d'autres, l'invasion de la Pologne, des destructions de synagogues, des persécutions et le développement des lois antijuives... Liste officielle des auteurs bannis des bibliothèques (Bergson, Brecht, Disraeli, Einstein, Kafka, Spinoza, Zweig...), livres d'enfants antisémites, effarants, « certificats d'aryanité » (avec schémas de globules !) rappelant les certificats pour être un bon Blanc en Afrique du Sud, l'acte d'allégeance des évêques d'Autriche à l'Anschluss, lois antijuives françaises, etc. Histoire du ghetto de Varsovie, vidéos de témoignages de survivants. Reconstitution d'une rue du ghetto (avec pavés et rails de tram). Invasion de l'URSS et la Shoah par balles : en Ukraine et Biélorussie, des centaines de milliers de Juifs furent assassinés, généralement d'une balle dans la tête, par les Einsatzgruppen (commandos de la mort). La déportation et la liquidation du ghetto de Varsovie.

Et la grande question : pourquoi les accès et les fours crématoires d'Auschwitz ne furent-ils pas bombardés par les Alliés ? Sauvetage des Juifs danois et de ceux de Bulgarie. La Résistance et les maquis juifs. Salle consacrée aux camps de la mort (sous le signe du sinistre *Arbeit Macht Frei*). Baraquements, costumes de déportés, nombreux objets évocateurs et terribles souvenirs. Importante section sur les marches de la mort (moins connues du grand public !).

LA MACHINE MONSTRUEUSE

Au Musée militaire de Dresde est exposé un imposant ordinateur IBM dont les cartes perforées permettaient le tri des Juifs. Identifier, sélectionner, discriminer. Son efficacité était redoutable. Les Juifs étaient répertoriés dans la case 22. La déportation de masse pouvait commencer. Les nazis offrirent au PDG américain, un certain Watson, la croix de l'ordre de l'aigle allemand en 1937. Vive Apple !

Terrible vidéo sur la libération du camp de Bergen-Belsen (où mourut Anne Frank). Puis procès de Nuremberg, émigration en Palestine des survivants (épisode historique de l'*Exodus,* les expulsions vers Chypre, les retours forcés en Allemagne...). Mais, à la fin, la présentation la plus incroyable, ce sont les pogroms antijuifs en Pologne après la Seconde Guerre mondiale... Notamment celui de *Kielce,* le 4 juillet 1946, qui fit 42 victimes !

– *La salle des Noms :* à la fin du musée de l'Histoire de l'Holocauste, sur la droite. Ici, dans cette rotonde, sont conservés pour toujours les noms des Juifs morts durant l'Holocauste, ainsi que les dossiers et les livres commémoratifs des communautés juives à jamais anéanties.

– *Le musée d'Art de la Shoah :* à la sortie à gauche du musée de l'Histoire de l'Holocauste. Présentations permanentes et temporaires d'œuvres réalisées dans les camps, dans les conditions qu'on imagine. Témoignages poignants, œuvres d'une force inimaginable. Admirables aquarelles de *Moritz Muller* sur le ghetto de *Theresienstadt,* dans un style très expressionniste. Quant à *Zinovii Tolkatchef,* dessinateur de l'Armée rouge, il croquait les gens libérés des camps de la mort sur les papiers à en-tête des directeurs de camp. Signalons encore les gravures de *Bruno Schulz,* les délicates aquarelles de *Leo Kok* et les huiles réalistes de *Félix Nussbaum,* du dernier convoi pour Auschwitz et qui y mourut.

– Au même niveau, la *synagogue,* ornée d'objets religieux rescapés des synagogues détruites en Europe. Puis le *pavillon des expositions,* le *centre de documentation visuel* (documentaires, témoignages de survivants, films de fiction consultables par tous) et le *centre d'étude* (large éventail d'informations sur la base de données de Yad VaShem sur toutes les problématiques historiques et interrogations liées à la Shoah).

– *La crypte du Souvenir :* crypte éclairée par la seule flamme du souvenir. Sur le sol, les noms de 22 camps d'extermination, ghettos et lieux de massacres, choisis parmi les centaines existant en Europe. Noter le remarquable travail des portes du mausolée. Parfois, le mausolée est fermé quelques instants pour des commémorations particulières. Jean-Paul II s'y est recueilli lors de sa visite au printemps 2000.

– *La place du Ghetto de Varsovie :* début de la rencontre des statues commémoratives... ou quand l'art se met totalement au service de l'émotion. Ici un mur de brique symbolise ceux du ghetto. On y a intégré le *Soulèvement du ghetto de Varsovie* et la *Dernière marche* (évoquant la déportation des Juifs vers les camps de la mort), deux magnifiques sculptures de *Nathan Rapoport.*

– Vers la vallée des Communautés, on passe par le *wagon-mémorial* des déportés, rappelant les épouvantables conditions de transport vers les camps, dans les wagons à bestiaux. Puis par le *jardin des Justes des Nations.* Sur les murs, les noms de tous ceux qui risquèrent leur vie pour sauver des Juifs.

– *La vallée des Communautés : à l'extrême ouest de Yad VaShem, en contrebas du domaine.* En y descendant, on constate que l'endroit a la forme géographique de l'Europe. D'énormes blocs de pierre délimitent les différents pays du continent. Y sont gravés les noms de plus de 5 000 communautés juives détruites par le nazisme. Au centre, une salle d'expositions temporaires. Enfin, très intéressant diaporama sur l'installation de familles juives en Europe. Au retour, on passe par la *sculpture des Partisans,* un arbre symbolisant les forêts qui permettaient aux combattants juifs de se cacher et de préparer leurs attaques. Suivi du *monument des soldats et partisans juifs* qui rejoignirent les mouvements de résistance ou les armées alliées. Beaucoup y laissèrent leur vie.

LES INCROYABLES MARCHES DE LA MORT !

L'évacuation du camp de femmes de Gross Rozen (Silésie) à Volary (République tchèque) dura de janvier au... 6 mai 1945 et se transforma en une véritable marche de la mort. On se demande comment certaines purent supporter de telles conditions de vie (le froid, le manque de nourriture, les mauvais traitements, l'épuisement sur 600 km). Et pourtant, des femmes survécurent à cet enfer. Leurs témoignages, les nombreuses photos de leur arrivée sont bouleversants.

– Retour vers l'entrée du site pour le *mémorial des Enfants* dans une salle souterraine creusée dans la roche. Photos d'enfants en trois dimensions, cinq bougies multipliées à l'infini par un jeu de miroirs, symbolisant le million et demi d'enfants massacrés pendant l'Holocauste. Tandis qu'on entend leur nom et leur âge. Simplicité, pudeur extrême... on en ressort assommé. À côté, la *place Janusz Korczak,* qui, directeur d'un orphelinat du ghetto de Varsovie, tenta jusqu'au bout de sauver ses 200 protégés. Le 5 août 1942, ils furent envoyés à Treblinka. Enfin, le périple se termine par les *archives* et la *bibliothèque* (62 millions de pages, plus de 267 000 photographies, 90 000 titres d'ouvrages sur la Shoah, etc.).

TOUT ÉTAIT ÉCRIT !

Entre 1924 et 1925, Hitler écrivit Mein Kampf, *l'œuvre fondatrice du nazisme, en prison. Il aurait mieux fait d'y rester. Afin de ne pas alerter le gouvernement français, Hitler fit un procès à l'éditeur parisien qui traduisit cette horreur afin de nous mettre en garde. Peu de politiciens ou militaires lurent l'ouvrage, à l'exception du maréchal Lyautey qui, prévoyant la catastrophe, proclama : « Tout Français doit lire ce livre. »*

Mount Herzl *(mont Herzl ; plan d'ensemble)* **:** *avt le Yad VaShem. ☎ 651-11-08. Pour s'y rendre, le tram, ou bus nos 13, 17, 18, 20, 23 et 39.* L'endroit où repose Herzl, l'un des plus grands combattants en faveur de la création d'un État juif (d'où le titre de son livre, *L'État juif*). Musée retraçant sa vie et son combat *(☎ 632-15-15 ; tlj sf sam 9h30-15h30).* Sont également inhumées d'autres grandes figures de la politique israélienne, Yitzhak Rabin, Levi Eshkol, Zeev Jabotinsky notamment. Voir aussi le cimetière militaire, où sont enterrés des soldats au passé particulièrement glorieux ainsi que d'illustres personnalités comme... Golda Meir.

Mount Zion *(mont Sion ; plan d'ensemble)* **:** *au sud de la vieille ville (porte de Sion). Bus nos 1 et 38.* À l'époque du premier et du second Temple, il était inclus dans l'enceinte de la ville.

– Sur la colline qui donna son nom à la doctrine du sionisme, on trouve d'abord le *monastère de la Dormition,* construit sur l'emplacement où la Vierge Marie

« tomba dans un sommeil éternel ». *Lun-sam 8h30-11h45, 12h40-17h30, dim 10h30-11h45, 12h30-17h30.* Belle vue sur la vallée de Hinnom.

– Puis le *Cénacle* où se serait déroulé le dernier repas de Jésus avec les apôtres (la Cène).

– Le *tombeau de David* servit, quant à lui, de substitut au mur des Lamentations jusqu'en 1967. Le cénotaphe est recouvert de couronnes en argent symbolisant les rois d'Israël. C'est un lieu saint pour les chrétiens, les musulmans et les juifs tout à la fois : une colline d'œcuménisme. Se méfier des pseudo-guides qui veulent vous faire payer une première fois pour la synagogue, et une seconde pour louer leurs services. *De 8h au coucher du soleil (sf sam) ; ven 8h-13h. Rens : ☎ 671-97-67.*

– Sur le côté du monastère de la Dormition se trouve le *cimetière latin (tlj 7h-12h).* Oskar Schindler y est enterré : du portail d'entrée, troisième rangée à droite, c'est la cinquième tombe sur la droite. Cet industriel allemand devint célèbre grâce au film de Steven Spielberg. Après une débâcle financière successivement en Argentine et en Allemagne, Schindler part pour Israël, invité par « ses » Juifs. On lui décerne alors le titre de « Juste parmi les Nations ». Il fait partie des 12 000 Justes recensés par l'organisme israélien Yad VaShem, qui continue de perpétuer la mémoire des Juifs persécutés pendant la guerre en recherchant les personnes qui leur sont venues en aide. 43 Justes ont vécu en Israël en tant que résidents permanents. Ils recevaient alors une pension, indépendamment de leur citoyenneté d'origine. Oskar Schindler mourut en 1974 à Francfort et, conformément à ses dernières volontés, son corps fut transféré à Jérusalem.

LA LISTE DE SCHINDLER

Homme d'affaires sudète, installé à Cracovie dès 1939, Oskar Schindler, membre du parti nazi, était un profiteur de guerre. Aimant la bonne chère et les femmes, il comprit vite que les Juifs étaient une main-d'œuvre quasi gratuite pour son usine de vaisselle émaillée. Lorsqu'il se rendit compte qu'ils étaient destinés à la chambre à gaz, il décida de les protéger et alla jusqu'à Auschwitz récupérer 300 femmes envoyées « par erreur ». Grâce à quelques dessous-de-table judicieux, il sauva 1 100 Juifs en les inscrivant sur une liste de travailleurs « indispensables » à la bonne marche de son usine, fournisseuse de la Wehrmacht. *Il reçut la médaille des Justes parmi les Nations.*

– *La porte de Sion :* c'est l'entrée de la vieille ville entre les deux quartiers, arménien et juif. Pendant les combats de 1967, l'armée israélienne a libéré le quartier juif en pénétrant par cette porte. Les traces des balles sont encore visibles.

Islamic Art Museum *(musée d'Art islamique ; plan couleur III, A1 et plan d'ensemble)* **:** *2, Hapalmach St. ☎ 566-12-91. • islamicart.co.il • Bus nos 13 (depuis le terminal), sinon 9, 19, 22, 31 et 32. Arrêt Aza Rd, puis marcher un peu. Dim, lun, mer 10h-15h (mar et jeu 19h, ven 14h, sam 16h). Entrée : 40 Shk ; réduc.*
On pèse nos mots : l'un des plus intéressants musées sur ce thème qu'on n'ait jamais visité ! En une remarquable muséographie, on survole les arts et la culture islamiques géographiquement et chronologiquement. Plus, cerise sur le baklava, une extraordinaire expo de montres et pendules anciennes, unique au monde !

– *Grande salle :* introduction à l'islam avec vidéo. Pièces les plus étonnantes : un indicateur en papier mâché enluminé du XVIIIe s pour montrer la direction de La Mecque, lampe de mosquée peinte du XIVe s et estampe médicinale du XIIe s (Syrie), astrolabes anciens.

– *Période préislamique :* l'art copte, fragments de tissus des VIe-VIIIe s, jeux de dominos du VIe s, art sassanide, vaisselle en argent et verres irisés, art byzantin, bijoux en or, art omeyyade, bronzes ciselés. Superbes bols irakiens du IXe s. De la période abbasside, une ravissante collection de verres.

– *Moyen Âge :* période moghole, poteries des XIIe et XIVe s d'une grande finesse. Période mamelouke, jolis bols décorés. Période fatimide, riches céramiques, coffret ivoire ciselé du XIIe s. Période seldjoukide, beaucoup de figures zoomorphes, petits bronzes, carreaux et tuiles polychromes.

2e étage
– *Art moghol :* meubles en bois ciselé incrusté de nacre. Estampes, tissus en soie du Cachemire, bijoux, narguilés ornementés.
– *Art ottoman :* belles faïences du XVIe s et surtout leurs fameux carreaux décorés. Bijoux et parures de mariées yéménites.
– *Art iranien :* colliers traditionnels, enluminures, cruches polychromes. Curieux carreaux de céramique ornés de portraits, montrant une influence chinoise.

Au sous-sol
– *La collection de montres et pendules :* dans une présentation de rêve, avec de judicieux jeux de lumière, près de 180 montres, pendules et objets d'art, d'une beauté, d'une sophistication incroyables. La plupart sont des productions des ateliers Breguet, comme la fameuse montre de Marie-Antoinette, chef-d'œuvre d'orfèvrerie. Également de magnifiques boîtes à musique enluminées... Noter celle en forme de papillon sertie d'émail, or et diamant et ces insolites éventails musicaux !

Montefiore Windmill *(moulin de Montefiore ; plan couleur III, B1)* **:** *au sud-ouest de la vieille ville. Pour s'y rendre, bus nos 4, 6, 7, 8, 14 et 48. Moulin tlj sf sam 9h-16h (ven jusqu'à 13h). GRATUIT.* Bâti par Moïse Montefiore, l'homme qui fit construire le premier quartier résidentiel en dehors des remparts. Le quartier alentour *(Yemin Moshe)* est devenu un centre pour artistes (galeries, etc.) et la zone résidentielle la plus chic de Jérusalem. Du moulin, vue remarquable sur la vallée du Hinnom, oasis préservée autour de la vieille ville. Tout au début s'élèvent les bâtiments de la *cinémathèque* (sur Hebron Road). En plus de son excellente programmation, elle possède l'une des plus agréables terrasses de Jérusalem, avec panorama sur les remparts. Demandez aux responsables la faveur de visiter les archives, elles sont impressionnantes. C'est l'un des rares lieux de la ville nouvelle où viennent Juifs et Palestiniens.

First Station *(plan couleur III, B1)* **:** *Old Train Station, 4, David Remez St. • firststation.co.il • Petit bureau d'infos sur place.* Après des années d'abandon, la gare ottomane de la fin du XIXe s vient de renaître de ses cendres, dans de nouveaux atours. Un vaste et bel espace dont la reconversion remporte déjà l'adhésion des Hiérosolymitains bobo-trentenaires : une poignée de restos, des manifestations culturelles ou de loisirs (projection de films, expo photo, activités familiales, aire de jeux enfants, marchés, séances de sport...), location de vélos (on peut ensuite emprunter la piste cyclable qui longe les anciens rails)... De l'animation – presque – à toute heure ! Alors n'hésitez pas à consulter le calendrier sur le site internet, ou tout simplement à venir y flâner à l'improviste.

Garden Tomb *(jardin de la Tombe ; plan couleur II, C1)* **:** *dans un jardin sur derech Shekem (rue de Naplouse), tt près de la porte de Damas. ☎ 539-81-00. • gardentomb.com • Pour s'y rendre, bus nos 12 et 27. Tlj sf dim 8h30-12h, 14h-17h30. Audioguide en français.* Peu connu, voilà l'endroit où aurait été enterré le Christ. C'est un grand, paisible et romantique jardin contrastant avec le côté bruyamment touristique du Saint-Sépulcre. Situé au pied d'une falaise, à côté d'une carrière (aujourd'hui en partie la station de bus) qui servait pour les exécutions publiques. On sait que le Christ fut crucifié sur la *colline du Crâne* (en araméen Golgotha)... Or cette falaise possède curieusement la forme d'un crâne. En outre, le jardin aurait été la propriété de *Joseph d'Arimathie* (disciple secret de Jésus) et on y trouvait un tombeau creusé dans le roc et correspondant aux diverses descriptions des évangélistes. La découverte ici de la troisième citerne d'eau de la ville et d'un très grand pressoir à vin indique d'ailleurs que le propriétaire du terrain était très riche (précisément le cas de Joseph d'Arimathie). Aujourd'hui, l'Église protestante le considère comme l'authentique tombeau du Christ. Au diable, d'ailleurs, les controverses, avant tout jouissez donc de la merveilleuse sérénité des lieux !

UNE SÉRIE DE COÏNCIDENCES TROUBLANTES !

Nombre de détails mentionnés dans les Évangiles se découvrent dans le jardin de la Tombe : « Le tombeau creusé dans le roc était fermé par une pierre roulante. » (Matthieu, XXVII, 60), comme l'indique la rainure à l'extérieur du tombeau. Ensuite, il fut décrit par Luc (XXIV, 10) comme possédant une antichambre où plusieurs personnes pouvaient se tenir debout... C'est le cas ! Marc (XVI, 5) et Jean (XX, 6) donnent d'autres détails frappants, comme cette phrase de Jean : « À l'endroit de la crucifixion, il y avait un jardin et dedans un tombeau neuf, personne n'y avait encore été mis. » Toutes descriptions se retrouvant aujourd'hui en ce lieu !

Museum on the Seam *(plan couleur II, B1)* **:** 4, Chel Handasa St. ☎ 628-12-78. • mots.org.il • Ⓣ *Shivtei Yisrael (hors plan mais pas loin, donc très accessible à pied de la vieille ville). Ouv dim, lun, mer-ven 10h-17h (14h ven) ; mar 14h-21h. Entrée : 30 Shk ; réduc.* Le musée d'art contemporain socio-politique (tout un programme !) de Jérusalem, dont le bâtiment se situe précisément *on the seam,* soit « à la couture » de l'ancienne frontière jordano-israélienne de la ville. Uniquement des expos temporaires thématiques, de longue durée (« The right to protest », « HomeLessHome »...), qui ont pour point commun d'aborder des sujets israélo-palestiniens majeurs, dans leur contexte local bien sûr, mais aussi au-delà des frontières, grâce, entre autres, à la présentation d'œuvres d'artistes étrangers souvent renommés (Sophie Calle, Christian Boltanski...).

Rockefeller Archeological Museum *(musée archéologique Rockefeller ; plan couleur II, C1)* **:** *27, Sultan Suleiman St.* ☎ *670-88-11.* • *english.imjnet.org.il* • *En face de la porte d'Hérode. Bus nos 1 et 2. Tlj sf mar et ven 10h-15h (14h sam). GRATUIT.*

Musée archéologique des vestiges découverts sur le territoire israélo-palestinien, installé dans un impressionnant édifice. Pas vraiment connu, pas très fréquenté non plus (ce qui découle du précédent). Cependant, si vous avez du temps et, surtout, si vous résidez à la porte de Damas (à Jérusalem-Est), il mérite une petite visite. Pas mal de pièces vraiment dignes d'intérêt dans une muséographie classique et parfois un poil vieillotte (dommage aussi, fort peu d'étiquettes de présentation). Créé en 1938, grâce au célèbre philanthrope américain John D. Rockefeller, ce fut le premier Musée archéologique du pays. En voici les principaux fleurons si l'on commence la visite par la droite :

– *Salle 11 :* vestiges d'anciennes synagogues.

– *Galerie nord :* statuaire grecque, vestiges de céramiques et faïences. *Tombe de Hyksos* (près de Jéricho). Poterie période islamique, jolis petits verres irisés. Figurines de bronze et vases anthropomorphes.

– *Salle 9,* linteaux de la période des croisés, *salle 8,* joaillerie en or et *salle 7,* intéressants vestiges des stucs du *palais d'Hisham* à Jéricho (période omeyyade). En particulier, une magnifique fenêtre, le dôme du *diwan* et une balustrade sculptée. *Salle 6,* monnaies de toutes les périodes.

– *Salle sud :* nombreux panneaux ciselés, certains provenant de la mosquée Al-Aqsa.

– *Galerie sud :* riche section de bijoux en ivoire, os, or et corail. Poterie en argile et d'insolites tombes datant de 12 000 ans av. J.-C. en position fœtale (culture *Natufian*).

– *Cour centrale* aux imposantes arcades présentant de nombreux vestiges lapidaires. Noter cette lourde pierre à gonds qu'on faisait pivoter. Superbes sarcophages sculptés, en particulier celui avec un *Dionysos* au milieu entouré des

quatre saisons. Les figures des décédés au-dessus ont perdu la tête... Plus loin, un autre avec une belle représentation de la bataille mythique entre les Grecs et les Amazones.
– *Salle 3 :* quelques pièces égyptiennes.
– Plus récemment, une série de photos d'époque retrace le travail des archéologues dans le pays au cours du XXe s.

King David Hotel *(plan couleur II, B2)* **:** *23, King David St.* Un hôtel de luxe mais aussi un monument historique. Remarquablement bien placé dans la ville nouvelle, face aux remparts de la vieille ville, le *King David* fut, depuis sa construction en 1929, le théâtre d'événements très importants. Sous le mandat britannique, il fut le PC des forces britanniques avant d'être dynamité le 22 juillet 1946 par l'Irgoun (dont le chef était alors un certain... Menahem Begin) ; un attentat qui fera 91 victimes et plusieurs dizaines de blessés. Un quart de siècle plus tard, en 1977, Anouar el-Sadate, le président égyptien, y rencontra Menahem Begin lors de sa visite à Jérusalem, qui devait déboucher sur les accords de Camp David et réconcilier enfin l'Égypte et Israël. Les personnalités qui y ont séjourné ne sont pas des moindres, puisque le *King David* est l'hôtel des invités officiels d'Israël : Henry Kissinger aimait bien lézarder au bord de la piscine entre deux conférences au sommet, et Nixon a laissé de meilleurs souvenirs que Elizabeth Taylor, qui ne put s'empêcher de faire un esclandre en public devant Richard Burton. La signature de tous les hôtes illustres est figée dans le marbre du sol. Quant à la déco, elle fait référence aux fastes du règne du roi David, à différentes cultures de la région, ainsi qu'à la Bible. Tout ça dans un style très Art déco ; ça vaut le coup d'œil !

TRIOMPHE DE LA SÉMANTIQUE !

*En 2006, Netanyaou, la droite israélienne et des anciens de l'Irgoun voulurent commémorer les 60 ans de l'attentat contre l'*Hôtel King David*, QG des forces britanniques, et apposer une plaque sur l'hôtel. Protestations véhémentes de l'ambassade britannique, arguant qu'il y eut quand même de nombreuses victimes civiles. Surtout, elle n'acceptait pas le contenu du texte : « [...] des personnes sont mortes car les Britanniques ont ignoré l'avertissement qu'ils avaient reçu » ! Après de vives négociations, le texte fut modifié ainsi : « [...] pour des raisons connues uniquement des Britanniques, l'hôtel n'a pas été évacué » !*

Time Elevator *(ascenseur du Temps ; plan couleur II, B2)* **:** *37, Hillel St. ☎ 624-83-81. • time-elevator-jerusalem.co.il • Dim-jeu 10h-17h ; ven 10h-14h ; sam 12h-18h (pdt les vac scol, horaires plus étendus). Bus no 13. Entrée : 54 Shk ; pas de réduc enfants.* Spectacle multimédia racontant de façon très vivante 3 000 ans d'histoire de Jérusalem. Intéressant voyage à travers le temps. Traduction simultanée.

Museum of Italian Jewish Art *(musée de l'Art juif italien ; plan couleur II, B2)* **:** *27, Hillel St. ☎ 624-16-10. • ijamuseum.org • Tlj sf lun et sam 10h-17h (jeu 12h-21h et ven 9h-13h). GRATUIT.* Tout sur la vie et les traditions de la communauté juive en Italie. Riches collections d'objets d'art et cultuels, ravissant mobilier sculpté, ainsi que la superbe synagogue de Conegliano, rapportée d'Italie après la Seconde Guerre mondiale.

Brigham Young University *(université mormone ; plan couleur II, D1)* **:** *sur le mont Scopus. ☎ 626-56-66. C'est un bâtiment en arches que l'on repère de la vieille ville en contrebas de l'université de Jérusalem. Contourner celle-ci par la droite le long de la rue Gershon Scholem. Ouv aux visites slt lors des tours guidés mer-ven 10h-11h30, 14h-15h30. Concerts gratuits de musique classique ts les dim soir : places limitées ; pour réserver il faut écrire longtemps à l'avance. Tentez* *cependant lors de votre visite de décrocher 2 places pour le concert du dim suivant.* Afin d'avoir l'autorisation de construire une université à Jérusalem, les mormons ont dû promettre au gouvernement de ne pas parler de leur religion. On ne peut donc rien leur faire dire sur leurs croyances, mais il est possible de partager leur quiétude et certains de leurs symboles de culte. Dans une très belle salle de concerts, petit récital d'orgue de 10 mn lors de la visite. Ancien pressoir à huile qui fonctionne encore de nos jours (en été, les étudiants en extraient de l'huile d'olive). Maquettes de Jérusalem à différentes époques et très belle vue sur la vieille ville.

UNE VRAIE PÉPINIÈRE !

L'université, le plus grand employeur de Jérusalem, s'enorgueillit d'être à l'origine de l'élite intellectuelle du pays. Quatre Premiers ministres, 25 % des membres de la Knesset, 12 des 15 membres de la Cour suprême... y ont fait leurs études. Cinq Prix Nobel en sont diplômés ou y enseignent...

***Hebrew University** (université hébraïque de Jérusalem ; plan d'ensemble) **:** sur le mont Scopus. ☎ 658-51-11 ou 588-28-19. Bus (jusqu'au terminus) n°s 4, 4h et 23. Visites guidées en anglais à 11h.*

Fondée par Albert Einstein, Sigmund Freud, Martin Buber et Chaïm Weizman et inaugurée en 1925 (ce jour-là, Einstein dit tout simplement : « Et voilà ! »). L'université a été coupée de la ville entre 1948 et 1967, entourée par l'armée jordanienne. Un nouveau campus (Givat Ram) fut alors érigé dans les environs de la Knesset. Depuis 1967, l'université du mont Scopus est de nouveau le campus principal. C'est le cœur de la jeunesse de Jérusalem. Les conditions d'études font vraiment envie.

– ***Hecht Synagogue :*** très moderne et originale. Les fidèles prient en faisant face à Jérusalem (superbe vue sur la vieille ville par une énorme baie vitrée). Située dans le *Humanities Building* (block 3, zone bleue).

– ***Bezalel :*** académie d'art et de design. Particulièrement intéressant en fin d'année universitaire lorsque les étudiants diplômés exposent leurs œuvres. Hors de ces périodes, petites expositions permanentes : au niveau 5, dessin graphique ; niveau 6, beaux-arts ; niveau 8, photographie.

– ***Open Air Theatre :*** amphithéâtre en plein air où se déroulent plus de concerts que de cours. Particularité : la scène n'a pas de mur au fond, l'arrière-plan donne sur le désert de Judée, l'université étant construite à la frontière entre la ville et le désert.

Quelques promenades agréables

Bien que « récente » (les premières constructions en dehors de la vieille ville remontent à 1860), la ville nouvelle possède ses « vieux quartiers ». Au point que plusieurs rues viennent d'être classées (et donc sauvées de la boulimie des promoteurs). Voici donc quelques coins, en plus de Mea She'arim, qui vous surprendront et présentent d'agréables buts de promenade.

Ben Yehuda Street *(plan couleur II, A-B2)* **:** large rue piétonne (le *Mall*), toujours animée jusque tard le soir, qui va de kikar Zion à la rue Histadrout. On y retrouve une grande partie de la jeunesse de la ville. *Kikar Zion* est l'épicentre de l'animation.

Remonter la *rehov HaRav Kook.* Au n° 7 s'élève la *Ticho House (plan couleur II, B1). Dim-jeu 10h-17h (22h mar), ven 10h-14h. GRATUIT.* Nichée au milieu de l'animation de la ville nouvelle, une petite oasis de calme et de verdure. Anna Ticho est née en Moravie – actuelle Tchéquie –, puis part suivre des études de dessin à Vienne, où elle rencontre son cousin, Albert Ticho, qui deviendra son mari. En 1912, le couple s'installe à Jérusalem, et reçoit dans cette demeure toute la bonne société de la ville. Albert Ticho est un ophtalmologue réputé, et leur maison abrite aussi sa clinique, où sont indifféremment soignés Juifs et Arabes. Sa femme l'assiste, tout en développant ses talents de peintre. « J'ai été impressionnée par la grandeur des paysages, les collines dénudées, les oliviers centenaires, et les pentes, les fissures... le sens de la solitude et l'éternité. » De cet émerveillement naîtront des paysages à l'encre, au pastel ou à l'aquarelle, et autant de portraits. Une pièce abrite les œuvres exposées par roulement. Et, régulièrement, des expos temporaires d'œuvres provenant des collections du musée d'Israël (dont dépend le Ticho house) sont également programmées. On peut ensuite s'asseoir le temps d'un verre, ou, mieux, d'un repas, à l'intérieur ou en terrasse. Un bel ensemble, serein et verdoyant.

Gagner ensuite la *rehov Heleni HaMalka* pour parvenir à la *cathédrale russe orthodoxe* à l'architecture si caractéristique. Construite dans les années 1860 pour accueillir les pèlerins russes. Ses clochers étincellent au soleil couchant. Devant, sur l'esplanade, vous découvrirez un monolithe énorme, vestige du temple d'Hérode (on pense qu'il fut abandonné là pour « défaut d'usine »).

Dans un coin de l'esplanade s'élève l'ancienne prison, du temps du mandat britannique. Aujourd'hui, *hall de l'Héroïsme,* consacré à la résistance juive. ☎ *625-40-00. Tlj sf sam 9h-16h (ven et veilles de fêtes, jusqu'à 13h).*

Nahalat Shiv'a Quarter : il aligne de façon charmante restos et galeries d'art, dans de pittoresques cours et rues piétonnes, et, le soir, c'est le cœur vibrant de la ville. Voir « Où manger ? Dans la ville nouvelle » et « Où boire un verre ? Où sortir ? ».

Old Kurd Quarter and Yehuda Mahané Market *(vieux quartier kurde et marché de Mahané Yehuda ; plan couleur II, A1) : partir sur Agrippas St pour trouver, au bout de quelques centaines de mètres, sur la droite, le vieux quartier kurde.*
Oh, pas une architecture grandiloquente ou particulièrement séduisante, mais le charme du passé. Sur *rehov HaCarmel* s'alignent les demeures de style ottoman (avec encorbellements), ombragées par des eucalyptus géants. En flânant, on traverse des places à l'atmosphère méditerranéenne, distillant une joyeuse douceur de vivre. Maisons basses, jardinets, mômes frondeurs et tous les acteurs des vieux quartiers populaires (notamment, ne pas rater le petit *square Levin,* sur Agrippas).
Le *marché Mahané Yehuda* plaira aux amoureux de couleurs et d'effluves inconnus. Là aussi, tout autour de ce marché typique, vous flânerez dans des ruelles qui continuent à narguer les immeubles d'assurances menaçants. Nulle part ailleurs on ne ressent aussi bien l'antagonisme de ces deux modes de vie. Marché particulièrement animé le mercredi et le vendredi, avant le début du Shabbat.
Tous les vendredis, avant la fin d'après-midi, un religieux juif en habit traditionnel, déboulant de nulle part, courant entre les allées bondées, souffle dans une corne rugissante pour annoncer le début du shabbat. Il prévient ainsi chacun de la nécessité (ou de l'obligation ?) de cesser toute activité, tout travail. Le marché n'en est que plus effervescent. Les dernières affaires se font, les stocks se bradent dans une ultime bousculade. Depuis quelques années, une nouvelle clientèle bourgeoise et jeune, familles ou copains, aime s'y attarder pour boire un verre ou y prendre un repas. Parallèlement aux petites adresses traditionnelles s'y développent donc pas mal de restos un peu branchés, dans l'air du temps, ainsi que quelques boutiques ayant la même cible. Voir plus haut « Où manger ? ».

New quarter of Mamilla *(plan couleur I, A3) : entre la porte de Jaffa et King David St.* Là s'étend, juste sous les remparts, un nouveau quartier résidentiel et commercial adopté par les Hiérosolymitains aisés. Ancienne zone fantôme après la guerre de 1948. La plupart des maisons détruites, elle se retrouva de fait en plein sur la ligne verte ; n'y habitaient plus que les gens les plus pauvres de la ville. Longtemps après la guerre des Six Jours, le quartier garda un statut de no man's land. À partir des années 1980, des développeurs commencèrent à s'intéresser à ces terrains super bien placés et c'est ainsi que naquit l'idée d'un nouveau quartier. Reconnaissons qu'il a relativement réussi à s'intégrer au paysage urbain et, surtout, sans porter trop atteinte au panorama sur la vieille ville. L'utilisation systématique de la pierre blonde de Jérusalem y est bien entendu pour quelque chose. Au long de cette rue piétonne et hyper animée le soir (sauf shabbat), toutes les grandes marques de vêtements, des cafés, des restos, un glacier... Intéressantes expos de sculptures qui viennent donner opportunément un côté culturel à l'affaire. Ne pas manquer d'aller boire un verre au *Mamilla Hotel* (fermé pendant le Shabbat), l'un des 100 plus beaux hôtels du monde d'après de nombreuses revues mode, design et people ! Le promoteur a racheté l'hôtel *Lutétia* à Paris.

Sherover-Haas Walk *(HaTayelet ; hors plan couleur III par B3)* **:** *à Talpiot, au sud de la vieille ville. Pour s'y rendre, bus n° 8.* Colline complètement aménagée en promenade d'où l'on a la plus belle vue sur Jérusalem et la vallée du Cédron *(Kidron Valley).* Bar et terrasse. Une curiosité : de l'autre côté de la route, surplombant une autre vallée, un vestige de la conduite d'eau qui alimentait la ville au temps du second Temple. La promenade Haas est à présent prolongée par la promenade Gabriel qui offre d'autres points de vue, sur la vallée du Cédron notamment. Évidemment, vue d'ici, la vieille ville n'est qu'une modeste partie de Jérusalem. On a une autre impression quand on regarde les murailles depuis le mont des Oliviers...

Les plus beaux points de vue sur Jérusalem

Vues de la vieille ville

– *Au-dessus du Cardo : un petit escalier métallique, à l'angle de Habad Rd et de Saint Mark St, mène aux toits qui surplombent le Cardo.* Point de frontière entre trois quartiers : juif (derrière vous), musulman (toits avec une multitude d'antennes), chrétien (les clochers à gauche). Se pencher au-dessus des grilles d'aération du plafond : odeurs et couleurs des différents marchés.
– *L'église luthérienne :* très proche du Saint-Sépulcre. Immense clocher de forme carrée. *Visite tlj sf dim 9h-12h, 13h-15h. Réduc étudiants.* Une vue magnifique sur toute la ville. Vaut le détour.
– *Balade sur les murailles : entre la porte de Jaffa et la porte de Damas.* Bonne présentation de l'imbrication des différents quartiers. Se reporter à la rubrique « À voir. La vieille ville. Jerusalem Walls ».
– *La citadelle de David : entrée : 36 Shk.* Du haut de la tour Phasael, la vue périphérique est magnifique. Un support appréciable : nombreuses maquettes et cartes de la ville. Pour une vue équivalente (sans les cartes), préférez le clocher de l'église luthérienne, c'est moins cher.

Vues de la ville nouvelle

– *L'hôtel Sept-Arches :* au sommet du mont des Oliviers. La vue la plus sublime sur la vieille ville (particulièrement pour les photos au lever du soleil).
– *La tour de la YMCA 3 Arches Hotel : ascenseur payant mais prix raisonnable.*
– *Le jardin des Tombeaux de la famille d'Hérode : derrière l'hôtel* King David, *vue sur la porte de Jaffa et l'église de la Dormition sur le mont Sion.*
– *Abu Tor : près de la gare ferroviaire.* Vue sur le mont Sion et la vallée de la Géhenne. C'est d'Abu Tor que Titus a lancé l'assaut sur la ville en 70 apr. J.-C.
– *La promenade Sherover-Haas :* appelée aussi *HaTayelet* (« la promenade »). Au sud de la ville.
– *Le mont Scopus :* de l'une des deux institutions que sont l'université hébraïque de Jérusalem (dans la synagogue Hecht, ou à la terrasse de l'hôtel *Maiersdorf*) et l'université mormone *(Brigham Young University).*

AUTOUR DE JÉRUSALEM

Exceptionnels petits villages, curiosités touristiques ou lieux majeurs de pèlerinage, les environs immédiats de Jérusalem valent un détour avant de se lancer vers une autre région du pays. À visiter : Abu Gosh, Beit Guvrin-Tel Marecha, Ein Kerem. Faites votre choix en fonction des descriptions de ces sites dans les pages suivantes.

ABU GOSH

IND. TÉL. : 02

Gros bourg arabe à 10 km à l'ouest de Jérusalem sur le côté droit de la route principale entre Jérusalem et Tel-Aviv. Le cheik bédouin Abu Gosh s'est rendu particulièrement célèbre au XIXe s en rançonnant les pèlerins de Jérusalem, notamment Chateaubriand et Lamartine. Paradoxalement, le village est connu aujourd'hui pour sa tranquillité et la neutralité de ses habitants dans les conflits israélo-arabes. Cela lui permet de rester ouvert à tous les visiteurs. Deux églises à visiter dans ce village pourtant peuplé dans sa grande majorité de musulmans. Des fouilles menées par des archéologues français ont révélé la présence d'un habitat vieux de 6 000 à 7 000 ans sur le site du village actuel.

Arriver – Quitter

Bus nº 185 de la gare centrale des bus *Egged.*
– En *sherout,* à prendre rue de Jaffa, entre le marché et la gare routière. Moins cher que le bus.

Où manger ?

Sur la route principale, il y a des *restaurants arabes et druzes* spécialisés dans la cuisine orientale : grillades, salades épicées, *hommos,* etc. Bons et pas trop chers, ils sont fréquentés par des habitants de Jérusalem qui s'y retrouvent surtout le samedi après-midi. De même, à côté de l'église croisée, quelques petits restos accueillants.

À voir

New Church *(église nouvelle)* **:** au sommet du village. Construite en 1924 par des moines français sur le site de *Kiriat Yearim,* lieu où séjourna l'Arche d'Alliance. Vestiges de mosaïques byzantines. L'église se repère grâce à une immense statue de la Vierge. Pas très intéressante cependant. En revanche, ne pas manquer la suivante.

LE CORPS DU CHRIST

L'hostie, du latin hostia, *signifie « victime ». Ce mot rappelle que, pour les chrétiens, l'hostie se transforme en corps du Christ lors de la consécration. Ce miracle évoque le dernier repas du Christ avec les apôtres. « Prenez et mangez-en tous, ceci est mon corps », dit Jésus avant d'être arrêté.*

Church of the Resurrection (abbaye Sainte-Marie-de-la-Résurrection) : *en contrebas de la rue principale. ☎ 534-27-98. Pas de nom de rue : demander aux passants. Tlj sf jeu, dim et fêtes 8h30-11h30, 14h30-17h30.* Cette église, qui abrite aujourd'hui un monastère bénédictin, est considérée comme l'une des plus belles œuvres romanes de la Palestine. Trois absides en cul-de-four et on y trouve des vestiges de fresques romanes, une source, un jardin magnifique, l'atelier des moines... On peut également assister aux vêpres (à 17h en semaine, 18h le dimanche) en grégorien. L'office, qui dure environ 40 mn, est entièrement chanté.

EIN KEREM

IND. TÉL. : 02

Ein Kerem signifie « la Source des Vignes ». C'est un village très pittoresque dans la proche banlieue de Jérusalem. Situé au pied du mont Herzl, dans les monts de Judée, Ein Kerem a gardé toute sa sérénité. Village arabe jusqu'en 1948, intégré à la banlieue de Jérusalem en 1961, c'est un lieu de pèlerinage à la fois pour les chrétiens et pour la jeunesse israélienne. Avec ses grandes maisons arabes et sa tranquillité, Ein Kerem est devenu le quartier des artistes (possibilité de visiter des galeries en été), de la bohème, des promenades romantiques.

Par ailleurs, la tradition chrétienne identifie ce village à la ville de Judée où Marie rendit visite à sa cousine Élisabeth, la femme de Zacharie, un des prêtres du Temple (Luc, I, 39). On pense que c'est ici qu'Élisabeth mit au monde saint Jean Baptiste, même si le nom d'Ein Kerem n'apparaît jamais dans les Évangiles. Sous les Byzantins, les croisés, et jusqu'à nos jours, des églises, monastères et couvents y ont été construits.

Arriver – Quitter

➢ Pour s'y rendre, bus nos 17, 17H et 184.
En voiture, se diriger vers le mont Herzl *(Har Herzl)*. Après le musée Herzl, on trouve sur la droite une énorme sculpture métallique rouge. La route sur la droite de la sculpture mène au mémorial Yad VaShem, celle sur la gauche redescend vers Ein Kerem.

Info utile

Infos touristiques : pas d'office de tourisme mais possibilité de se renseigner sur les heures d'ouverture des églises ou les événements prévus auprès du ***Centre chrétien d'information*** qui se trouve dans la vieille ville de Jérusalem : *☎ 627-26-92.*

Où dormir ?

Couvent Notre-Dame-de-Sion : *23, Ha-Oren St. ☎ 641-57-38 ou 643-08-87. • sion-ein-karem.org • À 3 km de la vieille ville. Dans le village, sur la route principale, quand on arrive par le mont Herzl, prendre à gauche à la flèche orange indiquant « The Fanny and Max Targ », puis 1re à droite ; au bout de la route, portail vert, interphone. Env 500 Shk pour 2, petit déj compris.* Joli couvent, très tranquille, entouré d'un magnifique jardin à la végétation luxuriante. Chambres très propres et austères, mais confortables. Un endroit charmant. En été, il est possible de lézarder dans le jardin. Très agréable. Ressemble à l'idée qu'on se fait des vergers du Moyen Âge. Petit cimetière ancien où sont enterrées les sœurs. Certaines d'entre elles vivent totalement cloîtrées, quelques autres accueillent les visiteurs. Idéal pour se reposer vraiment.

Rosery Sister Guest House : *3, Hamayan Madregot Habikur St. ☎ 641-37-55. • rosary-einkarem.com • À 3 km de la vieille ville, à côté du Centre de conventions international. Double 550 Shk, petit déj inclus. Également des triples. CB refusées. Parking gratuit.* Ancien couvent de 1885 dans une grande demeure de pierre. Une quinzaine de chambres. Cadre sobre mais de bon confort : salle de bains, TV, clim... Salle à manger commune avec frigo et micro-ondes. Jardin sympa.

Où manger ? Où déguster de divines pralines ?

Sweet's Karem : *2, Hashar, derrière le resto Karma. 077-446-01-60. Tlj 8h-20h.* Minuscule boutique, mais grand et chaleureux accueil et de délicieux chocolats et glaces maison... et, surtout, l'un des meilleurs cafés de Jérusalem (le patron prétend même que c'est le meilleur, on n'est pas loin de le croire !). Cela dit, les pralines aux truffes, écorces d'agrumes ou fruits secs sont tout aussi bons. Totalement naturelles, quel souvenir !

Karma : *74, Ein Karem. ☎ 643-66-43. Tlj midi et soir jusqu'au dernier client. Prix raisonnables.* Belle bâtisse en pierre à arcades. Grande salle lumineuse et climatisée, genre brasserie un poil branchée. Service jeune et délié pour de bonnes viandes cuites comme il faut ! Bon choix à la carte, de belles salades, *seafood casserole, fish and chips, pasta,* sandwichs, *cheese crumble,* etc.

À voir. À faire

Church and monastery of Saint John the Baptist *(église et monastère Saint-Jean-Baptiste) : ☎ 632-30-00. Lorsqu'on arrive de Jérusalem, c'est sur la droite au croisement principal (à l'opposé de la flèche orange « The Fanny and Max Targ »). Tlj 8h-12h, 14h-17h45 (16h45 oct-mars).* Église franciscaine du XVIIIe s possédant des vestiges byzantins, croisés, de beaux tableaux et un petit musée renfermant tous les trésors de l'endroit.

Church of the Visitation *(église franciscaine de la Visitation) : ☎ 641-72-91. Passer devant la fontaine de Marie et monter la pente sur la droite. L'église est juste après le couvent des sœurs du Rosaire (premier ordre fondé par des chrétiens palestiniens). Tlj 8h-11h45, 14h30-18h (17h oct-mars).*

Un des sites les plus importants d'Ein Kerem. Des statues de bronze à l'entrée représentent Élisabeth et Zacharie, les parents de saint Jean Baptiste. Sur les murs de la cour à droite se trouvent des panneaux de céramique traduisant en 47 langues le Magnificat (la prière exprimée par Marie portant en son sein l'Enfant Jésus). Belles mosaïques sur la façade de l'église.

Site sur deux niveaux. En bas, salle croisée et chapelle de la Visitation. Dans cette dernière, une niche sur la droite contient un rocher qui, selon la tradition chrétienne, est celui au creux duquel saint Jean Baptiste fut caché lorsque les soldats d'Hérode poursuivaient les nouveau-nés. Au niveau supérieur se trouve l'église proprement dite. L'ensemble du complexe réunissant vestiges et construction récente est l'œuvre de l'architecte Antonio Barluzzi à qui l'on doit, entre autres, l'église de la Transfiguration sur le mont Thabor et l'église de Toutes-les-Nations à Gethsémani.

Gorni or Moscobya Convent : c'est le quartier russe du village. Un des endroits les plus pittoresques de la région. Pour une balade entre les maisons de pierre, les fontaines et les arbres fruitiers. Malheureusement, on en refuse de plus en plus l'entrée. Essayez.

🏛 ***Mary's Fountain :*** le village s'est développé autour de ce point d'eau (Marie s'y serait rafraîchie), dominé par le minaret de la mosquée d'Ein Kerem. On doit l'aspect actuel de la fontaine aux donations Rothschild qui ont permis de la rénover. Attention, l'eau n'est plus potable. Observez la vue de la fontaine : les méandres du cours d'eau en contrebas (le *Nahal Sorek*) et, de gauche à droite, la forteresse Castel, les environs des *moshavim* Maoz Zion, Mevasseret Yerushalayim et Beit Zayit, le quartier de Har Nof et la tour de l'église Saint-Jean-Baptiste. En été, de nombreux artistes ouvrent leurs ateliers aux visiteurs.

🏛🏛 ***Synagogue at the Hadassah Medical Center*** *(synagogue du centre hospitalier universitaire hébraïque de Hadassah)* **:** *☎ 677-62-71. • hadassah.org.il • Dim-jeu 8h-13h15, 14h-15h30 ; ven 8h-12h30. Téléphoner de préférence avt de venir. Possibilité de demander une visite guidée.* Inaugurée en 1962, elle est illuminée par un éclairage en suspension et par les rayons du soleil filtrant à travers les 12 splendides vitraux de Marc Chagall. La création des vitraux, auquel Chagall et son assistant Charles Marq ont consacré 2 années, relève d'une technique toute particulière. Pour s'assurer que chaque vitrail recevait la lumière qui lui convenait, l'artiste est venu à Jérusalem examiner et tester le futur emplacement de chacun d'eux. Les vitraux représentent les 12 fils de Jacob, le patriarche duquel sont issus les 12 tribus d'Israël. Ils ont été exposés au Louvre, à Paris et au musée d'Art moderne de New York avant leur installation.

🏛 ***Sisters of Sion Convent*** *(couvent Notre-Dame-de-Sion)* **:** le jardin du couvent se visite. Cadre charmant et très tranquille. Voir description dans la partie « Où dormir ? ».

– En été, il peut être particulièrement agréable d'aller se rafraîchir après la visite d'Ein Kerem à la piscine du *centre de vacances des jeunes « Mont de Judée ».* Elle se trouve à 5 mn en voiture en plein milieu de la forêt de Jérusalem.

DANS LES ENVIRONS D'EIN KEREM

Les routards motorisés peuvent profiter de leur passage à Ein Kerem pour visiter la région qui est très belle. Quelques propositions.

🏛 ***Soreq Grotto*** *(grotte de Sorek)* **:** *en venant de Jérusalem, dépasser Ein Kerem jusqu'au croisement* Ein Kerem *(tsomet Ein Kerem), puis continuer tt droit. Suivre les flèches. Située à moins de 30 mn de Jérusalem. ☎ 991-11-17. Tlj 8h-15h (12h30 ven et veilles de fêtes). Entrée payante.* C'est une belle grotte avec des stalactites et des stalagmites.

🏛 ***Kennedy Memorial and Rubinstein Memorial :*** *remonter sur le mont Herzl et tourner à droite en direction de l'hôpital Hadassah. Prendre à gauche au croisement de la route du kibboutz Ora. Dépasser Ora et le* moshav *HaMinadav.*
Après quelques kilomètres se trouve le mémorial, visible de loin : perché au sommet d'un mont, il a l'aspect d'un immense tronc d'arbre coupé. Symbole très fort que les juifs américains, bouleversés par l'assassinat de leur jeune président, ont souhaité utiliser dans cette donation pour marquer le destin tragique de JFK. Rien de spécial à l'intérieur, mais superbe vue des alentours.
En contrebas, sur la même route, à 1 km, se trouve le *mémorial Rubinstein.* Garer la voiture sur le bord de la route sous la flèche indiquant le mémorial, le site est à 50 m. Sorte de promontoire en forme de touches de piano qui domine la vallée. Il est possible de pique-niquer sur place.
– La région est vraiment jolie, on peut s'y promener sans but précis en faisant attention toutefois de ne pas entrer dans les territoires à l'est. Avoir une carte suffisamment détaillée.

BEIT GUVRIN-TEL MARECHA

IND. TÉL. : 02

Marecha était une ville importante pendant la période hellénistique. Sous chaque maison il y avait des citernes d'eau ou des greniers pour fabriquer et conserver de l'huile d'olive et entreposer la nourriture et le vin. Ces grottes, creusées par l'homme, se visitent. À voir notamment, l'immense « columbarium » (on l'appelle ainsi car on pense que cette grotte servait à élever des oiseaux), et la tour de garde au bas de l'acropole. Il y a également des grottes mortuaires, en particulier celle des Sidoniens, nouvellement restaurée.
Beit Guvrin est une ville en contrebas de Marecha qui s'est développée après la destruction de cette dernière (époque romaine byzantine et début de l'époque arabe). Il en reste quelques superbes grottes en forme de cloches.
➢ *À 34 km de Jérusalem. Prendre la route de Beit Shemesh en venant de Jérusalem (ou même de Tel-Aviv). Dépasser Beit Shemesh jusqu'au* ***parc national de Beit Guvrin-Tel Marecha.*** *Entrée payante.*
– ***Santa Anna Chapel :*** *même ticket.* Vestiges d'une chapelle croisée avec brochure en français qui indique les différents sites et donne des précisions historiques. *Parc ouv sam mais éviter d'y aller ce jour-là car c'est bourré de monde. Penser à prendre un chapeau et suffisamment d'eau. Ne pas sortir des chemins tracés car il y a beaucoup de grottes cachées par les broussailles dans lesquelles on risque de tomber. Excursion en voiture slt car il n'y a pas, ou presque pas, de bus.*

PALESTINE LES QUESTIONS QU'ON SE POSE LE PLUS SOUVENT

Quelles sont les formalités pour entrer en Palestine ?
Les mêmes que pour entrer en Israël : un passeport valable encore 6 mois minimum après la date d'entrée suffit. Pas besoin de visa.

Peut-on facilement se rendre en Palestine ?
Tant que la situation est calme avec Israël, on peut facilement se rendre en Cisjordanie. On y accède soit par Israël et l'un des check-points situés le long du mur, soit par la Jordanie et le pont Allenby. Le passage peut parfois prendre un peu de temps selon l'heure de la journée. Ni check-point, ni mur pour rejoindre Jérusalem depuis l'aéroport de Tel-Aviv. En revanche, les touristes n'ont pour l'instant pas accès à la bande de Gaza.

Est-il nécessaire de parler l'arabe pour communiquer ?
Il n'est pas nécessaire mais bien pratique de connaître quelques mots d'arabe : la relation s'établira beaucoup plus facilement, même si le reste de la conversation se poursuit en anglais, langue que les Palestiniens maîtrisent dans l'ensemble très bien.

La vie est-elle chère ?
Un peu moins chère qu'en Israël. Un bémol toutefois : en dehors de Bethléem, la région manque de logements pour petits budgets. En revanche, on s'en sort très bien côté transports collectifs et nourriture… à condition d'aimer les falafels et les *mezze* !

Qu'y a-t-il à voir en Cisjordanie ?
Entre la région de Jerusalem Wilderness à la beauté sauvage (comme son nom l'indique), les vallées d'oliviers et de vignes aux faux airs provençaux, le palais Hisham et la basilique de la Nativité, les vieilles villes construites à l'époque mamelouke et ottomane, sans oublier les souks et leurs étals colorés, on sillonne une terre qui n'a rien perdu de sa mémoire ni de son patrimoine millénaire.

Est-il possible d'assister à une messe de Noël à Bethléem ?
Oui, en s'adressant à l'avance au *Franciscan Pilgrim's Office* à Jérusalem. La messe ne peut pas se dérouler dans la grotte qui a vu naître Jésus, faute de place. Elle a lieu dans l'église Sainte-Catherine adjacente.

Quel est le moyen de transport le plus commode ?
Le réseau de taxis *services* (minibus de 7 places) et de bus se révèle assez dense et suffisant pour relier les grandes villes et les villages. En revanche, si l'on souhaite musarder sur les petites routes de Cisjordanie, il vaut mieux louer une voiture. Attention, la signalétique fait parfois défaut. Une voiture avec chauffeur revient assez cher.

Peut-on parler facilement de la situation politique ou doit-on s'abstenir ?
Concernant vie et débats politiques, vous allez être servi. Les Palestiniens sont engagés, même si la nouvelle génération a un peu pris ses distances face au conflit. Aborder les questions avec tact, poser les questions modestement et surtout écouter pour tenter de comprendre, au-delà de ce que vous aurez pu lire et entendre, une situation particulièrement complexe.

PALESTINE
LES COUPS DE CŒUR DU ROUTARD

- **À Bethléem, se laisser envahir par l'émotion dans la basilique de la Nativité,** où se trouve la crèche de Jésus, le berceau du christianisme. .... p. 388
- **Crapahuter dans le wadi Qelt,** canyon grandiose qui s'étire à l'ouest de Jéricho, avant d'atteindre le monastère Saint-Georges, un des derniers de la région. .... p. 403
- **S'émerveiller devant les splendides mosaïques du palais Hisham** à Jéricho. .... p. 401
- **Déguster un *knafeh* dans le souk de Naplouse,** succulente pâtisserie à base de cheveux d'ange orangés et de fromage fondu, debout au coude à coude avec les locaux. .... p. 427
- **Prendre une bonne suée dans un des plus vieux hammams** de Cisjordanie, à Naplouse, se faire gommer, raboter et enfin... masser. .... p. 422
- Changer de régime et **se taper la cloche dans un des excellents restos de Ramallah** et faire la fête jusqu'au bout de la nuit. .... p. 413, 416
- Aider les familles palestiniennes à **récolter les olives au mois d'octobre** pour de grands moments partagés.
- **Déambuler dans la vieille ville d'Hébron,** avant de monter vers le tombeau des Patriarches où repose Abraham, lieu saint vénéré à la fois par les juifs, les chrétiens et les musulmans. ... p. 396, 397
- **Craquer pour les céramiques d'Hébron,** originales et colorées, résultat d'un véritable savoir-faire ancestral, tout comme le verre soufflé. .... p. 396
- **Passer une nuit à Sebastia** et découvrir le site archéologique, véritable nid d'aigle surplombant les vallées d'oliviers. ... p. 430
- **Être impressionné par l'arrivée plongeante sur le monastère de Mar Saba,** agrippé à la falaise ocre de cette région sauvage. .... p. 391
- **Prendre son petit déjeuner dans un resto populaire rempli d'habitués** et se caler pour la journée avec un traditionnel *zeit ou zaatar* (pain imbibé d'huile d'olive et d'herbes). Rencontres assurées ! .... p. 354
- **Assister à l'Oktoberfest dans le village de Taybeh,** qui accueille la seule brasserie de Cisjordanie. Le reste de l'année, se laisser tenter (avec modération) par une bouteille de cette excellente bière. Hips ! .... p. 420
- **Éprouver toute la charge émotionnelle** contenue dans les messages, peintures, photos et graffitis inscrits sur le **mur de séparation.** De la politique à l'état brut. .... p. 351, 390
- **Balayer les préjugés** et appréhender les Palestiniens dans toute leur diversité et leur complexité, leurs traditions et leur modernité, leurs souffrances et leurs espoirs, leur dignité, leurs belles leçons de vie.... p. 347
- **Visiter un centre culturel dans un camp de réfugiés** ou carrément y dormir. On est accueilli par les rires des gamins entre deux leçons de théâtre ou de dessin. Et pourquoi pas, filer un coup de main si on peut passer quelques semaines dans le secteur. .... p. 347, 433
- **Discuter à bâtons rompus,** de tout et de rien, mais surtout de foot espagnol et de politique, avec tout le monde (commerçants, hommes d'affaires, paysans ou étudiants). Avec deux mots d'arabe et trois d'anglais, on arrive toujours à se comprendre ! .... p. 337

PALESTINE UTILE

◗ Pour la carte générale d'Israël et de la Palestine, se reporter au cahier couleur.

ABC DE LA PALESTINE

◗ *Population :* 4 333 600 hab. (plus 570 000 colons juifs répartis à Jérusalem-Est et en Cisjordanie).
◗ *Superficie :* Cisjordanie : 5 655 km², dont 18 % sous contrôle total de l'Autorité palestinienne et 20 % sous contrôle partiel ; bande de Gaza : 365 km².
◗ *Villes principales :* Jérusalem-Est, Naplouse, Hébron, Ramallah.
◗ *Président :* Mahmoud Abbas.
◗ *Religions :* musulmans sunnites (98 %), chrétiens (1,2 %), et des sectes minoritaires comme les samaritains (à Naplouse).
◗ *Monnaie (provisoire) :* le shekel ; le dinar jordanien et le dollar américain sont aussi couramment utilisés.
◗ *Salaire mensuel minimum :* 1 450 Shk, soit environ 290 €.

AVANT LE DÉPART

Adresses utiles

En France

– Pour les informations touristiques, se reporter au site officiel (en anglais) • *travelpalestine.ps* •

■ ***Mission de Palestine :*** *14, rue du Commandant-Léandri, 75015 Paris. Ⓜ Convention ou Boucicaut. ☎ 01-48-28-66-00. • palestine-diplo.com • Lun-ven 9h30-15h30. Téléphoner de préférence avt de se déplacer.*

En Belgique

– Pour les informations touristiques, se reporter au site officiel (en anglais) • *travelpalestine.ps* •

■ ***Délégation générale de Palestine :*** *rue Franklin, 111, 1000 Bruxelles. ☎ (02) 735-16-39. • secretariat@palestinedelegationbrussels.eu • Lun-ven 9h30 (10h affaires consulaires)-12h (par tél jusqu'à 15h30).*

En Suisse

– Pour les informations touristiques, se reporter au site officiel (en anglais) • *travelpalestine.ps* •

■ ***Mission permanente de Palestine auprès des Nations unies :*** *route de Vernier, 96, 1219 Chatelaine – Genève. ☎ 022-796-76-60. • palestine.un@bluewin.ch • Lun-ven 9h-16h.*

Au Canada

– Pour les informations touristiques, se reporter au site officiel (en anglais) • *travelpalestine.ps* •

■ ***Délégation générale de Palestine :*** *18, Driveway, Ottawa (Ontario) K2P 1C6. ☎ 613-736-00-53. • palestineca.com • Lun-ven 9h30-15h30 (11h-14h pour le service consulaire).*

Formalités

Les formalités sont les mêmes que pour entrer en Israël. Se reporter au début du guide.

ARGENT, BANQUES, CHANGE

Même si la Palestine a possédé une monnaie sous le mandat britannique, la livre palestinienne (Palestinian pound) équivalant à une livre sterling, la monnaie actuellement en service est la même qu'en Israël : le ***shekel.*** Cela dit, concrètement, les Palestiniens jonglent avec 3 monnaies car, selon leur emploi, ils peuvent êtres payés en dinars jordaniens, dollars américains ou shekels. En règle générale, la vie quotidienne se paie en shekels, le loyer en dollars et les frais universitaires en dinars jordaniens... bref, on passe son temps à changer de devises.
On trouve des ***distributeurs*** dans toutes les grandes villes. Mais attention, ils ne délivrent pas tous des shekels. Dans les banques jordaniennes, on retire des... dinars jordaniens (JD). Devise qu'on convertit ensuite soit au guichet de la banque soit dans un bureau de change. Pour obtenir des shekels (ce qui évite tout de même plusieurs frais de change), opter pour la *Bank of Palestine*, l'*Arab Bank* ou *HSBC* : on a alors le choix entre des shekels, des dinars jordaniens et des dollars américains. Ça surprend au début ! En général, il est possible (même dans une boutique, sauf dans une petite épicerie) de payer en dinars jordaniens ou en dollars américains. Le change est établi selon le cours du jour, mais la monnaie est toujours rendue en shekels.
– Le ***taux de change*** pratiqué dans les banques et les bureaux de change est quasi similaire. Il était d'environ 4,70 Shk pour 1 € début 2014.
– Les ***cartes de paiement*** sont acceptées dans les grands hôtels et les restos un peu chic.
– Voir aussi dans la partie « Israël utile », rubrique homologue, les numéros de téléphone à connaître « en cas de pépin » avec sa carte de paiement et pour se faire transférer de l'argent grâce au système *Western Union*.

ACHATS

La Palestine possède un bel artisanat et un véritable savoir-faire ancestral dans plusieurs domaines. Ne pas manquer les beaux souks traditionnels de Naplouse et d'Hébron. On marchande assez peu, sauf dans les boutiques de souvenirs de Bethléem où pour des produits parfois made in China, on vous demandera deux à trois fois le prix normal.
– ***Céramiques :*** toute la production de plats à dominante bleu et blanc aux motifs floraux vient d'Hébron, dans le sud de la Cisjordanie.
– ***Le verre soufflé :*** tout comme la céramique, Hébron s'en est fait une spécialité. La fabrication du verre fut inventée en Mésopotamie au IIIe millénaire av. J.-C., il faut attendre 1 500 ans pour qu'il devienne translucide et presque autant pour qu'apparaisse la technique du verre soufflé au Ier s av. J.-C., probablement grâce aux Syriens qui mettent au point la canne à souffler. L'invention voyage ensuite en Italie, en Gaule et en Espagne.
– ***Broderie :*** robes, sacs, napperons, petits porte-monnaie, etc., les tissus brodés en coton révèlent aussi bien la provenance que l'origine sociale par leurs couleurs et motifs. Voir notamment le beau Musée ethnographique de Birzeit. La

broderie constitue souvent une source d'émancipation pour les femmes qui se réunissent en coopérative pour fabriquer et vendre leur production.

– ***Mosaïques :*** les vestiges en témoignent, la région a formé et inspiré de nombreux mosaïstes. Une école existe même à Jéricho, sur le site archéologique du palais Hisham où se trouvent parmi les plus belles œuvres du Proche-Orient. À Sebastia, dans le nord de la Cisjordanie, on peut acheter des réalisations récentes.

VERRE L'ESSENTIEL

Aux alentours du Ier s av. J.-C., alors que les classes populaires utilisaient de la vaisselle de piètre qualité, les artisans orientaux découvrirent la possibilité d'étirer la pâte de verre. Une fois la pâte soufflée, le travail devenait plus facile et donc le tarif plus abordable. Réservés autrefois aux élites, les objets en verre soufflé devinrent alors accessibles à toutes les couches de la société.

– ***Savon de Naplouse :*** à base d'huile d'olive, il est réputé dans tout le Proche-Orient comme le savon d'Alep (qui ajoute de l'essence de laurier). La fabrication du savon est toujours liée à la culture de l'olivier, puisque traditionnellement, dans les villages, les familles utilisaient les restes d'huile d'olive pour produire du savon. Les croisés auraient ensuite rapporté le procédé à Marseille.

– ***Keffieh :*** ceux à carreaux noirs et blancs sont plus portés par les Palestiniens (et les Irakiens), tandis que celui à carreaux rouges et blancs, *el hatta waigal,* est la coiffe traditionnelle des hommes chez les Bédouins. On l'ajuste sur le crâne à l'aide d'une cordelette noire nommée *aqal.* Pour info, les keffiehs tout blancs sont plutôt l'apanage des peuples de la péninsule Arabique. La dernière fabrique de keffiehs palestiniens se trouve à Hébron (dans le sud de la Cisjordanie). Il y a de grandes chances pour que ceux des magasins de souvenirs soient importés de Chine.

– ***Produits alimentaires :*** le *halawé* (pâte de sésame vendue nature, au chocolat ou aux pistaches, assez roboratif, mais délicieux) ; le *malban* (feuille de pâte de raisins, original), l'*huile d'olive,* base de l'alimentation, délicatement parfumée et de très bonne qualité, les *épices* dont une des plus couramment utilisées est le *zaatar* (mélange de sumac, sésame et thym) que les Palestiniens mangent aussi au petit déjeuner sur du pain préalablement trempé dans de l'huile d'olive. Dans certaines échoppes, le *zaatar* s'achète mélangé à de l'huile d'olive (mais du coup, on ne connaît pas la qualité de cette dernière).

– ***Les vêtements en toile de jute :*** confectionnés par les associations de femmes, notamment à Hébron.

BUDGET

La vie est relativement chère, de nombreux produits étant importés. Elle l'est toutefois un peu moins qu'en Israël. Gros point noir : les hébergements, car non seulement il existe encore peu de choix, mais les petites structures sont rares (très peu d'auberges de jeunesse). Cependant, si on circule en bus et que l'on se contente de falafels et de *mezze* dans les petites gargotes (ce qui nourrit largement mais peut lasser à la longue), on limite les dégâts, quitte à faire une entorse de temps en temps.

Sur le plan culturel, on est gâté : de nombreux sites sont gratuits ou peu chers (plus onéreux en principe quand ils sont gérés par l'Autorité israélienne des parcs et de la nature).

Les prix que nous indiquons le sont à titre indicatif et peuvent changer, bien entendu, au regard des aléas économiques (taux de change, inflation, etc.).

Hébergement

Les fourchettes mentionnées équivalent au prix d'une chambre double, petit déjeuner généralement compris, ou d'un lit en dortoir (pas toujours bon marché d'ailleurs).

- ***Bon marché :*** moins de 120 Shk (25 €).
- ***Prix modérés :*** de 120 à 200 Shk (25 à 42 €).
- ***Prix moyens :*** de 60 à 100 $ (environ 44 à 74 €).
- ***Chic :*** de 100 à 150 $ (74 à 111 €).
- ***Plus chic :*** plus de 150 $ (111 €).

Nourriture

Les prix correspondent à un plat, souvent suffisamment copieux pour constituer un repas. Notez que les *mezze,* inscrits sur toutes les cartes de restos traditionnels, se commandent à la coupelle (autour de 7 à 10 Shk). Souvenez-vous que le *hommos* et le *muttabal* (purée de pois chiche et d'aubergines, base de tous les *mezze*), dans lesquels on trempe le pain sont assez roboratifs. Une ou deux salades à côté et on est calé.

Il est d'usage mais non obligatoire de laisser 10 % de pourboire.

- ***Bon marché :*** moins de 30 Shk (6,50 €).
- ***Prix moyens :*** de 30 à 60 Shk (6,50 à 13 €).
- ***Chic :*** plus de 60 Shk (13 €).

CHECK-POINTS

Avec le mur et les colonies, les barrages militaires sont une autre conséquence très visible de l'occupation de la Cisjordanie. Y sont postés un ou plusieurs soldats armés, parfois accompagnés d'officiers de sécurité (en uniforme bleu) employés par des sociétés privées. On recense en Cisjordanie 78 check-points permanents et 25 check-points « volants ». Seulement 16 d'entre eux se trouvent effectivement sur la « ligne verte » (la ligne d'Armistice de 1949 reconnue internationalement) et servent dans les faits de « frontière » entre Jérusalem-Est, Israël et la Cisjordanie. Ceux-là, comme Qalandya, Bethléem, Hizma ou Bisan, sont de grosses structures. Les autres jalonnent les routes de Cisjordanie, et obstruent le passage entre les villages et les villes palestiniennes. Avec plus de 400 autres obstacles physiques (monticules de terre ou blocs de béton qui ferment l'accès à certaines routes, etc.), ils font partie intégrante du système de restrictions de mouvements imposé par Israël depuis 1988, et justifié par des raisons sécuritaires.

Notez qu'il est pour l'instant impossible pour les touristes de se rendre à Gaza, un « terminal de sécurité » en limitant l'accès. On ne parlera donc ici que de la situation en Cisjordanie.

Passage, mode d'emploi

Passer un check-point peut paraître impressionnant à première vue, mais c'est le lot quotidien de nombreux Palestiniens. La durée de passage varie de quelques secondes à de longues minutes, s'il y a foule. Mieux vaut éviter, par exemple, Qalandya (entre Ramallah et Jérusalem) à l'heure de pointe (avant 8h du matin). Les règles varient en fonction du check-point, de son emplacement, de l'humeur du soldat et de la tête du client. En principe, dans les sens Cisjordanie-Jérusalem ou Cisjordanie-Israël (rarement dans l'autre sens), tout comme pour les check-points situés à l'intérieur de la Cisjordanie, on vérifie si votre passeport est estampillé d'un visa d'entrée valide (le cachet reçu à l'aéroport). Il est important de TOUJOURS AVOIR SON PASSEPORT SUR SOI pour voyager en Palestine, à fortiori pour passer entre Jérusalem-Est, Israël et la Cisjordanie.

Pour les check-points sur la ligne verte, tout dépend du moyen de transport :
– ***En voiture :*** aux check-points de Qalandya, Hizma, Bethléem et Bisan, on vous demandera de ralentir ou carrément de vous arrêter pour présenter votre passeport au soldat. Dans ce cas, l'ouverture du coffre et de la boîte à gants est exigée.
– ***À pied :*** les check-points de Qalandya et de Bethléem possèdent un terminal pour piétons. Il faut faire la queue à l'intérieur du terminal, traverser un portique avant de passer sous un détecteur à métaux et de mettre son sac dans un scanner, comme à l'aéroport. Présenter ensuite son passeport au soldat pour continuer son chemin.
– ***En bus :*** la règle varie souvent. Le mieux consiste à suivre les instructions du chauffeur, au fait des derniers changements. En général, pour les barrages routiers, on reste dans le bus et le soldat monte à bord vérifier les passeports. Parfois, au niveau des grands check-points, comme celui de Qalandya, il faut descendre et traverser à pied (voir ci-dessus) avant de remonter dans le bus.
– *Ne pas confondre :* des petites barrières régulent l'entrée des colonies. À priori, on ne vous laissera pas pénétrer à l'intérieur de ces « villes » sans raison, à moins que vous n'alliez rendre visite à un résident.

CLIMAT

Le climat est méditerranéen (tropical dans la vallée du Jourdain). L'été dure d'avril à octobre, il est chaud et sec, caniculaire au bord de la mer Morte où la température peut facilement atteindre les 40 °C, voire friser les 50 °C. Entre Ramallah et Jéricho (à 30 km de distance et à - 240 m sous le niveau de la mer), on peut facilement ressentir une différence de 5 à 7 °C. Très agréable en hiver. Attention au soleil, particulièrement fort en juillet et août. Lire les recommandations dans la rubrique « Santé ».
L'hiver peut être froid et pluvieux (sauf dans la vallée du Jourdain, donc) surtout quand le vent souffle au sommet des collines.
La meilleure période pour se rendre en Palestine se situe donc entre les deux : à l'automne et au printemps.
En règle générale, toujours prévoir une petite laine, car la température chute la nuit, même en été.
Il commence à faire sombre dès 16h en hiver (bien programmer ses visites en conséquence car c'est souvent l'heure à laquelle les sites ferment). En été, le soleil se lève à 4h (à partir de juin).

DANGERS ET ENQUIQUINEMENTS

Dans un contexte calme, et sous réserve de toujours se renseigner avant le départ sur la situation, il n'y a pas de problème particulier en terme de sécurité en Cisjordanie (Gaza n'étant pas accessible). Les check-points fixes ou volants exigent parfois un certain recul et détachement de la part des voyageurs face aux questions et à l'attente, voire une grande zénitude, mais il faut faire avec.
On peut se promener tranquillement dans les grandes villes, y compris les filles seules. En revanche, mieux vaut opter pour des vêtements assez couvrants, surtout à Naplouse et à Hébron, même la tenue short-débardeur pour les hommes ne serait pas du meilleur goût.
Si les vols sont rares, comme partout, veillez à ne rien montrer de façon ostensible et à porter votre sac sur le devant quand il y a du monde.

ÉLECTRICITÉ

Le courant utilisé est le même qu'en Israël, soit du 220 V. En principe, pas besoin d'un adaptateur.

FÊTES ET JOURS FÉRIÉS

Pendant les jours fériés, les administrations ferment, mais les commerces sont ouverts et les transports fonctionnent, hormis pour les fêtes musulmanes et surtout l'*Aïd el-Fitr* et l'*Aïd el-Kebir* où tout est fermé.
Sont fériés les ***1er janvier*** (Jour de l'an), ***1er mai, 15 novembre*** (fête nationale), ***24 et 25 décembre*** et les ***fêtes religieuses musulmanes.***
Elles sont déterminées d'après le calendrier lunaire et, de ce fait, leur date varie chaque année. L'ère musulmane a commencé le 16 juillet 622 (ou le 20 septembre 622, selon certains), année de l'Hégire. Les dates que nous indiquons pour 2014 et 2015 sont valables à 2 ou 3 jours près.
– ***Ramadan :*** *il débutera le 29 juin 2014 et le 18 juin 2015.*
– ***Aïd el-Fitr :*** *29 juil 2014 et 18 juin 2015.* Marque la fin du ramadan.
– ***Aïd el-Kebir :*** *5 oct 2014 et 22 sept 2015.* C'est la fête du Sacrifice.
– ***Al-Mawlid an-Nabawi :*** *12 janv 2014 et 1er janv 2015.* Célèbre la naissance du Prophète.
– *À noter :* pendant toute la durée du ramadan, on se réfugie dans les restos des grands hôtels ; sinon, il n'est pas du tout évident de se nourrir avant la tombée de la nuit. Certains restos arabes ferment tout un mois, d'autres n'ouvrent qu'à partir de l'*Iftar* (rupture du jeûne). Éviter de rouler avant l'heure de la rupture du jeûne, car les gens deviennent nerveux et pressés. Après, en revanche, c'est idéal : personne sur les routes ou dans les rues.
– Sans oublier les ***fêtes chrétiennes :*** Noël arménien *(6 janv),* Noël orthodoxe et le lendemain *(7-8 janv),* Épiphanie orthodoxe *(19 janv),* mercredi des Cendres *(fév),* Vendredi saint, lundi de Pâques, Vendredi saint orthodoxe, lundi de Pâques orthodoxe, Ascension et Assomption *(15 août).*

HÉBERGEMENT

L'infrastructure hôtelière est inégale selon les villes, souvent insuffisante, et fonction de leur ouverture plus ou moins récente au tourisme.
Si on ne rencontre aucun problème pour crécher à Bethléem (ça serait un comble !) quel que soit son budget, ce n'est pas le cas à Naplouse (plus d'hôtels petits budgets que d'hôtellerie de luxe, mais ça devrait bientôt changer) ou à Jéricho, à l'inverse, souvent cantonnés à du moyen et haut de gamme. Il faut parfois s'éloigner de quelques kilomètres, pour trouver dans les petits villages alentour des structures beaucoup plus abordables et intéressantes. Quant à Hébron, l'hébergement s'organise, pour l'instant, surtout chez les habitants.
N'hésitez pas également à consulter ces sites spécialisés :
• *palestinehotels.com* • Facile d'utilisation, le site de l'*Arab Hotel Association* procure une bonne liste d'hôtels (adhérents) par villes avec leurs coordonnées et sites internet.
• *palestineguesthouse.com* • Pour une liste et un descriptif d'hébergements « alternatifs » en Cisjordanie et à Nazareth.

LANGUE

Vous n'aurez aucune difficulté à vous faire comprendre en anglais, mais rien ne vous empêche d'apprendre quelques mots d'arabe. C'est le moyen idéal pour entrer en contact avec la population et puis ça impressionne toujours votre interlocuteur.

L'arabe

Il faut distinguer l'arabe littéraire, classique, voire coranique, de l'arabe officiel, celui de la presse, et de l'arabe idiomatique utilisé tant en Palestine, en Jordanie

qu'en Syrie pour les relations quotidiennes (langage parlé qui varie selon les régions et selon les classes sociales). On s'exprime en arabe idiomatique palestinien, mais on rédige en arabe classique.
Avec seulement 3 voyelles (a, i, u) mais 26 consonnes, dont certaines difficilement prononçables pour nous, l'arabe, littéraire ou dialectal, est une langue difficile, à l'oral et plus encore à l'écrit, puisque les voyelles ne s'écrivent pas. Impossible de prononcer un mot si on ne connaît pas la règle qui le régit et qui indique à la fois l'emplacement et la sonorité de la voyelle. Allez, un petit coup de main phonétique !

À EN PERDRE SON LATIN

La langue française est truffée de mots issus de l'arabe et cela peut parfois surprendre, car cette origine linguistique n'est pas toujours évidente. Petite sélection, en vrac : alcôve, almanach, amiral, avarie, bled, boutre, camelot, caramel, fanfare, flouze, goudron, hasard, jaquette, jupe, magasin, massage, matraque, nacre, orange, raquette, sorbet, timbale... zob.

Prononciation

Toutes les lettres se prononcent.
Le signe *'* provoque un arrêt bref de la prononciation.
Le *h* se prononce comme le h anglais.
Un accent sur une voyelle allonge la voyelle.
Le *e* se prononce « é ».
Le *r* est roulé comme en espagnol.
Le *w* se prononce « ou » comme dans « kilowatt ».
Le *y* se prononce comme dans le mot « Yonne ».
Le *sh* se prononce « ch ».
Le *kh* se prononce comme la jota espagnole.
Il faut insister sur les lettres doublées.
Le *gh* est un « r » français.

Orthographe

Note pour les pointilleux qui remarqueront des incohérences dans ce guide : l'orthographe des mots arabes francisés n'existe pas ! Les noms s'écrivent comme ils se prononcent : c'est la seule règle...

Vocabulaire

Pour vous aider à communiquer, n'oubliez pas notre ***Guide de conversation du routard en arabe du Proche-Orient.***

Politesse

bonjour (le matin)	*sabah el kheir*
(on répond :)	*sabah en nour*
bonjour (l'après-midi)	*mesa el kheir*
(on répond :)	*mesa en nour*
que la paix soit sur toi (le salut à toute heure adressé à un musulman)	*salam wa aleïkoum*
(on répond :)	*wa aleïkoum salam*
bonne nuit	*leïla saîda*
comment vas-tu ?	*kifak ?* (masc.) ; *kifek ?* (fém.)
(on répond :)	*alhamdoulila* (louange à Dieu, soit : ça va)

au revoir	*ma'asalama*
à bientôt	*illa lika*
s'il te plaît	*men fadl-ak* (masc.) ; *men fadl-ek* (fém.)
merci	*choukran*
je vous en prie (de rien)	*afuan*
bienvenue	*marhaba* ou *ahlan wa sahlan*
(on répond :)	*ahlan bik*
pardon ; je suis désolé(e)	*ana asif* (dit un homme) ; *ana asfé* (dit une femme)

Oui, non, peut-être

oui	*na'am* ou *'aywa*
non	*la'*
peut-être, possible	*mumkin*
c'est impossible	*mish mumkin*

Pays, nationalité, nom, langue

la France	*Firansa*
je suis française	*ana firansawiya*
je suis français	*ana firansawi*
quel est ton nom ?	*chou ismak ?* (masc.) ; *chou ismek ?* (fém.)
je m'appelle	*ismi*
je ne parle pas l'arabe	*la 'atkallam al arabia*
je ne comprends pas	*mish fahem*
parlez-vous l'anglais ou le français ?	*tatakallam al inglezia, aou el faransia ?*

Transports, situation

gare routière	*mehattat el basat* (ou *garaj*)
bus	*bas*
taxi	*taxi*
aéroport	*mataar*
voiture	*siyara*
ambassade	*safara*
billet	*tathkara*
place	*midan*
rue	*shara'a*
près de	*janb* (ou *had*)

Argent

je n'ai pas d'argent	*ma'aindi-sh massari*
banque	*bank*
(vente, achat) combien ?	*addesh ?*
à combien ?	*bi kam ?*

Au restaurant

restaurant	*mata'm*
pain	*khobez*
eau minérale	*maï maadanieh*
thé	*chaï*
café	*awa*
lait	*halib*
addition	*hesab*

Personnes et personnages

mère	*oum*
père	*abou*

frère	*akh*
sœur	*okht*
fille	*bint*
garçon	*walad*
mari	*zaouj*
femme	*zaouja*
je suis mariée	*ana mutazawej*
j'ai deux enfants	*'aindi waladin*
ami	*sadiq*

Les jours

lundi	*el-ethneyn*
mardi	*al-thoulathâ*
mercredi	*al-arbou'a*
jeudi	*al-khamis*
vendredi	*al-jouma'a*
samedi	*al-sebt*
dimanche	*al-ahad*

Nombres cardinaux ; correspondance des chiffres de 0 à 10

Les chiffres se mettent dans le même ordre qu'en français. Pour vous entraîner, regardez les plaques d'immatriculation des véhicules !

0	*sifr :* ٠	10	*'ashara*
1	*wâhed* ; (fém.) *wahda :* ١	19	*tesa'tâsh*
2	*ethneyn :* ٢	20	*'ashrîn*
3	*thalâtha :* ٣	21	*wâhed wa 'ashrîn*
4	*arba'a :* ٤	22	*ethneyn wa 'ashrîn,* etc.
5	*khamsa :* ٥	50	*khamsîn*
6	*setta :* ٦	100	*miyya*
7	*saba'a :* ٧	200	*mitên*
8	*thamanya :* ٨	1 000	*alf*
9	*tesa'a :* ٩		

LEXIQUE

– ***Autorité palestinienne :*** née des accords d'Oslo en 1993. Il s'agit du gouvernement composé du président (actuellement Mahmoud Abbas) et d'un conseil législatif dont est issu le Premier ministre, nommé par le président.
– ***Calife :*** successeur de Mahomet, à la fois chef religieux et politique des musulmans.
– ***Chiites :*** nés du schisme (le nom vient de là) de 658, ce sont les « légitimistes » de l'islam. Fidèles à Ali, gendre du Prophète, ils considèrent les trois premiers califes et surtout les suivants comme des usurpateurs et ne veulent d'autre guide (imam) qu'un de ses descendants.
– ***Coran :*** livre sacré des musulmans. Le texte serait l'expression des paroles de Dieu même, que l'archange Gabriel aurait soufflées à Mahomet.
– ***Fatah :*** créé en 1964 par Yasser Arafat, c'est la principale composante de l'Organisation de libération de la Palestine (OLP). Le Fatah (comme l'OLP) a reconnu Israël.
– ***Fedaï*** (pluriel : *fedayin*) ***:*** « combattant » en arabe. Désigne les combattants palestiniens.

– ***Hadiths :*** avec le Coran révélé par Dieu, ces « dits », où la tradition met en scène le Prophète et ses compagnons, constituent les deux grandes sources d'inspiration des sunnites. Les chiites les récusent...
– ***Hadj :*** nom honorifique donné en signe de respect à un musulman qui a entrepris le pèlerinage à La Mecque. On dit *Hajjé* pour une femme. D'une manière générale, on nomme ainsi une personne âgée pour lui témoigner son respect, même si elle ne s'est pas rendue dans la Ville sainte.
– ***Hamas :*** abréviation de *Harakat al-Mouqawama al-Islamiya* (mouvement de résistance islamique), créé à Gaza en 1987 par Sheikh Ahmed Yassin. Il se prononce contre l'occupation de la Palestine historique et rejette les accords signés entre l'État hébreu et le Fatah. La majorité de ses partisans se trouvent dans la bande de Gaza.
– ***Hégire :*** émigration de Mahomet à Médine, en 622. Cette date marque aux yeux de l'islam ce qu'est pour les chrétiens la naissance de Jésus : le début de l'ère musulmane.
– ***Imam :*** l'homme qui, dans une mosquée, dirige la prière.
– ***Intifada :*** « guerre des Pierres », mouvement insurrectionnel déclenché une première fois dans les territoires occupés en décembre 1987 et relancé en septembre 2000.
– ***Jamaa :*** mosquée.
– ***Jebel :*** montagne ou plus largement un massif.
– ***Keffieh :*** carré de tissu servant de couvre-chef traditionnel dans les pays arabes. Il peut être à carreaux noirs et blancs, rouges et blancs ou uniformément blanc, mais toujours savamment noué. Très pratique, il protège du vent et du sable.
– ***Khan :*** un caravansérail, une auberge fortifiée, située autrefois dans les villes ou le long des routes caravanières, composée de chambres pour les voyageurs et d'abris pour les animaux.
– ***Madrasa :*** littéralement le « lieu où l'on étudie ». Historiquement, on y enseignait les matières religieuses et aussi profanes (notamment les sciences, la philosophie et la poésie). Aujourd'hui, elle désigne toujours l'école.
– ***Mahdi :*** le « Messie » qu'attendent les musulmans. Pour les sunnites, ce sera Mahomet lui-même ou encore Jésus. Pour les chiites, l'imam caché.
– ***Maqam :*** mausolée.
– ***Mihrab :*** cette niche, dans la mosquée, indique la direction de La Mecque, vers laquelle toute prière doit s'orienter.
– ***Minbar :*** chaire à prêcher d'une mosquée.
– ***Muezzin :*** membre de la mosquée qui, cinq fois par jour, va psalmodier l'appel à la prière. Dans les grandes villes, il est de plus en plus remplacé par une cassette audio.
– ***Naqba :*** terme arabe désignant la « catastrophe », c'est-à-dire l'exil des Palestiniens pendant la guerre de 1948, suite à la création de l'État d'Israël.
– ***OLP :*** Organisation de libération de la Palestine. Mouvement créé en 1964 et regroupant une fédération de partis politiques dont le plus important est le Fatah. Elle représente tous les Palestiniens de l'« intérieur » comme de l'étranger. C'est l'interlocuteur d'Israël et de la communauté internationale lors des négociations pour la paix. Mahmoud Abbas est à sa tête.
– ***Oumma :*** communauté des croyants, ou l'islam comme nation.
– ***Sour :*** le mur de séparation.
– ***Sunnites :*** par opposition aux chiites, cette tendance majoritaire de l'islam révère le Coran, mais aussi les hadiths. Ils jugent ainsi suivre la « sunna », c'est-à-dire la tradition prophétique.

LIVRES DE ROUTE

Histoire et religions

– ***Boire la mer à Gaza*** (2001), d'Amira Hass, La Fabrique. Amira Hass, Israélienne, correspondante de *Ha'aretz* à Ramallah, travailla à Gaza de 1993 à 1996. Elle livre ici un extraordinaire carnet de bord de ses 4 ans passés à Gaza, avec un œil d'ethnologue et d'analyste politique tout à la fois. En observatrice aiguë de la société arabe, à travers la vie quotidienne de cette ville en état de siège, elle fait tomber bien des clichés sur la société palestinienne, bien plus plurielle et contradictoire qu'on ne le pense. Les faits, rien que les faits sur les réalités, les failles, voire les scandales aussi d'une armée d'occupation, les problèmes et souffrances d'un peuple divisé, avec souvent une réelle empathie pour nombre de ses interlocuteurs(trices). Ils trouvent suffisamment de fierté et d'humour pour exprimer l'exil, les désillusions, un espoir désespéré. Le livre a reçu, en 1999, le prestigieux *World Press Freedom Award.* Un de nos grands coups de cœur !

– ***Histoire des relations entre juifs et musulmans*** (2013), ouvrage collectif codirigé par Abdelwahab Meddeb et Benjamin Stora, éd. Albin Michel. • *juifsetmusulmans.fr* • Une véritable encyclopédie sur l'histoire des deux communautés depuis les débuts de l'islam. Une œuvre gigantesque qui se souvient de la proximité des peuples et permet d'éclairer sous des angles multiples les conflits actuels.

– ***De quoi la Palestine est-elle le nom ?*** (2010), d'Alain Gresh, éd. Actes sud, coll. « Babel » (2012). Le directeur adjoint du *Monde diplomatique* questionne les enjeux du conflit et ses interprétations dans un monde en mutation. Du même auteur, *Israël-Palestine, vérités sur un conflit* (Fayard, 2001, rééd. enrichie Hachette, coll. « Pluriel », 2010), retraçant son historique dans un cadre élargi. Clair et passionnant.

– ***Les Années perdues. Intifada et guerres au Proche-Orient, 2001-2006*** (2006), de Charles Enderlin, Fayard. Le correspondant permanent de France 2 en Israël connaît comme personne les acteurs du conflit israélo-palestinien : il livre ici son témoignage sur les années qui ont vu s'éloigner l'espoir de la paix.

– ***Histoire de l'autre*** (2008), collectif, éd. Liana Lévi. L'ONG *Prime* a demandé à 12 professeurs d'histoire (6 Palestiniens, 6 Israéliens) de se pencher sur 3 moments clés de l'histoire contemporaine et de livrer leurs points de vue croisés. Une excellente initiative.

– ***Ramallah Dream*** (2011), de Benjamin Barthe, La Découverte. Le journaliste dresse un tableau de la « bulle palestinienne » sous perfusion financière de la communauté internationale, où l'afflux de capitaux est censé compenser leur impuissance diplomatique. C'est aussi le portrait d'une population palestinienne dépolitisée et extrêmement vulnérable, même à Ramallah.

– ***Les Palestiniens dans le siècle*** (1994), d'Elias Sanbar, Gallimard, coll. « Découvertes ». Par le fondateur et rédacteur en chef des Études palestiniennes, traducteur de Mahmoud Darwich et ambassadeur de la Palestine auprès de l'Unesco. En 1920, l'autorité anglaise succède en Palestine au joug de l'Empire ottoman. 1993, la signature de la Déclaration de principes et l'échange de lettres de reconnaissance mutuelle laissent augurer de la résolution du conflit. Entre ces deux dates, E. Sanbar décrit l'itinéraire d'un peuple durement frappé par l'exil et la guerre.

– ***Dictionnaire amoureux de la Palestine*** (2010), d'Elias Sanbar, Plon. L'enfant de Haïfa, réfugié de 1948, livre ici de façon subjective et très affective sa vision de la terre natale et de son avenir. À travers l'histoire de sa famille, les souvenirs d'enfance, ses amis, des personnages emblématiques (comme Jean Genet ou J.-L. Godard) et bien sûr, la politique, l'analyse du processus de paix, les avancées, les reculs, la culture et même des recettes de cuisine... Bourré d'anecdotes vivantes et souvent insolites ou peu connues, ce dictionnaire parvient à créer avec le lecteur une relation sincère, intime et chaleureuse.

– ***Jérusalem, le Sacré et le Politique*** (2000), ouvrage collectif dirigé par Farouk Mardam-Bey et Elias Sanbar, Actes Sud, coll. « La bibliothèque arabe ». De cette ville où le sacré et le politique sont constamment mêlés, les auteurs mettent en avant l'universalité et la diversité, base pour envisager un statut équitable. À lire également dans la même collection, ***Le Droit au retour, le problème des réfugiés palestiniens*** (2002).

– ***L'Europe et la Palestine : des croisades à nos jours*** (2000), de Bichara Khader. Cet ouvrage resitue la Palestine dans l'Histoire, explore ses relations avec l'Europe, sous-tendues au cours des siècles par des intérêts tant religieux, diplomatiques que commerciaux, contribuant à dessiner un territoire et des identités.
– ***Le dossier Palestine, la question palestinienne et le droit international*** (1991), Ligue internationale pour le droit et la libération des peuples, La Découverte. Des juristes se sont penchés sur le droit des Palestiniens tel qu'il a été défini par le droit international depuis 1947 et notamment par les Nations unies. Cet angle, couplé à une mise en lumière historique, constitue une base essentielle pour appréhender la problématique israélo-palestinienne.
– ***Ô Jérusalem !*** (1971), de Dominique Lapierre et Larry Collins (histoire-reportage), Robert Laffont. 14 mai 1948, le jour même de sa naissance, l'État d'Israël lutte pour sa survie contre cinq armées arabes. Lapierre et Collins, qui ont bénéficié d'une documentation aussi abondante qu'exclusive, font revivre presque heure par heure le déroulement du conflit, apportant une réelle dimension humaine à ce qui n'est pas uniquement un problème géopolitique. Ce pavé, au rythme soutenu, est devenu un classique du grand reportage.

Les grands classiques

– ***Le Coran*** (2011), trad. de l'arabe par Malek Chebel, Le Livre de Poche.
– ***Les Croisades vues par les Arabes*** (1999), d'Amin Maalouf, J'ai lu. Les manuels d'enseignement nous avaient familiarisés avec les chroniques chrétiennes ; ici, l'envers du décor vu par des témoins et historiens arabes, une version orientale de l'épopée de Nour ed-Din et Salah ed-Din (Saladin), face à l'invasion des croisés en territoire arabe ; le tout rédigé avec brio par l'auteur du prix Goncourt 1993, pour *Le Rocher de Tanios*.
– ***Itinéraire de Paris à Jérusalem*** (1806, rééd. Gallimard, coll. « Folio classique », 2005), de François René de Chateaubriand. Le livre de route par excellence ; les Lieux saints revus par un classique du XIXe s. « Ce peuple a assisté 17 fois à la ruine de Jérusalem, et rien ne peut l'empêcher de tourner ses regards vers Sion », nous dit ce pèlerin en Orient.
– ***La Bible de Jérusalem*** (2000), sous la direction de l'École biblique de Jérusalem, éd. du Cerf (édition de poche chez le même éditeur, 2007).

Romans, poèmes et B.D.

– ***Arabesques*** (1991), d'Anton Shammas, Actes Sud, coll. (2009). « Babel » nº 952. Un Palestinien de Galilée évoque son village, les réfugiés, le désarroi, le déracinement, la guerre, l'exil. Le roman fut rédigé en hébreu par son auteur, Palestinien de renom.
– ***Pourquoi as-tu laissé le cheval à sa solitude ?*** (1996), de Mahmoud Darwich, Actes Sud, 1999. L'errance, ce célèbre poète (1941-2008) l'évoque en connaissance de cause. La guerre pousse sa famille sur la route alors qu'il n'est encore qu'un petit garçon. En 1970, pour échapper à l'assignation à résidence, il choisit l'exil au Liban. Après tant de déracinement, le seul retour aux sources possible est celui du langage ancestral. Après avoir traversé les mythes du Grand-Orient, Darwich renoue avec les odes de l'Arabie préislamique, les *mu'allaquat*. Du même auteur, *La Palestine comme métaphore* (1997), *Le Lit de l'étrangère* (2000), *La terre nous est étroite et autres poèmes* (2000), trad. par Elias Sanbar, Poésie/Gallimard.
– ***Chroniques de Jérusalem*** (2011), de Guy Delisle, Delcourt G. Productions, coll. « Shampooing ». Cette volumineuse B.D. est un reportage en Israël et en Palestine de l'auteur, qui suit sa femme en mission pour MSF. Vie quotidienne, émotions, rencontres. Tout y passe avec beaucoup de tact et de justesse.
– ***Et il y eut un matin*** (2006), de Sayed Kashua, Le Seuil, coll. « Points ». Le retour dans son village d'un journaliste arabe mis à l'écart par le journal israélien qui

l'emploie ; le village aussi s'avère être un monde clos excluant tout contact, ce pour des raisons sécuritaires, avec l'extérieur. Le roman d'un inexorable enfermement.

POSTE

Les territoires palestiniens émettent leurs propres timbres, mais sachez qu'une lettre mettra 3 à 6 semaines pour être acheminée jusqu'en Europe, contre 3 ou 4 jours depuis Israël et Jérusalem. Les bureaux ouvrent en principe de 8h à 14h30 ou 15h.

POURBOIRE

Dans les ***bars et restaurants,*** le service n'est pas compris dans l'addition. Il est donc d'usage (mais non obligatoire) de laisser environ 10 % de pourboire. De même, un petit pourboire dans les ***hôtels*** est toujours apprécié.
Pour ceux qui voyagent avec une agence, il est conseillé de donner en fin de parcours entre 5 et 10 $ par personne et par jour au ***chauffeur.***

SANTÉ

Vaccinations

- Aucun vaccin n'est exigé pour les voyageurs en provenance d'Europe.
- Les ***vaccins « universels »*** (tétanos, polio, diphtérie, coqueluche et hépatite B) doivent être de préférence à jour.
- Le vaccin contre l'***hépatite A*** (*Avaxim* ou *Havrix 1440*) est fortement recommandé par l'OMS, car c'est une des maladies qui se contracte le plus facilement (par l'alimentation). Le vaccin contre la fièvre typhoïde est conseillé à ceux qui se rendent en Palestine.

Situation générale

- L'***hygiène alimentaire*** est plutôt défectueuse. Les risques d'hépatite A, de typhoïde sont réels et les parasitoses intestinales fréquentes. Ne buvez pas l'eau du robinet ; consommez de l'eau minérale en bouteille. En cas de ***diarrhée*** ou de turista, mangez léger (par exemple du riz sans matière grasse), buvez beaucoup (eau et soda). Prévoyez un bon antibiotique intestinal, type *Zithromax* (deux comprimés en une seule prise, une seule fois), allié à un ralentisseur du transit intestinal, tel que le *Tiorfan* (une gélule d'emblée, puis une gélule trois fois par jour, si possible avant les trois principaux repas ; durée max : 7 jours).
- Les ***ressources médicales*** n'atteignent pas une qualité acceptable selon les standards occidentaux. Méfiez-vous aussi des probables circulations de ***contrefaçons pharmaceutiques.***

Précautions particulières

- Attention au ***soleil*** ! Ne pas oublier chapeau, lunettes de protection et crème solaire. En été, les zones à basse altitude (mer Morte) se transforment en fournaise : évitez de sortir aux heures les plus chaudes, sous peine d'insolation ! Comme le temps est très sec, les personnes fragiles des yeux penseront à apporter du collyre ou des larmes artificielles (surtout pour les porteurs de lentilles). S'hydrater régulièrement (boire 2 à 3 l d'eau par jour et par personne). Prévoir également le désagréable contraste entre l'***air conditionné,*** souvent trop violent, et l'air extérieur.

En hiver, c'est du ***froid*** qu'il faudra se protéger (sauf dans la vallée du Jourdain). On s'enrhume vite sans une petite laine.
Méfiance sur les sites archéologiques, ***scorpions et serpents*** peuvent se cacher dans les zones caillouteuses. Marcher d'un pas bien sonore. Les ***moustiques,*** quant à eux, ne provoquent pas le palu, mais peuvent être à l'origine de quelques cas de leishmaniose ou propager le virus du Nil. Autant se protéger des piqûres de ces vilaines bêtes.
– ***Le sida :*** l'usage de préservatifs demeure naturellement indispensable (on en trouve dans toutes les pharmacies).

■ ***Catalogue Santé-Voyages :*** les produits et matériels utiles aux voyageurs, assez difficiles à trouver, peuvent être achetés par correspondance sur le site de *Santé Voyages* • *astrium.com* • Infos complètes toutes destinations, boutique web, paiement sécurisé, expéditions Colissimo Expert ou Chronopost. ☎ *01-45-86-41-91 (lun-ven 14h-19h).*

SITES INTERNET

Quelques sites pour préparer au mieux votre voyage et découvrir la Palestine par écran interposé.

Tourisme

• ***routard.com*** • Rejoignez la plus grande communauté francophone de voyageurs ! Échangez avec les routarnautes : forums, photos, avis d'hôtels. Retrouvez aussi toutes les informations actualisées pour choisir et préparer vos voyages : plus de 200 fiches pays, une centaine de dossiers pratiques et un magazine en ligne pour découvrir tous les secrets de votre destination. Enfin, comparez les offres pour organiser et réserver votre voyage au meilleur prix. Routard.com, le voyage à portée de clics !
• ***travelpalestine.ps*** • En anglais. Le site officiel de l'office de tourisme palestinien.
• ***visitpalestine.ps*** • En anglais. Site très bien conçu avec fiches et photos sur les lieux à visiter, liste et coordonnées des hôtels par ville, etc.

Actualités, presse

• ***972mag.com*** • En anglais. 972, comme le code téléphonique du pays, qui permet de joindre aussi bien Israël que la Palestine. En ligne, sur la toile, des journalistes-bloggeurs israéliens livrent leurs analyses sur la situation dans la région.
• ***diplomatie.gouv.fr*** • Cliquer sur « Conseils aux voyageurs ». Le site du ministère français des Affaires étrangères, mis à jour régulièrement, répertorie les régions déconseillées et donne aux voyageurs, selon un classement par pays, des conseils généraux de sécurité, les formalités d'entrée et de séjour. Un site à consulter avant votre départ.
• ***french.pnn.ps*** • La version française du *Palestinian News Network* dresse le tableau de la société palestinienne et donne notamment la parole à la résistance non violente.
• ***palestine-diplo.com*** • En français. Site de la mission de Palestine en France. En plus de l'actualité politique, une section tourisme et de nombreux liens.
• ***thisweekinpalestine.com*** • En anglais. Version en ligne du magazine à consulter avant le départ ou sur place pour connaître les dates de manifestations, les numéros de téléphone utiles, etc. Également des reportages et des articles de fond.
• ***france-palestine.org*** • En français. L'association publie des articles sur l'actualité de la région, les relations franco-palestiniennes, mais recense également les

articles parus dans les médias français sur ces mêmes sujets. Elle mène aussi des campagnes en soutien à la population palestinienne et à l'action non violente.

TÉLÉPHONE ET COMMUNICATIONS

Comment téléphoner ?

– ***France → Palestine :*** composer le 00 (tonalité) + 970 (mais le 972, code pour Israël, fonctionne aussi la plupart du temps) + indicatif de la ville (sans le 0, réservé aux communications intérieures) + numéro du correspondant.
– ***Palestine → France :*** composer le 00-33 + numéro à 9 chiffres du correspondant (c'est-à-dire le numéro à 10 chiffres sans le 0 qui précède l'indicatif de la région).
– ***Palestine → Israël ou Palestine → Palestine :*** pour téléphoner d'une ville à l'autre, il est nécessaire de composer l'indicatif de la ville. Exemple : de Bethléem à Tel-Aviv, ne pas oublier le 03, suivi du numéro du correspondant. En revanche, dans une même ville, on ne compose que le numéro du correspondant, sans l'indicatif de la ville (sauf depuis un portable). L'indicatif est indiqué dans le bandeau des villes ; on ne le répète pas pour chaque numéro.
– ***Renseignements téléphoniques :*** ☎ *144.*

Les portables

– En Cisjordanie, le réseau est occupé par *Jawwal* et *Wataniya.*

Intéressant : avoir son propre numéro local

Vous pouvez utiliser votre propre téléphone portable en Israël si vous disposez de l'option « Monde ». Mais gare à la note salée !
Pour passer des coups de fil dans le pays, mieux vaut acheter une carte SIM auprès d'un des opérateurs locaux – il faut s'assurer au préalable que son téléphone portable est débloqué (le faire soit en France, soit sur place). On en trouve dans les boutiques de téléphonie ou dans les petites épiceries ; compter en moyenne 60 à 100 Shk selon le temps de communication. Il suffit ensuite d'acheter une recharge dans ces mêmes boutiques. Avant de signer le contrat et de payer, essayez, si possible, la carte SIM du vendeur dans votre téléphone afin de vérifier si celui-ci est compatible. Avec ce système, les tarifs sont bien plus intéressants sur l'étranger. Et c'est beaucoup plus pratique pour appeler à l'intérieur du pays.
Attention, une carte SIM palestinienne ne fonctionne ni en Israël ni à Jérusalem. L'inverse n'est pas vrai, une carte SIM israélienne fonctionne en Palestine, mais le coût de la communication revient plus cher et il sera impossible (sauf à Bethléem avec *Cellcom*) d'acheter une recharge.
– N'oubliez pas qu'il faut composer l'indicatif de région quand on appelle un téléphone fixe depuis un portable.

En cas de perte ou de vol de votre téléphone portable

Suspendre aussitôt sa ligne permet d'éviter de douloureuses surprises au retour du voyage ! Voici les numéros des quatre opérateurs français, accessibles depuis la France et l'étranger :
– ***SFR :*** *depuis la France,* ☎ *1023 ; depuis l'étranger,* 📱 *+ 33-6-1000-1900.*
– ***Bouygues Télécom :*** *depuis la France comme depuis l'étranger,* ☎ *0-800-29-1000 (remplacer le « 0 » initial par « + 33 » depuis l'étranger).*
– ***Orange :*** *depuis la France comme depuis l'étranger,* 📱 *+ 33-6-07-62-64-64.*
– ***Free :*** *depuis la France,* ☎ *3244 ; depuis l'étranger,* ☎ *+ 33-1-78-56-95-60.*
Vous pouvez aussi demander la suspension de votre ligne depuis le site internet de votre opérateur.

Internet

Les hébergements disposent en principe d'une connexion wifi, gratuite dans la majorité des cas, ou d'un poste Internet. Dans les établissements d'un certain standing, ce service est parfois payant. Sinon, en ville, quelques cybercafés (compter près de 10 Shk/h).

TOURISME ALTERNATIF ET SOLIDAIRE

Ce tourisme alternatif et solidaire, né dans les années 1990, visait dans un premier temps à capter l'attention des organisateurs de voyages pour pèlerins. Jusqu'alors tout se préparait via Israël qui choisissait les sites à visiter et l'histoire associée. Aujourd'hui, grâce à ces ONG, ce sont les Palestiniens qui partagent leur histoire et leur culture avec les touristes (religieux ou non). Un choix pour mieux comprendre la vie quotidienne des habitants et plus globalement la situation dans les territoires occupés.
En plus de faire appel à des ONG, il est également possible de loger dans les *guesthouses* de certains camps de réfugiés et d'y faire du bénévolat. On en mentionne plusieurs. Mieux vaut prendre contact avec eux suffisamment à l'avance.

■ ***ATG :*** *74, Star St, à Beit Sahour, dans l'agglomération de Bethléem. ☎ (02) 277-21-51. • atg.ps • Lun-ven 9h-16h, sam 9h-13h. Alternative Tourism Group* est une ONG spécialisée dans le tourisme alternatif pour encourager la découverte de la Palestine autrement. Elle organise des visites guidées plus orientées vers l'histoire, la politique, la population ; des excursions de 1 journée entre Jérusalem et Bethléem ou Hébron le jeudi, seulement Hébron le mardi ou le samedi, ou des randonnées plus longues, comme le *Nativity Trail* de 12 jours entre Nazareth et Bethléem. Elle favorise la rencontre et l'échange avec différentes communautés (musulmanes, chrétiennes et juives) et a développé dans cette perspective l'accueil chez l'habitant. Elle propose ainsi une centaine de chambres dans les familles de la région, de 1 nuit à plusieurs semaines. Volontariat possible pour la récolte des olives (mi-octobre) ou la plantation d'arbres (en février), entre autres. ATG a également édité un guide alternatif en français fort bien documenté, *Palestine et Palestiniens.*

■ ***Diwan Voyage :*** *Al-Awda St, Oweidah Commercial Center Building, à Ramallah. ☎ (02) 298-55-87. • diwanvoyage.net •* Sabri, un Français installé dans la région depuis un bail, propose un tourisme tourné vers les habitants, leur culture, leur histoire. Il concocte des itinéraires faits de rencontres et d'échanges, tout en valorisant le patrimoine des villes et des campagnes. Son créateur, Sabri, est en outre l'auteur du (très bon) guide *Palestine et Palestiniens,* édité par ATG.

■ ***Hla Tours (Holy Land Adventure Tours) :*** *PO Box 106, à Bethléem. ☎ et fax : 275-53-20. • hla-tours.net •* Cette agence francophone organise des circuits et séjours en individuel ou en groupes, avec logement chez l'habitant, en hôtel 1 à 5 étoiles, auberge de jeunesse ou dans des communautés religieuses. Son équipe propose un tourisme culturel, religieux, dans une optique solidaire et durable.

■ ***Siraj Center :*** *YMCA St, à Beit Sahour. ☎ (02) 274-92-64. • sirajcenter.org • walkpalestine.com • Siraj Center* propose aux pèlerins, mais aussi à tous les visiteurs curieux de parcourir la Palestine hors des sentiers battus, d'aller à la rencontre des habitants et de leur culture. L'hébergement est proposé chez des familles de la région, des sorties thématiques (historique, politique, religieuse) sont organisées, tout comme des excursions à vélo et à pied (dont le célèbre *Abraham's Path,* un sentier qui va de la Turquie à Hébron, un sacré périple !).

TRANSPORTS INTÉRIEURS

Il n'existe pas de continuité géographique entre la Cisjordanie et Gaza ou entre Jérusalem et Gaza (et de toute façon, les touristes ne peuvent pas se rendre à Gaza). Par ailleurs, les possibilités de se rendre à Jérusalem depuis la Cisjordanie sont, depuis la construction du mur, rendues difficiles (check-points) et restent conditionnées au moyen de transport utilisé. Se reporter à la rubrique « Arriver – Quitter » de chaque ville.

Les transports collectifs

Les bus

Les horaires ne sont pas publiés, mais on vous renseignera dans les gares routières. Les bus relient les grandes agglomérations entre elles à heure fixe, certains rejoignent même Jérusalem. Mais d'une manière générale, les liaisons et les fréquences sont moins nombreuses que les taxis services. C'est la solution la moins chère. Entre Jérusalem et Ramallah, compter environ 7 Shk.

Les taxis collectifs ou services

Il s'agit en fait de minibus de sept places, repérables à leur couleur jaune orangé. Ils partent une fois pleins, mais il est toujours possible de payer la part de la personne manquante pour que le chauffeur accepte de partir plus vite. Prix fixes, un peu plus chers que le bus (environ 20 Shk entre Ramallah et Naplouse). Ils relient les grandes villes mais aussi les petits villages. Attention, il peut exister plusieurs gares routières ou de simples arrêts selon les destinations.

Individuels

Les taxis privés ou specials

Jaune citron et pour vous tout seul. Le compteur est rarement enclenché en ville (mais le tarif n'excède en principe pas 10 à 15 Shk). Prix à négocier sérieusement avant le départ, surtout si c'est pour relier une autre ville. Le mieux étant de se renseigner au préalable sur le prix de la course pour avoir une base de négociation.

La voiture

Location de voitures

– Pour louer une voiture en Cisjordanie, il faut être âgé de 24 ans minimum, et, selon les compagnies, avoir le permis depuis au moins 1 ou 2 ans. Le permis de conduire national suffit.

Avant d'opter pour ce mode de transport, posez-vous au moins deux questions : avec ou sans chauffeur ? Pour circuler où ?

– En Cisjordanie, la plupart des ***panneaux signalétiques*** sur les grands axes gérés par Israël sont écrits en latin, mais ils n'indiquent que les sites touristiques (fléchage marron) ou les colonies. Les villages palestiniens sont rarement mentionnés. Or, l'intérêt d'une voiture réside justement dans la liberté qu'elle procure et la possibilité de circuler partout dans la région.

Il faut donc avoir soit un GPS greffé dans le cerveau (sans blague, le système est interdit dans les territoires palestiniens), soit un excellent sens de l'orientation, soit connaître l'emplacement des implantations pour pouvoir se diriger. Et demander son chemin régulièrement, car sur le réseau secondaire (palestinien), le nombre de panneaux est très insuffisant. De plus, les routes peuvent être entravées par décision israélienne et donc rendues inaccessibles. Un vrai casse-tête ! Toujours se renseigner avant de rejoindre un point sur le meilleur itinéraire à suivre.

Distances entre les principales villes en kilomètres

Distances en km	BETHLÉEM	NAPLOUSE	HÉBRON	JÉRICHO	JÉRUSALEM	GAZA	TEL-AVIV	RAMALLAH
BETHLÉEM	0	72	26	43	10	86	73	23
NAPLOUSE	72	0	99	78	63	134	57	50
HÉBRON	26	99	0	67	37	94	100	55
JÉRICHO	43	78	67	0	36	136	98	30
JÉRUSALEM	10	63	37	36	0	92	59	15
GAZA	86	134	94	136	92	0	82	85
TEL-AVIV - JAFFA	73	57	100	98	59	82	0	75
RAMALLAH	23	50	55	30	15	85	75	0

Pour toutes ces raisons, louer une voiture seul requiert quelques compétences, mais revient nettement moins cher qu'une voiture avec chauffeur, qui, il est vrai, vous facilitera grandement la vie. Pour vous donner une idée, il faut compter à partir de 120 Shk par jour pour une voiture sans chauffeur ; 500 Shk avec.

– L'***essence*** coûtait environ 7 Shk le litre début 2014 mais fluctue assez.

– Vient ensuite la ***question de la double assurance*** qui permet de circuler à la fois en Cisjordanie et en Israël. La plupart des grandes compagnies situées en Israël n'assurent pas les véhicules en Cisjordanie. Renseignez-vous avant de signer le contrat. Mais il existe des sociétés tout à fait sérieuses qui proposent ce service. De même en Cisjordanie, si vous louez une voiture à plaque verte, vous ne pourrez pas passer en Israël, il faut là encore louer auprès d'une agence qui possède la double assurance et vous fournira une voiture à plaque jaune (se dit *yellow plate* en anglais).

L'avion

Notez que, pour l'instant, ni la Cisjordanie ni la bande de Gaza ne possèdent d'aéroport fonctionnel. Pour relier la Palestine, il faut impérativement passer par l'aéroport Ben Gourion à Tel-Aviv ou par la Jordanie.

PALESTINE HOMMES, CULTURE, ENVIRONNEMENT

Le mot Palestine (*Falasteen* en arabe) vient des Philistins, peuple indo-européen, qui embarquent du côté de la Grèce au XIIe s av. J.-C. pour envahir le pays de Canaan.
Jusqu'en 1948, le terme désignait l'ensemble du territoire sous mandat britannique. Pendant cette période, les musulmans, juifs et chrétiens jouissaient tous de la citoyenneté palestinienne, disparue de facto avec le retrait des troupes de Sa Majesté le 14 mai 1948 et la déclaration de l'État d'Israël.
À partir de cette date, le mot « Palestinien » s'applique aux Arabes, chrétiens et musulmans, issus de la Palestine mandataire et à leurs descendants, qu'ils se trouvent en Israël, dans les territoires ou en exil. Tandis que la « Palestine » regroupe aujourd'hui sous sa dénomination Jérusalem-Est, la Cisjordanie et la bande de Gaza.
63 ans après la création de l'État d'Israël et quelques conflits plus tard, la Palestine a obtenu une reconnaissance internationale en adhérant à l'Unesco fin 2011, à défaut d'un siège à l'ONU en tant que membre à part entière.
Contrairement à ce qui a pu être parfois dit, cette demande n'avait rien d'unilatéral, bien au contraire : quoi de plus multilatéral qu'une démarche entreprise dans le concert des Nations, soumise à la décision de... 193 États ?
Une mise en lumière qui a permis d'éclairer sous un jour nouveau cette bande de terre disputée depuis tant de siècles, de s'apercevoir que la très grande majorité des Palestiniens, qu'ils soient de Cisjordanie, de Gaza ou de Jérusalem-Est, aspiraient tout comme la très grande majorité de leurs voisins israéliens à vivre dans des conditions décentes et sereines.
Même si, pour l'instant, il n'est pas possible pour les touristes d'entrer à Gaza, se rendre en Cisjordanie et à Jérusalem constitue le meilleur moyen de comprendre la situation débattue depuis si longtemps au fil des colonnes. Bien sûr, les tensions étant toujours latentes, il convient de se tenir informé sur le contexte politique avant de partir. Mais si le climat est calme, « venez et voyez », comme dit un slogan. La Palestine mérite plus qu'un détour. Elle se découvre avec pudeur et respect, loin des clichés. On rencontre alors un peuple accueillant, digne et attachant, inventif et créatif, heureux de faire découvrir la diversité et la splendeur de son patrimoine. Une terre traversée par d'innombrables civilisations, une histoire dont les vestiges permettent de remonter aux premiers temps bibliques et qui constitue une richesse extraordinaire.
Un voyage qui bouscule, qui émeut, un voyage pas comme les autres...

ARTS

Musique

Même si la Palestine n'a pas donné naissance à des chanteurs aussi populaires que ses voisins libanais ou égyptiens, la musique fait partie intégrante de la vie quotidienne et jaillit à tout moment des autoradios, des cafés et des haut-parleurs.

Entre les grands noms classiques et la variété arabe dont les jeunes raffolent, elle rythme la journée de toutes les générations.
Les enfants commencent leur journée de classe en chantant l'hymne national « *Fida'i* » (« Ma rédemption »). Les adultes optent pour un réveil en douceur avec la voix de Fairouz, divine chanteuse libanaise qui a chanté Jérusalem mieux que personne.
Le soir, on préfère Oum Kalthoum, la grande diva égyptienne qui s'est éteinte en 1975 après avoir hypnotisé les foules en chantant la nostalgie arabe. D'autres grands noms de la musique arabe comme les Libanais Farid el-Attrache et Marcel Khalifa sont aussi populaires ici que chez eux.
Parmi la nouvelle génération, Rim Banna chante du doux folklore palestinien, le Trio Jubran et Kamilya Jubran utilisent le luth traditionnel (oud) pour sonder l'âme. Plus festive, la musique folk palestinienne se joue avec tambours et *shebbaba* (une petite flûte) et accompagne tous les événements heureux de la vie sociale. Des naissances aux mariages en passant par la remise des diplômes, vous aurez sans doute l'occasion de découvrir l'incontournable *dabka,* la danse collective palestinienne. Un peu comme la danse irlandaise, les jeunes hommes ou les jeunes filles en habits traditionnels évoluent les bras entrelacés et sautent à l'unisson... sportif ! La troupe *Al Funoun,* de Ramallah, propose un folk palestinien endiablé. Les jeunes plébiscitent la pop arabe du Liban ou d'Égypte avec Tamer Hosny, Amrou Diab, Haifa Wahbi ou Nancy Ajram. Et dans une culture mondialisée, un Palestinien de Naplouse avait terminé deuxième lors de l'édition arabe de la Star Academy.

Chansons à textes...

Dans la musique palestinienne, les paroles sont plus travaillées que les mélodies. D'ailleurs, souvent, les textes des poètes, virtuoses des mots (au cœur de la culture palestinienne), sont mis en musique. Du coup, on doit les plus belles chansons palestiniennes à une collaboration entre poètes et musiciens. Mahmoud Darwich, le Palestinien, et Marcel Khalifa, le Libanais, ont ainsi produit des merveilles, comme *Rita,* à propos des amours adolescentes de Darwich avec une Israélienne de Haïfa.

... version moderne

La rudesse d'un contexte mène souvent à une création artistique prolifique (comme thérapie ?). Ainsi, de jeunes artistes palestiniens suivent les traces de générations de chanteurs engagés, en investissant ou en détournant les genres modernes, sans compromettre la tradition palestinienne. À travers un mix de hip-hop, de pop, de rap, ceux-là chantent leur désir de liberté, la résistance et les problèmes sociaux de leur génération, et ont réussi à se hisser sur la scène internationale. Au choix, on écoute *DAM,* le groupe hip-hop palestinien venu de Lod ; *Slingshot* (le lance-pierre) hip-hop ; Shadia Mansour, la rappeuse palestino-britannique ; *Ramallah Underground* ou l'original *Checkpoint 303,* qui détourne les sons de l'occupation (voix des soldats dans les haut-parleurs, bruits des check-points ou des 4x4 militaires), pour recréer des morceaux à mi-chemin entre musique électronique et rap.

Street Art (l'art de rue)

Pour les artistes de rue, le mur de séparation est une immense page blanche. Comme à Berlin ou à Belfast, cette séparation est devenue liberté d'expression. Sur le béton ont jailli des personnages imaginaires ou réels, des slogans, des brèches et des paysages rêvés en trompe l'œil.
Parmi les œuvres les plus connues et les plus originales, citons les immenses portraits en noir et blanc de l'artiste français JR et de son acolyte suisse Marco, qui en 2007 ont monté le projet « Face2Face » ou comment mettre côte à côte des Palestiniens et des Israéliens pour abolir les différences. On a tous en tête

le triptyque du rabbin, du prêtre et de l'imam rigolards. Des portraits drôles et authentiques (qui s'effacent doucement...), placardés sur le mur de séparation qui doivent nous faire réfléchir sur le sens du conflit. Dans cette même perspective de rapprochement, un projet a été lancé en 2011, la veille de la demande d'adhésion de la Palestine à l'ONU. Avec Inside Out, JR proposait aux Palestiniens et aux Israéliens de se photographier et de s'afficher en très grand des deux côtés du mur. Impossible d'ignorer l'autre et son humanité.
Parmi les peintures célèbres, voir celles du village d'Al-Ram (qui, avant le mur, faisait partie intégrante de Jérusalem), où une lettre sud-africaine en solidarité avec les Palestiniens court sur près de 3 km de long. Son auteur, Farid Esack, est un militant antiapartheid, proche de Nelson Mandela. N'oublions pas la silhouette de cette petite fille accrochée à des ballons et prête à s'envoler par-dessus la barrière à Qalandya (près de Ramallah), peinte par Banksy, le fameux tagueur britannique. Une des silhouettes récurrentes sur les blocs de béton est celle de Handala, gamin palestinien croqué de dos, apparu sous le crayon du caricaturiste Naji al-Ali en 1969. Aujourd'hui, lui aussi a pris possession du mur, symbolisant plus que jamais la résistance par la culture et le langage universel (voir également plus loin la rubrique « Personnages »).
Mais ceux qui « redessinent » le mur ne font pas l'unanimité parce que détourner son but primaire revient à effacer son caractère inhumain et à couvrir de couleurs les symboles d'oppression qu'il représente.

Cinéma

Le cinéma palestinien est relativement jeune en comparaison avec le cinéma arabe (surtout égyptien). Mais ces dernières décennies, il a pris de l'ampleur et acquis une certaine reconnaissance internationale avec des films comme ***Amreeka*** (2009), de Shirine Dabis, qui relate avec humour l'épopée de Muna, mère de famille émigrée aux États-Unis ; ***Le Sel de la mer*** (2008) d'Anne-Marie Jacir, qui raconte l'histoire d'une refugiée à la recherche du passé paisible de ces ancêtres à Jaffa, et ***Paradise Now*** (Golden Globe 2005) de Hany Abu-Assad qui donne un visage aux kamikazes palestiniens. Plus récemment, ***Héritage*** (2012), de Hiam Abbass, pénètre au cœur des secrets et des conflits d'une famille palestinienne vivant à la frontière libanaise. Ces réalisateurs suivent les traces de Michel Khleifi et son ***Mariage en Galilée,*** prix de la critique à Cannes en 1987 ou d'Elia Suleiman, dont l'humour caustique rappelle les films du Serbe Kusturica. Il a réalisé ***Intervention divine*** (nommé pour la Palme d'or à Cannes en 2002) et ***Le Temps qu'il reste*** (2009).
En 2013, est sorti ***Omar*** de Hany Abu-Assad. Une intrigue amoureuse s'est nouée de part et d'autre du mur, faisant courir beaucoup de risques au jeune Palestinien.
Des réalisateurs étrangers s'intéressent aussi à la Palestine. ***Le Cochon de Gaza*** (2011), réalisé par le Français Sylvain Estibal, a remporté un beau succès critique et public : l'histoire d'un pêcheur gazaoui qui remonte dans ses filets un cochon et n'arrive pas à s'en débarrasser... On y découvre aussi deux jeunes soldats israéliens qui ne comprennent pas trop ce qu'ils font sur le toit d'une maison palestinienne. Drôle !
Le documentaire ***Cinq caméras brisées*** (2012), d'Emad Burnat et Guy Davidi, filmé par un habitant de Bi'lin pendant 7 ans ; 7 années de lutte dans son village pour repousser le mur de séparation qu'est en train de construire Israël. Plusieurs fois récompensé, il a notamment reçu le prix de la réalisation au festival de Sundance.

Le conflit comme épicentre

Les relations israélo-palestiniennes constituent une large source d'inspiration pour ces réalisateurs qui, par ce biais, transmettent leur vision du conflit, alertent l'opinion internationale et proposent une image de la société palestinienne au-delà des clichés véhiculés par les médias. En principe, les films sont doublés en anglais, en hébreu ou en français pour donner une dimension universelle à leur message et permettre à ceux qui sont de l'autre côté du mur de les visionner.

Si les films sont tournés localement, les réalisateurs palestiniens qui parviennent à percer, eux, résident quasi tous à l'étranger, d'où ils peuvent plus facilement lever les fonds nécessaires pour financer leurs projets. Ils rencontrent un certain succès international, sans doute en raison de leur vision plus distanciée du conflit et de leur connaissance des codes culturels du public et des producteurs. La jeune génération de cinéastes des territoires rencontre plus d'obstacles. Difficile en effet d'évoluer sans pouvoir voyager, ne serait-ce que pour aller à Jérusalem. Parmi les productions « intérieures », citons toutefois une série de documentaires de grande qualité : ***Le Mur de fer (The Iron Wall)*** ou ***Jerusalem, East Side Story*** de Mohamed Alatar, ***Bilin habibti*** (Mon amour), ***Jenin, Jenin, les enfants d'Arna,*** tous disponibles en anglais, au moins sur Internet.

BOISSONS

– L'***eau*** *(maï)* se boit de préférence en bouteille, en vente partout.
– ***Jus de fruits :*** avec tous ces arbres fruitiers, on aurait tort de se priver de leurs jus. Le plus fréquemment servi est le jus de citron auquel on peut ajouter de la menthe. Cela se dit : *asir limon (bi na'na), min fadlak* (s'il vous plaît) quand on est poli !
– ***Café*** *(awa)* ***:*** boisson très appréciée, le café est préparé à la turque. Ne le remuez pas et buvez-le à petites gorgées pour ne pas vous retrouver avec le marc dans la bouche ! À part ça, il est toujours très bon. Précisez si vous le voulez bien sucré, moyennement sucré ou sans sucre (ce qui donne en arabe : *helou, wasad* ou *bidoun suker*). On y ajoute de la cardamome, ce qui lui confère un parfum franchement particulier (on aime ou pas). Les personnes sujettes à la tachycardie et celles qui n'apprécient pas le café fort demanderont un *American coffee (Nescafé).*
– ***Thé*** *(chaï)* ***:*** autant consommé que le café, le thé consiste de plus en plus en un sachet insipide, plongé dans de l'eau bouillie...
– ***Vin :*** même si la production des vignobles palestiniens s'exporte toujours largement dans les pays arabes voisins, il faut bien reconnaître que la qualité est assez moyenne. Parmi les vins les plus répandus, citons tout de même Birzeit et Aboud (rouge) avec des vignes plantées au nord de Ramallah, Latrun (rouge et blanc) au nord-ouest de Jérusalem et Crémisan, à Beit Jala, près de Bethléem. Notez que Crémisan fait aussi du cognac.
– ***Bière :*** la seule de Palestine, la ***Taybeh,*** est brassée par une famille chrétienne près de Ramallah. Elle existe en cinq variantes. Gros succès (justifié).
– ***Arak :*** sorte d'anisette proche de l'ouzo. Pas mauvais du tout, il accompagne en principe le repas, mais faire gaffe : malgré l'eau et les glaçons, ça soûle vite !

CUISINE

– ***Khobz :*** petite galette de pain, très plate et ronde, qu'on connaît sous le nom de *pita*. C'est l'aliment de base, en général excellent, surtout s'il est chaud. Il est rond, sous forme de galette, mais on trouve plusieurs tailles et épaisseurs, de cuisson différente. Le pain accompagne tous les plats, qu'il serve de cuillère pour manger les différents *mezze* ou de sandwich pour confectionner *musakhan* ou *chawarma* (on en parle plus bas).

DES INTERDITS ALIMENTAIRES BIEN PROCHES

Partout dans le monde, de nombreux musulmans achètent des aliments casher, s'il n'y a pas de produits hallal. En effet, ils correspondent aux mêmes exigences, notamment pour l'abattage des animaux. Beaucoup d'interdits sont identiques entre les deux religions.

– Le petit déjeuner traditionnel se compose de ***zeit ou zaatar,*** c'est-à-dire d'huile et de *zaatar* (un mélange d'épices : sumac, sésame et thym). On répartit ces ingrédients dans deux petites coupelles pour y tremper son pain *(khobz),* d'abord dans l'huile d'olive puis dans les épices. Délicieux quand le *zaatar* est de bonne qualité.
– ***Hommos :*** pâte de pois chiches mélangée à de la *tahineh* et à des herbes, et arrosée d'huile d'olive. Délicieux avec la pita. À goûter obligatoirement.
– ***Tahineh :*** purée à base de graines de sésame rappelant vaguement la noisette.
– ***Falafels :*** petites boulettes de farine de pois chiches, aillées et persillées, frites à l'huile, enveloppées dans une pita. Vendues dans les rues. L'idéal pour les petits budgets.
– Remplissant la même fonction nourrissante que les falafels, on trouve des ***samboussek,*** petits pâtés triangulaires farcis aux épinards ou au fromage. C'est souvent bon, et surtout ça cale.
– ***Mezze :*** ce sont des entrées froides ou chaudes, d'origine libanaise, présentées dans différentes coupelles : ***hommos, tabouleh*** (tomates, menthe et persil hachés, et *boghol* – blé concassé – avec huile et citron ; mais sans semoule), ***foul*** (fèves à l'ail, assaisonnées d'huile et citron), ***baba ghanouge*** (caviar d'aubergines ; pour le ***muttabal,*** on y ajoute de la purée de sésame) et encore *labneh* (sorte de fromage blanc épais), ***koubbeh*** (boulette de viande au blé concassé servie chaude), etc.
– ***Chawarma :*** pain fourré au mouton (cuit à la broche) ou au poulet grillé, additionné d'oignons et de tomates, et nappé d'une sauce blanche. Très populaire, c'est le sandwich local. Idéal pour les petits creux : vous en trouverez à tous les coins de rues.
– Les carnivores devront faire face à un cruel dilemme. C'est simple : ***mouton*** (ou agneau) ou ***poulet*** ; avec un peu de chance, ce sera du poulet ou du mouton, et si vous tombez un jour faste, vous aurez droit à un *mix* (poulet et mouton ; alors... heureux ?). Mais trêve de mauvais esprit et revenons à nos... moutons. On le sert la plupart du temps sous forme de brochettes grillées : les fameux ***chich kebab*** (dire « *chougaf* »). Excellent. À ne pas confondre avec le ***kebab,*** justement : autre plat courant, celui-ci consiste en de la viande de mouton (toujours) hachée et mêlée d'herbes, moulée en une sorte de saucisse plantée elle aussi sur une brochette. Quant au poulet (on n'allait pas l'oublier), il est servi grillé par moitié (mais petite), rôti (*chawi* ou, au charbon, *faham*) ou en brochette ***(chich taouk).*** On trouve parfois du bœuf.
– Les légumes verts sont assez rares. La garniture la plus courante est le ***riz,*** mais les ***frites*** *(French fries)* ont conquis les restos.
– *Les pâtisseries :* à découvrir, mille et une sortes de ***baklavas,*** ces petites douceurs nappées de sucre qui engendrent les rondeurs... Variantes : avec noix, pistaches, amandes, etc. Très populaire, le ***knafeh,*** des cheveux d'ange d'un orange vif, fourrés au fromage de chèvre doux et fondu, qu'on découpe dans un grand plat. Il est servi chaud. C'est à Naplouse qu'on mange les meilleurs *knafeh.* Dans les souks, on trouve aussi les ***kataïefs,*** dessert frit, constitué d'une sorte de pâte à crêpe fourrée de noix, fromage blanc ou crème de lait.
Sinon, les ***fruits*** les plus courants sont les dattes, figues, oranges, mandarines (en hiver), kakis, grenades, avocats, pommes, bananes, etc. Partout, on vous proposera des jus de fruits pressés, pas spécialement bon marché mais vraiment excellents.

Quelques plats palestiniens typiques

– ***Maklouba :*** le mot signifie « à l'envers » (on vous le dira souvent en anglais : *upside down*). On fait cuire le poulet dans une marmite, puis les légumes (souvent des aubergines et choux-fleurs, parfois à part) et le riz. Ensuite, on retourne le tout. La « Tatin arabe », en quelque sorte !
– ***Mensaf :*** c'est le plat de fête jordanien, hérité des Bédouins et adopté par les Palestiniens. Le *mensaf* se présente sous forme d'une grosse platée de riz

couverte de pignons de pin, auquel on ajoute des morceaux d'agneau (ou de poulet) mijotés en ragoût, le tout arrosé d'une étonnante sauce blanchâtre (genre yaourt chaud) à base de caillé de chèvre et de graisse. Un peu fort en goût la première fois, mais on s'y fait vite. Se mange traditionnellement avec la main droite, en confectionnant des boulettes avec le riz.
- ***Musakhan :*** galette de pain recouverte de poulet et d'oignons cuits à l'huile d'olive, saupoudrée d'épices.
- ***Warak dawali*** (ou *mahshi wara*) **:** feuilles de vigne enveloppant riz, viande hachée (mais pas toujours) et épices.

DIVISIONS ADMINISTRATIVES

En circulant en Cisjordanie, le voyageur est sans cesse confronté au statut des zones qu'il traverse, que ce soit sur le plan visuel (colonies) ou tout simplement pratique (notamment avec les routes de contournement ou les check-points placés parfois entre deux zones).

Un territoire, trois zones

C'est la signature de l'accord intérimaire d'Oslo en 1993 qui a instauré le principe des trois zones administratives en Cisjordanie.
- ***La zone « A »*** (18 % du territoire, 54 % de la population) englobe les grandes villes palestiniennes. L'Autorité palestinienne y exerce une souveraineté complète.
- ***La zone « B »*** (20 % du territoire, 40 % de la population), majoritairement rurale, est sous administration civile palestinienne, mais sous contrôle sécuritaire (police et armée) conjointe (partage peu clair dans les faits).
- ***La zone « C »*** (62 % du territoire et 6 % de la population), soit la majeure partie de la vallée du Jourdain, reste sous contrôle complet (militaire et civil) israélien. C'est là que la colonisation s'intensifie. Les accords d'Oslo stipulaient que cette zone serait progressivement transférée à l'Autorité palestinienne d'ici 1998, ce qui n'a jamais été fait.

À noter que les Israéliens n'utilisent plus le terme de « zones » mais dénomment « territoires palestiniens » les zones A et B, la zone C faisant, pour eux, partie d'Israël.

Loin d'être un découpage clair, ces zones s'entrelacent au mètre près. Ainsi, on peut avoir une maison en zone B, mais le bout de son jardin en C !
L'idée initiale consistait à transférer progressivement à l'Autorité palestinienne un territoire viable pour créer un jour un État sur l'ensemble des zones, au plus tard en 2000. Après plus d'une décennie, et de nombreux incidents dramatiques, non seulement il n'en est rien, mais ce découpage a renforcé la fragmentation de la Cisjordanie et le contrôle israélien sur plus de 60 % du territoire.

Particularités de la zone C

Lorsqu'on voyage en zone C, on se demande si on est encore en Palestine, tant la présence israélienne est visible. Dans cette zone sont installés désormais deux fois plus de colons que de Palestiniens. Ce ratio s'explique à la fois par la constante augmentation du nombre de colons (de 1 200 en 1972, ils sont passés à 310 000 aujourd'hui en zone C et plus de 200 000 à Jérusalem-Est), mais aussi par la migration des Palestiniens poussés à vivre en zones A et B, administrées par l'Autorité palestinienne.
En effet, tous les aspects de la vie civile quotidienne (en zone C) sont gérés par l'armée qui émet des « règlements » ayant force de loi. Or, l'application de ces ordres militaires successifs a rendu la vie quotidienne des Palestiniens ingérable. C'est, par exemple, un département de l'armée israélienne qui, dans les faits, régit

l'aménagement du territoire. Depuis 1967, l'armée n'autorise les Palestiniens à bâtir que sur 1 % de la zone C (contrairement aux colons qui peuvent s'étendre et/ou s'établir partout dans la zone) ! Et comme toute construction doit être précédée d'une demande d'autorisation rarement accordée (entre 2002 et 2012, 94 % des demandes de permis de construire déposées par les Palestiniens ont été refusées), nombre de bâtiments sont érigés sans permis et donc potentiellement « démolissables » : une situation kafkaïenne aux conséquences dramatiques. Il est ainsi courant que l'armée détruise maisons, écoles ou puits palestiniens, considérés comme « illégaux », surtout lorsqu'ils sont proches des colonies (c'est le cas de 60 % des structures rasées) ou des ressources hydrauliques. Selon un rapport de l'ONU, publié en juillet 2012, le nombre de démolitions a augmenté de 40 % entre 2010 et 2011. En 2012, 525 constructions palestiniennes ont été rasées (622 en 2011), laissant des centaines de familles sans abri, les forçant à se reloger ailleurs, créant ainsi des vagues de déplacement interne qui risquent de changer à terme la composition démographique du territoire. Dans certains villages palestiniens, comme celui de Susya près de Hébron, déjà entièrement démoli en 2011, les habitants n'ont plus accès qu'à 30 % de leurs terres initiales (le reste ayant été confisqué pour les colonies), plus des trois quarts des habitations se retrouvaient fin 2012 sous le coup d'ordres de démolition imminente.

Par ailleurs, on note l'expansion de « zones militaires fermées » *(closed military zone),* sortes de camps d'entraînement militaire au milieu des villages palestiniens où les soldats tirent à balles réelles. La moitié des démolitions de maisons ont lieu dans ces zones de tir... pour occuper le terrain.

Du coup, la zone C se vide de Palestiniens ; est-ce pour à terme n'être peuplée que de colons ? À noter que la pratique de démolition de maisons s'étend ailleurs qu'en zone C, et notamment à Jérusalem-Est.

Ajoutant au fardeau, les Palestiniens doivent payer la facture de démolition de leur propre habitat. Le contrôle de cette zone est stratégique à plus d'un titre : elle longe la frontière avec la Jordanie et possède les terres les plus fertiles ainsi que la majeure partie des ressources hydriques. C'est aussi la « pièce manquante » nécessaire pour une continuité géographique entre les enclaves palestiniennes que constituent les zones A et B. Des études de la Banque mondiale et de l'ONU ont démontré que cet espace était nécessaire à la viabilité d'un État palestinien, tant pour son expansion démographique qu'économique.

Les colonies

Les colonies font partie intégrante de la politique gouvernementale israélienne depuis la guerre de 1967. Les implantations ont commencé au sud de Jérusalem et le long du Jourdain, positions jugées stratégiques. Tous les partis ont contribué à leur expansion. C'est d'ailleurs Ehud Barak, le travailliste, qui en a construit le plus ! Mais la coalition formée par la droite et les ultranationalistes du gouvernement Netanyahou ne se défend pas mal non plus : le nombre de logements au 1er semestre 2013 a augmenté de 70 % par rapport à la même période un an plus tôt. Entre juillet 2013 et janvier 2014, pendant les négociations de paix, le Premier ministre a annoncé la construction de près 7 500 habitations supplémentaires en Cisjordanie et à Jérusalem-Est.

Le gouvernement, qui décide de la création ou de l'expansion de colonies en Cisjordanie, propose des subventions et autres aides financières aux candidats à la colonisation. C'est aussi pour protéger les colons qu'Israël justifie sa présence militaire continue en Palestine.

En sillonnant les routes de Cisjordanie... levez les yeux : elles sont facilement identifiables au sommet des collines. Petits hameaux ou gigantesques villes, ce sont des constructions proprettes, récentes et strictement agencées qui dénotent, en général, avec les habitats palestiniens des alentours. À l'heure actuelle, il existe 150 colonies en Cisjordanie et à Jérusalem-Est ; 71 se trouvent désormais du côté israélien du mur. Et les constructions ne cessent d'augmenter d'une année sur l'autre avec une

concentration accrue ces derniers temps à Jérusalem-Est, sans parler des milliers d'habitations qui seront construites entre Jérusalem et Ma'ale Adumim, en zone C, conformément au plan baptisé « E1 », destiné à relier la Ville sainte à la plus grande colonie de Cisjordanie, coupant la région en deux et éloignant un peu plus Jérusalem du reste de la Palestine. Dans le reste de la Cisjordanie, les colonies se trouvent en zone C, entièrement sous contrôle israélien et bien souvent là où les ressources en eau abondent. En novembre 2013, les autorités israéliennes suspendent l'implantation de 20 000 logements dans le cadre des pourparlers avec l'Iran, mais autorisent finalement, et dès le lendemain de la signature de l'accord de Genève, la construction de 829 logements en Cisjordanie. Et, dès janvier 2014, ce fut la construction de quelque 600 logements qui ont été approuvés par les autorités israéliennes.
Si l'habitat des colons n'occupe que 3 % du territoire de Palestine, il va de pair avec une infrastructure sécuritaire massive : barrières, murs et zones tampons qui les accompagnent font que plus de 40 % de la Cisjordanie sont désormais inaccessibles aux Palestiniens. Des kilomètres de routes « de contournement » relient les colonies entre elles et au reste d'Israël. La plupart du temps, les Palestiniens ne sont pas autorisés à les emprunter (quelques exceptions comme la route 443 qui traverse la Cisjordanie et dont une ONG israélienne a contesté juridiquement l'inaccessibilité aux Palestiniens, invoquant la « punition collective » ; ils ont gagné devant la Cour suprême d'Israël). Résultat : la Palestine ressemble plus à un archipel qu'à un État viable et contigu.

Position ambiguë de la communauté internationale

Encore une question épineuse pour négocier la paix puisque les Palestiniens conditionnent la reprise des négociations au gel des constructions dans les territoires, qui, de fait, n'ont jamais cessé, et que le droit international (et l'Union européenne) qualifie les colonies israéliennes d'illégales. Mais la communauté internationale est, sur ce point, ambiguë. Ainsi, l'UE adopte un double discours : d'un côté, elle n'a de cesse de condamner le système d'annexion mis en place, de l'autre, elle ne sanctionne pas l'État israélien pour la poursuite du processus. Au contraire, elle renforce ses liens économiques avec Israël sans différencier ce qui vient des colonies. Sans parler des entreprises étrangères qui investissent dans ces enclaves. Un blanc-seing pour le gouvernement de Benjamin Netanyahou ? C'est ce que démontre un rapport rédigé par une dizaine d'associations européennes (dont la Fédération internationale des Droits de l'homme) et publié en octobre 2012 : « La paix au rabais : comment l'Union européenne renforce les colonies israéliennes. » Difficile dans ce maelström de contradictions d'œuvrer pour la paix et tendre vers une solution à deux États : environ 512 000 colons étant établis en Cisjordanie et à Jérusalem-Est. Lire aussi « Made in Israel » dans la rubrique « Économie » de la partie « Israël : hommes, culture, environnement ».
D'un autre côté, l'Europe verse toujours des subsides à l'Autorité palestinienne qui utilise, entre autres, cet argent pour payer les fonctionnaires. De plus, elle continue de financer des infrastructures humanitaires en Palestine, parfois démolies par l'armée israélienne (au moins 60 constructions humanitaires financées par l'aide étrangère rasées en 2011 : citernes, abris pour animaux, bâtiments agricoles, routes...), une centaine d'autres sont menacées de disparaître. En tout, la Commission européenne estime que 29 millions d'euros de fonds européens sont partis en fumée entre 2001 et 2011, d'abord avec la destruction de l'aéroport de Gaza en 2001, construit par l'UE, puis avec une majorité de destructions lors de la seconde Intifada. Le phénomène se poursuit encore de nos jours. Mais jusqu'à présent, l'Europe n'a demandé aucun dédommagement ni aucune garantie d'arrêt de ces démolitions en particulier.

Les avant-postes

Il s'agit de la version « sauvage » des colonies, encore plus visibles. On compte aujourd'hui une centaine de ces petites agglomérations de baraques et de caravanes que de nouveaux colons, souvent très jeunes, ont installées d'eux-mêmes, bien décidés à récupérer une partie de la Terre promise. Ils vivent là, sans accès au réseau d'eau et d'électricité. La pratique ne plaît pas forcément au gouvernement israélien, car si les colonies « classiques » sont illégales selon le droit international, mais légales selon le droit israélien, les avant-postes, eux, sont illégaux même aux yeux des autorités israéliennes. Ainsi de temps à autre, on assiste à des confrontations entre les occupants et l'armée qui tente de les déloger. Parfois, au contraire, les baraques se transforment peu à peu en véritables colonies (avec eau, électricité acheminées par le gouvernement et routes).

DROITS DE L'HOMME

Le rapprochement des frères ennemis du Hamas et du Fatah, qui gouvernent respectivement Gaza et la Cisjordanie, ne s'est pas démenti en 2013, même si les partisans du premier affichent une position beaucoup plus radicale, dans le cadre de la reprise du processus de paix israélo-palestinien. À terme, cette reprise des discussions devrait aboutir à la création d'un gouvernement d'union nationale, même si plusieurs tentatives en ce sens ont échoué en 2013. Il devait concrètement aboutir dans un premier temps à des libérations, de nombreux détenus du Fatah étant emprisonnés à Gaza, et réciproquement.
Les organisations palestiniennes, qui travaillent dans des conditions parfois pénibles (harcèlement, agressions...), comme *al-Haq* ou le *Palestinian Center for Human Rights,* continuent de dénoncer de part et d'autres des exactions de la part des forces de sécurité (détention arbitraire, atteintes à la liberté d'expression ou de manifestation...). Au moins 180 cas de personnes torturées ont ainsi été recensés à Gaza, et 126 en Cisjordanie par Human Rights Watch. Des crimes particulièrement exacerbés à Gaza, où le Hamas joue habilement sur la martyrisation du peuple gazaoui, en proie à un embargo économique imposé par Israël – et dont les conséquences sont réellement dramatiques (70 % de la population y vit en dessous du seuil de pauvreté). Le Hamas continue d'annihiler toute forme d'opposition et se pose comme le (seul) leader de la « résistance » envers Israël. L'organisation détient par ailleurs toujours des intellectuels et des membres de la société civile de façon arbitraire.
En 2012, plus de 1 600 roquettes ont été tirées par le Hamas et des groupes armés palestiniens, à partir de la bande de Gaza, vers des villes israéliennes. Des tirs qui se sont particulièrement intensifiés avant et pendant l'opération militaire « Pilier de défense » menée contre Gaza par l'armée israélienne en novembre 2012. Après une trêve conclue avec Israël, le nombre de roquettes a par la suite considérablement diminué l'année suivante – une trentaine de tirs recensés au cours des 9 premiers mois de 2013, déclenchés selon les autorités par des djihadistes salafistes.
Les relations entre les colons israéliens – en nette augmentation – et les Palestiniens de Cisjordanie sont par ailleurs de plus en plus exécrables. Les Nations unies rapportent près de 200 blessés de part et d'autre suite à des affrontements en 2012.
Signalons par ailleurs la perpétration des crimes d'honneur, qui font une dizaine de victimes par an dans les territoires palestiniens.
Enfin, les multiples restrictions de mouvements imposées par l'armée israélienne (check-points, fermeture de passages...) entre les différents « bouts » de territoires palestiniens et Israël, nuisent fortement aux droits économiques et sociaux des Palestiniens de Cisjordanie.

■ ***Fédération internationale des Droits de l'homme (FIDH) :*** *17, passage de la Main-d'Or, 75011 Paris. ☎ 01-43-55-25-18. • fidh.org •* Ⓜ *Ledru-Rollin.*

■ ***Amnesty International*** *(section française) : 76, bd de la Villette, 75940 Paris Cedex 19. ☎ 01-53-38-65-65.*

• amnesty.fr • Ⓜ Belleville ou Colonel-Fabien.

N'oublions pas qu'en France aussi les organisations de défense des Droits de l'homme continuent de se battre contre les discriminations, le racisme et en faveur de l'intégration des plus démunis.

ÉCONOMIE

Les ressources disponibles

Le capital humain est sans doute le meilleur atout de l'économie palestinienne : la population jeune possède un taux d'alphabétisation de 95 %. Un sol fertile, des sels minéraux uniques et du marbre de qualité sont autant de ressources naturelles potentielles, mais qui ne sont aujourd'hui pas toutes exploitables en raison des restrictions imposées par Israël. Pas grand-chose sur le plan énergétique, hormis la récente découverte d'un gisement de gaz naturel au large de la bande de Gaza, qui aurait le potentiel de booster l'économie palestinienne aujourd'hui en friche, avec 3 milliards d'euros annuels. Mais la bataille avec Israël s'annonce rude.

Répartition par secteurs

Question emploi, le chômage atteint 17 % en Cisjordanie et près de 30 % à Gaza. La majorité travaille dans le secteur des services et dans le commerce (petits magasins). L'agriculture et la pêche emploient 10 % de la population active, mais l'activité agricole ne contribuait plus qu'à hauteur de 5,5 % du PIB en 2013 (contre 12 % en 1995). En cause : le morcellement du territoire et le mur de séparation qui a amputé la Cisjordanie de 10 % de sa superficie et qui rend difficile, parfois impossible, l'accès à leurs champs aux agriculteurs. À Gaza, le périmètre de pêche amputé de 85 % depuis l'imposition du blocus explique la disparition de deux tiers des pêcheurs depuis 2000.

La manufacture et la construction occupent 25 % des travailleurs, avec des entreprises de transformation agroalimentaire, la confection textile, l'industrie pharmaceutique ainsi que l'exploitation de carrières (pierre et marbre) qui rapporte à elle seule quelque 35 millions d'euros chaque année. Le tourisme, quant à lui, se développe.

Il n'existe pas de grandes entreprises en Palestine, mais plutôt de petits ateliers. D'autres travaillent en sous-traitance pour la production israélienne, augmentant la dépendance économique des deux entités. Environ 10 % des Palestiniens, surtout des ouvriers, travaillent en Israël ou dans les colonies. Et leur nombre ne cesse d'augmenter. Ils gagnent deux fois plus que s'ils étaient employés par une entreprise palestinienne.

Une économie sous contrôle

L'économie palestinienne est largement affectée par le conflit et l'occupation ; la courbe de son développement se calque sur celle du conflit et des soubresauts politiques qu'elle subit. Ainsi, depuis la seconde Intifada et les attentats, une série de mesures a été mise en place, lesquelles visent à restreindre de façon drastique tous les déplacements à l'intérieur du territoire, et notamment entre la Cisjordanie et Gaza d'une part, entre Israël et la Palestine d'autre part, avec (entre autres) l'instauration d'un système de permis. On estime que 150 000 Palestiniens qui travaillaient en Israël ont perdu leur emploi. Un rapport de la Banque mondiale d'octobre 2013 estime que « si les entreprises et les exploitations agricoles étaient autorisées à s'installer dans la zone C, le PIB palestinien gagnerait jusqu'à 35 points de pourcentage ». De plus, l'État israélien a la mainmise sur les ressources naturelles de plus de la moitié de la Cisjordanie (la zone C). Israël régit

également la construction des infrastructures nécessaires au développement économique. Par exemple, l'exploitation des sels et des minéraux de la mer Morte, pourtant en partie en Cisjordanie, est interdite aux Palestiniens. Lire également la rubrique « Économie » dans la partie sur Israël, et plus particulièrement « Made in Israel » qui traite des produits fabriqués dans les colonies israéliennes.
L'État israélien contrôle aussi les imports-exports de Palestine ; or tout refus de la part des autorités israéliennes ou retard impacte le développement de l'industrie et de l'agriculture. Les ressources économiques palestiniennes s'en trouvent gravement amputées.
Difficile dans ces conditions de développer un esprit d'entreprise, qui serait pourtant nécessaire pour passer d'une économie d'assistance à une économie dynamique valorisant le secteur privé.

La croissance palestinienne : succès ou leurre ?

Malgré les défis, la Palestine a connu un taux de croissance record depuis 2009 (5,9 % en Cisjordanie pour 2012 et autour de 2,6 % en 2013 ; 21 % en 2011 mais 6,6 % en 2012 à Gaza). Il faut dire que l'ancien Premier ministre palestinien, Salam Fayyad, s'accordait sur ce point avec Israël et son président Shimon Peres. Tous deux prônaient l'idée de « la paix par l'économie ». Ainsi, les institutions financières internationales, louant les progrès de l'Autorité palestinienne, ont estimé que les institutions financières et économiques palestiniennes étaient prêtes pour la création d'un État. En 2013, les États-Unis se sont invités dans le cercle supposé vertueux des partisans de cette théorie. John Kerry souhaite initier un mini-plan Marshall en encourageant de grandes sociétés américaines à investir en Cisjordanie. Un moyen de pallier l'absence de concessions politiques israéliennes ? Et de conforter une croissance, qui selon les experts, ne peut continuer à se développer sans secteur productif (d'ailleurs, les chiffres étaient déjà moins bons en 2013). Quoi qu'il en soit, la mise en œuvre de ce plan est soumise au résultat des négociations de paix qui devaient se dérouler jusqu'en avril 2014. La faisabilité de ces investissements étant liée au contexte politique et aux concessions accordées par Israël en termes de liberté de circulation des biens et des personnes, d'accès aux terres, à l'eau et à la mer. La Palestine, avec ou sans investissements extérieurs, ne peut prospérer dans un environnement sous contrôle (lire ci-dessus). Un premier pas : fin septembre 2013, Israël annonçait un assouplissement (permis de travail israélien plus nombreux accordés aux Palestiniens, autorisation d'importer des matériaux de construction à Gaza).
Les données de référence correspondent au lendemain de la seconde Intifada et de la guerre de Gaza, les périodes les plus noires de l'économie palestinienne.
Par ailleurs, la corruption très généralisée est aussi un handicap sévère pour l'économie palestinienne malgré des tentatives réelles de la réduire.

Un développement à deux vitesses

La croissance ne peut masquer une paupérisation accrue de la population. Si Ramallah représente une bulle économique, le reste de la Cisjordanie, et Gaza surtout, sont à la traîne.
Un rapport de la CNUCED (Conférence des Nations unies sur le commerce et le développement), publié en septembre 2012, rappelle que le taux de chômage est alarmant (23 %, plus élevé à Gaza et parmi les femmes) ; que deux Palestiniens sur trois vivent dans l'insécurité alimentaire ; quant au taux de pauvreté, à Jérusalem-Est, il s'élève à 78 %, plus qu'en Cisjordanie et à Gaza (70 % des habitants). En 2013, la dégradation de l'économie a aggravé un peu plus la situation déjà précaire des Palestiniens.

Dans la bande côtière, le conflit de 2008 a ravagé la majeure partie des industries et celles qui restent peinent à se développer sous un blocus qui restreint l'entrée et la sortie d'une série de matériaux de construction et de pièces détachées. C'est qu'une série de biens potentiellement à double usage (comme la coriandre !) sont répertoriés sur liste noire et bannis d'entrée à Gaza. Il en va de même pour les produits chimiques et les engrais, dont Israël affirme qu'ils pourraient être utilisés comme explosifs. Un allègement du blocus a toutefois eu lieu en 2013.

Une économie de dépendance

Chaque année, près de 1 milliard d'euros en dons étrangers (principalement européens et américains) afflue vers la Palestine pour soutenir le développement économique et les forces de sécurité de l'Autorité palestinienne. Ainsi, le paiement des salaires des 140 000 fonctionnaires du secteur public palestinien dépend quasi exclusivement de l'aide internationale et du reversement des droits de TVA palestiniens perçus par Israël, une mesure négociée lors du protocole de Paris et régulièrement suspendue par les Israéliens.
Il faut savoir que 80 % de la population gazaouie dépend de l'aide humanitaire. Cette extrême dépendance, combinée aux mesures de blocage par Israël et aux choix hasardeux du Hamas qui privilégie jusqu'à présent le conflit, rend l'économie très fragile et pèse sur les décisions politiques du pays, car, en cas de conflit ou de décisions contraires à certains intérêts, les donateurs peuvent arrêter le versement des subsides. En 2006 par exemple, la victoire du Hamas n'avait guère plu ni à Israël, ni aux États-Unis, ni à l'Europe. Résultat : le flot financier étranger s'était tari, créant un déficit de 45 millions d'euros chaque mois. Des milliers de fonctionnaires n'étaient plus payés. En quelques mois, le nombre de Palestiniens vivant sous le seuil de pauvreté aiguë avait doublé, menaçant aussi la stabilité politique de la région. De même, après l'adhésion de la Palestine à l'Unesco fin 2011, l'aide américaine a fortement diminué.

Quels accords entre les deux entités ?

Le protocole de Paris, signé entre l'OLP et le gouvernement d'Israël en 1994, définit le cadre des relations économiques entre Israël et l'Autorité palestinienne en établissant une union douanière. Israël en contrôle les frontières extérieures, collecte les taxes à l'importation et la TVA dont il redistribue une partie à l'Autorité palestinienne... ou non. Quand les Israéliens désapprouvent une décision palestinienne, il leur arrive de ne pas reverser les droits de TVA perçus pour les Palestiniens. Ce fut le cas après les élections de 2006 et à l'automne 2011, au lendemain de la demande d'adhésion à l'ONU. Mais suite à la grogne sociale de l'automne 2012 en Cisjordanie, le gouvernement Netanyahou a finalement décidé de transférer à l'Autorité palestinienne une partie des taxes collectées. Le risque était trop grand de voir se former une troisième Intifada, générée par la situation économique de plus en plus exsangue de la Palestine.
Par ailleurs, contrairement aux autres unions douanières, le protocole ne garantit pas la libre circulation de la main-d'œuvre. L'accord autorise les Palestiniens à gérer (jusqu'à un certain degré seulement) leur économie et à réglementer le secteur financier (mais pas la politique monétaire).
L'Autorité palestinienne peut conclure des ententes commerciales avec d'autres pays, ce qui permet aux produits agricoles palestiniens d'atteindre les marchés israéliens. L'accord garantit aussi que l'Autorité recevra 75 % des taxes que paient les Palestiniens travaillant en Israël en théorie. Notez que les échanges commerciaux entre Israël et l'Autorité palestinienne s'élèvent tout de même à 4 milliards de dollars par an.
En conclusion, les analystes estiment que le protocole de Paris ne parvient pas vraiment à corriger l'asymétrie et la dépendance des relations économiques

israélo-palestiniennes, notamment parce que, dans les faits, Israël contrôle toujours la majorité des ressources naturelles en Palestine, ses frontières, la liberté de mouvement et la monnaie. Voilà pourquoi les Palestiniens souhaiteraient renégocier cet accord, mais pour l'instant Israël ne veut pas en entendre parler.

ÉCOTOURISME

Randonnées

La Cisjordanie se prête parfaitement aux randos. Il est possible d'organiser des balades de plusieurs jours en s'adressant à une agence spécialisée et reconnue. Voir la rubrique « Tourisme alternatif et solidaire » dans « Palestine utile ». Signalons aussi la démarche de l'ONG *Riwaq* qui conjugue l'écotourisme à l'acte citoyen en organisant des randonnées dans les villages situés (souvent en zone B) autour des grands centres urbains afin de recréer un tissu social fragmenté par les colonies et les contrôles israéliens. Une façon aussi de valoriser le patrimoine naturel et architectural de la région.

■ ***Riwaq :*** *al-Sharafeh, Nablus Rd, à Al-Bireh, près de Ramallah. ☎ (02) 240-68-87. • riwaq.org •*

Réserves naturelles et parcs nationaux

Israël gère quelques réserves ou sites archéologiques situés dans la zone C, comme la réserve d'Ein Fawwar, entre Jéricho et Ramallah, les sites de Qumrân et l'Auberge du Bon Samaritain, à l'est, ou Hérodion, près de Bethléem.
L'entrée de ces parcs et réserves est la plupart du temps payante : selon le site, compter environ 20 à 30 Shk ; gratuit pour les 5-18 ans ; petite réduc étudiants. Pour ceux qui prévoient d'en visiter plusieurs et éventuellement de combiner avec des sites en Israël, il existe deux cartes, valables 14 jours, en vente à l'entrée de chacun des sites :
– La carte verte *(Green Card) :* donne le libre accès à six sites. Tarif : 110 Shk.
– La carte orange *(Orange Card) :* donne accès à l'ensemble des parcs et réserves. Tarif : environ 150 Shk.
Pour plus d'infos : *• parks.org.il •*

ENVIRONNEMENT

L'eau : le nerf de la guerre ?

Au Proche-Orient où les ressources aquifères disponibles sont limitées, la bataille pour l'eau cristallise tous les problèmes de la région. Après la guerre de 1967, les puits de Cisjordanie étant devenus l'or bleu à contrôler, Israël a déclaré les eaux des territoires palestiniens « ressource stratégique sous contrôle militaire ». Aujourd'hui, 40 % de l'eau dont dispose le pays provient de Cisjordanie. Pas étonnant que la maîtrise des ressources hydrauliques soit une de ses priorités stratégiques. Il suffit d'ailleurs de comparer deux cartes, l'une recensant les sources et nappes phréatiques, l'autre l'implantation des colonies, pour s'apercevoir qu'elles coïncident étonnamment. La vallée du Jourdain en été illustre bien la disparité d'accès à l'eau entre Israéliens et Palestiniens. Sans vouloir être manichéen, on se rend compte clairement sur place de la répartition : dans les zones sous contrôle israélien, les taches vertes sont nombreuses. Voilà pourquoi une partie des ministres du gouvernement Netanyahou a voté un projet de loi en décembre 2013 visant l'annexion pure et simple de la vallée du Jourdain. Une annonce considérée comme une provocation par les Palestiniens, alors que se déroulent les négociations de paix. Il n'était d'ailleurs pas certain que la Knesset valide le texte.

Les ressources disponibles

Israël a la mainmise sur le lac de Tibériade qui fournit un tiers de l'eau consommée dans le pays mais qui s'amenuise au fil des ans en raison d'un taux d'évaporation élevé. L'État israélien dispose aussi d'un aquifère côtier, des sources du Golan, occupées depuis 1967, et partage celle du Jourdain avec la Jordanie. Israéliens et Palestiniens se « répartissent » deux principales sources d'eau : souterraine (appelée « aquifère de montagne ») et de surface (le Jourdain, principalement).
La première s'étend sur 130 km du Golan au Néguev, via la Cisjordanie, et fournit environ un quart de l'eau utilisée par les Israéliens (en Israël et dans les colonies) et la quasi-totalité de l'eau consommée par les Palestiniens. Son exploitation inégale engendre de vives inquiétudes aussi bien de la part des experts environnementaux que des Palestiniens, qui voient se tarir leur ressource principale. Israël pompe environ 80 % du potentiel estimé de la nappe phréatique et surexploite jusqu'à 50 % de sa capacité de recharge via le forage de puits profonds et le contrôle des sources en amont.
Quant à l'eau de surface, les Palestiniens n'ont aucun accès au Jourdain, sous contrôle israélien exclusif depuis 1967. Depuis les accords de paix entre Israéliens et Jordaniens, ceux-ci peuvent prélever les eaux du Jourdain. Avec le détournement de 90 % des eaux en amont du fleuve, celui-ci est devenu, entre le lac de Tibériade et la mer Morte (donc en Cisjordanie), un petit ruisseau boueux qui s'amenuise au fil des années (certains prédisent même sa disparition), charriant les eaux usées de 370 000 riverains et n'alimentant plus une mer Morte elle-même moribonde. Ailleurs en Palestine, l'eau de surface est souvent impropre à la consommation car polluée par les eaux usées. Entre Jérusalem et Bethléem, 17,5 millions de mètres cubes d'eaux usées de Jérusalem se déversent chaque année dans le wadi Nar (Kidron), en en faisant la vallée la plus polluée du pays. La situation à Gaza est encore plus dramatique, avec 95 % d'eau non potable, issue d'un aquifère côtier surexploité dans lequel s'infiltre aujourd'hui l'eau de mer. En 2016, la totalité de l'eau sera imbuvable.
Depuis le milieu des années 2000 et compte tenu de sa position géographique, Israël a pu diversifier ses ressources hydriques grâce au dessalement et à l'utilisation des eaux saumâtres en agriculture.

Une dépendance palestinienne accrue

Depuis le début de sa présence militaire en Cisjordanie (1967), Israël maintient aussi un contrôle exclusif sur le développement des infrastructures hydrauliques (et donc sur les nouveaux puits forés en Palestine) et impose des quotas à l'extraction d'eau pour les Palestiniens.
Les accords d'Oslo ont créé le Comité mixte (composé paritairement d'Israéliens et de Palestiniens) pour la gestion de l'eau, qui doit approuver les demandes palestiniennes pour le développement des infrastructures hydrauliques dans toute la Palestine. Mais on constate un dysfonctionnement lié aux rapports de pouvoir inégaux.
Cependant, dans les zones sous contrôle de l'Autorité palestinienne, des nappes aquifères profondes sont exploitées et les eaux tièdes recyclées, souvent avec des partenaires étrangers, dont la France.
En zone C (62 % de la Cisjordanie), Israël a émis (dès 1967) des règlements militaires qui établissent une procédure en 18 étapes pour l'obtention du permis de forage et de réparation. Résultat : depuis 1967, pas une autorisation n'a été délivrée aux Palestiniens pour le forage de puits dans l'aquifère ouest, le plus productif des trois bassins de l'« aquifère de montagne ». Une centaine de puits palestiniens sont aussi devenus obsolètes, car ils n'ont pas reçu d'autorisation (israélienne) pour effectuer les travaux de réparation. Ailleurs, certaines citernes de stockage sont détruites faute de permis. Entre 2009 et 2012, au moins 173 structures d'eau et d'assainissement (citernes, tuyaux, puits) ont été rasées ou confisquées par l'armée israélienne.

Une consommation inégale

Selon les standards régionaux établis par la Banque mondiale, les Palestiniens sont les plus démunis de la région face aux ressources en eau. Ils consomment en moyenne 70 l par personne et par jour (le standard recommandé par l'OMS en matière d'hygiène sanitaire est de 100 l quotidiens ; en France, la consommation s'élève à 150 l). Environ 40 000 Bédouins ne disposent que de 20 l par jour, soit l'équivalent d'une consommation de survie dans les camps de refugiés du Darfour ! Les Israéliens utilisent autour de 250 l par tête et par jour. Les inégalités sont encore plus flagrantes dans la vallée du Jourdain, où Palestiniens et colons cohabitent. Dans les environs de Tuba, les Palestiniens consomment 30 l d'eau par personne et par jour, alors qu'à 10 km de là les colons de Beka'ot atteignent les 400 l quotidiens par personne.

L'accès est également source d'inégalités. Environ 10 % de la population de Palestine n'est pas connectée au réseau de distribution et dépend de l'eau livrée par camion-citerne qui coûte près de 10 fois plus cher tout en étant de moindre qualité. Ces familles les plus pauvres consacrent parfois près de la moitié de leur revenu pour accéder à l'eau potable. Quant aux agriculteurs, ils doivent payer l'eau pour irriguer leurs champs au prix de l'eau potable, soit 4 fois plus cher qu'un colon, qui lui, bénéficie de subventions. Par ailleurs, le mur de séparation qui coupe les terres désorganise le système d'irrigation mis en place par les Palestiniens.

En 1982, Ariel Sharon avait transféré tous les systèmes d'approvisionnement en eau de la Cisjordanie à la compagnie nationale des eaux israéliennes, Mekorot, pour le prix symbolique de 1 Shk. Depuis, la moitié de l'eau nécessaire à la consommation domestique palestinienne est achetée à Mekorot qui, donc, revend à l'Autorité palestinienne l'eau disponible dans son sous-sol.

Quelles solutions ?

En 1993, lors de la signature des accords intérimaires d'Oslo, le règlement de la question épineuse du partage des ressources en eau avait été reporté aux négociations sur le statut final, qui devaient être conclues en 2000 mais... n'ont toujours pas vu le jour ! Depuis, certaines organisations citoyennes comme *Les Amis de la Terre* Moyen-Orient ont un projet de réhabilitation du Jourdain entre le lac de Tibériade et la mer Morte.

En attendant, puisque 70 % de l'eau pompée est destinée à l'agriculture, il conviendrait d'optimiser les ressources en eau grâce à un système d'irrigation plus performant. Ce qui permettrait de diminuer les fuites de l'ordre de 40 % dans les territoires, comparé au taux de moins de 10 % en Israël. Une coopération dans le domaine, tout comme dans le traitement des eaux usées, serait profitable. Israël est le pays qui retraite le plus ses eaux usées (à hauteur de 90 %, mais 60 % dans les colonies), et désalinise le plus aussi par rapport au nombre d'habitants.

La gestion des déchets

La (mauvaise) gestion des déchets constitue un vrai problème en Cisjordanie et une réelle menace pour l'environnement. Combien de décharges sauvages, de sacs plastique volants peut-on voir sur le bord des routes ? Le moindre terrain vague des villes, jusque dans les sites archéologiques (à Naplouse notamment), recueille les détritus en tout genre. Si la gestion peut être mise en cause, les comportements individuels portent une grande responsabilité. La préservation d'un patrimoine naturel et culturel si chèrement défendu ne passe-t-elle pas aussi par une prise de conscience de cette richesse et par une éducation à l'environnement, même si on peut penser qu'il existe d'autres priorités ? Il est vrai que, dans le contexte actuel, avec l'occupation d'une grande partie du territoire par Israël, la mise en place d'un réseau global d'assainissement et de gestion des déchets n'est pas simple.

FAUNE ET FLORE

La flore

Partout, les arbres fruitiers jalonnent le paysage. Il n'y a qu'à se rendre dans les souks pour apprécier toute la diversité de la production locale : oliviers, amandiers, citronniers, orangers, abricotiers... Tandis que près du rift et à Gaza, les dattes, bananes et fraises poussent en abondance.
L'odorat n'est pas en reste avec le chèvrefeuille et le jasmin. Les bougainvillées ajoutent des touches fuchsia, rouges, orange et blanches à la palette ocre et verte de la vallée du Jourdain. Un vrai festival de couleurs.

La faune

Si les gazelles dorcas peuvent être aperçues sur les collines de Cisjordanie, les bouquetins de Nubie (ibex) se trouvent plutôt au sud d'Hébron. Les damans (ou hyraxes), drôles de grosses marmottes, parcourent les canyons (notamment le wadi Qelt près de Jéricho) et se confondent avec la roche. On croise un peu partout les dromadaires avec leur démarche chaloupée. On peut parfois entendre des hyènes, en quête de randonneurs égarés et à bout de souffle (on plaisante !)... La Palestine est aussi un endroit d'observation privilégié pour les oiseaux : près de 500 espèces y transitent, notamment par la vallée du Jourdain au printemps et à l'automne.

LA BOSSE DU COMMERCE

Qu'y a-t-il dans la bosse des dromadaires ? Non, pas de l'eau, comme on le fait croire aux enfants, mais une réserve de graisse qui, par un savant processus d'oxydation, restitue à l'animal, au fur et à mesure, les éléments liquides dont il a besoin. Mais s'il peut boire tous les jours, il ne s'en privera pas. Il est alors capable d'avaler plus de 100 l d'un seul coup. À l'époque des grandes routes caravanières, les chapelets de dromadaires pouvaient ainsi parcourir plusieurs centaines de kilomètres pour acheminer leurs marchandises.

GÉOGRAPHIE

La Palestine est composée de deux territoires discontinus : la Cisjordanie, en forme de fève à l'est d'Israël, qui possède une frontière non souveraine avec la Jordanie ; et la bande de Gaza, une mince bande de terre de 45 km de long sur 8 km de large située au sud-ouest d'Israël, avec l'Égypte pour voisine. Le paysage se révèle d'une grande variété, avec le littoral méditerranéen bordé par la bande de Gaza à l'ouest, les collines de Cisjordanie qui recueillent la majorité des pluies hivernales et la vallée du Jourdain à l'est qui descend vers la mer Morte, le point le plus bas du globe (- 424 m).

HISTOIRE

Se reporter au chapitre en tout début de guide.

MÉDIAS

Votre TV en français : TV5MONDE partout avec vous

TV5MONDE est reçue partout dans le monde par câble, satellite et sur IPTV. Dépaysement assuré au pays de la francophonie avec du cinéma, du divertissement, du sport, des informations internationales et du documentaire.

En voyage ou au retour, restez connecté ! Le site internet • *tv5monde.com* • et son application iPhone, sa déclinaison mobile *(• m.tv5monde.com •)*, offrent de nombreux services pratiques pour préparer son séjour, le vivre intensément et le prolonger à travers des blogs et des visites multimédia.
Demandez à votre hôtel le canal de diffusion de TV5MONDE et n'hésitez pas à faire part de vos remarques sur le site • *tv5monde.com/contact* •

Presse

À l'exception du journal *Al-Quds,* fondé en 1951, les premiers médias palestiniens ont vu le jour après la signature des Accords d'Oslo de 1993. En 1995, est adoptée la loi qui encadre les médias de presse écrite. Les premiers médias audiovisuels palestiniens ne sont eux lancés qu'après la signature des Accords d'Oslo II de 1995.
La Palestine compte aujourd'hui environ une vingtaine de journaux. En Cisjordanie, trois quotidiens sont distribués : *Al-Hayat Al-Jedida* (gouvernemental, voix de l'Autorité palestinienne), *Al-Ayyam* (semi-gouvernemental, dont le rédacteur en chef est un conseiller d'Abu Mazen) et *Al-Quds* (plus indépendant, mais peu connu pour ses prises de position critiques). Dans la bande de Gaza, seuls deux quotidiens affiliés au Hamas circulent : *Al-Resala* et *Felesteen.*

Radio

Il existe une myriade de stations de radio, dont des micro radios privées qui émettent dans certaines municipalités. La station de radio *Cool* FM (104 FM) ne diffuse ses programmes qu'en anglais. Pour la musique arabe et internationale, se brancher sur *Nissa* FM (96 FM) ou *Radio Ajyal* (103.4 FM). Jusqu'en 2008, calquée sur un modèle à succès en Afrique du Sud après l'apartheid, la radio palestino/sud-africaine *Ram* FM proposait des programmes en anglais, des talk-shows israélo-palestiniens et de la musique de qualité. Dans le même esprit, la radio israélo-palestinienne *All for Peace* (107.2 FM et 87.8 FM) proposait jusqu'en novembre 2011 des émissions en arabe et en hébreu pour jeter des ponts entre les deux sociétés. Depuis, sur ordre des autorités israéliennes, cette radio ne peut plus émettre.

Télévision

Allumée en permanence dans les foyers palestiniens, elle constitue la principale source d'information avec Internet. La plupart des familles possèdent le satellite, ainsi les chaînes les plus populaires sont-elles rarement palestiniennes, sauf pour regarder les fameux programmes politiques satyriques comme *Watan al Watar,* dont la diffusion a été interrompue en 2011 sur décision de l'Autorité palestinienne durant l'été. Pour l'information, *Al-Jazeera* ou *Al-Arabya* sont les chaînes les plus regardées ; pour la variété, plutôt MBC 2, 3 et 4, en provenance de Dubai, qui proposent des programmes américains (Oprah Winfrey est d'ailleurs plus connue ici qu'en Europe), ainsi que des séries turques ou syriennes très populaires.

Presse en ligne

Malgré sa chasse aux scoops, l'agence de presse Maan News Agency *(• maannews.net •)* est la référence côté palestinien, avec le *Palestine Monitor (• palestinemonitor.org •).* Le *Palestinian News Network* (PNN) propose, entre autres, des infos en français sur • *french.pnn.ps* • en mettant l'accent sur la résistance populaire non violente. Le site +972 Mag *(• 972mag.com •)* diffuse des informations sur l'actualité israélienne et palestinienne, notamment sur les Droits de l'homme et l'occupation israélienne.

Liberté de la presse

Depuis la prise du pouvoir par le Hamas dans la bande de Gaza en juin 2007, les professionnels des médias palestiniens font les frais de la lutte que se livrent le Fatah et le Hamas dans les territoires palestiniens.

Une fracture nette s'est opérée entre, d'un côté, les médias proches de l'Autorité palestinienne et, de l'autre, ceux liés au Hamas. Les professionnels de l'information identifiés comme en lien avec le Hamas sont convoqués, interpellés et arrêtés en Cisjordanie par les forces de sécurité de l'Autorité palestinienne. Les journalistes connus pour leurs affinités avec le Fatah ou enquêtant sur des groupuscules contestant la légitimité du Hamas dans la bande de Gaza sont régulièrement menacés par la branche armée du Hamas.

Ce contexte politique très tendu a fortement compliqué le travail des journalistes qui souhaitent rester neutres dans le conflit interpalestinien, poussant nombre d'entre eux à l'autocensure. Autocensure qui s'exerce aussi sur des sujets très sensibles liés notamment à la corruption et au népotisme.

De chaque côté, les autorités à Gaza et en Cisjordanie tolèrent uniquement des médias et journalistes qui leur font allégeance ou qui ne les critiquent pas. Tendance qui n'a fait que se consolider avec la division. Ainsi, depuis 2007, les journaux considérés comme proches de l'Autorité palestinienne ont été bannis de distribution dans la bande de Gaza. Et vice-versa. Pour les télévisions, cette interdiction a été levée en 2011.

Depuis la signature des accords du Caire en 2011, on a constaté une amélioration relative de la situation des journalistes et par conséquent de la liberté d'information dans les territoires palestiniens, alors que les « Printemps arabes » soufflaient sur la région. Cet accord prévoit entre autres le retour sur le terrain des correspondants de télévision. Ainsi, les reporters d'Al-Aqsa TV, affiliée au Hamas, peuvent à nouveau couvrir des événements en Cisjordanie. Et ceux de Falestin TV, affiliée au Fatah, peuvent ressortir leurs caméras à Gaza.

Cet accord marque un dégel dans les relations entre l'Autorité palestinienne et le Hamas, bénéfique au travail des journalistes dans les territoires palestiniens.

Toutefois, si dégel il y a, la détente n'est pas encore là. Ainsi, Quds TV et Al-Aqsa TV n'ont toujours pas accès à la Mouqata'a (le Palais présidentiel) à Ramallah, et les journaux restent soumis à cette interdiction, en vigueur depuis 2007. De son côté, depuis 2011, le ministère de l'Intérieur de Gaza rend l'accès à la bande de Gaza plus difficile aux journalistes étrangers. Dorénavant, tout étranger (journaliste compris) désirant se rendre à Gaza doit obtenir une autorisation préalable. Démarche qui peut prendre plusieurs jours.

Du fait de l'importance prise par les nouveaux médias, l'Autorité palestinienne a renforcé sa surveillance de la Toile. Depuis 2012, un certain nombre de journalistes et de militants ont ainsi été arrêtés par les forces de sécurité pour « offense au Président », le plus souvent pour des commentaires postés sur Facebook, tels les journalistes Asmat Abd Al-Khaleq, Tariq Khamis, Shahd Bani-Odeh (dont la convocation par les services de renseignements palestiniens, suite à la publication d'une caricature de Mahmoud Abbas, a finalement été annulée grâce à la pression de plusieurs personnalités), et Mamdouh Hamamreh, condamné à un an de prison ferme en mars 2013 pour « insulte à la personne du Président palestinien Mahmoud Abbas » et « publication d'informations haineuses ». Le journaliste a finalement été gracié par Mahmoud Abbas.

Arrêté aussi, le cyber militant Jamal Abou Rahman, dont la page Facebook « Le peuple veut mettre fin à la corruption » comptabilise plus de 6 000 membres.

À Gaza, les autorités ont, quant à elles, interdit aux journalistes et reporters toute collaboration avec des médias israéliens, jugés hostiles. Cette décision a été prise en décembre 2012, un mois après l'opération « Pilier de défense ».

Si la situation des journalistes dans les territoires palestiniens s'est quelque peu améliorée, on note une certaine crispation depuis l'été 2013 dans la bande de

Gaza, où les autorités, affaiblies par la chute du Président égyptien Mohamed Morsi en juillet 2013 et la violente répression contre les Frères musulmans, ont décidé au même moment de fermer les bureaux de la chaîne Al-Arabiya et de l'agence de presse Maan News Agency, pour « diffusion de fausses informations ». Ils sont revenus sur leur décision en novembre face au tollé que cette décision arbitraire avait suscité. Autre signe de leur affaiblissement et de leur crispation sécuritaire : l'augmentation importante du nombre de journalistes et d'activistes interpellés, interrogés et menacés en septembre et octobre 2013 à l'approche du 11 novembre 2013, date anniversaire de la mort de Yasser Arafat, choisie par le mouvement « Tamarod Gaza » pour manifester contre le Hamas à Gaza. Nombreux sont les activistes et militants à avoir reçu des SMS de menaces explicites en cas de participation à cette manifestation. Craignant un bain de sang, Tamarod Gaza a décidé, la veille, d'annuler la marche.
Ce texte a été réalisé en collaboration avec ***Reporters sans frontières.*** Pour plus d'informations sur les atteintes aux libertés de la presse, n'hésitez pas à les contacter :

■ ***Reporters sans frontières :*** *47, rue Vivienne, 75002 Paris. ☎ 01-44-83-84-84. • rsf@rsf.org • rsf.org • Ⓜ Grands-Boulevards ou Bourse.*

MURS ET PASSERELLES

À l'heure où les négociations politiques sont dans l'impasse, comment coexistent les sociétés israélienne et palestinienne ? Entre « mur de séparation » et actions pour la paix, nous avons essayé de comprendre les liens qui unissaient encore (ou non) ces peuples si proches, si lointains.
Lire la suite de cette rubrique en début de guide, dans la partie « Israël : hommes, culture, environnement ».

PERSONNAGES

– ***Yasser Arafat, dit Abou Ammar*** *(1929-2004)* **:** Mohammed Abdel Rahman al-Husseini (de son vrai nom) est né au Caire. Il est le fils d'un commerçant de Gaza, d'une Palestinienne de Jérusalem et le petit-neveu du Grand Mufti de Jérusalem. Il sera successivement ingénieur civil et soldat, avant de devenir la figure marquante de l'histoire contemporaine palestinienne.
Déçu par les régimes arabes après les défaites successives de 1948 et 1967, il croit fermement que l'indépendance doit être gagnée de l'intérieur. Il se fait donc architecte de la résistance palestinienne. En 1959, au Koweït, il crée le Fatah (*Harakat al tahrir al falestin* – le Mouvement de libération national de la Palestine), et en 1964, contribue à créer l'OLP (Organisation de libération de la Palestine) qui représente toujours aujourd'hui les intérêts palestiniens au niveau international. L'organisation le conduit vers un exil à répétition. Il dirige la lutte armée depuis la Syrie, la Jordanie, le Liban et finalement la Tunisie.
Sur la scène internationale, il marque des points lorsqu'en 1974, devant l'assemblée générale de l'ONU, il brandit un rameau d'olivier dans un poing, et un fusil dans l'autre : « Ne laissez pas le rameau d'olivier tomber de ma main ! » Longtemps considéré comme un terroriste par les dirigeants israéliens, il finit par devenir un interlocuteur incontournable. Il obtient le prix Nobel de la paix en 1994 aux côtés d'Yitzhak Rabin et de Shimon Peres pour la négociation des accords de paix d'Oslo. Mais lorsque l'Intifada Al-Aqsa éclate en 2000, il est tenu responsable par Israël et les États-Unis de la seconde vague de violence. Il est isolé pendant des mois dans ses quartiers de Ramallah. Il décède en 2004 à l'hôpital militaire de Clamart, près de Paris, d'une infection sanguine d'origine indéterminée, qui laisse

planer de nombreux doutes sur les causes réelles de sa mort. En 2012, un laboratoire suisse analyse les effets personnels de Yasser Arafat et découvre des « doses anormalement élevées de polonium ». Sa veuve, Souha Arafat (mariée à Yasser en 1990, elle est aujourd'hui recherchée par la justice tunisienne pour « soupçon de corruption »), ainsi que sa fille portent plainte contre X. Qui avait intérêt à sa disparition ? Celui qui rêvait d'être enterré à Jérusalem repose à la *Mouqata'a* de Ramallah, les Israéliens lui ayant refusé le droit d'être enterré dans la Ville sainte.

– ***Mahmoud Darwich*** *(1942-2008)* **:** poète palestinien, porte-voix de toute une communauté exilée, opprimée et sans patrie, militant dans les rangs de la gauche communiste. Il s'était installé à Tunis et vivait une partie de l'année à Amman. Ses premiers recueils faisaient écho à la grande douleur des temps présents : *Assafir bila adjinhat* (*Oiseaux sans ailes,* 1960), *Awraq al-zaytoun* (*Feuilles d'olivier,* 1964). Il était au fond moins idéologue qu'insurgé de la liberté. Décédé le 9 août 2008 aux États-Unis, il est enterré à Ramallah, près du palais de la Culture, sur un emplacement d'où l'on aperçoit les environs de Jérusalem, future capitale rêvée des Palestiniens. Un musée lui est consacré à Ramallah.

– ***Handala*** *(« Amertume »)* **:** c'est peut-être le garçon palestinien le plus populaire de Palestine. T-shirts, badges, bijoux... sa silhouette est partout. Mais personne n'a jamais vu son visage. C'est que Handala, le va-nu-pieds vêtu de guenilles avec trois cheveux hérissés comme seules défenses, tourne le dos au monde, les bras croisés en signe d'impuissance. Peut-être parce qu'il se sent trahi ? Symbole de la résistance par la culture, le personnage de B.D. porte les espoirs de la société palestinienne et des enfants refugiés du monde. Il n'a pas de visage parce qu'il est universel. Il a toujours 10 ans, depuis sa naissance en 1969 dans les pages du journal koweitien *Al Siyassa* (« La Politique »). C'est aussi l'âge que son « père » Naji al-Ali, le caricaturiste politique, avait lorsqu'il dut quitter sa Palestine natale. Naji al-Ali est mort assassiné à Londres en 1987. Les auteurs de ce crime n'ont pas été identifiés. « Son » gamin lui a survécu, trouvant encore (et malheureusement) de nouvelles routes à sillonner. Ainsi, depuis 2004, il n'en finit pas d'arpenter celles du mur de séparation... côté palestinien. Pour en savoir plus, se reporter au site • *handala.org* •

– ***Abdelkader al-Husseini*** *(1907-1948)* **:** considéré comme un héros en Palestine, ce nationaliste, fils d'un ancien maire de Jérusalem, combat les Britanniques lors de la révolte arabe en 1936. Ces derniers l'exilent en 1938, mais il rejoint l'Irak où il participe à un coup d'État, qui échoue. Il se rend alors en Égypte, puis revient en Palestine début 1948. Il dirige l'*armée de la Guerre sainte* avant de mourir le 8 avril 1948 au cours de l'opération « Nahshon, » une offensive lancée par le *Palmah* (forces clandestines juives) contre le village arabe d'Al-Qastal.

– ***Hind al-Husseini*** *(1916-1994)* **:** fille d'une illustre famille de Jérusalem et cousine du chef des armées arabes, Abdelkader al-Husseini, Hind est déjà active dans les causes sociales féministes quand elle voit débarquer une cinquantaine d'orphelins, survivants du massacre de Deir-Yassin, un village palestinien détruit durant la guerre de 1948. Elle les recueille dans la maison familiale, alors que d'autres affluent encore. La bâtisse devient *Dar al-Atfal* (la « Maison des enfants »), un orphelinat dont l'école pour jeunes filles existe encore aujourd'hui. L'histoire de Hind a fait l'objet d'un film, *Miral* (2010), de Julian Schnabel.

– ***Fadwa Touqan*** *(1917-2003)* **:** « poétesse de la Palestine », « maître de tous les poètes » selon Mahmoud Darwish, si vous vous rendez à Naplouse, vous entendrez sûrement parler de cette grande dame originaire de la ville, célèbre dans tout le monde arabe. Enfermée dans une éducation rigide et traditionaliste, dont elle a souffert, elle s'émancipa grâce à ses écrits. Ses poèmes prirent un tournant nationaliste à partir de la guerre des Six Jours et reçurent de nombreux prix. À Naplouse, elle fonda un centre de recherche sur la situation des femmes.

– ***Sari Nusseibeh*** *(1949)* **:** fils d'un ancien gouverneur de Jérusalem, ce diplômé d'Oxford et d'Harvard est aujourd'hui professeur de philosophie arabe médiévale, et président de l'université Al-Quds de Jérusalem. Engagé dans la résolution pacifique du conflit israélo-palestinien, il prône la création d'une forme particulière de fédération. Sa famille est l'une des deux à détenir les clés du Saint-Sépulcre. Il est l'auteur de *Un pays : une vie en Palestine* (éd. Lattès, 2008).

– ***Edward Said*** *(1935-2003)* **:** musicologue et intellectuel progressiste palestino-américain né en 1935 à Jérusalem. Il rédige de nombreux essais sur le conflit israélo-palestinien, dont *L'Orientalisme* (1978 ; éd. du Seuil, 2005). Farouchement opposé aux accords d'Oslo mais partisan du dialogue, il crée avec son ami chef d'orchestre israélo-argentin, Daniel Barenboïm, un ensemble symphonique mixte qui promeut la paix et le dialogue par le biais de la musique classique. Il meurt d'une leucémie à 68 ans.

– ***Hanan Ashrawi*** *(née en 1946)* **:** née à Ramallah dans une famille chrétienne. Diplômée en littérature, elle crée en 1973 le département d'anglais de l'université de Birzeit où elle défend le droit à l'éducation lorsque l'université est contrainte de fermer durant la première Intifada. Porte-parole de la délégation palestinienne pendant les négociations d'Oslo et députée au Conseil législatif palestinien, elle devient ministre de l'Enseignement supérieur, avant de démissionner pour protester contre la corruption de l'Autorité palestinienne. En 1998, elle crée *Miftah* (« La Clé »), une ONG qui promeut la démocratie et les Droits de l'homme et qu'elle anime depuis.

– ***Elias Sanbar*** *(né en 1947)* **:** né à Haïfa, réfugié à 15 mois au Liban. Il suit des études à Paris avant d'enseigner à Princeton (USA). En 1981, il cofonde la *Revue d'études palestiniennes.* Il est membre du Conseil national palestinien, ambassadeur de Palestine auprès de l'Unesco et l'un des artisans de l'admission de son pays à l'ONU. Ami proche du philosophe français Daniel Bensaïd (disparu en 2010), c'est l'une des figures les plus chaleureuses, ouvertes et respectées de la résistance palestinienne. Également poète, écrivain et traducteur, il est notamment l'auteur du *Dictionnaire amoureux de la Palestine,* ouvrage très attachant et exprimant une grande charge émotive (voir plus haut la rubrique « Livres de route »).

– ***Juliano Mer Khamis*** *(1958-2011)* **:** Palestinien ou Israélien ? Les deux ! Parachutiste dans l'armée israélienne, humoriste, acteur et réalisateur, il est le fils d'Arna Mer, une Israélienne engagée, et de Saliba Khamis, un Palestinien chrétien et communiste de Nazareth ! Juliano réalise *Les Enfants d'Arna,* un documentaire sur le travail de sa mère dans un atelier de théâtre avec les enfants du camp de réfugiés de Jénine (nord de la Cisjordanie). Pendant l'Intifada, il suit avec sa caméra les enfants devenus combattants lors de la bataille de Jénine (2002). Poursuivant l'œuvre de sa mère, il crée en 2006 le Freedom Theater (Théâtre de la Liberté) au cœur du camp de Jénine. Il est assassiné en avril 2011. Son meurtrier n'a toujours pas été identifié.

– ***Leila Shahid*** *(née en 1949)* **:** née à Beyrouth de parents palestiniens en exil, la première femme ambassadrice de Palestine vient d'une grande famille. Membre du clan Al-Husseini, impliquée de longue date dans le mouvement national palestinien, elle est la petite-nièce du Grand Mufti de Jérusalem, la cousine de Yasser Arafat et de Fayçal Husseini, et l'arrière-petite-fille du prophète bahaï Baha'u'llah. Diplômée de psychologie, elle poursuit un doctorat en anthropologie à Paris. Représentante de la Palestine en Irlande, aux Pays-Bas et en France durant 13 ans, elle occupe depuis 2006 la fonction de déléguée générale de la Palestine auprès de l'Union européenne.

POPULATION

Lire également la rubrique « Murs et passerelles. Les murs. Montre-moi ta carte d'identité, je te dirai qui tu es ! » dans la partie « Israël : hommes, culture, environnement ».

Les Palestiniens de nationalité israélienne

En 1948, la moitié des Palestiniens vivant dans le nouvel État israélien ont dû quitter leurs foyers. Ceux qui sont restés sont devenus citoyens israéliens sans pour autant bénéficier, dans la pratique, de l'intégralité des droits civiques. Jusqu'en 1965, ils ont été soumis à des lois d'exception qui limitaient leur liberté de mouvement et permettaient la réquisition de terres.
Aujourd'hui, la population palestinienne d'Israël compte environ 1 563 500 personnes (soit 20,7 % de la population d'Israël) réparties entre musulmans sunnites (82 %), chrétiens (9,7 %) et druzes (8 %). Ils vivent à Haïfa, Nazareth et dans le nord du pays, mais aussi dans le Golan ou le désert du Néguev. Bien qu'ils jouissent en principe des mêmes droits politiques, civiques et religieux que les autres citoyens israéliens, les Arabes israéliens sont exclus, de fait, d'un certain nombre de fonctions stratégiques. Certains avantages économiques et sociaux sont conditionnés à l'accomplissement du service militaire, or les Arabes israéliens (sauf les druzes et certains Bédouins) ne le font pas. L'accès à la haute administration, au corps diplomatique et à l'armée leur est interdit, même si l'on trouve quelques exceptions à la règle (notamment chez les druzes et les Bédouins, mais sans atteindre les grades les plus élevés). Sans compter le chômage qui les touche plus gravement.
Toutefois, les Palestiniens de nationalité israélienne bénéficient des mêmes droits que les autres citoyens israéliens en ce qui concerne l'éducation et la santé, ainsi que l'exercice des droits politiques. Il y a toujours eu des députés arabes à la Knesset, élus tout d'abord au sein de formations de gauche, puis sur des listes électorales spécifiques, ainsi que des juges arabes à la Cour suprême. Le mode de vie israélien, l'interdiction de la polygamie et le principe d'égalité des citoyens devant la loi ont largement favorisé la promotion sociale des femmes arabes.

Les Palestiniens de Cisjordanie, de la bande de Gaza et de Jérusalem

Ils sont 4 420 600 en Cisjordanie (2 720 000) et à Gaza (1 700 000), plus 270 000 à Jérusalem-Est. Ils forment une société composite de chrétiens (orthodoxes ou catholiques) et de musulmans, de paysans et de citadins aisés ou démunis, vivant encore parfois dans des camps de réfugiés dans la bande de Gaza ou dans les villes de Ramallah, Naplouse, Jénine ou Bethléem, entre autres. Une nation avec ses inégalités, ses problèmes, ses réussites aussi, et les espoirs mis dans la création d'un État palestinien. À l'heure actuelle, compte tenu de l'occupation israélienne partielle ou totale sur ces territoires, les habitants ne peuvent résoudre les graves problèmes économiques et de logement auxquels ils sont confrontés.

DROIT AU BUT !

Ce pays, qui n'est officiellement pas reconnu, possède sa propre équipe nationale de foot. Elle donne une image d'unité dépassant les luttes internes entre Hamas et Fatah. N'ayant pas d'installation à domicile, elle joue principalement au Qatar. Même quand les Palestiniens perdent, la Palestine gagne.

Lire également la rubrique « Murs et passerelles », dans « Israël : hommes, culture, environnement ». On y évoque les différents statuts des Palestiniens (« Montre-moi ta carte d'identité, je te dirai qui tu es ! ») et les conséquences sur la vie quotidienne de la population.

Les réfugiés

L'ONU les définit comme « les habitants de la Palestine d'avant mai 1948 qui ont perdu terres, maisons et ressources dans le conflit ».

Après les affrontements suite à la création de l'État d'Israël, 50 % de la population arabe de Palestine part en exil, soit entre 700 000 et 750 000 Palestiniens d'après les organisations onusiennes. Selon les Palestiniens, les Israéliens les auraient forcés tant physiquement que psychologiquement à quitter leurs terres. Les Israéliens, quant à eux, avancent qu'ils seraient partis d'eux-mêmes ou à la demande de leurs dirigeants, désireux de laisser le champ libre aux armées arabes. Lire également à ce sujet le paragraphe consacré aux « nouveaux historiens » dans le chapitre « Histoire » au début de ce guide.
Quoi qu'il en soit, c'est une population paniquée et en plein désarroi qui trouve refuge en Jordanie et notamment sur la rive ouest du Jourdain (Cisjordanie), à Gaza, en Syrie, au Liban, dans les Émirats, mais aussi en Europe et en Amérique du Nord. Gaza se trouvait alors sous administration égyptienne, tandis que la Cisjordanie avait intégré le royaume de Jordanie.
En 1967, avec la guerre des Six Jours et l'occupation de ces territoires par l'armée israélienne, les données changent. Ils font désormais partie d'Israël ou passent sous son contrôle. Une nouvelle vague de Palestiniens reprend la route de l'exil (autour de 450 000 habitants). On compte à la fois des réfugiés installés dans les territoires en 1948, obligés à nouveau de partir, et des personnes quittant pour la première fois leurs terres. Ces dernières ne sont pas considérées comme des réfugiés, mais comme des « personnes déplacées ». Ce petit arrangement avec les mots permet de limiter à la fois le nombre de réfugiés officiels et l'illusion d'un retour sur leurs terres, ainsi que d'alléger la charge déjà lourde de l'UNRWA (l'agence de l'ONU pour les réfugiés palestiniens au Proche-Orient). Depuis 1950, l'énorme structure humanitaire est chargée d'administrer les camps, les hôpitaux et les écoles pour réfugiés en Cisjordanie, à Gaza et dans les pays voisins.
Aujourd'hui, ils sont environ 5 millions à peupler la soixantaine de camps de Palestine, de Jordanie, du Liban et de Syrie. Ils sont issus de toutes les classes sociales. Les plus misérables vivent dans de denses camps de béton, les rangées de tentes ayant été remplacées depuis belle lurette par des constructions de parpaings qui s'agglutinent sur l'espace qui leur était dédié en 1948. On y construit tant qu'on peut, à la verticale, tout simplement pour faire face à l'accroissement démographique. Affirmer que les conditions de vie dans les camps, surtout pour le million de réfugiés de Gaza, ne sont pas reluisantes est un euphémisme.
Si en Jordanie ils sont bien traités et intégrés, c'est au Liban que leur condition est la plus mauvaise. Non seulement ils ne jouissent d'aucun droit civique mais une loi leur interdit l'accès à certaines professions : médecins, ingénieurs ou avocats. L'UNRWA continue de gérer les réfugiés palestiniens tant que leur sort n'est pas réglé dans le cadre d'un accord de paix – qui se fait attendre. Or le sujet est éminemment sensible : la question du droit au retour des réfugiés, bien qu'entérinée par la résolution 194 de l'ONU, constitue une des principales pierres d'achoppement du processus de paix.
Du coup, comme les Juifs avant eux, les Palestiniens deviennent un « peuple sans pays ».

RELIGIONS ET TRADITIONS

La religion musulmane

Mahomet

Le fondateur de la religion islamique est Mahomet (Muhammad, « le Loué »). Ce n'est pas un fils de Dieu. Il serait né vers 571 dans une famille de La Mecque. Orphelin très jeune, il doit travailler pour gagner sa vie. À l'âge de 25 ans, il est engagé par une riche commerçante, Khadija, qui le charge d'aller en Syrie vendre ses marchandises. Ce garçon, qui a l'habitude de se retirer dans une caverne pour méditer, n'en épouse pas moins sa patronne si l'on en croit la *sîra,* c'est-à-dire la biographie officielle du Prophète. N'ayant pas de descendance mâle de son union avec sa femme, qui a 15 ans de plus que lui, il adopte son cousin Ali et un esclave du nom de Zayd, qu'il affranchit. Il aura en revanche une fille, Fatima, qui épousera plus tard Ali et lui donnera deux fils, Hassan et Hussein.

On raconte que durant sa jeunesse Mahomet a accompagné son oncle en Syrie. Ils ont été accueillis par des chrétiens à Bosra où un moine, Bahira, reconnaît en Mahomet un prophète et lui prédit une grande destinée.

Pendant une de ses retraites, vers l'an 610, l'archange Gabriel (*Jibril* en arabe) lui apparaît et lui dicte des versets que celui-ci répète d'abord à son entourage, puis transmet à des secrétaires pendant une vingtaine d'années. Ils formeront le texte du Coran (*coran* signifie d'ailleurs « récitation »).

Le Prophète commence alors sa vie publique et ses prédications. Les premiers disciples se rassemblent. Mais l'enseignement de Mahomet dérange la bourgeoisie mecquoise. Persécutions et guerres religieuses s'ensuivent, principalement dans sa tribu (celle des Qurayshs), qui lui est la plus hostile. La situation devenant intenable à La Mecque, il émigre le 16 juillet 622 à Yathrib, avec une soixantaine de partisans : c'est de cette émigration *(hégire)* que part l'ère musulmane. La ville est rebaptisée « la ville du Prophète », *Madinat al-Nabi,* connue sous le nom de Médine en français.

L'influence de Mahomet va très vite prendre une importance considérable. Il rentre triomphalement dans sa ville natale en 630 et brise toutes les idoles qui entouraient la Kaaba (grand cube noir au centre du temple de La Mecque). Le Prophète s'éteint 2 ans plus tard, le 8 juin 632. Sa succession est prise en main par ses compagnons, mais donnera lieu plus tard à une scission, Moawiya soufflant à Ali (au prix d'une guerre) la direction de la communauté des croyants. De ce schisme naîtra par la suite l'opposition entre ***sunnites*** et ***chiites,*** les seconds (éclatés en une myriade de sectes) considérant Ali et ses descendants comme seuls chefs légitimes.

L'islam

La doctrine prêchée par Mahomet s'appelle l'*islam,* c'est-à-dire « résignation à la volonté de Dieu ». Elle est consignée dans le Coran. Les musulmans croient aux Psaumes, à la Torah, à l'Évangile, mais considèrent que certains Livres révélés n'ont pas échappé à l'altération apportée par les hommes, altération qui a rendu l'unicité divine moins radicale. La mission de Mahomet est de rétablir la révélation divine dans son intégrité.

TOUS FRÈRES !

Si Mahomet est le plus grand des prophètes puisqu'il apporta le Coran aux hommes, Jésus y a, lui aussi, une grande importance. Sans compter Moïse, Abraham et Adam, que l'on retrouve aussi dans l'Ancien Testament. La Vierge Marie est, quant à elle, la seule femme citée dans le Coran.

Le Coran

Rédigé en arabe en 634, le Coran est la ***transcription des paroles de Dieu dictées à Mahomet.*** Il enseigne que la durée de la création est de 6 jours. Les bonnes et les mauvaises actions des hommes, évaluées lors du Jugement dernier, méritent un paradis et un enfer où les félicités et les souffrances corporelles tiennent la plus grande place. Car c'est là un des traits dominants de l'islam : il n'y est pas fait abstraction des besoins et des passions du corps humain. Le fatalisme n'y est pas aussi absolu qu'on se l'imagine ; la globalité de ses actions a été écrite d'avance sur les tables de Dieu, mais l'homme peut en modifier la qualité, en bien ou en mal.

La morale, évidemment, tient une grande place dans la doctrine de l'islam. La première vertu est la piété ; sans elle, les meilleures actions ne sont pas agréables à Dieu. L'homme vertueux doit donner au pauvre (sous certaines conditions) une partie de son revenu épargné (2,5 %), sans ostentation. L'esprit de fraternité et d'égalité interdit le prêt à intérêt, atténue la condition de l'esclave, laisse la femme mariée gérer sa fortune, ne transmet pas les privilèges ni les titres. L'esprit de caste n'existe pas chez les musulmans ; ils vivent dans une sorte de théocratie.
La polygamie a été régulée et non créée par l'islam. La condition de la femme a même été l'objet de la sollicitude du législateur, qui lui assure sa part d'héritage dans la famille.

Les Cinq Piliers de l'islam

Il s'agit d'obligations fondamentales : la profession de foi, la prière, l'aumône légale, le pèlerinage à La Mecque et le jeûne du ramadan.
– ***La profession de foi*** *(shahada)* **:** il s'agit en fait d'une double profession de foi : d'un côté, le refus d'admettre qu'il puisse y avoir d'autres divinités que Dieu, et de l'autre, l'affirmation que le Prophète est une référence indépassable, ayant reçu, comme « sceau des prophètes », une mission universelle. On doit la réciter chaque jour à l'heure de la prière et au moment de la mort pour se voir ouvrir les portes de l'au-delà.

PHRASE SACRÉE

Il est difficile de se convertir au judaïsme. En revanche, pour devenir musulman, il suffit de prononcer devant témoin une seule phrase, une profession de foi : « J'atteste qu'il n'y a pas de divinités autres qu'Allah et que Mahomet est son messager. »

– ***La prière*** *(salât)* **:** elle a lieu cinq fois par jour (à l'aurore, au zénith du soleil, l'après-midi, au coucher du soleil et à la disparition de toutes lueurs à l'horizon, lorsque les étoiles apparaissent). L'heure de la prière est annoncée par le chant *(azân)* du muezzin, qui tournait jadis autour de la galerie du minaret ; cet appel est aujourd'hui diffusé par haut-parleurs. La prière doit être faite pieds nus ou en chaussettes. Le fidèle se tourne vers La Mecque pour prier. À force de poser son front contre le sol lors de la prière, il arrive qu'une petite callosité grise se forme. C'est une marque très respectée, car elle désigne un homme pieux. Dans la mesure du possible, la prière doit se faire dans une mosquée, mais elle peut avoir lieu dans un autre endroit propre, quand il est difficile de procéder autrement. Elle devient obligatoire dès la puberté.
– ***L'aumône légale*** *(zakat)* **:** impôt permanent qui permet de se purifier de la possession des biens de ce monde, réputés impurs. Elle représente en principe 2,5 % du revenu et elle est destinée à aider les plus défavorisés. Cette donation, qui efface en partie les mauvaises actions, doit être effectuée au bout de 1 an de non-utilisation de sa fortune (quand celle-ci dépasse une certaine somme). Chaque musulman remet la *zakat* à qui il veut.
– ***Le pèlerinage à La Mecque*** *(hadj)* **:** obligatoire au moins une fois dans la vie, mais les dispenses sont nombreuses. Il faut déjà pouvoir s'offrir le voyage jusqu'à Djeddah. Autrefois, on s'y rendait en caravane. Il ne suffit pas de faire le trajet, le pèlerinage comprend un certain nombre de rites : tourner sept fois autour de la Kaaba et dans le sens contraire des aiguilles d'une montre, parcourir sept fois aussi un chemin entre deux points, et si possible se rendre à Médine, mais ce n'est pas obligatoire. Le voyage, coûteux, dure généralement 2 semaines. Mais, au retour, le pèlerin est auréolé de gloire et bénéficie du titre très envié de *hadj,* désormais respecté par tout son entourage. Dans les villages égyptiens, il est de tradition de peindre sur la façade de la maison du pèlerin des scènes de son périple vers La Mecque (avion, autobus, bateau...). C'est au cours des rites du pèlerinage qu'a lieu le sacrifice du mouton, en souvenir d'Abraham qui sacrifia un bélier à la place de son fils Ismaël.

– ***Le jeûne du mois de ramadan :*** obligatoire à partir de la puberté, sauf pour les femmes enceintes, les malades et les voyageurs. Attention, ceux-ci doivent le pratiquer à leur retour. Ce serait trop simple de prendre ses vacances à ce moment-là !
L'abstinence s'étend à tous les aliments liquides et solides, à la fumée du tabac et à tout acte sexuel. On doit rester pur, même moralement. Le jeûne dure de l'aurore au coucher du soleil. Il est donc plus ou moins contraignant selon la saison à laquelle il tombe.

Le ramadan

Pour les voyageurs, c'est une période à la fois intéressante et difficile. Intéressante, car le ramadan rythme la vie de millions de personnes avec une précision étonnante. On y découvre une foule de traditions (notamment culinaires), et la vie est, le soir, encore plus animée que d'ordinaire. Difficile, car lorsqu'on ne jeûne pas, il n'est pas toujours simple de déjeuner (à Naplouse, Jéricho et Hébron, par exemple, mais pas de problème dans les villes à communautés mixtes comme à Bethléem et Ramallah). De plus, l'abstinence rend certaines personnes plus agressives et tout ferme pendant au moins 3h durant l'après-midi.

LES FESTIVITÉS DU RAMADAN

À la différence des catholiques avec le carême, le ramadan est aussi un moment de fête. Dès la rupture du jeûne, en fin de journée, on prépare des repas joyeux avec sa famille et ses amis. Les soirées durent tard dans la nuit. Les jeunes attendent le ramadan avec plaisir.

La journée du jeûneur commence tôt, il faut se dépêcher de manger un peu avant que le soleil n'apparaisse. Puis le jeûneur peut se recoucher pour se lever un peu plus tard que d'habitude (dans les entreprises, on commence en général 1h plus tard que d'ordinaire). Ensuite débute une longue journée. C'est en été (comme actuellement et pour quelques années encore) que le ramadan est le plus dur : les journées sont longues et il fait très chaud. Imaginez un peu. Il n'est pas facile de travailler l'estomac vide, sans même un verre d'eau, un petit café ou une cigarette pour les plus accros. Alors, forcément, le travail en souffre ! Mais l'indulgence est généralement au rendez-vous. Soyez sympa, évitez de vous enfiler de grandes rasades et de tirer sur votre cigarette à tout-va.
Avant la rupture du jeûne, c'est l'affolement général. Il faut rentrer chez soi le plus vite possible, ce qui parfois génère des embouteillages pour que quelques milliers de personnes se retrouvent devant leur assiette à la même heure. Les retardataires foncent à toute allure, et il devient dangereux d'être piéton à cette heure-là. Puis retentit le signal tant attendu, donné par toutes les mosquées (pas forcément synchronisées).
Le repas *(iftar)* commence invariablement par un jus (*'amar ed-din* à base de pâte d'abricots séchés, jus de datte, jus d'orange...), puis se poursuit par une cuisine très familiale. Le ramadan revêt des allures de grand festin, car si les gens se privent dans la journée, ils se rattrapent d'autant plus le soir. Pendant ce mois, la consommation nationale de sucre triple et, bien sûr, les prix augmentent ! On est bien loin du jeûne du prophète Mahomet qui se nourrissait de dattes, d'olives et de lait !
Pour les plus démunis ou ceux qui ne peuvent pas rentrer chez eux, de grandes tables sont dressées dans la rue. Les gens viennent s'y attabler et un repas leur est gracieusement servi. Ces tablées sont financées par les mosquées, par les riches du quartier, par des hommes politiques... Car le ramadan est avant tout une période de générosité et de partage, durant laquelle tous les musulmans vivent, l'espace de quelques heures, ce que les pauvres endurent toute l'année.

Pendant l'*iftar,* tout s'arrête : les rues sont désertes, les bus publics stationnent sur les bas-côtés, tous les magasins sont fermés. Au moins une bonne heure d'un calme irréel, avant que l'animation ne reprenne de plus belle. Car, le soir, on sort, on s'attarde aux terrasses des cafés, on se promène, on fait les magasins ou on dévore en famille les nombreux feuilletons, tournés spécialement pour l'occasion, aux interminables rebondissements. Et l'animation dure ainsi tard dans la nuit jusqu'au *sohour,* le dîner.
Les horaires des boutiques, administrations et musées changent à cette période.
– Les kiosques au coin des rues, les petits restos à *foul* ou à falafels prennent leurs vacances annuelles pendant ce mois-là.
Et inutile de pester en envoyant tout le monde au diable, car durant le ramadan, les musulmans qui meurent vont directement au paradis !

Les autres pratiques religieuses

– ***La circoncision :*** c'est une tradition en Orient ; la loi religieuse ne l'impose absolument pas. C'est plutôt une mesure d'hygiène qui prend ici un sens tout particulier car, comme le baptême chrétien, cela marque l'entrée du jeune garçon dans le monde des croyants. L'opération (qui consiste à exciser la peau du prépuce de la verge) est effectuée généralement entre 2 et 5 ans. Les familles qui en ont les moyens confient l'enfant à un chirurgien dans une clinique privée : l'acte chirurgical, effectué sous anesthésie, dure 5 mn environ. Les familles nécessiteuses s'adressent à un hôpital où les circoncisions se font à la chaîne. Elles sont faites par un chirurgien sans anesthésie générale mais sont gratuites. Dans les campagnes, il arrive encore parfois que ce soit le barbier qui procède à l'opération, sans aucune anesthésie bien sûr, mais c'est de plus en plus rare. Cette cérémonie donne lieu à des festivités plus ou moins importantes selon les moyens de la famille. Lorsque la plaie est cicatrisée, après quelques jours, le jeune intronisé se rend au hammam pour se purifier.
– ***Les purifications ou ablutions :*** le croyant ne peut accomplir la prière sans s'être purifié, en se protégeant des souillures ou en les éliminant (tapis de sol pour prier, abandon des chaussures pour ne pas souiller la mosquée des poussières de la rue, ablution du visage, de la barbe, des pieds et des mains avant la prière). Avant de toucher ou de lire le Coran, les ablutions sont recommandées. Mais le Livre saint, qui pense vraiment à tout, signale qu'en cas de pénurie d'eau (dans le désert, cela n'a rien d'anormal) on peut se purifier avec du sable.
– ***Les aliments prohibés :*** ce sont la chair de certains animaux (porc, mulet, âne), des carnassiers (mammifères et oiseaux), certains reptiles, ainsi que le sang de tous les animaux. La viande doit être absolument exsangue pour être consommée.
– ***La fête de l'Aïd el-Adha*** (ou *Grand Baïram*) ***:*** c'est la « fête du Mouton », manifestation religieuse et sociale très importante. Elle a lieu tous les ans et commémore le sacrifice d'Abraham. Celui-ci, s'apprêtant à sacrifier son fils à Dieu, vit s'approcher de lui, à l'ultime minute, un mouton « envoyé du ciel ». En souvenir, chaque famille sacrifie son mouton après l'avoir câliné et bichonné pendant plusieurs jours. Ceux qui n'en ont pas les moyens achètent du mouton en morceaux la veille, pour faire « comme si »... C'est aussi prétexte à exprimer l'unité familiale et à réunir tout le monde. La veille de l'Aïd el-Adha, le jour même et le lendemain, les institutions ne fonctionnent évidemment pas. La fête a lieu 2 mois et 10 jours après la fin du ramadan.

Les mosquées

Masjid (en arabe) désigne le prétoire, le lieu où l'on se prosterne (devant Dieu). Ce peut être bien sûr la mosquée, mais également n'importe quel endroit, pourvu qu'il soit dans un état de propreté et de sacralisation : ainsi un tapis de prière est-il autant un *masjid* qu'une mosquée. Le mot « mosquée » se traduit d'ailleurs en arabe par *jamaa* qui a le sens de « rassemblement ». Le vendredi est le jour du rassemblement *(yôm el-jamaa)* et aussi le jour de la mosquée, puisque c'est là que l'on se rassemble pour la prière collective.

La première mosquée fut érigée à Médine par le prophète Mahomet pour adorer Allah. Il institua ainsi dans ses grandes lignes ce nouveau style architectural. En général, la mosquée se compose d'une cour, au centre de laquelle se trouve souvent une fontaine pour les ablutions (celle-ci peut être à l'extérieur de l'édifice ou bien excentrée), et *d'iwan,* sortes de cours couvertes, de préaux, dont le plus éminent est orienté en direction de La Mecque. C'est là que les fidèles se mettent en lignes pour prier ensemble. La direction exacte du temple de La Mecque est indiquée par une sorte de niche, le *mihrab* (que l'on voit précisément représenté sur les tapis de prière). Pour effectuer le prêche à la communauté, l'imam monte sur une sorte de chaire que l'on appelle le *minbar.*

TÉLÉPHONE ARABE

Voici l'origine de cette célèbre expression : malgré l'excavation dans le mur du fond de la mosquée (le mihrab*) pour faire caisse de résonance, la voix de l'imam ne portait pas toujours assez loin. Pour relayer ses paroles et que les fidèles du fond puissent bien écouter la prière, des « assistants » se tenaient un peu partout dans la mosquée. D'un bout à l'autre de l'auditoire, ils répétaient les prières de l'imam... Aujourd'hui, ce « téléphone arabe » a été remplacé par des haut-parleurs, qui ne jouent vraiment pas le jeu puisqu'ils répètent tout sans rien déformer !*

Les mosquées, vues de l'extérieur, ne sont pas toujours très belles. Il est vrai que le Prophète recommande une construction aussi simple que possible.
Ce qui est extraordinaire, c'est le volume libre à l'intérieur. Assis, agenouillés un peu partout, des gens prient. Le plus souvent, les femmes prient dans un espace de la mosquée, séparées des hommes. Dans certaines mosquées, on voit des gens parler affaires, d'autres dormir... La maison d'Allah est une vraie maison.

Le christianisme

Environ 1,2 % des Palestiniens de Cisjordanie, Gaza ou Jérusalem-Est sont chrétiens catholiques ou orthodoxes. On les retrouve principalement à Bethléem, autour de Ramallah et à Jérusalem. Lire aussi le texte consacré à cette religion dans la partie Israël.

SAVOIR-VIVRE ET COUTUMES

Voici quelques règles élémentaires pour vous permettre de communiquer plus facilement et de ne pas vexer les gens qui vous invitent.
– Les Palestiniens sont toujours surpris (et flattés) de rencontrer des Occidentaux qui font l'effort de ***s'intéresser à leur langue.*** Quelques mots d'arabe (ne serait-ce qu'un simple bonjour) prononcés au bon moment raviront vos interlocuteurs.
– Le ***salut*** est très important et détermine souvent les rapports que vous aurez avec la population. Les traditionnels « salamalecs » (*Salam aleikoum* – réponse : *Aleikoum salam,* qui signifie « Que la paix soit avec vous ») peuvent être remplacés par un opportun et simple *Marhaba* (« Salut »).
On vous demandera souvent d'où vous venez *(« Where do you come from ? »),* puis on vous souhaitera la bienvenue (*welcome* est le mot le plus souvent prononcé dans le pays, ou alors *Ahlan wa salan,* qui signifie la même chose en arabe). Répondez « merci » (*choukran* ou *ahlan fik* – *fiki* si vous êtes une femme –, ça impressionne toujours).
– En principe, ***une invitation*** lancée à un visiteur ***ne se refuse pas d'emblée*** (sauf et surtout si elle vous paraît louche). Si vous n'avez pas le temps de vous rendre chez quelqu'un, ne refusez pas brutalement. Commencez par remercier

et inventez une excuse comme « Des amis m'attendent ». Si vous acceptez une invitation, sachez qu'il faudra vous plier aux cérémonies : boire du café, prendre le temps de discuter, etc. On ne rend pas une tasse non vidée. De même, manger avec appétit sera très apprécié. Vous reprendrez votre régime un autre jour ! S'exclamer, remercier avec effusion serait de la dernière impolitesse. Rien ne vous empêche d'offrir quelque chose à votre hôte (gâteaux, fruits, sodas, etc.), mais ne vous étonnez pas si votre cadeau est jeté dans un coin, sans avoir été ouvert. C'est assez surprenant mais ça ne veut pas dire que votre cadeau n'est pas apprécié.

– Pour les musulmans, ***la main gauche est impure*** (elle sert à faire sa toilette intime) : ne saluez pas et ne mangez pas avec (sauf avec des couverts, bien sûr, et sauf si vous êtes gaucher : ils le font aussi aujourd'hui).

– On ne jette pas le papier toilette dans la cuvette, mais dans une petite poubelle prévue à cet effet.

– Concernant les ***pourboires,*** notamment auprès des guides et des chauffeurs pour ceux qui voyagent par le biais d'une agence, se reporter plus haut à la rubrique « Pourboire » dans « Palestine utile ».

Spécial routardes

Nos amies routardes feront attention à leur tenue vestimentaire, particulièrement à Hébron et à Naplouse, des villes plus conservatrices. Il est clair que la minijupe n'est pas franchement à la mode dans la région... Le short non plus et même pas le débardeur à bretelles ! Principe fondamental : pas de décolleté plongeant. Éviter de montrer ses jambes au-dessus du genou, ses épaules et son dos. Un pantalon (ou pantacourt en été) et une chemise décente suffisent.

Dans les milieux les moins ouverts, ou à la campagne, où les seules personnes de sexe féminin qu'un homme est autorisé à côtoyer sont sa mère, ses sœurs, ses tantes et ses nièces, où une femme respectable ne croise jamais le regard d'un homme dans la rue, ne le salue pas même s'ils se connaissent, ne lui serre jamais la main, certains comportements devenus ordinaires chez nous sont à proscrire car ils risquent d'être mal interprétés. Une Occidentale, surtout si elle est jeune et même si elle est avec son compagnon ou mari, évitera toute proximité physique ou amabilité excessive.

Il suffit juste d'adopter une distance de bon aloi, assortie de vêtements adéquats, afin de poser clairement la limite, et d'éviter tout malentendu.

Dans certains restaurants populaires, il n'est pas rare qu'une salle à l'étage soit réservée aux familles (c'est-à-dire aux femmes, accompagnées ou non). Tout cela peut avoir un arrière-goût de ségrégation un peu désagréable. Dans ces cas-là, inutile de protester : contentez-vous de choisir un autre endroit si besoin.

SITES INSCRITS AU PATRIMOINE MONDIAL DE L'UNESCO

Organisation
des Nations Unies
pour l'éducation,
la science et la culture

En coopération avec
le centre du patrimoine mondial de l'UNESCO

Pour figurer sur la liste du Patrimoine mondial, les sites doivent avoir une valeur universelle exceptionnelle et satisfaire à au moins un des 10 critères de sélection. La protection, la gestion, l'authenticité et l'intégrité des biens sont également des considérations importantes.

Le patrimoine est l'héritage du passé dont nous profitons aujourd'hui et que nous transmettons aux générations à venir. Nos patrimoines culturel et naturel sont deux sources irremplaçables de vie et d'inspiration. Ces sites appartiennent à tous les peuples du monde, sans tenir compte du territoire sur lequel ils sont situés. Pour plus d'informations : ● *whc.unesco.org* ●

– Désormais membre à part entière de l'Unesco, la Palestine a demandé et obtenu en 2012 l'inscription en urgence de la basilique de la Nativité, ainsi que de la route des pèlerins (Star Street) à Bethléem. D'autres sites comme les vieilles villes d'Hébron et de Naplouse, Sebastia, Tell es-Sultan à Jéricho, la mer Morte ou encore Tell Umm Amer et le port d'Anthedon à Gaza font partie d'une longue liste de lieux et témoignages qui peuvent eux aussi prétendre à une inscription au Patrimoine mondial.

– La vieille ville de Jérusalem et ses remparts sont inscrits sur la liste du Patrimoine mondial en péril de l'Unesco.

LA PALESTINE

LA CISJORDANIE

Pour Jérusalem-Est, se reporter au chapitre consacré à Jérusalem, en milieu de guide.

▶ Pour la carte de la Cisjordanie, se reporter au cahier couleur.

Jusqu'en 2002, les frontières de la Cisjordanie étaient délimitées à l'est par le Jourdain, et sur ses autres contours par la ligne verte, tracée suite à la guerre de 1948 et reconnue internationalement. Depuis, un « mur de séparation » empiète sur le territoire, par ailleurs constellé de colonies. Autant de faits auxquels le voyageur est confronté quand il se rend en Cisjordanie. Mais au-delà de toutes considérations politiques (qu'on aurait tort de négliger ou de sous-estimer, même et surtout en tant que touristes), la Cisjordanie dévoile d'étonnantes richesse et diversité culturelles et naturelles.
Des vieilles villes de Bethléem, Hébron ou Naplouse aux montagnes arides et à la beauté sauvage à l'est (Jerusalem Wilderness), dernier rempart avant une immersion dans la mer Morte, de la ferveur religieuse sur le lieu de naissance du Christ à la découverte des sites archéologiques de premier ordre comme à Jéricho ou Sebastia, sans oublier le cosmopolitisme de Ramallah offrant encore une autre facette de la région, les surprises procurées aux pèlerins, archéologues en herbe ou tout simplement aux visiteurs curieux qui sillonneront cette terre, ne manquent décidément pas. Alors ne boudons pas notre plaisir.

BETHLÉEM

29 000 hab. IND. TÉL. : 02

▶ Pour le plan de Bethléem, se reporter au cahier couleur.

« Le Christ est un anarchiste qui a réussi. C'est le seul. »
André Malraux

➢ À 8 km au sud de Jérusalem.

Bethléem est une ville où il fait bon se poser, une ville singulière, hérissée de minarets et de clochers d'églises, une ville à la population mixte, musulmane en grande majorité, chrétienne en partie, sans compter les pèlerins du monde

entier et autres voyageurs venus découvrir la basilique de la Nativité.

Si Bethléem peut en effet s'enorgueillir d'être la ville de Cisjordanie la plus touristique, sa visite se résume bien souvent au lieu de naissance du Christ. Dommage, car la vieille ville, ses ruelles pavées et son souk, ses quelques musées et son atmosphère chaleureuse valent largement le détour. Même le mur qui transperce la cité y joue un rôle... détourné. « Frontière » insupportable côté pile, moyen d'expression particulièrement créatif côté face.

La ville a été bâtie avec de bien belles pierres dorées et lumineuses, provenant de carrières de la région. Une pierre réputée au-delà des frontières au point qu'elle a par exemple été utilisée dans la construction de l'aéroport new-yorkais JFK, et pour l'aménagement d'une célèbre place romaine. Aujourd'hui encore, son exportation est une source d'emplois pour les Palestiniens.

Aucune difficulté pour se loger ou se restaurer à Bethléem, d'autant que le rapport qualité-prix y est bien souvent meilleur qu'à Jérusalem. De plus, la ville peut constituer un bon point de départ pour rayonner dans la région.

SACRÉ ROUTARD !

Si Jésus a grandi à Nazareth, c'est bien à Bethléem, à 200 km de là, que l'enfant est venu au monde. Les Romains procédaient à un recensement qui, à l'époque, s'effectuait dans le village natal du père. Or Joseph était originaire de Bethléem. Marie, enceinte, a donc parcouru tout le trajet depuis Nazareth avant de donner naissance à son fils.

UN PEU D'HISTOIRE

L'histoire de Bethléem est marquée par celle des religions, ancrées dans cette Terre trois fois sainte.

L'Ancien Testament évoque la cité sous le nom d'Ephrata, où règne le roi David. Selon la tradition juive, David serait né ici (au Xe s av. J.-C.), tandis que Rachel, épouse de Jacob, aurait été enterrée non loin, à l'entrée de la ville sur la route de Jérusalem, après avoir mis au monde Benjamin. Rachel est vénérée à la fois par les juifs, les musulmans et les chrétiens, mais sa tombe se trouve désormais de l'autre côté du mur, dans une zone militarisée avec check-point.

Après la naissance de Jésus, il faut attendre le IVe s pour que le christianisme soit reconnu religion officielle de l'empire romain d'Orient par l'empereur Constantin, faisant de la ville un haut lieu de pèlerinage. C'est Hélène, la mère de Constantin, qui, en visitant la Terre sainte en 326, décide d'ériger une basilique à l'emplacement présumé de la grotte de la Nativité. Saint Jérôme, dès 384, anime la vie théologique de la cité et produit une nouvelle traduction latine de la Bible (la Vulgate). En 529, les Samaritains, en révolte contre Byzance, détruisent de nombreux édifices religieux, dont la basilique de Bethléem. Mais ce fait est contesté. On doit sa reconstruction à l'empereur Justinien dès 540. À partir de cette date, le lieu saint sera « miraculeusement » épargné par les conflits successifs.

Bethléem, la miraculée

En 614, les Perses envahissent la Palestine, détruisent Jérusalem, mais épargnent Bethléem. Les soldats auraient aperçu dans la basilique une mosaïque représentant les Rois mages vêtus d'habits perses. Comme quoi, le destin d'une ville tient parfois à peu de chose... En 638, avec la conquête arabe, le calife Omar s'empare de Jérusalem, rebaptisée Al-Quds. Il tolère le christianisme tant que ses adeptes paient un tribut au souverain. En 1009, l'excessif et pour le moins illuminé calife égyptien El-Hakim persécute les chrétiens, rase le Saint-Sépulcre, mais...

sauve Bethléem. On raconte qu'une intervention miraculeuse l'aurait arrêté dans son élan destructeur ou, plus prosaïquement, qu'il aurait voulu continuer à percevoir l'impôt des « roumis ».
Un siècle plus tard, sous les croisés, la ville est fortifiée et accède en 1110 au rang d'évêché. C'est à cette époque que la basilique est restaurée et embellie. Au XIIIe s, la victoire de Saladin et surtout l'arrivée des Mamelouks affaiblissent la communauté chrétienne. La basilique est préservée (encore une fois !), mais les murailles sont détruites.

L'ÉVÊCHÉ DE BETHLÉEM... EN FRANCE

Au XIIe s, les croisés craignaient, à juste titre, que Bethléem ne retombât entre les mains des musulmans. Guillaume IV de Bourgogne offrit alors un bâtiment à Clamecy, dans le Morvan, pour accueillir l'évêché de Bethléem. L'évêque s'y installa donc lorsque les Arabes reprirent la Terre sainte. Il y resta cinq siècles jusqu'à la Révolution française.

De l'occupation à l'autonomie

Lorsque les Ottomans débarquent au XVIe s, un pèlerin décrit une ville « en pauvre état » avec des « édifices ruinés ».
Bethléem connaît un regain de prospérité au XIXe s alors que plusieurs congrégations religieuses viennent s'installer dans la ville. Plus tard, les conditions de vie sous le mandat britannique favorisent d'un côté l'immigration, de l'autre une montée du nationalisme arabe. En 1948, les réfugiés palestiniens arrivent massivement dans la région et s'installent dans des camps, dont le plus vaste est celui de Dheisheh, qui compte encore de nos jours près de 14 000 habitants.
Après l'annexion de la Cisjordanie par Israël en 1967, Bethléem devient finalement autonome en décembre 1995, suite aux accords d'Oslo. Aujourd'hui, il suffit de monter sur une terrasse suffisamment haute pour s'apercevoir que la ville est cernée par les colonies israéliennes.

Comment assister à une messe de Noël ?

Pour assister à une messe de Noël à Bethléem, à l'église Sainte-Catherine, il faut en faire la demande (gratuite) auprès du *Franciscan Pilgrim's Office* à Jérusalem : ☎ *627-26-97.* • *fpo@cicts.org* • *cicts.org* • Envoyer la liste des participants, leur nationalité, leur religion et leur numéro de passeport. Comme la demande, vous vous en doutez, est toujours supérieure à l'offre, mieux vaut s'y prendre assez longtemps à l'avance (au plus tard début décembre) et appeler pour avoir confirmation de l'inscription 2 semaines avant Noël.
Noter que la messe de Noël est célébrée 3 fois à Bethléem (correspondant aux 3 églises en charge de la basilique) : le 25 décembre pour les catholiques, le 6 janvier pour les Arméniens et le 7 janvier pour les Russes orthodoxes.
De nombreux événements sont programmés autour de Noël dès début décembre (spectacles, marché de Noël...) ; renseignez-vous auprès du *Visitor Information Center* (• *vicbethlehem.wordpress.com* •).

Arriver – Quitter

🚌 ***Gare routière principale*** *(plan couleur B2,* **1***) : Manger St, à env 200 m de la basilique de la Nativité. Sous le centre commercial* Bethleem City Center. *Accès par le centre, utiliser l'ascenseur au fond de la galerie à gauche et descendre au sous-sol B4.* Les taxis *services* partent une fois pleins,

en principe 7h-20h. Il est possible de payer pour les places inoccupées (7 sièges en tout) si on ne veut pas attendre.
Liaisons avec :
➢ ***Hébron*** (trajet : 40 mn), ***Ramallah*** (1h), ***Jéricho*** (1h), ***Naplouse*** (changer à Ramallah, sauf si tous les passagers se rendent à Naplouse). Compter env 10 Shk pour Hébron, et autour de 20 Shk pour les autres destinations.
➢ Pour le monastère de ***Mar Saba,*** prendre un taxi privé et prévoir 60-70 Shk A/R, attente sur place comprise, et 20 mn de trajet.
➢ ***Bethléem-Jérusalem :*** au départ de Jérusalem (gare routière centrale près de la porte de Damas), bus direct nº 21 jusqu'à Bab El-Zqaq à Bethléem (arrêt à l'intersection des routes pour Hébron et Beit Jala ; *plan couleur A2,* **2**) ou bus nº 24 jusqu'au check-point piéton (*hors plan couleur par A1* ; appelé *Bethlehem check-point, CP 300* ou encore *Container* par les Palestiniens ; *Gilo check-point* par les Israéliens). Compter ensuite 15 Shk en taxi privé pour rejoindre le centre de Bethléem.

Adresses et infos utiles

– Attention aux ***jours de fermeture*** dans la ville : en principe le vendredi et soit le samedi, soit le dimanche.

Tourist Office *(office de tourisme ; plan couleur B2,* ***3*****) :** *Manger Sq, dans le* Peace Center. ☎ *275-42-35.* • *whatsinbethlehem.com* • *Tlj sf ven et dim 8h-16h.* Infos sur toute la Cisjordanie. On peut s'y procurer un plan de la ville, des brochures et petits catalogues sur Bethléem et la Palestine.
@ ***Visitor Information Center*** *(plan couleur B2,* ***4*****) :** *sur Manger Sq, près de la poste.* ☎ *275-42-35.* • *vicbethlehem@gmail.com* • *vicbethlehem.wordpress.com* • *Tlj sf dim 8h-16h.* Créé par la fondation Jean-Paul-II, le centre fournit des cartes des principales villes de Cisjordanie, pas mal de brochures, des infos sur tous les événements de la région, les points de passage, etc. Efficace. Très bon accueil.
■ ***Hla Tours (Holy Land Adventure Tours) :*** *PO Box 106.* ☎ *et fax : 275-53-20.* • *hla-tours.net* • Agence de voyages francophone. Voir dans « Palestine utile » la rubrique « Tourisme alternatif et solidaire ».
✉ ***Poste*** *(plan couleur B2)* **:** *Manger Sq. Près de la* Cairo Amman Bank. *Tlj sf ven-sam 8h-14h30.*
■ ***Banques :*** *plusieurs banques sur Manger Sq (plan couleur B2).* Le distributeur de la *Bank of Palestine* (jouxte le *Visitor Information Center, plan couleur B2,* **4**) permet de retirer des dollars ou des shekels. Attention, avec celui de la *Cairo Amman Bank* (près de la poste), on ne reçoit que des dinars jordaniens. Il faut ensuite faire le change aux guichets de la banque *(tlj sf ven-sam 8h30-14h30)* ou dans les ***bureaux de change*** *(plan couleur B2,* **5***).* Sinon, à l'***Arab Bank*** *(plan couleur B2,* **6***),* sur Manger Street (200 m après la gare routière, côté gauche en venant du centre), le distributeur délivre au choix dollars, dinars ou shekels *(dim-mer 8h30-14h30, 15h30-17h ; jeu 8h30-13h30 ; fermé ven-sam).*
■ ***Change*** *(plan couleur B2,* ***5*****) :** *bureaux de change dans la rue bordée d'échoppes de souvenirs, qui longe la mosquée d'Omar. Mêmes horaires et quasi même taux que les banques voisines (tlj sf ven-sam 8h30-14h30).*
@ ***ICC Internet Café*** *(plan couleur B2,* **7***)* **:** *depuis Manger Sq, remonter la rue des bureaux de change, c'est avt les escaliers, une ruelle sur la gauche. Tlj sf dim 9h-14h et 15h30-21h30.* 10 postes, Skype et ADSL, imprimantes, expresso, cappuccino et crêpes. Très sympa.
■ ***Police touristique*** *(plan couleur B2,* ***3*****) :** *dans le* Peace Center. ☎ *277-07-50.* On pourra vous répondre en anglais.

Où crécher ?

Si l'offre en matière d'hébergement est large et peut convenir à tous les budgets, il est tout de même conseillé de réserver longtemps à l'avance lors des fêtes chrétiennes.

Bon marché (moins de 120 Shk / 25 €)

Ibdaa Cultural Center Guesthouse *(hors plan couleur par A2, **11**) : dans le camp de Dheisheh, au niveau de l'entrée principale. Env 25 Shk en taxi depuis le centre. ☎ 277-64-44. • ibdaa48.org • Résa à l'avance conseillée. Compter 50 Shk/pers, petit déj en sus. La guesthouse est ouv aux volontaires comme aux touristes de passage.* Fondé en 1994, le centre culturel développe plusieurs projets pour venir en aide aux enfants et aux familles du camp de réfugiés (établi en 1949) : il abrite le meilleur club féminin de volley-ball en Palestine, la 1re radio du camp et vend de l'artisanat. Loger ici permet de mieux appréhender le quotidien des habitants : une vie certes rude, mais aussi souvent créative et solidaire. Chambres de 2 à 6 lits superposés, avec salle de bains, ventilo et chauffage. Resto sur place.

Phoenix Center *(hors plan couleur par A2, **12**) : dans le camp de Dheisheh, à l'opposé du centre Ibdaa. ☎ 275-10-06. • phoenixbethlehem.org • Prévoir 50 Shk/pers, petit déj compris. Les contacter à l'avance.* Centre socioculturel créé pour répondre aux besoins de la communauté à travers des projets très diversifiés (programmes d'éducation, labo informatique, centre d'aide psychologique, artisanat, théâtre et musique, etc.). La *guesthouse* accueille en priorité les volontaires du centre, mais rien ne vous empêche de demander s'il leur reste des places disponibles. Dortoirs de lits superposés pour 4 à 6 personnes, salle de bains commune.

Prix modérés (120-200 Shk / 25-42 €)

Mary's House *(The Bridgettine Sisters ; plan couleur A2, **10**) : hosh al-Qattan. De Paul VI St, emprunter les escaliers entre les nos 58 et 62. ☎ 275-03-60. • brigida@p-ol.com • Compter 220 Shk pour 2 avec petit déj. Dîner possible sur résa.* Dans un couvent reconnaissable de loin, car surmonté d'une statue de Notre-Dame-de-Palestine, la petite communauté de 7 sœurs de différentes nationalités propose une quinzaine de chambres *twin*, simples dans la déco, mais toutes avec salle de bains (pas de TV). Par un système de passerelles, on accède à 2 terrasses offrant une vue grandiose (divine ?) sur la ville et les églises alentour. Et le tout est impeccablement tenu.

Bethlehem Youth Hostel *(plan couleur B3, **14**) : en face du 53, Anatreh St. ☎ 274-84-66. • ejepal.org • Depuis Manger Sq, descendre la rue face au Peace Center, puis prendre la 1re à gauche, c'est 250 m plus loin sur la droite, juste après l'école franco-palestinienne. Env 90 Shk/pers avec petit déj, ½ pens et pens complète possibles.* L'association francophone EJE (les Enfants, le Jeu et l'Éducation) a restauré une ancienne bâtisse pour la transformer en auberge. C'est désormais une source de revenus pour l'organisation qui vient en aide aux enfants palestiniens des camps de réfugiés, entre autres. 2 vastes dortoirs de 10 lits chacun, machine à laver, cuisine à disposition. Accueil charmant et parfois en français. Possibilité de louer le minibus de l'école (avec chauffeur) pour faire une virée dans les environs.

Prix moyens (60-100 $ / env 45-75 €)

Casa Nova Palace Hotel *(plan couleur B2, **15**) : Manger Sq, à côté de la basilique de la Nativité. ☎ 274-27-98. • casanovapalace.com • Compter 60 $ pour 2, petit déj compris. Ascenseur.* Un endroit qui donne envie de se poser, avec son petit jardin devant, ouvert à tous, où on peut venir prendre un verre. Seulement 25 chambres, très propres et modernes avec TV écran plat, petit coffre, dont 2 avec une sorte de bow-window. Bonne atmosphère et très bon rapport qualité-prix.

Casa Nova Hotel *(plan couleur B2, **16**) : Manger Sq, jouxte la basilique.*

LA CISJORDANIE

☎ 274-39-81. • casanovapalace.com • Même direction et prix que le Casa Nova Palace Hotel. Plus austère que son voisin, mais tout aussi impeccablement tenu et accueil adorable. Près de 70 chambres confortables (sèche-cheveux, petit coffre). Celles des étages supérieurs profitent d'une vue sur la place de la Nativité.

Abu Gubran Guesthouse *(plus connu par le nom du centre qui l'abrite* **Ad-Dar** *; plan couleur A2,* **17***) : 109, Paul VI St. ☎ 277-00-47. • diyar.ps • Double avec sdb 92 $, petit déj compris.* Très bien placée, dans la vieille ville, non loin de Manger Square, à portée d'oreilles (voire plus que ça) des cloches et des minarets, rien de tel pour un réveil matinal ! Chouette architecture baignée de lumière, où se mêlent éléments anciens et contemporains. Le bâtiment principal abrite un centre culturel (dynamique) et un café, tandis que la *guesthouse* se situe à l'arrière. Une petite cinquantaine de chambres sobres mais soigneusement arrangées, et surtout, impeccablement entretenues. Agréable terrasse calme, fleurie et ombragée pour prendre son petit déj.

Pilgrim Residence *(plan couleur B2,* **22***) : 73, Milk Grotto St. ☎ 276-60-40. • pilgrimresidence.com • Double compter 86 $ en hte saison.* Un peu au-delà de la *Milk Grotto Chapel*, un hôtel bien tenu aux volumes spacieux de 71 chambres climatisées (kitchenette dans les suites) avec balcons pour certaines, environné d'un peu de verdure. Caméras très présentes. Clientèle principalement russe et polonaise (des icônes partout !). Outre sa localisation et la vue qu'il offre, son intérêt réside dans la piscine couverte et le sauna (5 pers max, réservation chère !).

Paradise Hotel *(plan couleur A1,* **19***) : Manger St. ☎ 274-37-69/42. • paradisebethlehem.com • 60-90 $ la double avec petit déj selon saison.* Un grand hôtel moderne de près de 300 chambres avec douche ou bains, dotées de tout le confort, certaines avec balcon. Toutes ont été rénovées, récemment pour une partie. Quant aux 2 salles de restaurant, elles sont tellement vastes qu'on n'a pas du tout envie de s'y installer en revanche.

Saint Vincent Guesthouse *(plan couleur A2,* **18***) : John Paul II St. En face de l'université. ☎ 276-09-67 à 69. • saintvincentguesthouse.com • Double avec sdb 85 $, réduc à partir de 2 nuits ; ½ pens possible.* Structure créée pour soutenir financièrement un orphelinat. La *guesthouse* accueille en majorité des pèlerins mais les touristes individuels sont les bienvenus (selon disponibilité). Elle est composée d'une trentaine de chambres de 2 à 4 lits, au calme, avec un petit jardin et une terrasse qui offre une belle vue sur la ville ; 2 chambres avec balcon. Le cadre, certes agréable, se paie tout de même un peu cher.

De chic à plus chic (plus de 100 $ / 75 €)

Mount David Hotel *(plan couleur B2,* **20***) : Manger St. ☎ 276-65-11 à 13. • mountdavidhotel.com • Non loin de l'autre centre animé de la ville. Prévoir 120 $, petit déj inclus.* Près de 80 chambres assez spacieuses avec le côté cosy que procurent les couettes. Confort de standard international. Impeccable.

Jacir Palace Intercontinental *(plan couleur A1,* **21***) : Hebron Rd. ☎ 276-67-77. • intercontinental.com • Doubles env 145-200 $ selon confort et saison.* Le château fut construit en 1910 par Suleiman Jacir, un riche marchand bethléemite, puis transformé en prison par les Britanniques au début des années 1940, avant de devenir une école publique. Inutile de dire que l'architecture ne passe pas inaperçue. Les chambres se trouvent à l'arrière, de l'autre côté de la grande piscine paysagée et environnée d'herbe, dans un bâtiment moderne (dommage...). Terrasse pour celles du rez-de-chaussée. Grand espace, déco de très bon goût, salle de fitness, spa (massages à réserver à l'avance) ; l'hôtel de luxe de la ville répond au standard international de la chaîne.

Où dormir ? Où manger dans les environs ?

Hosh Yasmin Organic Farm : *à* ***Beit Jala,*** *dans le wadi Makhrour. Bus nº 21 (celui de Jérusalem), descendre à l'arrêt DCO, à 3 mn de marche du resto. 0599-868-914. • saadehmazen@yahoo.com • Tlj. Possibilité de camper : prévoir 60 Shk pour 1 pers, 100 Shk pour 2, tente, sac de couchage (apporter son sac à viande) et matelas fournis. Petit déj en sus. Plats 30-60 Shk. Possibilité de volontariat à la ferme en échange des repas et/ou nuitée.* Mazen a créé cette ferme bio dans une vallée entre Beit Jala et Jérusalem. Entre les terrasses d'oliviers, la ferme cultive plus de 35 fruits et légumes différents, servis directement dans l'assiette du resto. Du producteur au consommateur ! Le resto, installé dans une ancienne bâtisse, propose des plats traditionnels selon les recettes des grands-mères de la région. C'est bon et copieux, donc aucune raison de s'en priver ! De là, on a une vue sans pareille sur la vallée, faisant (presque) oublier la proximité du gigantesque check-point de Bethléem tout proche. Bon, même si on aime plutôt bien la déco récup' et sans chichis, l'environnement fait quand même un peu cra-cra... dommage. Une ancienne citerne sert de piscine en été. Bon petit déj avec les produits frais de la ferme. Cours de yoga, projection de films (en général lundi en fin de journée).

Tal Al-Qamar *(plus couramment appelé* ***Al Khaïma in Al Brye****) : à 10 km à l'est de Bethléem, dont 2 km de piste caillouteuse en parfait état, dans la région de* ***Jerusalem Wilderness.*** *0597-903-500 ou 0542-054-914. • alkarmel48@hotmail.com • Transport possible depuis les locaux de l'AIC à Beit Sahour (voir « Dans les environs de Bethléem »), sinon, compter 60 Shk et 25 mn de Beit Sahour. Résa obligatoire au moins 4 j. avt. Compter un forfait de 500 Shk pour max 10 pers, dîner + nuit + petit déj.* Un endroit très atypique. Tout est parti du projet d'Ahmad, aidé de son frère, qui voulait mettre en valeur les terres familiales pour s'aménager une sorte de « refuge », où il viendrait se ressourcer, seul, en famille ou entouré de ses amis. Et finalement, c'est tout naturellement qu'il en a ouvert les portes (enfin, si l'on peut dire, car des portes, il y en a peu justement !) aux touristes de passage. L'espace est très progressivement aménagé, et compte désormais 5 chambrettes, 2 douches et 2 w-c. Également quelques tentes avec matelas (prévoir son sac à viande) ou la possibilité de dormir à la belle étoile après avoir admiré le coucher du soleil, la mer Morte et la Jordanie au loin. Un environnement sauvage de toute beauté où la roche ocre forme comme des dunes. Ahmad peut préparer un repas traditionnel avec des musiciens, ou aussi vous proposer une balade à la journée. Pour ceux qui cherchent une expérience « bout du monde ».

Abrahams Herberge : *dans le centre de* ***Beit Jala.*** *Compter 74 $ pour une double avec petit déj, et 23 €/pers en dortoir.* Une construction récente réussie où la belle pierre locale a été généreusement employée. Une structure 2 en 1 tenue par une congrégation luthérienne : un hôtel de 28 chambres, et une auberge de jeunesse avec quelques dortoirs de 8 à 24 places. L'ensemble est impeccable, et l'accueil vraiment charmant, de Mohammed notamment. Belle terrasse, accès au toit. Et un resto sur place pour compléter le tout. On rejoint Bethléem en une petite demi-heure à pied, mais sinon on peut emprunter les nombreux minibus bien sûr.

Où manger ? Où prendre son petit déj ?

Bon marché (moins de 30 Shk / 6,50 €)

Afteem *(plan couleur B2, **30**) : Manger Sq. ☎ 274-79-40. De Manger Sq, 1re petite rue qui descend sur la droite après le Peace Center. Tlj sf dim 8h30-22h.* Une institution à Bethléem, pensez donc, depuis 1948 *Afteem* régale ses habitués et les touristes de *mezze* bien frais, de falafels croustillants ou encore de *fatteh* (plat à base de viande hachée, de pois chiches et de pain) goûteux. Cuisine ouverte sur la salle en pierre voûtée et accueil très aimable. Idéal aussi pour un petit déj local ou le midi pour un sandwich falafel pas ruineux et vite avalé. Un excellent rapport qualité-prix-situation.

Prix moyens (30-60 Shk / 6,50-13 €)

|●| ***Abu Eli*** *(plan couleur A1,* ***32****) : Manger St. En haut de la rue en allant vers le check-point. ☎ 274-18-97. Tlj sf mar de 12h jusque tard.* Une référence à Bethléem pour ses grillades et son agneau (à l'exception d'un plat de poulet, il n'y a d'ailleurs que ça) préparé comme il se doit. Les végétariens (les quoi ?) se rabattront, comme d'habitude, sur les *mezze*. Une affaire qui tourne comme une horloge. Et un service, qui plus est, très aimable. Terrasse.

|●| ***Abu Shanab*** *(plan couleur A-B2,* ***33****) : Manger St. ☎ 275-00-43. Tlj sf lun.* Dans le genre grillades et *mezze,* « Le Moustachu » se pose là (à voir les bacchantes du proprio – un personnage –, on comprend vite le choix du nom !). Les audacieux pourront même commander des testicules de mouton (selon dispo), les autres des côtelettes d'agneau ou un kebab. Pas mal de groupes, mais les individuels sont les bienvenus.

|●| ☕ ***Panorama Tent Restaurant*** *(plan couleur B2,* ***31****) : à l'étage du centre commercial* Bethlehem City Center *et quelques étages au-dessus de la gare routière (!). ☎ 274-90-45. Tlj 8h-23h30. Sert de l'alcool.* À priori, rien de très engageant côté situation. Et pourtant, c'est sans doute un de ses atouts majeurs. Imaginez : une vue imprenable sur la ville, encore plus belle la nuit quand toutes les lumières scintillent. D'autant que la cuisine y est correcte. On y trouve du porc. Très bon *knafeh* (dessert) également. Le tout arrosé d'un petit verre d'arak.

|●| ***The Square Restaurant & Coffee Shop*** *(plan couleur B2,* ***34****) : Manger Sq. ☎ 274-98-44. Tlj 9h-minuit. Sert de l'alcool.* (wifi) Position on ne peut plus centrale qui ferait craindre l'adresse archi touristique, mais la clientèle bethléemite rassure d'emblée. Elle plébiscite un resto moderne arborant canapés rouges et coussins verts, mais qui ne renie pas son passé (voir les objets traditionnels en déco). La cuisine opte aussi pour le grand écart allant des *nachos* aux salades orientalisantes, une sorte d'œcuménisme culinaire, le tout servi, ma foi (!), généreusement. Musique occidentale un peu envahissante.

|●| ***Café Sima*** *(plan couleur A1,* ***35****) : Manger St. ☎ 275-20-58. Tlj sf mer 12h-19h.* Une adresse de femmes, qui s'adresse, par exemple, à ceux qui feraient une overdose de falafels ! On commande au comptoir auprès de Sima, la chef, qui a étudié quelques mois en France, et en est revenue avec des plats tout simples : soupe, quiche, croque-monsieur ou crêpes et même une salade niçoise ! Archi exotique ici. Ne pas oublier les bons desserts (au chocolat belge) et le vrai espresso. Accueil d'une grande gentillesse.

|●| ***The Wall Steak House*** *(plan couleur A-B1,* ***36****) : Caritas St, près du check-point piéton. Tlj 11h-23h.* Muhammad, un jeune homme discret au large sourire, a repris ce resto et propose viandes grillées et sandwichs. Les soirs de foot, les matchs sont projetés sur un écran géant tendu à même le béton du mur ! Une façon d'humaniser l'insupportable. Chicha. Ne pas manquer non plus toutes les magnifiques peintures murales à proximité.

LA CISJORDANIE

Où acheter un bon jus de fruits frais ?

🍸 ***Tel Star :*** *Manger St, à quelques mètres de Manger Sq, sur la droite.* Un vendeur de kebabs qui propose aussi des jus de fruits frais, avec l'avantage, par rapport à d'autres, de proposer plus de choix : en plus des classiques agrumes, mangue, kiwi... selon la saison.

Où boire un verre ?

🍷 ***Al-Kuz Café and Bar*** *(plan couleur A2,* ***17****) : 109, Paul VI St, dans le centre culturel Ad-Dar (voir plus haut « Où dormir ? Prix moyens »). À l'étage. Tlj sf dim 10h-21h. Sert de l'alcool.* Agréable pour son calme et sa terrasse arborée.

🍷 Également le bar de l'hôtel ***Jacir Palace Intercontinental*** (plan couleur A1, **21** ; voir « Où dormir ? ») et dans les restos ***The Square*** *(plan couleur B2,* **34**) et ***Panorama Tent*** (plan couleur B2, **31** ; voir plus haut « Où manger ? »).

À voir

👁👁 ***Manger Square*** *(place de la Nativité ; plan couleur B2)* **:** la place principale de Bethléem est flanquée de la basilique d'un côté, et de la mosquée Omar (l'unique édifice musulman de la vieille ville, érigé en 1860) de l'autre. En tant que centre névralgique et point de repère, on y trouve les offices de tourisme, plusieurs banques et restos. Dommage toutefois qu'elle serve de parking aux voitures.

👁👁👁 ***Church of the Nativity*** *(basilique de la Nativité ; plan couleur B2)* **:** *Manger Sq. ☎ 274-24-40. Tlj sf dim mat 6h30-19h30 (oct-mars 5h-17h). GRATUIT. Avoir une tenue correcte.*

Il s'agit de la plus ancienne basilique du pays et du deuxième Lieu saint des chrétiens après Jérusalem. Elle est construite en 326, à l'initiative d'Hélène, la mère de Constantin, au-dessus de la grotte où Jésus serait né. Naissance relatée dans les Évangiles selon saint Luc (II, 7) : « [...] et elle mit au monde son Fils premier-né. Elle l'enveloppa de langes et le coucha dans une grande mangeoire parce qu'il n'y avait pas de place pour eux dans la salle des hôtes. » On peut toujours admirer la nef et les quatre alignements de colonnes datant du IVe s. Le reste subit ensuite de nombreuses transformations. Après sa destruction par les Samaritains en 529, Justinien entreprend sa reconstruction. Il conserve le plan original mais ajoute trois absides et le narthex. Il la veut belle et spacieuse, à même de rivaliser avec les plus beaux sanctuaires de Jérusalem. On raconte que, déçu par le résultat, il accusa l'architecte d'avoir détourné les fonds et le fit décapiter !

Au XIIe s, les croisés la protègent avec une muraille qui lui confère depuis une allure de forteresse. Cette période correspond à un âge d'or pour l'embellissement de la basilique : les Francs la couvrent d'un plafond de cèdre, de pavements de marbre blanc, de peintures et de mosaïques. Mais à partir du XIIIe s avec les Mamelouks, puis les Ottomans, le monument est négligé.

Au XVe s, les Franciscains renforcent le plafond en bois par des lames de plomb, volées en partie par les Ottomans à des fins militaires (le plomb servait à fabriquer des balles !) ; si bien que la toiture doit être à nouveau restaurée par les Grecs au XVIIe s. Le marbre au sol et aux murs subit le même sort : piqué par les Turcs pour embellir leur propre mosquée. L'intérieur perd petit à petit ses ornementations et sa richesse. Et, malgré une restauration au XIXe s, il est aujourd'hui difficile d'imaginer la splendeur passée de l'édifice.

La modification de l'accès principal date probablement de l'époque ottomane. On aperçoit encore l'arche d'origine. Il faut aujourd'hui se courber pour passer par une porte haute de 1,20 m.

LA FIN D'UN PRIVILÈGE

Depuis des temps ancestraux, les papes accordaient à certains rois et seigneurs méritants l'honneur de pénétrer dans une église à cheval... Bizarre mais prestigieux. Craignant que les musulmans ne profanent les lieux saints avec leurs chevaux, par provocation, on réduisit l'entrée à une porte minuscule, qui existe toujours.

Aujourd'hui, la porte franchie, on débouche sur la nef centrale traversée par quatre rangées de colonnes. Son dallage a été percé après la découverte en 1934 des mosaïques d'origine. Admirer les saints illustrés par les croisés sur les colonnes en calcaire rouge, ainsi que les restes de mosaïques murales au-dessus, figurant les ancêtres de Jésus. Côté droit, un font baptismal date du VIe s.

À droite du chœur, des escaliers permettent de descendre à la grotte de la Nativité (on remonte de l'autre côté). L'endroit est assez exigu, ce qui n'empêche pas les visiteurs de se presser devant l'autel (avec un comportement parfois assez éloigné des valeurs qu'ils sont venus honorer) ou devant l'étoile d'argent à 14 branches, fixée par les latins en 1717, qui marque le lieu de naissance du Christ. C'est une copie qu'on peut actuellement voir à l'emplacement initial. Remarquer la porte au bout du couloir. Elle donne sur un tunnel qui débouche sur les grottes situées sous l'église Sainte-Catherine. C'est par là que les Franciscains passent tous les jours.

PEACE AND LOVE

Comme la basilique du Saint-Sépulcre à Jérusalem, celle de Bethléem est partagée entre les Arméniens, les Grecs orthodoxes et les Latins. Il fallut même un décret, pris par l'Autorité ottomane en 1852, pour établir strictement ce partage. Tout y est codifié : le parcours des processions, les heures des messes, l'entretien des tapisseries, l'attribution des chandeliers... Toute restauration doit être acceptée par les trois communautés, ce qui est loin d'être simple. D'ailleurs, il est déjà arrivé que des religieux se bagarrent à coups de balai !

– On accède désormais à l'***église Sainte-Catherine*** par la nef de la basilique *(tlj sf dim mat 6h30-19h ; oct-mars 5h-17h),* via le ***cloître*** datant de l'époque médiévale. L'église est construite à la fin du XIXe s au-dessus d'un réseau de grottes dans lequel on peut descendre par des escaliers situés sur le côté droit de la nef. Il abrite les tombes de sainte Paule et de sa fille sainte Eustochie, les deux patriciennes (riches Romaines) qui ont accompagné saint Jérôme en Palestine. Elles jouxtent la sépulture du saint.

Saint Jérôme vécut à Bethléem de 386 à 420 et, pendant 34 ans, traduisit dans une grotte la Bible en latin (la Vulgate) à partir de l'original, en hébreu ancien, et de la Septante (la première traduction, en grec). La Vulgate est ensuite devenue la base de toutes les traductions occidentales de la Bible. Pour ressortir, on traverse de nouveau le cloître où se dresse la statue de saint Jérôme. Il est présenté tenant une plume et un livre, avec un crâne à ses pieds pour lui rappeler sa mortalité et la tâche qui lui reste à accomplir avant sa mort.

C'est dans cette église que se déroule la messe de minuit pour ne pas endommager la grotte voisine de la Nativité.

Milk Grotto Chapel *(grotte du Lait ; plan couleur B3)* **:** *à 200 m au sud-est de la basilique de la Nativité. Contourner la basilique par la droite et suivre la ruelle bordée de boutiques de souvenirs, la grotte est un peu plus loin sur la droite. ☎ 274-38-67. Tlj 8h-18h (17h oct-mars). GRATUIT.* Il s'agit de la grotte où, traditionnellement, Marie aurait allaité son enfant avant de partir en Égypte. La Sainte Famille s'y serait cachée des soldats d'Hérode... Quelques gouttes du lait seraient tombées sur le rocher, devenu alors tout blanc. Depuis, les femmes enceintes et les jeunes mères, aussi bien chrétiennes que musulmanes, le vénèrent pour ses propriétés particulières (il stimulerait la lactation). Mais pour que ça fonctionne, elles sont censées ingurgiter un morceau de roche. Une chapelle, édifiée par les Franciscains au XIXe s, couronne la grotte.

Old Bethlehem Home Museum *(Arab's Women Union ; plan couleur B2)* **:** *Paul VI St. ☎ 274-25-89. Tlj sf jeu et dim, 8h-13h. Entrée : 10 Shk.* Le musée présente les arts et traditions populaires des XIXe et XXe s dans deux anciennes maisons de la vieille ville. Dans la première, photos d'époque, reconstitution d'un salon, de la cuisine (avec le puits, les différents ustensiles). Dans le deuxième bâtiment, plus ancien, un espace taillé dans la roche abritait les animaux. À l'étage se trouvait la seule pièce de la maison. Bijoux et costumes traditionnels y sont aujourd'hui exposés. Encore au-dessus, se trouve la chambre construite à la fin du XIXe s. On y découvre des tissus et tapis du début du XXe. Le musée fait partie d'un centre socioculturel fondé par les femmes de la région avec pour but de créer des emplois et de faire revivre l'artisanat palestinien (notamment la broderie). Vente sur place.

International Nativity Museum *(musée international de la Nativité ; plan couleur A2) : Salesian St. 0598-911-511. • internationalnativitymuseum.com • Tlj 16h-22h (sur rdv 8h-16h). Visite guidée possible. Entrée : 20 Shk ; réduc. Bénéfices investis dans des projets éducatifs.*

Établi au rez-de-chaussée du couvent des Salésiens (un ordre religieux originaire d'Italie), sous l'égide de l'Unesco, le musée rassemble 200 crèches du monde entier, des plus riches aux plus humbles, des plus classiques aux plus farfelues, des plus anciennes aux plus modernes, dans des matériaux aussi diversifiés que la lave de volcan, le bois d'olivier ou la céramique. Au hasard, on notera une crèche autrichienne figurant un personnage à lunettes (sans doute le seul de toute la collection), celle donnée par Jean-Paul II, une autre de Provence composée de santons. Admirer aussi l'histoire de Marie, conçue par cinq artistes espagnols, qui se déroule comme un film. Une salle est consacrée aux crèches palestiniennes réalisées par les étudiants du centre que gèrent les Salésiens. Noter comme la vision de cet événement universel diffère selon qu'elle est chinoise, rwandaise ou indienne d'Amérique. Un véritable panorama de l'art populaire mondial.

NAISSANCE DE LA CRÈCHE

On attribue la première crèche vivante à saint François d'Assise, venu célébrer Noël à Greccio, un petit village italien. On est en 1223 ; la messe doit se dérouler dans une grotte, qui est alors aménagée : on remplit une mangeoire de foin, fait venir bœuf et âne, tandis que les villageois jouent les personnages de Joseph, Marie et des Rois mages. L'événement marqua à ce point les esprits que la reconstitution de la crèche resta une tradition encore vivace huit siècles plus tard.

Bethlehem Peace Center *(plan couleur B2) : Manger Sq. Tlj 9h-18h.* Abrite l'office de tourisme, des expos temporaires et une permanente sur les crèches du monde entier.

Les peintures murales : *Caritas St et vers le check-point 300 (piéton).* Sur le mur, graffitis ou dessins satiriques hyperréalistes et poignants. Les immenses portraits en noir et blanc du rabbin, du prêtre et de l'imam, réalisés en 2007 par le duo franco-suisse JR et Marco, s'effacent gentiment, au profit de nouveaux dessins qui occupent l'espace au fil des mois. Et depuis décembre 2011, des témoignages de femmes palestiniennes ont été placardés sur le mur, après le check-point à pied (CP 300) en allant vers le centre. Ils relatent de courtes bribes de leur vie quotidienne, exprimant souffrance et peur, mais aussi force et courage.
Lire aussi le texte sur le *Street Art* dans la rubrique « Arts » de « Palestine : hommes, culture, environnement ».

Le souk *(plan couleur A-B2) : dans la vieille ville ; depuis Manger Sq, remonter la rue des bureaux de change et grimper les escaliers, c'est plus haut, sur la gauche. Tlj sf ven 7h-15h.* Marché de fruits et légumes colorés et odorants.

DANS LES ENVIRONS DE BETHLÉEM

Solomon's Pools *(vasques de Salomon ; hors plan couleur par A2) : à env 3 km de Bethléem, sur la route d'Hébron. • solomonpools.com • Compter 9 Shk en taxi*

collectif et 50 Shk en taxi. Les trois bassins servaient autrefois à alimenter Jérusalem et l'Hérodion via un aqueduc datant de l'époque d'Hérode (Ier s av. J.-C.) : ils ont été creusés 6 m l'un sous l'autre pour utiliser la déclivité du terrain. D'autant plus ingénieux et efficace que ce système hydraulique a fonctionné jusqu'en 1946. De l'autre côté de la route, le sultan ottoman Soliman le Magnifique (XVIIe s) a ordonné la construction d'une forteresse (Murad Castle), à la fois pour protéger les vasques et pour héberger les pèlerins et les marchands qui se rendaient à Jérusalem. L'ensemble est situé dans une pinède, dont le charme bucolique vaudrait à lui seul la balade, si ce n'était les ordures qui jonchent le sol. Quel dommage !
Depuis peu, la forteresse, très joliment restaurée, abrite le *Murad Castle Museum,* une collection ethnographique palestinienne.

➢ Ceux qui sont motorisés peuvent revenir à Bethléem par le ***wadi Artas,*** vallée fertile et verdoyante. Le village d'Artas abrite le couvent des sœurs de Notre-Dame-du-Jardin ainsi que le couvent Hortus Conclusus. Impressionnant !

LA CISJORDANIE

★★ *The Herodium* *(Hérodion)* **:** *à env 6 km au sud-est de Bethléem. Prendre un taxi privé en lui demandant d'attendre sur place. ☎ 563-62-49. • parks.org.il • Compter 150-200 Shk en taxi, avec env 45 mn d'attente sur place (ce qui est court pour visiter, sachez-le). Depuis le parking, accès par une grande volée de marches... hérodées (facile !). Tlj 8h-17h (16h oct-mars) ; dernière admission 1h avt. Accès : 29 Shk ; réduc. Site (en zone C) géré par les autorités israéliennes. Petit film de 10 mn.* On voit de loin cette montagne aride, sans deviner qu'elle est creusée de l'intérieur, tel un volcan. Son cœur renferme en effet le palais-forteresse d'Hérode le Grand, érigé entre 23 et 15 av. J.-C. Étonnant procédé puisque la terre déblayée au centre servit de remblai à l'édifice, créant au final une montagne artificielle de 758 m d'altitude. Au sommet, outre les vestiges (thermes, salles de réception, citerne...), on découvre une vue grandiose sur Bethléem, les montagnes, la mer Morte et jusqu'à la Jordanie par temps clair. On a du mal à imaginer la luxuriance des jardins, irrigués par les vasques de Salomon (à 8 km de là) et qui entouraient à l'époque le palais. Une ville s'étendait au pied de la forteresse. Selon Flavius Josèphe, Hérode aurait été enterré ici ; les autorités israéliennes affirment avoir découvert le mausolée de la famille royale en 2007, sur la pente nord-est de la montagne.
Par la suite, l'Hérodion a été occupé par des Juifs en insurrection contre l'Empire romain, d'abord au Ier s apr. J.-C. par les Zélotes, puis lors de la révolte de Bar Kokhba au IIe s. Le site serait devenu une léproserie au Ve s.
Panneaux explicatifs et dessins très bien faits.

★★ *Mar Saba Monastery* *(monastère de Mar Saba)* **:** *à 18 km à l'est de Bethléem. Y aller en taxi depuis la gare routière de Bethléem. Compter autour de 60-70 Shk l'A/R en taxi, attente sur place comprise (bon, moins de 30 mn quand même), et 10 Shk en taxi collectif. ☎ 277-31-35. Tlj sf mer et ven 9h-15h30. Interdit aux femmes et aux non-orthodoxes.*
Même si on ne peut entrer à l'intérieur du monastère, la balade vaut le coup. Fondé au Ve s par saint Sabas, le monastère s'agrippe à la falaise, dans une vallée aride et encaissée, se fondant littéralement dans le paysage, si ce n'étaient ses coupoles grises et dorées qui se détachent de la roche ocre. Il subit plusieurs destructions au cours des siècles. L'actuel bâtiment date de 1840 et fut financé par les tsars de Russie. Au creux du canyon coulent les eaux usées en provenance de Jérusalem (!), bordées de végétation.
On profite du panorama depuis la tour des Dames érigée en face (ne se visite pas), dont la terrasse permet aussi d'admirer la vue jusqu'en Jordanie. De l'autre côté, on aperçoit d'anciennes grottes utilisées autrefois par les ermites, dont le fondateur du lieu. Un endroit à la beauté austère. Si l'édifice abrita jusqu'à 5 000 moines, aujourd'hui seule une dizaine de religieux vivent encore ici. Prévoir de l'eau (rien sur place) et éventuellement de quoi faire un pique-nique à l'ombre des quelques oliviers.

BEIT SAHOUR (IND. TÉL. : 02)

Presque ts les taxis collectifs y vont pour une poignée de shekels. Sinon, compter 20 mn de marche.

Partie intégrante de l'agglomération de Bethléem, Beit Sahour possède une charmante vieille ville, bien rénovée depuis peu. La localité s'est distinguée lors de la première Intifada par sa désobéissance civique en refusant de payer des impôts à Israël. Leur slogan : « Pas de taxation sans représentation, pas d'impôt sans gouvernement. » La répression fut rude.

Aujourd'hui, elle accueille plusieurs agences et organisations alternatives comme pour mieux prendre son destin en main. Loger à Beit Sahour peut être une bonne solution, proche de Bethléem avec des prix plus raisonnables et une atmosphère de village. D'autant que les restos du coin offrent, eux aussi, de belles surprises.

Adresses utiles

Pour plus de détails sur les ONG ATG et Siraj Center, se reporter plus haut à la rubrique « Tourisme alternatif et solidaire », dans le chapitre « Palestine utile ».

■ **ATG :** *74, Star St. ☎ 277-21-51. • atg.ps • Lun-ven 9h-16h ; sam 9h-13h.*

■ **Siraj Center :** *YMCA St. ☎ 274-92-64. • sirajcenter.org •*

■ **AIC (Alternative Information Center) :** *111, Main St. ☎ 277-54-44. • alternativenews.org • Tlj 8h-22h.* Cette ONG israélo-palestinienne milite en faveur des droits humains du peuple palestinien et du respect des lois internationales. Pour elle, tout rapprochement politique entre Israéliens et Palestiniens passe par la compréhension mutuelle de leurs sociétés. Sur leur site, nombreux articles et témoignages. On peut aussi passer les voir, y boire un café (lire plus bas), acheter leurs publications et pourquoi pas leur proposer de l'aide (à condition de rester un peu de temps).

Où dormir ?

Dar al-Balad : *Saint Michael St, dans la vieille ville, près de la municipalité et de l'église latine. ☎ 274-90-73. Chambres 2-5 pers. Compter 300 Shk pour 2, petit déj inclus.* À l'étage, tout en pierres apparentes – comme les chambres d'ailleurs – et baigné de lumière grâce à la transparence du toit, 8 chambres de caractère ont été récemment aménagées, spacieuses, toutes différentes car le bâtiment est ancien, presque toutes avec une grande porte-fenêtre ; une n'a pas de fenêtre du tout en revanche. Accès au toit, mais malheureusement il n'est pas plat donc pas aménageable. Vraiment très réussi, et à un prix très raisonnable. Et comme en plus la table est bonne (lire dans « Où manger ? Où boire un verre ? »)... Accueil charmant.

El Beit Guesthouse : *Arab Women's Union St. ☎ 277-58-57. • elbeit.org • En taxi (compter 20 Shk de Bethléem), demander* Women Union. *Prévoir 60 $ pour 2, avec petit déj.* Une quinzaine de chambres dans cette maison impeccablement tenue, qui aide à financer le syndicat des femmes, dont le siège est juste en face. Chambres doubles ou triples, pimpantes, toutes avec AC et salle de bains. TV dans la pièce commune, machine à laver à dispo (payant) et terrasse pour profiter de ce quartier résidentiel très calme. Accueil attentionné.

Voir aussi les ***logements chez l'habitant*** proposés par ATG et Siraj Center (pour découvrir leurs projets, se reporter plus haut à la rubrique « Tourisme alternatif et solidaire », dans le chapitre « Palestine utile »). *Compter en moyenne 30 $/pers en ½ pens.*

Où manger ? Où boire un verre ?

Singer Café : *en face de l'église catholique, et juste à côté de la mairie.* • *singercafe.org* • *Tlj sf dim 8h-21h.* Un chaleureux café ouvert par un couple hollando-palestinien, dans une maison ancienne qu'ils ont très bien restaurée. Kristel et Tariq ont voulu créer un lieu d'accueil et d'échanges, pour les *backpackers* notamment, qui leur permette de rencontrer des Palestiniens ; ils se font d'ailleurs un plaisir d'informer tous ceux qui prennent contact avec eux en amont de leur projet de voyage, pour les aider à s'organiser et découvrir au mieux la Palestine. Entre leurs mains, la vénérable maison a repris vie, une nouvelle vie où se mêlent l'ancien (pierres apparentes, arcades...) et le moderne... fait avec du vieux d'ailleurs ! Les amateurs de déco recyclée seront à la fête : raquette de tennis transformée en miroir, abat-jour pinces à linge... Bref, une déco personnelle complétée par le confort et la chaleur d'une poignée de tables, chaises colorées, coussins dans les encadrements de fenêtres et sur les tabourets ; et des bouquins et magazines à portée de mains. On peut y prendre un verre bien sûr, ou plus si affinités (sandwichs, salades et soupe du jour). Une chouette escale, vous l'aurez compris.

Dar al-Balad : *lire plus haut « Où dormir ? ». Tlj 9h-minuit. Env 25-60 Shk le plat. Sert de l'alcool.* Maison fin XIXe s, qui a conservé son architecture traditionnelle voûtée en s'offrant à l'intérieur un petit lifting et une touche de modernité bienvenue. Cuisine d'une grande fraîcheur, servie copieusement ; la formule *mezze* (avec 8 coupelles) peut combler sans problème 3 ou 4 appétits. Très agréable ambiance le soir, lorsque la ruelle où sont posés les tables et les divans s'anime d'une clientèle d'habitués. Belle carte de cocktails, et côté chicha, une « super chicha » qu'on vous laisse découvrir... Un excellent rapport qualité-prix.

AIC : *111, Main St. ☎ 277-54-44. Tlj 8h-22h.* Petit café dans les salles voûtées en pierre situées sous le centre. L'ONG organise régulièrement des soirées débats en anglais ou des conférences politiques, en principe les mardi, jeudi ou samedi à 20h. Consulter le calendrier sur leur site • *alternativenews.org* •

LA CISJORDANIE

À voir

Shepherds' Field *(champ des Bergers ; Siyar el-Ghanem ; hors plan couleur par B2)* **:** *à env 2 km de Beit Sahour. ☎ 277-24-13. Lun-sam 8h-17h30 ; dim 8h-11h30, 14h30-17h30.* Selon la tradition, il s'agit du lieu où l'ange serait apparu aux bergers endormis pour leur annoncer la naissance de Jésus. (Re)lire l'Évangile selon saint Luc (II, 8-20). « Il y avait dans la même région des bergers qui passaient la nuit dans les champs pour y garder leur troupeau. Un ange du Seigneur leur apparut et la gloire du Seigneur resplendit autour d'eux. Ils furent saisis d'une grande frayeur. Mais l'ange leur dit : N'ayez pas peur, car je vous annonce une bonne nouvelle qui sera une source de grande joie pour tout le peuple : aujourd'hui, dans la ville de David, il vous est né un Sauveur qui est le Messie, le Seigneur... » Ici ont été retrouvés un pressoir et les restes d'objets agricoles, qui attesteraient de l'établissement d'une communauté à l'époque du Christ. Beau jardin où l'on voit encore les vestiges de deux monastères, l'un du IVe s, l'autre du VIe s. Notez aussi l'oratoire creusé sous le rocher avec la reconstitution d'un habitat partagé entre hommes et animaux, jarres de l'époque romaine. L'église franciscaine, qui domine le site, date de 1953. L'architecture évoque le campement des bergers, tandis que la clarté qui traverse la coupole doit rappeler la lumière apparue lors de l'annonce de l'ange.
Les Grecs orthodoxes situent l'événement un peu plus loin, à Deir-er-Rawat. Ils y ont construit une église en 1989.

HÉBRON (AL-KHALIL)

200 000 hab. IND. TÉL. : 02

Hébron est une ville passionnante à plus d'un titre : par son histoire ancienne, empreinte de ferveur religieuse, qui se reflète dans sa grande richesse culturelle et patrimoniale ; par le dynamisme d'un artisanat florissant (céramique, verre soufflé, entre autres), d'une agriculture ancestrale (vignes et oliviers) et d'une industrie majeure dans la région (l'extraction de pierre et de marbre). Des atouts qui ont érigé Hébron en capitale économique de la Cisjordanie. Mais Hébron, c'est aussi une ville un peu à part en raison de sa situation politique très complexe.

UN PEU D'HISTOIRE

Al-Khalil en arabe, signifie l'« Ami », le « Bien-aimé de Dieu », nom donné à Abraham, père du monothéisme. La présence de son tombeau fait d'Hébron un lieu très saint à la fois du judaïsme, du christianisme et de l'islam. D'où le gros problème. La tradition juive y situe également le couronnement du roi David qui régna ici vers 1000 av. J.-C. pendant 7 ans, puis s'installa à Jérusalem.
C'est l'une des plus anciennes villes du monde, carrefour des routes d'Orient et d'Occident, du nord et du sud. Au fil des siècles, Hébron oscille entre embellissement et destructions : au Ier s av. J.-C., Hérode fait construire une enceinte sacrée sur la grotte d'Abraham, mais trois siècles plus tard, la ville est détruite lors de la révolte des Juifs contre les Romains. Au VIe s, l'empereur Justinien pare la ville de nombreux monuments religieux qui ne résistent pas à la guerre contre les Perses quelques décennies après. À partir du VIIe s, elle devient tour à tour lieu de pèlerinage pour les musulmans, évêché à l'époque des croisés, à nouveau musulmane (et prospère) sous les mamelouks. On trouve d'ailleurs encore de nombreux témoignages de cet âge d'or dans la vieille ville. Hébron poursuit son développement en tant que plaque tournante commerciale de la région, avant que le mandat britannique ne bouleverse les équilibres.

Une situation politique complexe

Pour comprendre la situation actuelle, il est nécessaire d'opérer un petit retour en arrière, jusqu'à la période du mandat britannique, suivi de quelques dates charnières qui ont modifié considérablement tant la structure que l'atmosphère de la ville.
Au cours des années 1920, Hébron est le théâtre de nombreux affrontements entre Juifs, Arabes et Britanniques. Si la violence atteint son paroxysme en 1929, les heurts continuent jusqu'en 1936, à la suite de quoi les Juifs doivent quitter la ville ; leurs habitations sont alors occupées par les Palestiniens.
Avec le contrôle israélien de la Cisjordanie en 1967, la colonie de Kiryat Arba s'implante à l'est de la vieille ville. De là part un chapelet de cinq colonies implantées au sein même de la vieille ville depuis les années 1980, reliées entre elles

> **LE MASSACRE D'HÉBRON**
>
> *En août 1929, lors de fortes tensions et suite à de fausses rumeurs sur une attaque présumée de Juifs contre la mosquée Al-Aqsa, des musulmans s'en prirent aux Juifs dans l'ensemble du pays. À Hébron, ils tuèrent 67 Juifs, tandis que 435 autres furent cachés et sauvés par la police britannique ou par des Palestiniens au risque de leur vie, les protégeant ainsi du massacre. Ils furent honorés pour ces actes de courage.*

par la rue Shuhada (rue des Martyrs). Près de 500 colons juifs sont aujourd'hui protégés par 1 500 soldats israéliens. Ce type de colonisation est unique, car habituellement les colonies surplombent les centres urbains du haut des collines avoisinantes, mais n'occupent pas le cœur de la cité, comme ici.
En 1994, Baruch Goldstein, un colon de Kiryat Arba, pénètre à l'intérieur du tombeau des Patriarches, tire sur la foule, tue 29 Palestiniens et en blesse 200 autres. Depuis, les autorités israéliennes ont fermé la rue principale qui relie le centre-ville à la vieille ville, ainsi que plusieurs lieux de rassemblements, comme la gare routière ou le marché au gros.
La ville est alors divisée en deux zones, conformément au protocole d'Hébron de 1997. H1 se retrouve en territoire palestinien et H2 sous contrôle israélien, soit 20 % de la cité où vivent 45 000 Palestiniens. Cette seconde zone, qui comprend essentiellement la vieille ville et ses cinq implantations (plus la colonie de Kyriat Arba), est sillonnée par des routes (comme la rue Shuhada) auxquelles les véhicules et/ou les piétons palestiniens n'ont parfois plus accès. Ce qui occasionne de nombreux détours. Trajets allongés ou ralentis à cause de la centaine de blocages (barrières ou check-points) qui jalonnent la zone. Les Israéliens justifient entre autres le contrôle sur H2 par l'existence de plusieurs bâtiments de l'ancienne communauté juive.
Au cours de la seconde Intifada, entre 2000 et 2003, les habitants ont subi 600 jours de couvre-feu. Si bien que, peu à peu, logements et boutiques ont été désertés.
Aujourd'hui, le cœur de la ville reprend vie, notamment grâce au travail des associations et du HRC (Hebron Rehabilitation Committee). N'oubliez pas d'adopter une tenue vestimentaire suffisamment couvrante, la ville est assez conservatrice.

Arriver – Quitter

Hébron est à env 21 km au sud de Bethléem.
➢ ***De et vers Bethléem :*** taxis *services* de la gare routière principale de Bethléem. Arrivée à Bab Ezawieh, à 5 mn de marche de la vieille ville.
➢ ***De et vers Jérusalem :*** changer à Bethléem.

Adresses et infos utiles

– Attention, toujours avoir son passeport sur soi, ici plus qu'ailleurs.

■ ***Association d'échanges culturels Hébron-France :*** *un bureau dans la vieille ville, Kantarat al-Shallodi ; un autre face à l'université. Les contacter avt. ☎ 222-48-11. • hebron-france.org •* Ce centre culturel, au statut d'ONG palestinienne, effectue un travail formidable de valorisation du patrimoine et d'assistanat social, notamment à travers une ludothèque, une bibliothèque et des activités culturelles. Il est tourné vers les enfants, mais aussi vers les adultes à qui le centre donne des cours de français et d'informatique. Il propose également des visites guidées thématiques de la ville avec des guides parlant le français, qu'ils ont formés. Environ 250 Shk (jusqu'à 12 personnes) le tour d'au moins une demi-journée. Mieux vaut se grouper. De plus, il édite un guide historique, culturel et pratique sur la ville, extrêmement bien documenté.
■ ***Hebron Rehabilitation Commitee (HRC) :*** *vieille ville. Suivre le fléchage « Ibrahim Mosque ». ☎ 222-69-93/94. • hebronrc.org • Dim-jeu 8h-15h.* Organisation palestinienne de sauvegarde du patrimoine culturel, architectural et historique de la ville. Le comité a déjà rénové 900 bâtiments de la vieille ville, ce qui a incité la population à revenir habiter sur place. Il propose aussi des tours de la ville le samedi, sur demande. Contacter Walid *(📱 0599-801-118).* Il peut aussi arranger un hébergement dans une famille.
■ ***Christian Peace Maker Team :*** *• cpt.org •* Chrétiens volontaires du

monde entier qui protègent les Palestiniens des colons et des soldats, parfois en accompagnant les enfants à l'école ou en faisant de l'observation aux check-points.

■ ***TIPH*** *(Présence temporaire internationale à Hébron)* : ☎ 222-44-45. • tiph.org • Une organisation internationale qui met en place des patrouilles civiles dans Hébron pour les mêmes raisons, depuis 1994 (idée très relative de « temporaire » !).

Où dormir ? Où manger ?

Logement chez l'habitant : *Hébron-France* et *Hebron Rehabilitation Committee* (voir coordonnées plus haut dans « Adresses et infos utiles ») proposent des logements dans des familles. *Avec Hébron-France, prévoir 100 Shk/pers en ½ pens.* Un des membres de la famille parle soit l'anglais, soit le français. Notez que tout l'argent va à la famille. *Le HRC loge les visiteurs dans une famille de la vieille ville pour 50 Shk/pers ou 80 Shk en ½ pens.* Également possibilité de manger chez l'habitant.

King of Falafels (Malik al-Falafel) : *Aïn Sarah St, dans la ville nouvelle, en face de l'immeuble Al-Haras. Tlj 7h-23h (fermé parfois ven).* C'est le roi et on veut bien le croire. En tout cas, sandwichs bons et copieux, idéal pour un en-cas sans se ruiner.

Abu Mazen : *Nimra St, dans la ville nouvelle.* ☎ *221-38-33.* Resto assez touristique (si on peut dire) qui propose *mezze* et plats traditionnels.

Achats

Il serait dommage de venir à Hébron sans acheter ce qui fait la renommée de la ville : céramiques, verres et, de façon plus confidentielle, les keffiehs.

Ateliers de céramiques et de verres : *à l'entrée nord de la ville moderne. Notamment l'atelier Al-Salam : dim-jeu 8h-20h ; ven 8h-12h, 15h-20h.* La technique du verre soufflé a été introduite au Ier s av. J.-C. par les Syriens, qui inventent la canne à souffler. Aujourd'hui, les souffleurs utilisent du verre recyclé et des oxydes tels que le cobalt. La céramique se serait développée plus tardivement, au XIXe s, grâce aux Arméniens. Les boutiques attenantes aux ateliers présentent un beau choix de formes et de coloris. On peut même admirer les artisans souffler le verre près de leurs fourneaux. Prix pas exagérés.

Fabrique de keffiehs Hirbawi : *Nemrah St, dans la ville moderne. Demander à un taxi de vous y conduire (difficile à trouver).* ☎ *222-05-12.* • *kufiyahirbawi.com* • *Tlj sf ven 8h-16h.* Fondée en 1961, il s'agit de la dernière fabrique encore en activité en Palestine. Le célèbre tissu est aujourd'hui concurrencé par l'importation chinoise. N'hésitez donc pas à lui rendre visite, les rares touristes qui viennent ici sauvent pour l'instant la modeste usine de la fermeture. Outre le damier noir et blanc, on trouve désormais une grande diversité de couleurs. Jusqu'à faire du traditionnel keffieh un accessoire de mode ? Mais symbole politique, il le restera.

Women in Hebron : *dans le souk.* *0598-157-346 ou 0598-072-267.* • *womeninhebron.com* • Des femmes des villages environnants se sont regroupées pour entretenir le savoir-faire local : broderies, sacs, tapis, robes ou encore trousses. De belles réalisations.

À voir

Haram-el-Khalil (en arabe, c'est-à-dire le « sanctuaire de l'Ami ») ou ***Ma'arat HaMakhpéla*** (en hébreu, la « grotte des Doubles »), ou le ***tombeau des Patriarches :***

toujours ouv, sf pdt les prières. Il est précédé par un check-point israélien (présenter son passeport). À l'intérieur, retirer ses chaussures, les femmes doivent enfiler une cape (à disposition). Il s'agit de la seule mosquée qui se visite en Palestine.
Selon la tradition (au XVIIIe s av. J.-C.), Abraham cherchait un lieu de sépulture pour sa femme Sarah et acheta cette grotte. Il y fut à son tour inhumé aux côtés de son épouse, tout comme son fils Isaac et sa femme Rebecca, leur fils Jacob et sa première femme Léa (le tombeau de sa seconde épouse, Rachel, se trouve près de Bethléem). Pour protéger cette réunion de famille, Hérode construit une enceinte, dans laquelle les Byzantins érigent une basilique, tandis qu'une synagogue est bâtie à côté. La basilique détruite par les Perses est remplacée par une mosquée au VIIIe s, avant d'être transformée en église par les croisés, puis... rendue au culte musulman à la fin du XIIe s. On s'arrête là ! Enfin, pas tout à fait puisque, aujourd'hui, le sanctuaire est divisé en deux parties, musulmane et juive.
Les Mamelouks accolent une autre mosquée au XIVe s, appelée « Jawliya » et la séparent du sanctuaire par des murs recouverts de marbre. C'est désormais par cette mosquée que l'on pénètre dans le tombeau des Patriarches (côté musulman) où reposent les cénotaphes d'Isaac (à droite) et de Rebecca (à gauche). Un baldaquin surmonte la grotte, absolument inaccessible. C'est là que seraient enterrés les six patriarches et matriarches. On peut juste jeter un œil par un trou au fond duquel luisent des bougies, ce qui permet d'évaluer la profondeur de la cavité. Remarquer le minbar, apporté d'Ashkelon (Ascalon en arabe) par Saladin. Il est constitué de bois et de marqueterie. À gauche du mihrab, ce qui ressemble à l'affichage des taux de change bancaires est en fait un tableau des heures de prière, certes très moderne.
Le cénotaphe d'Abraham se trouve dans une pièce au fond à droite, derrière des grilles. Tout comme celui de Sarah, il peut être vu à la fois par les musulmans et les juifs. La synagogue abrite, quant à elle, les cénotaphes de Jacob et de Léa.
En sortant, à droite des escaliers, se trouve le bâtiment aux ablutions. Il date de l'époque mamelouke. Noter les versets du Coran calligraphiés sur la façade.

Old City *(vieille ville)* **:** elle date principalement de la période mamelouke (XIII-XVIe s) et ottomane et s'organisait en quartiers, selon les affinités religieuses, ethniques ou corporatistes. Des passages couverts relient toujours les quartiers entre eux. La plupart des maisons sont surmontées de dômes, architecture typique de la région. Ils procurent à la fois une meilleure ventilation et de l'espace.
Avant 1994, le quartier comptait 10 000 Palestiniens ; en 1996, ils n'étaient plus que 500. Aujourd'hui, 5 500 personnes sont revenues y vivre. Face à elles, ou plutôt au-dessus d'elles, 500 colons se sont installés au 1er étage des maisons de la vieille ville, tandis que les commerçants (palestiniens) se trouvent au rez-de-chaussée. Ils représentent des cibles faciles pour les Israéliens d'en haut qui leur jettent allègrement des ordures et des pierres. Du coup, un filet a été tendu pour recueillir les projectiles en tout genre. Il n'y a qu'à lever les yeux pour voir jusqu'à quel point les rapports entre les deux communautés peuvent être déshumanisés.
Dans le souk, près de 80 % des boutiques ont fermé depuis 2000, soit sur ordre militaire, soit faute d'activité. Toutefois, grâce à la campagne de réhabilitation menée par le HRC (voir plus haut dans « Adresses et infos utiles »), les bâtiments retrouvent peu à peu de leur superbe et les familles réinvestissent les lieux. Le marché reprend vie.
N'hésitez pas à déambuler dans ses ruelles voûtées pour découvrir ce qui fait la richesse d'Hébron : les produits dérivés du raisin (spécialité de la ville, il en existe 12 variétés), comme le *dibès* (sirop), le *malban* (une feuille de pâte de raisins) ou la confiture. Dans la série petites douceurs, ne pas manquer non plus l'atelier de fabrication des loukoums (demander *Halkoum*) près du tombeau des Patriarches, avant le check-point. Le proprio n'a jamais fermé son magasin, même pendant les périodes les plus troublées. La cité est aussi connue pour le travail du cuir et la confection de chaussures. Quelques boutiques d'artisanat également (voir celle de *Women in Hebron,* dont on parle plus haut dans la rubrique « Achats »).

Infos en français sur • *hebronheritage.com* • qui abrite le Comité international pour la sauvegarde et la promotion de la vieille ville d'Hébron.

Old City Museum *(en arabe, el-mat'haf al-balad al-qadima)* **:** *dans le souk. Tlj sf ven-sam 8h-13h. GRATUIT.* Dans un ancien hammam de l'époque mamelouke (XIIIe s), des objets découverts dans la région sont exposés dans différentes salles. Un peu fourre-tout et poussiéreux, mais il a le mérite d'exister et surtout d'ouvrir les portes de ce vieux monument à l'architecture traditionnelle. Belle salle de repos notamment, avec sa coupole. Jarre pour huile d'olive de l'époque romaine, meule, etc. Sous la salle chaude se trouvait le foyer pour chauffer le sol.

– À l'est de la vieille ville, la colonie de Kiryat Arba, fief du *Goush Emounin,* un des mouvements politico-religieux israéliens les plus extrémistes. Elle abrite plus de 7 500 colons.

JÉRICHO

21 000 hab. IND. TÉL. : 02

Er-Riha en arabe, Yerikho en hébreu.
Oasis fertile au climat tropical, Jéricho, nichée dans la vallée du Jourdain et la dépression du Rift, est la ville la plus basse du globe, à 240 m sous le niveau de la mer. C'est aussi l'une des plus anciennes cités du monde, comme l'attestent les fouilles réalisées à Tell-es-Sultan, à 2 km de la ville moderne, qui datent les premières occupations humaines à environ 9000 av. J.-C.
La Bible raconte que vers 1200 av. J.-C., au terme de leur exode depuis l'Égypte sous la conduite de Moïse puis de Josué, les Hébreux s'emparent de la ville, en écroulant les murailles au son des fameuses trompettes.
Plus tard, les habitants de Jérusalem et de Bethléem s'y réfugient pour sa douceur, tandis qu'au Ier s av. J.-C., les rois en font un enjeu de leurs rivalités : Cléopâtre s'en empare en 35 av. J.-C. avec la bénédiction de Marc Antoine, avant qu'Octave ne restitue la terre à Hérode le Grand.
La création de l'État d'Israël en 1948 engendre un afflux de réfugiés palestiniens dans la région, qui passe sous contrôle israélien en 1967. Jéricho est la première ville palestinienne à accéder au statut d'autonomie en 1994. Elle a toutefois beaucoup souffert pendant la seconde Intifada.
Aujourd'hui, on découvre une ville moderne assez étendue, mais au centre relativement petit, qui vaut surtout le détour pour le palais Hisham, ses environs, et notamment une magnifique balade dans le wadi Qelt.
Attention, l'été, il peut faire excessivement chaud dans la vallée (autour de 40 °C). Prévoir chapeau, suffisamment d'eau, et démarrer la journée à l'aube !
– Check-point palestinien à l'entrée de la ville.

Arriver – Quitter

Jéricho se trouve à env 40 km au nord-est de Bethléem et à 25 km à l'est de Ramallah.

Gare routière *(plan B2)* **:** *non loin de la place principale, près de l'ancienne mosquée (Jama'a Al-Qadima).* Taxis *services* en principe 7h-20h.
Liaisons avec :

➢ ***Ramallah*** (compter 45 mn de trajet), ***Naplouse*** (1h), ***Jénine*** (1h30). Pour ***Bethléem,*** changer à Abou Dis. Bus pour ***Jérusalem*** de Bethléem.

➢ Pour ***la Jordanie*** via le pont Allenby, se reporter en début du guide au chapitre « Quitter Israël et la Palestine ».

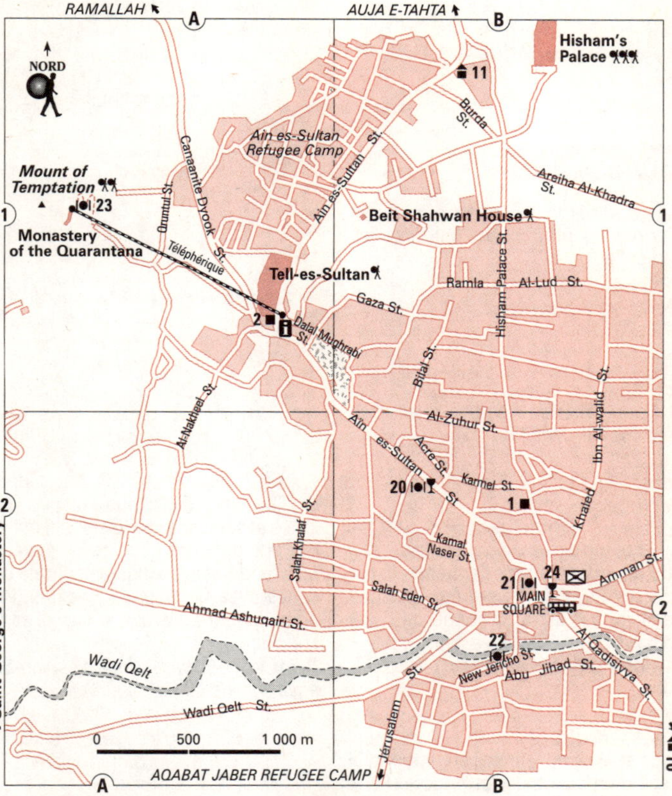

JÉRICHO

■ **Adresses utiles**

- 🅘 Sultan Tourist Center
- 1 Arab Bank
- 2 Police touristique

Où dormir ?

- 10 Moon City Hotel
- 11 Jericho Resort Village

Où manger ?
Où boire un verre ?

- 20 Green Valley
- 21 Abu Omar Sweet & Rest
- 22 Al Rawdah Restaurant
- 23 Es-Sultan
- 24 Top Café

Adresses utiles

🅘 ***Sultan Tourist Center*** (plan A1) : ☎ *232-15-90.* • *jericho-cablecar.com* • *Situé en face du site de Tell-es-Sultan, au pied du téléphérique (cable car en anglais). Tlj 8h-20h.*

■ ***Arab Bank*** (plan B2, **1**) : *Hisham Palace St. Tlj sf ven-sam 8h30-14h30, 15h30-17h ; jeu 8h30-13h30.* Distributeur délivrant shekels, dollars et dinars jordaniens.

✉ ***Poste*** (al-barid ; plan B2) : *Amman St. Tlj sf ven-sam 8h-15h.*

À 100 m de la place principale, sur la gauche.

■ ***Police touristique*** *(plan A1, **2**) : à l'entrée de Tell-es-Sultan. ☎ 232-40-11.*

■ ***Loueurs de vélos :*** *l'un sur la place principale (plan B2), l'autre à 50 m dans une rue perpendiculaire qui part de la mairie, Maskoubieh St. Compter env 20 Shk/j.* VTT en plutôt bon état.

Où dormir ?

Peu d'hébergements en général et d'adresses pour petits budgets en particulier.

De bon marché à prix moyens (moins de 350 Shk / 75 €)

Sami Youth Hostel *(plan Les environs de Jéricho) : à l'entrée de la ville en venant du sud, dans le camp de réfugiés d'Aqabat Jaber, face à l'Intercontinental. ☎ 232-42-20. Triple 120 Shk.* L'hôtel le moins cher de Jéricho, mais destiné aux routards pas trop regardants ni sur l'entretien ni sur la propreté. Dommage, car l'accueil de Sami est extra. Il donne de bons conseils pour visiter la région.

Moon City Hotel *(hors plan par B2, **10**) : Mahmoud Darwish St, à 3 km au sud du centre. ☎ 232-68-44. Double avec sdb 250 Shk, petit déj inclus.* Endroit un peu surréaliste, puisqu'il s'agit d'un centre équestre doté d'une piscine... olympique (propre). Les chambres sont petites mais correctement équipées (AC, TV satellite). Idéal pour les plus sportifs de nos lecteurs et c'est surtout l'hôtel le mieux tenu dans cette catégorie. Bon accueil.

De chic à plus chic (plus de 100 $ / 75 €)

Jericho Resort Village *(plan B1, **11**) : à env 2 km au nord de la ville, avt le palais Hisham (à 15 mn à pied). ☎ 232-12-55. • jerichoresorts.com • Doubles 140-160 $ selon vue (piscine ou parking, montagnes à l'arrière). Également des bungalows pour 2 et 4 pers 200-300 $. Piscine ouv aux non-résidents moyennant 75 Shk.* Chambres très spacieuses, mais un peu vieillottes et sans charme. Ceux qui ont les moyens opteront pour les bungalows, plus modernes, configurés comme des suites avec un salon. 2 piscines. Prix globalement surévalués. Bar et resto sur place.

Intercontinental Jericho *(plan Les environs de Jéricho) : Jerusalem St, à l'entrée de la ville. ☎ 231-12-00. • intercontinental.com • Doubles env 120-170 $ selon confort, avec petit déj. Pour les non-résidents, accès à la piscine 100 Shk ; réduc. Également spa, hammam, massages, ouv à ts (payants).* L'hôtel le plus luxueux de la ville. 180 chambres, plusieurs restos, immense piscine. Tout confort, déco de bon goût, etc., mais assez excentré.

Où dormir dans les environs ?

Auja Ecocenter : *à **Auja e-Tahta**, à env 9 km au nord de Jéricho par la route 90, suivre Beit Shean. Taxi service, mais les contacter pour qu'ils vous expliquent la meilleure façon de venir. ☎ (02) 231-04-24. • aujaecocenter.org • Résa à l'avance obligatoire. Compter 80-100 Shk/pers selon taille des dortoirs (4-8 lits superposés) avec sdb, AC et casiers ; double 140 Shk/pers. Également des triples. Petit déj compris. Dîner sur demande. CB refusées.* Cette maison colorée, plantée dans un square pour enfants, abrite un centre qui accueille surtout les visiteurs désireux de mieux appréhender les problématiques liées à l'environnement et surtout à l'eau. Entre la diminution constante du nombre d'exploitations agricoles palestiniennes, la population qui souffre d'un déficit d'approvisionnement et les colonies qui continuent de développer des palmeraies à perte de vue, on comprend visuellement en quoi la maîtrise des ressources hydriques représente un enjeu stratégique de premier ordre dans la vallée, mais aussi dans le pays. Le centre peut organiser des tours thématiques sur l'environnement.

Où manger ? Où boire un verre ?

Prix moyens (30-60 Shk / 6,50-13 €)

Green Valley *(Mata'am Akhdar ; plan B2,* **20***) : Aïn es-Sultan St. ☎ 232-23-49. Avt Tell-es-Sultan, sur la gauche, en venant du centre. Tlj 9h-23h. Sert de l'alcool.* Resto familial de bonne réputation où il est agréable de s'attabler en terrasse au milieu des quelques plantes. Viandes grillées, demi-poulet façon *musakhan* (avec des épices), *kofta, mezze,* etc. Ensemble bien tenu (nappe propre) et service pro. Un très bon rapport qualité-prix.

Abu Omar Sweet & Rest *(plan B2,* **21***) : Aïn es-Sultan St. Tlj 6h-minuit. Pas d'alcool.* Immense salle aux teintes rouges et peintures murales vertes, un peu défraîchies et à la propreté certes pas reluisante. Côté cuisine, en revanche, rien à dire : excellents falafels, goûteux *hommos* et *muttabal.* Également des grillades. Pour le dessert, ça tombe bien, la pâtisserie de la famille se trouve juste à côté. On peut demander un assortiment de petites douceurs bien sucrées *(halwiyyat)* et arroser le tout d'un bon jus de citron à la menthe. Également à emporter.

Al Rawdah Restaurant *(plan B2,* **22***) : New Jericho St. ☎ 232-25-55. À l'écart, mais facile à trouver : passé le poste militaire à l'entrée de la ville, avt d'arriver au centre, panneau sur la droite ; tourner à droite dans la rue New Jericho, puis dans cette rue à gauche. Tlj jusqu'à 18h en hiver, 15h en été.* Nombreuses tables à l'extérieur (qui accessoirement donne sur un terrain vague) où l'on sert une cuisine locale très correcte. Copieux. Accueil pro et sympa.

Es-Sultan *(plan A1,* **23***) : en haut du mont de la Tentation. Attention, le téléphérique s'arrête à 20h.* Cuisine palestinienne avec des incursions occidentales. Vue superbe.

Top Café *(plan B2,* **24***) : dans le centre, sur la place principale. Prendre les escaliers qui jouxtent le resto* Issawi, *c'est au... 5e étage ! Pas d'alcool.* Quelques marches un peu déglinguées permettent d'atteindre ce nid d'aigle surplombant la place et son animation. Canapé noir et blanc, psyché-kitsch. Des paravents créent une ambiance plutôt intime. Assez marrant.

À voir

Hisham's Palace *(palais Hisham ; plan B1) : à env 3 km au nord de Jéricho. De la pl. de la Municipalité, suivre tt droit la rue Qasr Hisham, le site est derrière le* Jericho Village Resort. *☎ 232-25-22. Tlj 8h-17h. Entrée : 10 Shk. Des panneaux en anglais jalonnent le site. Demander aussi un plan au guichet.*
Ne pas manquer cet ancien palais d'hiver édifié par Hisham bin Abd al-Malik, calife omeyyade du VIIIe s, féru d'arts. Il n'en reste malheureusement que des ruines, puisque le complexe fut détruit vers 749 par un tremblement de terre, soit 4 ans après sa construction ! Les vestiges sont très partiellement remontés, mais ils abritent encore (et surtout) des mosaïques de toute beauté. Ce qui donne une idée de son ampleur et de sa richesse. Saladin a bien essayé de le restaurer au XIIe s, mais ça n'a pas fait long feu : inhabité, le site a servi de carrière aux habitants de Jéricho jusque dans les années 1930, date à laquelle a débuté un programme de préservation.
Après un tour au petit *Musée archéologique,* situé à l'entrée, on accède au palais par une entrée flanquée de niches et de colonnettes doubles sculptées. On débouche ensuite sur une grande cour intérieure où trône la fameuse « Étoile de Jéricho », une imposante sculpture en forme d'étoile à six branches qui devait

surmonter une des fenêtres du palais. D'une grande élégance, elle est représentative du début de l'architecture islamique. Descendre les escaliers métalliques situés derrière l'étoile pour admirer la mosaïque qui pavait le petit hammam.
La partie nord du complexe (vers la droite) accueille les thermes. Dans la salle hypostyle, de beaux chapiteaux ont été remontés sur des colonnes d'origine, tandis que d'autres colonnes ont été restaurées plus grossièrement. Dommage qu'on ne puisse pas encore admirer l'immense mosaïque qui pave les bains sur 850 m^2. Il s'agirait de la plus grande mosaïque du Proche-Orient, peut-être du monde, dans un état de conservation exceptionnel. Elle est pour l'instant protégée par une couche de sable en attendant de trouver une solution qui permette à la fois de la contempler tout en la préservant. Un projet, appelé la « Maison des mosaïques », est actuellement à l'étude pour mettre en valeur ce joyau artistique.
Pour l'instant, la plus belle mosaïque du palais, accessible la plupart du temps, se trouve dans ce qui était sans doute la pièce d'amis ou la salle de réception du calife. On l'aperçoit (mal) soit à niveau, derrière des grilles, soit par des escaliers à l'arrière. On la surplombe alors à l'envers. Elle abrite le célèbre Arbre de vie ou Arbre de la cruauté humaine. Cette splendide mosaïque figure un grenadier avec d'un côté deux gazelles mangeant les feuilles, de l'autre une troisième se faisant dévorer par un lion. Elle symbolise la vie et la mort, la guerre et la paix. Les 15 fruits que porte l'arbre représenteraient les 15 pays conquis par les Omeyyades. Au-dessus de la mosaïque, de magnifiques stucs laissent imaginer la splendeur du lieu. D'autres exemplaires se trouvent désormais au musée Rockefeller de Jérusalem (voir cette partie).

AMUSANTE ORIGINE

Dans l'Antiquité, le terme « mosaïque » signifiait « grotte des muses ». On ornait de pierres multicolores ces lieux qui abritaient les statues vénérées par les Grecs et les Romains. Le terme « musée » a la même étymologie.

En continuant vers l'est, on découvre une mosquée (le mihrab est toujours visible) et une fontaine composée de colonnes corinthiennes et surmontée d'une coupole qui ornait autrefois la place du palais. Noter la finesse de la décoration.
Tout au fond, une école de mosaïstes entretient le savoir-faire ancestral.

Shahwan House *(vieille synagogue de Jéricho ; Beit Shahwan ; plan B1)* **:** *sur la route du palais Hisham, prendre un chemin à droite, juste avt celui qui mène vers le palais. Suivre le fléchage marron « Shahwan House Mosaïc ». Repérer une maison blanche précédée d'un portail métallique figurant un chandelier. La synagogue se trouvant en zone A, ce sont les soldats palestiniens qui détiennent les clés du bâtiment. Leur demander.* Ruines d'une synagogue construite au VIe s et découverte dans la cave d'une maison au début du XXe s. À voir surtout pour sa *mosaïque* ornée d'un chandelier à sept branches et d'une inscription en araméen : « Paix en Israël ».

Tell-es-Sultan *(plan A1)* **:** *à 2 km de la ville moderne. Tlj 8h-17h (18h en été). Entrée : 10 Shk.*
La lecture du site n'est pas forcément très claire pour les néophytes, la projection d'un film (15 mn) aide un peu, mais il manque des panneaux sur place et il reste surtout énormément à fouiller. Son importance archéologique est néanmoins considérable.
On retient qu'il s'agit du premier lieu d'occupation humaine retrouvé dans la région. Vers 8000 av. J.-C., des communautés s'installent au cœur d'un écosystème apparemment favorable, pourvu d'eau en abondance, et développent pour la première fois l'agriculture et l'élevage. C'est le début de la maîtrise de l'environnement.
Depuis un siècle, la colline a été complètement taraudée pour entreprendre les recherches. Les archéologues ont découvert pas moins de 23 couches dans le tell (colline formée par l'accumulation de vestiges), des villes bâties les unes sur les autres et abandonnées pour une raison ou pour une autre. La plus ancienne remonterait

à 7300 av. J.-C. et comprendrait un premier système de fortification. Dans la tranchée nº 1 *(trench 1),* on distingue clairement une tour de cette période et sans doute les premiers escaliers au monde. Un deuxième rempart aurait été érigé en 3000 av. J.-C. Quant à l'épisode de la Bible selon lequel les murailles de la ville se seraient effondrées au son des trompettes, les archéologues ne peuvent l'attester, car, selon les fouilles, Jéricho aurait été détruite en 1500 av. J.-C. par les Égyptiens. À priori, la cité n'existait plus à l'arrivée de Josué trois siècles plus tard (ou seules quelques habitations subsistaient). Mais rien n'empêche le visiteur de conserver une lecture biblique de l'ensemble et de se référer au livre de Josué, VI, 1 à 27 : « L'Éternel dit à Josué : [...] Faites le tour de la ville, vous tous les hommes de guerre, faites une fois le tour de la ville. Tu feras ainsi pendant six jours... le septième jour, vous ferez sept fois le tour de la ville ; et les sacrificateurs sonneront des trompettes. Quand ils sonneront de la corne retentissante, quand vous entendrez le son de la trompette, tout le peuple poussera de grands cris. Alors la muraille de la ville s'écroulera... »

Mount of Temptation and monastery of the Quarantana *(mont de la Tentation et monastère de la Quarantaine ; Jebel Quruntul ; plan A1)* **:** *à env 3 km au nord-ouest de Jéricho. ☎ 232-28-27. Tlj 9h-13h, 15h-16h ; sam 9h-14h. Accès à pied depuis le parking de Tell-es-Sultan (env 45 mn de marche) ou en téléphérique (départ face à Tell-es-Sultan) : 55 Shk A/R.* Selon la tradition chrétienne, Jésus y passa 40 jours, charmé par Satan (Matthieu, IV, 1 à 11 : « Alors Jésus fut emmené par l'Esprit au désert, pour être mis à l'épreuve par le diable. Après avoir jeûné quarante jours et quarante nuits, il eut faim. Le tentateur vint lui dire : Si tu es Fils de Dieu, ordonne que ces pierres deviennent des pains. Il répondit : Il est écrit “L'être humain ne vivra pas de pain seulement, mais de toute parole qui sort de la bouche de Dieu”... »). Le monastère orthodoxe de la Tentation, incrusté comme celui de Saint-Georges dans un flanc de montagne, marque l'emplacement présumé de cet épisode. Il fut construit en 1895 à l'emplacement d'une église croisée (XIIe s). Une cave du monastère est considérée depuis le IVe s comme l'endroit où Jésus se réfugia lors de son jeûne. Un sentier, au départ du monastère, mène au sommet de la montagne et aux ruines d'une forteresse datant du IIe s av. J.-C. On est 350 m au-dessus de Jéricho. Belle vue sur la vallée et la mer Morte. Resto sur place.

DANS LES ENVIRONS DE JÉRICHO

LE WADI QELT ET LE MONASTÈRE SAINT-GEORGES

Deux possibilités pour rejoindre le monastère :

➢ En taxi jusqu'au parking qui surplombe le monastère (compter env 50 Shk A/R depuis le parking du téléphérique à Jéricho, 1h d'attente comprise), puis descendre env 15-20 mn (attention, la remontée est rude !). Prévoir de l'eau.

➢ En marchant dans le wadi Qelt, ce que l'on conseille, l'environnement est absolument superbe. Pensez à porter de bonnes chaussures, prendre un chapeau et suffisamment d'eau, surtout en été. Si on décide de randonner, mieux vaut solliciter l'aide d'un guide (les Bédouins qui vendent des souvenirs sur le parking du monastère ont l'habitude d'accompagner les marcheurs, négocier le prix de la balade avant). Plusieurs approches sont possibles :

– Depuis Jéricho, compter env 1h30-2h de marche en suivant le *wadi.* En trichant un peu, il est possible de raccourcir la balade : en taxi, emprunter l'ancienne route romaine (cette route, en mauvais état, continue en fait jusqu'au parking du monastère mais est obstruée par des blocs de béton juste avant) et s'arrêter dans un petit village à quelques kilomètres de Jéricho. On se retrouve dans le *wadi* qu'il faut traverser pour emprunter le chemin sur le versant opposé. De là, il reste encore 1h de marche (selon condition physique) avec un peu de dénivelée.

La balade est grandiose, riche en faune et flore (surtout au printemps). Ayez l'œil, vous croiserez sans doute des hyraxes (ou damans), sortes de grosses marmottes qui peuplent la région, mais qui se confondent avec la roche. Tout le long, restes d'un aqueduc romain, nombreuses grottes qui ont abrité des ermites. Le *wadi* est en effet connu pour avoir été une région monastique de première importance dès le IIIe s. Mais parmi tous les monastères construits à partir des Ve et VIe s, seul le monastère Saint-Georges est demeuré.
– La marche la plus longue débute à Ein Fawwar (voir ci-après).

– ***Saint George's Monastery*** *(monastère Saint-Georges)* **:** *050-525-99-49. Tlj sf dim 9h-13h. GRATUIT. Les femmes sont admises.* Le monastère orthodoxe fut fondé au Ve s par Jean le Kozibite, un Égyptien de Thèbes (actuelle Louxor). Accroché à la falaise, l'édifice est niché dans une nature de toute beauté, marquée par les récits bibliques : Élie se serait retiré dans une grotte des alentours, tandis que saint Joachim y aurait appris d'un ange que sa femme stérile donnerait naissance à Marie. En 614, les Perses envahissent le pays, détruisent le monastère et tuent les moines. Il est reconstruit au XIIe s, puis abandonné au départ des croisés jusqu'à la fin du XIXe s, date à laquelle les Grecs orthodoxes s'installent à nouveau sur le site et restaurent le bâtiment. Dix moines vivent actuellement ici.

La réserve d'Ein Fawwar : *près de la colonie Alon, sur la route 458. Être véhiculé.* C'est l'une des trois sources qui alimentent le wadi Qelt. L'eau jaillit toutes les 20 mn (montre en main) puis s'écoule dans un bassin. D'après une légende, deux démons s'affrontent en permanence : lorsque le gentil démon gagne, l'eau afflue, si c'est le mauvais, le débit ralentit miraculeusement. Le sentier, qui démarre ici, s'insinue dans une nature là encore exceptionnelle, au creux d'une vallée, le long d'une rivière bordée d'une végétation luxuriante. Endroit très prisé des familles pour pique-niquer. Pour les plus courageux, le chemin continue jusqu'au monastère Saint-Georges (compter environ 5-6h de marche) et passe à mi-chemin par Ein Qelt, la deuxième source. Guide indispensable.

QUMRÂN

À 20 km au sud de Jéricho, par la route 90. C'est dans ce paysage montagneux, surplombant « le lac salé », que l'on découvrit les célèbres *manuscrits de la mer Morte,* dont les plus vieux textes bibliques connus à ce jour. En 1947, un jeune berger bédouin, à la recherche d'une chèvre perdue, jeta une pierre dans une caverne pour vérifier si l'animal y était. Au lieu d'un bêlement, il entendit un bruit de poterie brisée. C'est ainsi qu'il découvrit des jarres en terre cuite, fermées par un couvercle et remplies de parchemins en rouleaux rédigés d'une curieuse écriture. Le Bédouin les vendit à un cordonnier-antiquaire de Bethléem, mais compte tenu de l'ancienneté probable des manuscrits, la nouvelle se propagea rapidement. L'école biblique et archéologique française de Jérusalem, dirigée par le prêtre Roland de Vaux, se rendit sur place pour mener des fouilles. Il resta à Qumrân jusqu'en 1956. Sur les innombrables grottes explorées au cours de cette période, 11 livrèrent des écrits, formant un ensemble de 900 manuscrits, constitués de rouleaux complets et de milliers de fragments. La grotte no 4 abritait à elle seule 400 rouleaux... en confettis. Mais les 7 premiers manuscrits découverts en 1947 s'avéreront les plus importants déchiffrés jusqu'à aujourd'hui. Voici l'une des plus exaltantes découvertes archéologiques de tous les temps.

Le site

☎ *(02) 994-22-35. Tlj 8h-16h (17h avr-sept). Fermeture des caisses 1h avt. Entrée : 21 Shk ; réduc.*
Le site de Qumrân est mis en scène en partant du postulat que les Esséniens sont les auteurs probables des manuscrits de la mer Morte. Tout est très balisé. Un film (de 7 mn), dans le genre docu-fiction, leur est consacré. Puis l'écran se lève, un

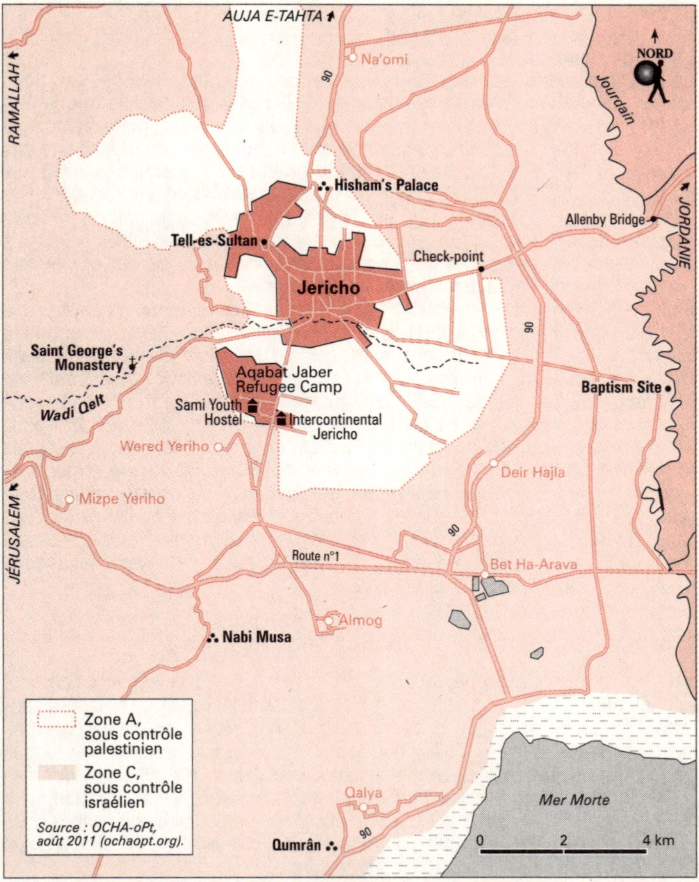

LES ENVIRONS DE JÉRICHO

rien théâtral, sur la suite du parcours. Les explications sur la vie de la communauté s'égrènent le long d'un couloir avant de continuer à l'air libre vers une passerelle et la dizaine de bains purificateurs découverts lors des fouilles.
Au fond du site, un point de vue permet de voir les grottes où ont été découverts les rouleaux. Beau panorama également sur la mer Morte.

Les manuscrits de la mer Morte

Que contiennent ces rouleaux ?

Environ le quart des manuscrits (soit un peu plus de 200) représentent à eux seuls des textes de la Bible hébraïque, c'est-à-dire de l'Ancien Testament (livre d'Isaïe, le Livre des Psaumes, le Lévitique...), exception faite du livre d'Esther. La plupart ont été rédigés en araméen, en hébreu et parfois en grec, entre le IIe s av. J.-C. et le Ier s apr. J.-C. D'où leur importance : ils sont antérieurs de 1 000 ans aux textes bibliques du Moyen Âge (rédigés vers l'an 1000 de notre ère) et qui servaient jusqu'alors de référence.

– La deuxième partie est formée de livres apocryphes (non reconnus et donc absents de la Bible). Ils traitent aussi bien de l'exorcisme (mais ne trouve-t-on pas des épisodes liés à cette pratique dans la Bible chrétienne ?), de l'astrologie et même d'un trésor ! En 1952, un archéologue français découvre dans une des grottes deux feuilles de cuivre enroulées et gravées. Le déchiffrage n'est pas simple, mais le résultat est surprenant : les inscriptions révèlent une véritable carte au trésor indiquant 60 caches d'or et d'argent (plusieurs centaines de tonnes !) éparpillées dans la région. Malgré les précisions données sur les rouleaux, rien n'a jamais été trouvé. Les archéologues pensent qu'il pourrait s'agir tout simplement d'un récit imaginaire. Tout le monde a le droit de rêver !

– Enfin, la dernière partie des textes fait référence à une communauté religieuse ayant vécu dans la région de Qumrân. Or, des récits datant du Ier s de notre ère mentionnent les Esséniens. Ils sont décrits comme une secte juive menant une vie ascétique au nord-ouest de la mer Morte. Pour le père Roland de Vaux, qui a mené les recherches à Qumrân dès 1949, pas de doute : les Esséniens ont bien occupé le lieu, probablement dès le IIe s av. J.-C. ; les fouilles ont en effet révélé les traces d'un centre religieux communautaire. De plus, certaines descriptions trouvées dans les manuscrits, notamment dans celui intitulé *Les Règles de la Communauté,* rappellent les anciens textes dépeignant les Esséniens. Du coup, certains chercheurs ont émis l'hypothèse que les auteurs des manuscrits ne seraient autres que les Esséniens eux-mêmes. Mais rien n'est moins sûr, car, à aucun moment le nom de la secte n'est cité dans les rouleaux ou dans le Nouveau Testament. L'hypothèse se révèle donc peu probable.

Pourquoi autant de manuscrits en un lieu ?

La région est connue pour avoir abrité un centre littéraire et religieux florissant dès l'Antiquité. Des témoignages, effectués entre le IIIe et le Xe s de notre ère, rapportent l'existence de jarres près de Jéricho contenant des écrits. Il n'est donc pas très étonnant que, lors des fouilles au XXe s, des jarres et du tissu qui enveloppait traditionnellement les rouleaux aient été découverts vides... les pilleurs étaient déjà passés par là. Était-ce pour les protéger des différentes invasions et notamment des Romains, qui ont détruit le site en 68 apr. J.-C., qu'on les aurait cachés dans des grottes quasi inaccessibles ? Ou s'agissait-il d'une sorte de bibliothèque, comme semblent plutôt le penser les archéologues ?

Il aura fallu 60 années d'études pour reconstituer, interpréter et finalement publier les 900 manuscrits de la mer Morte. Il faut dire qu'ils ont changé de mains à plusieurs reprises, d'abord ballotés par les trafics de marchands et d'antiquaires, puis par les aléas des dominations successives (britannique, jordanienne, israélienne). Le manque de moyens des scientifiques a aussi contribué au retard de la publication des textes. La rumeur a même affirmé que le Vatican faisait de la rétention car les écrits remettaient soi-disant en cause les fondements de la foi chrétienne. À partir de 1991, les travaux se sont accélérés et 10 ans plus tard, l'ensemble des textes était publié.

Une partie des rouleaux est aujourd'hui exposée au Sanctuaire du Livre, dans le musée d'Israël, à Jérusalem.

NABI MUSA *(maqam al-Nabi Musa)*

Pour s'y rendre depuis Jéricho, prendre la route en direction de Jérusalem. Arriver sur la route 1, prendre à gauche, puis tt de suite à droite vers le sud sur env 2 km. Y aller en taxi. Tlj 7h-18h. GRATUIT ; pourboire à discrétion pour le gardien qui vous accompagne. Mosquée et caravansérail fortifiés, situés dans un endroit assez sauvage. C'est là que, selon la tradition musulmane, Moïse reposerait. Mais selon l'Ancien Testament, Moïse gît quelque part sur le mont Nébo (en Jordanie), là où pour la première fois il vit la Terre promise ; cela dit, son tombeau n'a jamais été retrouvé. Commencé en 1269 sous le règne du sultan Baïbars, le bâtiment a subi plusieurs transformations à partir de 1475. Aujourd'hui, il aurait sérieusement besoin d'une restauration. Ses deux étages ne comprennent pas moins de 120 pièces, entourant une vaste cour, au centre de laquelle se trouvent deux puits. Les chambres étaient réservées aux riches voyageurs, tandis que les plus modestes montaient leurs tentes à l'extérieur de l'enceinte. Voir aussi le cénotaphe de Moïse dans une petite pièce connectée à la mosquée. L'immense cimetière tout autour est celui des pèlerins ayant fait le vœu d'être enterrés dans ce lieu sacré. Beau panorama sur les montagnes environnantes.

BAPTISM SITE (SITE DU BAPTÊME DU CHRIST ; QASR EL-YAHUD)

À env 10 km à l'est de Jéricho, au bord du Jourdain. Ouv en principe tlj 9h-16h (15h ven et en hiver). GRATUIT. En zone militarisée, check-point israélien. Les églises qu'on aperçoit de la route sont érigées côté jordanien. Le fleuve, devenu un mince filet d'eau, sépare la Cisjordanie de la Jordanie. De ce côté, juste un ponton où parfois les croyants viennent se faire baptiser en s'immergeant dans cette eau bien polluée. Le Christ aurait été baptisé en face par saint Jean Baptiste, fait contesté par Israël et l'Autorité palestinienne. Le déplacement papal dans le royaume hachémite qui a eu lieu en mai 2009, ainsi que la bénédiction par Benoît XVI des premières pierres qui ont servi à la construction de nouvelles églises sur la rive orientale, ont apporté une reconnaissance officielle aux thèses des archéologues. Boutique de souvenirs sur place.

THE INN OF THE GOOD SAMARITAN (AUBERGE DU BON SAMARITAIN ; KHAN AL-AHMAR)

*Parfois indiqué **khan El-Hatruri** sur les cartes routières. Sur la route 1, env 5 km après la route menant au wadi Qelt en direction de Jérusalem et avt la colonie de Ma'ale Adumim, fléché sur la gauche. ☎ (02) 500-62-61. Tlj 8h-17h (16h en hiver). Ferme 1h plus tôt ven et j. fériés. Entrée : 21 Shk ; réduc.*

Le site avait été identifié par les Byzantins comme étant lié à la parabole du bon Samaritain (Luc, X, 25-37). Pour ceux qui auraient séché les cours de religion, petit rappel des faits et méfaits : sur la route, un homme est blessé par des brigands. Alors qu'un prêtre juif et un Lévite passent sans l'aider, un Samaritain lui porte secours. Or, depuis le schisme des Israélites au Xe s av. J.-C., les Samaritains étaient rejetés par les Juifs, car considérés comme impies. Jésus montre par cette parabole que les actes sont plus importants que la pratique religieuse, expliquant ainsi le sens du commandement « tu aimeras ton prochain comme toi-même ».

À cet emplacement, une église avait été édifiée (on peut en voir la mosaïque à l'extérieur), une auberge (au VIe s), ainsi qu'une citerne, des écuries et des quartiers résidentiels. Les croisés ont ensuite restauré l'auberge et bâti une forteresse (ruines encore visibles sur la colline). Aujourd'hui, le musée, qui occupe un poste de garde de l'époque ottomane, abrite des mosaïques provenant des édifices religieux (synagogues, églises) de Cisjordanie et de Gaza. Il s'agit soit de reconstitutions (on les repère assez facilement à l'intérieur, comme à l'extérieur), soit d'œuvres originales (notamment sous la verrière et quelques-unes dehors). Ça manque de repères chronologiques et géographiques, mais les explications devraient s'affiner peu à peu ; le musée est encore récent.

RAMALLAH

(32 000 hab.) IND. TÉL. : 02

À seulement 16 km au nord de Jérusalem, mais séparée de la Ville sainte par le mur, Ramallah s'est forgé une identité propre. Siège du gouvernement de l'Autorité palestinienne et de nombreuses ONG, elle attire de plus en plus par son cosmopolitisme. Elle accueille en revanche peu de touristes – les pèlerins y faisant moins halte qu'ailleurs en Cisjordanie – et plutôt des voyageurs indépendants. Un peu trop occidentale et commerçante pour certains, pas assez culturelle pour d'autres, la ville n'en demeure pas moins dynamique et incroyablement vivante. Avec Al-Bireh, la ville voisine, dans sa continuité, elle forme une communauté de près de 70 000 habitants. Abondance des ONG et vitrine de la Palestine obligent, les prix (loyers, vie quotidienne) y sont d'ailleurs assez élevés.

On apprécie à la fois l'atmosphère traditionnelle de la vieille ville, ses petits bouis-bouis où l'on avale *hommos* et falafels debout sur le trottoir avec les habitués, et aussi les endroits éclectiques, branchés, ouverts sur l'extérieur et répondant aux désirs d'une clientèle internationale. D'autres lieux combinent avec justesse les différents apports, renouant avec la terre de brassage qu'elle a toujours été. Et son climat peut aussi être un atout quand le soleil brûle ailleurs : à 900 m d'altitude, on n'y étouffe pas, et la végétation y est d'ailleurs différente de celle des arides collines de la région : pins de Norfolk et toits pentus indiquent que la neige peut être au rendez-vous.

Et puis la ville se trouve pile au centre de la Cisjordanie, ce qui en fait un carrefour quasi incontournable pour se déplacer d'une ville à l'autre en bus.

PARENTS SACRÉMENT ÉTOURDIS

Ramallah servait autrefois d'étape aux caravanes et aux pèlerinages reliant Jérusalem à Naplouse ou à la Galilée. De retour de Jérusalem où ils avaient célébré la Pâque juive, Joseph et Marie s'arrêtèrent à Ramallah. C'est alors qu'ils s'aperçurent de la disparition de leur fils Jésus, âgé de 12 ans. Ils retournèrent à Jérusalem et y trouvèrent le jeune prophète au Temple, prêchant depuis 3 jours au milieu de docteurs de la loi impressionnés. Pour la version originale, se reporter à la Bible (Luc, II, 41-51).

Arriver – Quitter

Gare routière principale *(plan C1,* ***1****)* **:** *Al-Nahda St, non loin d'Al-Manara Sq, à l'étage d'un vaste parking.*
Services pour :
➢ ***Naplouse*** (5h30-21h, dernier bus au départ de Naplouse vers 18h ; trajet : 45 mn), ***Jénine*** (7h30-18h ; durée : 1h30), ***Bethléem*** et ***Hébron*** (6h-20h ; env 1h30 jusqu'à Hébron).
Arrêts pour :
➢ ***Jérusalem :*** le bus n° 18 part d'Al-Nahda Rd *(plan C1,* ***2****)*, en face de l'hôtel *Al-Wehdeh.* 6h-20h30 (23h en été). Trajet : 20 mn. Et plusieurs dizaines de minibus/j. (lignes nos 19, 27 et 50) selon trafic. Il faut min 10 passagers. Compter 30 mn-1h de trajet.
➢ ***Jéricho :*** les *services* (minibus) partent d'Al-Isterha'a St *(plan C1,* ***3****)* ; compter 40 mn.

Adresses utiles

Tourist Information Center *(plan B2)* **:** *en face de la mairie, à côté de Pronto.* ☎ *294-55-55, extension (poste) 123.* ● *tic@ramallah.ps* ● *ramal* *lah.ps • Tlj sf ven 9h-17h été, 8h-18h hiver.* Cartes, brochures, on vous fournira aussi des infos pratiques sur l'hébergement, les sites, ainsi que le programme mensuel des événements en ville (visite de la ville ou d'une ville voisine, projection de film, concert...). Bons conseils et accueil pro. Vente de souvenirs et au sous-sol petite pièce pour lire et se détendre.

■ ***Banques et change :*** ***HSBC*** *(plan B2, **4**), à l'angle de Jaffa et Rashid St ; dim-jeu 8h30-14h30 (13h30 jeu). Distributeurs avec au choix shekels, dollars ou dinars jordaniens.* ***Arab Bank*** *(plan C1, **5**) avec distributeur sur Al-Manara Sq. Le taux le plus intéressant qu'on ait trouvé est chez* ***Ajjouli*** *(plan C2, **6**), un bureau de change sur Palestine St ; tlj sf ven 8h30-16h30.*

✉ ***Poste*** *(plan B2) :* *Al-Muntazah St. Ferme tôt dans l'ap-m.*

■ ***Police touristique :*** *☎ 240-46-94.*

Représentation diplomatique

■ ***Jordan Consulate*** *(consulat de Jordanie ; al-consuliyeh al-urduniyeh ; hors plan par B3, **12**) : au sud de la ville, derrière l'hôtel* Grand Park *(préciser au taxi : « wara el foundouk Grand Park »). ☎ 297-46-25. Dim-jeu 8h-13h30.* Pour se rendre en Jordanie via le pont Allenby (poste qui ne délivre pas de visa), il est possible de se faire faire un visa ici. Prévoir 2 photos et 200 Shk pour une entrée simple (entrées double ou multiple possibles). Émission immédiate. Pour les autres postes-frontières avec la Jordanie, se reporter au chapitre « Quitter Israël et la Palestine » en début de guide.

Agences de voyages et de location de voitures

■ ***Diwan Voyage*** *(plan C2, **7**) : 18, Al-Awda St, Oweidah Commercial Center Building, près du Yasser Arafat Sq. ☎ 298-55-87. • diwanvoyage.net •* Agence de voyages créée par Sabri, un Français, grand connaisseur de la région qui met en avant un tourisme responsable. Voir plus haut, la rubrique « Tourisme alternatif et solidaire » dans le chapitre « Palestine utile ».

■ ***PACE*** *(Palestinian Association for Cultural Exchanges ; Association palestinienne pour les échanges culturels) :* *à **Al-Bireh,** dans une petite rue face à la mosquée Al-Aïn. ☎ 240-76-11. • pace.ps • Depuis Nablus Rd, bifurquer à droite en venant de Ramallah au niveau de la mosquée (rue de l'Al-Ain Hotel) et prendre la 1re à droite, c'est sur la droite. On entre par la boutique. Tlj sf ven 8h-16h (20h été).* À la fois ONG et agence de voyages, PACE organise des visites guidées dans tous les lieux culturels et archéologiques de Cisjordanie. Chaque dimanche (et autre jour possible sur demande), visite guidée d'une ville, à partir de 5 personnes, possible en français sur demande. Penser à réserver à l'avance. Guides parlant le français ou l'anglais. Publie aussi des brochures, un guide sur la Palestine et de petits livres sur chaque gouvernorat de la région orientés sur l'histoire et l'archéologie. Bien faits. Petite boutique d'artisanat.

■ ***Dallah Rent a Car*** *(plan C2) : près du Yasser Arafat Sq (douar sa'a). ☎ 297-41-41. • dallahrentacar.com • Dim-jeu 8h-17h. Loc à partir de 40 $/j.* Le siège se trouve à Jérusalem. Ils peuvent donc faire venir des voitures à plaque jaune à la double assurance, permettant de circuler à la fois en Israël et en Cisjordanie.

Culture

■ ***Riwaq :*** *Al-Sharafeh, Nablus Rd, à **Al-Bireh.** ☎ 240-68-87. • riwaq.org • Les chauffeurs de taxis connaissent en principe le quartier. Dim-jeu 9h-16h. Résa à l'avance pour participer aux randonnées.* Cette ONG s'est fixé un objectif ambitieux : restaurer le patrimoine culturel des territoires palestiniens occupés et recréer un réseau de 50 villages, aussi bien en Cisjordanie qu'à Jérusalem-Est et à Gaza, pour surmonter la fragmentation engendrée par la politique israélienne. Derrière ces rénovations, il s'agit de retisser les liens sociaux entre les habitants dispersés, de valoriser les bâtiments pour se réapproprier le passé avec fierté et de faire revivre ces villages. *Riwaq* organise des randos, dans un premier temps autour de Ramallah, puis dans d'autres

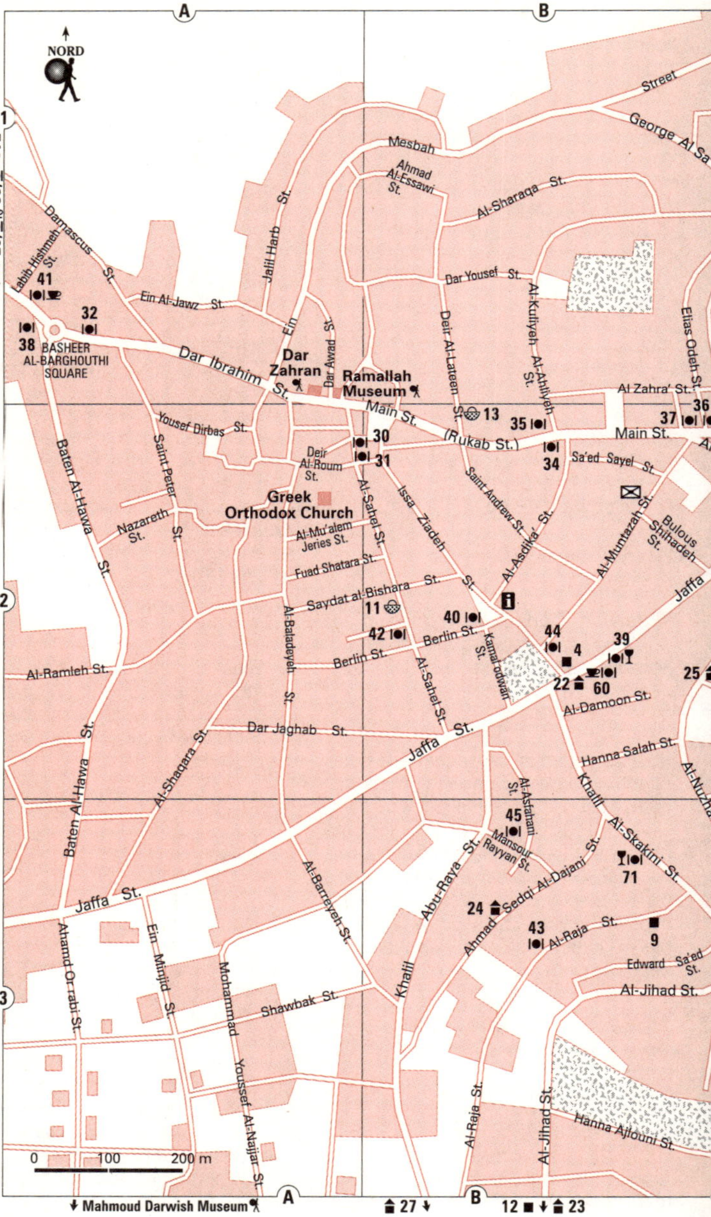
NORD
Mesbah
Ahmad Al-Essawi St.
George Al Sa'
Street
Al-Sharaqa St.
Damascus St.
Labib Hishmeh St.
Jalil Harb St.
Dar Yousef St.
Ein Al-Jawz St.
Ein
Dar Awad St.
Dar Ibrahim St.
Deir Al-Lateen St.
Al-Kuliyeh Al-Ahliyeh St.
Elias Odeh St.
BASHEER AL-BARGHOUTHI SQUARE
Dar Zahran
Ramallah Museum
Main St.
(Rukab St.)
Al Zahra' St.
Yousef Dirbas St.
Deir Al-Roum St.
Saint Peter St.
Baten Al-Hawa St.
Nazareth St.
Greek Orthodox Church
Al-Mu'alem Jeries St.
Al-Sahel St.
Issa Ziadeh St.
Saint Andrew St.
Sa'ed Sayel St.
Al-Asdika' St.
Al-Muntazah St.
Bulous Shihadeh St.
Fuad Shatara St.
Saydat al-Bishara St.
Jaffa
Berlin St.
Kamal odwan St.
Al-Ramleh St.
Al-Baladeyeh St.
Al-Damoon St.
Dar Jaghab St.
Jaffa St.
Hanna Salah St.
Al-Shaqara St.
Baten Al-Hawa St.
Al-Asfahani St.
Khalil Al-Skakini St.
Al-Nuzha
Mansour Rayyan St.
Abu-Raya St.
Ahmad Sedqi Al-Dajani St.
Al-Barreyeh St.
Jaffa St.
Al-Raja St.
Edward Sa'ed St.
Al-Jihad St.
Ahamd Or rabi St.
Ein Mirjid St.
Mohammad Youssef Al-Najjar St.
Shawbak St.
Khalil
Al-Raja St.
Al-Jihad St.
Hanna Ajlouni St.
0 100 200 m
A
B
1
2
3
26, 38, 72
41
32
38
13
35
30
31
34
37
36
11
40
42
44
4
39
22
60
25
45
71
24
43
9
Mahmoud Darwish Museum
27
12
23

RAMALLAH

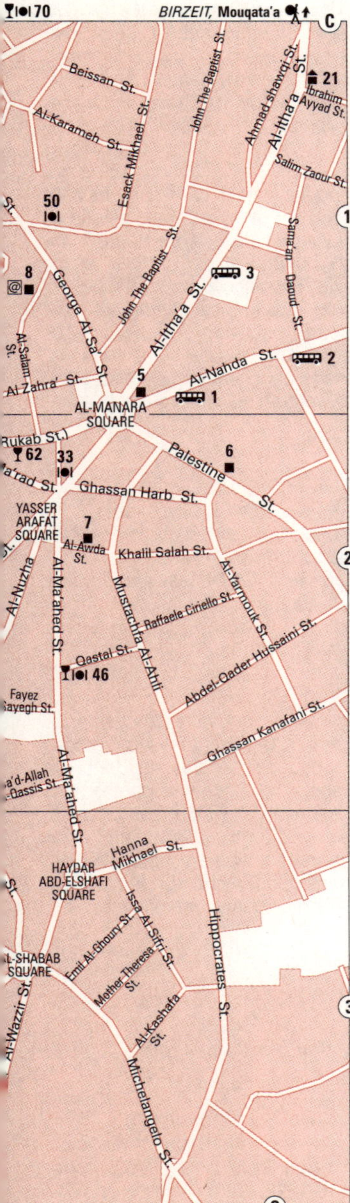

■ Adresses utiles

- Tourist Information Center
- 1 Gare routière principale
- 2 Bus pour Jérusalem
- 3 Bus pour Jéricho
- 4 HSBC
- 5 Arab Bank
- 6 Bureau de change Ajjouli
- 7 Diwan Voyage
- 8 Centre culturel franco-allemand
- 9 Khalil Sakakini Cultural Center
- 12 Consulat de Jordanie

Où dormir ?

- 21 Al-Hambra Palace
- 22 Royal Court Suites Hotel
- 23 Caesar Hotel
- 24 Ankars
- 25 Hostel In Ramallah
- 26 Crown Suites
- 27 Grand Park Hotel

Où manger ?

- 30 Bandali
- 31 Abu Jamal
- 32 Abu Khalil
- 33 Maysereem
- 34 Beit Mana'eesh
- 35 Mata'am al Nasra
- 36 Saba
- 37 Zeit ou Zatar
- 38 Jasmine Café
- 39 Sangrias
- 40 Za'rour
- 41 Zaman Café
- 42 Darna
- 43 Orjuwan
- 44 Pronto
- 45 Sinatra's Café
- 46 Café La Vie
- 47 Épicerie Kulshi Sha'i

Où manger une bonne pâtisserie ?

- 50 Pâtisserie Chocolava

Où boire un bon café ? Où prendre son petit déj ?

- 41 Zaman Café
- 60 Cann.Espresso
- 62 Al-Aaseel Coffee Shop

Où sortir ?

- 39 Sangrias
- 46 Café La Vie
- 70 Snowbar
- 71 Beit Aneesseh
- 72 Reef

Achats

- 11 Colours of Palestine
- 13 Sabah Al Asal

RAMALLAH

régions pour une approche socioculturelle de la situation. En 2013, *Riwaq* a reçu le prix Aga Khan pour l'architecture, pour son travail de réhabilitation et de revitalisation de Birzeit (tout près de Ramallah ; lire plus bas « Dans les environs de Ramallah »).

■ @ ***Centre culturel franco-allemand*** *(plan C1,* ***8****) :* *Al-Salam St. ☎ 298-19-22. • ccf-goethe-ramallah.org • À deux pas de la pl. Al-Menara. Tlj sf ven 9h (14h sam)-20h.* Un centre culturel dynamique qui permet à de nombreux étudiants palestiniens de suivre des cours de langue, assister à des débats, visionner des films ou Arte ! Ciné-club, médiathèque et bibliothèque également sur place, ainsi que des expos. Bulletin mensuel avec les événements – riche programmation – organisés par le centre. Très bon accueil en français *(natürlich !).*

■ ***Khalil Sakakini Cultural Center*** *(plan B3,* ***9****) : 4, Al-Raja St. ☎ 298-73-74/75. • sakakini.org • Tlj sf ven et dim 8h30-16h.* Centre culturel à but non lucratif installé dans une très belle maison bien rénovée, et qui affiche un beau portrait du célèbre poète Mahmoud Darwich laissé par un artiste français. Expositions, concerts, projections de films (parfois en français d'ailleurs)... Et peut-être y trouverez-vous un petit café lors de votre passage, aménagé dans le jardin de poche. Un îlot de verdure bienvenu en tout cas...

Où dormir ?

C'est un peu le point noir de la ville, du moins pour les hébergements bon marché et même prix moyens. Ne pas hésiter à loger dans la ville voisine (très proche) d'Al-Bireh ou carrément à la campagne. Les plus fortunés de nos lecteurs n'auront, en revanche, que l'embarras du choix.

De prix modérés à prix moyens (120-350 Shk / 25-75 €)

Hostel In Ramallah *(plan B2,* ***25****) : 12, Al-Nuzha St. • hostelinramallah.com • Au 2e étage d'un immeuble, 3 dortoirs de 4, 6 et 8 pers. Compter 50 Shk/pers et 150 Shk pour 2 (si possible dans un dortoir « privatisé »).* Un duo familial – les deux frères Chris et Bubu – est à la tête de ce projet, qui n'est autre que l'adresse qui manquait à Ramallah ! Aménagée comme un appartement familial dans une rue qui donne sur Arafat Square, une petite auberge de jeunesse dans le meilleur sens du terme : simple, conviviale et bien tenue. En plus, on profite d'aménagements récents (matelas, cuisine...). Et les deux frères ont acheté les 2 derniers étages, pour créer d'autres appartements qui fonctionneraient sur le même principe, avec chacun un thème et une déco différents. Affaire à suivre, donc... En attendant, l'accueil est charmant et les conseils avisés.

Palestine Red Crescent Society Guest House : *sur la route de Jérusalem, à côté de Al Amari Camp, à* ***Al-Bireh****. ☎ 297-85-24/41. • guest_house01@palestinercs.org • Double avec sdb 70 $ pour 2, petit déj inclus. Accessible à ts.* Dans cet immense bâtiment du Croissant-Rouge, 3 étages sont occupés par des résidents de passage. 40 chambres élégantes dans les tons mauve et bleu, confortables, toutes avec balcon. Ce qui en fait un bon rapport qualité-prix pour la région, d'autant que les chambres devraient être très prochainement rénovées.

Chic (100-150 $ / 75-110 €)

Al-Hambra Palace *(plan C1,* ***21****) : Al-Itha'a St. ☎ 295-62-26. • alhambra-palace-hotel.com • À 5 mn à pied d'Al-Manar Sq. Doubles 100-150 $ selon saison.* 10 chambres seulement pour cette belle maison construite en 1926 et transformée en hôtel en 1947, avant de devenir une résidence étudiante jusqu'en 2009. C'est aujourd'hui un des rares établissements de la ville qui possède un réel charme avec son carrelage d'époque à certains endroits et ses chambres spacieuses à la déco un peu désuète. De plus, agréable jardin planté de pins, à l'avant, mais il ne suffit pas à atténuer le bruit de la rue très passante en semaine. C'était trop beau !

Crown Suites *(hors plan par A1,* ***26****) : Main St,* ***Al-Tireh.*** *☎ 297-40-02/03. • crownsuiteshotel.ps • Compter 120 $ la double, 160 $ la suite.* Un poil excentré (15 mn à pied) dans un quartier résidentiel en train de s'étoffer, un hôtel récent, et, pas si courant dans les hôtels chic, pas une « usine ». 40 chambres dont le confort est perceptible d'emblée : literie rebondie et atmosphère contemporaine et cosy à la fois. Au rez-de-chaussée, 2 terrasses, l'une côté route, et l'autre à l'opposé, une petite terrasse avec un café en saison.

Royal Court Suites Hotel *(plan B2,* ***22****) : Jaffa St. ☎ 296-40-40. • rcshotel.com • En face d'*HSBC. *Double env 120 $, également des suites. (avoir son portable).* Hôtel de petit luxe encore à dimension humaine. Une trentaine de chambres de très bon confort, spacieuses et aux couleurs douces : clim, TV écran plat et même une kitchenette. Certaines avec grand balcon. Bon petit déjeuner-buffet et restaurant panoramique.

Grand Park Hotel *(hors plan par B3,* ***27****) : Almasyoun. ☎ 294-68-00. • grandpark.com • Doubles à partir de 130 $.* Hôtel de 80 chambres dont la réception annonce bien la couleur : design et volumes très contemporains, et dans les chambres, du capiton sur les fauteuils, les têtes de lit... Bref, du confort récent et du moelleux. Très beau buffet pour le petit déjeuner. Et puis, il y a une belle piscine, ce qui ne gâche rien...

Caesar Hotel *(hors plan par B3,* ***23****) : Jerusalem St (Al-Quds). ☎ 297-94-00. • caesar-hotel.ps/en • Double 110 $; également des studios et des chambres familiales pour 4-5 pers.* Hôtel 4 étoiles au sud de la ville, décoré avec beaucoup de goût aussi bien dans les parties communes que dans les chambres (rare !). Grand confort. Les tons marron orangé distillent une ambiance chaleureuse. Sur place, café et resto. Amusez-vous à reconnaître sur la toile du hall d'entrée les grands personnages de l'Histoire. Drôle de tableau de famille ! Resto de sushis.

Ankars *(plan B3,* ***24****) : Ahmad Sedqi Al-Dajani St. ☎ 295-26-02. Doubles 90-100 $ avec petit déj.* Dans un quartier résidentiel, à flanc de colline (la réception est au 3e étage), chambres au charme un peu désuet mais confortables et au calme. En demander une à un étage élevé pour avoir une vue dégagée, car le terrain de l'hôtel est en léger contrebas de son environnement. Terrasse, salle de gym.

Où manger ?

Un vrai festival d'adresses, de la plus populaire à la plus branchée, reflet en quelque sorte de la ville qui tient à ses traditions, mais s'ouvre à de nouvelles expériences. Tant mieux, il y en a pour tous les budgets et puis c'est l'occasion de varier un peu son régime.

Sur le pouce

Il existe tout un tas de petites adresses qui ne paient pas de mine, mais très connues des habitants pour un repas sur le pouce sans se ruiner. Ainsi, tous les bouis-bouis de la vieille ville (Ramallah Tahta) sont réputés pour leurs *hommos* et falafels. Attention, ils ouvrent à l'aube mais ferment la plupart du temps vers 12h. Essayer le très populaire ***Bandali*** *(plan A-B2,* ***30*** *; tlj sf dim 6h-12h).* Ou ***Abu Jamal*** *(plan A-B2,* ***31*** *; tlj 4h-13h30)* où les gens du quartier viennent prendre leur petit déj. Belle salle voûtée en pierre. Propre.

Un peu plus loin, au bout de Rukab Street, sur la droite, ***Abu Khalil*** *(plan A1,* ***32*** *; tlj 7h-minuit)* propose lui aussi d'excellents falafels, à la pièce ou en sandwich ; pas de tables, et on complète soi-même son sandwich avec légumes et condiments (du coup y'en a un peu partout...). À l'opposé, près d'Al-Manara Square, ***Mayssereem*** *(plan C2,* ***33****)* est ouvert 24h/24 (pratique !).

Entre les deux, sur Rukab Street, on s'offre une petite entorse chez ***Beit Mana'eesh*** *(plan B2, **34** ; tlj 8h-23h, jusqu'à 12h ven)* pour des pizzas et des... *mana'eesh* (avec huile d'olive et *zaatar*) au feu de bois. Juste en face, ***Mata'am al Nasra*** *(plan B2, **35** ; tlj 5h-22h, jusqu'à 11h ven).* Retour aux *hommos* et falafels. Grande salle propre pour se poser. Chez ***Saba*** *(plan B2, **36** ; tlj sf ven 10h-21h30),* on emporte. Pas d'enseigne, mais tout le monde connaît.

De très bon marché à bon marché (moins de 30 Shk / 6,50 €)

|●| ***Zeit ou Zatar*** *(plan B2, **37**) : Rukab St. Tlj 7h-20h.* Littéralement « Huile et Thym », garniture de base des *mana'eesh* (sortes de pizzas, délicieusement roboratives). Également des *kubbeh* (boulettes de blé) version carnivore ou végétarienne (originale), des *samboussek* (pâtés fourrés aux épinards ou autres). Bref, l'endroit idéal pour se préparer un pique-nique ou s'attabler vite fait dans la salle à l'étage. Nasser, le patron, est un sacré personnage. Une institution !

|●| ***Épicerie Kulshi Sha'i*** *(plan A1, **47**) : dans le prolongement de Rukab St, après Ramallah Tahta, au niveau du grand rond-point, sur la gauche. Tlj 9h30-23h.* Épicier-traiteur pour se faire confectionner un sandwich avec les produits du magasin : fromage, dinde, *laban,* salami, *zaatar.* Bilal s'occupe de tout. Bon, pas cher du tout et boutique nickel.

|●| ***Mata'am Samer :*** *Nablus St (la route principale), à **Al-Bireh.** ☎ 240-53-38. Tlj 7h-minuit.* Le plus connu (et sous le nom de « Samer » tout court), mais excentré, dans la ville voisine. Tous les jours (sauf le vendredi) un plat différent. Et aussi pizzas, sandwichs, falafels. Archi populaire. Également à emporter. Impeccable. Pour le dessert, la pâtisserie de la famille se trouve juste en face. On en parle plus loin.

Prix moyens (30-60 Shk / 6,50-13 €)

|●| ☕ ***Jasmine Café*** *(hors plan par A1, **38**) : 22, Al-Tireh St. ☎ 295-01-21. Ouv tlj.* Wi-fi. Claire et spacieuse, une adresse qui fait l'unanimité auprès de Palestiniens et expat', dès l'heure du petit déjeuner. On peut y commander salades, pâtes, copieux nachos... ou juste un bon café, un thé glacé ou un jus frais, accompagné d'une pâtisserie bien sûr ! Service et atmosphère sympas.

|●| ***Café La Vie*** *(plan C2, **46**) : 5, Qastal St. ☎ 296-41-15. Tlj sf ven 12h-0h30.* Wi-fi. Dans un cadre coloré, le proprio et son équipe ont su créer une atmosphère zen et chaleureuse. Autant que possible, les plats sont cuisinés avec les légumes du petit potager cultivé... sur le toit, les œufs et le miel sont « maison », de même que certains fruits cueillis sur les arbres de la cour-terrasse verdoyante, également ombragée par quelques oliviers. À la carte, saumon orange-*teriyaki,* tacos, salades, sandwichs... et un beau choix de desserts parfois originaux, une carte de thés, de cocktails, et un bon espresso. Musique live à l'occasion, et projection de films dans la cour-jardin. Une escale qui porte bien son nom.

|●| ***Sangrias*** *(plan B2, **39**) : Jaffa St. ☎ 295-68-08. Tlj 12h-23h (fermeture de la cuisine). Bar ouv jusqu'à 1h min. Sert de l'alcool.* Bonnes spécialités mexicaines (*tamales, quesadillas,* fajitas, etc.) et internationales aussi : salades, sandwichs et burgers. Très agréable aussi de venir y boire un verre. Très cosy le soir, avec les petites bougies sur les tables disposées sur une belle terrasse verdoyante. Chicha. Excellent rapport qualité-prix-cadre.

|●| ***Za'rour*** *(plan B2, **40**) : au rond-point, face à l'office de tourisme. ☎ 295-67-67. Tlj 10h-23h. Sert de l'alcool.* Sur 2 niveaux de terrasses verdoyantes et couvertes, resto réputé à juste titre pour ses grillades et sa cuisine palestinienne, en général. Clientèle d'habitués et de fonctionnaires (la mairie est juste derrière). Goûtez donc au *mosakhan,* à base de poulet, oignons confits et yaourt. Bon rapport qualité-prix.

|●| ***Zaman Café*** *(plan A1, **41**) : au bout de la rue principale, après le grand rond-point sur la droite. ☎ 295-06-00. Tlj*

6h-minuit. Sert de l'alcool. Intérieur design et clientèle branchée et/ou d'expats qui craquent pour un croissant ou une gaufre... belge. Vrai espresso, bière et vin. Également des salades et sandwichs. Coins salons à l'étage ; musique forte, quelques tables dehors Voir également plus bas « Où boire un bon café ? Où prendre son petit déj ? ». Une autre enseigne se trouve dans le quartier d'Al-Masyoun, au sud.

Chic (plus de 60 Shk / 13 €)

Darna *(plan B2,* ***42****) : Al-Sahel St. ☎ 295-05-90. Tlj 11h-23h. Alcool servi.* Excellent resto de cuisine palestinienne prisé à la fois des familles et des officiels. Cadre élégant et très spacieux ; large choix de plats copieux, bien présentés, et bons ! On a aimé les feuilles de vigne particulièrement goûteuses ainsi que le poulet au citron et au thym aux saveurs bien dosées. Mais tout vaut le détour. Pain maison fait dans le four à pizzas. Accueil et service charmants et pro, en uniforme, un peu *old school.*

Orjuwan *(plan B3,* ***43****) : Al-Raja St. ☎ 297-68-70. Tlj 11h-minuit. Alcool servi.* Resto *lounge* à la déco plutôt éclectique et à la cuisine fusion complètement réussie. Goûtez par exemple le *tabouleh al-Orjuwan* ou le *risotto mjadara,* quelques-unes des recettes traditionnelles savamment réinventées. Ils jouxtent sur la carte des plats palestiniens typiques, des raviolis maison, pâtes et pizzas pour ceux qui ne voudraient pas (plus) être dépaysés. Clientèle branchée de Palestiniens et d'expats venus aussi pour l'ambiance chaleureuse, en hiver au coin de la cheminée ou en été sur la jolie terrasse verdoyante. Intime à coup sûr le soir, à la lumière des bougies. Belle carte de cocktails, et soirée à thème le jeudi.

Pronto *(plan B2,* ***44****) : Al-Rashid St. ☎ 298-73-12. Tlj jusque tard.* À deux pas du *Royal Court Suites Hotel.* LA pizzeria de Ramallah ! Un des grands rendez-vous des ONG. Avec sa populaire terrasse, sa chaleureuse salle intérieure et son non moins populaire patron, Basem Khoury, convivial, attentif à la qualité des mets et aux désirs de ses clients... Copieux petit déj, fraîches salades et, vous l'aviez deviné, de croustillantes pizzas avec des *toppings* faits maison.

Sinatra's Café *(plan B3,* ***45****) : 12, Mansour Rayyan St, quartier d'Al-Masyoun. ☎ 297-10-28. Tlj midi et soir jusqu'à 22h30.* C'est d'abord un cadre plaisant, aéré, calme, bucolique... du genre à « prendre l'apéro » (sans alcool) ou le café, calé dans de profonds fauteuils en terrasse, à l'instar de la jeunesse un rien branchée qui plébiscite le lieu. Au fond, la salle à manger avec 3 écrans pour suivre les matchs de foot. Cuisine aux effluves italo-américains, viandes de bonne qualité, vraiment cuites à la demande et servies généreusement, sandwichs en 2 tailles. Laisser de la place pour un savoureux Sinatra cheese-cake (le meilleur de Ramallah, dit-on !). Crêpes et gaufres au petit déj. Service jeune et gentil comme tout. Prix tout à fait raisonnables.

RAMALLAH

Où manger de bonnes pâtisseries ?

Samer Sweets : *Nablus St, à* ***Al-Bireh.*** *Tlj 10h-23h. En face du resto du même nom (voir plus haut le resto* Mata'am Samer *« Où manger ? De très bon marché à bon marché »).* Cadre moderne pour cette pâtisserie populaire où l'on vient acheter son *knafeh* et ses baklavas, à emporter ou à consommer sur place. Le tout arrosé d'un espresso, capuccino ou jus de fruits.

Pâtisserie Chocolava *(plan C1,* ***50****) : Ein Misbah, près de la Bank of Palestine. ☎ 297-20-78. Tlj 9h-21h.* Après plusieurs semaines de perfectionnement sous le soleil niçois, Muhammed a ouvert sa propre pâtisserie et concocte des petites douceurs... au chocolat, belge, s'il vous plaît ! Une poignée de tables pour déguster tranquillement.

Où boire un bon café ? Où prendre son petit déj ?

Zaman Café (plan A1, **41**) : au bout de la rue principale, après le grand rond-point sur la droite. ☎ 295-06-00. Tlj 6h-minuit. Plusieurs formules petit déj, version branchée. Bon café. Voir également plus haut « Où manger ? Prix moyens ».

Cann.Espresso (plan B2, **60**) : Jaffa St, près de l'hôtel Royal Court Suites. ☎ 297-21-25. Tlj 7h-minuit (12h-23h ven). Pas d'alcool. Déco noir, rouge et blanc, tendance urbaine au rez-de-chaussée (espace non-fumeurs, rare), ambiance bédouine sur la terrasse à l'étage. Bon café. Sert aussi des petits déj, sandwichs et pâtes.

Al-Aaseel Coffee Shop (plan C2, **62**) : Rukab St, Tannous Building, au 5e étage. Pas d'alcool. Grande salle avec des baies vitrées – bon, pas bien propres... – donnant sur Manara Square. Endroit stratégique pour observer l'animation de la place en fumant le narguilé, un verre de thé à la main.

Où sortir ?

La fête, c'est incontestablement le jeudi soir, presque partout.

Snowbar (hors plan par C1, **70**) : au nord du centre-ville, vers Ein Misbah. 0599-264-663. Un resto-bar saisonnier ouv midi et soir, mai-oct (ramadan inclus). Entrée parfois payante jeu soir. Accès piscine : 50 Shk ; réduc. Niché à l'ombre d'une des rares pinèdes de Ramallah (*snowbar* signifie d'ailleurs « pin » en arabe), c'est l'adresse incontournable de cette ville cosmopolite : un bar-resto-piscine où les habitués se lovent dans les canapés posés dehors, autour d'un grand feu de camp s'il fait frais, ou devant un match de foot qui déchaîne les passions. Amine, le propriétaire féru de jardinage, a poursuivi le rêve de son père qui avait planté chaque pin afin de créer un espace « au vert » pour les familles. En journée, on vient se rafraîchir à l'ombre des arbres et passer un après-midi cool au bord de la piscine (bikini et alcool permis). Bonnes grillades (le burger est fameux). Le vin et les alcools sont un peu chers, mais on paie le cadre.

Beit Aneesseh (plan B3, **71**) : quartier Al-Masyoun. ☎ 295-29-91. Tlj 16h-1h. Un bar-resto bien connu dans le paysage nocturne de Ramallah. Dans le jardin protégé de la rue par un haut mur ou dans la salle vite bondée avec ses petits coins salon, les jeunes branchés se pressent pour boire un verre en fin de semaine ou avaler quelques plats internationaux. Service débordé ces jours-là. Côté cadre, canapés un peu kitsch, chaises et tables de bistrot et chouettes affiches anciennes. Musique arabe et occidentale.

Café La Vie (plan C2, **46**) : 5, Qastal St. ☎ 296-41-15. Tlj sf ven 12h-0h30. Voir plus haut « Où manger ? Prix moyens ».

Reef (hors plan par A1, **72**) : Al Teera. ☎ 296-60-96. Tlj 8h-2h. Sur la devanture, chercher « Coffee shop & restaurant ». Un café-resto très spacieux au cadre verdoyant. Très populaire chez les Palestiniens, et pas de la jeunesse dorée pour une fois.

Sangrias (plan B2, **39**) : Jaffa St. ☎ 295-68-08. Bar ouv jusqu'à 1h. Voir plus haut « Où manger ? Prix moyens ».

Achats

Colours of Palestine (plan B2, **11**) : quasi à l'angle des rues As-Sahel et Saydat al-Bishara. 0598-575-696. Fermé ven et dim. Boutique d'artisanat palestinien.

PACE : à **Al-Bireh,** dans une petite rue face à la mosquée Al-Aïn. Au rdc de l'ONG du même nom, citée plus haut. ☎ 240-76-11. Tlj sf ven 8h-17h. Vente d'artisanat (broderies, colliers, objets en bois d'olivier, etc.), petits guides sur la Palestine, entre autres.

Sabah Al Asal *(plan B1-2,* ***13****) : Deir Al-Lateen St. ☎ 296-46-66. Tlj sf ven 8h-18h (15h dim).* Le royaume de l'abeille : un choix de miels palestiniens et de bougies – fantaisie pour certaines –, gelée royale, pollen, gâteau au miel. On peut y observer une ruche de près, sous verre.

Hammam

■ ***Hammam The Turkish Bath*** *(hors plan par C1) : Al-Nijmeh Center, à* ***Al-Bireh.*** *☎ 242-82-81. ● turkishbathpalestine.com ● Tt près du ministère de l'Intérieur. Prévoir maillot et shampoing ; serviette et chaussures fournies. Pour les femmes, tlj sf ven 9h-20h, pour les hommes tlj 10h-minuit. Réserver. Accès hammam 50 Shk, sinon plusieurs forfaits 70-150 Shk, incluant un petit massage pour la plupart. Casiers individuels à clé dans le vestiaire. 10 % de réduc sur présentation de ce guide.* Un hammam récent et bien tenu, avec, aux commandes côté femmes, l'énergique et sympathique Rana, qui veille à tout, et commence par vous servir une tisane bien fraîche alors que la chaude vapeur du hammam vous ramollit. Puis on passe d'une pièce à l'autre, un agréable fond musical – un peu fort peut-être – parvenant aux oreilles. Un dernier thé ou jus de fruit frais et un narguilé, puis on sort, gommé, massé, délassé et délicieusement hagard...

À voir

Si la vieille ville donne l'occasion d'une balade intéressante, Ramallah ne recèle pas encore de musée ni de sites culturels majeurs. En revanche, il peut être intéressant de pousser jusqu'à Birzeit pour découvrir le Musée ethnographique de l'université (voir plus loin).

Dar Zahran Heritage Building *(plan A1) : dans la vieille ville, en face de l'Arab Bank. ☎ 296-34-70. Tlj sf dim 11h-19h.* Sans aucune aide publique, le sympathique Jawwal a décidé de progressivement restaurer la belle demeure familiale. On y découvre aujourd'hui l'exposition d'anciennes photos de Ramallah, une boutique d'artisanat et de produits locaux bien sélectionnés, ainsi que des expos-ventes d'artistes ou artisans. Et bientôt, à l'étage, il projette d'aménager un café littéraire. Une entreprise de longue haleine qu'on n'a aucun mal à recommander et à soutenir tant le résultat actuel vaut déjà le coup d'œil.

Ramallah Museum *(musée de Ramallah ; plan A1) : intersection Dar Awad St et Dar Ibrahim St. ☎ 295-95-61. Tlj sf ven-sam 9h-15h. GRATUIT.* Dans le centre, tout petit musée à l'offre fort limitée, mais si on ne l'indique pas, il va sombrer dans l'oubli (et l'ennui pour sa sympathique conservatrice). Au rez-de-chaussée, quelques objets domestiques et vêtements. À l'étage, minisection archéologique, petit sarcophage en argile, pressoirs en pierre, petits verres, grandes jarres...

Pas bien loin de là, dans la vieille ville près de l'église orthodoxe, le siège de l'association *Al Kamandjati* (voir plus haut, au début du chapitre « Palestine ») et l'atelier de lutherie attenant *(tlj sf ven-sam).*

Mouqata'a and Yasser Arafat's Tomb *: Al-Itha'a St, au nord de la ville. Tlj 9h-21h.* La *Mouqata'a* désigne les bureaux du gouvernement de l'Autorité palestinienne. C'est là qu'en 2002, au cours de la seconde Intifada, Yasser Arafat est resté enfermé pendant 5 mois en tout, assiégé à deux reprises par les troupes israéliennes, alors que le bâtiment avait été en partie détruit. Décédé le 11 novembre 2004 à l'hôpital de Clamart en France, Abu Ammar repose désormais dans un mausolée en pierre et verre d'une grande sobriété. Son cercueil est gardé par deux militaires.

Musée Mahmoud Darwish *(hors plan par A3)* **:** *Tokyo St, Almasyoun. ☎ 295-28-09. • darwishfoundation.org • Tlj 8h-18h. Entrée : 5 Shk. Un peu excentré ; le plus simple est de sauter dans un taxi collectif.* Un bâtiment contemporain très réussi et environné de verdure, qui offre une vue très dégagée sur les alentours. Belle muséographie. Évidemment, comme le lieu est consacré à un homme de lettres, la visite pour un non-arabophone est ardue... Mais si vous êtes anglophone, n'hésitez pas à demander un feuillet explicatif. Et pour ceux qui voudraient entrer dans l'univers du grand poète au cours de leur voyage, sachez que ses livres sont en vente sur place, traduits en français (éd. Actes sud).

DANS LES ENVIRONS DE RAMALLAH

BIRZEIT (IND. TÉL. : 02)

À environ 10 km au nord de Ramallah, Birzeit mérite un détour au moins à deux titres : d'une part pour son université, créée en 1924, à l'excellente réputation internationale, qui abrite notamment un musée d'Art et d'Ethnographie (aux horaires d'ouverture malheureusement très restreints), d'autre part pour sa vieille ville, à 2 km du campus, récemment réhabilitée par l'association *Riwaq* (voir plus haut les « Adresses utiles » de Ramallah), laquelle a d'ailleurs été primée en 2013 (prix Aga Khan pour l'architecture, décerné tous les 3 ans). Au-delà d'un projet architectural, c'est tout le tissu socio-économique local qui a retrouvé un nouveau souffle de vie. Un résultat qui plaît aux étudiants de l'université voisine qui viennent y boire un verre, avaler des falafels ou découvrir le People's Museum.
Bir zeit signifie « puits à huile », en référence au fait que les habitants stockaient leur huile d'olive fraîchement pressée dans des puits.

Où manger ?

Falafel Republic : *au centre de la vieille ville. ☎ 281-92-38. Tlj 9h-minuit.* Un petit resto au cadre sobre, avec, aux commandes, un duo mère-fils qui s'active dans la cuisine ouverte et au service. *Laban, shakshouka,* courgette farcie, poulet champignons, *psa'ha* (pizza oignons, épices ; essayez donc !)... Tout ça est bien propre et bien frais. Et un poil plus loin, quelques tables en terrasse, entourées de vénérables murs de la vieille ville.

Lyalina : *en face de l'école catholique. ☎ 599-925-210.* 2 salles différentes, la première plutôt pour boire un verre ou fumer la chicha, et l'autre, aménagée de façon plus soignée. Également une poignée de tables dehors, le long de la rue. Une carte classique et assez étoffée.

À voir

Ethnographic and Art Museum *(musée d'Art et d'Ethnographie)* **:** *sur le campus de l'université, bâtiment sur la droite à l'entrée. ☎ 298-29-76. • virtualgallery.birzeit.edu • Accès à l'expo temporaire tlj sf ven et dim 10h-15h ; les collections permanentes sont quant à elles slt visibles mar et jeu 12h-14h. GRATUIT.* Le musée partage alternativement ses activités entre des *expositions d'art contemporain* et une très intéressante *collection permanente de costumes traditionnels et d'amulettes.*
– *La section costumes :* elle est composée d'une centaine de robes et d'environ 150 accessoires (ceintures, manteaux, coiffes, bijoux...). Ces costumes traditionnels, portés par les femmes lors des cérémonies, des mariages, d'événements importants... témoignaient du rang de leurs propriétaires.

Les techniques utilisées, les matériaux et les couleurs correspondent à la région d'origine et révèlent la grande richesse de l'artisanat palestinien : tissage, broderie, fils de soie. Accessoires composés de perles, coquillages, verre, cuivre, agates, corail, ambre... montés ou incrustés sur divers matériaux tels que : cuivre, argent, fer, mais aussi tissus, laine, crins de cheval, etc. Les bijoux peuvent être martelés, fondus, moulés. On peut également voir quelques objets de vannerie, housses de coussins et des outils.

– *La section amulettes :* elle regroupe plus de 1 400 amulettes et talismans provenant de Palestine ainsi que de la région d'Alep en Syrie et datant de la période ottomane tardive. Sans doute la collection la plus originale du musée. Collectés par Tawfiq Canaan, médecin, chercheur et anthropologue du début du XXe s, ils faisaient parfois office d'honoraires lors de ses déplacements dans les villages.

Faits de matériaux tels du bois, du verre, des métaux divers, des tissus et des papiers, ils se présentent sous différentes formes : bijoux, pendentifs, boîtes, cartons pliés, savons moulés... On y trouve des ossements d'animaux, des graines, des pierres, des plantes...

Dans le folklore palestinien, ces objets étaient parés de vertus curatives ou prophylactiques et censés protéger leurs propriétaires contre les démons qui transmettent les maladies. Dans les croyances animistes ou polythéistes, ces pratiques, très proches du chamanisme, étaient réservées à des personnages puissants (ici principalement les cheikhs). Certaines de ces amulettes étaient destinées à des bébés, des enfants... d'autres permettaient de lutter contre la stérilité, de se protéger de la diphtérie, de la peste. Leur usage était codé et assorti de mots et de gestes qui leur conféraient un caractère magique. Beaucoup de ces amulettes portent des textes écrits, des dessins ou des signes.

JIFNA *(IND. TÉL. : 02)*

À env 8 km au nord de Ramallah, non loin de Birzeit. Village à majorité chrétienne, prisé des citadins qui viennent ici très nombreux le samedi, prendre l'air de la campagne et s'attabler dans un des restos de la localité et une des trois piscines ouvertes à la période estivale. Pas mal pour une commune de 1 500 habitants !

➢ Pour s'y rendre de Ramallah, *services* depuis la station des bus pour Jérusalem *(plan C1,* ***2****),* face à la pension *Al-Wehdeh.*

Où dormir ? Où manger ?

Khouriya Palestinian Family Guesthouse : *sur les hauteurs de Jifna, dans le quartier d'Al-Bereh, près du 7eleven. Faites-vous indiquer le chemin. ☎ 281-14-85. • rkhouriya@yahoo.com • Prévoir 280 Shk pour 2, petit déj inclus. Repas sur demande.* L'occasion de partager le quotidien de cette adorable famille palestinienne, qui accueille les visiteurs dans sa belle maison claire et bourgeoise. Celle-ci abrite 7 chambres (dont une avec terrasse), pas très grandes, mais correctes, réparties sur 2 étages, ainsi qu'un appartement. Salle de bains commune. Plusieurs terrasses pour profiter d'une vue sur la campagne, et une cuisine à disposition. La famille organise aussi des tours dans toute la région.

Reef House Pension : *fléché sur la gauche, au centre du village en venant de Birzeit. ☎ 281-08-81. 0599-266-499. • reefhousepension.ps • Chambres 2-7 pers. Env 200 Shk pour 2, petit déj compris.* Les 8 chambres, simples mais impeccables, sont toutes dotées d'une salle de bains. Effort de déco dans les parties communes, salle TV pour se retrouver entre résidents. Ping-pong, fléchettes. Sympathique atmosphère familiale.

Tabash Restaurant : *dans la rue principale. ☎ 281-09-32. Fermé ven.* Un des bons restos du village pour manger grillades (spécialité de *shish chicken*) et *mezze,* à l'extérieur (mais à l'abri). Jeux pour enfants.

TAYBEH (*IND. TÉL. : 02*)

Petit village juché à 930 m d'altitude, à 14 km au nord-est de Ramallah. Compter 20 mn en transports (bus ou taxi collectif). De Ramallah, départ des taxis collectifs : Mouj jamah, Al-Malki, près de Abdel Nasser Mosque ; départs des bus : en face de l'école Friends Boys School à Al-Bireh. Outre son environnement bucolique, Taybeh est connu pour n'abriter que des chrétiens – cas unique en Cisjordanie – (latins, melkites et orthodoxes) et pour sa brasserie, la seule de Palestine. Son *Oktoberfest* qui, contrairement à celle de Munich, se déroule vraiment en octobre (en principe le 1er week-end), attire chaque année de plus en plus de monde. Par ailleurs, le centre du village a été magnifiquement rénové sous l'égide de *Riwaq,* une association qui promeut le patrimoine culturel pour faire revivre les villages, et grâce à l'aide financière du gouvernement espagnol. Une petite halte à la fois paisible et agréable, loin du tumulte de Ramallah.

Où manger ? Où boire un verre ?

🍴 🍷 ***Hosh Budrus*** *(Peter's Place, Beer Garden and Lounge)* **:** *dans le dédale du vieux village. Demandez votre chemin.* ☎ *289-80-54.* 📱 *054-983-83-49. Ouv lun-mer 11h-16h et jeu-sam 13h-22h. Sert de l'alcool.* Accroché aux pentes du village. Une famille germano-palestinienne a réuni 3 maisons pour les transformer en un lieu d'accueil archi convivial : l'ancienne étable est aménagée en petit musée d'objets traditionnels, et la cave voûtée en bar. Mais le pied total consiste à s'installer en terrasse à l'une des belles tables en mosaïque, pour admirer, en fin de journée, la vue superbe sur la vallée du Jourdain et les montagnes, parfois jusqu'à la mer Morte quand le temps est clair. On y mange du porc (sur commande) et des plats traditionnels palestiniens. Le menu, à base de produits frais de la région, change tous les jours. Sert également salades et snacks.

À voir

Taybeh Brewery *(brasserie)* **:** ☎ *289-88-68.* • *taybehbeer.com* • *Tlj sf dim 8h-16h. Petite visite guidée de 25 mn gratuite avec projection de film.* Fondée en 1994 par la famille Khoury, installée aux États-Unis avant de revenir en Palestine suite aux accords d'Oslo. Elle brasse cinq types de bières, de la non-alcoolisée à la brune qui titre tout de même 6 % ; et une sixième, blanche celle-là, est en cours d'élaboration. Aucun conservateur ni additif dans les breuvages. En plus des bières, production et vente de vin (syrah, cabernet, merlot) ; la famille Khoury a d'ailleurs ouvert une belle cave dans le village ; également quelques produits fabriqués par une coopérative de femmes de Taybeh. Et dans le village, les Khoury sont en train d'achever la construction d'un hôtel ; quelle énergie !

Olive Brand Foundation **:** *infos auprès de l'église latine, à l'entrée du village, à l'opposé de la brasserie.* ☎ *289-80-20.* • *taybeh.info/fr* • La fondation regroupe plusieurs projets, dont la vente de « lampes de la paix ». Son but : unir par ces lampes 100 000 églises à travers le monde dans une prière pour la paix. L'atelier (dans le village), qui fabrique également des objets en bois d'olivier, emploie ainsi une vingtaine de personnes.

El-Khader *(Saint George Church)* **:** *à l'entrée du village, côté mairie (à l'opposé de la brasserie).* Selon l'Évangile, Jésus aurait séjourné à Taybeh (alors appelé *Ephraïm*) avec ses disciples la veille de Pâques. Le lieu fut donc choisi au Vᵉ s pour l'édification d'une église, abandonnée au VIIIᵉ s. Plus tard, les croisés en érigèrent une nouvelle sur les vestiges de la première, et réemployèrent blocs sculptés et colonnes. Au cours des siècles suivants, l'édifice fut détruit, reconstruit, consolidé, transformé maintes fois, tant et si bien qu'il est toujours fréquenté par quelques familles du village, malgré l'état de ruines – très bien « entretenues » – dans lequel il se trouve. Au début du XXIᵉ s, des archéologues français ont travaillé sur place. On peut voir, entre autres, plusieurs fragments de mosaïques dans l'aile nord et un baptistère des IV-Vᵉ s à « l'intérieur ». De l'église, belle vue sur la campagne.

NAPLOUSE

143 000 hab. IND. TÉL. : 09

Nichée au creux d'une vallée, la ville est dominée par le mont Garizim d'un côté et le mont Ebal de l'autre. C'est l'une des plus peuplées de Cisjordanie et des plus jeunes aussi grâce à l'université an-Najjah, la plus grande des territoires palestiniens occupés.
L'histoire et l'identité de la ville sont marquées par des actes de résistance depuis le début du XXᵉ s, d'abord contre les Britanniques et les sionistes, puis contre l'occupation israélienne au cours des deux Intifadas. Ce qui lui a valu le surnom de Jebel en-Nahr (la « Montagne de feu »). Pendant la seconde Intifada, Naplouse a subi de nombreux bombardements israéliens et a été régulièrement soumise aux couvre-feux. La population, les bâtiments mais aussi l'économie de la ville ont été gravement touchés pendant cette période. La ville est aujourd'hui calme et son souk plein de charme. Seule précaution, la tenue vestimentaire. Mieux vaut se couvrir les genoux et les épaules, surtout quand on se balade dans la vieille ville. Au pire, les habitants se contenteront de vous lancer des regards un peu appuyés.

Arriver – Quitter

Gare routière principale *(plan d'ensemble B1) : à l'ouest du centre, en contrebas de King Faisal St.* On y trouve bus et taxis *services.* Ces derniers partent en principe 6h30-17h30. Les bus mettent un peu plus de temps, mais sont moins chers. Liaisons avec :

➢ ***Ramallah :*** en *services* (40 mn de trajet) et en bus, 6h20-16h, ttes les 30 mn (durée : 1h).

➢ ***Jéricho*** (env 1h), *services* réguliers, mais 1 seul bus/j., tôt le mat.

➢ ***Jénine :*** en *services* (40 mn) ou en bus, ttes les 30-40 mn, 9h30-17h (env 1h).

Adresses utiles

✉ ***Poste*** *(zoom C1) : King Faisal St. Tlj sf ven, sam 8h-15h.*

■ ***Distributeurs*** *(zoom C1,* ***1****) : dans le mall* Cinema City. *Arab Bank* avec possibilité de retirer des shekels, dollars ou dinars jordaniens.

■ ***Institut français*** *(Centre culturel français ; plan d'ensemble A-B1,* ***2****) : An-Najah Al-Qadim St. ☎ 238-59-14. Tlj sf ven 9h (14h sam)-19h.* Belle maison de la fin du XIXᵉ s, précédée d'une allée de bougainvillées : une immersion dans la francophonie qui commence bien. Expos photos, bibliothèque, médiathèque, salle de lecture et de conférences, organisation de colloques. Un centre dynamique, lieu idéal pour rencontrer des Palestiniens parfaitement francophones.

■ ***Project Hope*** *(plan d'ensemble*

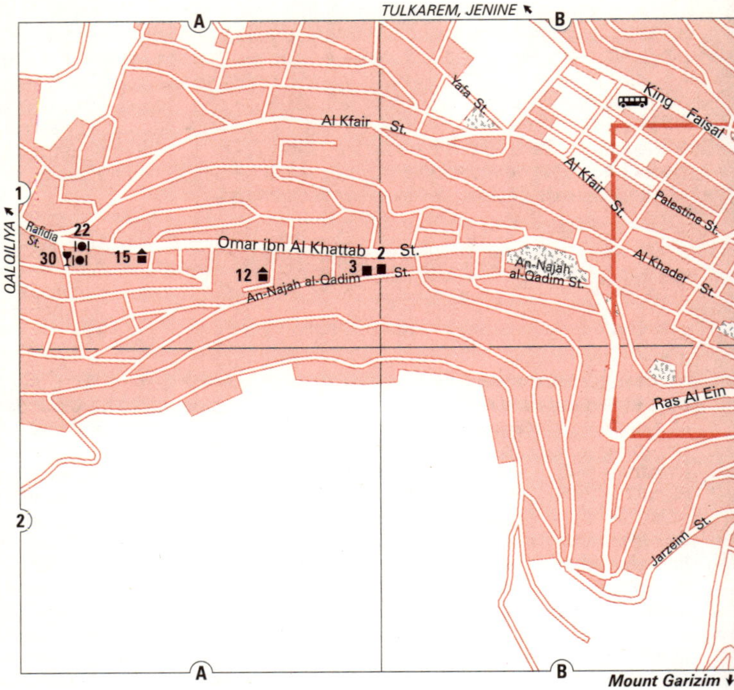

■ Adresses utiles	Où dormir ?
2 Institut français **3** Project Hope	**10** Yafa Cultural Center **12** International Friends Guesthouse

A1, **3**) : *An-Najah Al-Qadim St, juste en face du CCF. ☎ 233-70-77. • projecthope.ps •* Cette grande association palestinienne accueille des bénévoles entre 5 semaines et 3 mois dans le cadre de projets destinés aux enfants mais aussi aux adultes (ateliers artistiques, cours de langues et d'informatique, sports, etc.). Leur site sur Naplouse *(• nablusguide.com •)* est une mine d'informations (en français).

Hammams

Les 2 hammams de la vieille ville sont les plus anciens de Palestine.

■ ***Hammam Al-Shifa*** *(zoom B1,* **4**) : *An-Nasr St. ☎ 238-11-76. Ouv pour les femmes slt mar et dim 8h-18h (plus lun en été) ; pour les hommes le reste du temps et jusqu'à minuit. Env 35 Shk pour les serviettes, savon et gant, + 25 Shk pour le gommage-massage.* Très propre. Il remonte au XVIIe s.

■ ***Hammam El-Hana*** *(appelé aussi Al-Samara ; zoom B1-2,* **5**) : *non loin de la fabrique d'épices, mais pas évident à trouver dans le dédale des rues, demander. ☎ 238-51-85. Ouv mar slt pour les femmes 8h-14h ; les autres j. pour les hommes 8h-22h30, plus mar à partir de 14h.* Il date du XIXe s et a rouvert après restauration en 1994.

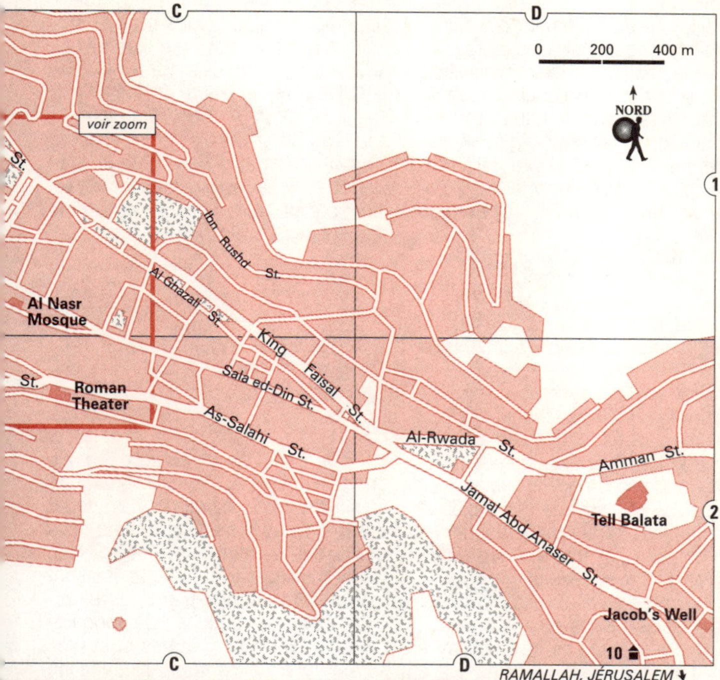

NAPLOUSE – PLAN D'ENSEMBLE

15 Al Qasr Hotel

Où manger ?

22 Beit Tayabeyyat

Où boire un verre ?

30 Ilikan

Où dormir ?

De bon marché à prix modérés (moins de 200 Shk / 42 €)

Yafa Cultural Center *(plan d'ensemble D2,* ***10****)* **:** *dans le camp de réfugiés de Balata, au sud de la ville, face à Tell-el-Balata. ☎ 232-45-53. • yafacult.ps • Env 50 Shk/pers en dortoir 3-8 lits non mixtes.* Un lieu plein de vie qui, en plus de ses projets socioculturels en faveur des habitants de Balata, accueille des volontaires et des voyageurs désireux de vivre près de la population et de comprendre le quotidien dans les camps. La partie *guesthouse* est en fait composée de 2 appartements (hommes et femmes séparés), chacun avec une cuisine, une machine à laver, une salle TV et la clim. Tout est moderne et nickel. Les repas, même le petit déj, peuvent être commandés chez des familles du camp.

Al Istiklal *(zoom C1,* ***11****)* **:** *Hittin St, presque à l'angle d'Al-Ghazzali St. ☎ 238-36-18. Env 40 Shk/pers en* *dortoir 3-5 lits, non mixtes.* Abu Ibrahim accueille chaleureusement ses hôtes (surtout des hommes) dans cette maison des années 1940 qui a conservé du carrelage et des mosaïques d'époque, ainsi que ses plafonds hauts. Un vrai potentiel donc, toutefois gâché par l'entretien minime et la propreté trop limite. Mieux vaut apporter son sac à viande. Reste le prix, un des plus attractifs de la ville.

Beit Al-Sham *(plan d'ensemble A1) : dans la ville moderne, Khamstash St, juste avt MSF (se dit « Atibaa bela hadood » en arabe). ☎ 237-62-95. • nablusguesthouse.ps • Env 70 Shk/pers en chambre partagée de 4 lits, avec sdb. Double avec sdb 200 Shk. Petit déj inclus. Réduc pour les volontaires internationaux.* Cette auberge occupe une maison des années 1950. Elle abrite des chambres doubles avec salle de bains, ainsi que des triples et quadruples. Grande salle à manger en bois, éclairée par une verrière (resto sur place). Super terrasse ombragée par des orangers, des citronniers, et égayée par le chant des oiseaux. Cuisine à dispo. On se croirait à mille lieues d'un grand centre urbain.

International Friends Guesthouse *(plan d'ensemble A1,* ***12****) : dans la ville moderne, An-Najah Al-Qadim St. ☎ 238-10-64. • guesthouse.ps • Un peu après l'Institut français en redescendant vers Rafidia St. Prévoir 75 Shk/pers en dortoir 8 lits. Doubles 150-180 Shk. Également une chambre non mixte.* On dévale une volée d'escaliers pour atteindre cette maison agrippée à flanc de colline. Fréquenté surtout par des volontaires, mais accessible à tous. Plutôt *roots*, salle de bains commune un peu cracra. Agréable terrasse ombragée devant. Organise des excursions.

Crystal Hotel *(zoom C1,* ***13****) : King Faisal St. ☎ 233-24-85. Double avec sdb 180 Shk, petit déj inclus. Également des triples.* Ensemble un peu vieillot et poussiéreux, mais correctement équipé et meublé. Demander un drap du dessus. Accueil aimable.

Prix moyens (60-100 $ / 45-75 €)

Al Yasmeen Hotel *(zoom C1,* ***14****) : dans le centre-ville. ☎ 233-35-55. • alyasmeen.com • À deux pas de la vieille ville, dans un quartier commerçant. Double avec sdb 75 $, petit déj compris.* En l'absence actuelle de vraie concurrence, le *Al Yasmeen* profite de sa situation privilégiée pour pratiquer des prix surévalués compte tenu de la qualité des chambres, très inégales. En visiter plusieurs avant. Certaines sont mal entretenues (problème de plomberie, rideau de douche sale, moquettes non aspirées), d'autres sont plus acceptables. Elles sont en revanche toutes spacieuses, équipées d'une TV satellite et de la clim.

Al Qasr Hotel *(plan d'ensemble A1,* ***15****) : Omar ibn al-Khattab, Rafidia, excentré à l'ouest de la vieille ville. ☎ 234-14-44. • alqaserhotel.com • Double avec sdb 85 $, petit déj compris.* Excentré mais tranquille, un hôtel au charme désuet (ou vieillot, selon l'humeur), mais très propre. Encore une fois, un peu cher pour ce qui est proposé.

Où manger ?

Sachez que les restos de Naplouse ne servent pas d'alcool, même dans les hôtels.

De très bon marché à bon marché (moins de 30 Shk / 6,50 €)

Mr Baker *(zoom B-C1,* ***20****) : à l'entrée du souk, face à Al-Shuhada Sq.* Petit resto traditionnel qui jouit d'une bonne réputation. Produits frais grâce à un débit important assuré par les habitants du quartier. Salades, *hommos*, viande. Pas de surprise, mais propre et bon. Salle à l'étage pour les femmes et les familles.

Ajaj *(zoom B1) : dans la vieille ville, shara Salaheh, perpendiculaire à la rue Al-Khan. Tt le monde connaît. Tlj*

NAPLOUSE

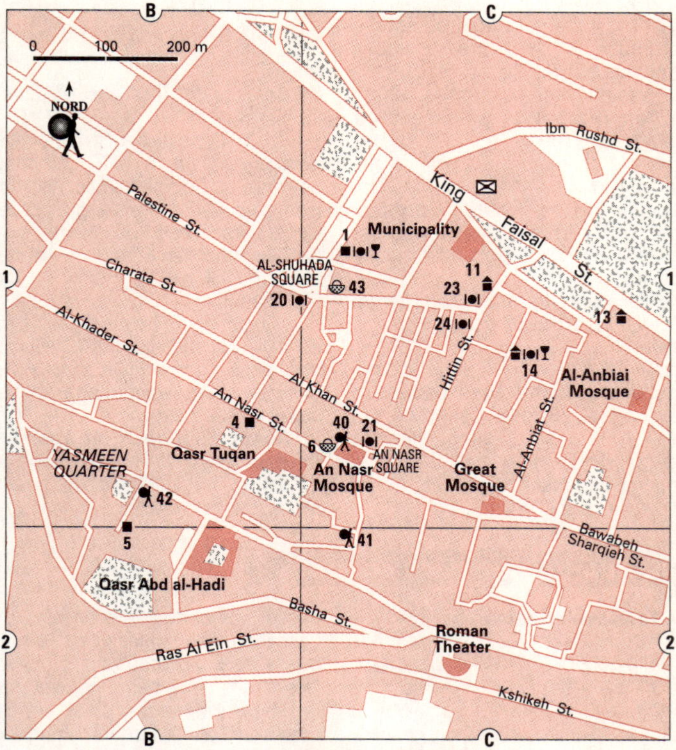

NAPLOUSE – ZOOM

Adresses utiles

- **1** Distributeurs (Cinema City)
- **4** Hammam Al-Shifa
- **5** Hammam El-Hana

Où dormir ?

- **11** Al Istiklal
- **13** Crystal Hotel
- **14** Al Yasmeen Hotel

Où manger ?

- **1** The 6th (Selim Effendi Restaurant)
- **14** Resto de l'hôtel Al Yasmeen
- **20** Mr Baker
- **21** Abou Imad Restaurant
- **23** Mata'am Maedah Tahabeyya (Golden Table)
- **24** As-Saraya Restaurant

Où boire un verre ?

- **1** Cinema City Café
- **14** Al Yasmeen Hotel

Achats

- **6** Knafeh al-Aqsa
- **43** Soap Factory

À voir

- **40** Tour de l'Horloge (Clock Tower)
- **41** Fabrique de bonbons
- **42** Fabrique d'épices

sf ven 6h-15h. Une véritable institution qui nourrit les habitants du quartier depuis 1936. *Hommos,* omelettes épicées (préciser si on veut sans épice), on vient à l'aube avaler son petit déj dans cette petite salle carrelée. Accueil adorable.

Abou Imad Restaurant *(zoom*

C1, **21**) : *An-Nasr Sq, dans le souk. Tlj 6h-18h.* Ce petit boui-boui, tenu par Fouad, un pétillant et vénérable papi, nourrit les habitués de grillades et de *hommos* depuis... 1938.

|●| ***Beit Tayabeyyat*** *(plan d'ensemble A1,* ***22****) : Omar ibn al-Khattab St, juste avt qu'elle ne devienne la rue Rafidia. ☎ 239-11-07. Tlj 10h-23h.* Bonnes pizzas maison, copieux sandwichs et salades à manger en salle ou sur l'agréable terrasse couverte.

|●| ***Mata'am Maedah Tahabeyya*** *(Golden Table ; zoom C1,* ***23****) : dans le centre-ville. ☎ 238-34-23. À l'étage, accès par la ruelle à l'arrière.* Dans une grande salle sans beaucoup de charme, ce resto connu depuis belle lurette sert essentiellement des viandes grillées, mais les *mezze* ne sont pas mal non plus, et servis copieusement.

Prix moyens (30-60 Shk / 6,50-13 €)

|●| ***As-Saraya Restaurant*** *(zoom C1,* ***24****) : Hittin St. ☎ 233-54-44. Tlj 8h30-22h.* Dans une ancienne et riche demeure datant de 1870 composée de 4 salons. Cuisine traditionnelle très bien exécutée, goûteuse, qui plus est servie dans un cadre de charme.

|●| ***The 6th*** *(Selim Effendi Restaurant ; zoom C1,* ***1****) : au 6e étage du mall Cinema City. ☎ 238-11-18. Tlj 10h-23h.* Resto réputé pour ses plats traditionnels : *mensef, musakhan,* grillades, mais aussi sandwichs et snacks pour déjeuner léger. Grande terrasse avec vue extra sur toute la ville.

|●| ***Resto de l'hôtel Al Yasmeen*** *(zoom C1,* ***14****) : à l'étage, au niveau des chambres de l'hôtel.* Cuisine palestinienne traditionnelle.

NAPLOUSE

Où manger dans les environs ?

|●| ***Tawaheen Restaurant*** : *wadi* ***al-Badan,*** *à 9 km à l'est de Naplouse. 📱 0599-577-077. Env 15 mn en taxi et 25 Shk (l'aller). Midi et soir, de mi-mars à mi-sept. Accès gratuit si l'on mange au resto, sinon possibilité de profiter des installations et de pique-niquer pour 15 Shk/pers.* Au fond de la vallée, dans un environnement magnifique, le proprio a recréé tout un univers autour de l'eau. Elle ruisselle de partout, des bassins, des cascades, des rigoles et on l'entend bruire dans un brouhaha constant. Des tables sont même posées dans la rivière aménagée. Bref, un peu surréaliste en Cisjordanie. Inutile de dire qu'en été c'est le rêve. Au menu, salades et grillades principalement. On peut apporter sa bouteille de vin ou d'arak.

Où boire un verre ?

🍷 |●| ***Ilikan*** *(plan d'ensemble, A1,* ***30****) : quasi au bout de la rue de l'université qui descend vers Rafidia St, sur la droite. Tlj 8h-minuit (ven à partir de 16h). Pas d'alcool.* 📶 Repaire des étudiants qui viennent dans ce petit café-resto aux 2 salles enfumées par les volutes de narghilés, papoter devant un café (espresso), une salade, un *mana'eesh* ou un plat de pâtes. Déco assez sympa, moderne, avec des photos en noir et blanc du Che et des dessins célèbres du mur (comme « Handala ») reproduits au plafond. Également une terrasse.

🍷 |●| ***Cinema City Café*** *(zoom C1,* ***1****) : dans le grand mall. À l'entrée du ciné. Tlj 9h-23h.* Café à la déco contemporaine noire et rouge, où l'on vient boire un jus et manger éventuellement un morceau (pizzas). Rien de transcendant mais pratique, dans le centre. Par ailleurs, longtemps fermé à cause de l'Intifada, le ciné abrite désormais un nouveau lieu de vie.

🍷 ***Al Yasmeen Hotel*** *(zoom C1,* ***14****) : voir « Où dormir ? ».* Terrasse couverte à l'étage où les jeunes femmes viennent en toute tranquillité siroter un café ou un jus de fruits entre copines.

Achats

Avec sa vieille ville, son souk typique et ses artisans, Naplouse est surnommé « la petite Damas ». Elle possède avec la Syrie un autre point commun : le savon. Impossible de passer à Naplouse sans visiter une des savonneries encore en activité dans la ville. Très réputés, les petits cubes s'exportent dans tout le monde arabe, au même titre que le savon d'Alep syrien.
Naplouse est aussi connu pour son *knafeh,* pâtisserie orange sur le dessus (pâte effilée), blanche en dessous (fromage fondu), qui se mange chaude (ou tiède) pour que le fromage dégouline bien dans l'assiette (indispensable, l'assiette !).

Soap factory *(savonnerie ; zoom C1,* ***43****)* **:** *Al-Shuhada Sq. Tlj sf ven 8h-15h. Attention au sol et aux escaliers... glissants !* Une des 4 savonneries (assez centrale) encore en activité dans la ville. Le savon est composé d'huile d'olive, d'eau et de soude. Le mélange cuit pendant au moins 3 jours avant d'être étalé 2-3 jours par terre pour le séchage, découpé et estampillé. Treize litres d'huile sont nécessaires pour fabriquer 100 pièces. Les cubes sont ensuite empilés en colonnes d'environ 1 000 savons. Très photogénique ! Puis les ouvriers les empaquettent à raison de 4 000 par jour, destinés aux deux tiers à l'exportation. Bien sûr, vous pouvez vous laisser tenter sur place.

Knafeh al-Aqsa *(zoom C1,* ***6****)* **:** *rue An-Nasr. Tlj de 8h au coucher du soleil (jusqu'à 12h ven).* Une véritable institution. Dans la vieille ville, c'est ici qu'il faut goûter à la pâtisserie emblématique de Naplouse. Depuis des décennies, la famille cuit les gâteaux dans sa cuisine ouverte (on peut les voir à l'œuvre) avant de traverser la ruelle et servir les parts aux habitués attablés ou debout sur le trottoir. Les immenses plateaux sont vidés en l'espace de quelques minutes seulement.

Fabricant de Halawé **:** *shara (rue) Shawayah, dans le souk, perpendiculaire à la rue El-Khan. Tlj 7h-18h (jusqu'à 13h ven). Demandez, tt le monde connaît.* Depuis le début du XIXᵉ s, la famille de Oraïb Ayyesh maintient la tradition en fabriquant ce dessert assez sucré et nourrissant à base de pâte de sésame nature, aromatisée au chocolat (un délice !) ou parsemée de pistaches. Il est considéré comme le meilleur. Et après test, retest et 3 kg plus tard, le verdict est tombé : on est d'accord !

À voir

Old City *(vieille ville ; al-Qasaba ; al-balad 'adima ; zoom B-C1)* **:** 16 entrées (ou portes) permettent d'accéder à l'intérieur de la vieille ville. Un pittoresque dédale de ruelles bordées d'échoppes et de passages couverts coupé par deux axes principaux, la rue An-Nasr et la rue El-Khan (en partie couverte). Elle date principalement de l'époque ottomane, comme en témoigne la ***tour de l'Horloge*** *(Clock Tower ; zoom C1,* ***40****)* érigée place An-Nasr en 1906 pour l'anniversaire du sultan Abdul Hamid.
Depuis la place, remonter sur quelques mètres la rue An-Nasr et prendre à gauche. Au bout, dans la pénombre d'une bâtisse, se cache une ***fabrique de bonbons*** *(Sweet factory ; zoom C2,* ***41*** *; tlj 8h-17h ; 18h en été)* datant de 1950. Sous les Ottomans et jusqu'au mandat britannique, elle abritait une geôle. Drôle de reconversion ! Continuer ensuite vers l'ouest et une autre place flanquée d'une ancienne savonnerie (la plus vieille de la ville) qui sert aujourd'hui d'entrepôt. Poursuivre tout droit jusqu'aux passages couverts qui mènent au quartier Yasmeen, habitat des Samaritains jusque dans les années 1990 et haut lieu de la résistance durant les deux Intifadas. On peut y déceler des vestiges de l'époque romaine.
Avant les passages, au carrefour des ruelles, sur la gauche, pénétrer dans l'une des plus magiques échoppes qui soient, une ***fabrique d'épices*** *(Braik family spices shop ; zoom B1,* ***42****),* véritable caverne d'Ali Baba. Le bâtiment date du début du XVIIᵉ s et a abrité une savonnerie (encore une !), d'où le volume, avant d'être transformé en boutique. Depuis 1936, la famille Braik prépare différentes sortes

de *zaatar,* moud le café (mélange incroyable d'odeurs), concocte des tisanes, du genre « Indian Tea for women and men », certifié aphrodisiaque naturel, ou encore vend des citrons séchés (noirs) servant à la cuisson du riz. Ils ont même créé un petit musée au fond constitué d'objets usuels un peu poussiéreux et parfois carrément kitsch, comme cette tour Eiffel en coquillages.
Par le dédale des ruelles, rejoindre le ***souk*** et les rues An-Nasr ou El-Khan (souk couvert). Les boutiques ouvrent en principe tous les jours de 8h au coucher du soleil, jusqu'à 12h le vendredi. Les nombreux artisans perpétuent la tradition de leurs pères avec leurs étals en tout genre, colorés et odorants. Pour une immersion totale dans la ville et la vie arabes. Les habitants vous aideront facilement à vous repérer, quitte à vous guider, et cela sans contrepartie. Commencer à rétribuer un renseignement ou une bonne volonté en viendrait à pourrir rapidement les relations entre les habitants et les futurs visiteurs étrangers.

Great Mosque (Grande Mosquée ; Jama'a Al-Kebir *; zoom C1)* **:** *interdite aux non-musulmans.* Sur la trentaine de mosquées qui pointent au-dessus de Naplouse, celle-ci est la plus ancienne. Construite à l'emplacement d'une basilique byzantine, puis d'une église au temps des croisés.

Jacob's Well (puits de Jacob *; plan d'ensemble, D2)* **:** *au sud de la ville. ☎ 237-51-23. Tlj 7h-12h, 14h-16h.* Selon la Bible, Jacob y aurait creusé un puits alors qu'il cherchait des terres dans la région et Jésus y aurait révélé à une Samaritaine sa véritable nature. Une première église a donc été construite à cet emplacement au IVe s avant d'être détruite par les Samaritains en 529. Les croisés ont bâti à leur tour un édifice, tombé depuis en ruine. L'église actuelle date du XIXe s et appartient désormais à la communauté grecque orthodoxe. Le puits à partir duquel la Samaritaine aurait donné de l'eau à Jésus est toujours visible dans la crypte et l'eau est potable (possibilité de boire dans un gobelet ou, mieux, apporter le sien). Il mesure 40 m de profondeur.

NAPLOUSE

Roman Theater (théâtre romain *; zoom C2)* **:** *demander les clés au ferronnier situé à droite (tlj sf ven 8h30-17h). GRATUIT.* Construit sur les pentes du mont Garizim au IIe s. Il mesure 110 m de diamètre et pouvait accueillir jusqu'à 7 000 spectateurs. Il s'agirait d'un des plus grands théâtres romains de Palestine et sans doute du Proche-Orient. Admirez les colonnes et chapiteaux décorés. Aujourd'hui, sa partie supérieure est ensevelie sous les fondations de la ville moderne. De plus, le site n'est pas entretenu et de nombreux détritus jonchent le sol.

Tell Balata *(plan d'ensemble, D2)* **:** *à env 2 km au sud de la ville. • tellbalata.com • Tlj 8h-15h. GRATUIT.* C'est ici que se trouvent les vestiges de l'antique Sichem, implantée 4 000 ans av. J.-C. Aujourd'hui peu de traces attestent de la prospérité de la ville. On sait toutefois que la ville, bâtie autour d'une source, attira la convoitise du pharaon Sesotris III au XIXe s av. J.-C., puis des Hyksos de Syrie qui la fortifièrent, jusqu'au retour des Égyptiens au XVIe s avant notre ère. Sichem devint un temps la capitale des Israélites et Jéroboam consolida à nouveau ses remparts. Des trois murs d'enceinte, on peut encore voir une partie de la troisième muraille (à l'opposé de l'entrée). La ville fut peu à peu abandonnée au profit de Flavia Neapolis, future Naplouse, fondée par les Romains en 72 apr. J.-C.

Sama Nablus : *à Blaibous, au sommet du Jabal-al-Shamali, ts les chauffeurs de taxis connaissent (prévoir 10 Shk l'aller).* Les familles viennent pique-niquer sur les hauteurs de Naplouse (aire aménagée de tables et bancs), véritable nid d'aigle bien agréable en été. Vue sur toute la ville. Également très beau de nuit.

DANS LES ENVIRONS DE NAPLOUSE

Mount Garizim *(mont Garizim ; hors plan d'ensemble par B2)* **:** *accessible par 2 routes, l'une au-dessus de Naplouse (trajet plus court mais avec un* *check-point israélien), l'autre au sud, en venant de Ramallah (sans check-point, mais cela peut changer à tt moment). S'y rendre en taxi (compter env 15 Shk l'aller depuis Naplouse).* Selon les Samaritains, le mont Garizim aurait été désigné par Dieu. La Torah samaritaine exige le respect de ce lieu saint dans ses commandements.

LE MILLIARDAIRE DE LA PAIX

Intime d'Arafat, Munib Al-Masri est l'homme le plus riche de Palestine. Il vit sur le mont Garizim, dans une villa d'inspiration palladienne dont tous les matériaux viennent de France. Ayant fait fortune dans le pétrole, c'est le plus grand employeur de Palestine. Il refusa le poste de Premier ministre. Ce philanthrope ne veut que la paix et l'indépendance de son peuple.

Les Samaritains

Les Samaritains sont les descendants du royaume antique de Samarie. Entre 931 et 922 av. J.-C. (selon les chronologies) meurt Salomon, roi d'Israël et fils de David. Une partie des 12 tribus d'Israël refuse que son fils, Roboam, lui succède et choisit Jéroboam comme roi. Un schisme a donc lieu qui sépare le territoire en deux royaumes : au sud le royaume de Juda qu'occupent les tribus de Juda et Benjamin ; au nord le royaume d'Israël, appelé également royaume de Samarie, peuplé par les 10 autres tribus.

Jéroboam installe sa capitale à Sichem (ancien nom de Naplouse). Tandis qu'au sud Jérusalem est choisie.

Osée (732-722 av. J.-C.) est le dernier roi d'Israël. La région est alors sous domination assyrienne. Après quelques années de règne, Osée refuse de payer le tribut. Sargon II, l'empereur assyrien, annexe alors la Samarie et fait déporter une partie de la population (entre 20 000 et 30 000 personnes). Des Babyloniens, issus d'autres conquêtes assyriennes, auraient été déplacés vers la Samarie pour remplacer ces populations.

Après sa conquête par les Romains (30 av. J.-C.), la Samarie est rattachée au royaume d'Hérode le Grand, puis à l'Empire byzantin en 475. Exigeant la conversion des Samaritains au christianisme, Zénon, l'empereur, fait détruire le temple samaritain du mont Garizim. La tentative de soulèvement en 529 est durement réprimée par l'empereur Justinien. Des milliers de personnes sont tuées ou réduites en esclavage. Beaucoup se convertissent également pour échapper à la répression.

Au VIIe s, la région est conquise par les musulmans. Le statut de *dhimmi* (contre le paiement d'un impôt) est accordé aux Samaritains. À la fin du XIXe s, ils obtiennent un statut officiel, celui de *millet* (population officiellement protégée). Mais la communauté a fortement diminué.

En 2013, ils étaient estimés à 766.

Les principes religieux

Basée sur l'Hexateuque (Pentateuque mosaïque et livre de Josué), la pratique religieuse des Samaritains contient cinq impératifs : croyance en un seul Dieu ; Moïse, fils d'Amram, est le seul prophète ; croyance dans la Torah, les cinq premiers livres de Moïse ; le mont Garizim est le lieu sacré ; croyance au Jugement dernier.

– Les Samaritains ont leur livre de prière, le Defter. Le Memar sert aux enseignements. À leur tête, un grand prêtre est choisi au sein de la famille sacerdotale supposée descendre du fils d'Aaron, frère de Moïse. Il doit résider près du mont Garizim.

– Ils parlent tous l'arabe, mais utilisent un hébreu ancien dans leur pratique religieuse.

– Contrairement aux Juifs, leur religion est transmise par le père, ce qui autorise des mariages avec des femmes non samaritaines, à condition que celles-ci acceptent de se plier aux rites et traditions de la communauté. Il n'existe pas de véritable cérémonie de conversion ; toutefois les candidats sont tenus de suivre une formation. Le divorce est autorisé dans trois cas : si l'un des époux a commis l'adultère ; si l'un des deux est stérile et ne peut avoir d'enfants ; si l'un des deux souffre d'une maladie chronique ou contagieuse.

– Le calendrier samaritain commence à l'arrivée des Israélites sur la terre de Canaan. En 2014, il est dans sa 3 652e année. Le calendrier, qui suit le rythme lunaire, ne comporte pas de noms mais des chiffres.

– L'un des devoirs des Samaritains est de visiter le mont Garizim lors des fêtes de Pâques, principale fête, durant laquelle ils sacrifient l'agneau pascal. Ils célèbrent sept fêtes, qui ne sont pas sans rappeler les fêtes juives, avec toutefois un calendrier différent.

– En lieu et place de la kippa (le couvre-chef juif), les Samaritains portent un turban rouge ou une sorte de toque de tissu rouge (qui rappelle un peu le fez). Lors des cérémonies, ils se couvrent également de longues robes de coton blanc.

Le musée

Au cœur du village. Tlj sf sam 9h-15h. Entrée : 20 Shk. Il vise à préserver et promouvoir l'histoire des Samaritains. Il contient des textes anciens, dont une version sur rouleaux de l'Ancien Testament supposée être la plus ancienne au monde (elle aurait plus de 36 siècles). À voir également, un exemplaire de la lignée des grands prêtres samaritains, des objets datant de l'époque romaine et byzantine, des bijoux, quelques éléments reflétant leurs pratiques, ainsi qu'une maquette des implantations du mont Garizim. Quand il a le temps, le grand prêtre délivre lui-même, en anglais, les informations relatives à sa communauté.

L'occasion de côtoyer une très ancienne communauté qui a survécu à des siècles d'histoire et de répressions.

SEBASTIA *(IND. TÉL. : 09)*

À 13 km au nord de Naplouse. Quel plus bel endroit que cette ancienne cité royale perchée au sommet d'une colline pour couronner le nord de la Cisjordanie ? Les férus d'archéologie trouveront là de véritables trésors. Sebastia a en effet gardé de nombreuses traces de sa riche histoire malgré les destructions successives qu'elle a connues. Deux grandes missions archéologiques au début du XXe s ont permis d'excaver les principales ruines que l'on peut admirer aujourd'hui. Malheureusement, en raison du contexte politique actuel (le village et le site sont en zones administratives B et C, sous contrôle total ou partiel d'Israël), aucune fouille récente n'a pu être menée.

En plus de sa richesse archéologique, Sebastia vaut aussi le détour pour son environnement qui surplombe de belles vallées plantées d'oliviers et pour ses adresses, fort intéressantes.

Depuis plusieurs années, le village bénéficie d'un programme soutenu par les Italiens. Ces fonds sont destinés à la conservation des bâtiments et à la formation professionnelle de la population. Les bâtiments les plus en danger ont ainsi pu être restaurés dans le respect de leur héritage historique et transformés notamment en chambres d'hôtes.

TOUT UN SYMBOLE

L'olivier est le symbole de la Palestine. Cet arbre, que les peuples de la région cultivent depuis l'époque néolithique, représente l'identité palestinienne, son enracinement et son lien à la terre. On estime d'ailleurs qu'il y en a plus de 12 millions, soit le triple de ses habitants !

Attention, le village se situe à 400 m d'altitude, suffisamment haut pour se rafraîchir en été, mais aussi... en hiver et même dès l'automne. N'oubliez donc pas une petite laine pour le soir.

Un peu d'histoire

Samarie (l'ancienne Sebastia) est construite vers 880 av. J.-C. par Omri, sixième roi d'Israël, qui en fait la capitale de son royaume. Son fils Achab lui succède. Il y construit un temple dédié à Baal, dieu phénicien de la Fertilité, pour satisfaire son épouse Jézabel, fille du roi phénicien de Tyr. Dans la Bible, Jézabel est accusée de détourner Achab du vrai Dieu et sera maudite par Élie. Au IXe s av. J.-C., le 10e roi d'Israël, Jehu, détruit le temple et ordonne la mise à mort de Jézabel.

En 722 av. J.-C., menés par leur empereur Sargon II, les Assyriens prennent la ville après plus de 2 ans de siège. L'élite du royaume de Samarie (environ 20 % selon les historiens) est déportée vers Babylone, tandis que Samarie est repeuplée par des Chaldéens et des Susiens conquis, eux aussi, par les Assyriens. C'est la fin du royaume d'Israël dont Osée a été le 19e et dernier roi.

Cependant, la ville continue à jouer un rôle de premier plan dans la région, en tant que cité assyrienne, puis babylonienne (VIIe et VIe s av. J.-C.,) et enfin perse (Ve et IVe s av. J.-C.).

Vers 331 av. J.-C., la ville est conquise par l'armée d'Alexandre le Grand et transformée en cité hellénistique dans laquelle il installe un millier de soldats macédoniens.

Vers 108 av. J.-C., Jean Hircan Ier, roi de Judée (dynastie hasmonéenne), qui s'est emparé d'une partie de la Transjordanie, fait détruire le temple samaritain et raser la ville.

En 30 av. J.-C., alors que les Romains dominent la région, l'empereur Auguste cède la ville à Hérode le Grand qui la rebaptise Sébaste en son honneur (« Sébaste » signifierait « Auguste » en grec). La ville est enrichie d'un temple à la gloire de Rome, d'un stade, d'un théâtre, ainsi que d'autres bâtiments publics.

Au IIe s de notre ère, elle reçoit le titre de colonie romaine sous l'empire de Septime Sévère. Son périmètre s'agrandit et elle se dote d'un mur défensif et de grandes tours. Un forum, une basilique et une rue à colonnades (que l'on admire encore en contrebas) y sont construits.

Dès ses origines, Sebastia accueille des chrétiens. La tradition orthodoxe situe la mort de Jean Baptiste à Sebastia. Il y aurait été décapité sur l'ordre de Hérode Antipas, et sa tête offerte à Salomé.

Son tombeau se trouverait ici auprès des prophètes Obadiah et Elisha. Deux sanctuaires sont dédiés à saint Jean Baptiste, appelé Yahya par les Arabes, le premier se trouve dans l'actuel village et le second au sud de la citadelle, dans le site.

Les Perses détruisent la basilique en 614, ainsi que d'autres bâtiments. Vingt ans plus tard, la ville se soumet aux Arabes conduits par Amr ibn al-As. Les destructions entamées par les Perses se poursuivent en partie et les usages se modifient. Des commerces s'installent dans la rue à colonnades. En 1099, les croisés occupent la ville. La cathédrale est reconstruite sur les ruines de l'église byzantine et une colonie rurale fortifiée s'installe.

En 1187, la ville est occupée par Husam ed-Din Muhammad, neveu de Saladin, et la cathédrale est transformée en mosquée dédiée à Yahya.

NAPLOUSE

Adresse utile

ℹ ***Information Center :*** *à l'entrée de la vieille ville au-dessus de l'église des croisés. Tlj sf ven 7h-15h.* Vend des livrets, quelques produits locaux et même des mosaïques fabriquées sur place.

Où dormir ? Où manger ?

⌂ ***Sebastya Guesthouse :*** *dans la vieille ville, descendre la rue derrière l'office de tourisme. Pas de réception. ☎ 253-25-45 ou au centre de mosaïques (02) 232-63-42. • cultu ral_centre2006@yahoo.com • Résa conseillée. Double 240 Shk avec petit déj.* Adossée aux ruines de l'église de l'époque romaine découverte en 2007, la *guesthouse* occupe plusieurs maisons du village réhabilitées. Chaque chambre est différente, avec de grandes pièces voûtées, des éléments architecturaux d'époque intégrés à une déco actuelle, etc. On a un faible pour la triple avec sa terrasse, son alcôve, ses placards en bois ancien encastrés, sa salle de bains design construite autour d'un aqueduc en pierre, vraiment très originale. Mais toutes ont leur charme.

The Holy Land Sun Restaurant : *de la place devant le site où se trouvent ttes les boutiques de souvenirs, descendre par la rue de gauche (en regardant le site, c'est un peu plus loin sur la droite). ☎ 253-24-20. Résa conseillée. Repas complet 60 Shk.* Une cuisine palestinienne authentique, une des meilleures qu'on ait mangées dans la région. Excellent *magloubeh, musakhan* et même goûteuse soupe au blé. Tout est frais et généreusement servi. On mange dans la grande salle ou sur l'agréable terrasse pour profiter d'une belle vue sur les collines. Très bon accueil de Hafez, le patron.

D'autres petits restos également près du site.

À voir

Tous les sites sont libres d'accès, mais manquent encore d'explications. Voici quelques repères.

Dans le village : à voir, l'*église de l'époque romaine* à laquelle est adossée la *guesthouse.* L'escalier en spirale date de la période croisée. Les différents niveaux témoignent des changements qu'a connus la cité ; on peut voir la marque des croisés gravée sur certaines pierres ; des colonnes romaines ont également été resculptées pour recevoir des symboles byzantins. En contrebas de l'office de tourisme se dresse la cathédrale des croisés, transformée en *mosquée sidi Yahya* par les Ayyubides. Le tombeau de saint Jean Baptiste s'y trouverait. Une seconde chapelle croisée y a été découverte en 2008, ainsi que des restes de fortifications. Depuis la nef centrale, un étroit escalier de pierre conduit à la tombe de Jean Baptiste, entre celles des prophètes Elisha et Obadiah. Notez que la tradition en situe une autre à la mosquée des Omeyyades à Damas. Bref, on ne sait plus à quel saint se vouer !

Le sanctuaire a été transformé durant la période arabe. Husam ed-Din Muhammad fit ajouter un dôme et un mihrab (une niche indiquant la direction de La Mecque) dont on peut encore voir les restes dans l'aile sud. Le sol en marbre de la cathédrale date de l'époque byzantine.

– Pour monter vers le site, passer devant le charmant petit square ombragé avec ses bancs, puis traverser le village.

Le site

En haut du village, au fond de l'ancien forum romain (qui sert de parking) se dressent les vestiges d'une basilique. Monter par le chemin sur la gauche pour atteindre le *théâtre romain* (65 m de circonférence, il date du IIIe s), le *temple d'Augustus* et le *palais d'Omri.* Plus haut sur la colline subsiste une partie du *temple* construit par Hérode le Grand pour rendre hommage à Auguste. On peut admirer l'escalier monumental qui conduisait à la cour surélevée, dont l'entrée était flanquée d'immenses colonnes aux fondations encore visibles.

Le *palais d'Omri,* situé un peu plus haut, date de la période israélite. La forteresse était construite pour supporter les assauts ennemis et était entourée d'un mur de retenue.

L'*église byzantine,* un peu plus loin, a été restaurée au Moyen Âge, alors qu'elle faisait partie d'un monastère chrétien érigé à la mémoire de saint Jean Baptiste.

La *rue à colonnades,* magnifique, que l'on voit en contrebas, était l'artère principale de la cité romaine. La rue mesurait environ 800 m de long, 12 m de large

et alignait plus de 600 colonnes, bordée d'échoppes.
Une *chapelle* de l'époque byzantine aurait recelé la tête décapitée de saint Jean Baptiste. Descendre les quelques marches. Là encore, en Jordanie, on nous certifie que c'est bien à Machéronte (Mukawir, promontoire au-dessus de la mer Morte) que Jean Baptiste aurait connu la même fin tragique. Allez savoir...
À l'extrémité ouest, *deux tours circulaires* datent de la période hérodienne.

UNE FEMME ENTÊTÉE

Lorsque Hérode épousa Hérodiade, sa belle-sœur et nièce, Jean Baptiste ne se gêna pas pour critiquer le mariage, car la loi juive interdit d'épouser la femme de son frère. L'opposant fut jeté en prison, mais la sentence fut considérée trop douce par Hérodiade. Il se trouva que le roi avait promis à sa belle-fille Salomé de lui offrir ce qu'elle désirait en échange d'une danse. À la demande de sa mère, elle exigea la tête de Jean Baptiste. Après la fameuse danse des sept voiles, Hérode fit donc décapiter Jean Baptiste et apporter sa tête sur un plateau d'argent. Quand on dit que la vengeance est un plat qui se mange... froid !

JÉNINE *(IND. TÉL. : 04)*

Au nord de la Cisjordanie. C'est la ville citée dans la Bible sous le nom d'*En Gannim* ou sous le nom de *Ginaea.* Jésus y passait régulièrement au cours de ses navettes entre Jérusalem et Nazareth.
La ville, aujourd'hui dynamique et animée, s'est tournée notamment vers la culture pour jeter les bases constructives d'un avenir plus radieux. Tout le monde garde encore en mémoire les événements dramatiques de 2002, lors de la seconde Intifada (se reporter à la rubrique « Histoire » en début de guide). Le *Freedom Theater* ainsi que le *Cinema Jenin* veulent symboliser le renouveau de la cité, aidés en cela par une jeune génération enthousiaste.
➢ Pour s'y rendre : bus et service de Naplouse, 6h30-17h ; de Ramallah (trajet 1h40 env), 6h-16h (13h ven et sam) ; Jéricho (trajet 2h), 5h30-14h. Pour Jérusalem, changer à Ramallah.

Où dormir ? Où manger ?

Cinema Jenin Guesthouse : *1, Az-Zaytoun St, près du cinéma, face à la gare routière. ☎ 250-24-55. • cinemajenin.org • Env 75 Shk/pers en dortoir et 250 Shk pour 2 en chambre double.* Dans une ancienne maison, dortoirs de 6 à 8 lits (non mixtes) et quelques doubles. Cuisine à dispo, machine à laver (payant). Rendez-vous des jeunes volontaires du monde entier.

Parmi les restos les plus populaires, citons ***Ali Baba Restaurant*** *(Yahya Ayash Circle ; tlj midi et soir).* Réputé pour ses grillades. Près du *Cinema Jenin,* le ***Delicate Coffee Shop*** fait le plein d'habitués venus avaler un sandwich ou siroter un espresso. Les locaux plébiscitent également ***Awtar,*** dans la même rue que le *Delicate Coffee Shop.* On y sert de la viande grillée.

À voir

– ***Freedom Theater*** *(Masra Houriyyeh)* **:** *dans le camp de refugiés. ☎ 250-33-45. • thefreedomtheater.org •* Arna Mer Khamis, une Israélienne engagée, avait ouvert à la fin des années 1980, pendant la première Intifada, le *Stone Theater,* un moyen pour les enfants d'exprimer leur anxiété, leur peur en ces temps troublés.
De même, au cours de la seconde Intifada, après la destruction d'une partie du camp par l'armée israélienne en 2002, les enfants ont été particulièrement affectés et éprouvaient de grandes difficultés à suivre une scolarité « normale ».

Juliano Mer Khamis, le fils d'Arna, a voulu savoir ce qu'étaient devenus ces enfants, en retournant à Jénine. Il a réalisé *Les Enfants d'Arna* (plusieurs fois primé), puis rouvert le théâtre en 2006 avec un ami suédois. Des ateliers de cinéma, de photo, des cours de théâtre sont ainsi proposés et les œuvres présentées devant un auditoire aussi bien palestinien qu'israélien. Car le propos se veut contre l'occupation, non contre les Juifs. Les élèves sortent diplômés de l'école de théâtre. Une initiative et une démarche extraordinaires, stoppées en avril 2011 par le meurtre de Juliano Mer Khamis. Son assassin n'a pas été identifié. Aujourd'hui, le *Freedom Theater,* bien qu'endeuillé, tente de conserver l'héritage de son créateur. Les visiteurs et les volontaires sont les bienvenus.

– ***Cinema Jenin :*** *en centre-ville, près de la gare routière.* Ce vieux cinéma de la fin des années 1950 avait été fermé en 1983 par les autorités israéliennes. L'idée de le rouvrir est née avec la volonté de projeter *The Heart of Jenin,* un documentaire réalisé par Marcus Vetter et Lior Geller sur l'histoire d'Ismaël Khatib, dont le fils Ahmed fut tué par des soldats israéliens à l'âge de 11 ans. Son père décida de faire don de ses organes à six enfants israéliens. Un an et demi plus tard, il partit en Israël à la rencontre de ces enfants, faisant tomber (presque toujours) de nombreux préjugés. La ténacité de plusieurs Palestiniens, des réalisateurs du film, de nombreux dons, notamment du gouvernement allemand et de Roger Waters des Pink Floyd, ont permis la réouverture du cinéma en 2010 dans une version ultramoderne avec même un cinéma en plein air. Des ateliers de réalisation sont en projet et plus largement un centre culturel.

BURQIN *(IND. TÉL. : 04)*

À env 4 km à l'ouest de Jénine. S'y rendre en taxi.
C'est à Burqin que, selon la tradition biblique, Jésus aurait guérit 10 lépreux qui vivaient dans une caverne à la sortie du village, comme l'évoque l'Évangile selon saint Luc, XVII, 12-19 : « Et alors qu'il entrait dans un village, vinrent à sa rencontre dix lépreux qui se tinrent à distance ; et, élevant la voix, ils dirent : Maître Jésus, ayez pitié de nous ! Les ayant vus, il leur dit : Allez vous montrer aux prêtres. Et comme ils y allaient, ils furent guéris [...] ».

Saint George Church *(église Saint-Georges) : téléphoner à Émile Sayegh pour qu'il vous ouvre les portes. ☎ 243-65-94.* Au IVe s, Hélène, la mère de l'empereur Constantin, bâtit une église au-dessus de la grotte, sur le lieu du miracle. Un tremblement de terre la détruisit partiellement au XIe s, mais dans l'actuel édifice, on peut toujours apercevoir des pierres du monument original qui ont servi à la reconstruction. De même, la chaire daterait également du IVe s et serait la plus ancienne de Terre sainte. Remarquer aussi l'ouverture par laquelle on passait la nourriture aux lépreux. Les premiers chrétiens ont ensuite trouvé refuge dans cette grotte pour pratiquer leur foi. L'église est aujourd'hui de rite grec-orthodoxe. Son architecture, fidèle au premier édifice, rappelle celle d'une synagogue, comme ce fut le cas pour la plupart des constructions religieuses jusqu'au VIe s.

POURQUOI CROISE-T-ON LES DOIGTS ?

La croix est le symbole du christianisme. Croiser les doigts était un signe discret de reconnaissance. Lors des persécutions, c'était une chance de rencontrer un autre chrétien. Aujourd'hui, ce signe conjure le mauvais sort et porte bonheur.

Canaan Fair Trade Company : *Kufr Qud Rd. En pleine campagne, y aller en taxi depuis Burqin ou Jénine. ☎ 243-19-91/92. • canaanfairtrade.com • Tlj sf ven 9h-17h. Visite guidée : 50 Shk, bouteille d'huile d'olive offerte. Mieux vaut téléphoner avt de se déplacer.*

La compagnie travaille avec 43 coopératives regroupant 1 700 agriculteurs de Cisjordanie, ainsi que 8 coopératives de femmes qui produisent notamment les tomates séchées, le *zaatar* (épices) ou le *maftoul* (semoule à gros grains). Elles sont toutes membres de l'association palestinienne de commerce équitable. Un moyen de garantir à la fois un prix juste et des conditions de travail décentes aux producteurs, et une qualité élevée aux consommateurs. La récolte a lieu en octobre, l'usine se charge ensuite du pressage des olives, du conditionnement et de la commercialisation de l'huile certifiée bio. Quatre kilos d'olives sont nécessaires à la fabrication de 1 l d'huile.
On visite les installations modernes avec explications sur le procédé de fabrication et la démarche équitable. Vente sur place de différentes huiles issues d'arbres plus ou moins jeunes, mais aussi de condiments, épices, miel, savons... Une belle boutique pour des petits cadeaux savoureux.

LA BANDE DE GAZA

La bande de Gaza est longue d'environ 40 km et large de 5 à 12 km. Elle partage 51 km de frontières avec Israël, et 11 km avec l'Égypte. Ses 365 km² ont depuis le début du XXe s connu l'occupation ottomane, britannique, égyptienne et israélienne avant qu'elle n'accède à un statut autonome en 1994.
Gaza, au cœur de toutes les revendications, de tous les conflits, Gaza la rebelle, qui s'enorgueillit d'être le berceau de l'Intifada en 1987. C'est d'ailleurs sur ce petit bout de terre que Yasser Arafat, à la suite des accords d'Oslo (1993), érige 1 an plus tard son quartier général après 27 années d'exil.
Gaza pleine de contradictions entre sa bourgeoisie qui tire profit de la situation – et, concrètement, des trafics engendrés par le blocus israélien – et le petit peuple, dont 70 % vivent de l'aide humanitaire et restent sous le seuil de pauvreté, parfois dans des camps insalubres. La seconde Intifada, qui a débuté cette fois à Jérusalem, a trouvé un écho retentissant dans la bande.
Renseignez-vous bien sur la situation avant de vous déplacer (le territoire est régulièrement inaccessible aux touristes et sous tension).

UN PEU D'HISTOIRE

La position unique qu'occupe la région de Gaza entre l'Afrique et l'Asie en a fait un lieu de rencontres politiques et commerciales depuis les temps les plus reculés jusqu'à aujourd'hui. On trouve dans la bande de Gaza des sites archéologiques représentatifs des cultures des sept derniers millénaires. Rien que ça ! Chaque puissance ayant transité par le Proche-Orient y a laissé des traces. Alexandre le Grand a conquis Gaza en 332 av. J.-C., puis ce fut le tour des Romains. En 637, elle était déjà conquise par les musulmans. Les croisés ont envahi Gaza en 1100 et y furent vaincus par Saladin en 1187. Les Ottomans occupèrent le terrain en 1517 pour n'en partir que quatre siècles plus tard. Pendant la guerre de 1914-1918, Gaza fut le théâtre de nombreuses batailles dont il ne reste aujourd'hui qu'un cimetière britannique. En 1948, à la fin de la première guerre israélo-arabe, le territoire fut occupé par l'Égypte avant qu'Israël ne s'en empare en 1967 à l'occasion de la guerre des Six Jours. La présence israélienne s'est alors concrétisée par l'installation de colonies qui ont été démantelées en partie en 1993, puis en totalité en 2005 dans le cadre de l'application de la feuille de route pour la paix. Mais Israël a continué d'exercer un contrôle extrêmement strict aux frontières.

En 2007, le territoire passe sous le contrôle du Hamas, vainqueur des élections législatives en 2006 : à la suite de violents combats interpalestiniens, les opposants au Hamas (essentiellement le Fatah) quittent le territoire pour gagner la Cisjordanie. En guerre contre le Hamas, Israël instaure comme mesure de rétorsion un blocus quasi total de la bande de Gaza, une véritable punition collective. L'Égypte ferme également sa frontière.

L'escalade de la violence tout au long de l'année 2008 conduit au déclenchement de l'opération « Plomb durci » par Israël. Le bilan est très lourd : environ 1 400 morts et plus de 5 300 blessés, de nombreuses infrastructures détruites, 60 000 familles touchées par la destruction totale ou partielle de leur domicile. Lire à ce sujet dans le chapitre « Histoire », en début de guide, « Gaza : la descente aux enfers ». Depuis, le statu quo prévalait, Israël continuant à lancer de temps à autre des opérations militaires en réponse à l'activisme des membres du Hamas (tirs de roquettes lancées sur le sud d'Israël). Selon l'organisation israélienne des Droits de l'homme, B'Tselem, 271 Palestiniens et 4 Israéliens ont tout de même été tués entre 2009 et 2012, période considérée comme globalement calme. Mais suite à un regain de tensions, palpable dès le mois de juin 2012, l'armée israélienne tue Ahmed Jabari, le chef militaire du Hamas, accusé par Israël d'activités terroristes, puis lance dans la foulée une offensive aérienne baptisée « Pilier de défense » (franchement, où vont-ils chercher ces noms ?). L'Égyptien Mohammed Morsi mène les négociations et aboutit à faire accepter un cessez-le-feu 8 jours après le début du conflit.

Au terme des affrontements, 158 Palestiniens ont été tués et 1 400 blessés. Côté israélien, on compte 6 morts et 224 blessés. Le bilan matériel est également lourd : dans la bande, 450 habitations ont été détruites. Compte tenu de la précarité déjà existante, c'est aujourd'hui 80 % des foyers gazaouis qui ont besoin d'une aide urgente suite à la guerre. Quant au coût de la reconstruction, il est estimé à 12 à 13 millions de dollars américains pour fin 2012 et entre 60 et 70 millions de dollars américains pour les 6 premiers mois de 2013.

LE PARADOXE DE LA PAIX

Depuis les accords d'Oslo en 1993, les conditions de vie à Gaza n'ont pas cessé de se dégrader. Entre 1993 et 2000, la bande de Gaza a été bouclée pendant plus de 300 jours (soit près de 1 an d'inertie, d'emprisonnement). C'est énorme. Si Israël a bien retiré ses colonies en 2005, l'étau de la présence militaire n'a pas été desserré pour autant et l'état de guerre quasi permanent entre Israël et le Hamas au pouvoir a des conséquences très lourdes.

Avant les accords, l'accès à Gaza était libre. Aujourd'hui, aucun homme ni aucune marchandise ne transitent sans l'autorisation d'Israël. Il faut passer par le check-point israélien d'Erez, qui marque l'entrée d'un processus pénible pour les Palestiniens : un couloir long de plusieurs centaines de mètres ponctué de points de contrôle. Les Gazaouis n'ont plus accès au marché du travail israélien.

UNE PRISON À CIEL OUVERT

La situation dans laquelle les Gazaouis vivent, ou plutôt survivent, est sans équivalent. Ce territoire, déjà exigu pour la population qui l'occupe (rappel : plus de 4 000 habitants au km²), est diminué en raison de l'existence d'une zone tampon avec Israël, instaurée par les accords d'Oslo, sous prétexte d'assurer la sécurité de l'État israélien. Problème, cette zone terrestre, située en territoire palestinien, n'a cessé de s'étendre : de 50 m à l'origine, elle est passée à 300 m. Une partie non négligeable du territoire de la bande de Gaza se retrouve donc interdite aux

Gazaouis : les terres cultivées ont été abandonnées, des fermes détruites et ceux qui tenteraient de revenir dans cette zone militaire exclusive mouvante, dont les limites sont fixées par l'état-major israélien, risquent leur vie. Même phénomène en mer : avec ses 40 km de côtes, la bande de Gaza permettait à 10 000 pêcheurs de vivre de leur métier... avant les accords d'Oslo. Aujourd'hui, la zone de pêche autorisée est une véritable peau de chagrin : de 20 milles nautiques (36 km) au départ, elle est aujourd'hui passée à 3 milles nautiques (5,5 km). Les deux tiers des pêcheurs ont dû cesser leur activité, et les prises des pêcheurs qui ont pu continuer sont ridicules en comparaison de ce qu'elles étaient auparavant. Pêche et agriculture sinistrées (les productions existantes, comme les fraises, ne peuvent partir à l'exportation en raison du blocus), problème de ressources en eau : tout est fait pour conduire au désespoir les Gazaouis. Même s'ils ont souvent connu des conditions d'existence très difficiles (les deux tiers de la population descendent des réfugiés de la guerre de 1948 et vivent parfois toujours dans des camps), leur quotidien est une épreuve permanente ; toutefois, suite à l'offensive de novembre 2012 et à l'assouplissement du blocus, les conditions d'existence pourraient être quelque peu facilitées. De son côté, le Hamas exerce une vraie pression sociale sur la population en imposant, entre autres, un statut rigide aux femmes et en contrôlant Internet dans les lieux publics (cybercafés...).

CIEL FERMÉ

Palestinian Airlines *ne vole pas en Palestine depuis la destruction de l'aéroport de Gaza en 2001. Les trois avions de la compagnie décollent d'Al-Arisch, à 60 km de Gaza, en territoire égyptien.*

POURQUOI VISITER LA BANDE DE GAZA ?

La question est légitime uniquement dans le cas où le blocus de Gaza serait levé et où tout visiteur pourrait entrer (et sortir) librement dans le territoire. Ce qui était loin d'être le cas à l'heure où nous imprimions. Alors que les Palestiniens s'intéressent à leur avenir, c'est sur le passé que travaillent les archéologues. Leur intérêt pour la région est plutôt récent. L'archéologie s'est en effet longtemps focalisée sur les lieux bibliques. Or Gaza, en dehors de l'épisode de Samson, est peu mentionnée dans le Livre saint. Bien sûr, la situation politique explique aussi l'engagement tardif des scientifiques. Mais depuis qu'en 2011 la Palestine est devenue membre de l'Unesco, plusieurs sites, tels que Tell Umm Amer (à El-Nuseirat) ou le port d'Anthedon (au nord de la bande), pourraient faire l'objet d'une inscription en tant que Patrimoine mondial de l'humanité. Lorsque la région sera de nouveau accessible non seulement pour découvrir son patrimoine, mais aussi pour aller à la rencontre des Gazaouis, n'hésitez pas à engager le dialogue en anglais ou, mieux, par quelques mots d'arabe, toujours appréciés. La relation s'établit en principe facilement. Mais n'oubliez pas que Gaza reste plus attachée aux valeurs islamiques traditionnelles que certaines villes de Cisjordanie. Aussi, veillez à ne pas choquer ses habitants par votre comportement et votre tenue vestimentaire.

Les prix des services, de l'artisanat et des denrées locales sont sensiblement moins élevés qu'en Israël ou en Cisjordanie. En revanche, ceux des biens de consommation importés et des équipements sont plus élevés.

ALORS, ÇA GAZE ?

Saviez-vous que la gaze était autrefois fabriquée à... Gaza, d'où son nom ? Le terme désignait au XVe s un léger tissu de soie, de coton ou de lin. Au XVIIe s, il prend un sens figuré, « ce qui adoucit la pensée, un fait », avant d'être employé au début du XXe s pour décrire le fin pansement que l'on connaît aujourd'hui...

GAZA

(450 000 hab.) IND. TÉL. : 08

La fondation de la ville de Gaza remonterait à l'âge du bronze. D'anciens textes égyptiens la mentionnent comme ville importante. Les historiens ne sont pas d'accord sur la signification de son nom : certains l'attribuent aux Cananéens, il signifierait alors « force » ; d'autres aux Perses, qui l'appelaient *Hazatote,* ce qui veut dire « trésor », parce qu'ils croyaient qu'un trésor y était caché ! Quant aux Arabes, ils la nommaient *Gazat Hashim* car ils pensaient que l'arrière-grand-père du prophète Mahomet, Hashem (qui a donné son nom à la dynastie jordanienne des Hachémites), y était mort au cours d'un de ses voyages.
Aujourd'hui, Gaza est une ville incontestablement intéressante, foisonnante, qui s'est construite dans l'anarchie la plus totale.

S'orienter

Tout se passe sur la côte et dans un périmètre compris entre les 3 rues principales perpendiculaires à la mer et les 3 autres, qui lui sont parallèles.
La ville se partage en 4 quartiers anciens et un moderne :
- ***Al-Daraj*** est le plus ancien et le plus grand des quartiers, au cœur de la vieille ville. C'est le quartier des souks. On y trouve les principales mosquées, les bibliothèques et hammams. À l'est, la rue Harat-al-Fawakheer est célèbre pour ses artisans potiers et céramistes.
- ***Al-Zaitun,*** délimité au sud de la rue Omar-al-Mukhtar, abrite plusieurs monuments historiques, dont la mosquée Katib-al-Wilaya, l'église Saint-Porphyre et le hammam Al-Samara.
- ***Al-Shuja'iya*** est situé à l'est de la vieille ville. On y trouve 3 cimetières.
- ***Al-Tuffah*** se trouve au nord. Son seul point d'intérêt est la mosquée Aybaki. Elle daterait de 1353, mais a été plusieurs fois rénovée.
- ***Al-Rimal*** est le quartier qui s'est développé après la première guerre israélo-arabe de 1948. On y trouve de nombreux bâtiments officiels.

À voir. À faire

Omar Great Mosque *(Grande Mosquée d'Omar)* **:** *Omar al-Mukhtar St, au cœur de la vieille ville (Daraj).* Il s'agit de la plus grande et plus ancienne mosquée de la bande de Gaza. Les Gazaouis la considèrent sacrée depuis plus de 3 000 ans. À l'époque romaine, le temple rond de l'idole Marnas, dieu crétois importé par les Philistins, se trouvait à cet emplacement. Dédié par la suite à Jupiter, le temple était alors le plus célèbre au monde, au point de figurer dans l'histoire biblique. C'est en effet dans ce temple que Samson, trahi par la belle Dalila, aurait réalisé ses exploits. Au Ve s, on y éleva une basilique byzantine, puis, au XIIe s, une cathédrale croisée, et enfin, un minaret, ainsi que les portes nord et est. Mais une grande partie du bâtiment fut détruite par les Anglais au cours de la Première Guerre mondiale. Le Haut Conseil islamique a reconstruit l'édifice tel qu'on peut le voir aujourd'hui en 1926. La bibliothèque attenante compte plus de 20 000 ouvrages scientifiques et artistiques.

Golden Souk Al-Qissariya *(marché de l'or Al-Qissariya)* **:** *à gauche en sortant de la Grande Mosquée.* Petite rue couverte qui abrite le plus ancien marché de la ville : celui de l'or. Selon certaines sources, il daterait de 1476. Au milieu de la rue, une baie s'ouvre d'un côté sur une porte conduisant au *marché de l'huile,* aujourd'hui disparu. On est en présence d'un des plus beaux exemples de l'architecture mamelouke.

LA BANDE DE GAZA

El-Sayyed Hashem Mosque : *dans le quartier Daraj, non loin de la Grande Mosquée d'Omar.* Hashem, l'arrière-grand-père du prophète Mahomet, y serait enterré. Il y passait chaque été lors de ses voyages d'affaires. À l'origine, il s'agissait d'une grotte, située contre le rempart de la ville et sur laquelle on a construit au XIIe s un dôme flanqué de plusieurs bâtiments. Un siècle plus tard, l'ensemble fut transformé en mosquée entourée d'une école et d'un caravansérail. Restaurée au XVIIe s avec des éléments d'autres mosquées (bel exemple de recyclage !), elle fait toujours l'objet d'un pèlerinage annuel, qui dure 1 semaine.

Qasr Al-Basha *(palais du Pacha, aussi appelé fort Napoléon)* ***:*** *dans le quartier Daraj, à l'extrémité est de la rue Al-Wahda. Visites à discrétion, en dehors des heures de cours.* C'est l'un des plus beaux bâtiments anciens de la ville. Nul ne connaît son origine, on sait seulement qu'il a été restauré à de nombreuses reprises, notamment pendant les époques mamelouke et ottomane. L'édifice mesure environ 18 m de haut. Il est décoré en marbre de formes géométriques. On retrouve les mêmes formes d'architecture en Syrie et en Égypte. Le palais aurait été utilisé comme QG des troupes de Napoléon pendant le siège de Saint-Jean-d'Acre en 1799. C'est aujourd'hui une école secondaire pour filles.

Le hammam Al-Samara : *dans le quartier Al-Zaitun.* Il s'agit du seul hammam qui fonctionnait encore récemment à Gaza. Le nom Samara vient des Samaritains qui l'ont, sinon construit, du moins exploité au début. Il est bâti en pierre de sable et divisé en trois parties : l'aile de la réception, la chambre chaude et les installations de service. Le rez-de-chaussée s'enfonce à 3 m sous le niveau de la rue. La porte s'ouvre sur un corridor voûté conduisant à une pièce carrée surmontée d'un dôme composé de lentilles de verre qui filtrent la lumière du jour. On dépose ses vêtements dans les estrades et niches prévues à cet effet et qui encadrent le traditionnel bassin octogonal. Pour accéder aux bains proprement dits, il faut suivre un petit couloir avant d'atteindre quatre pièces pavées de marbre. Le chauffage fonctionne à l'air chaud, sous le sol, et provient d'un fourneau situé sur le côté sud du bain. On peut observer la cheminée sur le mur nord. C'est le dernier bain de ce genre.

Saint Porphyre Church : *rue Raz-al-Tali, dans le quartier Al-Zaitun.* Cette église grecque orthodoxe fut construite sous le règne de l'empereur Arcadius (395-420) par l'évêque de Gaza, saint Porphyrius. Seuls les soubassements des murs datent du Ve s, le reste a probablement été reconstruit au XIIe s. Le plan de l'église rappelle l'architecture byzantine avec un zeste de croisé. Le sol se trouve, lui, à près de 3 m sous le niveau de la rue. La tombe du saint patron se trouve près du mur nord. Une petite église calme et pleine de charme, entourée sur trois côtés par un cimetière byzantin toujours utilisé par la petite communauté chrétienne de Gaza.

Cheikh Abu al-Azm Shrine *(sanctuaire du cheikh Abu al-Azm)* **:** *près de l'école islamique Al-Falah.* Certains pensent qu'Abu al-Azm serait le Samson de la Bible, d'autres penchent pour un cheikh venu du Maroc vers le IXe s.

Sultan Abdulhamid public fountain *(fontaine publique du Sultan Abdulhamid)* **:** *à quelques mètres à l'est du qasr Al-Basha, sur Al-Wahda.* Elle ne date « que » de 1900, mais est joliment construite en pierre de chaux et en marbre blanc.

DANS LES ENVIRONS DE GAZA

La bande de Gaza est réputée pour ses trésors archéologiques, qui, un jour, seront peut-être inscrits au Patrimoine mondial de l'Unesco. En attendant de pouvoir les visiter, on les indique à titre historico-anecdotique.

AU SUD

Al-Nuseirat : *à 6 km au sud de Gaza.* La ville abrite un camp de réfugiés.
Avec le mouvement des dunes, on a découvert en 1991 une jolie mosaïque, plusieurs colonnes byzantines, des chapiteaux corinthiens, des pièces de monnaie, etc. Après cette découverte, le bureau israélien des antiquités de Gaza a organisé des fouilles systématiques du site et a découvert un pavement de mosaïques colorées d'une église antérieure à 539.

Deir-al-Balah : *à 13 km au sud-est de Gaza.* La ville est connue pour les nombreux sarcophages et autres cercueils anthropoïdes, découverts dans un cimetière datant de la fin de l'âge du bronze. Il s'agit probablement de la nécropole des rois des Philistins. Les datations le situent entre 1400 et 1200 av. J.-C. C'est la plus grande collection de cercueils d'argile à couvercles amovibles découverte en

Palestine. Ils étaient entourés de nombreux vaisseaux d'albâtre, de bijoux en or, de pierres précieuses, de scarabées, de poteries mycéniennes, chypriotes, égyptiennes et palestiniennes. Inutile de rêver, car malheureusement, il n'y a plus rien à voir. Les fouilles menées de 1972 à 1982 ont été entreprises à l'initiative de l'Institut d'archéologie de l'université hébraïque de Jérusalem et de la Société d'exploration israélienne. Ils ont bien sûr tout emporté. On peut néanmoins admirer ces trésors au musée Rockefeller et au musée d'Israël de Jérusalem.

Khan Yunis : *située à 25 km au sud de la ville de Gaza.* Il s'agit de la deuxième plus grande ville de la région.
Cette imposante forteresse *(khan),* bâtie au XIVe s par un notable mamelouk appelé Yunis (qui donna son nom à la ville), servait de poste militaire. Les soldats surveillaient la route des pèlerinages vers Jérusalem et vers La Mecque. Sur la place, en face du *khan,* se trouve la Grande Mosquée.

Abasan : *à 5 km au sud-est de Khan Yunis.* Intéressant pavement en mosaïque d'Abasan-al-Kabira. Ce bel exemple d'art byzantin date du VIIe s et fut découvert en 1995. Au nord de la mosaïque, on trouve une tombe en pierre de sable, elle aussi byzantine. L'ensemble faisait probablement partie d'une chapelle ou d'un monastère dont on a retrouvé deux petits piliers en marbre. Ces derniers se trouvent aujourd'hui à 6 km au nord, dans un petit temple de marbre et de pierre qui ne date que du début du XXe s (appelé *maqam Khalil-al-Rahman*). Abraham s'y serait arrêté lors de son voyage d'Égypte vers Hébron via Beer Sheva.

Rafah : *près de la frontière égyptienne.* Elle est connue pour sa situation géographique particulière. C'est à Rafah que fut célébré le mariage de Cléopâtre avec son frère Ptolémée XIII (avant qu'elle ne tombe dans les bras de Jules César, puis de Marc Antoine). On peut y voir les ruines des temples des dieux romains Artémis et Apollon.
Aujourd'hui, la ville comprend un grand camp de réfugiés, coupé en deux en 1978 par la nouvelle frontière tracée, suite aux accords de Camp David, entre l'Égypte et Israël. La nouvelle frontière sépara des familles, coupa des maisons en deux et rompit toutes les communications.
– Au sud de Rafah, on trouve le *village suédois,* construit en 1965 par un bataillon suédois de l'ONU pour accueillir les réfugiés palestiniens d'Ashqelon, pêcheurs pour la plupart. Le camp, sans aucune infrastructure, survit grâce à la volonté de ne pas céder devant les Israéliens.

LA BANDE DE GAZA

AU NORD

Jabalya *et* ***Al-Nazla :*** *juste au nord de la ville de Gaza.* Les deux villages sont dominés par le plus grand des 28 camps de réfugiés de Palestine.
– On y a découvert un grand *cimetière romano-byzantin* sur le côté droit de la route de Gaza en allant vers Beit Hanoun. Les fouilles ont mis au jour de nombreux bijoux et pièces d'or, des bouteilles de verre, des lampes à huile, etc.
– À une centaine de mètres du cimetière, une grande *mosaïque byzantine* du VIIIe s de 500 m^2, faite de carrés de marbre, de poteries, de verre, de basalte noir et de chaux, a été déblayée par des archéologues français. Elle représente des scènes agricoles, de chasse, des fruits et autres nourritures, des animaux divers et des scènes de la vie pastorale. Malheureusement, de nombreuses figures humaines et animales ont été endommagées. Et aucune aide internationale ne permet de protéger ce qu'il reste. Cette mosaïque semble faire partie d'un grand ensemble byzantin comportant une église, des bâtiments annexes et des locaux à usage profane. La grande dimension de l'ensemble, la haute technicité de la mosaïque, les 17 inscriptions en grec et la précision des détails des motifs décoratifs en font l'un des plus importants sites byzantins découverts à ce jour dans la bande de Gaza. La plus ancienne inscription découverte date de 444, mais il semblerait que

l'église soit antérieure. De très nombreuses autres inscriptions sont très méchamment endommagées. On suppose que le village d'« Asalea » inscrit sur la célèbre carte en mosaïque de l'église Saint-Georges à Madaba en Jordanie (VIe s) est l'actuel village d'Al-Nazla. Tout porte à croire qu'une petite ville byzantine existait jadis au nord de la grande ville de Gaza.

Beit Lahya : *à 7 km au nord-ouest de Gaza, et à 4 km de la côte.* Dans une vallée entourée de dunes. Représentée sur la fameuse carte de la Palestine qui se trouve à Madaba en Jordanie, *Bethelea* semble avoir été un important village, doté de plusieurs temples, à l'époque romaine. Mais aussi à la période byzantine, comme le confirme la grande quantité de poteries et de verreries trouvées sur le site de Tell-al-Dahab. C'est aujourd'hui un important village agricole. Dans cet environnement quelque peu hostile, les habitants parviennent à faire pousser toutes sortes de légumes et d'arbres fruitiers. Le lieu est d'ailleurs célèbre pour ses pommes et ses fleurs, produites en grande quantité pour l'exportation. Toutefois, le train n'est plus utilisé pour le transport des marchandises, même si la voie ferrée ottomane qui reliait Le Caire à Haïfa traverse encore le village. La ligne fut en effet abandonnée après la guerre de 1967.

les ROUTARDS sur la FRANCE 2014-2015

(dates de parution sur • **routard.com** •)

DÉCOUPAGE de la FRANCE par le ROUTARD

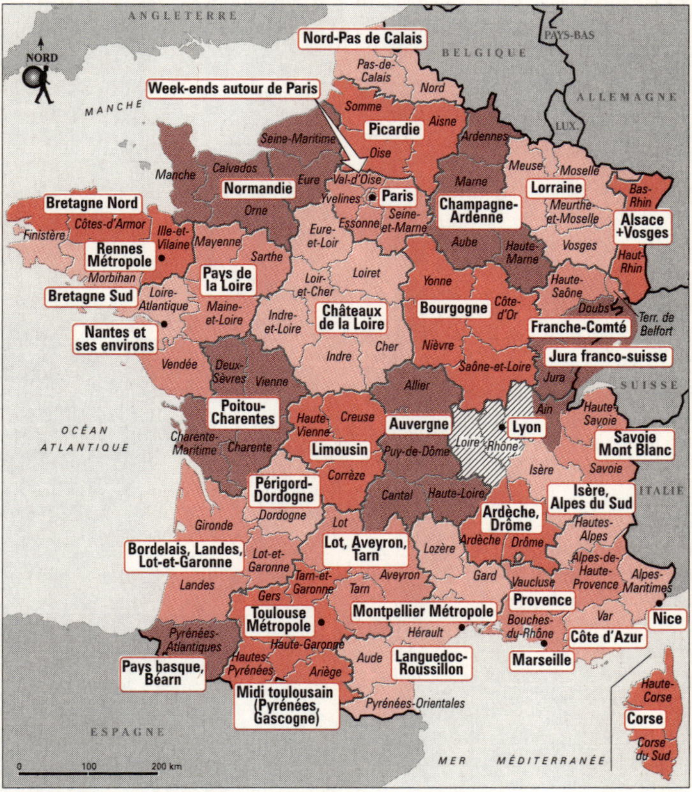

Autres guides nationaux

- Les grands chefs du Routard
- Nos meilleures chambres d'hôtes en France
- Nos meilleurs campings en France
- Nos meilleurs hôtels et restos en France
- Nos meilleurs sites pour observer les oiseaux en France
- Tourisme responsable

Autres guides sur Paris

- Paris
- Paris à vélo
- Paris balades
- Restos et bistrots de Paris
- Le Routard des amoureux à Paris
- Week-ends autour de Paris

les ROUTARDS sur l'ÉTRANGER 2014-2015

(dates de parution sur • ***routard.com*** •)

Europe

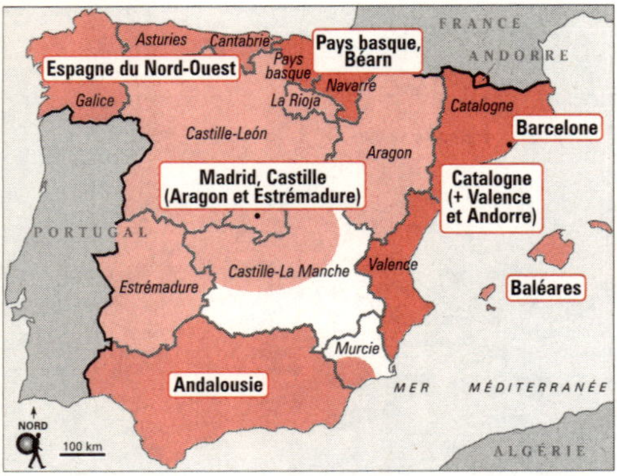

DÉCOUPAGE de l'ESPAGNE par le ROUTARD

DÉCOUPAGE de l'ITALIE par le ROUTARD

Autres pays européens

- Allemagne
- Angleterre, Pays de Galles
- Autriche
- Belgique
- Budapest, Hongrie
- Crète
- Croatie
- Danemark, Suède
- Écosse
- Finlande
- Grèce continentale
- Îles grecques et Athènes
- Irlande
- Islande
- Malte
- Norvège
- Pologne
- Portugal
- République tchèque, Slovaquie
- Roumanie, Bulgarie
- Suisse

Villes européennes

- Amsterdam et ses environs
- Berlin
- Bruxelles
- Copenhague
- Dublin
- Lisbonne
- Londres
- Moscou
- Prague
- Saint-Pétersbourg
- Stockholm
- Vienne

les ROUTARDS sur l'ÉTRANGER 2014-2015

(dates de parution sur • *routard.com* •)

Amériques

DÉCOUPAGE des ÉTATS-UNIS par le ROUTARD

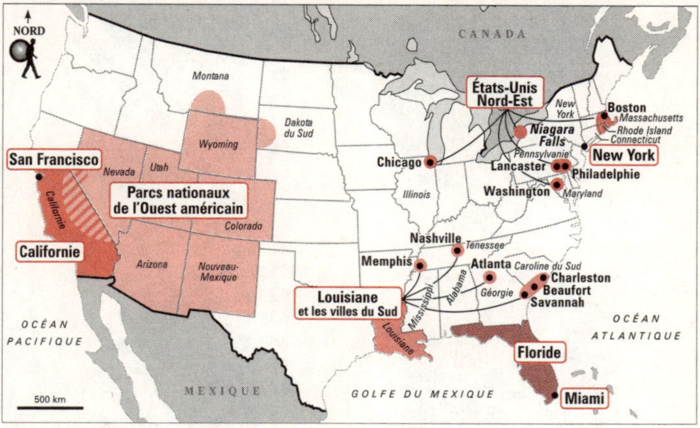

Autres pays d'Amérique

- Argentine
- Brésil
- Canada Ouest
- Chili et île de Pâques
- Équateur et les îles Galápagos
- Guatemala, Yucatán et Chiapas
- Mexique
- Montréal
- Pérou, Bolivie
- Québec, Ontario et Provinces maritimes

Asie

- Bali, Lombok
- Bangkok
- Birmanie (Myanmar)
- Cambodge, Laos
- Chine
- Hong-Kong, Macao, Canton (avril 2014)
- Inde du Nord
- Inde du Sud
- Israël et Palestine
- Istanbul
- Jordanie
- Malaisie, Singapour
- Népal
- Shanghai
- Sri Lanka (Ceylan)
- Thaïlande
- Tokyo, Kyoto et environs
- Turquie
- Vietnam

Afrique

- Afrique de l'Ouest
- Afrique du Sud
- Égypte
- Kenya, Tanzanie et Zanzibar
- Maroc
- Marrakech
- Sénégal, Gambie
- Tunisie

Îles Caraïbes et océan Indien

- Cuba
- Guadeloupe, Saint-Martin, Saint-Barth
- Île Maurice, Rodrigues
- Madagascar
- Martinique
- République dominicaine (Saint-Domingue)
- Réunion

Guides de conversation

- Allemand
- Anglais
- Arabe du Maghreb
- Arabe du Proche-Orient
- Chinois
- Croate
- Espagnol
- Grec
- Italien
- Japonais
- Portugais
- Russe
- G'palémo (conversation par l'image)

Adresses utiles

1 Office [redacted]

Où dormir ?

11 Pension [redacted]

24 H[redacted]

25 H[redacted] Melo

Où manger ?

30 Restaurante [redacted]

44 Restaura[redacted]

Où boire un verre ?

61 Caruag[redacted] Bar

62 Bar d[redacted]

63 Pin[redacted]

73 Ti [redacted]

74 Caf[redacted]elem

75 Caf[redacted]

76 Es[redacted]rde

Où sortir?

83 Pingo[redacted]

84 Pa[redacted]

88 Ca[redacted]

À voir

90 Palacio do [redacted]

91 Pavilh[redacted]

92 Ce[redacted]

93 M[redacted]

94 [redacted]

INDEX GÉNÉRAL

A

ABASAN 441
ABC d'Israël 60
ABC de la Palestine............... 332
ABU GOSH............................ 325
Achats (Israël).......................... 65
Achats (Palestine).................. 333
AKKO (SAINT-JEAN-D'ACRE) .. 186
AL-BADAN (wadi) 426
AL-KHALIL (HÉBRON)........... 394
AL-NAZLA 441
AL-NUSEIRAT........................ 440
ALMAGOR............................. 230
Aqueduc romain (Roman Aqueduct)........................... 171
ARAD..................................... 255
ARBEL.................................... 223
Ardoises (mont des ; har Tzfakhot)............................. 272
Argent, banques, change (Israël).................................... 64
Argent, banques, change (Palestine)........................... 333
Artas (wadi)............................ 391
Arts (Israël).............................. 94
Arts (Palestine)....................... 350
AUBERGE DU BON SAMARITAIN (The Inn of the Good Samaritan ; khan Al-Ahmar).. 407
AUJA E-TAHTA 400
Avant le départ (Israël)............. 60
Avant le départ (Palestine)..... 332
Avdat 258

B

Baha'i Gardens (Jardins bahaïs) 196
BANDE DE GAZA 435
BANIAS.................................. 214
BAPTISM SITE (site du baptême du Christ ; Qasr El-Yahud) 407
Béatitudes (mont des ; mount of Beatitudes).......... 230
BEER SHEVA......................... 251
Beit Alpha 242
BEIT GUVRIN-TEL MARECHA......................... 329
Beit HaShomer Museum 211
BEIT JALA 386
BEIT LAHYA.......................... 442
BEIT SAHOUR....................... 392
BEIT SHE'AN......................... 240
BEIT USSISHKIN MUSEUM.. 212
Bergers (champ des ; Shepherds' Field) 393
Bet Gabriel on the Kinneret (centre culturel Bet Gabriel) .. 228
BETHLÉEM............................ 380
Bird Watching Center (Centre d'observation des oiseaux)........................... 272
BIRZEIT 418
BNOT YA'AKOV (pont de)...... 217
Boissons (Israël) 97
Boissons (Palestine) 353
Budget (Israël) 65
Budget (Palestine) 334
BURQIN................................. 434

C

CAESAREA (CÉSARÉE)......... 169
CANA (KAFR KANNA) 239
Canyon En Avedat (En Avedat National Park)... 258
Cap de la Grotte (Rosh HaNikra) 200
CAPHARNAÜM (KAFAR NAHUM)................ 229
CARMEL (mont)..................... 183
Centre culturel Bet Gabriel (Bet Gabriel on the Kinneret)................. 228
Centre de documentation sur Hannah Senesh (Hannah Senesh Memorial Center)... 171
Centre d'observation des oiseaux (Bird Watching Center) 272
CÉSARÉE (CAESAREA)......... 169
Champ des Bergers (Shepherds' Field) 393
Château de Montfort (Montfort Castle)................ 200
Château de Yehi'am (Yehi'am Castle)................. 200
Check-points......................... 335
CISJORDANIE (la) 380
CITADELLE DE NEMROD (Nimrod Fortress National Park) 214
Climat (Israël)........................... 67
Climat (Palestine).................. 336
CORAL BEACH 266, 267
Coral Beach Nature Reserve (plage des Coraux) 268
CÔTE MÉDITERRANÉENNE (la)...................................... 165
CÔTE NORD (la) 197
Cuisine (Israël) 98
Cuisine (Palestine) 353

D

DALIYAT-EL-KARMIL (village druze de) 186
Dangers et enquiquinements (Israël) 67
Dangers et enquiquinements (Palestine).......................... 336
Décalage horaire 67
DEGANIA ALEPH (kibboutz).. 226
DEIR-AL-BALAH................... 440
DÉSERT DU NÉGUEV 250
DIMONA 255
Divisions administratives....... 355
Dolphin Reef........................... 268
DOR...................................... 180
Dubrovin's Farm (ferme Dubrovin) 209
Droits de l'homme (Israël)........ 99
Droits de l'homme (Palestine).. 358

E

Économie (Israël).................. 101
Économie (Palestine)............. 359
Écotourisme (Israël)............... 103
Écotourisme (Palestine)......... 362
EILAT 263
Ein Fawwar (réserve d') 404
EIN GEV (kibboutz d')............ 228
EIN GUEDI............................ 244
EIN HOD VILLAGE................ 185
EIN KEREM 326
Électricité (Israël) 69
Électricité (Palestine) 336
En Avedat (canyon ; En Avedat National Park)......... 258
Environnement (Israël) 104
Environnement (Palestine)..... 362

F-G

Faune et flore (Israël) 105
Faune et flore (Palestine) 365
Ferme Dubrovin (Dubrovin's Farm) 209
Fêtes et jours fériés (Israël) 69

Fêtes et jours fériés (Palestine) ... 337
GALILÉE (haute) ... 197
GALILÉE (la) ... 217
GAMLA ... 217
Gan HaShlosha (Sachné) ... 241
GAZA ... 438
GAZA (bande de) ... 435
Géographie (Israël) ... 106
Géographie (Palestine) ... 365
GINOSAR ... 231
GOLAN (le) ... 213
Gorge du Zavitan ... 216
Grand Cratère (Large Makhtesh Crater) ... 255
Grotte de Sorek (Soreq Grotto) ... 328

H

Hai-Bar Wildlife Reserve (réserve de Haï Bar ; Haï-Bar Yatvata) ... 272
HAÏFA ... 171
HAMMAT GADER ... 232
HANITA ... 200
Hannah Senesh Memorial Center (centre de documentation sur Hannah Senesh) ... 171
Har Tzfakhot (mont des Ardoises) ... 272
HAUTE GALILÉE (la) ... 197
Hébergement (Israël) ... 71
Hébergement (Palestine) ... 337
HÉBRON (AL-KHALIL) ... 394
HERMON (mont) ... 214
Herodium (the ; Hérodion) ... 391
Hippos Susita ... 228
Histoire ... 30
Horaires ... 72
HULA (réserve) ... 209
Hula (vallée de) ... 208

I-J

INN OF THE GOOD SAMARITAN (The ; Auberge du Bon Samaritain ; khan Al-Ahmar) ... 407
ISFYA (village druze d') ... 186
ISRAËL ... 131
Israeli Air Force Museum (musée de l'Aviation) ... 254
JABALYA ... 441
JAFFA (YAFO) ... 159
Jardins bahaïs (Baha'i Gardens) ... 196
JÉNINE ... 433
JÉRICHO ... 398
JÉRUSALEM ... 273

JÉRUSALEM

- Armenian Quarter (quartier arménien) ... 302
- Ascenseur du Temps (Time Elevator) ... 321
- Basilique Sainte-Anne (Saint Ann's Church) ... 306
- Ben Yehuda Street ... 322
- Bible Lands Museum (musée des Pays de la Bible) ... 313
- Bloomfield Science Museum ... 315
- Brigham Young University (université mormone) ... 321
- Cardo (Le) ... 302
- Carrières de Salomon (Solomon's Quarries – Cave of Ezekiah ; grotte d'Ezekiah ou Sédécias) ... 308
- Cave of Ezekiah – Solomon's Quarries (carrières de Salomon ; grotte d'Ezekiah ou Sédécias) ... 308
- Citadel and David's Tower (citadelle et tour de David – Musée d'Histoire de Jérusalem) ... 301
- Citadelle et tour de David (musée d'Histoire de Jérusalem ; Citadel and David's Tower) ... 301
- City of David Archeological Park (parc archéologique de la Cité de David) ... 311
- Cour suprême (Supreme Court) ... 314
- Damascus Gate (porte de Damas ; Shekhem) ... 301
- Davidson Center (Jerusalem Archeological Park) ... 303
- Dung Gate (porte des Détritus) ... 300

Esplanade des Mosquées (Haram-ash-Sharif ; Har haBayith ; Temple Mount) .. 305
First Station ... 319
Garden Tomb (jardin de la Tombe) ... 319
German Colony ... 291, 296
Golden Gate (porte Dorée) ... 300
Grotte de Ezekiah (Solomon's Quarrier – Cave of Ezekiah ; carrières de Salomon ; Sédécias) ... 308
Ha'et al Buraq (HaKotel ; mur des Lamentations ; Western Wall) ... 304
HaKotel (mur des Lamentations ; Ha'et al Buraq ; Western Wall) ... 304
Har haBayith (Haram-ash-Sharif ; esplanade des Mosquées ; Temple Mount) ... 305
Haram-ash-Sharif (Har haBayith ; esplanade des Mosquées ; Temple Mount) ... 305
Hebrew University (université hébraïque de Jérusalem) ... 322
Herod's Gate (porte d'Hérode) .. 301
Herodian Quarter (quartier Hérodien) ... 303
Holy Sepulchre Church (Saint-Sépulcre) ... 307
Islamic Art Museum (musée d'Art islamique) ... 318
Israel Museum (musée d'Israël) ... 312
Jaffa Gate (porte de Jaffa) ... 300
Jardin de la Tombe (Garden Tomb) ... 319
Jardin du quartier de Yemin Moshe ... 311
Jerusalem Archeological Park et Davidson Center ... 303
Jerusalem Walls (remparts de Soliman le Magnifique) ... 301
Jérusalem-Est ... 288, 295
Jewish Quarter (quartier juif) ... 302
King David Hotel ... 321
Knesset (La) ... 314
Lion's Gate (porte Saint-Étienne ; porte des Lions) ... 300
Lithostrotos ... 306
Mahané Yehuda (marché de ; Yehuda Mahané Market) ... 323
Mamilla (new quarter of) ... 323
Mea She'arim (quartier) ... 311
Mont des Oliviers (mount of Olives) ... 309
Mont Herzl (mount Herzl) ... 317
Mont Sion (mount Zion) ... 317
Montefiore Windmill (moulin de Montefiore) ... 319
Moulin de Montefiore (Montefiore Windmill) ... 319
Mount Herzl (mont Herzl) ... 317
Mount of Olives (mont des Oliviers) ... 309
Mount Zion (mont Sion) ... 317
Mur des Lamentations (HaKotel ; Ha'et al Buraq ; Western Wall) ... 304
Musée archéologique Rockefeller (Rockefeller Archological Museum) ... 320
Musée d'Art islamique (Islamic Art Museum) ... 318
Musée de l'Art juif italien (Museum of Italian Jewish Art) ... 321
Musée des Pays de la Bible (Bible Lands Museum) ... 313
Musée d'Israël (Israel Museum) ... 312
Musée du Vieux Yishouv (Old Jewish Court) ... 302
Museum on the Seam ... 320
Museum of Italian Jewish Art (musée de l'Art juif italien) ... 321
Nahalat Shiv'a Quarter ... 323
New Gate (porte Neuve) ... 301
New quarter of Mamilla ... 323
Old City (vieille ville) ... 299
Old Yishuv Court (musée du Vieux Yishouv) .. 302
Old Kurd Quarter (vieux quartier kurde) ... 323
Parc archéologique de la Cité de David (City Of David Archeological Park) ... 311
Place romaine (Roman Square) ... 308
Porte d'Hérode (Herod's Gate) .. 301
Porte de Damas (Damascus Gate ; Shekhem) ... 301
Porte de Jaffa (Jaffa Gate) ... 300
Porte de Sion (Zion Gate) ... 300
Porte des Détritus (Dung Gate) ... 300
Porte des Lions (Lions' Gate ; porte Saint-Étienne) ... 300
Porte Dorée (Golden Gate) ... 300
Porte Neuve (New Gate) ... 301
Porte Saint-Étienne (Lions' Gate ; porte des Lions) ... 300
Quartier arménien (Armenian Quarter) ... 302
Quartier chrétien ... 301
Quartier Hérodien ... 303
Quartier juif (Jewish Quarter) .. 302
Quartier kurde (vieux ; Old Kurd Quarter) ... 323
Quartier musulman ... 301
Quatre synagogues séfarades ... 303
Remparts de Soliman le

JÉRUSALEM
Magnifique (Jerusalem Walls)... 301
Rockefeller Archeological Museum (musée archéologique Rockefeller) 320
Roman Square (place romaine) ... 308
Saint Ann's Church (basilique Sainte-Anne) 306
Saint-Sépulcre (Holy Sepulchre Church) 307
Shekhem (Damascus Gate ; porte de Damas) 301
Sherover-Haas Walk (HaTayelet) 324
Solomon's Quarries – Cave of Ezekiah ; carrières de Salomon ; grotte de Ezekiah ou Sédécias) 308
Souk (le) 308
Supreme Court (Cour suprême) 314
Synagogues séfarades (quatre) 303
Temple Mount (Haram-esh-Sharif ; Har haBayith ; esplanade des Mosquées) 305
Time Elevator (ascenseur du Temps) 321
Université hébraïque de Jérusalem (Hebrew University) ... 322
Université mormone (Brigham Young University) 321
Via Dolorosa 306
Vieille ville (Old City) 299
Ville nouvelle (New City)............... 311
Western Wall (HaKotel ; Ha'et al Buraq ; mur des Lamentations) 304
Yad VaShem 315
Yehuda Mahané Market (marché de Mahané Yehuda) 323
Yemin Moshe (jardin du quartier de) 311
Zion Gate (porte de Sion) 300
JIFNA.................................... 419

K

KAFAR NAHUM (CAPHARNAÜM)................................ 229
KAFR KANNA (CANA) 239
KATZRIN (ancienne)............... 215
KATZRIN (QAZRIN)................ 215
Kennedy Memorial 328
KEREM BEN ZIMRA.............. 208
Kfar Giladi (kibboutz de)........ 211
KHAN AL-AHMAR (The Inn of the Good Samaritan ; Auberge du Bon Samaritain).. 407
KHAN YUNIS........................ 441
KHORAZINE 230
Kibboutz d'Ein Gev................ 228
Kibboutz de Kfar Giladi 211
Kibboutz De Lohamei Haghetaot.......................... 196
Kibboutz Lotan 272
Kibboutz Degania Aleph........ 226
Kibboutz de Sdot Yam .. 170, 171
Kibboutz : des principes de communauté 106
KURSI.................................... 228

L

Lac de Ram 215
LAC DE TIBÉRIADE............... 225
LAHAV 255
Langues (Israël) 73
Langue (Palestine)................. 337
Large Makhtesh Crater (Grand Cratère).................. 255
Lexique (Israël) 76
Lexique (Palestine) 340
Livres de route (Israël) 79
Livres de route (Palestine) 341
Lohamei Haghetaot (kibboutz de)........................ 196
Lotan (kibboutz)..................... 272

M

MA'AYAN BARUCH 212
MAJDAL SHAMS.................. 214
Mamshit 255
Mar Saba Monastery

(monastère de Mar Saba)... 391
MASSADA (MASADA) 247
Médias (Israël) 107
Médias (Palestine) 365
Megiddo National Park.......... 239
MEI EDEN............................. 216
Mémorial de Mitzpé Gadot.... 216
MER MORTE 242
MÉRON 201
Méron (mont) 201
METULLA 211
MITZPÉ GADOT 216
MITZPÉ RAMON 259
Monastère de la Quarantaine (monastery of the Quarantana)........................ 403
Monastère de Mar Saba (Mar Saba Monastery)........ 391
Monastère de Sainte-Catherine (Égypte).............. 272
MONASTÈRE SAINT-GEORGES (Saint George's Monastery).......... 404
Monastery of the Quarantana (monastère de la Quarantaine).............. 403
Mont Carmel.......................... 183
Mont de la Tentation (mount of Temptation) 403
Mont des Ardoises (har Tzfakhot)...................... 272
Mont des Béatitudes (mount of Beatitudes)......... 230
Mont Garizim (mount Garizim).. 428
MONT HERMON 214
Mont Méron 201
Montfort Castle (château de Montfort)......... 200
Monts de Naftali 208
MORTE (mer)......................... 242
Mount Garizim (mont Garizim).. 428
Mount of Beatitudes (mont des Béatitudes) 230
Mount of Temptation (mont de la Tentation)......... 403
Mount Thabor........................ 239
Murs et passerelles (Israël).... 109
Murs et passerelles (Palestine)........................... 368
Musée de l'Aviation (Israeli Air Force Museum) 254
Musée de Reuben et Édith Hecht (Reuben and Edith Hecht Museum).................. 185
Musée Joe Alon de la Culture bédouine (museum of Bedouin Culture)................ 255
Musée Ralli (Ralli Museum) ... 171
Museum of Bedouin Culture (musée Joe Alon de la Culture bédouine)............... 255

N

NABI MUSA........................... 406
Naftali (monts de) 208
Nahal Gilbon (réserve naturelle du)........................ 216
NAHARIYA............................ 197
NAHARIYA (région de)........... 197
NAPLOUSE 421
NATSRAT (NAZARETH) 232
NAZARETH (NATSRAT) 232
NÉGUEV (désert du)............. 250
NEMROD (citadelle de ; Nimrod Fortress National Park) 214
NETANYA............................. 165
NEVE ATIV 214
NEVE SHA'ANAN.................. 184
NIMROD FORTRESS NATIONAL PARK (citadelle de Nemrod)........................ 214
NORD (le)............................. 197

O-P

Observatoire sous-marin (Underwater Observatory Marine Park) 268
PALESTINE (la) 330
Parc Timna (Timna Park) 272
PEQI'IN......................... 197, 201
Personnages (Israël).............. 115
Personnages (Palestine)........ 368
PÉTRA (Jordanie) 272
Plage des Coraux (Coral

Beach Nature Reserve)....... 268
Plongée sous-marine 82
PONT DE BNOT YA'AKOV 217
Population (Israël).................. 119
Population (Palestine)............ 370
PORIYA.................................. 226
Poste (Israël)........................... 85
Poste (Palestine).................... 344
Pourboire (Israël) 86
Pourboire (Palestine) 344

Q

QASR EL-YAHUD (Baptism Site ; site du baptême du Christ)............................ 407
QAZRIN (KATZRIN)................ 215
QELT (wadi) 403
Qeshet Cave.......................... 201
QIRYAT SHEMONA 210
Quarantana (monastery of the ; monastère de la Quarantaine)........................ 403
QUMRÂN................................ 404

R

RAFAH 441
Ralli Museum (musée Ralli) ... 171
Ram (lac de) 215
RAMALLAH 408
RAMOT.................................. 229
REINA 236
Religions et croyances (Israël) 132
Religions et traditions (Palestine)........................... 372
Réserve de Haï Bar (Hai-Bar Wildlife Reserve ; Haï-Bar Yatvata)............................. 272
Réserve d'Ein Fawwar........... 404
RÉSERVE HULA 209
Réserve naturelle du Nahal Gilbon 216
Reuben and Edith Hecht Museum (musée de Reuben et Édith Hecht).................... 185
Roman Aqueduct (aqueduc romain)................ 171
Rosh HaNikra (cap de la Grotte)................ 200
ROSH PINNA......................... 208
Rubinstein Memorial.............. 328

S

Sachné (Gan HaShlosha) 241
SAFED (TZFAT ; ZEFAD)........ 201
SAINT GEORGE'S MONASTERY (monastère Saint-Georges) 404
SAINT-JEAN-D'ACRE (AKKO) .. 186
Sainte-Catherine (monastère de ; Égypte) 272
Santé (Israël)............................ 86
Santé (Palestine).................... 344
Savoir-vivre et coutumes....... 377
SDÉ BOKER 256
SDOM (SODOME) 249
Sdot Yam (kibboutz de)... 170, 171
SEBASTIA............................. 430
Shepherds' Field (champ des Bergers) 393
Shivta.................................... 255
SHLOMI................................. 197
SITE ARCHÉOLOGIQUE DE TEL DAN 212
Site de Yardenit 226
SITE DU BAPTÊME DU CHRIST (Baptism Site ; Qasr El-Yahud) 407
Sites inscrits au Patrimoine mondial de l'Unesco (Israël).. 130
Sites inscrits au Patrimoine mondial de l'Unesco (Palestine)........................... 378

INDEX GÉNÉRAL

Sites internet (Israël) 87
Sites internet (Palestine) 345
SODOME (SDOM) 249
Solomon's Pools
(vasques de Salomon) 390
Soreq Grotto
(grotte de Sorek) 328
SUD (le) 242

T-U

TABGHA 230, 231
TAYBEH 420
Technion (le) 184
Tel Beer Sheva 254
Tel Beit Saïda 229
TEL DAN
(site archéologique de) 212
Téléphone et communications
(Israël) 88
Téléphone et communications
(Palestine) 346
TEL HAÏ 210
TEL HAZOR 209
TEL-AVIV 131

TEL-AVIV

Allenby 152
Azrieli Observatory (observatoire du centre Azrieli) 155
Basel (place) 150
Bauhaus Center 150
Bauhaus Tel Aviv 153
Beit Bialik (Bialik Museum) ... 152
Beit Ha'ir 152
Beit HaTfutsot (Diaspora Museum ; Museum of the Jewish People ; musée du Peuple juif) 157
Ben Gurion's House (maison Ben Gourion) 150
Bialik Museum (Beit Bialik) ... 152
Boulevard Rothschild 154
Carmel (marché du ; shouk HaCarmel) 153
Diaspora Museum (Beit HaTfutsot ; museum of the Jewish People ; musée du Peuple juif) 157
Dizengoff 150
Dizengoff (place) 150
Dizengoff (rue) 150
Eretz Israel Museum (musée Eretz Israël) 155
Etzel Museum (musée de l'Etzel) 150
Florentin (quartier) 155
Gordon (rue) 150
HaCarmel (shouk ; marché du Carmel) 153
Haganah Museum (musée de la Haganah) 154
Helena Rubinstein Pavilion for Contemporary Art (pavillon Helena Rubinstein d'Art contemporain) 152
Immeubles Bauhaus 150
Israeli Museum – Rabin Center (musée d'Israël) 156
Israeli Opera 152
Kerem HaTemanim (quartier) ... 153
Kikar Rabin 151
Maison Ben Gourion (Ben Gurion's House) 150
Musée d'Israël (Israeli Museum – Rabin Center) 156
Musée de la Haganah (Haganah Museum) 154
Musée de l'Etzel (Etzel Museum) 150
Musée des Arts de Tel-Aviv (Tel Aviv Museum of Art) 151
Musée du Peuple juif (Diaspora Museum ; Beit HaTfutsot ; museum of the Jewish People) 157
Musée Eretz Israël (Eretz Israel Museum) 155
Musée Rubin (Rubin Museum) .. 152
Museum of the Jewish People (Diaspora Museum ; Beit HaTfutsot ; musée du Peuple juif) 157
Newe Tsedek 155
Observatoire du centre Azrieli (Azrieli Observatory) 155
Old Cemetery (vieux cimetière de la ville) 150
Palmach Museum 157
Pavillon Helena Rubinstein d'Art contemporain (Helena Rubinstein Pavilion for Contemporary Art) 152
Place Basel 150
Place Dizengoff 150
Quartier Florentin 155
Quartier Kerem HaTemanim ... 153
Rothschild 154
Rothschild (boulevard) 154
Rubin Museum (musée Rubin) 152
Rue Dizengoff 150
Rue Sheinkin (Sheinkin Street) ... 153
Shalom Tower (tour Shalom) ... 153

INDEX GÉNÉRAL

TEL-AVIV
Sheinkin Street (rue Sheinkin) ... 153
Tel Aviv Museum of Art (musée des Arts de Tel-Aviv) 151
Tour Shalom (Shalom Tower) .. 153
Vieux cimetière de la ville (Old Cemetery) 150
Thabor (mount) 239
TIBÉRIADE (le tour du lac de) .. 225
TIBÉRIADE (TVÉRIA) 217
Timna Park (parc Timna) 272
Tourisme alternatif et solidaire 347
Transports intérieurs (Israël) 90
Transports intérieurs (Palestine) 348
TVÉRIA (TIBÉRIADE) 217
TZEMAH 228
Tzfakhot (har ; mont des Ardoises) 272
TZFAT (SAFED ; ZEFAD) 201
Underwater Observatory Marine Park (observatoire sous-marin) 268

V-W-Y

Vallée de Hula 208
Vasques de Salomon (Solomon's Pools) 390
VILLAGES DRUZES D'ISFYA ET DE DALIYAT-EL-KARMIL .. 186
WADI AL-BADAN 426
Wadi Artas 391
WADI QELT 403
YAFO (JAFFA) 159
Yardenit (site de) 226
Yehi'am Castle (château de Yehi'am) 200
YESOD HAMA'ALA 209
Yigal Allon Center 231

Z

Zavitan (gorge du) 216
ZEFAD (SAFED ; TZFAT) 201
ZIKHRON YA'AKOV 186
Zippori National Park 239

OÙ TROUVER LES CARTES ET LES PLANS ?

- Akko (Saint-Jean-d'Acre) 188-189
- Beer Sheva 253
- Bethléem, *cahier couleur* 16
- Cisjordanie (la), *cahier couleur* 15
- Distances par la route, *cahier couleur* 1
- Eilat 265
- Eilat (les environs d') 269
- Gaza (la bande de) 439
- Haïfa – plan d'ensemble .. 176-177
- Haïfa – zoom 178-179
- Israël et la Palestine, *cahier couleur* 2-3
- Jaffa 161
- Jéricho 399
- Jéricho (les environs de) 405
- Jérusalem – plan d'ensemble 280-281
- Jérusalem – Vieille ville (plan I), *cahier couleur* 4-5
- Jérusalem – Nord (plan II), *cahier couleur* 6-7
- Jérusalem – Sud (plan III), *cahier couleur* 8
- Lac de Tibériade (le) 227
- Naplouse – plan d'ensemble 422-423
- Naplouse – zoom 425
- Nazareth 235
- Netanya 167
- Nord et la Galilée (le) .. 198-199
- Ramallah 410-411
- Safed 205
- Tel-Aviv – plan d'ensemble .. 133
- Tel-Aviv – Centre nord (plan I), *cahier couleur* 10-11
- Tel-Aviv – Centre sud (plan II), *cahier couleur* ... 12-13
- Tel-Aviv – Newe Tsedek et quartier Florentin (zoom), *cahier couleur* 14
- Tibériade 221

Les **Routards** *parlent aux* **Routards**

Faites-nous part de vos expériences, de vos découvertes, de vos tuyaux. Indiquez-nous les renseignements périmés. Aidez-nous à remettre l'ouvrage à jour. Faites profiter les autres de vos adresses nouvelles, combines géniales... On adresse un exemplaire gratuit de la prochaine édition à ceux qui nous envoient les lettres les meilleures, pour la qualité et la pertinence des informations. Quelques conseils cependant :

– Envoyez-nous votre courrier le plus tôt possible afin que l'on puisse insérer vos tuyaux sur la prochaine édition.
– N'oubliez pas de préciser l'ouvrage que vous désirez recevoir.
– Vérifiez que vos remarques concernent l'édition en cours et notez les pages du guide concernées par vos observations.
– Quand vous indiquez des hôtels ou des restaurants, pensez à signaler leur adresse précise et, pour les grandes villes, les moyens de transport pour y aller. Si vous le pouvez, joignez la carte de visite de l'hôtel ou du resto décrit.
– N'écrivez si possible que d'un côté de la lettre (et non recto verso).
– Bien sûr, on s'arrache moins les yeux sur les lettres dactylographiées ou correctement écrites !

En tout état de cause, merci pour vos nombreuses lettres.

Les Routards parlent aux Routards :
122, rue du Moulin-des-Prés, 75013 Paris

e-mail : • *guide@routard.com* •
Internet : • *routard.com* •

Routard Assurance *2014*

Routard Assurance et Routard Assurance Famille, c'est l'Assurance Voyage Intégrale. Dépenses de santé et frais d'hôpital pris en charge directement sans franchise jusqu'à 300 000 € + caution + défense pénale + responsabilité civile + tous risques bagages et photos. Assurance personnelle accidents : 75 000 €. Très complet ! Tarif à la semaine pour plus de souplesse. Tableau des garanties et bulletin d'inscription à la fin de chaque *Routard* étranger. Pour les départs en famille (4 à 7 personnes), demandez le bulletin d'inscription famille. Pour les longs séjours, contrat Plan Marco Polo « spécial famille » à partir de 4 personnes. Pour un voyage éclair de 3 à 8 jours dans une ville de l'Union européenne, bulletin d'inscription adapté dans les guides villes avec des garanties allégées et un tarif « light ». Également un nouveau contrat Seniors pour les courts et longs séjours. Si votre départ est très proche, vous pouvez vous assurer via Internet • *avi-international.com* • ou par fax : 01-42-80-41-57, en indiquant le numéro de votre carte de paiement. Pour en savoir plus : ☎ 01-44-63-51-00.

Édité par Hachette Livre (43, quai de Grenelle, 75905 Paris Cedex 15, France)
Photocomposé par Jouve (45770 Saran, France)
Imprimé par Jouve 2 (Quai n° 2, 733, rue Saint-Léonard, BP 3, 53101 Mayenne Cedex, France)
Achevé d'imprimer le 2 mai 2014
Collection n° 13 - Édition n° 01
24/5890/9
I.S.B.N. 978-2-01-245890-1
Dépôt légal : mai 2014